1914 - 18
De Grote Oorlog en de vorming van de 20ste eeuw

1914 - 18

De Grote Oorlog en de vorming van de 20ste eeuw

Jay Winter en Blaine Baggett

Standaard Uitgeverij / Van Buuren

Voor de volgende generatie:
Austin, Jonathan en Anna

Redactie en productie: Asterisk*, Amsterdam
Vertaling: S. Verschuuren en E. Drenth
Redactie: C. van den Berg
Opmaak: Jan Bos

Oorspronkelijke titel: *1914-18, The Great War and the Shaping of the 20th Century*
© Community Television of Southern California 1996
De uitgevers zijn het Imperial War Museum veel dank verschuldigd voor de hulp en de samenwerking.
Vormgeving: Tim Higgins
Beeldresearch: Anne-Marie Ehrlich
Kaarten: Technical Arts Services

Nederlandse uitgave:
© 1997 by Standaard Uitgeverij n.v., Antwerpen
Verantwoordelijk uitgever: Standaard Uitgeverij n.v.,
Belgiëlei 147a, 2018 Antwerpen

Eerste druk, Oktober 1997
Tweede druk, November 1998
Voor Nederland: Uitgeverij Van Buuren
Postbus 10356, 6000 GJ Weert

Niets uit deze uitgave mag door middel van elektronische of andere middelen, met inbegrip van automatische informatiesystemen, worden gereproduceerd en/of openbaar gemaakt zonder voorafgaande schriftelijke toestemming van de uitgever, uitgezonderd korte fragmenten, die uitsluitend voor recensies mogen worden geciteerd.

ISBN 90 760 7701 0
NUGI 648
CIP
D/1197/0034/629

Inhoud

	Dankbetuiging	6
	Inleiding	9
1	Explosie	15
2	Patstelling	59
3	Totale oorlog	107
4	Slachting	155
5	Muiterij	209
6	Ineenstorting	275
7	Haat en honger	321
8	Oorlog zonder einde	361
	Noten	410
	Literatuuropgave	423
	Fotoverantwoording	426
	Register	427

DANKBETUIGING

OP BEPAALDE manieren zijn wij een ongebruikelijk stel. De een is historicus in Cambridge en heeft zijn hele carrière gewijd aan het bestuderen van de Eerste Wereldoorlog; de ander is documentairemaker voor de televisie die zich met een veelheid van onderwerpen heeft beziggehouden. De een bestudeert wat de tijdgenoten van toen de Grote Oorlog noemden omdat die zo dicht de grootste verschrikking van de twintigste eeuw – de holocaust – benadert als hij verdragen kan. De ander deelt de fascinatie van zijn overleden vader voor een oorlog die deze zelf aan den lijve zou hebben ervaren als hij een jaar ouder was geweest. Oorlog was voor de vader de Tweede Wereldoorlog, voor de zoon Vietnam. Onze samenwerking bij het maken van het boek en de bijbehorende documentaire is zeer bevredigend geweest, zowel op het professionele als op het persoonlijke vlak. We zijn beurtelings mentor en leerling van elkaar geweest. We hopen dat dat tot een beter product heeft geleid.

Het lijkt echter minder belangrijk ons persoonlijk verhaal te vertellen dan deze ruimte te wijden aan de odyssee die nodig was om het project in boek- en televisievorm te kunnen presenteren. Het idee van een televisieserie ontstond in 1990 in Los Angeles toen een televisieproducent het zo positief ontvangen boek van Paul Fussell over de literatuur van de Eerste Wereldoorlog doorlas, *The Great War and Modern Memory*. Het was hem meteen duidelijk dat hier vruchtbaar terrein braaklag. Maar het was ook een immens onderwerp, en het te vertalen naar het medium televisie zou een kostbare en ambitieuze onderneming zijn. In de Verenigde Staten is er in feite slechts één instantie om het zo essentiële 'eerste geld' te werven voor grote historische televisieprojecten: het National Endowment for the Humanities dat nu zo onder druk staat. Het kent een strenge selectieprocedure, waarbij experts uit de wetenschap en de media aan elkaar worden gekoppeld. Het huwelijk vereist van beide kanten veel geduld, maar het resultaat kan het beste van de twee werelden bieden. Na drie zittingen in twee jaar ontving het project over de Eerste Wereldoorlog een aanzienlijke subsidie, die als een magneet werkte op andere fondsen: de Public Boarding Service (PBS), de Corporation for Public Broadcasting (CPB), de BBC en de Arthur Vining Davis Foundations. De Verenigde Staten – en de wereld als geheel, want *1914-1918* is bedoeld als internationaal project voor een breed publiek in vele landen – zal een stuk armer zijn als een instituut als het Endowment niet meer bestaat. We danken vooral de programmaleiders van het Endowment, Holly Tank en Jim Dougherty. We willen ook onze waardering uitspreken voor de steun van Kathy Quattrone en Sandy Heberer van PBS; Don Marbury en Josh Darsa van CPB; en dr Max King Morris en dr Jonathan Howe van de Arthur Vining Davis Foundations.

Hugh Purcell, adviseur van de BBC, was een vroeg voorstander van het project, evenals Alan Rogers. We zijn erkentelijk voor de voortdurende steun bij de BBC van Michael Jackson, Glenwyn Benson en, vooral, Candace Carlisle, die we vaak om hulp en advies vroegen. Bij BBC-Books hebben Suzanne Webber, Martha Caute en Esther Jagger het boek vriendelijk en vaardig naar zijn eindvorm begeleid. De talenten van Tim Higgins en Anne-Marie Ehrlich komen duidelijk naar voren in, respectievelijk, het ontwerp van het boek en de fotografische research.

De beelden voor boek en televisieserie komen uit archieven over de hele wereld.

Dankbetuiging

Malcolm Brown voegde daar zijn gezaghebbende stem aan toe. Verreweg de meeste dank zijn we verschuldigd aan het Imperial War Museum in Londen. Medewerkers Roger Smither, Jane Carmichael en museumhistoricus Peter Simkins hebben meer dan hun best gedaan om het project tot een goed einde te brengen.

Een project van deze omvang en duur vereist ook onvermoeibare steun van de productie. Bill Kobin van KCET/Los Angeles was de eerste die de potentie van het project besefte. Phylis Geller en Stephen Kulczycki voedden het bekwaam. Jeanne Paynter en Catherine Kelly hielpen de fondsen te vinden.

Speciale dank gaat natuurlijk uit naar de productiestaf: voor KCET-serie-producent Carl Byker; producers, schrijvers en regisseurs Joseph Angier, Cynthia Crompton, Lyn Goldfarb, Margaret Koval, Isaac Mizrahi, David Mrazek en Mitch Wilson; productiemanager Bettina Bennewitz; medeproducers Adrienne Cooksey, Theresa Fitzgerald, Alexandria Levitt-Muzquiz en Michele Morgan; editors Jim Beebe, Joe Bergen, Doug Cheek en Stosh Jarecki; grafisch ontwerper Linda Emme; locatiemanager Jack Combs; en researchers en productie-assistenten Laura Cinco, David Orenstein en Michael O'Toole. Voor juridisch advies waren we in de goede handen van Glenn Schoeder en Linda MacCauley Mack.

Wat onze coproducenten bij de BBC betreft gaat onze speciale dank uit naar de producent van de serie, Carol Sennett, uitvoerend producent Laurence Rees, producent Stephen Haggard, researcher en productieassistente Harriet Rowe en redacteur Paul Dawe.

Onmisbare hulp kwam van historische adviseurs bij het ontwikkelen van het oorspronkelijke idee. Ron Schaffer was vanaf het begin een enorme steun. In een reeks ontmoetingen begonnen de contouren van de serie vorm aan te nemen. Arthur Barbeau, John Bushnell, David Kennedy, Norman Saul, Peter Simkins, Louise Tilly en Robert Wohl waren er vanaf het begin bij. Arthur Link was op belangrijke momenten een warme supporter. In de loop der tijd voegde zich bij hen een aantal wetenschappers van naam die commentaar leverden op de beelden en deelnamen aan de informele discussies, zoals Diane Atkinson, Stéphane Audoin-Rouzeau, Pat Barker, Volker Berghahn, Laura Lee Downs, Niall Ferguson, Orlando Figes, Paul Fussell, José Harris, Nicholas Hiley, Gerhard Hirschfeld, sir Michael Howard, Bernd Huppauf, John Keegan, David Kennedy, Robert Massie, Wolfgang Mommsen, Sarah O'Brien-Twohig, Avner Offer, Norman Stone, John Terraine, Deborah Thom, A. Mete Tuncoku, Trevor Wilson en Robert Wohl. Ken Inglis, Robin Prior, Emmanuel Sivan, Diana Goodrich, Joanna Bourke, Ira Katznelson, Adrian Gregory en Volker Berghahn waren zo vriendelijk hun werk terzijde te schuiven om delen van het boek van commentaar te kunnen voorzien. Zij behoedden ons voor menige fout; welke er nog in staan zijn voor rekening van de schrijvers.

Het is ons een genoegen de vele mensen te bedanken die gaven als zij erom gevraagd werden en een sfeer van collegialiteit hielpen ontstaan die zo zeldzaam is in het wetenschappelijke wereldje. Als de lezers van dit boek een idee krijgen van het plezier en het voordeel van collectief werken, hebben we een van onze doelstellingen bereikt.

Jay Winter   Blaine Baggett
Cambridge, Engeland   Los Angeles, VS

Inleiding

De schaduw van de oorlog

EEN PAAR KILOMETER ten noorden van Ieper, bij het dorp Vladslo in de gemeente Diksmuide, bevindt zich een Duitse oorlogsbegraafplaats. Hier zijn de graven te vinden van honderden mannen die in de begindagen van de Eerste Wereldoorlog werden gedood. Een ervan is het graf van Peter Kollwitz, een student uit Berlijn die als achttienjarige vrijwillig dienst nam zodra de oorlog was uitgebroken. Twee maanden later, in oktober 1914, sneuvelde hij, inmiddels negentien jaar geworden, tijdens een van de eerste grote veldtochten van de oorlog.

Käthe Kollwitz hoorde op 30 oktober dat haar zoon was omgekomen. 'Je mooie sjaal zal onze jongen niet langer kunnen warmen,' was de ontroerende wijze waarop zij het nieuws aan een goede vriendin vertelde.[1] Tegenover een andere vriendin erkende zij: 'Er is in ons leven een wond geslagen die nooit zal helen. En dat mag ook niet.'[2]

In december 1914 vatte Kollwitz, in haar tijd een zeer vooraanstaand kunstenares, het plan op om voor haar zoon een gedenkteken op te richten: zijn lichaam uitgestrekt, 'met zijn vader aan het hoofdeinde en zijn moeder bij zijn voeten,' ter herinnering aan 'de opoffering van alle jonge vrijwilligers'. In de loop der tijd probeerde zij verscheidene andere ontwerpen, maar was met geen daarvan tevreden. In 1919 liet Kollwitz het project rusten, maar ze was vastbesloten het te zijner tijd ten uitvoer te brengen. 'Ik zal terugkomen, ik zal dit voor je afmaken, voor jou en de anderen', noteerde zij in juni 1919 in haar dagboek.[3] Twaalf jaar later loste zij haar belofte in: in april 1931 kon zij het beeldhouwwerk eindelijk voltooien. 'In de herfst, Peter, kom ik het je brengen,' schreef zij in haar dagboek.[4] Het werk werd in Berlijn tentoongesteld en vervolgens naar België overgebracht en geplaatst bij het graf van haar zoon, zoals ze beloofd had.[5] Daar staat het nu nog.

Het oorlogsmonument van Käthe Kollwitz was een gift aan een zoon die zijn leven had gegeven voor zijn vaderland. Dat zij pas achttien jaar na zijn dood in staat

---

Deze twee granieten beelden zijn het werk van de Duitse kunstenares Käthe Kollwitz. Zij is rechts afgebeeld, haar man Karl links, op hun knieën bij het graf van hun zoon in België, smekend om vergeving voor een oorlog die zij, de oudere generatie, niet wisten te voorkomen.

was het beeld af te maken geeft wel aan hoe weinigzeggend de opvatting is die in de geschiedenisboekjes staat: dat de Eerste Wereldoorlog op 11 november 1918 eindigde. Voor de miljoenen mensen die moesten zien te leven met de herinnering aan de slachtoffers van het conflict duurde de oorlog veel langer.

Om die reden kan men stellen dat de contouren van de geschiedenis van de Eerste Wereldoorlog, de geschiedenis zoals die door miljoenen gewone mannen en vrouwen beleefd werd, op belangwekkende wijze zichtbaar wordt in Vladslo.

De oorlog begon in 1914 als een conflict waarvan iedereen dacht dat het slechts een paar maanden zou duren. Maar het afslachten van Peter Kollwitz en talrijke medesoldaten in 1914 leidde niet tot een beslissende overwinning. In plaats daarvan had zich aan het einde van het jaar een patstelling ontwikkeld; de Eerste Wereldoorlog was geboren, een oorlog die een volle 1500 dagen zou duren.

Bij de wapenstilstand van 11 november 1918 bevond het Duitse leger zich vlak bij Vladslo. Het hield nog steeds grote delen van België bezet, maar was verslagen. De geallieerden hadden de oorlog gewonnen, tegen een onvoorstelbaar hoge prijs. Van alle betrokken legers tezamen waren negen miljoen mannen in de strijd gestorven; misschien wel tweemaal dat aantal was gewond geraakt. En een nog veel groter aantal mensen was in rouw gedompeld – echtgenotes en broers, zonen en dochters, vaders en moeders als Karl en Käthe Kollwitz. Het beeld van Vladslo, midden in een slagveld uit de Eerste Wereldoorlog dat weer boerenland is geworden, brengt de overblijfselen van de gevallenen en de gebaren van de overlevenden bijeen; dit beeld is bepalend voor de benadering die in dit boek gevolgd wordt.

De 'korte twintigste eeuw'

OOK WIE VER NA de wapenstilstand van 1918 geboren is, leeft nog met de gevolgen van de oorlog. Dat geldt op zowel het persoonlijke als het meest algemene vlak. Het conflict van 1914-1918 leverde de fundamentele elementen voor de geschiedenis van de twintigste eeuw. De strijd tussen communisme en kapitalisme werd tijdens dit conflict een realiteit. Schoorvoetend maar onvermijdelijk werden de Verenigde Staten een wereldmacht. Het verval van Groot-Brittannië als grote mogendheid dateert van 1917, toen het voor de eerste keer schuldenaar werd van de Verenigde Staten. Door de vredesconferentie van 1919 werden de Duitse en Oostenrijks-Hongaarse rijken opgedeeld. Duitsland werd na de Tweede Wereldoorlog opnieuw gesplitst, maar de meeste staten die als gevolg van de vredesbesprekingen van 1919-1921 ontstonden, bestonden zeventig jaar later nog, zowel in Europa als in het Midden-Oosten.

Toen kwamen de schokgolven van 1989-1991, waardoor de wereld een gedaantewisseling onderging. Met deze aardverschuiving eindigde wat sommigen 'de korte twintigste eeuw' zijn gaan noemen.[6] Het communisme stortte ineen; het sovjetrijk en Joegoslavië vielen uiteen. Duitsland werd herenigd binnen een sterke Europese gemeenschap. Voorlopig lijkt het Duitse probleem, dat zo centraal stond in de Eerste Wereldoorlog, opgelost. In plaats daarvan hebben andere problemen de kop opgestoken, die onrustbarend veel lijken op de problemen die de staatslieden in 1914 grijze haren bezorgden.

Daarom lijkt het einde van de twintigste eeuw sterk op haar begin, met de recente opleving van oud nationalisme, de ineenstorting van onderdelen van het Europese staatssysteem en de ideologische of geopolitieke scheidslijn die na het

Inleiding

conflict van 1914-1918 ontstond. Voeg daarbij de geschiedenis van de Europese integratie, vol horten en stoten, in de jaren tachtig en negentig, en het zal eens te meer duidelijk zijn waarom het nodig is de sombere geschiedenis van de Europese desintegratie in herinnering te roepen. Als we de bloedige twintigste eeuw met haar grote rampspoed te boven willen komen, moeten we haar catastrofale karakter onderkennen en doorgronden. En dat betekent dat we ons weer moeten gaan bezighouden met de Eerste Wereldoorlog. Het informeren van een zo breed mogelijk publiek over deze kwesties, die van zo groot gewicht zijn voor het burgerschap, dat is de reden waarom we aan dit project begonnen zijn.

De Eerste Wereldoorlog: de culturele achtergrond van het militaire conflict

ONS DOEL IS de geschiedenis te schetsen van de mensen die in deze oorlog vochten en van degenen die zij achterlieten. We willen ook de schokgolven belichten die door dit conflict werden veroorzaakt en waarvan de weerslag tot op de dag van vandaag voelbaar is. Kort gezegd willen we proberen twee geschiedverhalen te vertellen die parallel lopen en onlosmakelijk met elkaar verbonden zijn: de culturele achtergrond van gewapende strijd en de invloed van het militair verloop op het culturele leven gedurende de Eerste Wereldoorlog en de periode erna.

De benadering van dit boek verschilt in belangrijke mate van andere studies en documentaires over de Eerste Wereldoorlog. Net als in andere studies is als verhaallijn het chronologische verloop van het conflict aangehouden – de botsing tussen de verschillende belangen, legers en imperiale macht tussen 1914 en 1918. Maar in elk hoofdstuk ligt de nadruk op de culturele context van de oorlogvoering en wordt juist deze aanschouwelijk gemaakt. Met deze culturele geschiedenis doelen we op het verkennen van verwachtingen en dromen, ideeën en aspiraties, blijdschap en wanhoop, zowel van degenen die ver van alle macht verwijderd waren als van degenen die het leiderschap bezaten. Het is het verhaal over de wijze waarop zij allen tegen de oorlog en de gevolgen ervan aankeken.

Tot voor kort werden militaire geschiedenis en cultuurgeschiedenis strikt van elkaar gescheiden. Het werk van een nieuwe generatie wetenschappers in Europa en Noord-Amerika en daarnaast het bijeenbrengen en bestuderen van nieuwe archief- en filmbronnen stellen ons echter in staat nieuwe terreinen bloot te leggen. De oorlog van 1914-1918 werd vooral vanwege zijn culturele gevolgen aangeduid als 'de Grote Oorlog'.[7] Hoewel de diplomatie, het politieke conflict en het militaire verloop lange tijd de hoofdonderwerpen vormden als het om de oorlog ging, zijn ze het grote publiek nooit als culturele verschijnselen gepresenteerd, met een overvloed aan rijke en complexe beelden, talen en cultureel bepaalde vormen.

Dit is een internationaal verhaal van ongekende reikwijdte. De oorlog raakte het leven van mensen in de hele wereld op tal van manieren. Het bracht Australiërs naar Turkije, de Japanse marine naar de Middellandse Zee, Tsjechische soldaten naar Siberië en Amerikaans 'kanonnenvlees' naar plaatsen waarvan zij niet hadden kunnen dromen dat ze er ooit zouden komen.

Zestig jaar eerder hadden Amerikaanse soldaten de eerste schreden gezet op de weg van de industriële oorlogvoering. Tussen 1914 en 1918 maakten de Europeanen hun eigen 'burgeroorlog' door, die echter wereldwijd werd gevoerd vanwege de overzeese bezittingen van de strijdende partijen. De Europese strijd was bloediger

Inleiding

dan enig andere oorlog tot dan toe, bloediger ook dan de Amerikaanse Burgeroorlog. Maar beide conflicten liepen evenzeer over van medeleven en ontaarding, racisme en menslievendheid, werden evenzeer overheerst door industrie en landbouw en waren even symbolisch voor de eeuw waarin zij plaatsvonden.

De banden tussen de Europese en Amerikaanse geschiedschrijving over het voeren van oorlog gaan zelfs nog verder. Een van de krachtigste prikkels voor een nieuwe ontwikkeling in het historisch denken over de Eerste Wereldoorlog was de oorlog in Vietnam. Grotendeels in reactie op dat conflict verscheen er een rijke historische literatuur die ons in staat stelt om in dit project met nieuwe interpretaties te komen.

Een dimensie die in deze nieuwe literatuur, en in dit boek, sterk naar voren komt, is de opvatting van oorlog als een cultureel fenomeen, net zo goed voor soldaten en staatslieden als voor kunstenaars en hun publiek. Wetenschappers als Paul Fussell in *The Great War and Modern Memory*, John Keegan in *The Face of Battle* en Eric Leed in *No Man's Land*, die alle drie in de jaren zeventig schreven, hebben het historisch landschap van de oorlog drastisch veranderd. Zij hebben de Eerste Wereldoorlog geherdefinieerd als een gebeurtenis die de taal transformeerde, de grenzen tussen het openbare en het privé-terrein drastisch verschoof, het onderscheid tussen militaire en burgerdoelen deed verdwijnen, de aanzet gaf tot een heksenjacht op binnenlandse vijanden, de scheiding der seksen ter discussie stelde en een nieuwe fase deed aanbreken in de geschiedenis van ras en imperiale macht. Meer recentelijk hebben Modris Eksteins in *Lenteriten* en Samuel Hynes in *A War Imagined* een speurtocht ondernomen naar de afschaduwing van de oorlog zoals die in verbazingwekkende en oorspronkelijke kunstwerken te vinden is, en ook in de meer alledaagse verschijningsvormen van het culturele leven.

Europa heeft een even rijke literatuur over de culturele geschiedenis van de oorlog voortgebracht. Jean-Jacques Becker en Marc Ferro hebben nieuwe onderzoekswegen geopend over de publieke opinie in Frankrijk en Rusland, en George Mosse en Stéphane Audoin-Rouzeau hebben het gewelddadige effect van de oorlog op burgers en soldaten onderzocht. Antoine Prost heeft ons inzicht over veteranenbewegingen en herdenkingsevenementen verrijkt.

Het werk van deze mensen heeft de weg opengelegd naar een nieuwe cultuurgeschiedenis van de oorlog. Het heeft als uitgangspunt dat we het versleten onderscheid tussen 'hoge' en 'volkse' cultuur en tussen die twee en de politieke en militaire geschiedenis van die tijd overboord moeten zetten om de Eerste Wereldoorlog en zijn nog steeds merkbare gevolgen te kunnen begrijpen. In het conflict van 1914-1918 werden alle mensen gemobiliseerd en zij raakten er allemaal door getransformeerd. De Eerste Wereldoorlog slechtte de barrières die tussen hen in stonden. Dit boek en de bijbehorende televisieserie zijn bedoeld om te laten zien hoe en waarom dit gebeurde.

Vrouwelijke arbeiders van een vliegtuigfabriek in Birmingham, september 1918. De Eerste Wereldoorlog dreef miljoenen mensen in een situatie die totaal verschilde van die in hun vooroorlogse leven. Vrouwen gingen op grote schaal buitenshuis werken, verdienden loon en proefden van de vrijheid. Het was slechts kortstondig, maar de herinneringen aan zusterlijke kameraadschap en opoffering bleven voortbestaan.

I
Explosie

DE CATASTROFE VAN 1914 was het gevolg van een optelsom van verschuivende breuklijnen op politiek, economisch en cultureel vlak. De Europese samenleving werd direct onder de oppervlakte gekenmerkt door een hoge mate van instabiliteit, en toen die onrust zich een uitweg zocht, werden hele regimes, ja zelfs een hele manier van leven weggevaagd.

De invloed van de oorlog deed zich het meest direct voelen in het leven van de burgers. Oorlog leidt tot verwoesting van gezinnen, en tot op heden is de Eerste Wereldoorlog in dat opzicht het ergst geweest. Van de zeventig miljoen mannen die in alle landen gezamenlijk in het leger dienden, stierven er meer dan negen miljoen; drie miljoen weduwen en tien miljoen wezen dankten hun lot aan deze oorlog.[1]

We zullen nooit precies kunnen achterhalen hoe diep de trauma's doorwerkten in de levens van hen die ze opliepen. Maar we beschikken wel over verwijzingen naar het menselijke verhaal achter de oorlog. Wachten op nieuws over geliefden was tijdens de oorlog een kwellende en onvermijdelijke bezigheid voor miljoenen familieleden.

In Frankrijk was het de taak van de burgemeester om het slechte nieuws over te brengen. Zodra hij een bericht ontving van het ministerie van Oorlog, verliet hij zijn kantoor en begaf zich naar één bepaald huis.[2] Kinderen gluurden boven hun schoolboeken uit om te kijken waar hij heen ging. Wie winkelde verstijfde, gesprekken stokten. Dan volgde de klop op de deur.

Vaak zag men de onheilsboodschapper al van verre aankomen. De schrijver Jean Giono beschreef een dergelijk tafereel op het Provençaalse platteland. Een vrouw, Felicité, zag de postbode Albéric met een andere buurman, Jérôme, naderen. Zij

> hield haar hand boven haar ogen om hen beter te kunnen zien... De kippen ruzieden. Zij rende tussen hen door naar de boerderij. Jérôme en Albéric liepen langzaam verder. Zij opende de deur. Zij had het al begrepen. Zij zat gebogen over de tafel, haar gezicht tegen het hout gedrukt, en sloeg met beide vuisten op de tafel. 'Nee!' schreeuwde ze. 'Nee!'[3]

Haar zus, de plaatselijke schooljuffrouw, stuurde haar klas naar huis. Onder de leerlingen was de zoon van de gevallen soldaat. Zijn buurman Jérôme riep hem toe: 'Kom, geef me je hand. Je moeder zoekt je. Je kunt die bloemen beter weggooien.' Het hele dorp kwam naar het in rouw gedompelde huis.

Ludwig Meidner, *De vooravond van de oorlog*, 1914. Meidner was een Duitse kunstenaar en onheilsprofeet. Op deze tekening die in augustus 1914 in Berlijn werd gemaakt, vertonen de gezichten van de mensen die met de apocalyps bedreigd worden paniek en angst. De oorlogscrisis riep een heel scala aan emoties op bij de bevolking, van onbegrip en verbijstering tot woede en het stoïcijns accepteren van de onvermijdelijkheid van een oorlog uit zelfbescherming.

Explosie

> De voorkamer zat vol mensen. Het dressoir, de kast en de kneedtrog waren opzijgeschoven. De stoelen met hun rechte rug stonden op een rij tegen de muur... Er brandde geen vuur in de haard. De as was op een hoop naar het midden geveegd, ten teken dat hij niet meer zou worden aangestoken. In het midden van de kamer stond een lege tafel; in elke hoek brandde een gele waskaars. Iedereen uit de buurt was er. Ze waren allemaal gekomen, de oude mannen, de vrouwen en de meisjes, en zij zaten kaarsrecht op de rechte stoelen. Zij zaten in het duister van de schaduwen. Zij keken naar de lege tafel en de kaarsen, en het licht van de kaarsen legde een zachte gloed over hun handen, die plat op hun knieën lagen...

De moeder van de overledene strooide wat zout midden op tafel: 'Laat ons in gedachten onze vriendschap koesteren voor iemand die het zout der aarde was.'

Wanneer soldaten stierven, bereikte het nieuws over hun dood de families op velerlei manieren: een telegram voor Britse officieren, een brief of telefoontje wanneer het om gewone soldaten ging. Sommigen leden verlies op verlies. De commandant van het Franse Achtste Leger, generaal Castelnau, verloor drie zonen. Als hij een militair met bedroefd gezicht zijn kantoor of huis zag binnenkomen vroeg hij slechts: 'Welke?' Erich Ludendorff, onderbevelhebber van het Duitse leger, verloor twee stiefzonen, beiden piloot. Hij moest persoonlijk de stoffelijke resten identificeren van de tweede, die in april 1918 was neergeschoten. 'Niets blijft mij in de oorlog bespaard,' was zijn laconieke reactie op het nieuws.[4]

De klop op de deur was niet kieskeurig. Notabelen en rijke mensen kregen er net zo goed mee te maken als gewone burgers. De Engelse premier H.H. Asquith vernam het nieuws van zijn vrouw Margot tijdens een weekend in 1916.

> Op zondag 17 september gaven we een weekendpartijtje.... Terwijl er 's middags tennis werd gespeeld ... kwam Clouder, de bediende ... me vertellen dat er telefoon was. ... Ik verliet de kamer, en terwijl ik de hoorn opnam zei ik tegen mezelf: Raymond is dood.
> Met de hoorn in de hand vroeg ik wat er gebeurd was en of het slecht nieuws was.
> Onze secretaris, Davies, antwoordde: 'Vreselijk, vreselijk nieuws. Raymond is op de vijftiende doodgeschoten...'
> Ik liet de kinderen alleen en bleef even staan in de gang naar de eetkamer; Henry deed de deur open en we stonden tegenover elkaar. Hij zag mijn bleke, natte gezicht, en terwijl hij zijn arm om me heen sloeg zei ik: 'Vreselijk, vreselijk nieuws.'
> Hij onderbrak me en zei: 'Ik weet het... ik wist het... Raymond is dood.'
> Hij sloeg zijn handen voor zijn gezicht, we liepen samen een lege kamer in en bleven daar in stilte zitten.[5]

'Wat ik in het verleden aan trots had,' schreef premier Asquith op 20 september, 'en wat ik aan hoop had voor de verre toekomst – het overgrote deel daarvan had ik in hem geïnvesteerd. Dat alles is nu weg.'

In oktober 1914 ontvingen de ouders van Willi Böhne, een scheikundestudent aan de universiteit van Frieburg, een brief in twee delen. Het eerste deel was van hun zoon, die hun vertelde hoe het met hem ging en hoe hard hij moest werken: 'Wij zijn niet meer dan mollen; we graven loopgraven opdat de Herren Engländer hier niet kunnen doorbreken.'[6] De brief eindigde abrupt en werd aangevuld door een kameraad die de ouders informeerde dat Böhne zojuist was gedood.

Een Frans weeshuis. Frankrijk had de voogdij over deze oorlogswezen. Alleen al in 1914 stierven 400.000 Franse soldaten, die ongeveer eenzelfde aantal kinderen vaderloos achterlieten. In een land dat geobsedeerd werd door één terugloop van het aantal ingezetenen, werd alles in het werk gesteld om deze onschuldige slachtoffers van de oorlog te helpen.

Vier jaar later was de slachting nog steeds aan de gang. Isaac Rosenberg, een van de dichters die in de oorlog stierven, was een jood uit het Londense East End. Hij werd gedood tijdens het laatste Duitse offensief, op 1 april 1918. Pas later die maand bereikte het nieuws van zijn dood zijn familie, per brief. Zijn vader schreef, nadat hij de eerste schok te boven was gekomen, een gedicht:

> *Dit is een dag van tranen*
> *De dag waarop mijn lieve zoon, Isaac de Leviet*
> *Het slagveld heeft verlaten. ...*
> *Als u begrip hebt, zult u begrijpen.*[7]

Voorgevoelens van op handen zijnde rampspoed kwamen veel voor. Harold Owen was een marineofficier die in december 1918, weken na het einde van de gevechten, diende voor de kust van West-Afrika. Zijn broer Wilfred, een jonge dichter, was officier in het Manchester-regiment.

Explosie

We lagen voor Victoria. Ik was naar mijn hut gegaan met de bedoeling wat brieven te schrijven. Ik schoof het gordijn in de deuropening opzij, stapte naar binnen en zag tot mijn verbazing Wilfred op mijn stoel zitten. Er ging een schok van ontzetting door me heen en ik voelde het bloed uit mijn gezicht wegtrekken. Ik stormde niet op hem af, maar liep wankelend de hut binnen – al mijn ledematen waren verkrampt en reageerden traag. Ik ging niet zitten, maar terwijl ik hem aankeek zei ik zachtjes: 'Wilfred, hoe kom jij hier?' Hij stond niet op en ik zag dat zijn onbeweeglijkheid niet vrijwillig was, maar zijn ogen die me aldoor waren blijven aankijken hadden de vertrouwde blik waarmee hij me dingen wilde laten begrijpen; toen ik sprak werd zijn gezicht een en al glimlach, intens vriendelijk en allerinnemendst, maar geheimzinnig. Ik voelde geen angst – die had ik al niet toen ik het gordijn opzijschoof en hem daar zag; slechts een intense innerlijke vreugde dat ik hem op die manier gewaarwerd. Ik was me slechts bewust van de enorme schok en volslagen verbijstering over het feit dat hij bij mij

Explosie

Een autofabriek in Berlijn rond 1900. De bevolking in het vooroorlogse Berlijn bestond vooral uit industriearbeiders, en in de voorsteden, slechts een paar kilometer verwijderd van het keizerlijk paleis in Potsdam, ontstond in korte tijd een industriestad van 100.000 inwoners. Meer nog dan in Londen of Parijs werd de industrie in Berlijn overheerst door zware industrie.

in mijn hut was. Ik sprak opnieuw tegen hem. 'Mijn allerbeste Wilfred, hoe kun je nu hier zijn, dat kan toch niet...' Hij zei echter nog steeds niets, glimlachte alleen maar allervriendelijkst. ... Hij was in uniform, en ik weet nog hoe slecht ik het kaki vond passen bij de aankleding van mijn hut. Bij deze gedachte moet ik mijn ogen van hem hebben afgewend; toen ik opnieuw keek was mijn stoel leeg.

Ik voelde hoe het bloed langzaam terugvloeide naar mijn gezicht en hoe mijn ledematen zich ontspanden, en tegelijk werd ik overvallen door een overweldigend gevoel van leegte en absoluut verlies. ... Ik vroeg me af of ik gedroomd had, maar toen ik omlaag keek zag ik dat ik nog steeds stond. Plotseling voelde ik me vreselijk moe en ging in mijn kooi liggen; ik viel onmiddellijk in een diepe, droomloze slaap. Toen ik wakker werd wist ik met absolute zekerheid dat Wilfred dood was.[8]

De bevestiging hiervan kwam in de week van Kerstmis 1918 via een brief van zijn familie. Wilfred was op 4 november gedood, maar dat nieuws had zijn familie pas een week later bereikt. 'Zij hadden het gevreesde telegram ontvangen om twaalf uur 's middags op 11 november, de dag van de wapenstilstand. De kerkklokken luidden nog, de muziekkorpsen speelden en uitbundige menigten stroomden samen.'[9] Nog geen uur eerder was de oorlog officieel geëindigd.

Deze woorden en herkenbare familieportretten laten ons de menselijke realiteit achter de oorlog als verwoester zien. Bij zoveel verdriet, zoveel verlies kunnen we niet anders dan ons aansluiten bij de overlevenden en vragen: 'Waarom gebeurde dit?', 'Was deze oorlog nodig?', en: 'Wie was er de schuld van?'

Beelden van geweld

DE ENORME beroering in 1914 was het gevolg van keuzes die gemaakt werden door aanwijsbare mensen onder bijzondere omstandigheden. De oorlog zat hen niet ingebakken, als een recessief gen dat opeens dominant wordt; hun keuzes werden gemaakt in een tijd van enorme binnenlandse conflicten en grote onzekerheid over de toekomst. Conflicten over macht, over ideeën, over kunst, over godsdienst en taal namen in de decennia voor de Eerste Wereldoorlog nieuwe en revolutionaire vormen aan. Er was sprake van een generatie die zich weliswaar bewust was van de instabiliteit, maar die deze niet goed wist te hanteren.

De grootste veranderingen deden zich voor op economisch vlak. De jaren 1880-1914 vormen een van de explosiefste perioden van industriële groei in de geschiedenis. Europa, dat werd gesteund door imperiale macht en de komst van stoomtrein en stoomboot, plukte de vruchten van de import van enorme hoeveelheden tarwe en vlees; gewone mensen aten meer en beter dan hun voorgeslacht in welk tijdperk ook.

De bevolking groeide ongekend snel. Steden schoten als paddestoelen uit de grond: van een slaperige provinciehoofdstad met 600.000 inwoners in 1870 groeide Berlijn uit tot een metropool met twee miljoen zielen in 1910.[10] Stromen migranten die op de vlucht waren voor vervolging overspoelden Europa in westelijke richting. Deze menselijke rivieren zetten miljoenen mensen af in heel West-Europa en vervolgens nog grotere aantallen in de Nieuwe Wereld.

De industriële kracht van de grootste landen maakte naar buiten toe duidelijk dat zij de status van grote mogendheid bezaten. Ieder van die landen toonde zijn indus-

De Wereldtentoonstelling van 1900 in Parijs was een hommage aan de Industriële Revolutie, zoals de Wereldtentoonstelling van 1889-1890 een herdenking van de Franse Revolutie was geweest. Politiek vertoon van de grootmachten speelde een grote rol bij de tentoonstelling rond de eeuwwisseling. Elk paviljoen straalde zijn eigen versie van nationale of imperiale grandeur uit, al was de entourage van deze exorbitante vertoning een vervalsing van vreedzame aard.

triële spierballen op de Wereldtentoonstelling van 1900 in Parijs. Alle leiders wisten dat hun macht ter land en ter zee uit de buik van hun hoogovens kwam.

Parallel aan deze grote economische sprong voorwaarts was er ondergronds op allerhande terrein van kennis een revolutionaire stroom op gang gekomen. Vrijwel overal werden de Victoriaanse zekerheden ondermijnd. Freud vernietigde het gevestigde idee van de kinderlijke onschuld; Einstein liet niets heel van de statige Victoriaanse opvatting over tijd – relativiteit was niet echt een troost voor mensen die zochten naar gevestigde waarden. De gebroeders Wright verwezenlijkten de droom van Leonardo da Vinci en het begrip ruimte kromp ineen door de nieuwe spreekmachines van Edison.[11]

Het tijdperk van de machines en de onzekerheden die deze machines met zich meebrachten, domineerden de ontwikkelingen in de kunst. Monet wist de vervormingen die werden veroorzaakt door de rookpluimen van locomotieven in het Gare St. Lazare, het grote station in Parijs, in licht te vangen. Nog grotere waaghalzen werden aangetrokken door het futurisme, een verheerlijking van machines, kracht, snelheid ... en oorlog. De Italiaanse futurist Boccioni was gefascineerd door de fiets, die hij zag als een symbool van het universum. Hij diende, hoe treffend, aanvankelijk in het Fietskorps maar werd in 1916 gedood terwijl hij paardreed.[12]

De futuristen hielden van shockeren. Hoe meer conventies en zekerheden er sneuvelden, hoe beter. En als iemand door de brokstukken werd geraakt was dat de prijs die betaald moest worden voor het modernisme. 'Wij willen de liefde voor gevaar bezingen,' verklaarde het *Futuristisch manifest* uit 1909: 'Wij willen de oorlog, 's werelds enige gezondheidsleer, verheerlijken, militarisme, patriottisme, het destructieve gebaar van de brengers van vrijheid, mooie ideeën die het waard zijn om voor te sterven...'[13]

Dergelijke stemmen klonken op in het vooroorlogse Europa. Maar er waren ook kunstenaars die weliswaar even vernieuwend waren, maar die ambivalenter stonden tegenover het destructieve potentieel van het moderne industriële leven. Deze schilders, beeldhouwers en componisten kondigden geweld en chaos aan en een toekomst die zo onheilspellend was als leefde men op een vulkaan. In hun werk vingen zij de ongemakkelijke stemming veel beter dan de arrogante poseurs van het futurisme. Anders dan de futuristen konden veel kunstenaars er simpelweg niet toe komen geweld te verheerlijken. In plaats daarvan riepen zij verontrustende beelden op van de potentiële chaos en wanorde binnen hun samenleving. Het verhaal van twee van dergelijke kunstenaars, de Russische componist Igor Stravinski en de Duitse schilder Ludwig Meidner, is illustratief voor de onopgeloste spanningen in het Europese culturele leven aan de vooravond van de oorlog.

Stravinski en Meidner

EEN ONSTUIMIGE mengeling van hoop en vrees overheerste een van de meest iconoclastische momenten in de cultuurgeschiedenis van voor 1914. Dat moment was 29 mei 1913, en betrof de Parijse première door Sergej Diaghilevs Ballets Russes van een ballet dat was geschreven door de vijfentwintigjarige Russische componist Igor Stravinski. Het ballet was getiteld: *Le sacre du printemps*.

Het is, in Stravinski's eigen woorden, 'een muzikaal choreografisch werk, waarin het heidense Rusland ten tonele wordt gevoerd. Alle onderdelen zijn met elkaar verbonden door één enkele achterliggende gedachte: het mysterie en de overwel-

Cartoon van Stravinski door Jean Cocteau. Cocteau was onder andere dichter en schilder en in het vooroorlogse Parijs was hij een enthousiast iconoclast. De storm die in 1913 opstak naar aanleiding van de opvoering van Stravinski's *Le sacre du printemps* deed zijn hart dan ook goed. Dat gold niet voor traditioneel ingestelde theatergangers zoals die hier zijn afgebeeld: hun verbijsterde gezichten onthullen de schok die Stravinski's partituur en de radicale choreografie van de Ballets Russes teweegbrachten.

digende scheppende kracht van de lente.'[14] Het eerste deel behelst een verheerlijking van de heiligheid van de lente, het tweede deel is 'het grote offer': het offeren van een maagd aan 'de oude mannen tijdens de grote heilige dans'.

De muziek was heftig en liep over van dissonanten. Maar nog veel vernieuwender was de wijze waarop het ritme doorwerkte in het optreden van de sterren, Nijinski – die ook verantwoordelijk was voor de choreografie – en Maria Piltz, de 'uitverkoren maagd'. Dit was geen ballet, dit was revolutie. Stampen met de voeten verving het lyrische gesleep van de conventionele dans; verkrachting nam de plaats in van romance, het etherische werd het primitieve.

Als dit de toekomst was, moesten de welgestelde bezoekers van het Théâtre des Champs Elysées er niets van hebben. De zaal barstte los in gefluit en geloei, er werden beledigingen en bedreigingen geuit, er vielen klappen en veertig protesterenden werden de zaal uitgezet, maar de voorstelling ging door.

Geen van de aanwezigen vergat ooit het schokeffect van die avond. In feite was het het voorspel voor een transformationeel moment, een apocalyps, vol potentie maar ook vol gevaar. In Stravinski's ballet werd echter een enkele vrouw het slachtoffer, niet de wereld zelf.

De visie van Ludwig Meidner was bevattelijker.[15] Daar waar Stravinski een primi-

Explosie

tieve landelijke rite omzette in ballet, schilderde Meidner de apocalyps als de stad die ten onder gaat in vuur. Meidner, een jood, werd in 1884 geboren in het Duitse Breslau (het huidige Wroclaw in Polen). Als twintiger kwam hij naar Berlijn, waar hij bittere armoede leed. In de Duitse hoofdstad schilderde hij opmerkelijke beelden van de oorlog en de stedelijke catastrofe, ver voor de crisis van 1914. Meidner hield van de stad en haatte haar tegelijk. Zijn onderwerp was de dynamiek van de grote stad, haar vormen, geluiden en gevaren. Hij verheerlijkte de gespierde nieuwheid van het leven in de metropool terwijl hij het explosieve potentieel van een dergelijke onmetelijke concentratie van mensen verkende. In 1914 schreef hij:

> Laten we schilderen wat dicht bij ons staat, onze stadswereld. De ruige straten, de sierlijkheid van ijzeren hangbruggen, gastanks die in bergen van witte wolken hangen, de schreeuwende kleuren van bussen en expreslocomotieven, de ruisende telefoondraden (klinken ze niet als muziek?), de doldwaasheid van reclamezuilen en dan de nacht ... de nacht van de grote stad.

Ludwig Meidner, *Bombardement van een stad*, 1914. Deze tekening zou van Sarajevo in 1994 kunnen zijn maar stelt Berlijn voor het uitbreken van de oorlog voor. De uniformen van de mannen die hun eigen volk bombarderen zijn Duits; stedelingen met het formaat van mieren vluchten alle kanten op, maar zijn gedoemd hun onvermijdelijke lot te ondergaan.

Explosie

Vassili Kandinski, *Allerzielennacht I*, 1911. Kandinski, geboren in Moskou in 1866 en vanaf 1896 in München woonachtig, dacht veel na over de wereldwijde catastrofe die volgens hem te gebeuren stond. Hiernaast toont hij ons zijn kijk op het Laatste Oordeel, met de trompet die het einde der tijden aankondigt.

Dat was de positieve kant van zijn visie; de donkerder kant blijkt uit zijn beschrijving van zijn wandelingen door Berlijn tijdens de hittegolf van 1912:

> Soms als ik daar 's nachts behoefte aan heb waag ik mij de stad in … en scharrel over het trottoir. … De kreten van wolken echoën om me heen, brandende bosjes, het verre wieken van vleugels, en mensen, schimmig en spugend. De maan brandt tegen mijn hete slapen. … De stad komt dichterbij. Mijn lichaam kraakt. Het gegiechel van de stad ontvlamt tegen mijn huid. Ik hoor uitbarstingen aan de onderkant van mijn schedel. De huizen komen dichterbij. Hun rampspoed barst uit de ramen, trappen storten geluidloos in elkaar. Mensen lachen onder de ruïnes.

Die 'ruïnes' schilderde hij, in penseelstreken vol koortsige afwachting van chaos en de triomf van het kwaad. Steden platgegooid, vrouwen verkracht; mensen gevangen in een gekgeworden wereld; verminkte soldaten: dat zijn zijn stadsbewoners.

Zulke beelden waren in het vooroorlogse Berlijn heel gangbaar onder schrijvers en kunstenaars. Dezelfde verdoemde mannen en vrouwen zijn te vinden in de verzen van dichters in de kring rond Meidner. Georg Heym schreef in 1911:

> *De mensen op straat blijven staan en kijken,*
> *Naar de hemel waar gigantische voortekens kruisen;*
> *Kometen die vlammen rond torens als roofdierkaken,*
> *Doodsbezwangerd, met vurige snuiten – waar ze ook ruisen.*[16]

Jakob van Hoddis noemde een van zijn gedichten 'Einde van de wereld'. Alom werd een apocalyptische dreiging gevoeld.[17]

De Russische schilder Vassili Kandinski, een vriend van Meidner die ook in Duitsland werkte, uitte eveneens dergelijke waarschuwingen. 'Een grote verwoesting … is

Feestelijkheden op de verjaardag van de Duitse keizer, juni 1913. Een grootse parade over Unter den Linden door de Brandenburger Tor in Berlijn behoorde tot de jaarlijks terugkerende evenementen. Deze demonstratie van volksgenegenheid werd zorgvuldig georkestreerd. Waarachtige, maar ook op cynische wijze gemanipuleerde nationalistische gevoelens onder de bevolking werden hiermee tot uiting gebracht.

Explosie

ook een lofzang, compleet en uniek in zijn soort, net als een loflied op de nieuwe schepping die volgt op verwoesting,'[18] zo geloofde hij. Ook hij schilderde het einde van de wereld: de vier ruiters van de Apocalyps bevinden zich maar net achter de horizon. Kandinski woonde in München en richtte daar samen met de Beierse schilder Franz Marc een forum op voor een dergelijke 'nieuwe artistieke productie', 'Der Blaue Reiter'. Zij maakten een almanak van de revolutionaire stromingen van die tijd waarin hun missie als volgt werd verkondigd: 'Kunst beweegt zich momenteel in een richting waarvan onze vaders nooit hadden durven dromen. Wij staan voor de nieuwe beelden als in een droom, en we horen de apocalyptische ruiters in de lucht. Er heerst een artistieke spanning in heel Europa.'[19] Hoe die spanning zich zou ontladen, konden deze kunstenaars niet voorzien.

Bronnen van instabiliteit

WAAR KWAM EEN dergelijke koortsachtigheid vandaan? Het geloof van deze kunstenaars in een Armageddon leefde in heel Europa, maar veel ervan was specifiek Duits. Duitsland was de meest explosieve militaire machine ter wereld. Het Duitse leger was superieur en de nieuwe machthebbers van het Duitse rijk wilden dat zo houden. Zij stonden aan het hoofd van een staat die aan de ene kant modern en aan de andere kant archaïsch was. Zij beschikten over de meest productieve staal- en machinefabrieken en de beste chemici, maar deze enorm dynamische bron van economische kracht maakte deel uit van een bestel met een verouderd politiek systeem. De Duitse keizer had absolute macht over leger en regering. Het volk betaalde de rekening voor de macht van de staat, maar had weinig invloed op de wijze waarop die macht gebruikt werd.

Dat was de diepere oorzaak van de instabiliteit die de Duitse samenleving in wezen aankleefde. Duitsland was modern en toch ook niet en in de straten van Berlijn was dat goed te zien. Daar vonden in 1913, het jaar waarin Meidner zijn serie apocalyptische schilderijen maakte, talloze demonstraties plaats. Eerst waren er de arbeiders, de voorhoede van de grootste revolutionaire partij ter wereld, de Sociaal-Democratische Partij, die bij de verkiezingen van 1912 het grootste aantal zetels in de Rijksdag, het Duitse parlement, had gewonnen. Een week later was de keizer jarig en werd dat in de straten van Berlijn gevierd met marsen en parades door een van de meest reactionaire militaire kasten in Europa.[20]

Hoe lang kon deze ongelukkige combinatie van industriële moderniteit en politieke achterlijkheid standhouden? Niemand die het wist, maar het explosieve materiaal onder de oppervlakte van het Duitse leven verleende iets onheilspellends aan soortgelijke discussies in andere Europese hoofdsteden. Want een instabiel Duitsland betekent een instabiel Europa, dat geldt ook tegenwoordig nog.

Niet dat het werk van de Duitse kunstenaars een commentaar was op politieke gebeurtenissen. Zij vertegenwoordigden veeleer iets van grotere waarde: zicht op de stemming van een tijd, de angsten van een generatie, de desoriëntatie, de mengeling van hoop en vrees.

Leken al deze visioenen niet erg op elkaar? In dat jaar 1913 verheerlijkten veel kunstenaars de iconoclastische, lenteachtige dynamiek van hun tijd, maar ze deden dat met een somber en sterk gevoel voor het geweld dat vlak onder de oppervlakte van het eigentijdse leven op de loer lag. Verheerlijking en waarschuwing tegelijkertijd: zij verwezen naar een lente van zowel creativiteit als catastrofale verande-

ringen. Zij reageerden niet op een toekomstige oorlog maar op het scheppende karakter van de wereld waarin zij leefden.[21] Zij vertelden ons wat de rest van de eeuw pas later heeft begrepen: een revolutionaire tijd vernietigt minstens zoveel als zij schept.

De Duitse keizer

De oorlog die in 1914 uitbrak zou de Duitse monarchie vernietigen. Keizer Wilhelm II verloor alles: het opperbevel over leger en vloot, de kroon van Pruisen, en zelfs de keizerlijke mantel. In 1918 werd de keizer weggemoffeld in Nederland, waar hij politiek asiel kreeg. Sommigen zien hem als de schepper van zijn eigen aftreden, anderen geven de schuld aan een politiek systeem dat hem evenzeer manipuleerde als hij dat zelf met het systeem deed. Hoe het oordeel ook uitvalt, zijn levensverhaal maakt veel duidelijk over de sociale en politieke context waarbinnen werd beslist over vragen van oorlog en vrede.

De laatste keizer werd gefascineerd door de zee. 'Dat kwam in niet geringe mate door mijn Engelse bloed,' schreef hij. Aan het spelen in Osborne op het eiland Wight, waar zijn grootmoeder koningin Victoria een landgoed bezat, bewaarde hij zijn beste jeugdherinneringen. In de haven van het nabije Portsmouth zag hij allerlei schepen. 'Zij maakten in mij het verlangen wakker om, eenmaal volwassen, zelf dergelijke schepen te bouwen, om een even goede vloot te hebben als de Engelse.'[22]

De man die Duitsland de Eerste Wereldoorlog in zou leiden werd als zoon van de oudste dochter van koningin Victoria op 27 januari 1859 geboren. Zijn geboorte verliep moeizaam. Bij de stuitbevalling werd de verlostang gebruikt. Zijn linkerarm werd hierdoor uit de kom gerukt, waardoor spieren en zenuwen ernstig beschadigd werden en de arm onbruikbaar werd. De verhouding met zijn Engelse moeder was zeer problematisch en liep parallel aan de groeiende vijandigheid tussen de twee machtigste staten in de wereld, Groot-Brittannië en Duitsland.

In zijn jeugd eiste zijn moeder, Victoria, van 'Willy' dat die zijn handicap te boven zou komen. Zij nam zijn algehele opvoeding ter hand en hoopte hem 'ons Britse gevoel van onafhankelijkheid' bij te brengen. Zij bleek een harde leermeester. Hij leerde even gemakkelijk Engels als Duits spreken, maar fysiek maakte hij slechts langzaam vorderingen. Hij werd gedwongen allerlei pijnlijke hulpmiddelen om zijn arm te dragen die bedoeld waren om zijn verschrompelde arm op vaak weinig zachtzinnige wijze recht te trekken. Wilhelms reactie was zeer menselijk: 'Ik was bang en maakte me zorgen. Als er niemand in de buurt was, huilde ik.'[23]

Pas toen Wilhelm volwassen was, vond hij het geluk, en wel in het Pruisische leger. 'Daarin vond ik mijn familie, mijn vrienden, mijn interesses – alles wat ik tot dan toe niet had gehad.'[24] Door het leger werd Wilhelm gehard – in ieder geval aan de oppervlakte – en nam hij afstand van zijn ouders, met name van zijn moeder, die hij 'de Engelse prinses' ging noemen. Tegen die tijd kon Victoria hem niet meer luchten of zien, en zelfs zijn vader, keizer Friedrich III, viel haar daarin bij. 'Gezien de onvolwassenheid en onervarenheid van mijn oudste zoon,' schreef hij aan zijn kanselier, Otto von Bismarck, 'samen met zijn neiging tot ijdelheid en arrogantie en zijn overdreven eigendunk, moet ik wel in oprechtheid mijn mening naar voren brengen dat het gevaarlijk is hem nu al met buitenlandse zaken bezig te laten zijn.'

Een portret van keizer Wilhelm II als jongeman. Zijn mismaakte linkerarm trachtte Wilhelm op foto's altijd te verheimelijken. Hij ontwikkelde een gewelddadig trekje dat weinig van doen had met het verfijnde hofleven. Zijn antisemitisme en zijn neiging Duitse stakers te willen neerschieten waren hoogst individueel, maar welbekend bij veel van zijn onderdanen.

Explosie

Het systeem

DAT GEVAAR WEEK NIET toen Wilhelm na de dood van zijn vader in 1888 tot keizer van de meest dynamische natie op het Europese vasteland werd gekroond. Het rijk was grotendeels gevormd door het politieke genie van Bismarck en de macht van het Pruisische leger, de overwinnaars in de Frans-Duitse Oorlog van 1870-1871. De Rijksconstitutie van 1871 stak zeer ingewikkeld in elkaar, maar van een machtsevenwicht tussen staatshoofd, uitvoerende en wetgevende macht was geen sprake.[25] De keizer had een enorme macht. Hij bepaalde het buitenlandse beleid, hij alleen kon beslissen of Duitsland ten strijde zou trekken. Hij benoemde de regering, de kanselier en het hoofd van de generale staf. Met Bismarck als kanselier was er nog enigszins sprake van een machtsevenwicht tussen monarch en uitvoerende macht, maar na diens aftreden in 1890 bestond een dergelijk evenwicht niet meer: de keizer en zijn hof vormden het machtscentrum. De kanselier als regeringshoofd was op geen enkele wijze verantwoording schuldig aan de volksvertegenwoordiging, die werd gekozen met een censuskiesrecht dat de rijken sterk bevoordeelde, maar gehoorzaamde slechts de keizer. Een groot knelpunt was dat het parlement ondanks alle macht van de keizer financieel de touwtjes in handen had. Dat systeem leidde tot duistere onderhandelingen tussen regering en Rijksdag en stond garant voor politieke onmacht. Is het dan vreemd dat vooral veel mensen in

RECHTS Bismarck in 1889. ONDER De Duitse keizer en de prins van Wales aan boord van het jacht van de Kaiser, de *Hohenzollern*, in 1907.

De Duitse en Britse heersers Wilhelm II en George V waren neven en droegen het admiraalsuniform van elkaars marine, maar de familiebanden vormden geen beletsel voor politieke conflicten. Nadat Otto von Bismarck in 1890 ontslagen was als kanselier, wilden mannen van minder kaliber de Duitse ambities ten uitvoer brengen zonder de stabiliteit in Europa aan te tasten. Dat bleek echter niet mogelijk.

Explosie

de top van leger en marine de oorlog als een uitweg zagen uit de binnenlandse impasse?

De Duitse staat vormde een zeer instabiele breuklijn die zich door alle politieke, sociale en economische mijnenvelden van binnenlandse en buitenlandse politiek een weg baande. Niet alleen een kunstenaar als Meidner voelde de precaire situatie van de samenleving waarin hij leefde aan. Gezien de netelige politieke en sociale problemen van een maatschappij die een massale en snelle industrialisatie doormaakte, waren veel mensen in machtsposities even somber over de toekomst. Voeg aan dit onstabiele brouwsel de persoonlijkheid en vooroordelen van de keizer toe en het wordt duidelijk waarom de Europese politiek in de decennia voor 1914 leek op een ongeluk dat onvermijdelijk zou gaan plaatsvinden.

Engels-Duitse tegenstellingen

WILHELM II WAS een politieke reactionair die geloofde in de expansie van de Duitse macht in het buitenland. Hij stond niet alleen; rondom hem en zijn hof ging een koor van stemmen op die voor Duitsland een groter aandeel in de wereldpolitiek opeisten. Was niet de Duitse industrie bijna gelijkwaardig aan de Engelse? Waarom zou economische macht zich op het wereldtoneel niet mogen vertalen in politieke macht? Wat was naast het machtige keizerlijke Duitse leger een grootser symbool van wereldmacht dan een eersteklas vloot? Na de val van Bismarck in 1890 lag de weg voor de nieuwe keizer en zijn oorlogszuchtige vrienden open. Na 1900 begonnen zij met de opbouw van de Duitse strijdkrachten te land en ter zee, zonder acht te slaan op de gevolgen.

Wilhelm kon maar niet begrijpen waarom de uitbreiding van de Duitse zeemacht de Engels-Duitse betrekkingen verstoorde; was zijn liefde voor alles wat Engels was niet algemeen bekend? In 1889 werd hij admiraal van de Britse vloot. 'Denk je eens in: ik in hetzelfde uniform als St. Vincent of Nelson,' merkte hij op. 'Dat is genoeg om me duizelig te maken.' In 1906 noteerde de keizer: 'De dag dat ik de Middellandse-Zeevloot inspecteerde, toen ik aan boord van de "Dreadnought" was en *mijn* vlag voor de eerste maal gehesen werd, was een van de beste dagen van mijn leven en ik zal hem nooit vergeten.'[26] De vlag waar hij op doelde was die van een admiraal van de *Britse* vloot. Toen de keizer in 1907 voor een staatsbezoek in Portsmouth aankwam, droeg hij het uniform van een Britse admiraal. De prins van Wales, die hem op de kade begroette, droeg het uniform van een Pruisische veldmaarschalk.

De houding van de Duitse keizer tegenover de Britten illustreerde zijn grote wispelturigheid. Het ene moment kon hij uiterst gevoelig zijn, om op het volgende de meest schandalige en soms obscene opmerkingen te maken. Beelden van bloedvergieten kwamen snel bij hem op. Bij een staking van trampersoneel in 1900 telegrafeerde hij aan de bevelvoerend generaal: 'Ik verwacht dat ten minste 500 mensen worden neergeschoten als de troepen worden ingezet.'[27] Drie jaar later schreef generaal Von Kessel, bevelhebber in Berlijn: 'Z.M. heeft me al *tweemaal*, om de meest onbenullige redenen en in *open* telegrammen bevolen om op de mensen te schieten.' Tijdens een cruise op de Noordzee in datzelfde jaar mijmerde Wilhelm dat hij bij een revolutie alle sociaal-democraten zou neermaaien, 'maar pas nadat zij de joden en rijken geplunderd hadden'.

Zijn antisemitisme was alom bekend. Hoewel hij prat ging op zijn joodse vrienden, zoals anderen met soortgelijke ideeën, weerspiegelden zijn vooroordelen de bedenkelijke stromingen die veel voorkwamen in de Duitse samenleving.[28] Zijn opmerkingen over joden verraden de duistere kant van zijn karakter. Als hij zich uitgedaagd of beledigd voelde – en dat gevaar leek altijd aanwezig – zat zijn taalgebruik vol gif, haat en retorisch geweld. De Britse hoveling burggraaf Reginald Esher noteerde een gesprek dat een goed beeld geeft van het schokkende contrast tussen de subtiliteiten van diplomatieke conversatie en de kwaadaardige verbeelding van de keizer. In een gesprek met de Britse minister van Buitenlandse Zaken sir Edward Grey trok hij fel van leer tegen de joden: 'Die zijn er veel te veel in mijn land. Zij moeten uitgeroeid worden. Als ik mijn mensen niet intoomde zouden zij de joden flink aanpakken.'[29] Grey schreef: 'De Duitse keizer bezorgt me grijze haren. Hij is net een slagschip dat op stoom ligt maar geen roer heeft, eens zal hij ergens tegenaan botsen en een ramp veroorzaken.'[30]

Het ongebreidelde gedrag van de keizer zou slechts karikaturaal zijn, ware het niet dat Wilhelm een autocratisch staatshoofd was met gezag dat reikte tot in de verste hoeken van de Duitse samenleving. Hij was opperbevelhebber van het sterkste leger ter wereld. Hij hield toezicht op iedere belangrijke aanstelling en benoemde elke minister, ambtenaar, rechter, professor en ambassadeur. Dat was de bron van zijn zeer persoonlijke wijze van politiek bedrijven en de talrijke daarmee samenhangende intriges aan het hof.[31] Volgens een grap die in Wenen de ronde deed, stond de keizer erop bij elke jacht het hert te zijn, bij elk huwelijk de bruid, op elke begrafenis het lijk.[32] Tegenover een aantal van zijn eigen admiraals zei hij: 'Jullie weten geen van allen iets; alleen ik weet iets; ik alleen beslis.'[33]

In de wereldpolitiek kon dat alleen maar tot een ramp leiden. Het probleem was dat Wilhelm namens zoveel landgenoten sprak. Vlak na Wilhelms troonsbestijging in 1889 lunchte de beroemde chemicus R.W. von Bunsen met een Engelse vriend. Von Bunsen was toen bijna tachtig, hij was zijn leven lang liberaal geweest en was zeer gevierd in de Duitse wetenschappelijke wereld.[34] De Engelsman zei: 'Is de jonge keizer niet wat oorlogszuchtig?' Von Bunsen antwoordde: 'Waarom niet,' en hij sloeg met de vlakke hand op tafel, 'als hij het lef heeft?'

Dat lef had hij en hij zorgde dat iedereen wist dat hij geen zwakkeling was. De elite van leger en vloot die hem omringde was al even krijgszuchtig. Zij gebruikte de keizer, speelde hem uit tegen rivalen, negeerde hem indien mogelijk en spande hem zo nodig voor haar karretje. Toen de Britten het voornemen uitten om een nieuwe klasse slagschepen te gaan bouwen, de 'Dreadnoughts', stond de keizer erop dat Duitsland die ook kreeg. De Duitse vloot kreeg het bevel het aantal schepen te verdubbelen, tot genoegen van ijveraars voor de versterking van de macht op zee, zoals admiraal Tirpitz en de industriëlen die de orders binnenhaalden.

Zo ontstond een bewapeningswedloop die wel moest leiden tot een botsing tussen Duitsland en Groot-Brittannië, om te bepalen welke natie in Noordwest-Europa de baas zou spelen.[35] De groeiende Engels-Duitse tegenstelling bereidde de weg voor een nieuwe verstandhouding tussen Frankrijk en Groot-Brittannië, de Entente Cordiale uit 1904, waarin beide landen zich heimelijk verplichtten elkaar militair te steunen in geval van oorlog. Wilhelm kon het slechts zichzelf en zijn ministers verwijten dat de bajonetten van Europa op Duitsland gericht waren, zoals hij (met enige overdrijving) zei in een gesprek met de adviseur van Woodrow Wilson, kolonel E.M. House, op 1 juni 1914.[36]

Het grootste aantal bajonetten bevond zich in Rusland. Ook daar regeerde een

Een slagschip uit de König-klasse in aanbouw. Deze Duitse slagschepen vormden het visitekaartje van een wereldmacht. Zij boden Groot-Brittannië ook het onaanvaardbare perspectief van een eventueel verlies van de heerschappij op zee aan Duitsland.

VOLGENDE BLADZIJDEN De Duitse keizer voor de oorlog op manoeuvre met zijn generaals. Het Duitse leger, voorzien van het beste officierskorps ter wereld, geloofde dat het de kracht had om de 'omsingeling' door zijn vijanden in het westen en oosten te doorbreken.

oude monarchie op wankele wijze over een snel veranderende economische en sociale orde. En bondgenoot van Rusland was Frankrijk, dat zich onvermijdelijk vijandig opstelde jegens Duitsland vanwege de Duitse annexatie van Elzas-Lotharingen in 1871. De snelheid waarmee de Russische economie groeide in het vooroorlogse decennium bood Duitsland een alarmerend vooruitzicht in Oost-Europa: er ontstond het gevaar van een tweefrontenoorlog tegen twee industriële grootmachten. De tijd begon te dringen.

Toen een Britse boodschap aan de keizer – in een gesprek tussen de Duitse ambassadeur in Londen, graaf Lichnowski, en de Britse minister van Oorlog lord

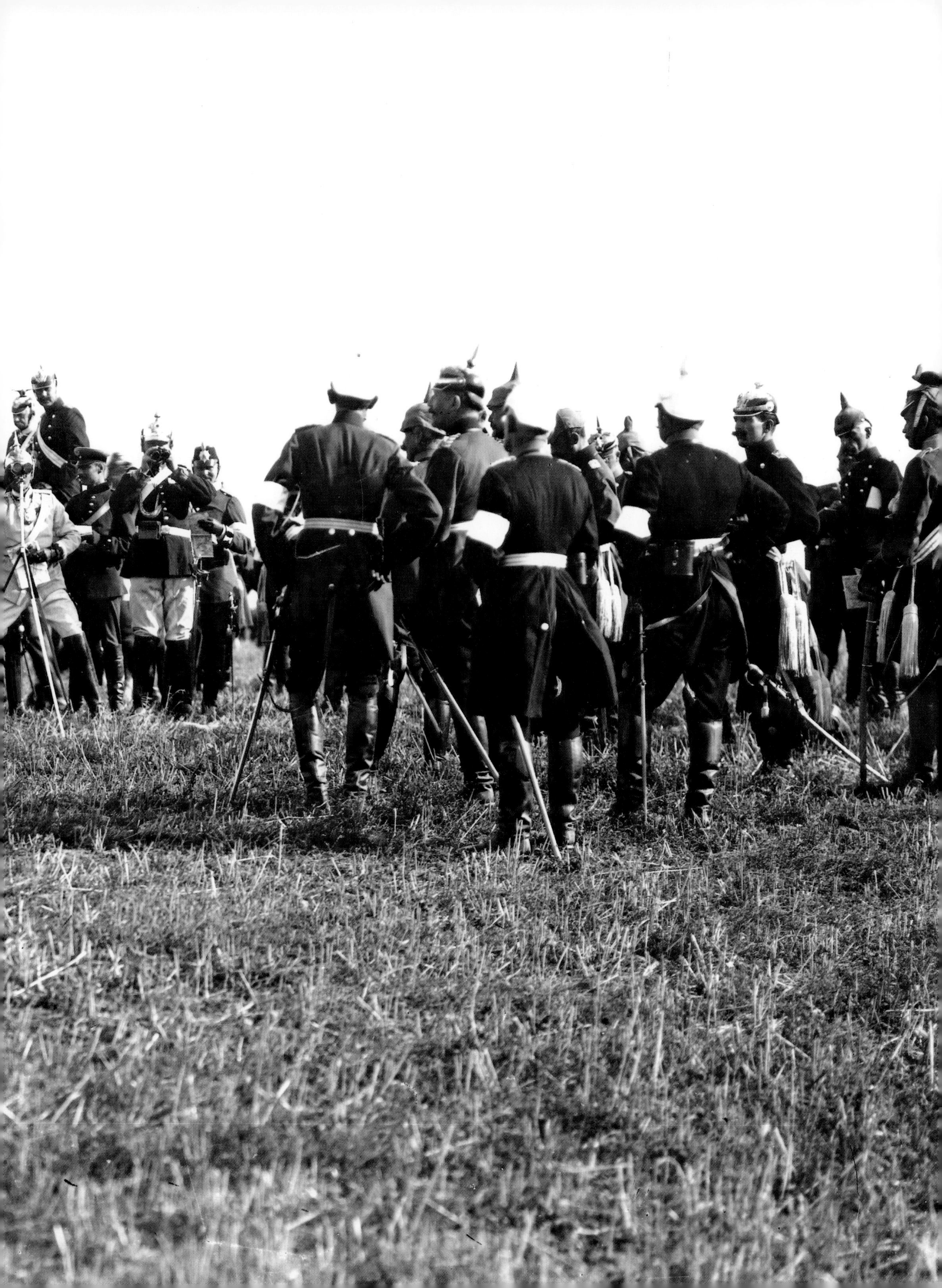

Haldane – in 1912 duidelijk maakte dat Groot-Brittannië een herhaling van de Frans-Duitse oorlog en een vernedering van Frankrijk niet zou tolereren, was Wilhelm des duivels. Hij vatte de diplomatieke zaak persoonlijk op. Wie had het recht hem te vertellen wat al dan niet accceptabel was? Hij riep zijn voornaamste militaire (en niet zijn politieke) adviseurs bijeen en eiste een onmiddellijke oorlogsverklaring. Maar de plannenmakers van leger en marine pleitten voor terughoudendheid. Ze hadden meer tijd nodig. Het Kielerkanaal dat de Oostzee en de Noordzee zou verbinden was pas over achttien maanden klaar. Ook andere voorbereidingen werden getroffen om het leger te versterken. Men koos het zekere voor het onzekere. Anderhalf jaar later was het de zomer van 1914.[37]

Een beschouwing van de barokke hebbelijkheden en de levendige aard van de keizer geeft ons enig inzicht in de grote instabiliteit van het Europese leven in de jaren voor de Eerste Wereldoorlog. Hij bracht die oorlog niet in zijn eentje teweeg, maar zijn niet onaanzienlijke ego weerspiegelt alles wat in de Europese orde fout kon gaan, en ook fout ging. Aan het einde van de oorlog schreef een voormalig trouw aanhanger, admiraal Hopman, die met zijn schip in Sebastopol was gestrand: 'Nu moet Duitsland boeten voor de zonden van de laatste drie decennia. Het was politiek verlamd door een blind vertrouwen in [en] slaafse onderdanigheid aan de wil van een opgeblazen, ijdele en zichzelf overschattende gek.'[38] Hopman dichtte de keizer te veel eer toe. De Duitse samenleving van rond de eeuwwisseling kreeg de leider die zij verdiende: een erfelijk monarch, trots op de niet-geringe prestaties van zijn volk, maar in veel opzichten gespeend van enige realiteitszin.[39]

Archaïsche rijken

DUITSLAND WAS NIET de enige Europese grootmacht met politieke leiders die buiten de realiteit leken te staan. Een deel van het probleem vormde de hardnekkigheid van een oude politieke orde in een tijd van snelle economische groei en sociale verandering. Rusland, Oostenrijk-Hongarije en Duitsland werden formeel bestuurd door feodale hiërarchieën die hun eigen ritme en rituelen handhaafden ondanks een enorme economische groei. Frankrijk was een republiek en Groot-Brittannië had een compromis gevonden in de constitutionele monarchie, maar in Midden- en Oost-Europa bestond de macht van de oude orde nog formeel én reëel. Zowel de Duitse keizer als tsaar Nicolaas II kon het buitenlandse beleid beïnvloeden op een wijze die George V niet tot zijn beschikking had. De persoonlijke band van deze monarchen – ze waren allen verwant aan koningin Victoria – deed hen geloven dat zij in een internationale crisis gemeenschappelijke belangen hadden. Wilhelm en Nicolaas schreven elkaar als 'Willy' en 'Nicky' en deden net alsof hun vriendschap of wederzijds respect een rol speelde in de internationale politiek. Niets was minder waar.

Ook Rusland was een grootmacht waarvan de politieke orde in 1914 onder grote druk stond. Na de nederlaag in de Russisch-Japanse Oorlog van 1904-1905 en de Revolutie van 1905, die een rudimentaire vorm van parlementaire democratie vestigde, begon in Rusland een periode van spectaculaire economische groei. Het sociale en politieke gevaar van een dergelijke snelle verandering was immens, met name vanwege de armoede van een groot deel van de boeren, want juist zij vormden de ruggengraat van het Russische leger. In 1914 waren ze nog loyaal aan de tsaar en de oude orde, maar ze hadden ernstig te lijden onder de industrialisatie, en hun

Koningin Victoria omgeven door onder anderen haar kleinzoon Wilhelm II (zittend op de eerste rij) en haar neef Nicolaas II, die rechts achter Wilhelm staat met naast zich tsarina Alexandra. De dynastieke banden, die zo zichtbaar waren, vormden slechts de buitenkant van de macht. Eronder waren veel dynamischer en destructiever krachten aan het werk.

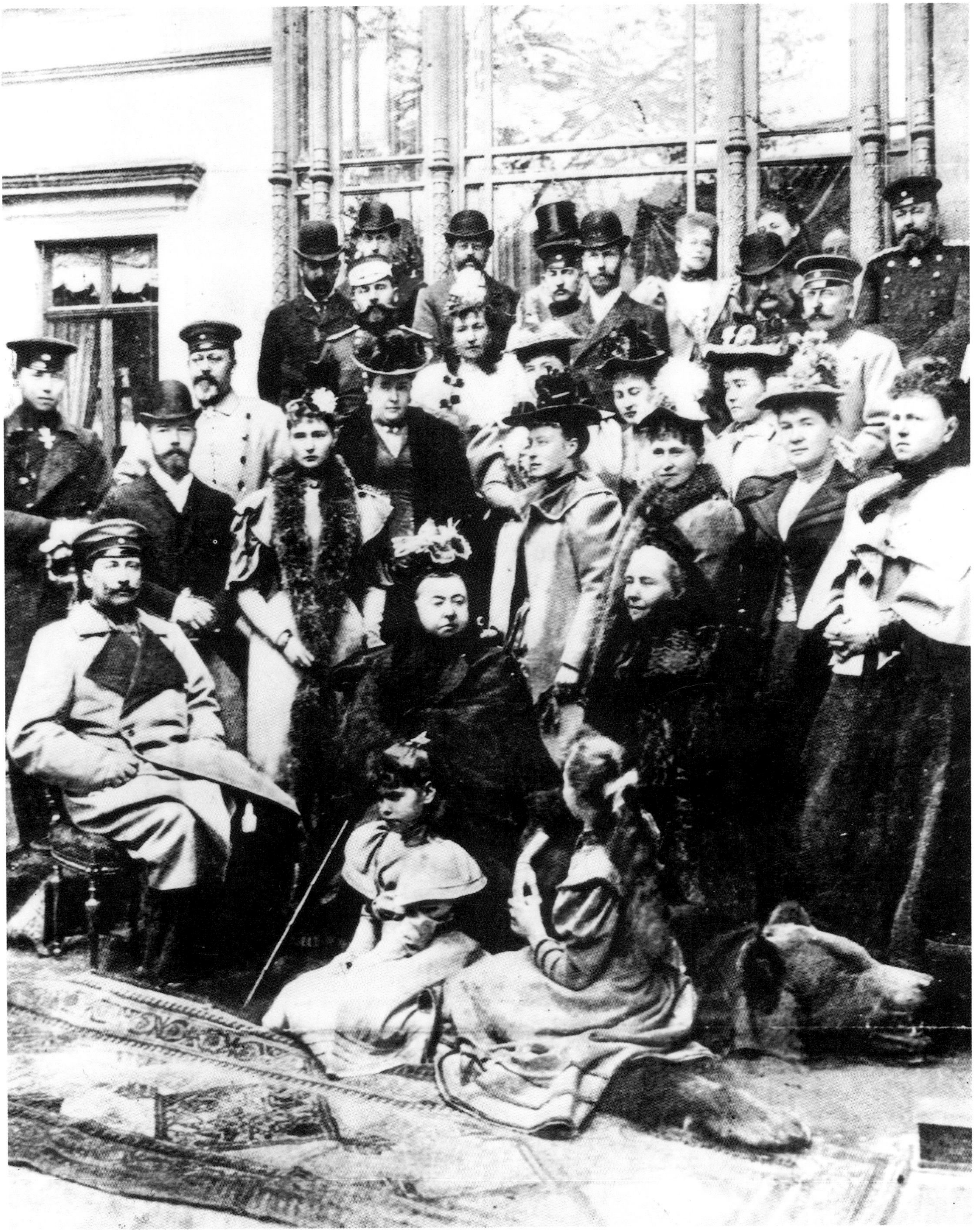

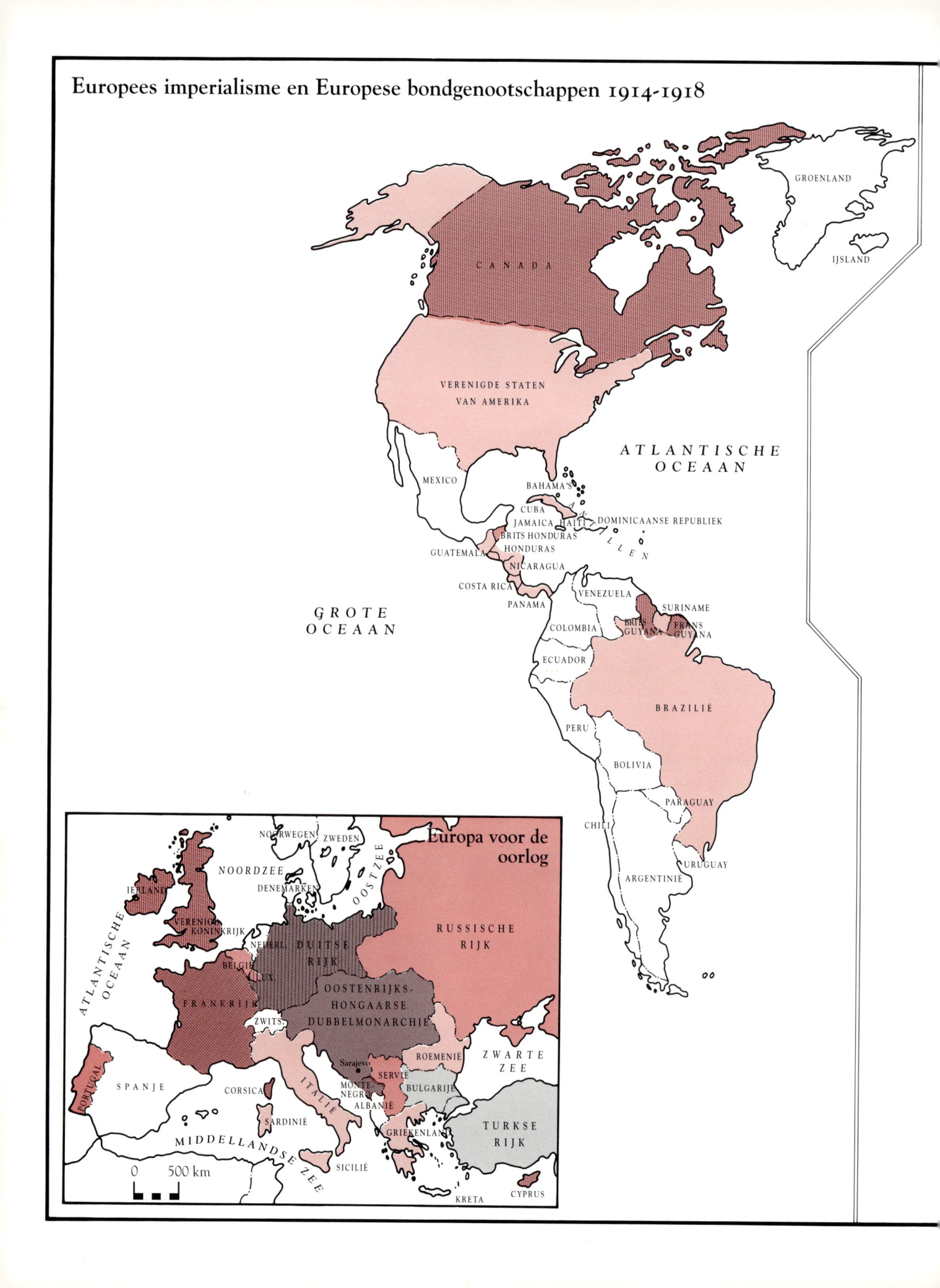

Europees imperialisme en Europese bondgenootschappen 1914-1918

GROENLAND
IJSLAND
CANADA
VERENIGDE STATEN VAN AMERIKA
ATLANTISCHE OCEAAN
MEXICO
BAHAMA'S
CUBA
JAMAICA HAITI DOMINICAANSE REPUBLIEK
BRITS HONDURAS
GUATEMALA HONDURAS
NICARAGUA
COSTA RICA
PANAMA
VENEZUELA
SURINAME
BRITS GUYANA
FRANS GUYANA
COLOMBIA
ECUADOR
GROTE OCEAAN
PERU
BRAZILIË
BOLIVIA
PARAGUAY
CHILI
URUGUAY
ARGENTINIË

Europa voor de oorlog

NOORWEGEN ZWEDEN
NOORDZEE
OOSTZEE
IERLAND
DENEMARKEN
RUSSISCHE RIJK
VERENIGD KONINKRIJK
NEDERL. DUITSE RIJK
ATLANTISCHE OCEAAN
BELGIË LUX.
FRANKRIJK
ZWITS.
OOSTENRIJKS-HONGAARSE DUBBELMONARCHIE
ROEMENIË
ZWARTE ZEE
PORTUGAL
SPANJE
CORSICA
ITALIË
Sarajevo
MONTENEGRO
SERVIË
BULGARIJE
SARDINIË
ALBANIË
GRIEKENLAND
TURKSE RIJK
MIDDELLANDSE ZEE
SICILIË
KRETA
CYPRUS

0 500 km

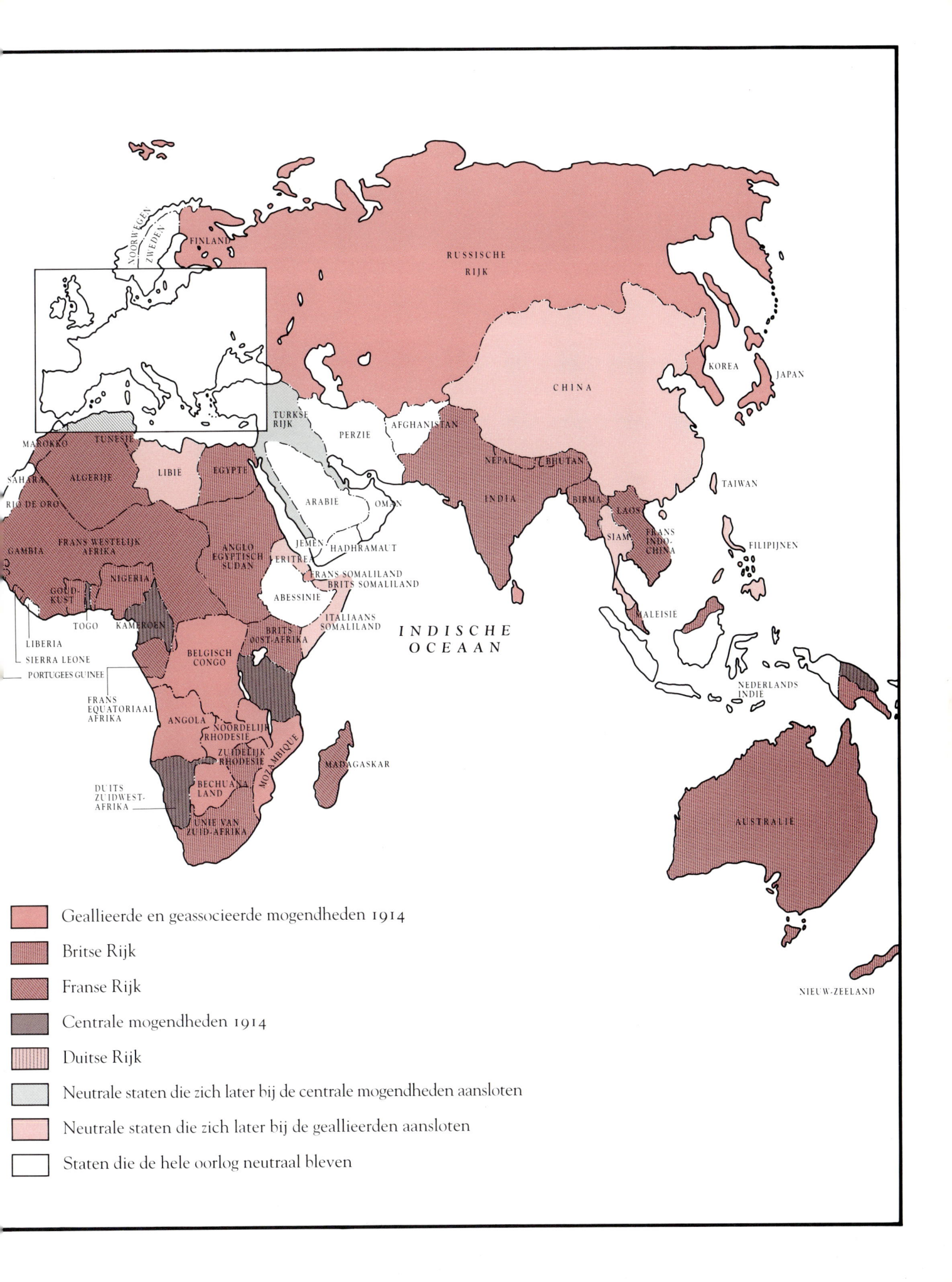

▨	Geallieerde en geassocieerde mogendheden 1914
▨	Britse Rijk
▨	Franse Rijk
▨	Centrale mogendheden 1914
▨	Duitse Rijk
▨	Neutrale staten die zich later bij de centrale mogendheden aansloten
▨	Neutrale staten die zich later bij de geallieerden aansloten
▢	Staten die de hele oorlog neutraal bleven

Het stabiele Groot-Brittannië werd in de jaren voor de oorlog opgeschrikt door een serie stakingen. Vele daarvan hadden succes. De Londense dokwerkers (op deze foto) verkregen in 1911 een hoger loon en erkenning van hun vakbond; in het volgende jaar dwongen mijnwerkers een minimumloon af.

grieven liepen meer en meer parallel met de protesten van een steeds mondiger middenklasse en een steeds beter georganiseerde werkende klasse.

In het decennium voor de oorlog was heel Europa het toneel van arbeidsonrust. In Oostenrijk-Hongarije waren de spanningen het gevolg van de snelle economische groei; in Italië was mei 1914 een maand van massale stakingen en in Frankrijk keerden de militante vakbonden de parlementaire hervormingen de rug toe en vertrouwden nog slechts op actie. Wat ingetogener maar niettemin dreigend was de onrust in de Britse industrie, met een dokwerkersstaking in 1911, een mijnstaking in 1912 en een drievoudig verbond van de grootste vakbonden in 1914. Maar de industriële onrust in West- en Zuid-Europa miste het revolutionaire elan van de eisen van de arbeidende klasse in Duitsland, Rusland en Oostenrijk-Hongarije. Daar werd een archaïsche politieke orde geconfronteerd met een nieuwe economische orde waarin mannen en vrouwen uit de arbeidersklasse schreeuwden om een fatsoenlijk leven. Conflicten waren onvermijdelijk.

Explosie

Imperialisme, nationalisme en revolutie

Over één onderwerp waren alle vorsten het eens: de macht van de imperia moest behouden blijven. En er was niets esthetisch of theoretisch aan het geweld waarmee de imperia samengehouden werden en hun gezag in stand hielden. Alle Europese grootmachten waren imperia. Dat kon twee dingen betekenen: heerschappij over een multinationale bevolking in Europa of heerschappij over inheemse volken buiten Europa. In het Europese nationalisme lag een potentiële kiem voor conflicten, dat was duidelijk. Maar we mogen de ijzeren greep die Europa op Afrika en Azië hield ook niet over het hoofd zien: de meedogenloosheid van de Belgen in Congo, van de Britten in India en van alle landen in China wanneer de imperiale belangen werden bedreigd door lokale bewegingen voor zelfbestuur.

Binnen Europa was de imperiale macht in 1914 op haar hoogtepunt, maar zij werd van alle kanten bedreigd. Etnische allianties betwistten de Britten de zeggenschap over Ierland, de Habsburgers de zeggenschap over Bosnië, de Duitsers en de Russen de zeggenschap over Polen. Nog bedreigender was soms de verstrengeling van nationalistische groepen met groepen die de sociale revolutie predikten.

De Duitse Sociaal-Democratische Partij, de grootste van alle, beidde haar tijd: een staat in de staat, vijandig tegenover de instellingen van het keizerlijk regime en erop gericht dit regime omver te werpen en te vervangen door een socialistische orde waarin geen plaats meer zou zijn voor imperiale overheersing.

Rode Rosa

Pas na een revolutie zouden de onderdrukte volken van Oost-Europa, en met name de Polen, zich kunnen bevrijden van het juk van de imperiale tirannie. Die boodschap werd gepredikt door een van de stokebranden in het Europa van voor 1914, Rosa Luxemburg. Zij werd in 1870 geboren in een rijke joodse familie in Warschau en groeide op in een tijd dat Polen, gevierendeeld door imperiale machten, een romantische droom was. Om aan vervolging te ontkomen vertrok zij op negentienjarige leeftijd naar Zwitserland. Aan de universiteit van Zürich behaalde ze in 1897 de titel van doctor in de rechten en de politieke wetenschappen. Het jaar daarop ging zij naar Duitsland en werd een van de leidende figuren van de internationale socialistische beweging en van de Duitse Sociaal-Democratische Partij die er de kern van vormde.[40]

Rosa was uniek. Zij bezat een meedogenloze, analytische geest, gekoppeld aan een vurig romantisch temperament. Zij behield haar geloof in de liefde en haar hartstocht voor de natuur, hoewel die zwaar werden beproefd door periodes in Duitse gevangenissen en door periodieke tegenslagen in haar strijd voor de socialistische zaak. Vanuit een gevangeniscel schreef zij:

> Ik voel me zoveel beter thuis in een tuin als deze hier en nog meer in een weide wanneer het gras gonst van de bijen dan op een van onze partijcongressen. Ik kan dat tegen jou zeggen omdat je me er niet meteen van zult verdenken dat ik het socialisme verraad. Je weet dat ik hoop op mijn post te sterven, in een straatgevecht of in het gevang, maar de echte 'ik' diep in me hoort meer thuis bij mijn vlinders dan bij mijn kameraden.[41]

Rosa Luxemburg tijdens een toespraak in Berlijn in 1907. Als lid van de marxistische Internationale vertegenwoordigde zij een krachtige stroming binnen de socialistische beweging. Anders dan Lenin was zij niet bereid de overheersing door een dictatoriale elite te accepteren, en anders dan veel hervormers was zij niet bereid om binnen het kapitalistisch systeem te opereren voor het realiseren van materiële vooruitgang.

Rosa Luxemburg was een exponent van een sterke onderstroom van instabiliteit in het vooroorlogse Europa: het internationale socialisme. In 1919 zou zij voor haar overtuigingen betalen met haar leven. Zij werd doodgeschoten nadat zij door een rechtse militie was opgepakt.

Vóór 1914 behoorde zij tot de kern van de Socialistische Internationale, die in 1898 was opgericht als een forum voor revolutionaire ideeën en actie. De meeste gedelegeerden naar de Internationale waren zowel revolutionair als nationalist. Zij volgden Friedrich Engels, die in 1882 schreef: 'Een internationale proletarische beweging ... kan slechts voortkomen uit onafhankelijke staten.'[42]

Voor Rosa echter was nationale zelfbeschikking geen doel op zich. De bevrijding van Polen moest niet door afscheiding van Rusland tot stand komen maar via een socialistische revolutie in het hele rijk. Met opmerkelijk vooruitziende blik wees zij op de onontkoombare gevolgen van de nationalistische bewegingen: het uiteenvallen van grote rijken in nieuwe staatjes die elkaar zouden haten en hun nieuwe minderheden zouden gaan vervolgen. Dan zou de wereld vervallen tot een 'waarlijk feodale anarchie' en hiervan zouden bergen lijken het gevolg zijn.

Nationalisme zou volgens haar de weg vrijmaken voor een andere ramp: imperialistische oorlogen. 'In het tijdperk van dolgedraaid imperialisme,' schreef ze, waren nationale oorlogen slechts een middel tot 'bedrog, tot het verraden van de

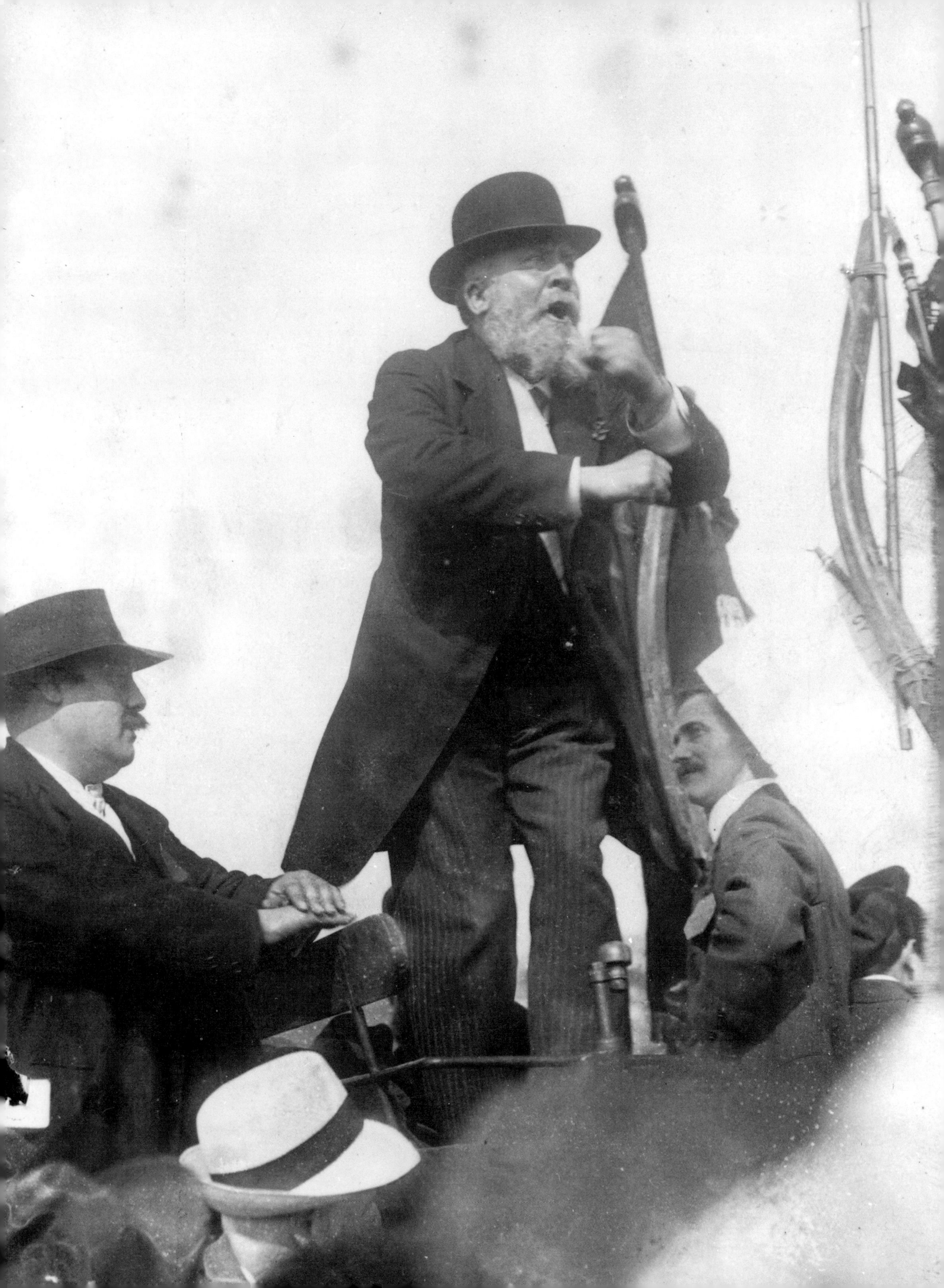

werkende massa's van het volk aan hun dodelijke vijand, het imperialisme.'

In 1907 bracht Rosa twee maanden door in een Duitse cel wegens 'het aanzetten tot geweld': zij had de Duitse arbeiders opgeroepen het voorbeeld van de Russische Revolutie van 1905 na te volgen. Zeven jaar later bevond zij zich weer in de problemen, dit keer omdat ze de Duitse arbeiders had opgeroepen niet te vechten tegen Russische arbeiders. Zij werd tot een jaar cel veroordeeld wegens 'het aanzetten tot openbare ongehoorzaamheid'. Het vonnis was niet zo vreemd – de openbare aanklager had erom gevraagd gezien de kans dat zij het land uit zou vluchten. Veel opmerkelijker was haar toespraak tot het hof, die een sensatie veroorzaakte.

> Mijnheer, als u ook maar enigszins het vermogen bezat de sociaal-democratische denkwijze in u op te nemen, en haar edele doel in de geschiedenis, dan zou ik u uitleggen ... dat oorlogen slechts kunnen plaatsvinden als de arbeidende klasse ze enthousiast steunt omdat zij ze gerechtvaardigd en nodig acht, of ze ten minste passief accepteert. Als echter de meerderheid van de arbeiders tot de conclusie komt ... dat oorlog slechts een barbaars, asociaal, reactionair verschijnsel is dat geheel in strijd is met de belangen van het volk, dan zullen oorlogen onmogelijk worden, zelfs als de soldaten hun meerderen gehoorzamen.[43]

Zij stelde voor dat zij én de openbare aanklager allebei een jaar in de cel zouden doorbrengen; dan zouden ze nog weleens zien wie zou weglopen. 'Een sociaaldemocraat doet dat nooit. Die staat voor zijn daden en lacht om uw oordelen.'

Jean Jaurès

DE SOCIALISTISCHE BEWEGING was een huis met vele kamers. Het contrast tussen Rosa Luxemburg en de Franse socialistische leider Jean Jaurès kon niet groter zijn. Rosa was een klein Pools vrouwtje, een kettingrookster wier felle ogen degenen die zich door haar gebocheld voorkomen dreigden te laten afleiden, tot de orde riepen. Jaurès, tien jaar ouder, was de leeuwachtige patriarch van het internationale socialisme. Als redenaar *par excellence* en gesel van oorlogen en imperialisme bezat hij niettemin de geest van de republikeinse patriottische traditie, die was ontstaan tijdens de Franse Revolutie, gehard in de oorlog van 1870. Jaurès stond altijd klaar om de natie te verdedigen – zolang met dat woord het volk bedoeld werd en niet de oligarchie die het land ten eigen voordele bestuurde.

Toen in 1912 het Balkanconflict heel Europa dreigde te overspoelen gaf hij klip en klaar zijn mening. Een oorlog in de twintigste eeuw zou 'de ergste holocaust sinds de Dertigjarige Oorlog' ontketenen. Hij voerde ook de boventoon op de conferentie van de Socialistische Internationale in Bazel in november 1912. Jaurès stelde de resolutie op die de aangesloten partijen opriep alle stappen te zetten, inclusief een staking, om oorlog te voorkomen.

Toen het moment van de waarheid anderhalf jaar later daar was, in de zomer van 1914, probeerde Jaurès de krachten van het internationale socialisme opnieuw te mobiliseren. In Brussel werd een spoedvergadering van het uitvoerend comité belegd. Jaurès, Luxemburg en de leiders van de grootste partijen waren aanwezig. Jaurès besefte dat de vrede hen door de vingers glipte. De Duitsers spraken zonder overtuiging over algeheel verzet. De Oostenrijkse socialist Victor Adler meldde met vermoeide berusting dat oorlog populair was in Oostenrijk; zijn partij zou zich er niet

Jean Jaurès tijdens een demonstratie in Parijs in mei 1913. Jaurès was een democratisch socialist en Frans nationalist die in de Franse Revolutie een universele boodschap zag. Hij was een fervent tegenstander van oorlog en was de enige in de hele socialistische beweging die voor alle Europese arbeiders kon spreken, ongeacht hun nationaliteit. Zijn gaven als redenaar waren legendarisch.

Explosie

tegen verzetten. Het ging zelfs voor Jaurès te snel om er nog iets aan te kunnen doen. Hij keerde terug naar Parijs, briesend dat hij een nieuw 'J'accuse' zou schrijven (naar de beroemde open brief waarin de schrijver Zola het toedekken van de Dreyfus-affaire zestien jaar eerder veroordeelde). Jaurès vond dat de wereld de intriges achter de oorlogscrisis moest kennen. Hij sprak met grote passie op een van de laatste bijeenkomsten tegen de oorlog. Twee dagen later werd hij in een Parijs café vermoord door de gestoorde nationalist Robert Villain, die bang was dat Jaurès Frankrijk buiten de oorlog zou houden.[44] Terwijl zijn lichaam werd weggedragen, verzamelde zich een menigte. De schrijver Roger Martin du Gard beschrijft het tafereel:

Explosie

LINKS Robert Villain, de moordenaar van Jean Jaurès. ONDER De menigte voor Café du Croissant na de moordaanslag. Villain werd onmiddellijk gearresteerd, maar hij stond pas na de Wapenstilstand terecht op beschuldiging van moord. Merkwaardig genoeg werd hij vrijgesproken. Een Franse socialist herkende hem in 1937 op straat in Spanje en doodde hem ter plekke.

Langzaam, in een stilte zo diep dat de voetstappen van de dragers goed hoorbaar waren, kruiste de draagbaar met het witte laken het trottoir, zweefde even in de lucht en werd toen abrupt het duister van de wagen in geschoven. Twee mannen sprongen erachteraan naar binnen. Een agent ging naast de koetsier zitten. De deur werd dichtgeslagen. En terwijl het paard zich in gang zette en de ambulance, vergezeld door twee agenten op de fiets, richting Beurs kletterde, steeg plotseling een rumoer op, als het bulderen van een boze zee, waarin het getingel van de bel verdronk; alsof eindelijk de sluisdeuren opengingen en de opgekropte emoties van de menigte zich konden uiten: 'Jaurès! Jaurès! Jaurès! Jaurès voor altijd.'[45]

Wat Rosa Luxemburg met haar streven naar revolutie boven nationalisme uit, noch Jean Jaurès met zijn toewijding aan de revolutie en de natie konden keren, was de vloedgolf van meningen die door de oorlogscrisis van 1914 op gang werd gebracht. Alom werd het conflict gezien als een defensieve strijd die voor andermans rekening kwam. Dat sommigen er meer toe bijdroegen dan anderen deed er niet toe. In Berlijn, Parijs en Londen beschuldigde men er elkaar over en weer van de zaak zodanig op de spits te drijven dat er oorlog dreigde.

De oorlogsverklaring zelf kwam na nog een moordaanslag. Die was het werk van mensen die geloofden in een eigen natie en niet in een sociale revolutie. Dat geloof werd binnen de Oostenrijks-Hongaarse Dubbelmonarchie gedeeld door tientallen kleine sekten. Een ervan, de obscure radicale Servisch-Bosnische groep 'De Zwarte Hand', ontstak de vonk die leidde tot de vuurzee die we kennen als de Eerste Wereldoorlog.

Gavrilo Princip

'IETS VERDOMD STOMS in de Balkan' zou eens een grote oorlog ontketenen, zo had Bismarck ooit voorspeld. In 1914 vormde de Balkan net als tegenwoordig een etnische lappendeken. Het Oostenrijkse rijk heerste over het grootste deel van wat tussen 1918 en 1989 Joegoslavië was, de Zuid-Slavische gebieden tussen Oostenrijk in het noorden en het onafhankelijke Servië in het zuiden. Een Oostenrijks-Hongaarse elite speelde de baas over een etnisch gezien zeer diverse en steeds vijandelijker bevolking. Slavische nationalisten van allerlei slag eisten onafhankelijkheid, en hun zaak werd gesteund door belangrijke Russische groeperingen.

Dit onstabiele mengsel moest uiteindelijk wel tot ontploffing komen. Maar de Oostenrijks-Hongaarse hegemonie presenteerde zich wel heel nadrukkelijk op 28 juni 1914, toen de Oostenrijkse troonopvolger aartshertog Frans Ferdinand met zijn vrouw Sophie de Bosnische hoofdstad Sarajevo bezocht. De dag was slecht gekozen: het naburige Servië herdacht zijn onafhankelijkheid in de middeleeuwen.[46] Frans Ferdinand werd opgewacht door zeven Bosnische nationalisten, gerekruteerd door 'De Zwarte Hand'. Hoewel deze groep waarschijnlijk niet zomaar een pion was in handen van de Servische inlichtingendienst, waren zij evenmin onschuldige toeschouwers.

De eerste van de zeven deed niets. De tweede samenzweerder wierp een bom naar de auto van de aartshertog. De chauffeur zag het aankomen en gaf gas. De bom explodeerde onder de volgauto en verwondde drie adjudanten van de aartshertog en zeven toeschouwers. De negentienjarige dader slikte een cyaanpil en sprong in de nabijgelegen rivier. Deze poging tot dubbele zelfmoord mislukte, maar hij stierf bijna in de handen van de menigte die hem uit de rivier sleurde.

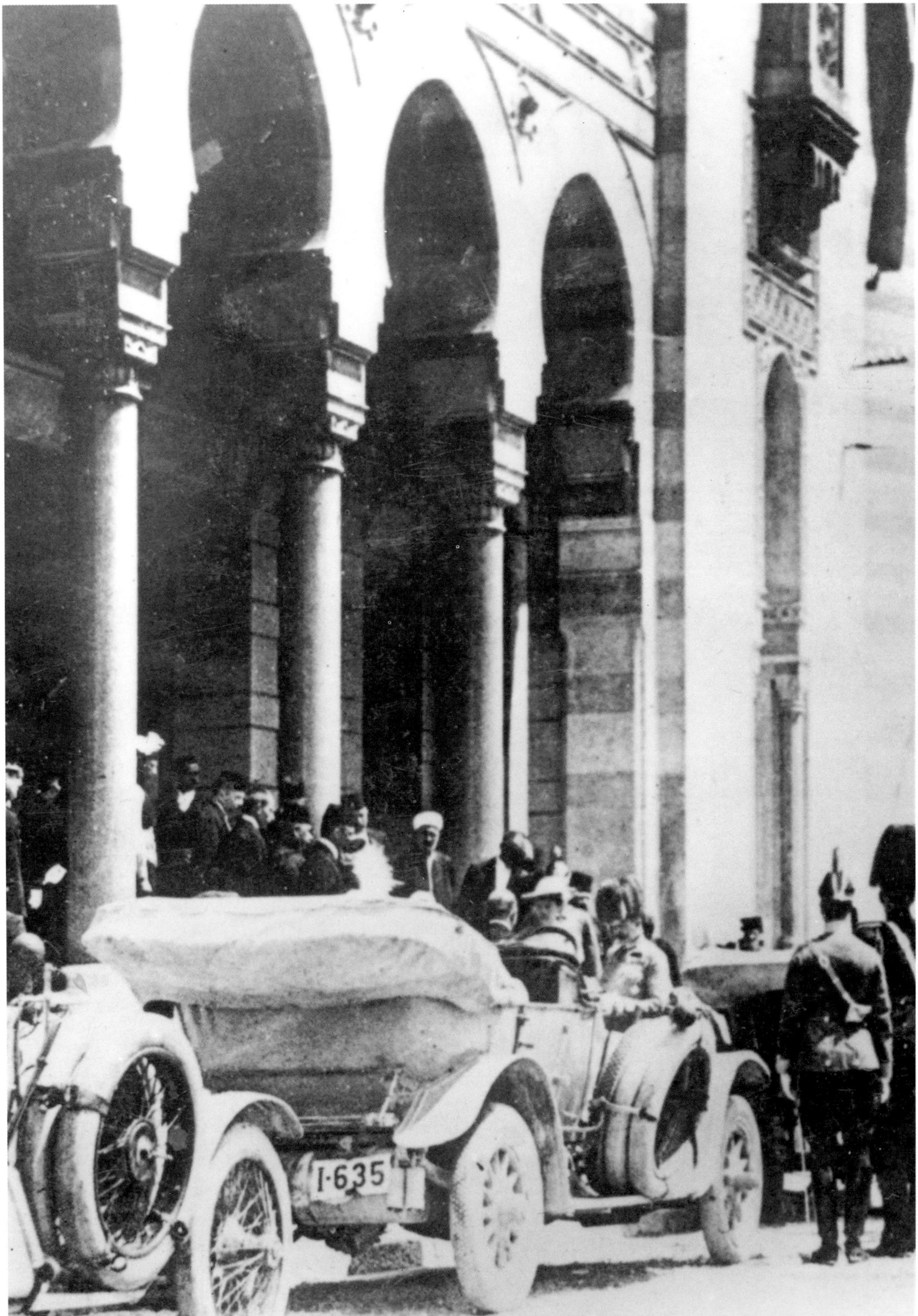
I·635

Explosie

LINKS Aartshertog Frans Ferdinand en zijn vrouw Sophie in Sarajevo kort voor de moordaanslag. ONDER De arrestatie van een van de samenzweerders. Princip zelf bracht de oorlog door in de Theresien-gevangenis in Oostenrijk, het latere concentratiekamp Theresienstadt, en stierf in 1918 aan tuberculose.

Frans Ferdinand stond erop de dag volgens de agenda af te werken. Hij sprak in het stadhuis. Dat bracht hem vlak bij de volgende samenzweerders, die echter niets deden. Na zijn toespraak besloot hij zijn route te veranderen en bezocht hij het ziekenhuis waar de slachtoffers van de eerdere bomaanslag waren opgenomen. Zijn chauffeur nam daarbij een verkeerde afslag. Dat bracht Frans Ferdinand oog in oog met de zevende en laatste moordenaar, Gavrilo Princip. Deze sprong op de treeplank van de auto en vuurde van dichtbij twee schoten af.

Vanaf de straat leken Frans Ferdinand en zijn vrouw rustig te blijven zitten tijdens de verwarring en chaos die volgde. In de wagen opende de aartshertog zijn mond om te spreken. Hij keerde zich naar zijn vrouw, smeekte haar niet te sterven en zakte in elkaar. Hij was in de nek geschoten, zij in de onderbuik. Binnen enkele minuten stierven beiden. Hun met bloed besmeurde kleren zijn tot op heden te zien in het Oostenrijks Historisch Museum in Wenen.

De moordenaars werden gearresteerd. Het dode paar werd haastig, volgens sommigen ook armzalig begraven. Velen hoopten dat de ontstane spanningen zouden wegebben. Maar de Oostenrijkse regering stond iets anders voor ogen. Op 5 juli 1914 vroeg keizer Frans Jozef de Duitse keizer schriftelijk om steun:

> De bloedige daad was niet het werk van één individu; het was een goed opgezet complot dat tot in Belgrado reikt ... Het lijdt geen twijfel dat haar beleid om alle Zuid-Slaven onder Servische vlag te verenigen zulke misdaden aanmoedigt, en het voortduren van die situatie is een chronisch gevaar voor mijn Huis en mijn gebieden. Mijn inspanningen moeten erop gericht zijn Servië te isoleren en in omvang terug te brengen.[47]

Wilhelm II betuigde de Oostenrijkse ambassadeur graaf Szogyeny zijn instemming. Het risico van een oorlog was gering. 'Rusland is in het geheel niet klaar voor een oorlog,' zei hij tegen de ambassadeur. Oostenrijk kon rekenen op de volledige steun van Duitsland. Vervolgens vroeg hij zich hardop af of hij zijn jaarlijkse boottocht naar de Noorse fjorden moest uitstellen. De Duitse kanselier Von Bethmann Hollweg drong er echter bij hem op aan te gaan.

Waar de Duitse keizer zich ook bevond, het onheil was geschied. Hijzelf en zijn militaire adviseurs waren niet bang voor oorlog op de Balkan: beperkte gevechten daar konden de lucht zuiveren – zowel in het binnenland als internationaal – en leiden tot een positief stabiliserend element in Centraal-Europa. Precedent daarvan was de korte Oostenrijks-Pruisische oorlog van 1866, die de weg bereidde voor de geboorte van het Duitse rijk vijf jaar later. Maar in 1914 was de inschatting van het eigen vermogen het geweld in het internationale systeem meester te blijven ver bezijden de realiteit.[48]

Met Duitse steun, die op 6 juli werd bevestigd, stelde Oostenrijk twee weken later op 23 juli een ultimatum aan Servië, dat beschuldigd werd van verantwoordelijkheid voor de aanslag, en eiste het zitting in de commissie die de moordaanslag onderzocht. Servië kreeg 48 uur om te reageren. Hoewel Servië zijn nationale trots inslikte en de meeste eisen inwilligde, deden de Oostenrijkers alsof die waren afgewezen. Oostenrijk verklaarde Servië de oorlog en zijn artillerie begon met beschietingen van de hoofdstad Belgrado. 'Dit betekent een Europese oorlog,' deelde een geschokte Russische minister van Buitenlandse Zaken de Oostenrijkse ambassadeur mee. 'U zet Europa in brand.' Hij had gelijk.

Omdat het alliantiesysteem in werking trad werd de crisis vergroot. De meeste bondgenoten reageerden: Duitsland steunde Oostenrijk, Rusland Servië, Frankrijk Rusland en, na de Duitse inval in België op 1 augustus (om zo Frankrijk te kunnen aanvallen), Engeland Frankrijk. Al die landen kwamen verdragsverplichtingen na. Zodra er gemobiliseerd ging worden, werd oorlog onvermijdelijk. Toen zowel Rusland als Duitsland (Duitsland iets later, om de verdedigende partij te lijken) tot mobilisatie overgingen, kon niets het uitbreken van vijandelijkheden meer stoppen. De Eerste Wereldoorlog was begonnen.

De met bloed besmeurde tuniek van Frans Ferdinand. Zijn bezoek aan Sarajevo viel samen met de gedenkdag van de Slag van Kosovo Polje, waarbij de Serviërs in de middeleeuwen door de moslims verslagen werden. Militante Serviërs beschouwden het bezoek daarom als een belediging voor het Servisch nationalisme. Ironisch genoeg was Frans Ferdinand een van de gematigden aan het Oostenrijkse hof; zijn dood deed de balans in Wenen doorslaan naar oorlog tegen Servië. De extremisten in beide kampen hadden gewonnen.

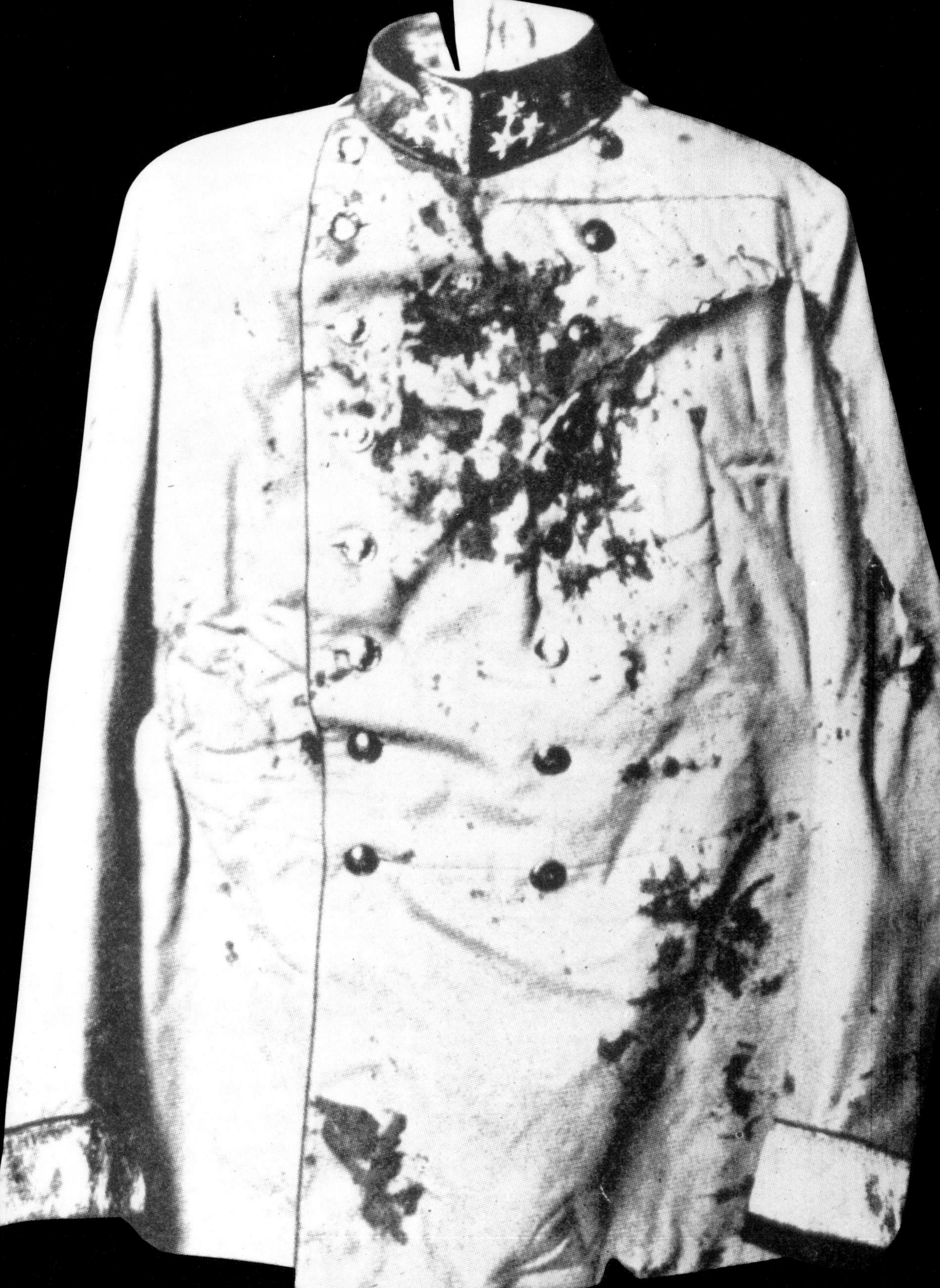

Explosie

Het begin

Toen de oorlog uiteindelijk uitbrak, reageerden de gewone mensen op heel verschillende wijze. Het beeld van de publieke reactie dat in onze historische verbeelding gegrift staat, is dat van juichende menigten op spoorwegstations in heel Europa die onder bloemen bedolven troepen uitwuiven bij hun vertrek naar Berlijn of Parijs. Daarover bestaat voldoende filmmateriaal dat wordt versterkt door een koor van dichters, schrijvers en filosofen die zwelgen in het moment. De Oostenrijkse schrijver Stefan Zweig schreef: 'Elk individu ervoer een verheffing van zijn ego.' De liberale filosoof Bertrand Russell liep door de straten van Londen om tot de ontdekking te komen dat de man in de straat een absoluut voorstander was van de oorlog. De Franse schrijver Alain-Fournier, auteur van *Het grote avontuur*, oordeelde: 'Deze oorlog is goed en groots en terecht.' Volgens de Duitse schrijver Thomas Mann zou de oorlog morele voordelen opleveren: 'De Duitse ziel zal er sterker, trotser, vrijer, gelukkiger van worden. ... Op die eerste dag, die nooit vergeten zal worden, overspoelde ons een golf van diep moreel gevoel.'[49]

Maar klopt dat beeld? Na jaren van onderzoek zijn de historici tot een andere conclusie gekomen. Naar alle waarschijnlijkheid zijn we misleid door de intellectuelen en de bioscoopjournaals. Zij vertellen slechts een deel van de waarheid, en hebben andere reacties op het uitbreken van de oorlog geheel naar de achtergrond gedrongen; die andere reacties kunnen nu gedocumenteerd en verhelderd worden.

Sommigen verwelkomden de oorlog inderdaad, met name jonge stadsbewoners gingen tijdens het fraaie zomerweer de straat op om zich te doen gelden. Maar binnen een dag of twee waren ze verdwenen en luttele kilometers verderop was zelfs niets te merken geweest van een oorlogsstemming. Het was oogsttijd toen de oorlog uitbrak, en veel mensen hoorden het nieuws terwijl zij op het veld aan het werk waren. Mémé Santerre en haar man Auguste waren wevers uit een Frans dorp bij de Belgische grens. 's Zomers werkten zij als seizoenarbeiders in het gebied ten westen van Parijs. Dat jaar hadden zij hun jonge kind achtergelaten bij zijn grootouders om, net als anders, geld te gaan verdienen om de winter door te kunnen komen. Op een dag toen zij aan het werk waren, begonnen de kerkklokken van het naburige dorp te luiden.

> 'De noodklok!' riep iemand op het veld. 'Er staat een akker in brand.' Toen zagen we mensen hollen en schreeuwen op de weg langs de akker. We konden niet horen wat ze zeiden, maar terwijl zij langsrenden lieten de arbeiders hun gereedschap vallen en werden na een ogenblik van schok als door gekte bevangen. Weldra ging een golf van agitatie over het veld. Toen ze hoorden wat er geroepen werd begonnen mensen te hollen. Mijn man en ik keken elkaar vol onbegrip aan totdat we recht in ons gezicht het nieuws hoorden dat een buurman op zijn beurt uitriep. 'Oorlog, het is oorlog.'
> We waren verbijsterd. Ik herinner me dat Auguste terwijl hij zich naar mij toekeerde zei: 'Oorlog, wat voor oorlog dan?' Toen lieten ook wij ons gereedschap vallen, de kleine haken waarmee we de schoven bonden, voegden ons bij de menigte en renden zo snel als onze benen ons dragen konden naar de boerderij. Iedereen liep daarheen, vanuit de grote behoefte die mensen voelen om bij elkaar te zijn als zij met een catastrofe geconfronteerd worden. Op het erf heerste meer opschudding dan ik ooit gezien

Een Franse sergeant-intendant, gedecoreerd met het Croix de Guerre, met zijn gezin. Met het uitbreken van de oorlog in 1914 begon de politieke en de familiegeschiedenis in Europa samen te vallen. Vóór 1914 bemoeide de staat zich slechts zelden met het privé-leven; na 1914 was de staat alomtegenwoordig. Soldaten in actieve dienst konden rekenen op scheidingstoeslagen om het gezinsbudget intact te houden. Op die manier opereerde de staat als een surrogaat-vader die de gezinnen een inkomen verschafte dat essentieel was voor een soepel lopende mobilisatie van miljoenen getrouwde mannen in 1914.

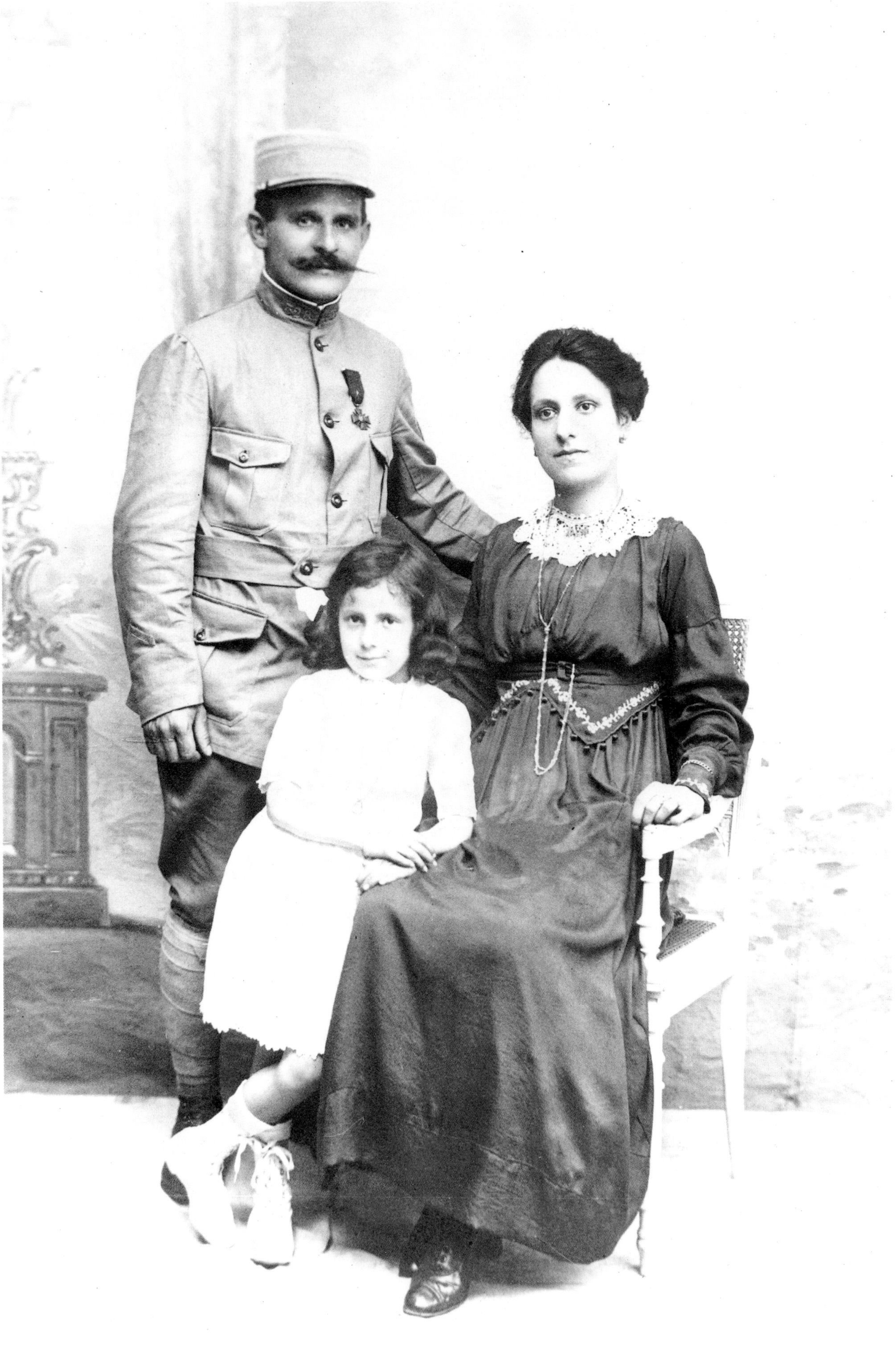

Dit is één manier om te kijken naar wat er in 1914 gebeurde: heldhaftige Duitse soldaten gaan op transport voor een bliksemoperatie tegen Frankrijk; daarna zouden ze op hun gemak in Parijs aan de wandel kunnen gaan. De gezichten van deze mannen vertellen een ander verhaal. Veel van deze mannen van middelbare leeftijd waren reservisten die in 1914 onder de wapenen geroepen werden. Op de wagon is duidelijk 'Elzas-Lotharingen' te lezen, dat zij geacht werden te verdedigen. Deze reservisten verrasten de Fransen door hun taaie gevechtskracht in het oosten van Frankrijk in augustus 1914. Deze resulteerde in een bloedbad en een totale mislukking van het plan van de Fransen om tot ver in Duitsland door te stoten.

Auf in den Kampf mir juckt die Säbelspitze

had. De mannen, die gewoonlijk zo kalm waren en zo langzaam liepen, waren koortsachtig in de weer. Paarden kwamen aangedraafd, opgezweept door de voerman, terwijl ossen, tot bloedens toe geprikt, zich met tegenzin repten. In dit komen en gaan van wagens en dieren kon ik enkele losse flarden opvangen: 'Algehele mobilisatie…' 'Wat een pech, wat een vreselijke pech…' 'Ik moet meteen vertrekken.' 'Goeie God, waar zijn mijn bullen?' 'De Duitsers vallen aan…' 'Dit kon niet uitblijven…'[50]

Verbijstering, geen enthousiasme; geschoktheid en angst, in plaats van uitbundigheid en bravoure, voerden ook elders op het Europese platteland, waar het grootste deel van de bevolking leefde, de boventoon.

In Bretagne, waar men zijn eigen taal en cultuur angstvallig bewaakte, werd de invasie van Frankrijk niet in het Frans begroet noch vreugdevol ontvangen. Een Bretonse boer, Pierre-Jakez Hélias beschrijft de dag dat de oorlog uitbrak:

> Om vijf uur 's middags begonnen de klokken van de kerk te luiden op een manier dat je zou denken dat de koster gek geworden was. Maar de arme kerel luidde het alarm voor een brand die meer dan vier jaar in de hele wereld zou woeden. Hoe had hij de juiste tonen kunnen vinden? Hij rende van de ene klok naar de andere en luidde ze met een onhandigheid die voortkwam uit paniek. Maar iedereen begreep zijn buitengewone taal.
> Mijn vader raapte zijn sikkel op en sloeg er een paar keer mee, steeds langzamer. Toen liet hij zich op een knie op de grond zakken en boog zijn hoofd. Plotseling richtte hij zich op, wierp zijn gereedschap met kracht van zich af en begon door de velden naar de stad te lopen, zonder ook maar één ogenblik zijn kaken te ontspannen. Mijn moeder ging op de grond zitten en huilde in haar schort.[51]

Het uitbreken van de oorlog in 1914 onthulde een heroïek die ver af stond van de officiële patriottische grootsprekerij. Maar heroïek was het wel degelijk – opgebouwd uit gelijke delen gelatenheid, vastberadenheid en liefde voor het plaatselijke landschap en de eigen gemeenschap. Die geestesgesteldheid domineerde de Eerste Wereldoorlog en klinkt in dit hele boek door in de verhalen van individuen, groot en klein, gedurende die donkere bladzijde in de geschiedenis.

Waar bevonden sommigen van die mensen zich? De meesten konden zich niet voorstellen wat hun te wachten stond. In Frankrijk was Charles de Gaulle een vijfentwintigjarige officier in het 33ste infanterieregiment onder bevel van Philippe Pétain, die toen 58 jaar was.

Adolf Hitler was even oud als De Gaulle, maar daarmee hield de gelijkenis op. Hitler leefde als mislukt kunstenaar in München. In Berlijn had de zevenenveertigjarige beeldhouwster en grafisch kunstenaar Käthe Kollwitz een niveau bereikt waarvan Hitler slechts kon dromen. Haar zoon Karl was achttien jaar, een jaar jonger dan Ernst Jünger, een veel krijgshaftiger type, die net in Duitsland was teruggekeerd na een tijd in het Franse Vreemdelingenlegioen gediend te hebben. Leo Trotski was een obscure mensjewiek die in Wenen woonde.

Op 4 augustus 1914 gaf Wilfred Owen les op een school in Frankrijk. Edward Thomas worstelde als schrijver met zichzelf en woonde met zijn gezin in een huisje in Gloucestershire. Isaac Rosenberg was net aangekomen in Kaapstad, waar hij van plan was te gaan schilderen en les te geven.

Harry Truman, dertig jaar, was boer in Missouri. Douglas MacArthur was een

Het begin

Marc Chagall, *Afscheid nemende soldaten*, 1914. Na een vierjarig verblijf in Parijs keerde Chagall terug naar Rusland, waar hij in 1914 werd verrast door het uitbreken van de oorlog. Hij legde de ambivalentie van de reactie van de burgers op het uitbreken van de oorlog vast. Chagall bleef in Rusland tot 1922.

vierendertigjarige legerkapitein die ten zuiden van de Rio Grande op Mexicaanse bandieten jaagde. George Patton, 29 jaar oud, had verlof van de Cavalry School in Kansas en was op bezoek bij zijn schoonfamilie in Massachusetts. George C. Marshall was een ambitieuze vijfendertigjarige stafofficier op manoeuvre op de Filippijnen.

Het leven van al deze mensen zou door de oorlog drastisch veranderen. De meesten waren in de kracht van hun leven en stonden op het punt een carrière te beginnen, een gezin te stichten, hun deel van de toekomst op te eisen. In de volgende vier en een half jaar zou een aantal van hen sterven, maar de meesten hadden het geluk te overleven.

Om hun leven en de wereld die zij aan ons overdroegen te begrijpen, moeten we teruggaan naar dat moment in 1914 toen in zekere zin de twintigste eeuw begon. Als we hun gezichten bekijken, zo hoopvol, zo fris en vol mogelijkheden, zien we iets van wat had kunnen zijn, maar tevens een voorafschaduwing van wat komen ging.

De geschiedenis van de generatie van 1914 is een verhaal van verraden fatsoen, van de kloof die het nauwe blikveld van de machthebbers scheidde van de open harten van de miljoenen die hen volgden. Door de opvattingen van de leiders af te zetten tegen de menselijke reactie van de massa – van de mensen die de oorlog van zijn slechtste kant leerden kennen – kunnen we een idee krijgen van de verspilling en tragiek van de Eerste Wereldoorlog.

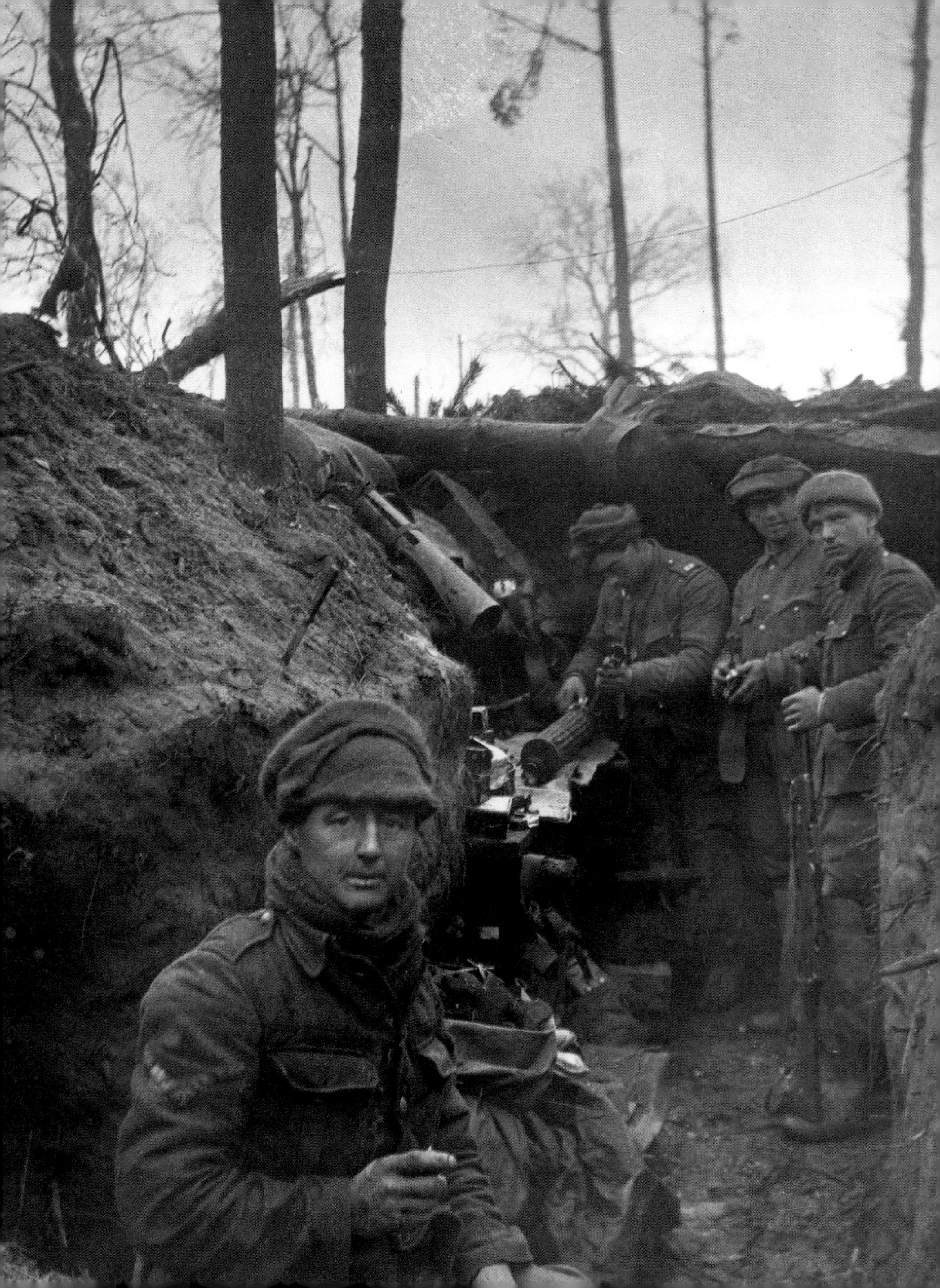

2
Patstelling

ONDANKS ALLES WAT BISMARCK in de negentiende eeuw had gedaan om een oorlog aan twee fronten te voorkomen, was dat precies de situatie waarmee het Duitse opperbevel werd geconfronteerd. Waar het op aankwam was timing, meenden zij. Frankrijk moest worden verslagen voordat Duitsland zich op Rusland ging richten. De keizer vatte de strategie bondig samen: 'Lunchen in Parijs, dineren in Sint-Petersburg.'

Het Schlieffenplan, genoemd naar de opsteller ervan, generaal Alfred von Schlieffen, was gedurfd en al jaren in de maak. De strategie vroeg om massale en ingewikkelde troepenverplaatsingen per trein. Er waren vijfhonderd treinen van elk vijftig wagons nodig om vier legerkorpsen, dat wil zeggen 180.000 man met hun voorraden, naar België en Frankrijk te vervoeren.[1] En dat was nog maar het begin van een logistieke nachtmerrie: anderhalf miljoen manschappen, voedsel, wapens, paarden, die de Rijn over moesten. Eenmaal voorbij de Duitse grens zouden de soldaten weer gebruik moeten maken van hun traditionele vervoermiddel: de benenwagen. De belangrijkste aanvalsmacht – driekwart van de Duitse strijdkrachten – moest de Franse grensversterkingen omzeilen via een omtrekkende beweging door het neutrale België, doorstoten naar de Kanaalkust en vandaar in een geweldige boog zuidwaarts trekken om Parijs in te nemen. De Duitse plannenmakers waren ervan overtuigd dat de Fransen zich zouden overgeven na het verlies van hun hoofdstad. Het plan voorzag in een overwinning in het westen in zes weken, ruim op tijd voordat het enorme Russische leger, gezien de slechte spoorwegverbindingen en de enorme afstanden aan het oostfront, een serieuze bedreiging kon gaan vormen. Duitse soldaten vertrokken in treinen die waren versierd met bloemen en politieke leuzen, en ze waren ervan overtuigd voor het vallen van de bladeren weer thuis te zijn.

Ook Frankrijk had zijn *masterplan*. 'Plan XVII' was geworteld in een obsessie met de schandelijke nederlaag van keizer Napoleon III in 1871, waardoor het land twee van zijn rijkste provincies, de Elzas en Lotharingen, had verloren. In geval van oorlog moesten die twee gebieden heroverd worden. Jonge officieren werden getraind in een offensieve houding. 'In het offensief,' werd hun verteld, 'biedt onvoorzichtigheid de beste garanties.' 'Elke soldaat moet een aanval met de bajonet vurig wensen, want dat is het middel bij uitstek om de vijand zijn wil op te leggen en de overwinning te behalen.' 'Voor een aanval zijn maar twee dingen nodig: weten waar de

---

De laatste 'negentiende-eeuwse oorlog' duurde van augustus tot december 1914. Het was een beweeglijke oorlog, met veel dramatiek en zeer veel slachtoffers. In augustus voegde het reguliere Britse leger met reserves – in totaal 120.000 man – zich bij de Franse en Belgische strijdkrachten die zich teweerstelden tegen de Duitse invasie in België. Alles wat de Britten konden doen was het bestoken van de invasiemacht, de opmars ervan vertragen en wachten op hulp. Deze manschappen van het 11th Hussars met hun machinegeweren hebben zich ingegraven nabij Ieper, waar de Britse linie een vooruitgeschoven positie rond de stad innam.

vijand is en besluiten wat te doen. Wat de vijand denkt te gaan doen is van geen belang.'[2] 'Succes,' zo voorspelde het Franse veldreglement, 'valt niet toe aan wie het minst heeft geleden, maar aan degene met de grootste wilskracht en sterkste moraal.'[3] Deze opvatting zou in 1914 tienduizenden Fransen het leven kosten.

Maar het Franse noch het Duitse plan was gebaseerd op goed veldheerschap. Was bij de Fransen de hoop de vader van de gedachte, de Duitse strategie was een wanhopige gok die niet alleen een confrontatie met twee legers maar ook een race tegen de klok betekende. Wilde het Schlieffenplan slagen dan moest de opmars zeer snel worden uitgevoerd. Parijs moest op M-39, de 39ste dag na de mobilisatie, ingenomen zijn. Dat was niet zo'n wilde gedachte als achteraf lijkt, want de meeste militaire leiders meenden dat een moderne oorlog een kortstondige zaak zou zijn. Recente ontdekkingen hadden het tempo van het dagelijks leven versneld en men verwachtte dat diezelfde snelheid ook op het slagveld zou gelden. Orders konden via de telefoon worden doorgegeven. Vliegtuigen zouden verkenningen uitvoeren. Voor de troepenverplaatsingen was er de spoorlijn. En geavanceerd wapentuig – machinegeweren en zwaar geschut – zou het slagveld zo gewelddadig maken dat een van de strijdende partijen snel zou wankelen en bezwijken onder het aanvalsgeweld. Met andere woorden, alle militaire strategen dachten slechts aan een wat onstuimiger herhaling van de Frans-Duitse oorlog van 1870-1871.

In de eerste weken van 1914 verliepen de gebeurtenissen ook volgens dat scenario. Maar weldra begon de oorlog aan het westelijk front meer weg te krijgen van een belegeringsoorlog, waarbij geen vesting maar loopgraven veroverd moesten worden. Na elke verovering, die doorgaans een zware tol eiste, bleken er steeds weer nieuwe loopgraven te nemen te zijn. Daar had niemand op gerekend. Het Duitse leger nam defensieve stellingen in en zadelde de geallieerden op met de taak een vijand te verjagen die zich had ingegraven in Franse en Belgische bodem. Hoe dat moest, was de essentiële vraag in deze oorlog. Het antwoord kwam van militaire leiders die gevangen zaten in een eigen cultuur die de negentiende-eeuwse traditie en ervaring als natuurlijke bron had. Bijna zonder uitzondering begonnen alle generaals de oorlog in de overtuiging dat succes gelegen was in het offensief, en aan dat geloof hielden zij ook later in de oorlog vast.

Afscheid nemen

IN FRANKRIJK WAREN de mensen door het nieuws van de oorlog als met stomheid geslagen. 'Parijs is in rep en roer,' schreef Henri Desagneaux. 'Er is een stormloop op de banken aan de gang. Iedereen is zeer geëmotioneerd.' Desagneaux werkte op de juridische afdeling van een Franse spoorwegmaatschappij en was reservist in het Franse leger. Toen op 1 augustus de aanplakbiljetten over de mobilisatie werden opgehangen, moest hij zich direct bij zijn regiment melden, net als de tienduizenden landgenoten wier leven door het plotselinge nieuws op zijn kop werd gezet. 'Het is ieder voor zich,' schreef hij in zijn dagboek. 'Je hebt nauwelijks tijd om nog een paar handen te schudden voor je naar huis moet om je voor te bereiden op je vertrek.'[4] Onder anderen vier miljoen Russen, drie miljoen Oostenrijks-Hongaarse manschappen, vier en een half miljoen Duitsers en vier miljoen Fransen werden opgeroepen en moesten hun baan, hun huis en hun familie in de steek laten.

Patstelling

Op de stations in heel Europa heerste een geweldige chaos. Dienstregelingen werden voor onbepaalde tijd opgeschort terwijl treinen met manschappen naar de grenzen daverden. Desagneaux zag vrouwen en kinderen op het Gare de l'Est in Parijs afscheid namen van hun man of vader. 'De vrouwen huilen, evenals de mannen. Zij moeten afscheid nemen zonder te weten of ze ooit nog zullen terugkeren.'[5] Zij namen ook afscheid zonder goed te weten waarom dit armageddon naakte. '*Incroyable*' was het woord dat de Britse journalist Philip Gibbs overal hoorde in straten en cafés nadat hij zich in de eerste dagen van augustus naar Parijs had gehaast. '*C'est incroyable!*'[6]

In Sint-Petersburg zag de Franse ambassadeur Maurice Paléologue bedroefde vrouwen meelopen met hun echtgenoten en zonen die naar de oorlog vertrokken. Een vrouw in het bijzonder viel hem op: 'Zij was heel jong, met fijne gelaatstrekken en een fraaie hals, een roodwitte hoofddoek over haar blonde haar geknoopt en gekleed in een blauwkatoenen sarafan [overgooier] die met een leren riem om haar middel bijeen werd gehouden. Zij hield een kind tegen haar borst. Het stel zei niets maar keek elkaar met droevige, liefhebbende ogen aan.'[7]

Russische dienstplichtigen konden niet lezen. De mobilisatie werd niet via aanplakbiljetten of kranten afgekondigd, maar door het aanplakken van rode kaarten in duizenden steden en dorpen.

Franse soldaten vertrekken van het Gare Montparnasse in Parijs. Alle spoorlijnen in Parijs waren in augustus 1914 overbezet. Sociale en politieke verschillen werden terzijde geschoven; elke gezonde man voegde zich bij zijn eenheid. Oppositie tegen de oorlog bestond niet; iedereen was woedend op Duitsland en was vastbesloten de vernedering van een militaire nederlaag te voorkomen.

Het was oogsttijd toen de oorlog uitbrak. Maar in plaats van landarbeiders, zwermden soldaten over de akkers in Frankrijk en België, de oogst vertrappend. Deze golven Duitse artilleristen op manoeuvre vóór de oorlog zouden in 1914 heel wat zwaarder op de proef worden gesteld. Van hun doorzettingsvermogen werd het uiterste gevergd, maar zij slaagden er niet in het verzet van de geallieerden te breken.

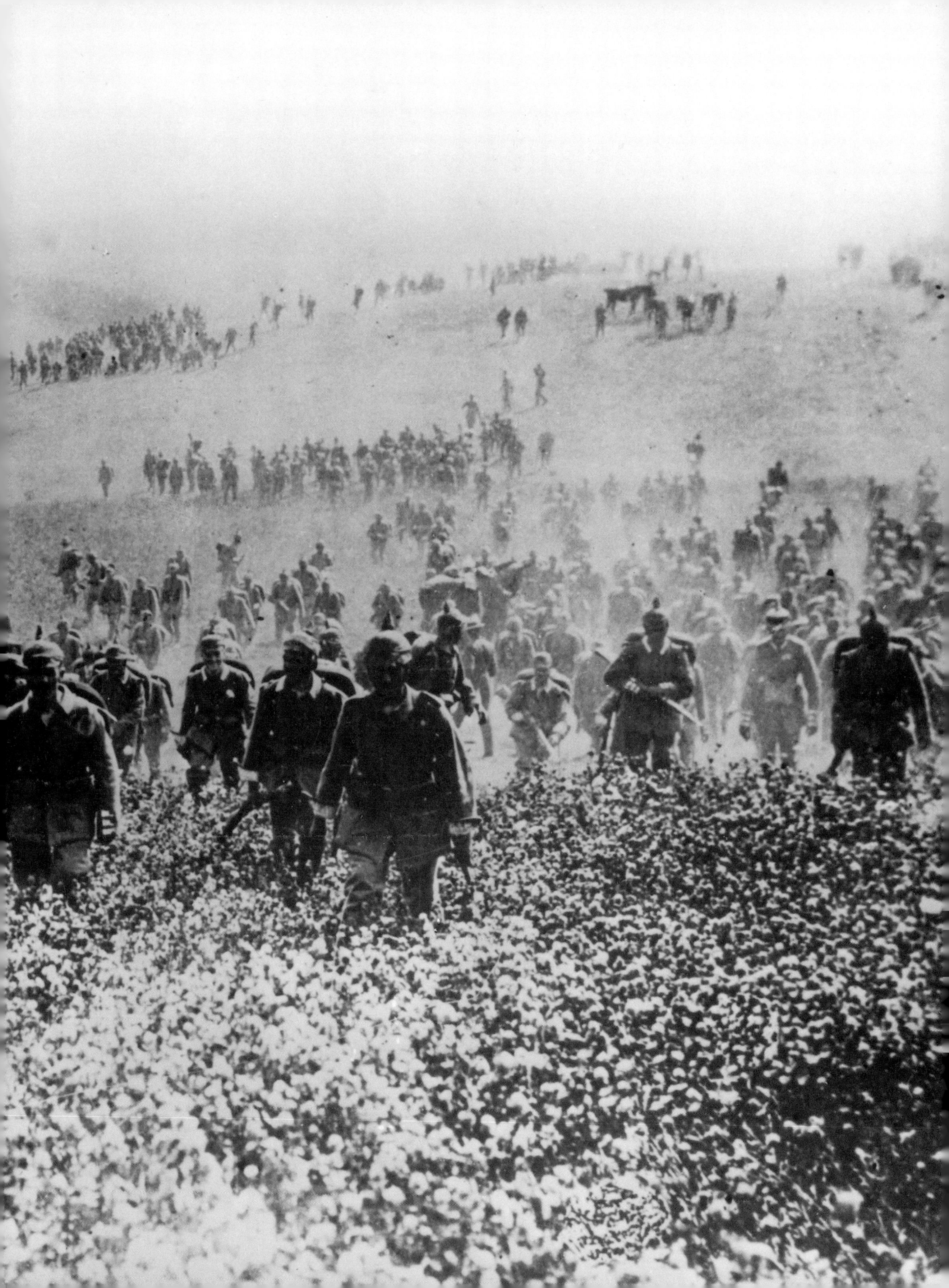

Patstelling

Duizenden mensen die woonden, werkten of op vakantie waren in het buitenland, bevonden zich die zomer plotsklaps op vijandelijk grondgebied. De helft van alle obers in Parijs was Duits. Hun eerste zorg was thuis te komen, hun tweede zich te melden. Ernst Toller was een jonge Duitser die in Frankrijk studeerde en via Zwitserland zijn vaderland bereikte:

> Eindelijk zat ik in de trein, vol Duitsers die uit Frankrijk wilden ontsnappen. We kwamen amper vooruit. De trein stopte steeds, werd steeds weer afgekoppeld; we wachtten eindeloos. ... Om middernacht, slechts een paar uur voor de grens gesloten zou worden, arriveerden we in Genève, uitgehongerd en doodop. Maar toen we op Zwitserse bodem waren, omhelsden we elkaar weer en zongen *Deutschland, Deutschland über alles*. Aan de andere kant van het perron zongen terugkerende Fransen de *Marseillaise*.[8]

Weldra zouden ze niet meer zingen maar vechten.

Arm België

In de ochtend van de vierde augustus passeerde de voorhoede van de Duitse invasiemacht, de cavalerie, de grens met België. Met hun lange lansen leken zij indringers uit een andere eeuw. Maar het Belgische leger was pas echt een leger uit een voorbije eeuw. Het kon verdedigend optreden, de Duitse opmars vertragen en plaagstootjes uitdelen, maar lang standhouden kon het niet. Waar de Duitsers het bangst voor waren, waren guerrilla's, scherpschutters en sabotage zoals ze in 1870 hadden meegemaakt. Dit soort ongeregelde oorlogvoering, het verzet van *franc-tireurs*, moest met harde hand zo snel mogelijk de kop worden ingedrukt met het oog op het Duitse tijdschema. Het Schlieffenplan vereiste een harde opstelling tegenover burgers die verzet pleegden; intimidatie was van wezenlijk belang.

De Duitse bevelvoerder over deze massale invasie was Helmut von Moltke, een intelligente, gevoelige, zesenzestigjarige militair met een zwakke gezondheid. Toen op de eerste dag dorp na dorp werd veroverd was hij nog vol goede moed. Op de tweede dag lanceerden de Duitsers een serie directe aanvallen op de twaalf forten rond de stad Luik. De Duitse infanterie leed grote verliezen; met een garnizoen van 35.000 manschappen, uitgerust met vierhonderd kanonnen, bleek het complex van ondergrondse versterkingen, dat door de Duitsers niet goed was ingeschat, een harde dobber. 'Zij deden geen enkele poging zich in slagorde op te stellen,' merkte een Belgische officier op, 'maar kwamen in rijen na elkaar, bijna schouder aan schouder, en terwijl wij ze neermaaiden, stapelden de gevallenen zich op tot een afgrijselijke barricade van doden en gewonden.'[9] Net als iedereen moesten de Duitsers hun harde lessen leren over de afweerkracht van machinegeweren. Midden in de strijd nam de negenenveertigjarige kolonel Erich Ludendorff het bevel op zich van een brigade waarvan de bevelvoerend officier was gedood. Het was de eerste van een reeks gelukkige omstandigheden voor de man die binnen twee jaar de hele Duitse oorlogsmachine zou leiden. Hij besloot tot een aanval op een kwetsbare plek in de Belgische verdediging die succesvol was. Luik werd ingenomen, maar de omringende forten hielden stand. Om die te nemen was belegeringsgeschut vereist zoals de wereld nog nooit had aanschouwd. Dit werd gegoten in de Krupp-fabriek, een

Helmut von Moltke, die in juli aandrong op oorlog en in september een nederlaag oogstte. Hij trad twee maanden later terug als chef van de Duitse generale staf.

Belgische infanteristen tijdens hun terugtrekkende beweging naar Antwerpen, op 20 augustus 1914. Het Belgische leger, dat met een aantal forten sleutelposities in handen had, kon niet meer dan beperkt verzet bieden tegen de Duitsers. Zij gebruikten honden als trekdieren voor het transport van hun machinegeweren terwijl zij op hun eigen grondgebied oorlog voerden ter verdediging van huis en haard. Voor hun optreden als scherpschutters werden zij en hun families zwaar gestraft; het Duitse leger reageerde met ijzeren vuist.

houwitser die de bijnaam Dikke Bertha kreeg, een verwijzing naar de gezette vrouw van Gustav Krupp. Om deze houwitser te transporteren en te bedienen waren tweehonderd man nodig, het bereik was negen kilometer. Nog indrukwekkender was het formaat van zijn projectielen, die korte metten maakten met de bunkers van staal en beton. De soldaten in de bunkers werden gek van de beschietingen. Het laatste fort viel op 16 augustus. De Belgische commandant raakte bewusteloos bij het laatste bombardement en kwam weer bij als gevangene van de Duitsers. 'Ik was bewusteloos toen ik gevangen werd genomen. Zorg dat dat in jullie berichten vermeld wordt,' eiste hij bij het overhandigen van zijn sabel.[10] Ook dat was een ouderwetse reactie op een nieuw, wreder tijdperk van oorlogvoeren.

Volgens de oude tradities hielden de vijandelijkheden op als het leger van een land op het slagveld verslagen was. België vocht anders, en de Duitsers reageerden met grof geweld. 'Onze opmars in België is zeker wreed,' schreef Von Moltke op 5 augustus, 'maar we vechten voor ons leven en wie ons in de weg staat moet de gevolgen dragen.'[11] Op die dag waren een aantal Belgische priesters geëxecuteerd omdat zij het verzet hadden aangemoedigd. Maar de Belgen hadden geen aanmoedigingen van hun priesters nodig. Scherpschutters schoten op Duitse soldaten die

Patstelling

met een bepakking van 25 kilo door de velden en de dorpen trokken. De invasiemacht reageerde met ijzeren vuist. Huizen werden in brand gestoken, dorpelingen (mannen, vrouwen en soms zelfs kinderen) bijeengedreven en vermoord: zes in Weerst, vijftig in Seilles, bijna vierhonderd in Tamines en meer dan zeshonderd in Dinant.[12] De middeleeuwse stad Leuven werd platgebombardeerd en de universiteitsbibliotheek, een schatkamer van oude manuscripten, in brand geschoten. 'We zullen het met de grond gelijkmaken,' sprak een Duitse officier. 'Geen steen zal op de andere blijven. We zullen ze respect bijbrengen voor Duitsland. Generaties lang zullen mensen hier komen kijken naar wat we hebben aangericht.'[13] Leuven en de andere gruweldaden zouden een propagandistische goudmijn worden voor de geallieerden die 'het arme België' zo goed mogelijk exploiteerden, onder andere met verslagen over vermoorde kinderen met geroosterde voetjes. De wreedheden die in werkelijkheid begaan werden, waren vreselijk en schokten ook Duitse soldaten. Rudolf Binding schreef:

> Als je de verwoesting ziet, brandende steden en dorpen, geplunderde kelders en zolders waar de mannen uit blind instinct tot zelfbehoud alles aan stukken hebben gescheurd, dode of half verhongerde dieren, vee dat loeit in de suikerbietenvelden, en dan de lijken, de lijken en lijken, de stromen gewonden – dan wordt alles zinloos, waanzin, een afgrijselijk slechte grap over mensen en hun geschiedenis, een eindeloos verwijt aan de mensheid, een ontkenning van alle beschaving, het doden van alle geloof in het vermogen van de mens tot vooruitgang, een ontheiliging van het heilige, zodat je het gevoel krijgt dat alle mensen in deze oorlog verdoemd zijn.[14]

Het Belgische verzet had de invasie maar enkele dagen opgehouden. De ware schade die Duitsland opliep was echter niet deze vertraging maar de deuk in zijn imago door het schenden van een kleine maar dappere natie die vocht om te overleven. Het symbool van het 'arme België' zou de Duitsers nog jaren achtervolgen.

Schrecklichkeit, het inboezemen van afgrijzen en ontzetting, vormde een intrinsiek en onvermijdelijk onderdeel van het Duitse krijgsplan. Aangezien snelheid geboden was, tolereerden de Duitsers geen pesterijen door burgers of een afwijkende strijdwijze. Zij zetten zware artillerie, inclusief het belegeringskanon 'Dikke Bertha' (een 42-cm houwitser, LINKS) in om het centrum van de stad Leuven (BOVEN) te bombarderen; zij schoten gijzelaars dood, brandden dorpen plat en wanneer vrouwen verkracht werden door Duitse soldaten traden hun commandanten daar nauwelijks tegen op.

PATSTELLING

DEBACLE

DE FRANSE OPPERBEVELHEBBER, Joseph Jacques Césaire 'Papa' Joffre, was 62 jaar toen de oorlog uitbrak. Zijn militaire carrière begon hij bij de genie – niet de gebruikelijke achtergrond voor een bevelhebber. Ondanks zijn dikke buik, zijn laconieke houding en zijn hang naar middagdutjes, ook in crisissituaties, was hij kampioen van het offensieve denken. Net als zijn mede-officieren beschouwde hij snelheid en geestdrift als dé noodzakelijke elementen in de strijd. Hoewel de bajonet zijn voorkeur had, beschikte het Franse leger over een goed artilleriewapen, het lichte snelvuurkanon (75 mm). Zware artillerie werd als een last ervaren. 'Goddank hebben we die niet,' stelde een stafofficier (niet geheel terecht). 'Het Franse leger ontleent zijn kracht aan zijn lichte geschut.'[15]

In de overtuiging dat de opmars door België een afleidingsmanoeuvre was, nam

In de Duitse plannen was voorzien dat de Franse opperbevelhebber Joffre (BOVEN) zijn troepen (RECHTS) in geval van oorlog naar het oosten zou verplaatsen. Deze deed hun dat genoegen. Franse offensieven werden gestopt ten koste van talloze slachtoffers: 27.000 Fransen stierven op 22 augustus 1914, de bloedigste dag in de Franse militaire geschiedenis. Wonderwel slaagde Joffre er nog in zijn leger op tijd terug te trekken naar Parijs om de Duitse hoofdmacht aan de Marne tegemoet te treden en te verslaan.

Patstelling

het grootste deel van het Franse leger posities in tegenover Duitse stellingen in de Elzas en Lotharingen. De Fransen, in hun negentiende-eeuwse uniformen met rode broeken en blauwe jassen, de officieren nog met sabels en witte handschoenen, groepeerden zich in een massale formatie, duidelijk zichtbaar voor de verkenners van de Duitse artillerie. Het resultaat was een slachtpartij. Tussen 20 en 23 augustus 1914 werden meer dan 40.000 Franse soldaten gedood, alleen al op de 22ste 27.000. Het was de bloedigste dag in de militaire geschiedenis van Frankrijk. Het doel van het Franse leger waren de Ardennen, maar bij Arlon-Virton, ten westen van de Moezel, leed het grote verliezen en moest het zich terugtrekken.

De eerste oorzaak van deze nederlaag was een misrekening van de Fransen. Zij hielden slechts rekening met de reguliere Duitse troepen in de veronderstelling dat de reservisten in bezet Lotharingen niet opgewassen zouden zijn tegen een Franse aanval.[16] Dat zagen ze verkeerd. Daarnaast onderschatten zij het dodelijke vermogen van machinegeweren en zware artillerie. Deze nutteloze offensieven waren precies waarop het Duitse leger gehoopt had. In vijf dagen verloren de Fransen 140.000 manschappen, en ondertussen rukten de Duitsers op naar het westen en het zuiden. Joffre probeerde persoonlijk contact te houden met al zijn commandanten en liet zich door een autocoureur van commandopost naar commandopost rijden. Het was niet voldoende. Tegen de tijd dat Joffre besefte wat er aan de hand was, liep de geliefde hoofdstad, liep zelfs de hele republiek gevaar. Het Franse leger trok zich terug richting Parijs, onderwijl bruggen en spoorwegen verwoestend. 'U kunt de Duitse legers binnen twaalf dagen voor de muren van Parijs verwachten,' telegrafeerde Joffre naar de regering. 'Is Parijs voorbereid op een belegering?'

Grote paniek

JOFFRE HIELD VAST AAN EEN vrijwel totaal verbod op nieuwsgaring; journalisten werden niet toegelaten aan het Franse front. Ook de regering werd grotendeels in het ongewisse gelaten, maar onder de dreiging van een beleg vluchtte zij naar het veilige Bordeaux. De Britse verslaggever Philip Gibbs, die vergeefs had geprobeerd het front te bereiken, keerde terug naar Parijs en was daar getuige van een bijzonder tafereel:

> Er was een wilde uittocht uit de hoofdstad gaande; de stations waren vluchtelingenkampen geworden waarin de allerarmsten en de allerrijksten zich met vrouw en kinderen onderling mengden. Er waren veel oude mannen en vrouwen die nog wisten wat een belegering van Parijs inhield. Dat verhaal – dat aloude bekende verhaal – vertelden zij nu aan de jongeren, schuddend met hun hoofd en trillende wijsvinger. 'Honger leden we!' 'We aten ratten als we geluk hadden!' 'Ze zouden niet geaarzeld hebben om de Notre Dame met de grond gelijk te maken.' De meesten zagen er verwilderd uit en herhaalden steeds maar weer dat afgesleten woord: '*Incroyable*.'[17]

Iedereen die kon vluchten deed dat. Vanuit België waren al honderdduizenden de gevechten ontvlucht, naar Nederland, Frankrijk en Engeland. Nu werden wegen en spoorwegen overspoeld met Franse vluchtelingen. De verhalen over wreedheden jegens burgers verergerden de zaak alleen maar.

Het verhaal van Mémé Santerre en haar familie is symbolisch voor talloze andere. Zij reageerden op het uitbreken van de oorlog met verbijstering. Als seizoenarbeiders in de buurt van Rouen bevonden zij zich in augustus 1914 precies op de route van de invasiemacht. Met wat schamele bezittingen wisten ze te ontkomen op de wagen van de plaatselijke slager. Anderen moesten 'met lege handen' vluchten. Sommige mensen probeerden hun vee mee te voeren. 'Koeien, schapen, geiten, ezels, in ongelooflijke wanorde door hun eigenaars voortgedreven,' schreef zij later. Toen stuitten zij op het Franse leger. 'Eerst was het de infanterie, en dat ging nog wel. Maar toen kwam de artillerie aanrollen, en ontstond een angstaanjagende chaos: grote boerenwagens raakten met het zware tuig van de caissons en andere militaire voertuigen tot een gigantische kluwen verstrikt.'[18]

Soortgelijke taferelen werden gadegeslagen door Philip Gibbs toen hij de strijd ten noorden van Parijs volgde:

Patstelling

Toen het Duitse leger Parijs naderde, vluchtten de welgestelden; de oude mensen, kinderen en vrouwen die achterbleven kregen te kampen met tekorten: de banken hadden geen geld, werkplaatsen en fabrieken waren gesloten, de werkloosheid steeg. Duizenden families stroomden naar de stad, op de vlucht voor de Duitse invasie.

Later raakte ik zo aan alles gewend dat ik begon te denken dat de wereld altijd zo in elkaar had gezeten, met mensen die altoos op de vlucht waren, gezinnen en hele families die doelloos ronddoolden, van stad naar stad, die in treinen stapten omdat ze ergens vandaan kwamen maar weer ergens anders heen wilden, die urenlang bleven zitten op de bundels met al hun resterende bezittingen, gered uit hun vernielde oude huizen, die onderweg hun kinderen kwijtraakten zonder zich daar al te druk over te maken, en weer op andere kinderen stuitten over wie zij zich ontfermden als waren het hun eigen kinderen; die zich tijdens die zwerftocht nooit wasten, waardoor aantrekkelijke vrouwen die eens exquise parfums hadden gebruikt zo smerig waren als zigeuners en zich niet geneerden voor hun vodden en vieze handen; die aten als zij iets te eten vonden, sliepen op rangeerterreinen, in kolenschuren en kapotte treinstellen die verlaten op door gras overwoekerde rails stonden; onverschillig als pariahonden voor wat de toekomst hun zou brengen nu zij in het verleden alles verloren hadden.[19]

Een voor de twintigste eeuw karakteristieke figuur was geboren: de vluchteling die aan de oorlog probeert te ontsnappen.

'De keizer vertrouwde me'

VLUCHTELINGEN begonnen ook in Duitsland op te duiken, op de vlucht voor het Russische leger. Wat deed een zege in Frankrijk ertoe, tierde de Kaiser, als Berlijn weldra in handen van de kozakken zou vallen? Het Russische leger, hoe traag ook, was een macht waar terdege rekening mee gehouden moest worden. Het staande leger telde al anderhalf miljoen manschappen; door de mobilisatie groeide dat aantal uit tot vier en een half miljoen, met nog eens twee miljoen soldaten in reserve. Veel mensen in Rusland waren ervan overtuigd dat Duitsland snel verslagen zou worden, alleen al doordat hun land zo groot was. Een invasie in Oost-Pruisen zou Duitsland bovendien dwingen de invasiemacht in Frankrijk te verzwakken. In

Patstelling

de eerste weken van de oorlog leken dergelijke voorspellingen niet onredelijk: het Russische leger was al in beweging gekomen en trok sneller op dan de Duitsers voorzien hadden.

Twee Russische legers, zo'n 370.000 man, trokken Oost-Pruisen binnen – het huidige Oost-Polen. Net als de Duitsers in België staken zij bij hun opmars dorpen in brand. De Duitse bevelhebber in het oosten werd ontslagen en vervangen door Paul von Hindenburg, die met zijn 67 jaar al met pensioen was. Hij vertrok zo overhaast naar het front, om drie uur 's ochtends, dat hij geen tijd had zich het correcte veldgrijze uniform te laten aanmeten. Hij droeg zijn oude blauwe Pruisische uniform. De held van Luik, Erich Ludendorff, werd tot zijn chef-staf benoemd. Slechts vier dagen na hun aankomst ontbrandde de strijd tussen de Duitse en Russische strijdkrachten.

De twee Russische legers stonden onder bevel van generaal Pavel Rennenkampf

Duitse vluchtelingen op weg naar het westen, voor de Russische legers uit. Hun aanwezigheid in Berlijn was een zorgwekkend teken, maar anders dan in Parijs werd het dagelijks leven hier minder verstoord door het uitbreken van de oorlog. Gezinnen werden geholpen door kerkelijke en vrijwilligersorganisaties, waardoor de schok van het vluchtelingenbestaan enigszins verzacht werd.

Patstelling

Deze kozakken maakten deel uit van de Russische invasiemacht die Oost-Pruisen op twee plaatsen binnenviel. Numeriek superieur, maar in elk ander opzicht inferieur aan het Duitse leger, wist het Russische leger in ieder geval tijd te winnen voor bondgenoot Frankrijk; enkele divisies van de Duitse strijdmacht werden uit Frankrijk weggehaald om Duitsland in het oosten te verdedigen.

VOLGENDE BLADZIJDEN
Russische troepen op weg naar het front. In de zomer van 1914 trapten de Russische legers in Oost-Pruisen in een briljant opgezette valstrik. Door heimelijk vrijwel hun gehele troepenmacht van het noorden per trein of te voet naar het zuiden te verplaatsen om daar de helft van de Russische krijgsmacht tegemoet te treden hadden de Duitsers voor korte tijd een doorslaggevend numeriek overwicht. De Russen werden verrast en na een strijd van enkele dagen werd op 31 augustus 1914 het Tweede Russische Leger onder generaal Samsonov bij Tannenberg vernietigd.

en generaal Alexander Samsonov, die al jaren een meningsverschil hadden en aan de vooravond van de veldslag zelfs niet meer 'on speaking terms' waren. Bij hun opmars splitsten zij hun strijdmacht in tweeën voor een omtrekkende beweging langs de 75 kilometer lange Mazoerische Meervlakte. Daarna wilden zij het Duitse leger van twee kanten aanvallen en vermorzelen (in aantal waren zij verre superieur) en doorstoten naar Berlijn. Maar de Russen waren zo zorgeloos om hun plannen bekend te maken via radiocommuniqués, die werden opgevangen door de Duitsers. Dat bracht een Duitse stafofficier, luitenant-kolonel Max Hoffmann, op een stoutmoedig en riskant idee. De Duitsers zouden hun kleinere aantal in zijn geheel moeten inzetten tegen het Eerste Russische leger dat zou opdagen, om dat te verslaan voordat het andere leger te hulp kon komen.[20] Zo zou de Russische invasiemacht, die te kampen had met lange aanvoerlijnen, in hapklare brokken de pan in gehakt kunnen worden. Dat is in grote lijnen wat ook gebeurde.

De Russische troepen waren geen partij voor de Duitsers. In getal was het Russische leger weliswaar enorm, maar de soldaten waren slecht getraind, hun uitrusting was onvoldoende en de leiding was incompetent; Russische commandanten dankten hun benoeming meer aan hun doorkneedheid in hofintriges dan aan militaire kennis. Dronkenschap kwam onder officieren veelvuldig voor. De voorraad artilleriegranaten was zo klein dat zij gerantsoeneerd werden. Veel soldaten moesten wachten tot een kameraad in de strijd viel voor zij een geweer in handen kregen. Op een gegeven moment kregen zij een bonus van zes roebel voor elk Russisch geweer dat zij van het slagveld meebrachten; Oostenrijkse geweren deden vijf roebel. Zoals een Britse militaire attaché, kolonel Knox, stelde, waren de Russische soldaten 'niets meer dan een stelletje grote, gulhartige kinderen die nog nergens over hadden nagedacht en half slapend in een wespennest belandden'. Samsonovs leger werd omsingeld en viel al snel uit elkaar; 30.000 Russen werden gedood, meer

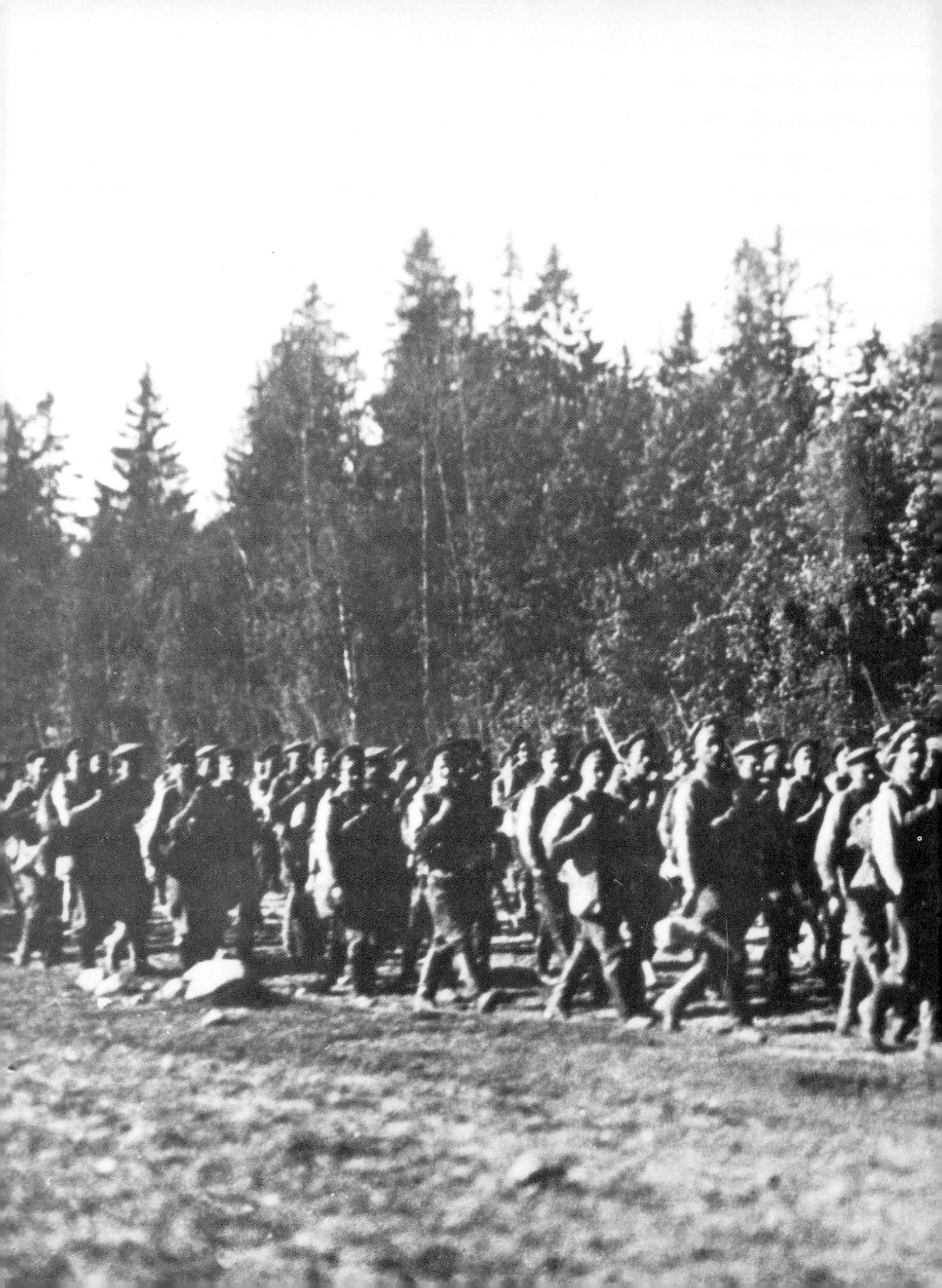

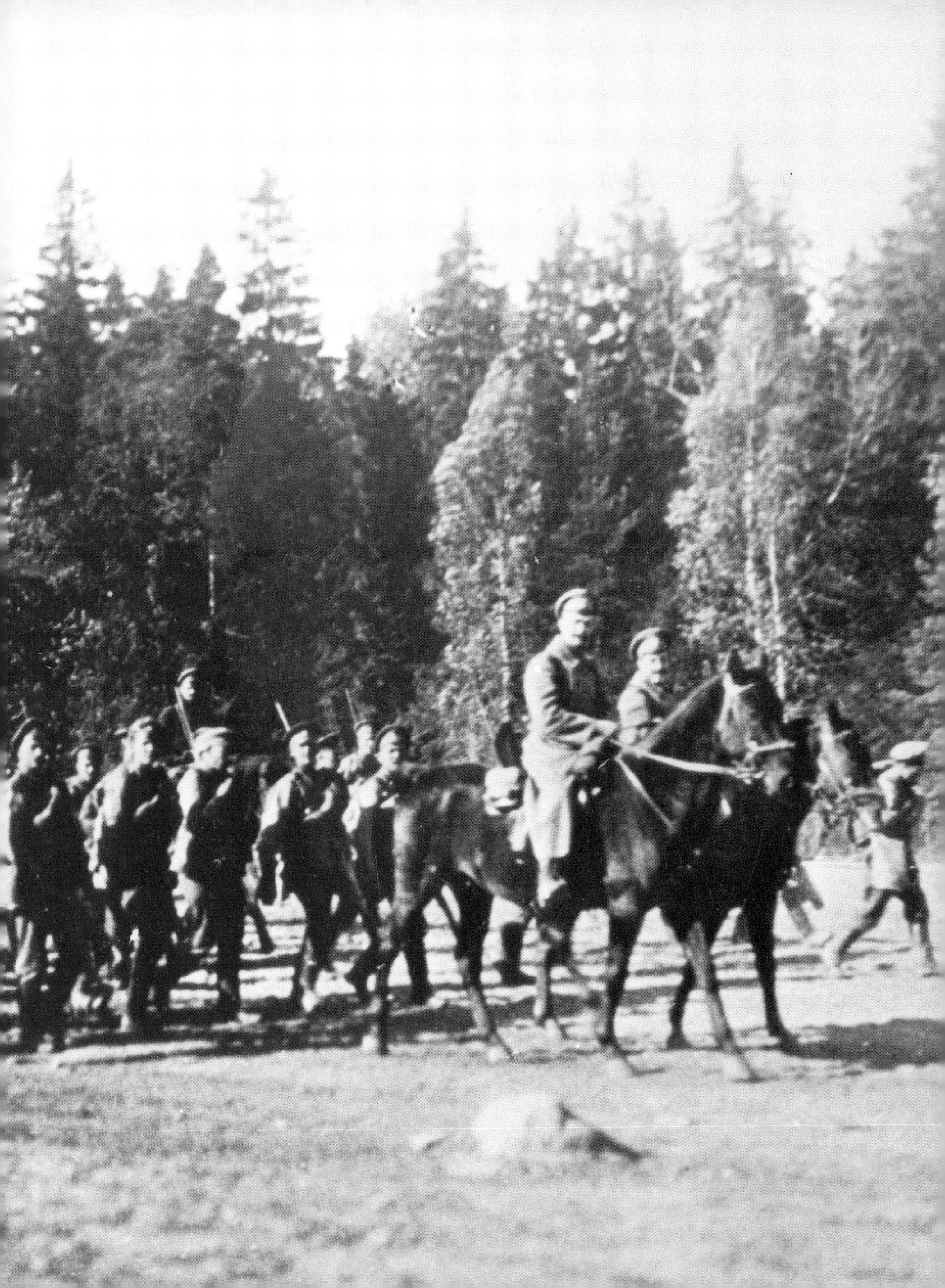

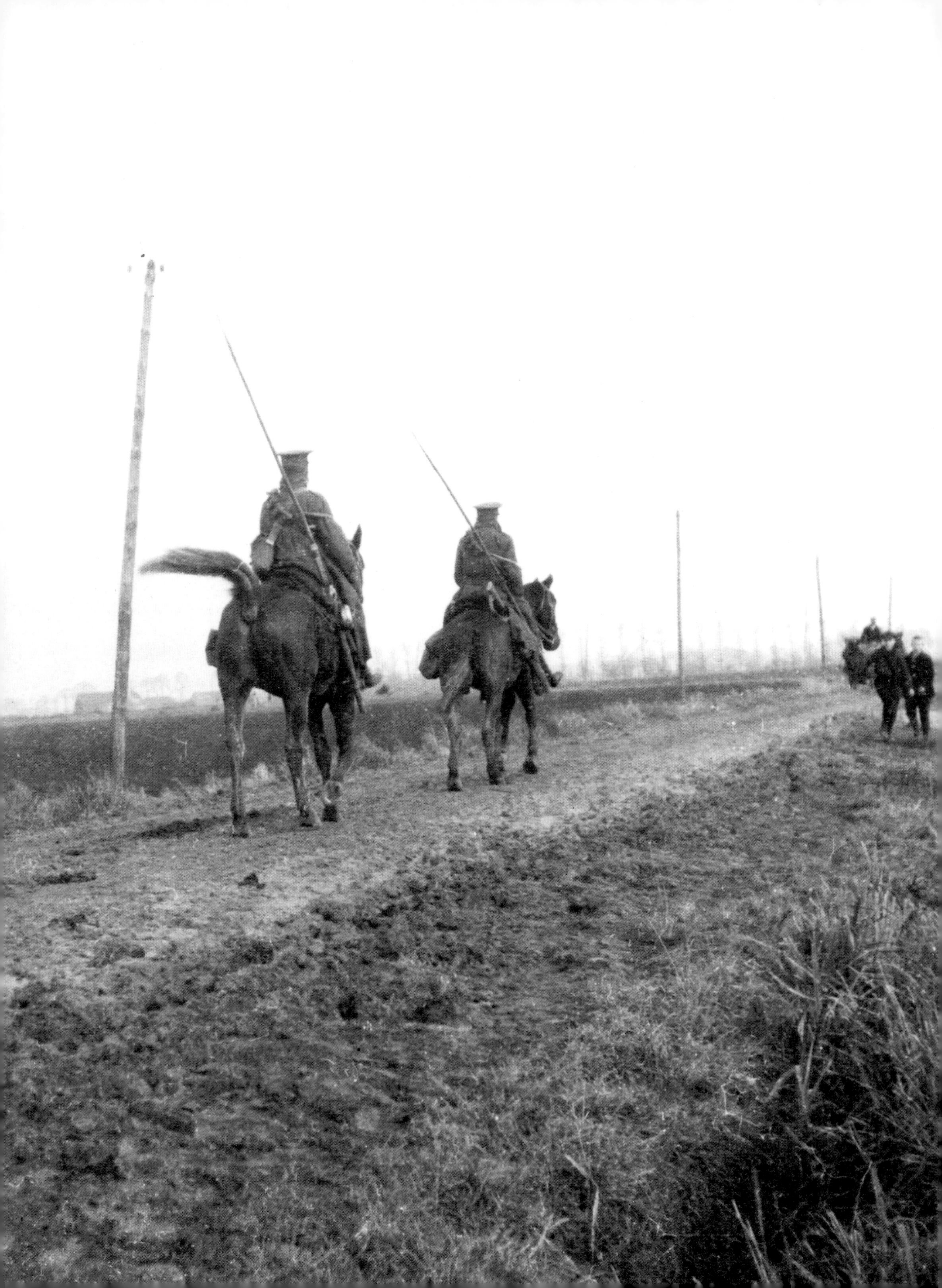

Patstelling

dan 100.000 werden krijgsgevangen gemaakt, de rest rende voor zijn leven. 'De tsaar vertrouwde me,' mompelde een geschokte Samsonov tegen een van zijn officieren. 'Hoe kan ik hem nog onder ogen komen na een dergelijk fiasco?' Uiteindelijk besloot hij dat ook niet te doen. Hij liep het bos in en pleegde zelfmoord. Het leger van Rennenkampf ontsnapte aan een slachting door zich terug te trekken tot achter de Russische grens.

Deze slag was de grootste overwinning van Duitsland in de oorlog. Von Hindenburg en Ludendorff waren de rijzende sterren, ook al had Ludendorff last gehad van zenuwen. Op een kritiek moment had hij erop aangedrongen van de strijd af te zien, maar Von Hindenburg besloot hem te negeren. Hoffmann, de bedenker van het plan, stelde achteraf voor de strijd de Slag bij Tannenberg te noemen, ter herinnering aan een veldslag uit 1410 in die omgeving toen Teutoonse Ridders, inclusief een voorzaat van Von Hindenburg, verslagen werden door een Slavisch leger. De Duitse keizer vierde feest, terwijl de Fransen de Russen dankbaar waren voor hun inspanningen. De korte veldtocht in Pruisen, hoe ongelukkig verlopen ook, had het gewenste effect gehad. Twee Duitse legerkorpsen en een cavaleriedivisie die ingezet zouden worden voor de aanval op Parijs, waren naar het oostelijk front gedirigeerd.

Anders dan in het westen ontstond aan het oostelijk front geen langdurige patstelling. Er was te veel ruimte en er waren te weinig spoorverbindingen. De veldslagen hier hadden veel weg van die van Napoleon. De immense afstanden waren daar deels debet aan. Ondanks de zege bij Tannenberg was het oostelijk front niet veiliggesteld voor Duitsland en zijn bondgenoten. Een van Ruslands betere generaals, Aleksej Broesilov, rukte op in Galicië in Zuid-Polen. Het was een van de vele plaatsen waar Rusland blijk zou blijven geven van zijn aanwezigheid; tegen het einde van het jaar zouden deze operaties meer dan anderhalf miljoen slachtoffers hebben geëist. De Oostenrijkse inval in Servië, een 'strafexpeditie', was een wrede onderneming. Ook hier werden gruweldaden begaan tegen burgers, maar het Oostenrijkse leger leed enorme verliezen, misschien wel 200.000 slachtoffers, en zag zich uiteindelijk gedwongen terug te trekken. 'Het Oostenrijks-Hongaarse leger zou gesteund moeten worden, om niet volledig weggevaagd te worden,' concludeerde Ludendorff.[21] De poging om Servië te straffen voor de gebeurtenis die de oorlog ontketende, was al snel een vergeten bijzaak.

Terugtocht

De Fransen beseften reeds lang het belang van Britse deelname aan de strijd. Voor de oorlog had een Britse generaal Frankrijk bezocht om te overleggen over mogelijke gezamenlijke militaire plannen. 'Wat is de kleinst mogelijke Britse eenheid die jullie praktisch van nut zou kunnen zijn?' vroeg hij. 'Eén enkele soldaat,' was het antwoord, 'en we zullen er ook voor zorgen dat hij gedood wordt.'[22] De Britse marine mocht op zee misschien de baas zijn, het Britse leger werd niet zo hoog aangeslagen. Bismarck had eens gepocht dat als een Brits leger voet op Duitse bodem zou zetten, hij het aan de politie zou overlaten het te arresteren. Als enige grote mogendheid kende Groot-Brittannië geen dienstplicht; het beschikte over een beroepsleger van 250.000 man. De Britse minister van Oorlog, veldmaarschalk Horatio Kitchener, was zeer pessimistisch over wat in het

Verkenners van de Britse cavalerie (Lancers) in Vlaanderen. Paardenkracht speelde een vitale rol in het militaire leven in 1914; in deze nog niet gemechaniseerde fase van de oorlog waren paarden onmisbaar voor het transport van manschappen, voedsel, brandstof en munitie. Ze namen die taken over waar het treinverkeer stil was komen te liggen, en dat was vrijwel overal het geval.

verschiet lag. De Duitsers, zo meende hij, zouden door de Fransen heen lopen 'als patrijzen'. Kitchener had nog enkele andere verontrustende voorspellingen voor de politici in petto. De oorlog zou te land gewonnen worden, niet op zee; een overwinning zou niet snel komen en evenmin goedkoop zijn aangezien de oorlog waarschijnlijk drie jaar zou duren, waardoor miljoenen Britse soldaten in het veld gebracht zouden moeten worden. Het was een opmerkelijke – en correcte – voorspelling die indruiste tegen het militaire denken van die tijd.

Kitchener was bezorgd dat zijn leger, met alleen ervaring met kleine koloniale conflicten, snel verbruikt zou zijn, en dat slechts enkele veteranen zouden overblijven om het nieuwe leger te trainen dat voor een overwinning noodzakelijk was. Met tegenzin gaf hij op 9 augustus een expeditieleger, de British Expeditionary Force (BEF), bestaande uit vier van de zes beschikbare infanteriedivisies en vijf cavaleriebrigades, 120.000 soldaten in totaal, het bevel het Kanaal over te steken, ruim een week na de Britse oorlogsverklaring en 99 jaar nadat een Britse leger voor het laatst voet aan de grond had gezet in West-Europa.

Patstelling

John Lucy

Een twintigjarige rooms-katholieke Ier, John Lucy, was een van de eersten die Het Kanaal overstaken. Met zijn broer had hij zich uit pure verveling al vóór de oorlog aangemeld bij het Britse leger. Dienst nemen betekende trouw zweren aan de kroon, een moeilijke eed voor een Ier. Hij had al snel spijt van zijn beslissing, niet uit nationalistische trouw maar omdat hij het voortdurende gedril haatte; de eerste zes maanden in het leger noemde hij de slechtste van zijn leven. Hij was daarom blij met het oorlogsnieuws. 'Ten strijde trekken leek een fluitje van een cent,' zei hij.[23] En wat de Duitsers betrof, 'een dosis snelvuur gevolgd door een Ierse bajonetaanval en klaar is Kees.'

Op 23 augustus kwam Lucy's eenheid in actie bij Bergen. Nadat zij verdedigingsposities hadden ingenomen, werden zij aangevallen door golven Duitse infanteristen die door het open veld kwamen aanzetten; de Duitse tactiek was even ouderwets als de Franse. De Duitse bevelhebbers waren bereid mensenlevens op te offeren aan het tijdschema. 'Ons snelvuur was verschrikkelijk, zelfs voor onszelf,' schreef Lucy.[24] 'Een dergelijke tactiek verbijsterde ons, en nadat we bekomen waren van de eerste schok mensen langzaam en hulpeloos te zien vallen als zij geraakt werden, gaf het ons een groot gevoel van macht en plezier. Het ging zo makkelijk.' Maar dat was schijn, want de Britten waren te klein in aantal om de woeste aanval te stoppen. De volgende ochtend kreeg Lucy's eenheid tot zijn verbazing opdracht hun bepakking weg te gooien en te beginnen met 'dat gedoe van terugtrekken'. Lucy wist niet dat het merendeel van het kleine Britse leger er slecht voor stond en dreigde omsingeld te worden. Op 26 augustus leek de terugtocht bij Le Cateau te ontaarden in een vlucht. 'Het was ieder voor zich,' herinnert Albert George, sergeant bij de artillerie, zich verbitterd. 'De terugtocht was een beschamende bladzijde in de geschiedenis van Groot-Brittannië, maar er zal nooit iets over gepubliceerd worden. In onze haast om weg te komen werden kanonnen, wagens, paarden en gewonden achtergelaten voor de zegevierende Duitsers, en zelfs de Britse infanteristen wierpen hun geweren, munitie en uitrusting weg en renden als gekken voor hun leven.'[25]

John Lucy maakte meer 'schandelijke' taferelen mee. Hij herinnert zich hoe een officier zijn vluchtende ondergeschikten smeekte: 'In godsnaam, gedraag je als Britse soldaten!'[26] De bevelhebber van de BEF, generaal John French, was een van degenen die geschokt waren door deze gebeurtenissen. De strijd had slechts één dag geduurd. Zijn ontmoetingen met de Franse militaire staf waren vluchtig en vol misverstanden en achterdocht geweest. Uit angst voor vernietiging van zijn versnipperde leger berichtte hij Londen erover te denken zich geheel uit Frankrijk terug te trekken. Kitchener werd bliksemsnel naar Frankrijk gezonden om French dat voornemen uit zijn hoofd te praten; Frankrijk verlaten was geen optie, werd hem op 1 september verteld.

De BEF legde in dertien dagen 225 kilometer af. Een terugtocht is een van de gevaarlijkste militaire manoeuvres; dat velen in paniek raakten was onder dergelijke omstandigheden niet uitzonderlijk. Het was daarom des te opmerkelijker dat het vermoeide Britse leger gegroepeerd bleef opereren ondanks de overmacht van de onvermoeibare achtervolgers. 'Lichaam en geest schreeuwden om slaap,' herinnert Lucy zich. 'Binnen de kortste keren was ons zingende leger tot zwijgen gebracht. Elke cel in ons lichaam snakte naar rust. ... Mannen sliepen terwijl ze marcheerden

Manschappen van het Britse vierde bataljon, de Royal Fuseliers, rusten uit op de Grote Markt in de Belgische stad Bergen op de dag voor de veldslag. Op 23 augustus 1914 vielen onder hen veel doden en gewonden. Sommigen van hen beweerden dat zij die nacht aan de hemel een engelachtige figuur hadden gezien die hen beschermde; de legende van de Engel van Bergen was geboren.

Patstelling

Augustus-december 1914

Augustus *Mobilisatie*

Een Franse onderwijzer uit het dorp Vatilieu bij Grenoble beschrijft het klokgebeier dat de algemene mobilisatie aankondigde.

1 augustus Het leek wel alsof de oude feodale *tocsin* als een spook naar ons was teruggekeerd. Lange tijd zei niemand iets. Sommigen waren buiten adem, anderen stomgeslagen van verbijstering. Velen hadden hun hooivork nog in hun hand. 'Wat heeft dit allemaal te betekenen, wat gaat er met ons gebeuren?' vroegen de vrouwen. Vrouwen, kinderen en mannen – ze werden allen overspoeld door angst en emotie. De vrouwen hingen aan de armen van hun echtgenoten. De kinderen, die hun moeders zagen huilen, begonnen ook. Alom heerste schrik en consternatie.[27]

Oogst in het zuiden van Frankrijk

Augustus *De Slag bij Tannenberg*

Uit het oorlogsdagboek van generaal-majoor Max Hoffmann, over de nederlaag van het Russische leger bij Tannenberg, eind augustus. Hoffmann bedacht het Duitse aanvalsplan en zou, zij het niet in naam, verder het bevel voeren over alle Duitse strijdkrachten aan het oostelijk front.

Allenstein, 4 september Het drong maar langzaam tot ons door hoe groot ons succes bij Tannenberg was geweest. 92.000 gevangenen zijn nu teruggestuurd – het is een van de grootste overwinningen uit de geschiedenis, en zij is behaald door een kleinere strijdmacht.[28]

Russische soldaten op weg naar het front

September *De eerste Slag aan de Marne*

Brief aan zijn ouders van Walter Limmer, rechtenstudent in Leipzig. Geboren 22 augustus 1890; gestorven op 24 september 1914 aan verwondingen die hij op 16 september had opgelopen bij Châlons-sur-Marne.

Ten zuiden van Châlons, 9 september Die afgrijselijke veldslag woedt nog steeds – de vierde dag nu al. Tot nu toe was het voornamelijk een verschrikkelijk artillerieduel, zoals de meeste veldslagen in deze oorlog. Ik schrijf deze brief in een grafachtig gat dat ik voor mezelf in de vuurlinie gegraven heb. Er slaan vandaag zo verschrikkelijk veel granaten in, zowel voor ons als achter ons, dat je het als een speciale genade van God mag beschouwen als je hier levend en wel uitkomt.[29]

Patstelling

OKTOBER *Kitcheners leger*

Brief van Frederick Keeling, die zich in augustus 1914 aanmeldde bij het zesde bataljon van de Duke of York's Light Infantry, aan zijn vriendin mejuffrouw C. Townshend. Hij stierf in de Slag aan de Somme op 18 augustus 1916.

Sergeant Frederick Keeling

Colchester, 25 oktober Ik heb hier de tijd van mijn leven tussen oude vrienden. In een normale provinciestad leeft niet het idee dat de militaire dienst een gril of iets abnormaals is, en de wijze waarop de stad samenwerkt en zich inzet voor de manschappen is schitterend. Ik ben heel blij dat ik niet zo'n verdomde intellectueel ben die nergens op zijn plaats is. Ik voel dat ik thuishoor in Colchester, meer dan ergens anders. Dit is het Engeland waarvoor ik ga vechten. Het is zeg maar een soort microkosmos van het echte Engeland, meer dan enige andere plaats die ik ken. Het was heel bevredigend om zoveel banden met je eigen land te voelen, een soort oerliefde...[30]

NOVEMBER
De 'wedloop naar de zee'

Een gewoon soldaat van de Royal Irish Fusiliers, John F. Lucy, beschrijft de toestand in zijn regiment toen het op 19 november in Vlaanderen werd afgelost terwijl het expeditieleger probeerde te voorkomen dat de Duitsers Ieper innamen.

Dit keer ontkwamen slechts veertig manschappen van mijn regiment. De rest werd gedood of gewond.
Veertig – veertig van de 250, en pas drie weken geleden waren er nog 64 over van een heel bataljon. Ik maakte in mijn hoofd een berekening en kwam erop uit dat in drie maanden tijd 96 op elke honderd man gedood of gewond waren. Ik was te uitgeput om dankbaar te zijn voor mijn eigen mazzel.[31]

DECEMBER *Het kerstbestand*

Johannes Niemann, een jonge luitenant van het Saksische infanterieregiment, schreef in december 1914 een brief naar huis.

Op kerstavond kregen we opdracht de loopgraven in te gaan. Daags tevoren hadden we in ons kwartier kerst gevierd met de burgerbevolking en kinderen, die chocolade, snoepjes en taart hadden gekregen. Iedereen had zich uitstekend vermaakt.
In het duister marcheerden we toen naar de loopgraven, als kerstmannen die beladen waren met pakjes. Alles was rustig. Er werd niet geschoten en er was weinig sneeuw. We zetten een klein kerstboompje op in ons schutterspijtje – de compagniescommandant, ik de luitenant en de twee adjudanten. We zetten een tweede boom met kaarsjes op de borstwering.
Toen begonnen we onze oude kerstliedjes te zingen: 'Stille nacht, heilige nacht' en 'O du Fröhliche'...[32]

Britse en Duitse soldaten, Kerstmis 1914

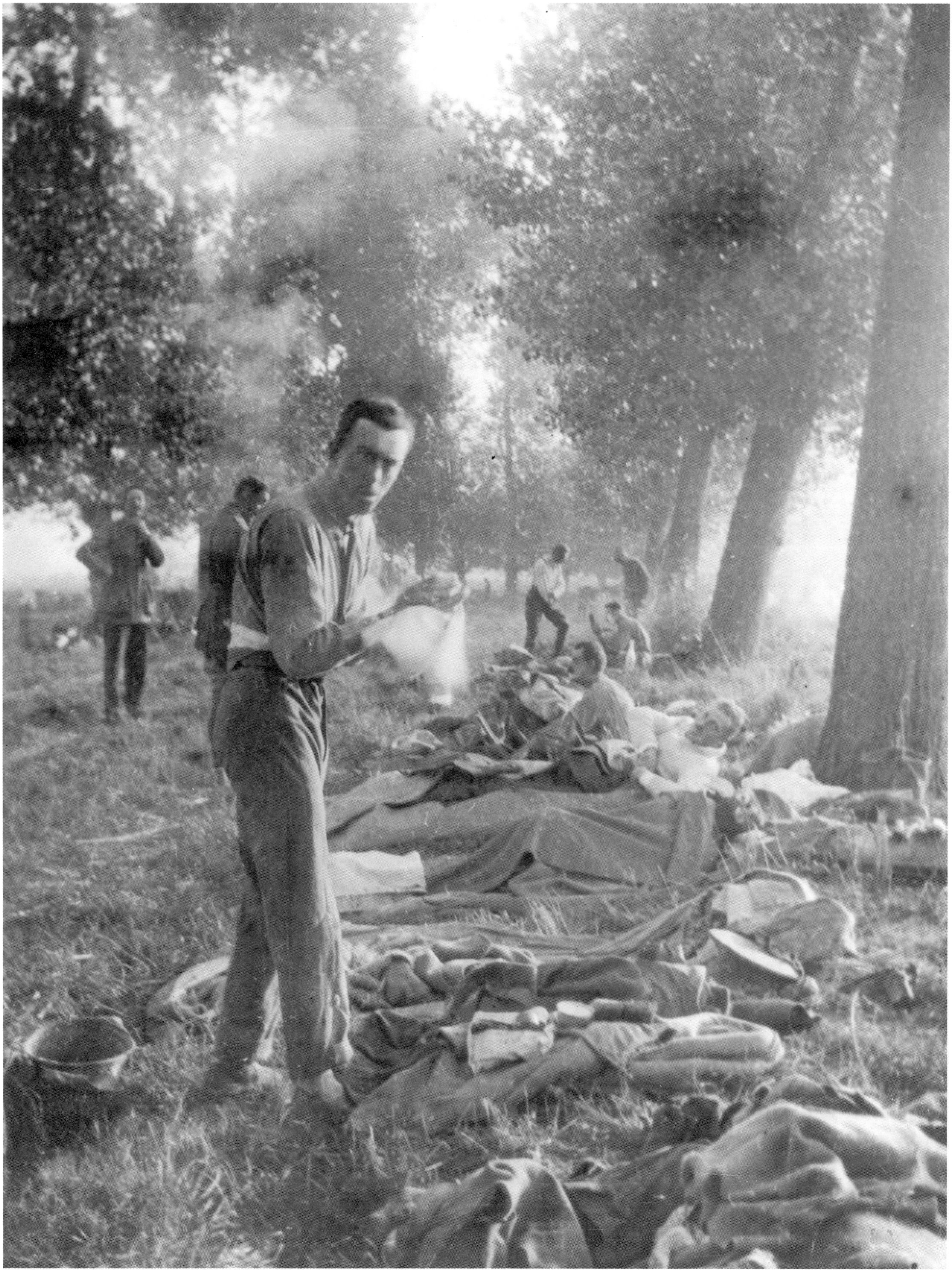

Soldaten van het Britse 11th Hussars rusten uit in de buurt van Parijs na hun terugtocht uit Bergen. De terugtrekkende beweging is een van de moeilijkste militaire manoeuvres. Ondanks de vermoeienissen bleef het Britse expeditieleger zijn samenhang en *esprit de corps* behouden, en bevond het zich bij de Marne toen daar de cruciale veldslag plaatsvond.

ONDER Een populaire militair van de Republiek, Joseph Simon Galliéni, gepensioneerd na een voortreffelijke militaire carrière in de Franse koloniën, werd bij het uitbreken van de oorlog teruggeroepen in actieve dienst en werd militair gouverneur van Parijs op 26 augustus 1914. Hij deelde met Joffre de eer van de overwinning aan de Marne. Galliéni stierf in mei 1916.

en droomden terwijl zij liepen. Zij praatten over thuis, over hun vrouw of moeder, over hun bescheiden ambities, over bier in gezellige pubs, en ook praatten ze over visioenen.'33

Een van die visioenen was de Engel van Bergen. De legende zou ontstaan kunnen zijn uit de hallucinaties van uitgeputte, wanhopige mannen. Veelvuldig werd verteld dat Britse manschappen bij hun terugtocht achter zich een stralende witte engel in de hemel zagen, gezeten op een wit paard met een brandend zwaard in de hand. Deze figuur zou de Duitse opmars tegengehouden hebben. Waarschijnlijker is dat deze legende zijn oorsprong vond in een kort verhaal van vroeg uit de oorlog. Daarin verschijnen de doden van de middeleeuwse Slag bij Azincourt in stralende vorm tussen twee legers die tegenover elkaar staan. Wat de oorsprong ook mag zijn, het troostende idee van goedgezinde bovennatuurlijke krachten bleek onweerstaanbaar voor zowel de Britse soldaten als het Britse publiek. In de jaren die volgden was nog vaak sprake van bovennatuurlijke verschijningen, waaraan mensen zich vastklampten in de hoop hun pijn en angst te verlichten.

De Slag aan de Marne

NET ALS HET terugtrekkende Engelse leger was ook het Duitse leger uitgeput. Begin september ontstonden er problemen met de bevoorrading. De Duitse rechterflank onder generaal Alexander von Kluck legde per dag dertig tot veertig kilometer af. Hoe verder zijn leger Frankrijk binnendrong, hoe meer het werd blootgesteld aan vijandelijke aanvallen. In plaats van te proberen Parijs te omsingelen en in te nemen hield von Kluck 35 kilometer voor Parijs halt. Joffre moest nu een belangrijke beslissing nemen. Hij kon doorgaan met de voorgenomen terugtrekking uit Parijs om zijn leger te sparen, of in het offensief gaan en de Duitse flank aanvallen. Faalde hij opnieuw, dan zou dat kunnen betekenen dat hij niet alleen Parijs maar zelfs de hele oorlog verloor. Aangemoedigd door de militaire gouverneur van Parijs, generaal Joseph Simon Galliéni, koos Joffre voor het offensief. Elke beschikbare Franse soldaat werd naar het front gedirigeerd; zo'n 6000 manschappen werden hiertoe zelfs in Parijse taxi's vervoerd. Wat volgde was de Slag aan de Marne, uitgevochten door om en nabij de twee miljoen soldaten. Tussen 5 en 10 september wisten de geallieerden de Duitse opmars te stuiten. Parijs was gered, het Schlieffenplan lag in duigen, en de Duitse bevelhebber Von Moltke was hierna een gebroken man.

De Fransen en Engelsen slaagden door vreselijke verliezen te accepteren. Net als de Russen in de Tweede Wereldoorlog, lieten de Fransen de binnendringers boeten, maar wel ten koste van rampzalige verliezen in de eigen gelederen. In het BEF vielen veel slachtoffers, maar de Fransen leden het zwaarst in 1914.

Het mislukken van het Schlieffenplan was het gevolg van Franse opoffering en Duitse misrekening; het vergde te veel van het Duitse leger. Tegen de tijd dat de Duitse troepen de Marne bereikten waren ze volledig uitgeput. Het is zelfs de vraag of zij Parijs hadden kunnen innemen als de weg erheen vrij was geweest.

Er was nog een andere reden voor het mislukken van het Schlieffenplan. Het plan was weliswaar geniaal, maar zoals wel vaker met geniale plannen grensde het aan het waanzinnige. Het vereiste een zeer gecoördineerde en precieze uitvoering, maar die was door de verwarde omstandigheden op het slagveld niet mogelijk. Op kritieke momenten was de exacte positie van de eigen voorhoede volslagen onbekend bij het opperbevel, dat zich veilig in Luxemburg genesteld had, op zo'n 250 kilometer afstand. Von Moltke stuurde een relatief jonge stafofficier, luitenant-kolonel Hentsch, erop uit om de precieze stand van zaken te achterhalen. In feite nam deze de sleutelbeslissingen. Het Duitse leger trok op naar een gebied ten noordoosten van Parijs, niet naar het westen zoals oorspronkelijk de bedoeling was. Zo ontstond een gat van 30 á 35 kilometer tussen de Duitse linkerflank onder Von Kluck en het Duitse Tweede Leger onder Von Bülow. Hentsch zag het gevaar van een verdeelde Duitse strijdmacht en beval een terugtocht van de Marne naar de rivier de Aisne, achttien kilometer noordelijker. Zo eindigde de droom van een herhaling van de verpletterende overwinning die de Pruisen 44 jaar eerder hadden behaald.

Alle mogelijkheden tot transport werden benut om de Fransen aan de Marne te bevoorraden, ook Parijse taxi's. De lange aanvoerlijn raakte verstopt met voertuigen, paarden en manschappen. Deze soldaten dragen de essentialia voor de strijd: water, benzine en geweren.

Patstelling

Het was een bittere oogst die Philip Gibbs op het slagveld bij de Marne aanschouwde:

> Ik heb al heel wat vreemde wandelingen gemaakt in vreemd gezelschap, over de hele wereld, maar nooit heb ik een tocht meegemaakt met een gids als op deze septemberzondag binnen gehoorsafstand van de kanonnen. Mijn metgezel deze dag was grafdelver. Hoe hard hij ook groef, mijn vriendelijke doodgraver was niet in staat geweest alle medestrijders toe te dekken die blootgesteld lagen aan weer en wind. Ik liep door de velden waar zij lagen, en tussen hun ruw opgeworpen graven, en niet ver van de hopen vijandelijke doden die op hun brandstapel wachtten. 'Kijk daar,' sprak hij, 'het duurt even voor ze gaan branden.' Hij sprak heel zakelijk, als een tuinman die naar een vuur van herfstbladeren wijst. Maar daar, in lijn met zijn wijsvinger, steeg gestaag een zware golvende rook op in de regen onder de loden hemel, en ik wist dat deze bladeren gevallen waren van de grote boom van het menselijk leven, en dat dit een vuur was van een onnatuurlijke oogst.[34]

RECHTS Generaal Alexander von Kluck. Zijn Eerste Leger, op de rechterflank van de Duitse invasiemacht, moest zo'n 25 kilometer per dag afleggen, terwijl de bevoorrading steeds moeilijker werd. Begin september waren zijn soldaten volledig uitgeput. De generaal zag daarom af van een omtrekkende beweging ten westen van Parijs. Zijn leger werd aan de Marne verslagen.

De bittere oogst op het slagveld aan de Marne na de aftocht van de Duitsers. De overwinning van de geallieerden aan de Marne betekende nog niet het einde van de beweeglijke oorlog. Nadat zij de opmars van de Duitse legers hadden geblokkeerd begaven de Britten en Fransen zich naar het noorden, en stuitten op de Duitsers die zich ingegraven hadden bij de rivier de Aisne. Pogingen van beide zijden om een omtrekkende beweging naar het noorden te maken mislukten. Er werd nu een heel stelsel van loopgraven aangelegd dat tot Zwitserland doorliep: de uiterlijke verschijningsvorm van een grote impasse. De verliezen aan mensenlevens liepen aan beide zijden al in de honderdduizenden. Maar het ergste deel van de oorlog moest nog komen.

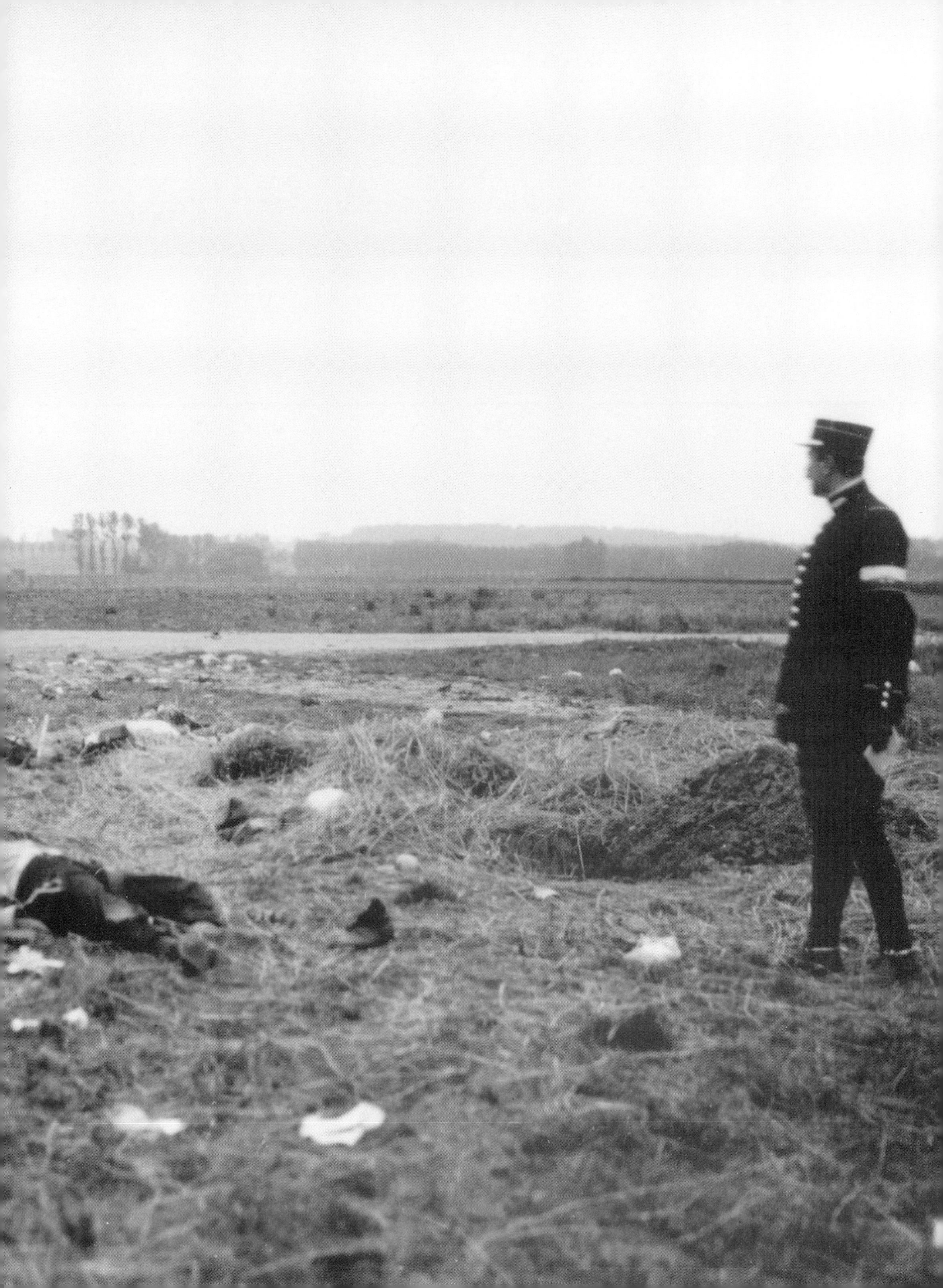

Patstelling

In de loopgraven

DE BRITTEN EN FRANSEN koesterden korte tijd de ijdele hoop dat het Duitse leger zou kunnen worden teruggeworpen tot achter de eigen grenzen, en dat de oorlog met Kerstmis voorbij zou zijn. Maar het stuiten van de Duitse opmars was niet hetzelfde als het beëindigen van de gevechten, en weldra beseften beide partijen dat zij niet konden overleven in het open veld. Zij begonnen zich in te graven.

De schop, in vredestijd gehaat als werktuig van geestdodend werk, werd even waardevol als het geweer. 'God, wat waren we blij met ons graafgereedschap,' schreef Lucy.[35] Omdat ze niet konden oprukken, begonnen beide partijen zijwaarts

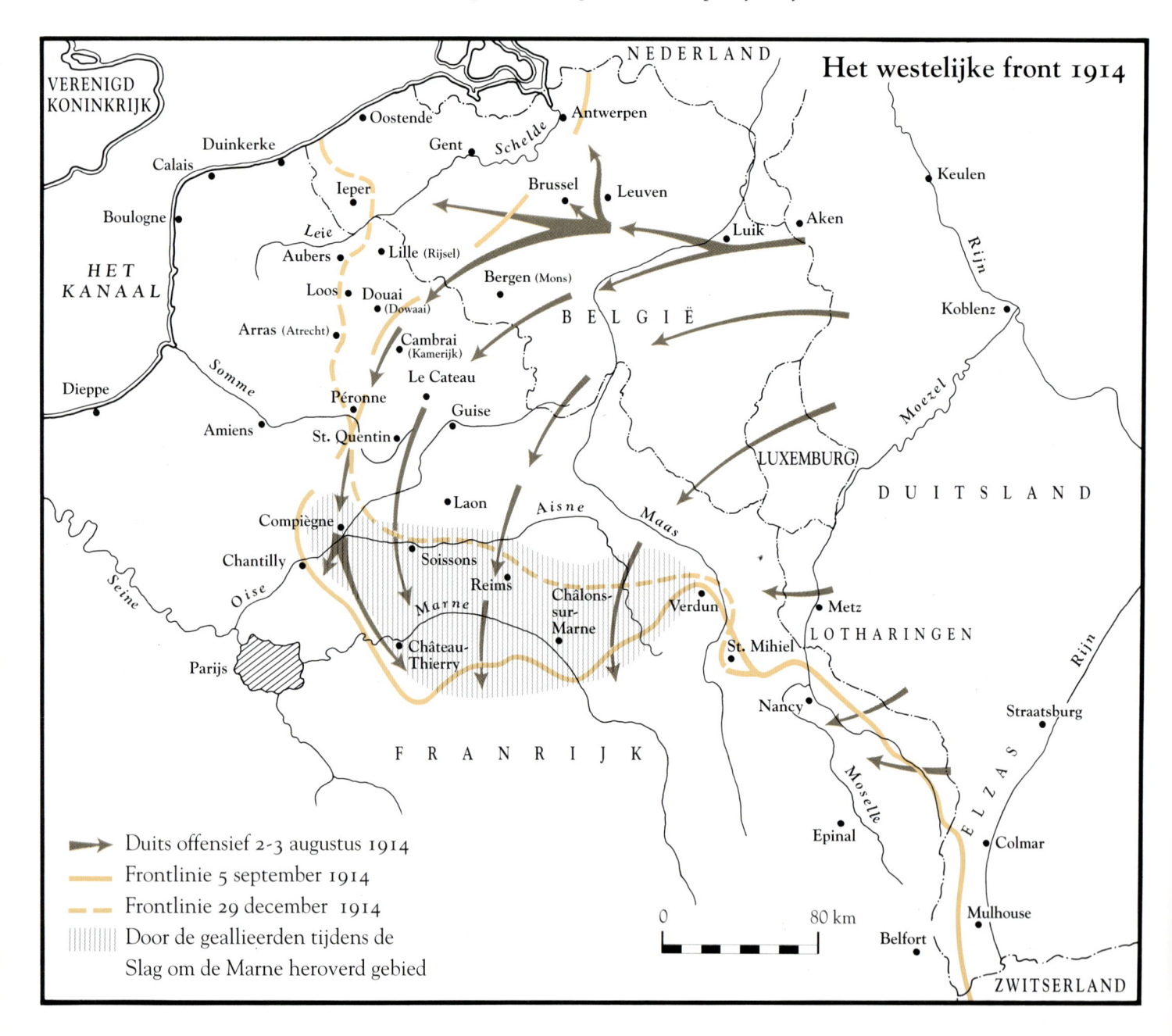

Het westelijke front 1914

→ Duits offensief 2-3 augustus 1914
— Frontlinie 5 september 1914
--- Frontlinie 29 december 1914
||||| Door de geallieerden tijdens de Slag om de Marne heroverd gebied

Franse troepen trekken door een dorp na de Slag aan de Marne. In september 1914 was een tiende van de Franse bevolking achter de vijandelijke linies afgesneden van de rest van Frankrijk. De Duitsers hielden het centrum van het Franse industriegebied in het noorden bezet en Parijs bevond zich nog steeds binnen het bereik van hun geschut.

te bewegen. De poging van beide legers in Noord-Frankrijk en Vlaanderen elkaar op de flank af te troeven, werd bekend als de 'wedloop naar de zee'.

Het bataljon van John Lucy was tijdens de Slag aan de Marne vooral in reserve gehouden; nu kwam hij weer in actie. Op 13 september landde een Britse piloot bij zijn eenheid om ze te waarschuwen voor de Duitse plannen. 'Daar wachten ze jullie op,' wees hij, 'met duizenden.'[36] Zij hadden zich ingegraven. De volgende ochtend viel Lucy's eenheid aan en veroverde een plateau. Het offensief ging de volgende dag door. Deze keer werden zij onthaald op 'een dodelijke regen granaten van een onzichtbare vijand'. 'We dachten allemaal dat we zo goed als onoverwinnelijk waren bij de aanval, en wisten niet wat we er nu van moesten denken.'[37] Machinegeweervuur teisterde de oprukkende Britse linies en doodde of verwondde alle officieren. De sabels waarmee zij de aanval dirigeerden hadden hen tot doelwit gemaakt. 'Vanaf die dag waren sabels uit de mode,' herinnert Lucy zich. Een van de doden was zijn jongere broer Denis. 'Ik was buiten mezelf van verdriet. Ik droomde 's nachts van hem, en eenmaal leek hij me te bezoeken; hij legde een hand op allebei mijn schouders en zei dat alles goed was met hem.'

Patstelling

John Lucy kreeg pas later tijd om te rouwen, want de Britse troepen waren nog steeds in beweging, niet voorwaarts maar zijwaarts naar het westen en noorden. De loopgraven breidden zich steeds verder uit, van het Kanaal tot de Alpen, en in november bevond Lucy zich in een ervan bij Ieper in België. De Duitsers waren vastbesloten die stad in te nemen. Het zware geschut dat tevoren de Belgische forten had verwoest werd nu gericht op het restant van Lucy's bataljon. 'Gelaten ondergingen we het. We leken voor niets anders in de wieg gelegd.' Maar de Duitsers leden ook gelaten. 'Zes Duitse legerkorpsen werden naar het open veld geleid en marcheerden als in een parade op naar het zwakke Britse leger. De schitterende Pruisische Garde maakte er een show van. In het zicht van de vijand voerden zij hun befaamde paradepas op, en de veldgrijze golven bleven komen.'

De geallieerden, getalsmatig de mindere, vochten een maand lang om een reeks Duitse aanvallen af te slaan die gericht waren op de havens aan het Kanaal. Op een kritiek moment besteeg de Britse generaal Douglas Haig zijn paard om zijn mannen aan te moedigen. Het gebaar werkte. Bij Ieper kwam een eind aan de beweeglijke oorlogvoering. De loopgravenoorlog van het westelijk front was begonnen.

Slachtoffers en overlevenden

HET ONTSTAAN van de patstelling was een uiterst bloedige zaak geweest. Alleen al het Franse leger telde in de eerste vijf maanden een miljoen slachtoffers. Nooit tevoren had zo'n bloedbad plaatsgevonden. De Duitse verliezen waren ook ontstellend, en waartoe had dit geleid? De opmars van de Russen in Oost-Pruisen was gestuit en tien Franse departementen en het grootste deel van België waren veroverd. Maar Duitsland zag zich geconfronteerd met een tweefrontenoorlog die het decennia lang had proberen te vermijden. De nachtmerrie van het Duitse strategisch denken was werkelijkheid geworden. Hoewel niemand dat toen kon weten, was de oorlog reeds verloren. Vier jaar en negen miljoen doden later zou dat vonnis geveld worden, maar het was lang tevoren al bezegeld door het mislukken van de plannen van de mannen die de oorlog begonnen waren.

Eind november was er van Lucy's bataljon zo goed als niets meer over: slechts 44 van de oorspronkelijke 250 man leefde nog. Net als Gibbs keek Lucy die herfst uit over een verstild veld met dode soldaten. 'Zij leken kalm, knap zelfs in hun dood.' Vlakbij leunde een dode wachter tegen een boom. Lucy keek met afgunst naar een groep verbonden gewonden die in een kuil zaten en snel thuis zouden zijn. Toen hoorde hij het scherpe geluid van een aankomende artilleriegranaat. Die kwam te midden van de gewonden neer en doodde hen allen. 'Ik was te afgemat om mijn eigen geluk te kunnen waarderen.' 'Mijn dode makkers,' was alles wat hij kon bedenken.

Sommige overlevenden van 1914 zouden in een latere, nog grotere oorlog een belangrijke rol spelen. Een van hen was een jonge Franse luitenant die begin augustus in de knie werd geraakt terwijl hij bij Dinant een charge leidde. 'Ik viel, en sergeant Debout viel boven op me, op slag dood. Toen was er een verschrikkelijke regen van kogels om me heen. Waarom ik niet werd doorzeefd zal altijd een van de grootste raadsels uit mijn leven blijven,' schreef Charles de Gaulle later.[38] Luitenant Bernard Montgomery was zo zwaar gewond in de borst dat de brancardiers hem aanvankelijk voor lijk lieten liggen. De Duitse soldaat Adolf Hitler onderging dat jaar zijn vuurdoop. 'Een ijzeren groet kwam op ons af zoeven,' schreef hij over zijn

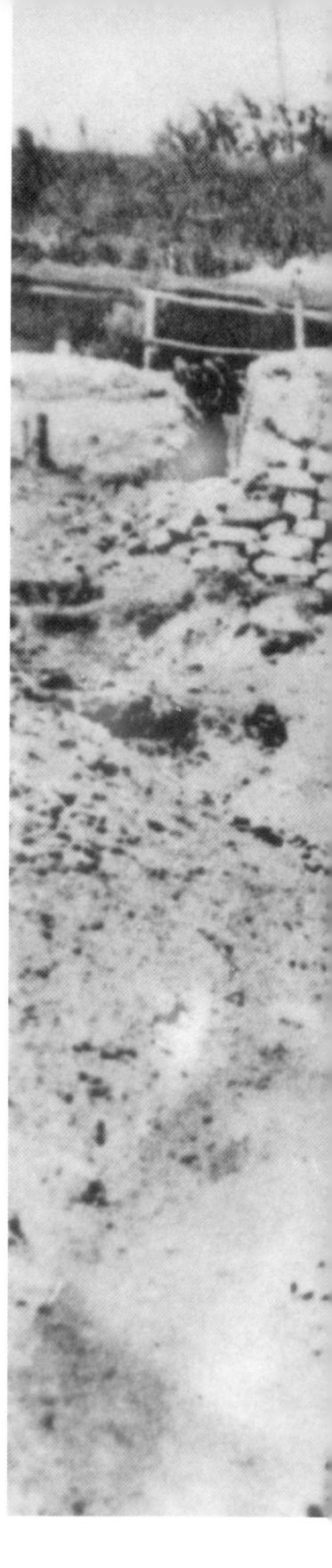

Duitse loopgraven waren dieper, beter uitgerust en beter beschermd dan die van de geallieerden. De Duitsers hielden de overhand: zij waren in het defensief en beschermden hun eigen huis en haard, zo stelden ze, door te vechten op (en onder) vijandelijke bodem.

eerste gevecht. 'Uit tweehonderd kelen steeg een hoera op om de eerste boodschapper van de dood te begroeten. Maar het enthousiasme bekoelde snel en de uitbundige vreugde maakte plaats voor doodsangst.' Hitlers eenheid leed zware verliezen, maar hijzelf liep geen schrammetje op en ontving het IJzeren Kruis tweede klasse. Winston Churchill was met zijn 39 jaar het jongste hoofd dat de Britse Admiraliteit ooit gehad had. In een brief aan zijn vrouw mijmerde hij: 'Ik vraag me af wat er zou gebeuren als de legers plotseling en tegelijk in staking gingen en een andere oplossing voor het conflict zouden eisen.'[39] Franklin D. Roosevelt was ook een politicus die zich, als onderminister, bezighield met marinezaken. Dwight Eisenhower zat op de militaire academie in West Point. Benito Mussolini bevond zich niet op het slagveld maar voerde een politieke strijd. Italië was nog toeschouwer omdat zijn leiders nog niet besloten hadden welke kant ze zouden steunen. Mussolini, toen nog socialist, pleitte voor aansluiting bij de geallieerden, de beste manier om de val van de regering en de revolutie te bespoedigen. 'Neutrale landen hebben nooit een beslissende invloed op de gebeurtenissen,' stelde hij. 'Alleen bloed beweegt de raderen van de geschiedenis.'[40]

Duitse soldaten in de winter van 1914-1915. Von Moltke de oudere, architect van de overwinning in 1870 en oom van de chef van de generale staf in 1914, had zijn opvolgers gewaarschuwd: 'Wee degene die Europa in vlam zet.' Nieuwjaar 1915 was Von Moltke de jongere al volledig ingestort en vervangen. De mannen op de foto, vol heimwee, moesten echter verder in de kou.

Patstelling

De winter van 1914

DE PATSTELLING WERD door niemand gewenst en ontstond om een veelvoud van redenen, waaronder het falen van het opperbevel. De Franse strategie, Plan XVII, was opgebouwd rond zoveel 'wishful thinking' dat succes ondenkbaar was. Het Schlieffenplan mislukte ook om meerdere redenen. De Duitse bevelhebber Von Moltke kreeg een zenuwinzinking en nam ontslag; hij werd vervangen door een harder iemand, Erich von Falkenhayn. Anderen wijzen beschuldigend naar Von Kluck. Door diens beslissing zijn flanken niet langer bloot te stellen was de kans om Parijs in te nemen verkeken en kregen de geallieerden de gelegenheid om in het offensief te gaan.[41] Maar uiteindelijk ging het Schlieffenplan niet ten onder door personen, maar door de algehele houding tegenover oorlogvoeren die ervoor verantwoordelijk was dat het imposantste leger van die tijd werd opgezadeld met een onmogelijke taak. Menselijke beperkingen en de verwarring, chaos en algemene oorlogsroes waren in 1914 geen elementen die betrokken werden bij de strategische overwegingen van de generaals. Deze kritiek geldt zowel Joffre en Plan XVII als Von Moltke en het Schlieffenplan. Men besefte niet dat een oorlog op deze schaal niet op een rigide manier te beheersen was. In 1914 gebeurde het onverwachte, zoals altijd. 'Frictie' bepaalde het verloop van de veldtocht zodanig dat korte metten werd gemaakt met strakke tijdschema's en doelstellingen. De meeste plannenmakers hadden geen rekening gehouden met de invloed van geavanceerde wapens. Het machinegeweer en de moderne artillerie waren in het voordeel van de verdediging, met name als die te maken had met negentiende-eeuwse aanvalstactieken. Spoorwegen waren van vitaal belang voor een snelle overwinning, maar bleken ook van onschatbare waarde om troepen te verplaatsen bij het dichten van gaten in de verdediging. Verder waren er nog de wat primitievere hindernissen voor een offensieve opmars, zoals prikkeldraad en bomkraters. Sir John French kon zijn eigen naïviteit in dat opzicht nauwelijks geloven. 'Het is zo makkelijk om achteraf verstandig te zijn,' schreef hij na de oorlog openhartig, 'maar ik kan nog steeds niet begrijpen waarom niemand van ons besefte wat de gevolgen waren van het moderne geweer, het machinegeweer, vrachtauto's, vliegtuigen en de draadloze telegraaf.'

Deze uitlatingen verklaren misschien het mislukken van de Duitse en Franse plannen. Maar waarom was het resultaat een patstelling? Aanwijzingen daarvoor waren er al geweest in de Amerikaanse Burgeroorlog (1861-1865) en de Russisch-Japanse Oorlog van 1905, maar die waarschuwingen werden genegeerd. Aan het einde van de negentiende eeuw voorspelde de Poolse bankier Ivan Bloch in een zesdelig boekwerk opvallend nauwkeurig het karakter van de Eerste Wereldoorlog. Volgens hem kon de koppeling van moderne wapens aan het vermogen van de staten om hun industriële hulpbronnen in te zetten alleen leiden tot een patstelling, met als ongewenst gevolg de ineenstorting van de sociale structuur in plaats van verovering, en zou het uiteindelijk moeilijk zijn overwinnaars en overwonnenen van elkaar te onderscheiden.

Vrijwel elk wapen dat sinds 1870 ontwikkeld, was hielp de verdedigers in de loopgraven. Dat beseften de generaals aan beide kanten, maar zij hielden koppig vast aan de opvatting dat enorme verliezen een 'aanvaardbare' prijs was als het resultaat daarvan een doorbraak en de uiteindelijke overwinning zou zijn. Dat zou jaren zo blijven. Toen bleek dat de vijandelijke linies niet te breken waren en er geen bewegingsoorlog ontstond, meenden zij dat frontale aanvallen de vijand uiteindelijk zouden uitputten. Wie aan het eind van de oorlog nog in leven was werd geacht de overwinnaar te zijn.

Maar als een generaal geen offensief kon lanceren, wat stond hem dan te doen? Hoe lang zou hij generaal blijven als hij niets ondernam? De Duitsers bezetten vijandelijk gebied en konden het zich veroorloven rustig af te wachten. De Fransen en Britten daarentegen waren vastbesloten de vijand te verdrijven uit geallieerd gebied, en dat betekende dat zij in de aanval moesten gaan – tot elke prijs.

Het conflict had ook langs diplomatieke weg opgelost kunnen worden, maar dat werd niet langer als een optie beschouwd. Diplomatie was niet in staat gebleken de oorlog af te wenden, en hoe langer de oorlog duurde, des te moeilijker werd het voor beide partijen om minder dan de overwinning te accepteren.

De eerste kerst

DE OORLOG VAN 1914 WAS de laatste negentiende-eeuwse oorlog. Wat in het verschiet lag was, zoals Ivan Bloch had voorspeld, een slijtageslag tussen geïndustrialiseerde bondgenootschappen, een strijd die alomvattender, harder en dodelijker zou zijn dan enige andere ooit tevoren. De oorlog van 1914 was ongetwijfeld vol wreedheid, maar het was nog niet verhard tot wat de Duitse soldaat-schrijver Ernst Jünger de *Materialschlacht* noemde, de materiaalslag.[42]

Overal waren de tekenen van het veranderende karakter van de oorlog te zien. De gruwelijkheden waren een aanwijzing, en de daaropvolgende woede maakte het makkelijker de vijand als de duivel af te schilderen. Geallieerde kranten drukten spotprenten af waarin de vijand werd afgebeeld als een bloedzuigend monster zonder enig menselijk gevoel. Geestelijken noemden het conflict een oorlog tussen de zonen van het licht en de zonen van de duisternis.

De soldaten aan het front lazen zo mogelijk de kranten van thuis en lachten vaak om de absurditeiten die erin stonden. Al in augustus 1914 drukten Franse kranten verhalen af over de laffe Duitsers, hun hulpeloze artillerie en de moedige Franse soldaten die hun bajonet kusten voor zij ten strijde trokken voor hun geliefde vaderland.[43] Wat voor effect deze verzinsels ook hadden op hun familie, de soldaten

LINKS Deze oorlog van imperia bracht soldaten uit alle delen van de wereld samen. Het Indische leger en Senegalese soldaten maakten kennis met de Europese winter, deze olifant ook. Allerlei pakdieren werden ingezet omdat ze effectief waren bij het verslepen van geschut, zelfs bij ijskoude regen.
BOVEN Deze mannen van het tweede bataljon, de Royal Scots Fusiliers, maakten het beste van het natte, koude leven in de loopgraven. Informele overeenkomsten met de soldaten in de vijandelijke loopgraven beperkten het onvermijdelijke ongemak van het leven in een greppel.

zelf raakten eerder geïrriteerd dan geroerd door dergelijke verhalen. Zij wisten hoe hard de strijd was, en hoe snel moed plaatsmaakte voor angst als het eenmaal granaten regende. Zij wisten ook dat de mannen tegenover hen even vastberaden en moedig waren, en evenveel te lijden hadden van de honger, luizen, kou en slechtgehumeurde officieren. Deze gedeelde kennis bracht soldaten ertoe om anders te gaan denken over de wijze waarop de oorlog gevoerd zou moeten worden, zelfs in 1914 al.

Charles Hamilton Sorley was een negentienjarige vrijwilliger uit Cambridge die het westelijk front zag zoals het werkelijk was. Hij schreef naar huis dat zijn peloton bereid was 'zich niet te bemoeien met de mof zeventig meter verderop, zolang die zich vriendelijk opstelt tegenover ons.' Nachtpatrouilles kenden ongeschreven regels:

> Onze voornaamste vijanden zijn de brandnetels en de muggen. Alle patrouilles, zowel de Engelse als de Duitse, zijn zeer afkerig van het principe van de glorieuze dood, dus als we elkaar tegen het lijf lopen ... doen we maar alsof de ene patrouille uit levieten bestaat en de andere een barmhartige Samaritaan is, en lopen we zonder iets te zeggen langs elkaar heen. Elkaar met bommen bestoken zou voor beide partijen een nutteloze schending zijn van de ongeschreven wetten, die de verhoudingen bepalen tussen twee strijdende partijen die zich blijvend op minder dan honderd meter afstand van elkaar ophouden en die hebben ontdekt dat de ander last bezorgen uiteindelijk alleen maar neerkomt op jezelf last bezorgen.[44]

De dichter Sorley werd in 1915 gedood, maar anderen overleefden door zich aan zijn regel te houden.

Met Kerstmis 1914 gebeurde er iets zeer buitengewoons. Op kerstavond daalde de temperatuur aan het westelijk front tot beneden het vriespunt, op sommige plaatsen sneeuwde het. 'We waren allen aangedaan en melancholiek,' schreef de Duitse soldaat Herbert Sulzbach, 'en in beslag genomen door gedachten aan thuis.'[45] Op kerstavond geven de mensen in Duitsland elkaar geschenkjes. De Duitse soldaten dronken, rookten, en riepen de vijand honderd meter verderop bemoedigend toe. Diezelfde geestesgesteldheid leefde bij de mannen aan de andere zijde. Een Duitse soldaat bij Ieper hoorde 'een Fransman met een mooie tenorstem een kerstliedje zingen. Iedereen lag doodstil in de stilte van de nacht. ... We bleven op onze hoede, alleen onze gedachten gingen uit naar onze vrouw en kinderen thuis.'[46]

Langs sommige stukken van de Duitse linies verschenen ongebruikelijke lichtjes. De Britten meenden dat de vijand zich aan het opmaken was voor de aanval, maar beseften al snel dat de Duitsers met lichtjes versierde kerstbomen hadden neergezet. In plaats van geweervuur was geschreeuw te horen. 'Engelse soldaten, Engelse soldaten, gelukkig kerstfeest. Waar zijn jullie kerstbomen?'[47] Daarop kwam vanuit niemandsland gezang aandrijven – 'Stille nacht, heilige nacht'. Elders speelde een Duitse soldaat Händels *Largo* op de viool. Tegenover de 1st Somerset Light Infantry bracht een Duits muziekkorps het Duitse en Engelse volkslied ten gehore. De Britten reageerden met applaus, gejuich en hun eigen liederen. Schutter Graham Williams van de London Rifle Brigade herinnerde zich:

> Zij beëindigden hun kerstlied en wij vonden dat we iets terug moesten

Patstelling

Twee Duitse soldaten poseren samen met soldaat Turner van de London Rifle Brigade tijdens de officieuze wapenstilstand, Kerstmis 1914. Verbroedering deed iedereen het ongerijmde van de situatie beseffen. De oorlog was nog jong, en zelfs het bloedvergieten van 1914 had niet het idee kunnen verdringen dat de mannen aan beide kanten feitelijk hetzelfde verlangden: naar huis en naar hun gezin terug te keren.

doen en zongen 'The First Noël', en toen we klaar waren begonnen ze te klappen. En toen zetten zij nog een van hun favoriete liedjes in, 'O Tannenbaum'. En dat ging zo door. Eerst zongen de Duitsers een liedje en dan zongen wij er een, tot we begonnen met 'O Come All Ye Faithfull'. Toen vielen de Duitsers onmiddellijk in en zongen hetzelfde lied met de Latijnse woorden 'Adeste fideles', en ik dacht: dit is echt iets heel bijzonders – twee volken die midden in de oorlog hetzelfde kerstlied zingen.[48]

Overal deden soldaten wat zij konden om kerst te vieren. Kapitein Rimbault zag hoe zijn Franse soldaten de mis vierden op een geïmproviseerd altaar vijftig meter van de Duitse linies. 'Tijdens de hele ceremonie vuurden de moffen – Beierse katholieken – geen schot af.'[49] Robert de Wilde, een Belgische kapitein bij de artillerie, woonde een geïmproviseerde mis bij in Pervijse, België:

> Het was ijskoud. ... De vloer van een schuur, met zijn enorme dubbele deuren, was achtergrond, stro aan beide kanten, overal tocht – de kapel. Een houten tafel en twee kaarsen in flessen – het altaar. De soldaten zongen. Het was onwerkelijk, subliem. Zij zongen: 'Minuit Chrétiens',

'Adeste Fideles', 'Les anges de nos campagnes', allemaal liedjes die we zongen toen we klein waren. De kerstmissen van lang geleden kwamen weer tot leven, alles wat we in onze kindertijd gekend hadden, het gezin, het platteland, het haardvuur, onze ogen verblind door de boom met zijn flakkerende kaarsjes, alles wat we nu herbeleven via onze kinderen.[50]

De volgende ochtend zag De Wilde hoe Duitse soldaten in Diksmuide, Vlaanderen, hun loopgraven verlieten en onder het zingen van kerstliedjes religieuze voorwerpen uit de kerk van Diksmuide naar de Belgische linies gooiden.

De officieuze wapenstilstand, die waarschijnlijk over twee derde van de linies in

Patstelling

acht werd genomen, bood ook een gelegenheid om de doden te begraven. Bij één begrafenis in niemandsland verzamelden zich soldaten van beide partijen om de doden de laatste eer te bewijzen. Psalm 23 werd zowel in het Duits als in het Engels gelezen, gevolgd door het onzevader. Kapitein Edward Hulse van de 2nd Scots Guards was aanwezig: 'Zij bezwoeren dat zij ons niet vijandig gezind waren, dat hun leiders overal schuld aan hadden en dat zij als soldaten moesten gehoorzamen. Ik geloof dat zij de waarheid spraken en dat zij geen enkel schot meer wilden afvuren. Zij zeiden dat zij nooit meer zouden schieten tenzij zij daartoe directe orders kregen, of wij het zouden doen.'[51]

Officieren die van gevallen van verbroedering hoorden, bevalen een onmiddellijke beëindiging daarvan. Op andere plaatsen kwam er op natuurlijke wijze een einde aan. Soldaten zeiden elkaar vaarwel en keerden terug naar de loopgraven. Sommigen hoopten dat de kameraadschap tot Nieuwjaar en daarna zou voortduren. Anderen schatten het gebeuren op zijn juiste waarde in: een bevestiging van fatsoen door mannen die vasthielden aan het geloof dat hun vijanden, hoewel misleid en gevaarlijk, nog steeds mannen waren als zijzelf.

Hoe de mannen het volhielden

BRITSE GENERAALS waren geschokt over het nieuws van de 'wapenstilstand'. Zij dreigden met strenge straffen als iets dergelijks zich ooit zou herhalen. Maar overal langs het front waren plekken te vinden waar de troepen zich een mentaliteit van 'leven en laten leven' hadden aangemeten om het dodelijke karakter van het leven in de loopgraven terug te dringen. Hoe dergelijk 'wapenstilstanden' vorm kregen, verschilde van plek tot plek. Soms was er de stilzwijgende afspraak elkaar tijdens het ontbijt niet te bestoken, soms waren de latrines granaatvrije toevluchtsoorden of kreeg de vijand over het niemandsland heen bericht dat het hoofdkwartier bevel had gegeven tot een artillerie-aanval.

De loopgravenoorlog leidde tot een verontrustende nieuwe situatie op het slagveld: een belegering, maar dan onder geïndustrialiseerde omstandigheden. De impasse bood de partijen geen kans op terugtrekken of pas op de plaats. Soldaten leefden in versterkte greppels, dikwijls binnen gehoorsafstand van de vijand; beide partijen konden de dagelijks gang van zaken bij de ander waarnemen. Van de Zwitserse grens tot het Kanaal ontstond een loopgravensysteem, met een frontlinie, ondersteunende loopgraven, reserveloopgraven en verbindingsloopgraven. Zoals Blaise Cendrars, Frans dichter en veteraan van het Vreemdelingenlegioen, het stelde: het bestaan in de loopgraven was een leven als van holbewoners.

Een korte regenbui kon van de loopgraven een zuigende, rottende, onontkoombare modderpoel maken. De kans om te sterven door een granaat of scherpschutter was altijd aanwezig, net als een gevoel van desoriëntatie en verwarring. De Duitse expressionistische schilder Otto Dix vond de loopgraven een duivels landschap dat zijn ergste fantasieën ver te boven ging en vatte het leven daar als volgt samen: 'Luizen, ratten, prikkeldraad, vlooien, granaten, bommen, ondergrondse holen, lijken, bloed, alcohol, muizen, katten, artillerie, vuiligheid, kogels, mortiergranaten, vuur, staal: dat is oorlog. Het is het werk van de duivel.'[52]

Oorlog in de loopgraven betekende leven met de doden. Er lagen zoveel afgerukte ledematen en onbereikbare lijken dat het niemandsland één grote dodenakker was. Zelfs als het 'rustig' was, waren vanuit de loopgraven dingen te zien die

Britse en Duitse soldaten ontmoeten elkaar in niemandsland tijdens de officieuze wapenstilstand, Kerstmis 1914.

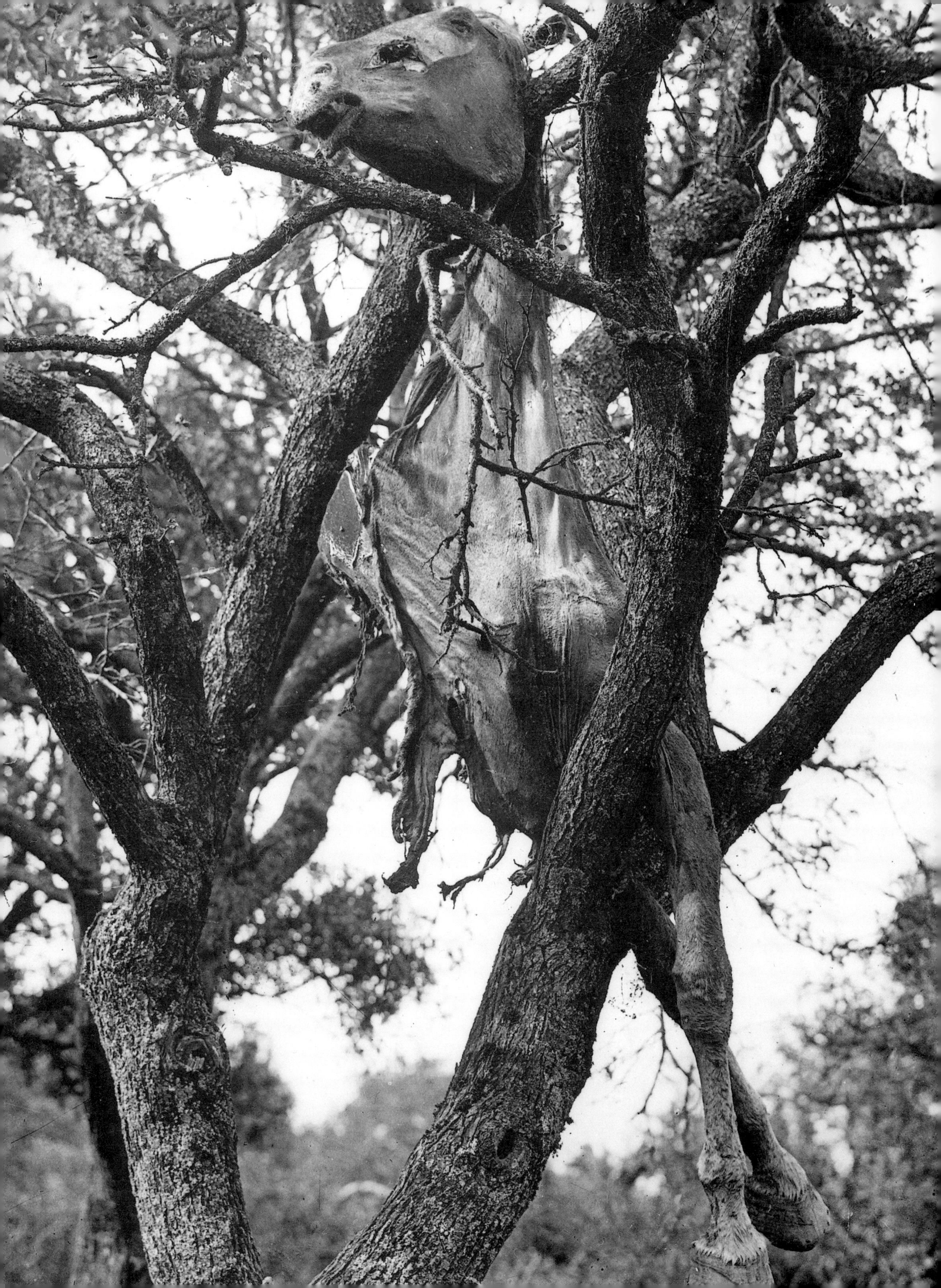

Patstelling

RECHTS Soldatenhumor kende vele kanten: een voorliefde voor absurditeiten, zoals dit bord 'Hotel te koop'; muzikale spotternijen over al het poetswerk; antiheroïsche liedjes waarin de draak werd gestoken met patriottistische burgers. Een veelgezongen liedje vroeg de rekruteringsbureaus:
Stuur mijn moeder,
Mijn zuster en mijn broeder,
Maar in godsnaam, stuur niet mij.
De smeekbede was wat laat, de lach niet.

een mens niet behoorde te zien: stapels lijken zo stijf als brandhout, stukken van menselijke lichamen op de meest onverwachte plaatsen.

Slechts door grote loyaliteit aan elkaar en liefde die ze met elkaar deelden, konden de soldaten zich onder dergelijke omstandigheden handhaven. Bijgeloof was een voortdurende metgezel, evenals godsdienstige rituelen, conventionele of anderszins. Galgenhumor hielp ook wel. 'Met een zwaargewonde man kun je grapjes maken, je kunt hem ermee feliciteren dat hij nu van de ellende hier is verlost. Een dode kun je negeren,' schreef de dichter Robert Graves, 'maar zelfs een mijnwerker kan geen grapje maken dat klinkt als een grapje over een man die er drie uur over doet om te sterven, nadat het bovenste gedeelte van zijn hoofd is afgerukt door een kogel die van twintig meter afstand is afgevuurd.'[53]

Soldaten verbleven niet altijd in de frontlinie en stonden evenmin voortdurend bloot aan vijandelijke aanvallen. Het leven in de loopgraven kon erg saai zijn, ondanks de voortdurende dreiging van gevaar. Veel tijd werd besteed aan het schoonmaken van geweren, het schrijven van brieven en het streven om buiten bereik van sluipschutters en granaten te blijven. Alleen 's nachts kwam het niemandsland tot leven. Beschermd door de duisternis waagden soldaten, meestal op hun buik, zich buiten de loopgraven voor verkenningstochten, om prikkeldraad te repareren, of vijandelijke posities te overvallen. Gemiddeld verbleef een soldaat hoogstens een week achtereen in de frontlinie – langer was normaliter niet te verdragen. Daarna diende hij achtereenvolgens in de ondersteuningslinie, de derde (reserve)loopgraaf en tot slot in het relatief rustige basiskamp in de achterhoede. Tot voor kort was nauwelijks historisch onderzoek gedaan naar de bezigheden van de soldaten achter de frontlinie. Daar is echter verandering in gekomen, en dat heeft een overvloed aan materiaal opgeleverd. Bij het leven achter de linies was nauwelijks sprake van rust en ontspanning gezien de enorme hoeveelheid werk die verricht moest worden om de enorme legers te ondersteunen. Maar soms konden mannen de oorlog even terzijde schuiven en proberen weer te worden wat zij vroeger geweest waren.

LINKS In de loopgraven ontstond het surrealisme vanzelf. Dit halve karkas van een paard in de takken van een boom was niet de droom van een kunstenaar, maar alledaagse realiteit. Het lijden van de dieren liep parallel aan het lijden van de mannen, iets wat miljoenen soldaten nooit vergaten.

Het militaire leven was echter per definitie geen kopie van het burgerleven. Er waren geen kinderen, geen oudere mensen en, vooral, geen vrouwen. Maar echo's van het burgerlijke leven waren overal herkenbaar. Zowel in de frontlinie als in het basiskamp en de depots ontstond een ingewikkeld sociaal netwerk tussen mannen die vastbesloten waren een wereld te scheppen die in ieder geval léék op de wereld die zij hadden achtergelaten. Hoe langer de oorlog duurde, des te verfijnder werd de poging; het was een maatschappelijke prestatie waarvan het initiatief niet van de generaals of politici kwam. De mannen begonnen eigen kranten te drukken die in het geheel niet leken op de patriottische kranten thuis. Het woordgebruik was ambivalent, een mengeling van nostalgie, heimwee, liefde én ergernis omdat de mensen thuis het leven in de loopgraven niet op juiste waarde wisten in te schatten. Zij organiseerden sportwedstrijden. Cavalerieregimenten hielden paardenraces en springconcoursen. De infanterie zette een voetbalcompetitie op en organiseerde boksgala's. De Canadezen – en later de Amerikanen – speelden honkbal. Er werd ook gevist, waarbij het geweer als hengel dienst deed. Het South African Labour Corps, bestaande uit Zoeloes, vermaakte zijn medestrijders met oorlogsdansen, compleet met trommels en rieten rokjes.

Zoals overal elders waren de soldaten heel enthousiast over de film, en richtten hun eigen filmclubs op. Later in de oorlog werden er vanaf open legertrucks films gedraaid in de openlucht. Charlie Chaplin was de grote favoriet. Soldaten vormden ook toneelgezelschappen met namen als 'The Duds' ('de Blindgangers'), en draaiden variétévoorstellingen in elkaar. Bij gebrek aan vrouwen speelden ze de vrouwenrollen zelf, soms heel overtuigend. Eén Brits regiment presenteerde *Thumbs*, een revue in drie bedrijven. Het gedrukte programma stelde met klem dat de hoofdrolspeelster, Kitty O'Hara, 'verboden terrein' was. Kitty was, zoals een officier schreef die van de show genoten had, een gewone Canadese jongen die negen maal had deelgenomen aan een aanval.

Het front was behalve voor verpleegsters verboden terrein voor vrouwen. Slechts

Ook het variété deed zijn intrede in de loopgraven. Soldaten speelden alle rollen, waardoor het travestie-amusement naar nieuwe hoogten werd gestuwd. Vooral de Fransen waren zeer vindingrijk als het op verkleden aankwam. Met dit soort vermaak werd ook in de krijgsgevangenkampen van beide zijden veel tijd gedood.

Soldaten drukten hun eigen kranten, waaraan komische kost van velerlei aard niet ontbrak. Sommige waren bijtend, zoals deze Franse krant uit mei 1917, een periode van stakingen en muiterij: een soldaat met verlof staart naar een groep volgevreten burgers die klagen over de vleesschaarste. De soldatenkranten spreidden een zeer ambivalente houding tegenover burgers tentoon: aan de ene kant was er liefde voor en verlangen naar de familie thuis, aan de andere kant irritatie en woede over de veronderstelde onverschilligheid van de burgers die genoten van luxe terwijl de mannen aan het front leden.

travestievoorstellingen restten de Britten om 'fatsoenlijke' vrouwen in hun frontleven te brengen. De Franse autoriteiten stelden zich enigszins anders op. Zij beschouwden prostituees met een officiële vergunning als een goede uitlaatklep voor de soldaten om hen af te leiden van het denken aan de vrouwen thuis.

Stephen Westman, die als medisch officier in het Duitse leger diende, merkte op dat de Duitse bordelen te klein in aantal waren, te ver van elkaar lagen en zich veel te ver van de gevechtszones bevonden.[54] In de buurt van het front werden de soldaten daarom bediend door plaatselijke prostituees. Het onderzoeken van die prostituees was een van de taken van Westman. Elke vrouw die zich aanbood werd door de Duitse militaire politie opgepikt en in een officieel bordeel gestopt. Tweemaal per week werden zij gecontroleerd op geslachtsziekten. Mannen die op verlof gingen kregen liefdespakketjes met verschillende voorbehoedmiddelen mee. Wie een geslachtsziekte opliep, werd naar 'Ridderkastelen' gestuurd, waar men behandeld werd en op een Spartaans dieet werd gezet, als aanmoediging om in de toekomst voorzichtiger te zijn. Dat was echter ijdele hoop. Bezoek aan prostituees was endemisch, ondanks het feit dat de soldaten in de bordelen 'lelijke, smerige, uitgelubberde hoeren van middelbare leeftijd aantroffen die op geen enkele wijze leken op de afbeeldingen van pin-up girls in de loopgraven. De oudste prostituee die ik ben tegengekomen was zeventig jaar en had luizen,' schreef Stephen Westman.

Minder illegaal vermaak werd ook geboden. Voor de Fransen was er bijvoorbeeld de al oudere Sarah Bernardt, die op een sofa naar het front werd vervoerd om te verbergen dat een van haar benen geamputeerd was. Voor de Britten was er Harry Lauder, de beroemdste entertainer uit de Engelstalige wereld. Lauder, die op toneel een kilt-dragende, dansende en zingende Schot uitbeeldde, verloor zijn zoon in de oorlog. Na diens dood wilde Lauder zelf op zesenveertigjarige leeftijd dienst nemen, maar hij werd afgewezen. Vastbesloten om toch iets te doen organiseerde hij een tournee langs het westelijk front, waar hij enigszins kon proeven hoe het voelde om onder vuur te liggen:

> Ik had net het eerste couplet van een liedje gezongen en wilde het refrein inzetten, toen zonder enige waarschuwing de hel losbarstte in de loopgraaf. Er kwam een projectiel aan dat door een officier meteen werd ingeschat als een *whizz-bang*. Al voor ik uit Groot-Brittannië vertrok, wist ik dat ik in de vuurlinie zou komen te liggen. Ik had me afgevraagd hoe het zou zijn. Ik verwachtte bang, zenuwachtig te zullen zijn. Maar die dag kende ik één allesoverheersend gevoel, het verlangen naar wraak. Daarginds waren de Hunnen, de mannen die mijn zoon hadden gedood.[55]

Bezoeken van beroemdheden als Harry Lauder waren zeldzame gebeurtenissen die pas later in de oorlog plaatsvonden. Meestal moesten de soldaten zelf een verbinding maken tussen het beste van de wereld die zij hadden achtergelaten en het gevaarlijke bestaan waarmee zij zich geconfronteerd zagen. De pogingen daartoe waren een manier om waardigheid te herwinnen tegenover het ergste wat de oorlog te bieden had. Dat was geen gemakkelijke taak, want al in 1915 ontwikkelde de oorlog zich in een richting die niemand voorzien had. De Eerste Wereldoorlog werd een geheel ander soort oorlog: de totale oorlog.

Otto Dix, *Op bezoek bij Madame Germain in Méricourt*, 1924. Deze weergave van een bordeelscène in België is niet atypisch. Vleselijke genietingen werden in alle legers tot het groteske teruggebracht. Hoewel de militaire autoriteiten probeerden om de verspreiding van geslachtsziekten tegen te gaan, werd het bezoek aan prostituees van velerlei allooi oogluikend toegelaten.

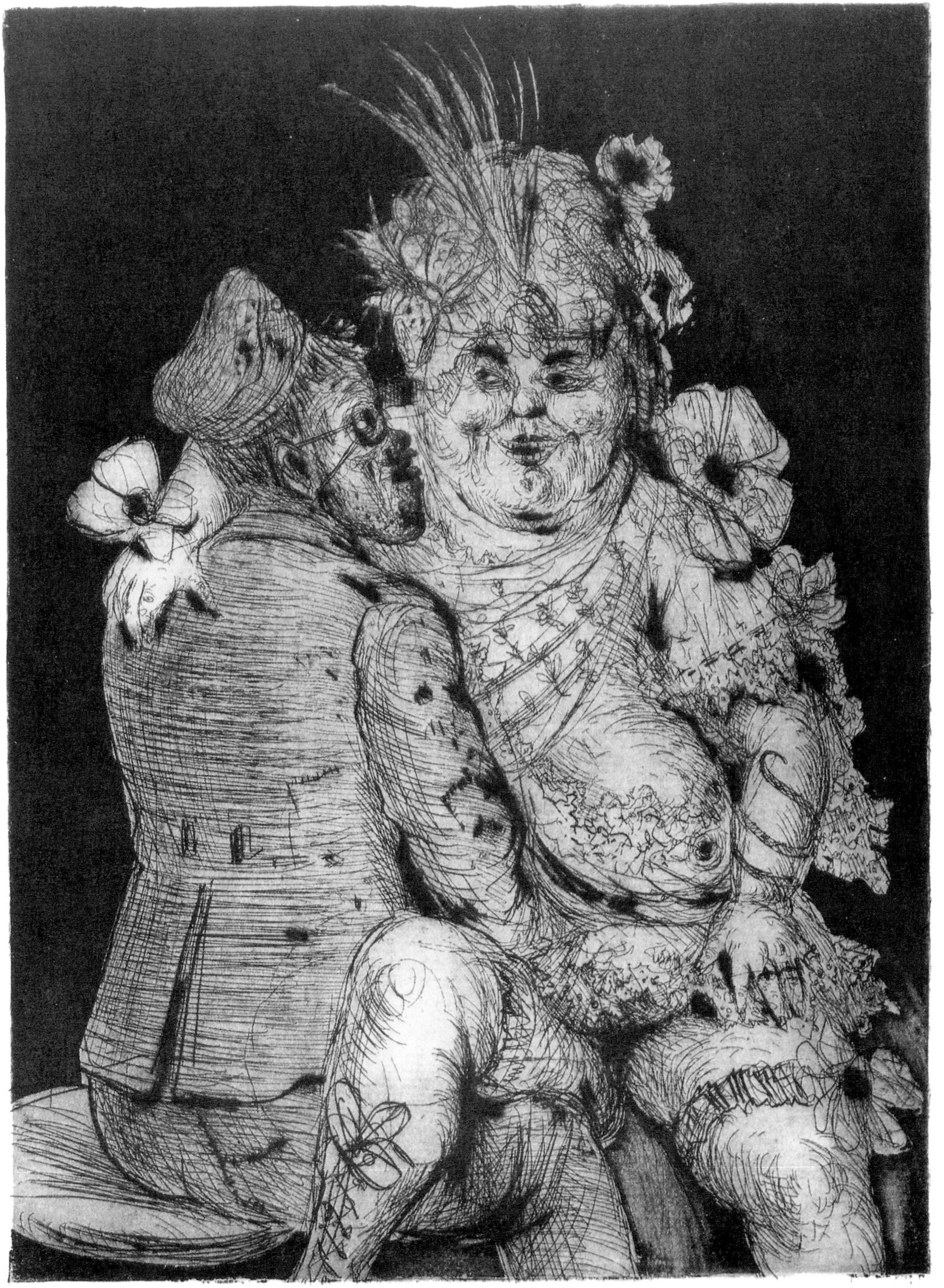

27
H 27
28
F 25
F 26
D 26
25
24
SMOKING
F 29
F 30
B 29
B 30
50/50
EXPLOR TNT

3
De totale oorlog

DE EERSTE WERELDOORLOG WAS een totale oorlog, de eerste in zijn soort. Hij breidde zich uit over de hele wereld en greep in het leven van alle bevolkingslagen van de oorlogvoerende landen in. Aan het einde van 1915 was vrijwel elk gezin in rouw gedompeld vanwege een verloren vader, echtgenoot, zoon, broer, neef of vriend. De Eerste Wereldoorlog vernietigde even makkelijk grenzen als hij levens vernietigde; grenzen tussen continenten en volken, tussen klassen en sociale groeperingen, tussen het openbare en het privé-leven. In de naoorlogse jaren werden veel van deze demarcatielijnen hersteld, maar nooit precies op dezelfde manier. Door de oorlog werden levens en ideeën, aspiraties en verwachtingen geherdefinieerd en opnieuw gerangschikt, soms op revolutionaire wijze.

Vanwege zijn gemechaniseerde karakter wordt oorlog op deze schaal terecht 'totaal' genoemd. Dit was het eerste grootschalige militaire conflict tussen geïndustrialiseerde landen, en de afloop werd bepaald door de mate waarin de militaire leiders bereid waren om legers slechts te zien als speerpunten van een natie in oorlog. Burgers waren belangrijk omdat de soldaten aan het front vochten met de wapens die zíj produceerden, en het was het welzijn van de burgers waarvoor de soldaten vochten. Het moreel – de wil om vastberaden door te gaan – was in deze oorlog belangrijker dan ooit. Daarom werd veel energie gestoken in het mobiliseren van de verbeelding en werden kunstenaars, schrijvers, geestelijken, filmsterren en variété-artiesten ingeschakeld om te zorgen dat de publieke opinie positief stond en bleef staan tegenover de oorlog.

De instemming van het thuisfront was essentieel omdat de oorlog zo'n hoge prijs had; hoe krachtig censuur en propaganda ook waren, dwang of manipulatie alleen zouden niet volstaan om die instemming te behouden, die moest uit het hart van de samenleving zelf komen en werd middels propaganda bevestigd door de burgers te laten zien en voelen dat zij streden voor een rechtvaardige zaak en dat de kans bestond om te winnen. Om deze behoefte tot overwinnen te voeden, was het tevens

Industriële oorlogvoering combineerde vele bekende kenmerken van het gewapend conflict op een wijze die een nieuw soort conflict creëerde: de totale oorlog. Een van de belangrijke veranderingen was dat vrouwen het werk van mannen in belangrijke mate overnamen, zoals in deze Franse fabriek. De oorlog eiste een ongekende hoeveelheid doden en gewonden en de invloed van de staat op het leven van alledag breidde zich sterk uit. De oorlog drong tot in alle hoeken van de samenleving door, niemand kon eraan ontsnappen, niemand was veilig. Iedereen was medestrijder, iedereen liep gevaar.

van belang dat de vijand werd afgeschilderd als het vleesgeworden kwaad. Het cultiveren van de haat als beleid bereikte een hoogtepunt in de oorlog en schiep de voorwaarden voor bruut geweld en genocide.

De totale oorlog was een gemechaniseerde slachtpartij, die meer mensen in de heksenketel van een gewapend conflict betrok dan ooit tevoren. De 'verloren generatie' van mannen die in het uniform stierven omvatte een totaal van negen miljoen, een op de acht van allen die zich in de strijd begaven. Nog eens achttien miljoen combattanten raakten gewond. Zoiets was nog nooit gebeurd.

Het was echter de algehele verbreiding van de vijandelijkheden, met gevaar voor iedereen, die de nieuwe fase in de militaire geschiedenis markeerde. In een totale oorlog was niemand veilig; het treffen van burgers die de levering van wapens of voedsel verzorgden werd even belangrijk als het vernielen van de vijandelijke frontlinies. Als de vijand naast mannen in uniform ook bestond uit vrouwen en kinderen, en als hun bestaan de overwinning in de weg stond, moesten ook zij verpletterd worden. En wat te denken van de interne vijand, etnische groepen wier steun aan de oorlogsinspanning twijfelachtig was? Moest hun aanwezigheid, moest hun bestaan alleen al, getolereerd worden? Gruwelijkheden waren in een

Australische en Nieuwzeelandse troepen op weg naar Gallipoli. De landing op Gallipoli was een ramp die werd veroorzaakt door het gebrekkig functioneren van de inlichtingendienst, onvoldoende aandacht voor het terrein en een onderschatting van de sterkte van de vijand en diens veerkracht bij het verdedigen van de eigen bodem.

oorlog op deze schaal onvermijdelijk, maar in 1915 namen zij, in Turks Armenië, ook het karakter van de totale oorlog aan, en kregen het stempel van genocide.

Veel van dit alles was allerminst nieuw, het lelijke gezicht van de oorlog is van alle tijden. Maar de schaal van het gewapend conflict tussen de geïndustrialiseerde naties en de verbreiding van onmenselijke wreedheid leiden tot het fenomeen van de totale oorlog. In de Eerste Wereldoorlog was het geheel erger dan de som van de samenstellende delen.

Gallipoli

De totale oorlog was een wereldoorlog omdat de strijdende partijen imperia waren die overal op de wereld kolonies en gebiedsdelen hadden. Hierdoor waren Duitsland en Oostenrijk-Hongarije al meteen in het nadeel: alleen Bulgarije en Turkije lieten zich overtuigen dat hun nationale belangen gediend waren bij aansluiting bij de centrale mogendheden. Italië, daarvoor nog een bondgenoot van Duitsland en Oostenrijk, sloot zich in 1915 aan bij de geallieerden in de (onjuiste) veronderstelling dat het na de overwinning een passende beloning zou ontvangen.

Bij de drie geallieerde grootmachten sloten zich verder hun kleinere bondgenoten België en Servië aan, alsmede Portugal, Griekenland, Roemenië en Montenegro. Japan bevond zich ook al snel in het geallieerde kamp, al maakte het zich zorgen over wat de Amerikaanse marine zou gaan doen terwijl de Japanse marine met troepen uit Nieuw-Zeeland en Australië onderweg was naar de Middellandse Zee. Australië, al was het geen kolonie, deed simpelweg aan de oorlog mee omdat Groot-Brittannië dat deed. Dat de centrale mogendheden niet over dergelijke reserves beschikten, was een belangrijke oorzaak voor hun nederlaag.

De Eerste Wereldoorlog was een ware maalstroom die mannen, vrouwen en wapens uit de hele wereld naar zich toezoog. Niets illustreert dit beter dan de Dardanellencampagne, een desastreus verlopen geallieerde operatie die duurde van maart 1915 tot januari 1916.

Het idee om in Turkije een tweede front te openen had een belangrijk voorstander: Winston Churchill, hoofd van de Britse Admiraliteit. Churchill was volgens eigen zeggen een man van actie en ideeën, en een briljant pleitbezorger van liberale sociale hervormingen. 'We zijn allemaal wormen,' zei hij eens tijdens een diner, 'maar ik geloof dat ik een glimworm ben.' Churchill was ervan overtuigd dat met de loopgravenoorlog alleen maar meer impasse en bloedvergieten in het verschiet lagen. Duitsland kon een zware slag worden toegebracht door zijn zwakste bondgenoten te treffen, stelde hij.[1]

Via de Dardanellen, de smalle zeestraat die de Egeïsche Zee van de Zee van Marmara scheidt, zou met een marineactie een doorbraak naar Rusland geforceerd moeten worden.

Het Turkse schiereiland Gallipoli (Gelibolu), dat de zeestraat in het noorden begrensde en dat in de buurt van het oude Troje lag, werd in 1915 slechts zwak verdedigd. De aanval door Britse en Franse oorlogsschepen begon met een bombardement op 19 februari, gevolgd door het vegen van mijnen. Slecht weer, inefficiënt optreden en een nieuw gelegd mijnenveld verstoorden de geallieerde plannen. Een poging op 18 maart om een doorbraak te forceren mislukte faliekant: door mijnen

De totale oorlog

werden drie oorlogsschepen tot zinken gebracht en liepen er drie zware beschadigingen op. De geallieerden trokken zich terug, niet wetende dat de Turkse forten, met veel kanonnen die half bedolven lagen onder puin, er slecht aan toe waren.

Vijf weken later ging een derde operatiefase van start, die geen onderdeel uitmaakte van het oorspronkelijke plan: een gecombineerde actie ter zee en te land. Toen waren de Turkse stellingen echter al versterkt met de hulp van Duitse adviseurs. Een strijdmacht van Britse, Australische, Franse en Nieuw-Zeelandse troepen voerde een landing uit maar werd al snel klemgezet op het strand. De mannen zaten gevangen tussen de zee en de heuvels die door de Turken vakkundig werden verdedigd, en verder dan dat bloedige bruggenhoofd kwamen ze niet.

In de vierde fase, die in augustus begon, landden verse troepen op weer andere punten op het schiereiland. Zij ondergingen hetzelfde lot maar hadden ook nog eens zwaar te lijden van de zomerhitte. Iedereen had dysenterie. 'Het vervult me met een wanhopig verlangen om te gaan liggen en niets te doen,' schreef de commandant van de hele operatie, sir Ian Hamilton. 'Geen wonder dat de Grieken er tien jaar over deden om Troje in te nemen.'[2]

Omdat de invasiemacht niet in staat was landinwaarts te trekken, was de operatie tot mislukken gedoemd. Gallipoli werd een knekelhuis; de stank van rottend vlees bereikte zelfs schepen die vijf kilometer uit de kust lagen. Slechts eenmaal, in het begin van de zomer, werd een bestand gesloten om de doden te begraven. Aubrey Herbert herinnerde zich hoe islamitische imams en christelijke geestelijken diensten hielden te midden van de massagraven. 'Ik sprak met de Turken, van wie er één naar de graven wees. "Dat is politiek," zei hij. Toen wees hij naar de dode lichamen en zei: "Dat is diplomatie. God, heb medelijden met ons arme soldaten."'[3]

Het duurde maanden voor de geallieerden tot het inzicht kwamen dat de

RECHTS Tegen de tijd dat deze Australische soldaten zich meester hadden gemaakt van 'Steele's Post' op Gallipoli op 3 mei 1915, waren de kansen om hun doel te bereiken al verkeken. Turkse versterkingen hielden het hoger gelegen terrein in handen en zouden hun positie in het verdere verloop van de strijd niet meer afstaan.

LINKS Australische en Britse manschappen die met elkaar een loopgraaf delen, maken hier gebruik van periscopen. Churchill had gehoopt dat de landing op Gallipoli een alternatief zou opleveren voor de loopgravenoorlog, een manier om de Britse soldaten te behoeden voor het 'kauwen op prikkeldraad in Vlaanderen'. In plaats daarvan ontstond slechts een nieuwe variant op de statische oorlogvoering, waarbij een geweldig beroep werd gedaan op het uithoudingsvermogen van de soldaten die dekking moesten zien te vinden tegen sluipschutters en artilleriebeschietingen onder omstandigheden die nog erger waren dan aan het westelijk front.

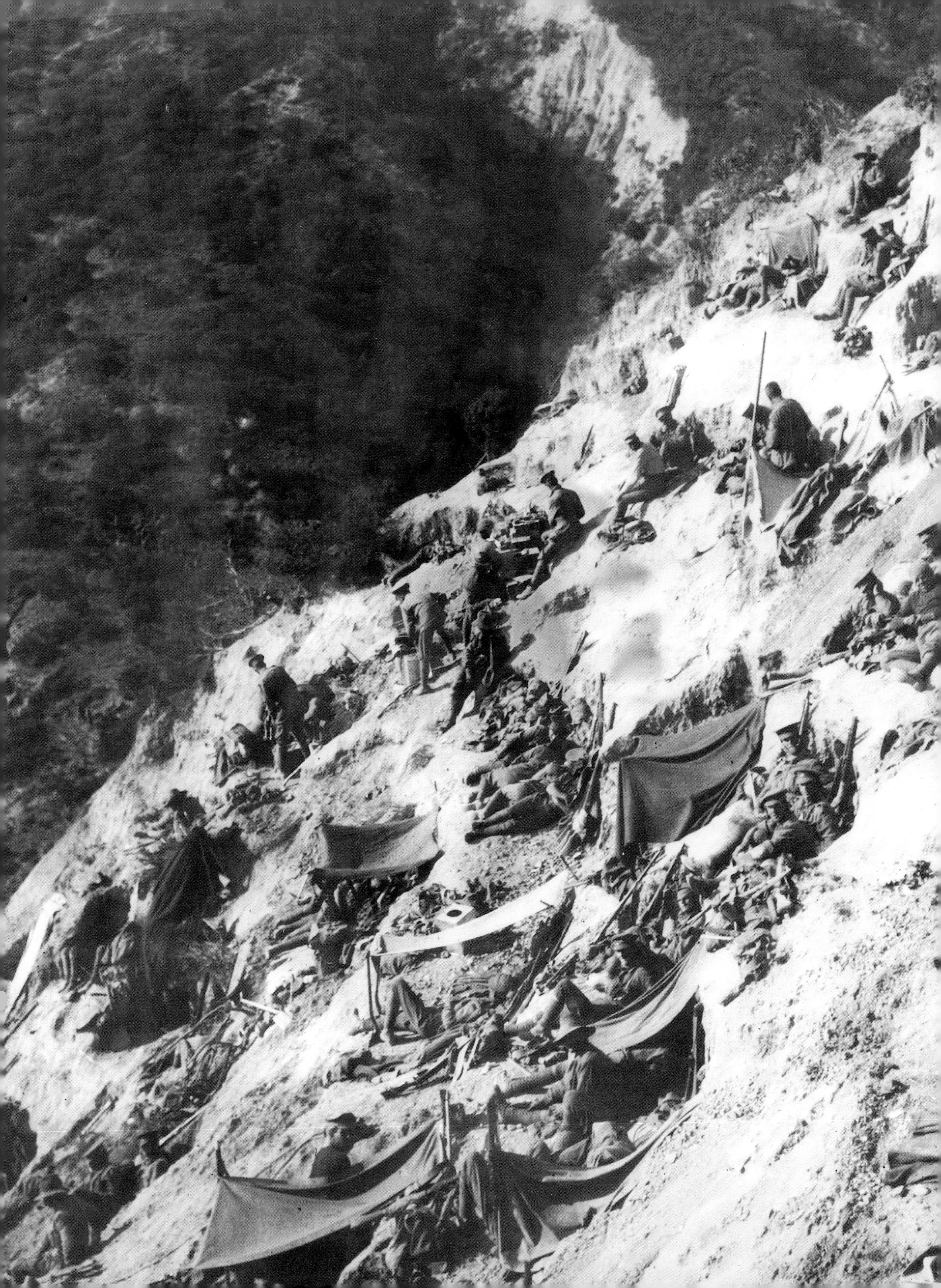

De totale oorlog

campagne mislukt was – maar zelfs toen moest de onaangename waarheid hun nog door een lid van de pers onder de neus gewreven worden. De winter was al aangebroken en de slecht uitgeruste geallieerde troepen op het schiereiland hadden ernstig te lijden van de ijzige kou. Uiteindelijk vertrokken de geallieerden in december 1915 en januari 1916. De evacuatie werd heimelijk uitgevoerd, met behulp van allerlei ingenieuze apparaten die de indruk moesten wekken dat de loopgraven nog bemand waren. Zo werd een benzineblik zodanig opgesteld dat er water uit lekte in een kan die door het gewicht uiteindelijk omviel en daarmee een touwtje spande waardoor een geweer afging.

Gallipoli was niet zomaar een nederlaag; het was een regelrecht debacle, maar een met onvoorziene gevolgen. Zo zorgde het voor het ontstaan van de Australische nationale identiteit; de verjaardag van de eerste landing, 25 april, is Anzac Day, een equivalent van wat voor de Amerikanen de 4th of July is.[4] ('Anzac' is het acroniem

RECHTS Mustafa Kemal, later bekend geworden als Kemal Atatürk.
ONDER Turkse troepen. Ook als Kemal zijn troepen niet gehergroepeerd had, zou de geallieerde landing op Gallipoli op een mislukking zijn uitgelopen. Maar de mythe van het Turkse nationale bewustzijn zou dan zijn symbool kwijt zijn: een man van het volk die het opneemt tegen het Westen en door moed en standvastigheid in staat blijkt het te verslaan.

De totale oorlog

van Australian and New Zealand Army Corps en was de codenaam voor het strand van de eerste landing.) Bij de tegenpartij droeg het verdedigen van Gallipoli in belangrijke mate bij tot de vorming van het nieuwe Turkije van na de oorlog. Het mobiliseren van een imperium leidde tot het uiteenvallen van een imperium.

Kemal Atatürk

IN GALLIPOLI WERDEN nationale mythen geboren. De eerste was die van Mustafa Kemal, die na de oorlog de naam Atatürk (Vader der Turken) kreeg. Als commandant van de Turkse 19de Divisie, waarvan het hoofdkwartier op het schiereiland lag, leidde hij het verzet tegen de geallieerde invasie op 25 april. Bij het organiseren van zijn troepen werd hij geconfronteerd met een compagnie Turkse soldaten die wegvluchtten voor de binnendringers nadat zij al hun munitie verschoten hadden.

> 'Waarom vluchten jullie?' vroeg ik. 'De vijand, meneer,' antwoordden zij. 'Waar?' 'Daar,' zeiden ze en wezen naar Heuvel 261. Inderdaad kon een vijandelijke verkenningseenheid vrij optrekken naar Heuvel 261. Stel u de situatie voor. Ik had mijn manschappen verlaten zodat ze tien minuten konden rusten. ... De vijand had deze heuvel bereikt. ... Dat betekende dat ik dichter bij de vijand was dan bij mijn mannen, en als de vijand zou oprukken naar waar ik me bevond, zou het er voor mijn troepen zeer slecht uitzien. Toen ... wendde ik me tot de vluchtende soldaten. 'Jullie mogen niet wegvluchten voor de vijand,' zei ik. ... 'Als je munitie op is, hebben jullie altijd nog je bajonetten.' En ik schreeuwde het bevel de bajonetten op het geweer te zetten en op de grond te gaan liggen. Tegelijk zond ik haastig een officier naar het infanterieregiment dat op weg was naar Conkbayiri ... om te melden dat ze meteen naar de plaats moesten komen waar ik was.[5]

De versterkingen arriveerden en in een nachtelijk gevecht werd de voorhoede van de geallieerde troepen teruggedreven naar het oorspronkelijke bruggenhoofd.

Deze daad van leiderschap stond symbool voor een nieuwe kracht: een niet-Europese soldaat met de vaderlandslievendheid en de strijdvaardigheid die geacht werden het monopolie van de Europeanen te zijn. Natuurlijk waren er uitzonderingen: de Indiase en Japanse legers waren sterk, maar niemand had kunnen bevroeden dat een Turks leger, weliswaar getraind door Duitsers, partij zou zijn voor de geallieerden, en meer dan dat. De vorming van het moderne Turkije is voor een groot deel begonnen op de dorre hellingen van Gallipoli.

Keith Murdoch

ONGEVEER OP HETZELFDE moment en op dezelfde plek ontstond een andere mythe, die van de 'Digger' ('Graver'), de stoere, onafhankelijke, oneerbiedige Australische soldaat uit de Eerste Wereldoorlog. Britse en Australische manschappen vochten en stierven zij aan zij, maar hun identiteit kreeg in de loop der tijd een eigen vorm. Gallipoli was het symbool van die transformatie.

Nieuws over de campagne was staatsgeheim. Britse en Australische journalisten kregen strikte orders de censor al hun telegrammen voor te leggen. Zij konden de details over incompetentie en chaos slechts oppotten, tot de waarheid naar buiten kon worden gebracht. Zo bleef het hele verhaal voor de buitenwereld verborgen. Uiteindelijk vroeg Ellis Ashmead-Bartlett, die de campagne versloeg voor de

Londense pers, aan de jonge Australische journalist Keith Murdoch om een brief mee te nemen naar Londen. In die brief, gericht aan de Britse premier Asquith, werd de incompetentie van sir Ian Hamilton aan de kaak gesteld. Beide journalisten beseften dat zij hiermee de censuurregels overtraden.

In Marseille werd Murdoch onderschept door een Britse officier. De autoriteiten waren getipt door Henry Nevinson die de gebeurtenissen op Gallipoli ook versloeg en geïrriteerd was dat een ander de scoop zou krijgen. De brief aan Asquith werd in beslag genomen.

Nu hij niet in staat was door te dringen tot de hoge kringen in Londen, kreeg Murdoch het lumineuze idee zich te richten tot de Australische premier Andrew Fisher. Murdoch arriveerde op 21 september 1915 in Londen. In twee dagen had hij een felle brief van 8000 woorden opgesteld waarmee de deksel van de beerput werd gelicht. Gallipoli 'is zonder twijfel een van de meest verschrikkelijke bladzijden uit onze geschiedenis.' Hij schreef:

> Ik bezocht de meeste posities op Anzac en aan de Suvla-baai, liep kilometers door de loopgraven, praatte met de bevelhebbers en alle hoge en lage officieren die ik te pakken kon krijgen, en overal ontmoette ik volledig en openhartig vertrouwen. … Dit was een hopeloze onderneming, al vanaf begin mei, en niemand begrijpt waarom Hamilton deze doorzette. … Vanuit Anzac met kracht doorstoten naar het binnenland is nooit geprobeerd. Het is geaccidenteerd, ruw terrein vol struikgewas, ravijnen en bergkammen, allemaal ruim binnen schootsafstand van de kanonnen van de Turkse forten aan de zeestraat. … Hiervandaan kon geen serieuze opmars naar het binnenland ondernomen worden.[6]

De landing in augustus werd totaal verprutst. Murdoch was aan boord van het troepenschip geweest en had de conditie van het Britse contingent aanschouwd:

> Ik zeg niet dat er betere regelingen getroffen hadden kunnen worden. Ik vind wel dat het noodlot getart werd door onervaren jonge rekruten op deze gevaarlijke onderneming uit te sturen, en Hamilton had enig recht van spreken gehad toen hij klaagde dat de troepen hem in de steek hadden gelaten, als hij en zijn staf de manschappen niet door veel groter wangedrag hadden laten vallen. … Ik weet van veel officieren dat een hele divisie zonder wat voor orders dan ook aan land ging. Een andere divisie, waaraan de zo essentiële opdracht was gegeven om de Anafarta-heuvels te bezetten, marcheerde veel te ver naar links voor de fout werd ontdekt. De divisie werd teruggeroepen, gehergroepeerd en op weg gestuurd naar de heuvelkam. Hoeveel water denkt u, als man van de praktijk, dat er tegen die tijd nog in de flessen van die dorstige jongens zat – na een nacht op zee, de lange mars heen, en terug, en het optrekken? Geen druppel natuurlijk.

Hij benadrukte zijn kernpunt door te stellen: 'Het werk van de generale staf in Gallipoli was om te huilen,' en daarmee refereerde hij aan een thema dat nauw verbonden zou worden met het Australische nationalisme. De Britten waren anders omdat zij gevangen zaten in een klassensysteem vol ontzag en dilettantisme. Hun stafofficieren waren het ergst. 'De hoogmoed en zelfingenomenheid van die lui met hun rode pluimen wordt slechts geëvenaard door hun incompetentie. … Wat

---

Keith Murdoch tijdens een bezoek aan Anzac Cove, augustus 1915. Dat de geallieerden er niet in slaagden uit hun bruggenhoofdpositie op Gallipoli te breken was strikt geheim. Journalisten beloofden de regels van de militaire censuur in acht te nemen, maar dit was een verhaal dat onvermijdelijk bekend moest worden. Keith Murdoch bracht het naar buiten door een lange brief te schrijven aan de Australische premier, die de informatie doorspeelde naar het Britse kabinet in Londen, dat deze openbaar maakte. Het was een van de spectaculairste overheidslekken in de Eerste Wereldoorlog.

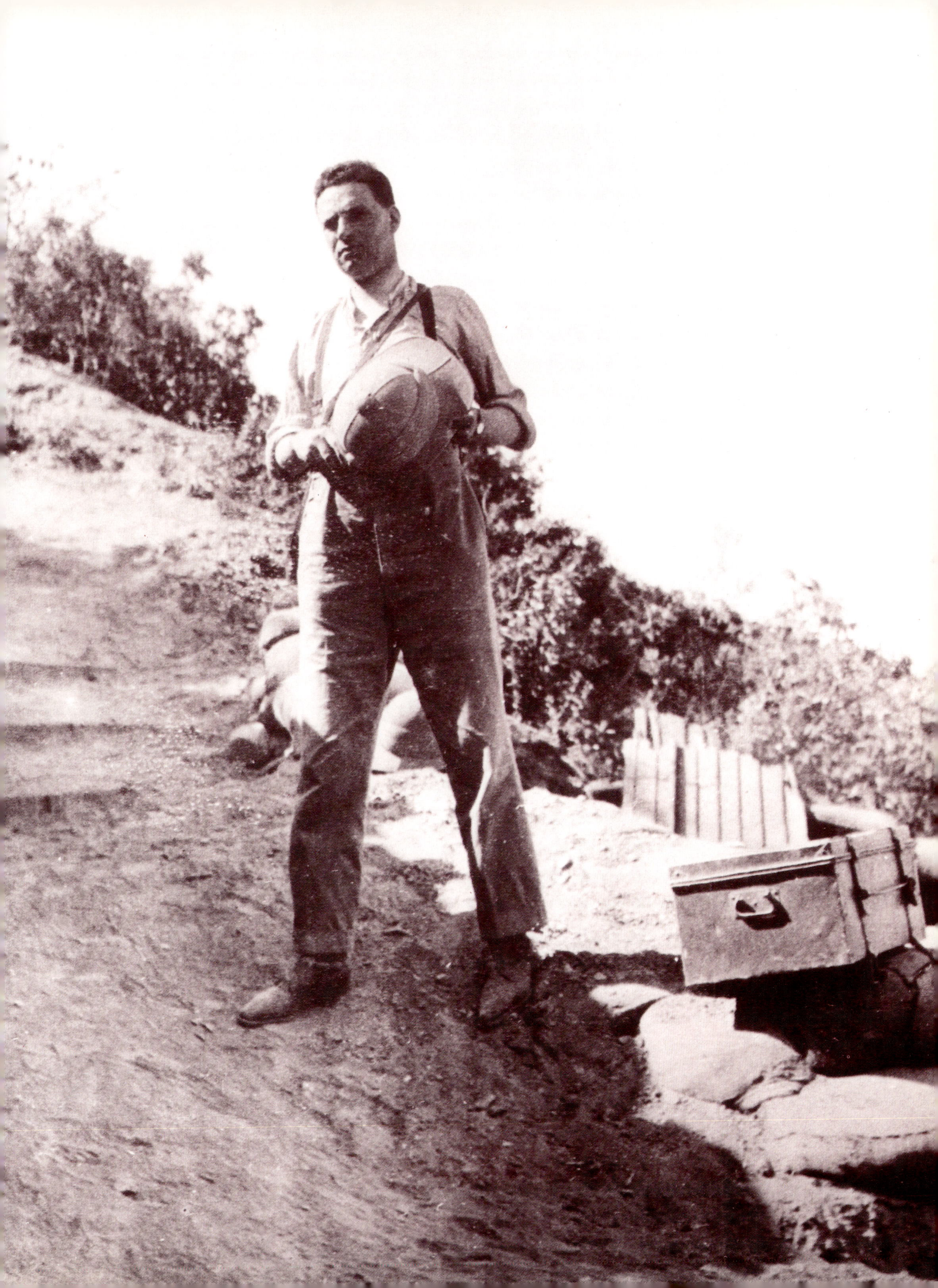

valt er ook te verwachten van mannen die nooit echt hebben gewerkt, die hebben geleefd voor uiterlijk vertoon, sociale distinctie en zelfbehagen, en op wie nu een beroep wordt gedaan om een gigantische oorlog te leiden?'

Na de mislukte aanval volgden de onmogelijke levensomstandigheden op het bruggenhoofd ('Anzac Cove') in een Turkse zomer.

> We hebben te maken ... met vreselijke verzwakking als gevolg van ziekte. Nu al verspreiden vliegen met een alarmerende snelheid dysenterie, en het aantal zieken zou u verbijsteren. ... Als de herfstregens komen en de doden blootleggen die nu onder een dun laagje aarde in de loopgraven liggen, zullen nog meer mannen ziek worden. Nu al is de stank in veel van onze loopgraven ziekmakend. Wat jammer van al dat menselijk potentieel dat daar begraven ligt, hun dappere hart voor eeuwig zwijgend, en al dat verdriet in onze zwaargetroffen Australische huishoudens.

Volgens Murdoch werden de mannen die deze situatie moesten doorstaan hierdoor andere mensen.

> ... hoe zij er ook naar snakken het treurige en sombere toneel van hun

Soldaten die lijden onder de vrieskou, de Suvla-baai, november 1915. Alsof de hitte van de Turkse zomer niet erg genoeg was geweest, kregen de Britse, Franse en Anzac-troepen ook nog eens de winterse kou te verduren op Gallipoli.

ondergang te verlaten, de Australische divisies zouden fel gekant zijn tegen het belijden van de nederlaag dat in een terugtrekken besloten ligt. Zij zijn ontmoedigd, zij hebben een oorlog meegemaakt zoals geen leger ter wereld dat ooit heeft gedaan, maar zij willen doorgaan tot het eind. U zou gehuild hebben... als u met ons over de grond was gekropen waar twee van onze beste regimenten van de lichte cavalerie in tien minuten werden weggevaagd bij hun moedige poging een paar meter op te rukken naar de Dead Man's Ridge (Dodemansheuvel). Op die vreselijke plek verloren we vijfhonderd man, de zonen van grootgrondbezitters en keuterboeren.

Ik zou uw oren kunnen doen tuiten door de talloze waarachtige verhalen over de grandeur van ons Australische leger en de wonderbaarlijke genegenheid van deze fantastische jonge soldaten voor elkaar en hun vaderland, en uw australofilie zou nog sterker worden dan zij al is. Het is geweldig om te zien hoe zij, toonbeeld van fiere mannelijkheid, hun fraaie ledematen bewegen als zij over Anzac lopen. Zij hebben het edele gelaat van mannen die geleden hebben. Kortom, als u zich Anzac zou kunnen voorstellen zoals ik het gezien heb, zou u van oordeel zijn dat Australiër zijn het grootste voorrecht is dat de wereld te bieden heeft.

Na het voltooien van de brief lunchte Murdoch met de uitgever van *The Times*, Geoffrey Dawson. Deze was geschokt en zorgde ervoor dat het 'nieuws' aan het oorlogskabinet werd doorgespeeld. Churchill noemde de brief 'luguber', maar vond wel dat hij serieus genomen moest worden. Een kopie werd naar Hamilton gestuurd, die hem opvatte als 'een stoot onder de gordel'. Hij antwoordde dat Murdochs depressie door de Australische verliezen hem ertoe bracht 'ons allen te kleineren en te bekritiseren, opdat hun daden meer reliëf zouden krijgen.' Na zijn antwoord kreeg hij bericht dat hij van zijn post ontheven was.

Het Dardanellenoffensief eiste 265.000 geallieerde slachtoffers, onder wie 46.000 doden. Zij betekende tevens het einde van vele illusies en carrières. Winston Churchill werd uit het Britse kabinet gezet en vertrok naar het westelijk front. Ook voor hem, zoals voor miljoenen anderen, was de oorlog nog lang niet voorbij.

Palestina

Door het imperialistische karakter van de oorlog werd de hele wereld erin meegesleurd. Er waren weliswaar precendenten, zoals de zeventiende-eeuwse zeeoorlogen waarbij de Hollanders, Fransen en Britten betrokken waren, maar in 1915 was er sprake van een strijd tussen geïndustrialiseerde grootmachten. De enorme eisen van deze totale oorlog, leidden niet alleen tot mobilisatie van de wereldrijken maar ook tot hun desintegratie. Dat werd al snel duidelijk in het Midden-Oosten, waar nieuwe nationalistische bewegingen het Osmaanse rijk hielpen ondermijnen, met grote gevolgen voor het verdere verloop van de twintigste eeuw.

Een van die bewegingen was het zionisme, waar een klein maar getalenteerd aantal idealistische jonge joden uit Polen en Rusland zich aan het begin van de eeuw toe aangetrokken voelde. De Eerste Wereldoorlog schiep de voorwaarden waardoor het joodse nationalisme, in 1914 nog slechts een kleine sekte als zovele andere, kon uitgroeien tot een beweging met een krachtig politiek program. Tegelijk schiep de oorlog ook de voorwaarden voor de opkomst van het moderne Arabische

De totale oorlog

Januari-september 1915

April *Eerste gebruik van gifgas*

Getuigenis in mei 1915 door luitenant Jules-Henri Guntzberger voor de Franse commissie aangaande de Duitse schendingen van de rechten van de mens.

> Op 22 april tegen vijf uur, op zeventig, tachtig meter van de Duitse frontlijn ... werd ik door een van mijn mannen attent gemaakt op wolken die uit de loopgraven opstegen. Ik zag een ondoorzichtige groene wolk, zo'n tien meter hoog, die dicht bij de grond heel dik was. Door de wind dreef deze wolk onze kant op. Bijna meteen werden we verstikt. ... We moesten voor de wolk wegvluchten. Ik zag verscheidene van onze mannen vallen, weer opstaan, opnieuw vallen, en na het bereiken van de tweede linie achter het kanaal ineenzijgen. Tot drie uur in de ochtend bleven zij hoesten en overgeven.[7]

Franse soldaten met gasmaskers op

April-mei *Geallieerde landingen en impasse op Gallipoli*

De Franse schrijver Jean Giraudoux, die diende bij de Franse strijdmacht op Gallipoli.

> Middernacht. De kikkers uit een Turks rivertje reageren in hun gebruikelijke taal op de kikkers aan onze kant. ... Een Aziatisch kanon, een millimeter zwaarder dan het onze, vuurt erop los en valt weer stil. Iedereen, in de overtuiging te zullen sterven, is in zijn geest bezig met een afscheidsbrief aan zijn buur ter rechterzijde, die volgens hem het geluk zal hebben te overleven.[8]

Mei *De ondergang van de Lusitania*

Evelyn, prinses Blücher, de Engelse echtgenote van een Duitse graaf in Berlijn, schrijft daags na het tot zinken brengen van de *Lusitania*, waarbij 1198 mensen omkwamen, onder wie 128 Amerikaanse burgers.

Evelyn, prinses Blücher

> 8 mei '*Lusitania* door Duitse onderzeeër tot zinken gebracht' luidde de kop van onze Duitse krant die ochtend, zonder enige details van betekenis. Een groot verlies aan mensenlevens was de gerechte straf voor dat lijnschip, dat munitie vervoerde naar de vijand van Duitsland. ...
> De Amerikanen hier in het hotel en van de ambassade hadden altijd verklaard neutraal te zijn. Zij waren hartelijk en vriendelijk geweest tegen de Duitsers. ... Maar nu kwam daar opeens verandering in. ... Hun woede en afschuw over het idee dat Amerikanen gedood waren kenden geen grenzen, en zij gaven in onbedekte termen blijk van hun mening.[9]

DE TOTALE OORLOG

MEI-SEPTEMBER *Russische aftocht door Polen*

Een Russische hospitaalsoldaat, Konstantin Paustovski, herinnert zich de Russische terugtocht door Polen. Warschau werd op 4 augustus 1915 verlaten.

Russische krijgsgevangenen, juni 1915

De zomer van 1915 was heet en droog. Vanuit de trein zagen we grijze stofwolken als gordijnen boven de Poolse velden hangen. Het leger was op de terugtocht. Alles was met het bittere, naar brandende puinhopen stinkende stof van de aftocht bedekt: de gezichten van de soldaten, de korenaren op de velden, het geschut, de paarden en onze trein. ... Op zekere dag pikten we op de rechteroever van de Weichsel, in de Warschause voorstad Praga gewonden op. Er werd gevochten binnen de stad zelf, in de buurt van de Mokotovska-Poort. Lage brandende huizen weerspiegelden zich in de Weichsel. Rook en duisternis omhulden de huizen. Aan de andere kant van de rivier knetterden geweersalvo's. Het klonk net of iemand met krampachtige rukken linnen aan repen scheurde.[10]

JUNI *Armeense volkenmoord*

Brief van Leslie A. Davies, Amerikaans consul in Harput in Oost-Turkije, aan de Amerikaanse ambassadeur in Turkije.

30 juni: Excellentie, ik heb de eer aan de ambassade te rapporteren over een van de strengste maatregelen die ooit door een regering genomen zijn en over een van de grootste tragedies uit de geschiedenis. ... Bijna alle mannelijke Armeniërs van enig aanzien zijn hier gearresteerd en gevangengezet. Een groot aantal van hen werd onderworpen aan de wreedste folteringen, waaraan sommigen bezweken zijn. ...
Er werd echter een andere manier gevonden om het Armeense ras te vernietigen. Deze behelst niet minder dan de deportatie van de gehele Armeense bevolking, niet alleen uit deze provincie maar, naar ik begrepen heb, uit alle zes de provincies die samen Armenië vormen. ... De reis die ze te wachten staat, betekent een vrijwel zekere dood voor het merendeel van hen. ...
De afgelopen drie dagen hebben grote aantallen mensen het consulaat en de Amerikaanse Zending om hulp gevraagd. ... Allen voelen dat zij de dood tegemoet gaan.[11]

Armeense vluchtelingen

De totale oorlog

nationalisme, dat hetzelfde land opeiste als de zionisten. De botsing tussen beide bewegingen, die de afgelopen tachtig jaar met zoveel bloedvergieten gepaard ging, was tijdens de oorlog nog niet te voorzien, maar de huidige politiek in het Midden-Oosten vindt er zijn oorsprong in.

Het ondermijnen van imperia was wijdverbreid in de jaren 1914-1918. De Duitsers probeerden het in Ierland, de Britten in het Oostenrijkse en het Osmaanse rijk. De Britse houding tegenover het zionisme diende meerdere doelen: sympathie winnen bij de joden in de geallieerde landen en het ondermijnen van het Turkse rijk. De Britse houding tegenover de Arabieren werd ingegeven door het zojuist ontdekte strategische belang van olie.

Chaim Weizmann

HET ZIONISME HAD ÉÉN groot voordeel boven het Arabische nationalisme. Onder de zionistische leiders bevond zich de man die een van de nijpendste

Chaim Weizmann, scheikundig pionier en zionist, in Palestina in 1918. Weizmann vond een manier om de productie van aceton, een essentieel bestanddeel van explosieven, te vertienvoudigen. Zijn beloning was de Balfour-declaratie, waarin de Britse regering steun betuigde aan het streven naar een eigen thuisland voor joden.

De strijd in het Midden-Oosten

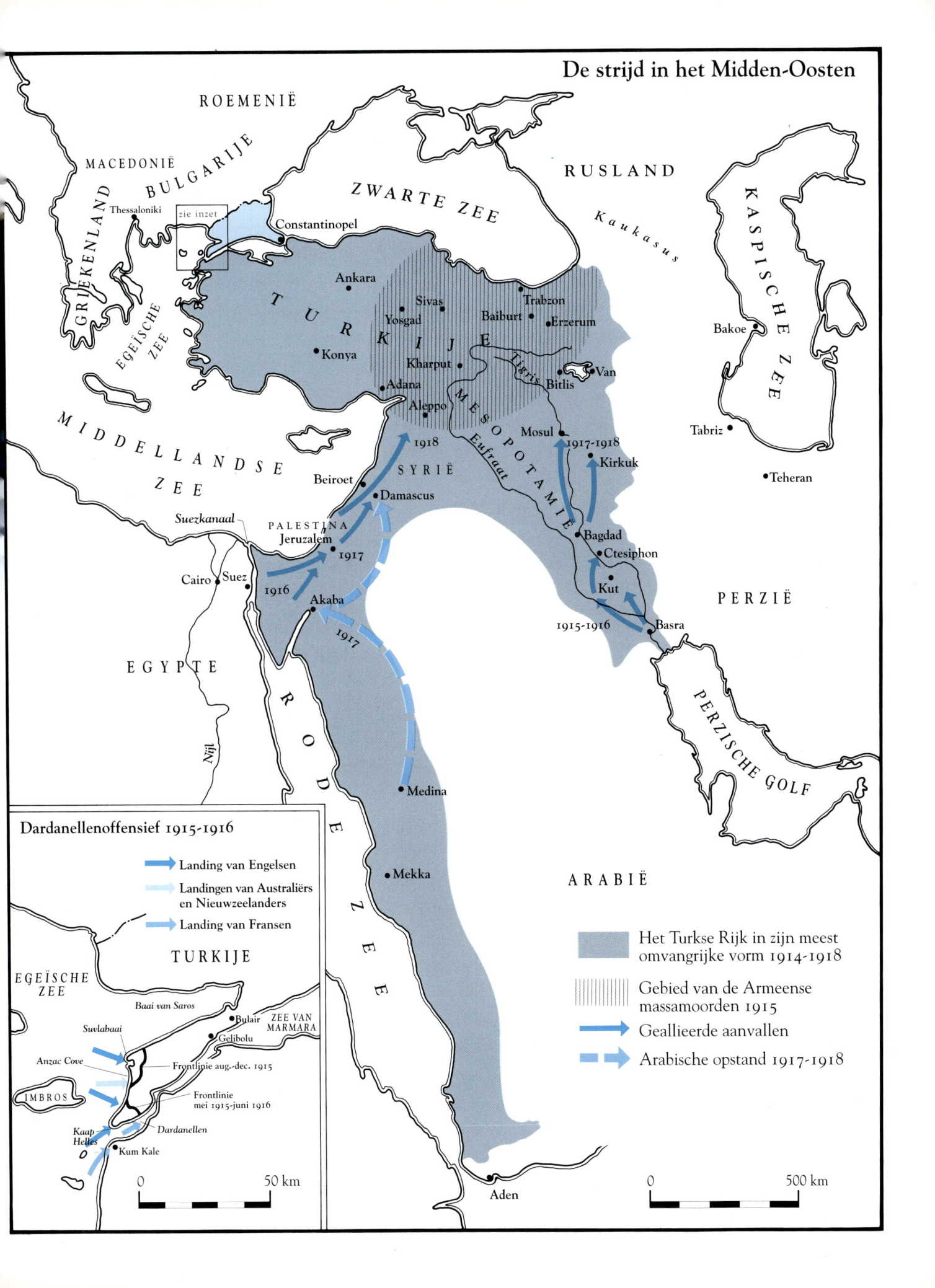

Dardanellenoffensief 1915-1916

- → Landing van Engelsen
- → Landingen van Australiërs en Nieuwzeelanders
- → Landing van Fransen

Het Turkse Rijk in zijn meest omvangrijke vorm 1914-1918

Gebied van de Armeense massamoorden 1915

→ Geallieerde aanvallen

⇢ Arabische opstand 1917-1918

Britse munitieproblemen in de oorlog oploste. Chaim Weizmann was scheikundige in Manchester en voorzitter van de English Zionist Federation. In augustus 1914 was hij op vakantie in Zwitserland en op zijn terugkeer via Frankrijk zag hij de meest gruwelijke taferelen. In Parijs ontmoette hij bankier en filantroop baron Edmond de Rothschild, die hem vertelde dat het zionisme nu in actie moest komen, aangezien 'de oorlog zich zal uitbreiden naar het Midden-Oosten, en daar zouden wel eens dingen kunnen gebeuren die voor ons van het grootste belang zijn'.[12]

Weizmann kwam in actie, maar misschien niet op de wijze die een van beiden had voorzien. Terug in Manchester reageerde hij op een verzoek om een wetenschappelijke bijdrage te leveren aan de oorlogsinspanning. Hij had een nieuwe manier ontdekt voor de productie van aceton (zeer belangrijk voor explosieven): door gisting, tienmaal efficiënter dan de gebruikelijke methode. Op een dag kreeg hij bezoek van dr Rintoul, hoofd Onderzoek bij de explosievenfabriek van Nobel in Schotland. Deze wilde het procédé kopen – een aanbod waarop Weizmann graag was ingegaan. Maar voor de koop werd gesloten vloog de fabriek de lucht in.

Sir Frederick Natan, hoofd van de 'kruitafdeling' van het ministerie van Munitie, ontbood de scheikundige voor een ontmoeting met Winston Churchill, toen minister van Munitie. 'Wel, dr Weizmann,' zei Churchill, 'we hebben 30.000 ton aceton nodig. Kunt u dat maken?'[13] Het antwoord was ja. Er werd een fabriek gebouwd in Dorset. De productie werd echter beperkt door een tekort aan het voor het gistingsproces benodigde graan. In Canada bestond een dergelijk tekort niet en daar werd de productie met succes voortgezet. Om de operatie te kunnen leiden had Weizmann zijn baan aan de universiteit opgezegd en was naar Londen verhuisd, waar hij zich tevens inzette voor de andere passie in zijn leven, het zionisme. Zijn bekwaamheid als chemicus was niet de enige reden waarom de Britse regering in 1917 steun toezegde aan het streven om in Palestina een joods thuisland op te zetten; de Britse politiek gebruikte het zionisme en soortgelijke bewegingen ter meerdere eer en glorie van het Britse rijk. De inspanningen van duizenden maakten van het zionisme een realiteit, maar Weizmanns werk was een essentieel onderdeel in het geheel van factoren die leidden tot de Balfour-declaratie van 2 november 1917. Dit was een formele verklaring van de Britse minister van Buitenlandse Zaken A.J. Balfour dat Zijne Majesteits regering positief stond tegenover 'de vestiging in Palestina van een nationaal tehuis voor het joodse volk', zij het zonder inbreuk te maken op 'de burgerlijke en godsdienstige rechten van de bestaande niet-joodse gemeenschappen'.

T.E. Lawrence

Zonder inbreuk te maken? De Arabieren hadden geen scheikundige als voorvechter van hun zaak; zij hadden een tovenaar. Zijn naam was T.E. Lawrence, beter bekend als Lawrence of Arabia. Zijn verhaal toont ons een andere wijze waarop de Eerste Wereldoorlog krachten in beweging bracht die de twintigste eeuw zouden domineren: de strijd tussen het Westen en het Arabisch nationalisme.

Lawrence kwam in 1915 naar Caïro als jonge tweede luitenant bij de Britse inlichtingendienst. Twee van zijn broers waren reeds gesneuveld. Hij was expert op het gebied van de forten der Kruisvaarders en net terug van opgravingen van Hettitische nederzettingen aan de Eufraat. Hij stelde voor om Arabieren in Mesopotamië (het huidige Irak) te werven om het Turkse gezag in de streek rond Damascus te

T.E. Lawrence in de Arabische woestijn. De fascinatie van Britse intellectuelen met de Arabische beschaving werd door niemand beter belichaamd dan door Lawrence, die zijn functie als stafkapitein bij de Britse geheime dienst in Caïro opgaf om Arabische legers tegen de Turken op de been te brengen.

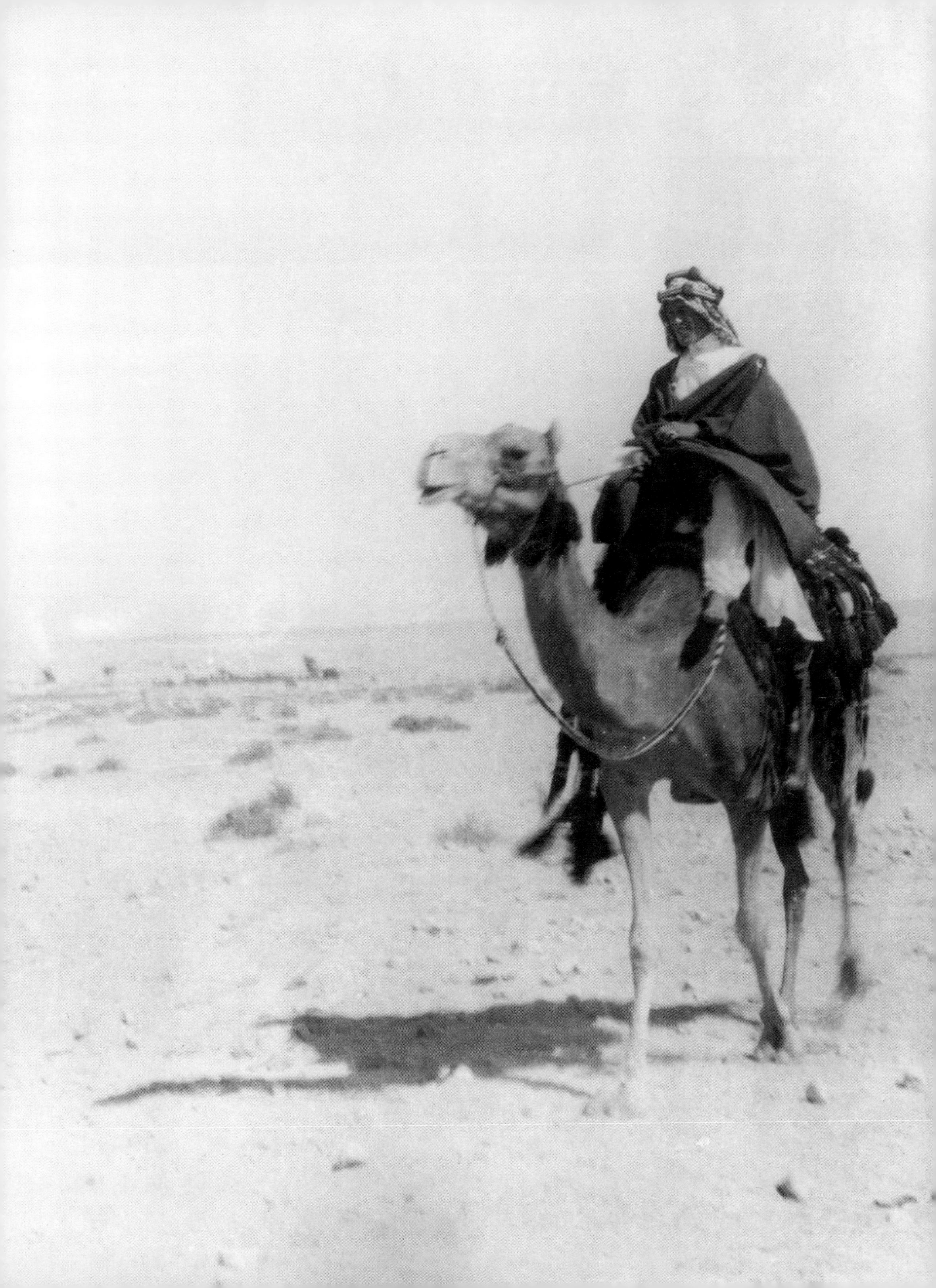

Emir Faisal, derde zoon van sjarif Hoessein van Mekka en bondgenoot en vriend van T.E. Lawrence. Faisal leidde de Arabische Opstand van 1916-1918, maar werd als voormalig bondgenoot van de geallieerden in Versailles in zijn verwachtingen teleurgesteld. Toch slaagde hij erin de Syrische troon te bezetten van 8 maart tot 25 juli 1920. Van 1921 tot 1933 was hij koning van Irak.

ondermijnen en ventileerde dergelijke ideeën in het Arab Bureau, dat gericht was op samenwerking met Arabieren die zich verzetten tegen Turkse overheersing. Als deze beginnende activiteiten gecoördineerd konden worden, schreef hij zijn moeder, dan zou de daaropvolgende Arabische revolutie de grootste gebeurtenis in het Nabije Oosten zijn sinds 1550.[14]

De leider van een van de opstandige Arabische groepen was Hoessein, sjarif van Mekka. Zijn tweede zoon Abdoellah ontmoette Lawrence en was diep onder de indruk van diens kennis van de Arabische politiek en Arabische gebruiken. 'Is deze man God, dat hij alles weet?' vroeg hij.[15] Wat Lawrence wist, was hoe men een gemakkelijke overstap maakt van een conventionele Engelse opvoeding naar een totaal andere wereld. Hij werd verbindingsofficier voor de Arabische stammen. Een van hun leiders, emir Faisal, vroeg hem Arabische kleren te dragen, en dat is het beeld van hem waarmee we nu vertrouwd zijn.

De nieuwe Lawrence hielp mee bij het opzetten van een Arabisch leger om de Turken te bestoken en een doorbraak te forceren naar de Rode Zee en Akaba, dat Faisal later gebruikte als uitvalsbasis tegen de Turken. Lawrence diende later als adjudant van generaal Allenby bij diens aanvallen op de Turkse aanvoerlijnen, en hij arriveerde in 1918 vóór de rest van de Britse troepen in Damascus. Toen was hij echter Brit noch Arabier meer, maar een mengeling van die twee.

Zijn carrière als meester in de guerrillaoorlog maakte van Lawrence een legende. Kille machtspolitiek frustreerde uiteindelijk zijn droom om de oorlog te gebruiken ter ondersteuning van de nationale aspiraties van de Arabieren. Net als Weizmann zag hij een nationale toekomst voor een onderdrukt volk in het Midden-Oosten.

DE TOTALE OORLOG

Net als Weizmann wist hij dat Britse steun essentieel was om die droom te verwezenlijken. En Groot-Brittannië had de Arabieren verzekerd dat hun opvattingen na de oorlog gerespecteerd zouden worden. Lawrences retoriek was echter groter dan zijn politieke invloed. Hij wist niet de stap te maken van romantiek naar *Realpolitik*. In de naoorlogse herschikking van hun beleid stapten de Britten af van hun belofte aan hun Arabische bondgenoten. Belangrijker dan eervol te handelen tegenover degenen die aan hun kant gevochten hadden, was voor de Britten en de Fransen de consolidatie van hun macht, verzwakt als die was door de oorlogsinspanning.

DE OORLOG VAN ÉÉN FAMILIE

M ET DE Eerste Wereldoorlog werd wereldgeschiedenis ook familiegeschiedenis. Vanuit de beide Amerika's, Azië en Afrika mobiliseerden de Britten een tweede, derde en vierde verdedigingslinie om het 'moederland' te hulp te komen. Niet alle onderworpen volken voelden zich betrokken bij de oorlog, maar het

Huwelijksfoto van de Goodyear-familie, genomen in 1913. Deze familie leefde in een wereld waarin Angelsaksische belangen een grote rol speelden, overheerst door de houtindustrie die de Londense pers met haar onverzadigbare behoefte aan pulp bediende.

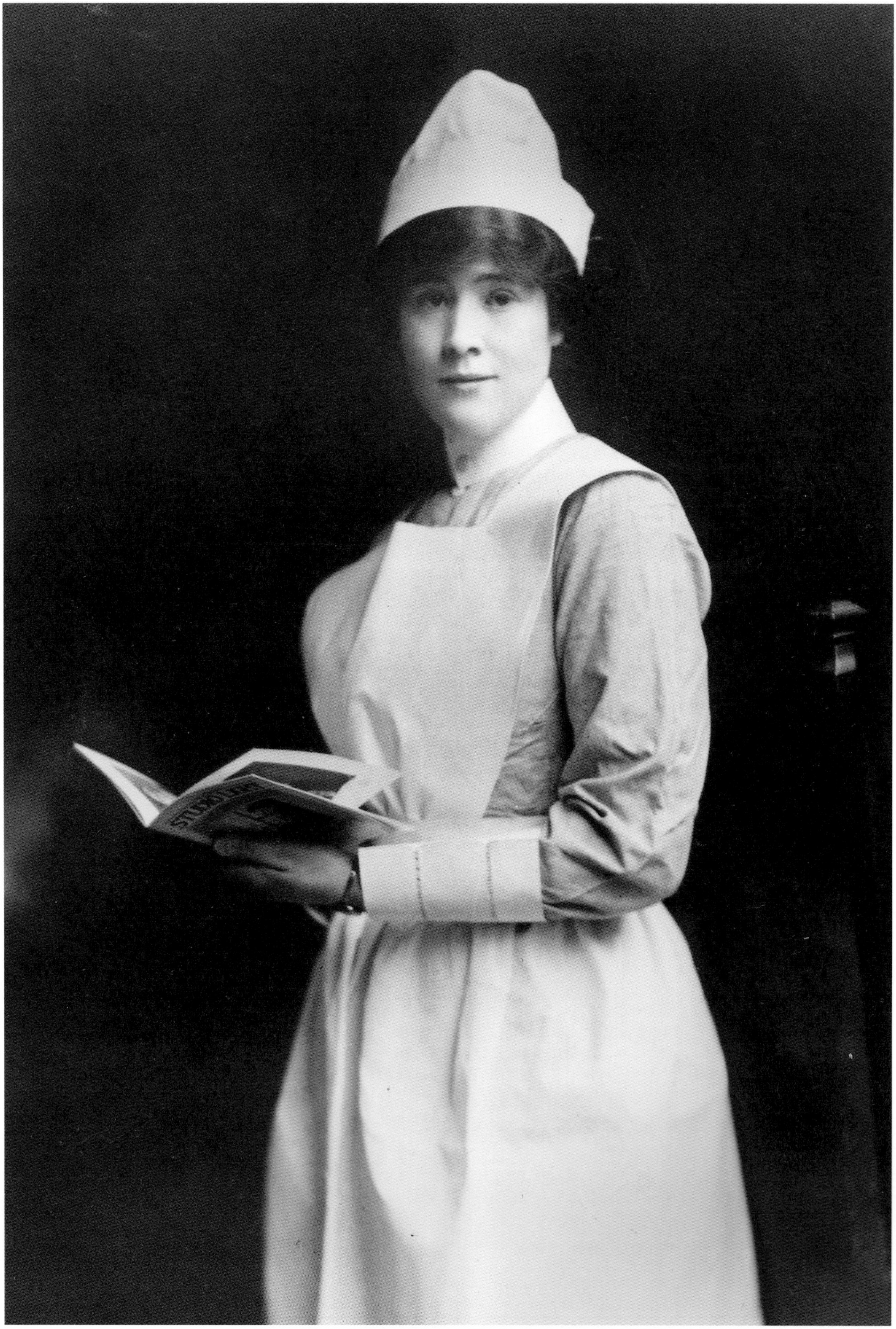

De totale oorlog

verhaal van één familie, de familie Goodyear, illustreert wat deze kon betekenen voor vele niet-Europeanen op duizenden kilometers afstand van het westelijk front. De totale oorlog voerde hen naar Europa.

In 1914 was Newfoundland nog een Britse kolonie (de unie met Canada zou pas 35 jaar later worden gesloten) en trok als zodanig eveneens ten strijde. De Goodyears behoorden tot de meest loyale Britse patriotten in de kolonie. Zij woonden in de stad Grand Falls, in 1906 gesticht om de houtindustrie te bedienen, en dan met name om te voldoen aan de vraag naar pulp en krantenpapier voor twee landelijke Engelse dagbladen, de populaire *Daily Mail* en de elitaire *Times* van eigenaar Lord Northcliffe. Louisa en Josiah Goodyear hadden zes zonen en één dochter. Vijf jongens namen dienst en Kate, de jongste, werd verpleegster. Raymond Goodyear was 17 jaar bij het uitbreken van de oorlog. Tweemaal liep hij weg om dienst te nemen en werd hij door zijn vader teruggehaald. Toen ging hij naar een rekruteringsbijeenkomst waar zijn vader het woord voerde. 'Mag ik gaan, vader?' vroeg hij in het openbaar, en kreeg eindelijk het antwoord dat hij wilde horen. Na drie maanden actieve dienst in het Newfoundland Regiment sneuvelde hij in oktober 1916 bij Ieper.

Een jaar later stierf zijn broer Stan nabij Langemark in België door een exploderende granaat tijdens een munitietransport. Hedley, de oudste en voormalig student aan de universiteit van Toronto, stierf als derde. Hij diende in augustus 1918 bij het Canadese 102nd Battalion aan de Somme. Op 7 augustus schreef hij naar zijn moeder: 'Mijn oog is gericht op morgen met hoop voor de mensheid en uitzicht op een nieuwe wereld. ... Ik zal de zaak van de vrijheid dienen, net als duizenden anderen voor wie persoonlijke veiligheid op de tweede plaats komt als vrijheid in het geding is.'[16] De volgende dag nam zijn eenheid deel aan een van de grootste veldslagen. Volgens de officiële rapporten behoorde Hedley tot de honderdtien man uit zijn eenheid die sneuvelden. Hij leefde echter nog een week, maar maakte een cruciale fout door op een nacht in de loopgraven nabij Chaulnes een lucifer met twee Australiërs te delen. Een sluipschutter joeg een kogel door zijn hoofd.

Twee andere broers overleefden de oorlog. Joe liep een zware verwonding op aan zijn dijbeen en werd gerepatrieerd naar Newfoundland, net als zijn broer Ken. Zij meldden zich later weer aan en dienden in Schotland in het Newfoundland Forestry Corps.

Kate Goodyear verzorgde gewonden in het St. Luke's Hospital in Ottawa. Voordat zij op de hoogte was van het lot van haar broers, verpleegde zij een negentienjarige soldaat die een been had verloren. Omdat er op zaal voor hem geen plaats meer was, werd hij op de gang gelegd. Toen hij niet kon slapen vroeg hij Kate om hulp. De enige rustige plek was een eenpersoonskamer die niet bestemd was voor soldaten. Kate besloot er toch gebruik van te maken en haalde zich daarmee de woede van haar superieuren op de hals. Na de onvermijdelijke uitbrander verweerde ze zich aldus:

> Ik heb broers ... overzee. Ik weet niet waar ze zijn of hoe ze eraan toe zijn, en ik kan niet veel doen om ze te helpen. Maar waar ik ben, doe ik wat ik kan en ik hoop dat iemand hetzelfde voor hen zal doen. En ik zal u vertellen: zolang ik hier in dit ziekenhuis werk en zolang er nog een bed vrij is, is er hier geen soldaat die de nacht op de gang moet doorbrengen. Ik weiger dat te accepteren. Punt. Ik breng ze naar een privé-kamer, al moet ik ze zelf naar boven dragen.

BOVEN Raymond Goodyear.

LINKS Kate Goodyear in haar verpleegstersuniform.

Newfoundland was in 1914 een Britse kolonie. De reactie van de schaarse bevolking uit deze streek, die leefde van de visserij en de bosbouw, op de oproep om onder de wapenen te gaan was overweldigend. De Goodyear-familie staat er symbool voor; zij leverden vijf mannen voor het leger en een vrouw voor het verpleegsterskorps. Kate Goodyear overleefde de oorlog, drie van haar broers niet, en in later jaren was hun verjaardag steeds weer een bitter moment, waarop pijnlijk ervaren werd wat in de oorlog verloren was gegaan.

Voor deze ene keer moesten de regels wijken voor medeleven.

Voor Kate en de andere overlevenden van de familie eindigde de oorlog niet in 1918. Zeventig jaar lang konden op onverwachte momenten tranen bij haar opwellen. Voor haar, zoals voor miljoenen anderen, werden familiebijeenkomsten bepaald door de afwezigen. Zoals haar achterneef het beschreef, werd op drie verjaardagen per jaar en op feestdagen de herinnering levend gehouden

> aan niets ... aan wat nooit is gekomen toen de oorlog voorbij was. De besten waren in 1917 al dood of gedoemd, en hoe de wereld eruit had kunnen zien als zij niet gestorven waren, kan men slechts gissen. De oorlog liet hun zaken onaf achter: geplande ondernemingen, begonnen projecten, uitgestippelde routes, aangekondigde verlovingen. Daarbij bleef het.
> De drie Goodyears lieten hun foto's na, twee of drie brieven, een paar vaak herhaalde verhalen en een leegte waarin men zich in de loop der jaren schikte. Het was een andere familie geworden na de oorlog. Er was iets uit het hart ervan verdwenen. Op de een of andere manier had de verkeerde combinatie het overleefd. ... Een evenwicht werd nooit hervonden.

DE OORLOGSMACHINE

EN NOOIT MEER hervonden evenwicht, dat was de uiteindelijke erfenis van de totale oorlog. Het overkwam mensen die veel anoniemer waren dan Weizmann, Lawrence of de Goodyears, en toch is het verhaal in grote lijnen overal hetzelfde. De oorlog zette eerst de structuur van het dagelijkse leven op zijn kop en frustreerde vervolgens de aspiraties en verwachtingen van miljoenen gewone mensen. Wat de Eerste Wereldoorlog zo allesverslindend maakte, was de enorme industriële operatie die er kenmerkend voor was. Het was alsof iemand alle industriële productiemiddelen in Europa in een grote trechter goot voor het maken van wapens, uniformen, voedsel, granaten en miljoenen andere artikelen voor het front.

De gevolgen waren gigantisch en wereldwijd voelbaar. De geallieerden hadden één groot voordeel: ze konden de vruchten plukken van hun negentiende-eeuwse expansie. Duitsland begon de oorlog om zelf een imperium te verkrijgen en binnen Europa de politieke macht te verwerven waarop het meende recht te hebben. Maar om de oorlog te kunnen winnen moest het eerst over een imperium met al zijn hulpbronnen beschikken. Nu moest Duitsland een groot beroep doen op de reserves van het eigen menselijke en materiële kapitaal. Die reserves waren wel groot, maar zouden het op den duur toch afleggen tegen de reserves waarover de geallieerden konden beschikken.

Daarom was de zeeblokkade van Duitsland – vanaf 1915 – zo essentieel. Deze onthulde de economische kwetsbaarheid van de centrale mogendheden. Een aantal jaren werd het verschil gecompenseerd door Duitse vindingrijkheid en inzet, maar dit kon niet eeuwig duren. Daarom lanceerde Duitsland een duikbootoorlog tegen geallieerde en neutrale schepen: om de economische voordelen van de Geallieerden af te zwakken.

Om deze oorlogsmachine te runnen kwam bij de verschillende combattanten een

Walter Rathenau. In 1914 stond hij aan het hoofd van het Duitse AEG. Door zijn kennis van industriële productieprocessen verkeerde hij in een unieke positie om hulp te bieden in de aanvangsfase van de Duitse mobilisatie, via zijn werk voor het Bureau grondstoffen van het Pruisische Ministerie van Oorlog. Zijn verdiensten voor de Duitse staat verhinderden niet dat hij in 1922 door antisemitisch tuig werd vermoord.

De totale oorlog

nieuwe machtselite van politici, industriëlen, ambtenaren en wetenschappers op. De ontmoeting tussen Weizmann en Churchill staat daarvoor symbool, zoals ook het werk van Walter Rathenau, directeur van AEG. Door Rathenaus samenwerking met het militaire apparaat was Duitsland in ieder geval in het begin van de oorlog de gelijke van de geallieerden op het gebied van wapens en ammunitie – een bijdrage die niet kon verhinderen dat hij in 1922, nadat hij de politiek was ingegaan, werd neergeschoten door antisemitische nationalistische fanatici. Mannen als Rathenau bevonden zich aan het begin van de oorlog ver van het machtscentrum, maar binnen een paar maanden waren zij cruciale partners voor de oorlogsinspanning en gaven zij vorm aan het eerste militair-industriële complex in de geschiedenis.

Massamobilisatie aan het thuisfront

DEZE ENORME inspanning veroorzaakte bij de bevolking materieel ongemak. Een dergelijke oorlogvoering was zeer kostbaar, maar er zat niets anders op dan die kosten op te brengen. De prijzen vlogen omhoog, net als de winsten voor de mensen met oorlogscontracten. Voor de gewone man bleven de lonen door de inflatie achter bij de prijzen, en de meest kwetsbaren, zoals de ouderen, hadden het

Vrouwelijke arbeiders vervoeren klei voor de fabricage van baksteen in Wales. Ook al voor de oorlog waren er vrouwen werkzaam in de zware industrie, maar wat na 1914 wel veranderde was het soort werk dat zij deden.

De totale oorlog

De gevaren bij de productie van munitie waren aanzienlijk. Deze vrouwen wonen de begrafenis bij van vijftien vrouwelijke arbeiders die gedood werden bij een explosie in een wapenfabriek in Swansea in Wales in 1915.

zwaar. Wraakgevoelens tegenover de 'oorlogsprofiteur' waren een onvermijdelijk gevolg van de militair-industriële samenwerking tijdens de oorlog.

Voor het eerst raakten arbeidersorganisaties bij het centrale staatsapparaat betrokken. Hun medewerking was essentieel om de oorlogsindustrie gaande en de productie op peil te houden. In Duitsland was die ommekeer verbazingwekkend; de Sociaal-Democratische Partij was een revolutionaire partij die slechts minachting had gehad voor een regime dat zij nu hielp verdedigen. In Frankrijk en Engeland deelden klassenvijanden tijdens de oorlog verantwoordelijkheden. Samenwerking tussen de verschillende klassen werd realiteit in oorlogstijd. Dat kon niet anders met de miljoenen arbeiders die onder de wapenen waren en de honderden vakbondslieden die leidinggevende posities in de oorlogsindustrie bezetten. Nationale sentimenten en klassenbewustzijn bleken elkaar niet uit te sluiten.

Even opvallend was de (tijdelijk) veranderende relatie tussen de seksen. Door de mobilisatie ontstonden hiaten op de werkvloer; die werden opgevuld door minderjarigen, ouderen, immigranten en vooral vrouwen. Niet dat vrouwen in de Eerste Wereldoorlog voor het eerst volledig deelnamen aan het productieproces, maar het soort werk dat vrouwen konden en moesten doen werd aanzienlijk uitgebreid.[17]

Deze arbeiders moesten gehuisvest en gevoed worden en dat werd steeds moeilijker door de almaar stijgende prijzen. Het resultaat was in een aantal landen een uitbreiding van de welzijnsvoorzieningen. Er kwam toezicht op de hoogte van de huren en op de prijzen van de belangrijkste voedingsmiddelen. Vrouwen van soldaten ontvingen speciale toelagen. De consumptie van alcohol werd gereguleerd, bijvoorbeeld door het invoeren van sluitingstijden voor de pubs. Om de oorlogsproductie gaande te houden trad de staat voortvarend op en begaf zich op terreinen die tevoren buiten zijn jurisdictie hadden gelegen. Het resultaat was de bescherming van een (minimale) levensstandaard ten koste van een steeds grotere bureaucratische invloed op het dagelijks leven.

Een zeppelin boven de campanile van de San Marco in Venetië. In Groot-Brittannië zag Bernhard Shaw in 1916 een zeppelin voorbijkomen: 'Het geluid van de motor van de Zepp was zo heerlijk, en zijn reis tussen de sterren zo bekoorlijk, dat ik mezelf erop betrapte dat ik hoopte dat er de volgende nacht weer een raid zou zijn.'[18]

De totale oorlog

Nieuwe regels in de strijd

Vanaf 1914 maakte de oorlog deel uit van het dagelijks leven. Op 30 augustus van dat jaar zagen de inwoners van Parijs in de lucht een nieuw oorlogswapen. Een gigantische, geluidloze Duitse zeppelin (genoemd naar graaf Zeppelin die experimenteerde met reizen met behulp van ballonnen) bombardeerde de stad; er viel één dode. Het gebeuren liep vooruit op een nieuwe wijze van oorlogvoering: vanuit de lucht en gericht tegen de burgerbevolking. Deze ontwikkeling vloeide direct voort uit de mobilisatie van de massa voor de oorlogsproductie: burgers werden nu een legitiem doelwit van vijandelijke acties. Later dat jaar verschenen de eerste zeppelins boven Engeland. Bij één aanval werden twintig kinderen gedood toen een bom een kleuterschool in Shoreditch trof. Niet zozeer opzet als wel onnauwkeurigheid was daar de oorzaak van.

De meest spectaculaire episode in de luchtoorlog tegen burgers was de Duitse aanval op Engeland in de nacht van 2 op 3 september 1916. Zeppelins lieten 500 bommen vallen, waarvan de helft brandbommen, in een grote boog van Gravesend ten oosten van Londen, tot Peterborough en de Noordzee. Verbazingwekkend genoeg werden slechts vier burgers gedood en twaalf gewond. Wat de bevolking zich vooral bleef herinneren was de vernietiging van een Duits luchtschip, de *Schutte-Lanz S.L. 11*, met een lengte van 175 meter, een hoogte van 25 meter en 16 beman-

LINKS Peter Strasser, de legendarische bevelhebber van de zeppelinvloot, stierf in maart 1917 toen zijn luchtschip boven Londen werd geraakt en neerstortte.

BOVEN Een Frans vuurpeloton executeert in 1916 een Duitse spion die achter de Franse linies werd betrapt. Het gevaar van spionage was een thema waarop in de oorlogspropaganda voortdurend werd gehamerd. De vijand kon overal zijn.

ningsleden aan boord. Het werd boven Londen neergeschoten door W. Leefe Robinson, die een tweedekker vloog en voor zijn daad onderscheiden werd met het Victoria Cross. Het luchtschip stortte brandend ter aarde ten aanschouwe van honderdduizenden Londenaren. Voor sommigen was het een bevestiging van het profetische karakter van science fiction; nog maar acht jaar tevoren had H.G. Wells een dergelijke aanval opgevoerd in zijn *The War in the Air*.

De commandant van de zeppelinvloot, Peter Strasser, had moeite met de morele implicaties van aanvallen die de vijand troffen 'op een plek waar diens hart klopt', maar berustte er uiteindelijk in.[19] Het maakte allemaal deel uit van de totale oorlog tussen geïndustrialiseerde naties.

In de Eerste Wereldoorlog werd een aloude grens overschreden, die tussen een belegeringsoorlog: oorlog tegen afgebakende plaatsen en eenheden (steden, legerkampen, bastions, depots), en oorlog gericht tegen de gehele bevolking. Wanneer na 1914 een kind of een vrouw in het kraambed stierf of een bejaarde slachtoffer werd van onderkoeling in een stad die onder blokkade was, dan waren zij oorlogsslachtoffers, en ook als zodanig bedoeld.

De nieuwe regels werden op verschillende manieren uitgewerkt. Parijs werd gedurende de hele oorlog bestookt door Duits langeafstandsgeschut. Tijdens een mis op Goede Vrijdag 1918 verwoestte een granaat het schip van de Saint-Gervais op honderd meter van het Parijse stadhuis; er vielen veel slachtoffers.

Soms volgde het doden van burgers op een proces. In 1915 hielp verpleegster Edith Cavell in België Britse soldaten te vluchten. Daarvoor werd zij door de Duitsers in Brussel ter dood veroordeeld. Het vonnis werd voltrokken op 12 oktober 1915, ondanks diplomatieke inspanningen om executie te voorkomen.

De Duitse bezetter executeerde in België en Noord-Frankrijk burgers die veroordeeld waren vanwege het hinderen van de Duitse opmars of hun betrokkenheid bij sabotage en spionage – zoals bezetters gewoonlijk doen. De geallieerden veroordeelden deze 'Duitse gruwelijkheden', waarmee vooral bedoeld werd dat het de 'Duitsheid' was die ze gruwelijk maakte.[20] Naast de propaganda is er trouwens wel enig bewijs dat Duitse commandanten een ijzeren vuist gebruikten om de bevolking

De Duitse marine liet een speciale medaille slaan voor de mannen die de *Lusitania* tot zinken hadden gebracht in mei 1915. De geallieerde propaganda richtte zich zowel op de gebeurtenis zelf als op de harteloze wijze waarop de Duitsers deze memoreerden. Wie zich op zee begaf in oorlogstijd, riskeerde de dood. De passagiers aan boord van de *Lusitania* waren het slachtoffer van een nieuw soort oorlog.

onder de duim te houden. Hoewel zij geen bevelen gaven tot wreed optreden, stonden ze het wel oogluikend toe.

Ook zeeblokkades waren gericht tegen burgers. Het streven een hele bevolking uit te hongeren was erop gericht regeringen tot overgave te dwingen. Beide partijen hanteerden deze strategie, maar de geallieerden waren er beter in. De oorlog op zee leidde ook tot enkele spectaculaire rampen. Het tot zinken brengen van de *Lusitania* is een van de bekendste van honderden confrontaties tussen U-boten en geallieerde en neutrale schepen. De *Lusitania* werd op 7 mei 1915 tot zinken gebracht in de Ierse Zee. Onder de 1200 slachtoffers waren 128 Amerikanen.

Martin Niemöller behoorde tot de Duitse elite van onderzeebootcommandanten. Als zoon van een Luthers predikant en fervent Duits patriot groeide hij op in een zeer nationalistische omgeving. Hij ontwikkelde als vanzelfsprekend een conservatieve visie. Op achttienjarige leeftijd, in 1910, ging hij bij de marine. Hij bracht het tot torpedo-officier op de *Thüringen*. Na het uitbreken van de oorlog werd hij tot zijn vreugde geselecteerd voor een opleiding tot onderzeebootofficier. Hij diende als navigatie-officier op een reis van de U-73, die zo beschadigd was dat hij 'de drijvende doodskist' werd genoemd. Tijdens die missie bracht hij zijn eerste koopvaardijschip tot zinken. Daarna werd hij gestationeerd op de U-39, trad toe tot de Admiraliteit en diende vervolgens 114 dagen op de U-151. Hij eindigde de oorlog op een vierde onderzeeër, de U-67, die één vijandelijk oorlogsschip en drie koopvaardijschepen tot zinken bracht.

Deze oorlog was precies wat Niemöller wilde. Hij was de oorlog geheel toegedaan. Op 9 augustus 1917 passeerde een vijandelijke torpedobootjager zijn U-boot, die aan de oppervlakte voer, op minder dan 750 meter. De U-73 dook net op tijd om te voorkomen dat hij geramd werd. De volgende nacht werd een Italiaanse schoener, de *Lorenzo Donato*, tot zinken gebracht. 'Wraak is zoet,'[21] was Niemöllers reactie. Zijn schip bracht niet alleen een Franse torpedobootjager tot zinken maar bestookte ook het schip dat gestuurd was om de overlevenden op te pikken. Het zou niet de laatste keer zijn dat Niemöller toekeek terwijl mannen verdronken die gered hadden kunnen worden.

Terwijl de U-73 in het droogdok lag ter reparatie nam hij vrijwillig dienst als navigator op een schip dat onder bevel stond van een van de meest succesvolle en stoutmoedige mannen van de Duitse marine, luitenant ter zee tweede klas Förstmann. Niemöller verafgoodde hem:

> Als je naast hem stond ... en elk woord en elke beweging van hem zag, besefte je dat deze officier ... zijn plicht vol vertrouwen en onwrikbaar zal uitvoeren. Alles gaat volgens het boekje, maar in dodelijke ernst. Na talloze koers- en snelheidswijzigingen naderen we. De torpedobootjager passeert ons op minder dan zestig meter. 'Motoren langzaam vooruit.' Een blik op de torpedobootjager via de periscoop. Nog vier graden voor we kunnen vuren. 'Een troepenschip. Veel soldaten op het achterdek,' fluistert de kapitein. 'Periscoop uit.' – 'Buis 1, klaar!' De periscoop gaat omhoog en de kapitein kijkt erdoor met zijn pet op het achterhoofd... 'Vuur!' – 'Duiken naar 100 voet! Periscoop neer!' Dan even rust, terwijl de torpedo wegsnelt. Na twintig seconden: raak!... Het schip maakt aan de achterzijde water en een torpedobootjager is in gereedheid om overlevenden op te pikken.

De totale oorlog

RECHTS Een torpedo brengt een schip tot zinken.

LINKS Martin Niemöller in 1917.

De elite van de Duitse marine was te vinden op de U-bootvloot. Een van de commandanten was Martin Niemöller. Hij was een fervent Duits patriot die van oordeel was dat het torpederen van schepen en het laten verdrinken van de overlevenden een moreel probleem opleverden, maar dat de oorlog op de eerste plaats kwam. Hij veranderde van gedachten toen hij twintig jaar later als geestelijke geconfronteerd werd met Hitler. Toen kreeg het moreel besef in zijn leven weer de overhand en hij werd het symbool van het Duitse geweten.

Als de torpedobootjager nadert om de overlevenden op te vissen komt het uur van de waarheid voor Niemöller:

> Wat moesten we doen? We willen het werk van de torpedobootjager niet storen bij het redden van levens. Evenmin benijden we haar, omdat zij slechts weinigen zal kunnen redden. Maar oorlog is oorlog, en de soldaten die worden opgepikt belanden uiteindelijk weer aan het front om te gaan schieten op onze Duitse broeders. Oorlog is oorlog! En we proberen een tweede torpedo op de torpedobootjager af te vuren. Maar ze krijgt ons in de gaten en bestookt ons met een regen van granaten. Ze raakt ons niet, want een periscoop is te klein als doelwit, maar we kunnen niet aanvallen.

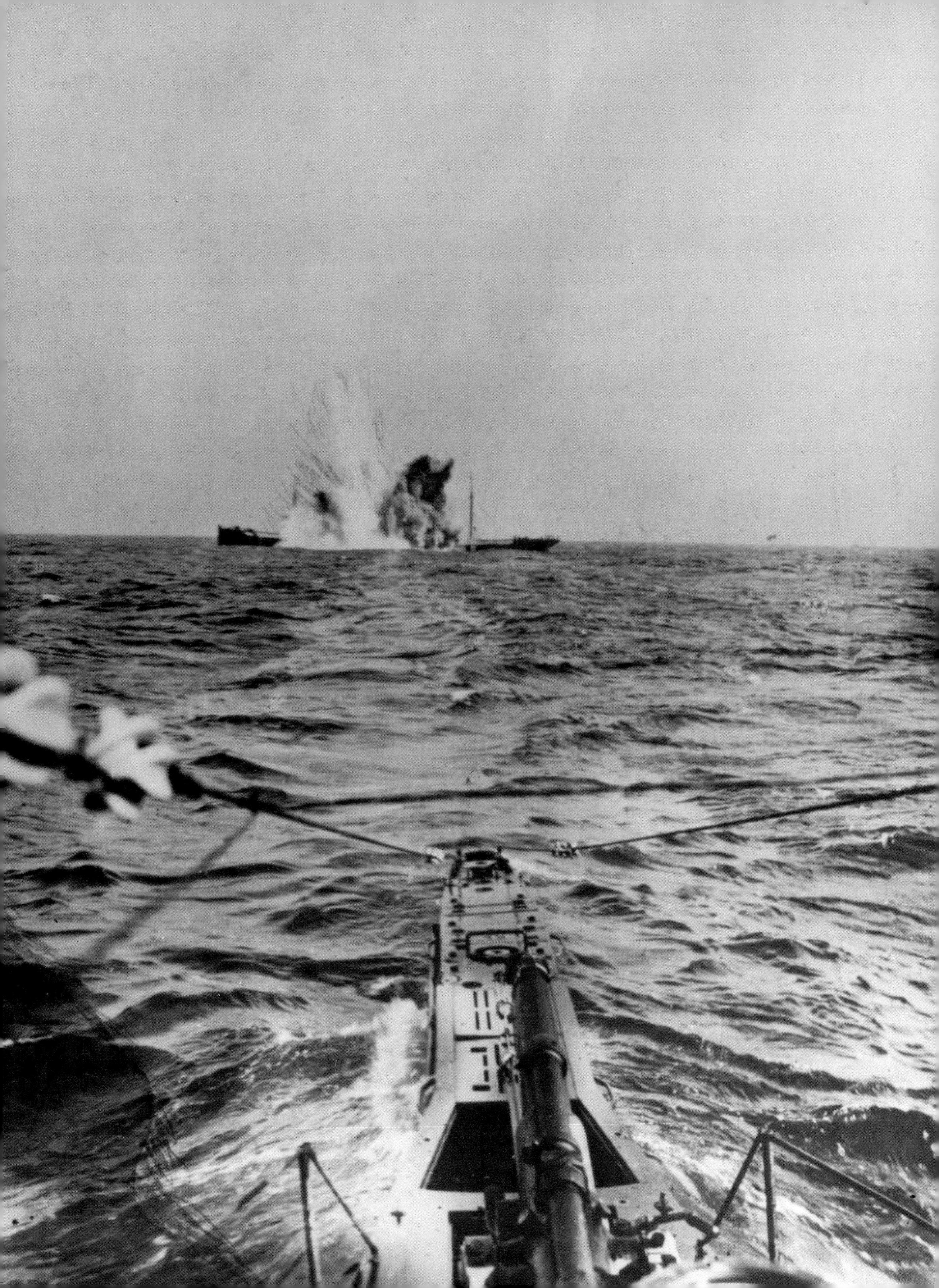

De totale oorlog

Alles wat we kunnen doen is de periscoop her en der omhoog brengen om te voorkomen dat de torpedobootjager te veel overlevenden oppikt.

In een flits beseft Niemöller het dilemma van de totale oorlog. Waarom mag de torpedobootjager zijn levensreddende taak niet ongestoord uitvoeren? Omdat geredde levens elders in de oorlog de levens van Duitse soldaten in gevaar brengen. Moet je overlevenden dan laten verdrinken?

> Plotseling werd ons het complexe probleem van 'oorlog' duidelijk, en door deze ene ervaring beseften we iets van de tragedie ervan, waartegen door een individu op eigen kracht niets uit te richten of te bestrijden viel. … Wij lagere officieren wisten niets en interesseerden ons nog minder voor theologische problemen. Maar we zagen wel degelijk dat zich situaties voordeden van spiritueel bankroet waarbij het onmogelijk was het geweten schoon te houden.

'Die 25ste januari,' schreef Niemöller later, 'was het keerpunt in mijn leven, want het opende mijn ogen voor de onmogelijkheid van een moreel universum.' Zijn reactie was echter niet een oproep om de oorlog te beëindigen. Hij kwam tot dezelfde conclusie als zeppelincommandant Strasser en accepteerde stoïcijns de verantwoordelijkheid voor deze immorele daden die (volgens hem) noodzakelijk waren voor de overwinning. Op 27 januari 1917, twee dagen na dit incident, werd Niemöller onderscheiden met het IJzeren Kruis 1ste klas. Hij droeg het 'met het gevoel dat ik het verdiend had door meer dan alleen het voorgeschreven aantal operaties waaraan ik "had deelgenomen".' Hij had het deels verdiend door mannen de verdrinkingsdood in te helpen.

De totale oorlog

Niemöller voorkwam dat geallieerde soldaten weer terugkwamen bij hun eenheden aan het front; zij moesten verdrinken om te voorkomen dat Duitse soldaten in gevaar kwamen. Dezelfde logica zat achter de executies in België. Beide wezen op het toenemen van gruweldaden als gevolg van de totale oorlog.

Het mobiliseren van de verbeelding

Naast het mobiliseren van mensen, materieel en arbeid, naast de oorlog tegen burgers, was ook sprake van het mobiliseren van de geest. Op dat gebied werden de grenzen tussen het openbare en het particuliere, tussen individuele expressie en overheersing van het denken opnieuw getrokken of weggevaagd. Staatspropaganda in oorlogstijd is maar een deel van het verhaal. De propaganda aan beide kanten omspande het hele scala van gruwelijke verhalen en barbaarse karikaturen tot kinderverhaaltjes en regelrechte leugens. De krachtigste propaganda kwam echter niet vanuit de machtscentra, maar vanuit de bevolking zelf. De politiek van de haat was massapolitiek; ze was even verbaal als visueel en erg effectief. Het werkte omdat zij gebaseerd was op beelden en begrippen van onderop, via advertenties, spotprenten, posters en ansichtkaarten, preken, religieuze afbeeldingen en de smartlappen en slechte poëzie die opbloeien in oorlogstijd. Ze was echter vooral effectief door de film.

Rond het midden van de oorlog was de film het belangrijkste instrument geworden om de oorlog te kunnen afschilderen als een strijd tussen Goed en Kwaad. De vormen die daarbij gebruikt werden, liepen van komedie via melodrama tot tragedie. Dergelijke films werden veelal niet geïnspireerd of geïnitieerd door de regering, al was er wel vaak overheidsgeld mee gemoeid. Uiteraard bemoeide de censor zich ermee, maar de particuliere sector nam het voortouw. Het witte doek liep over van kitsch en volksvermaak en verkondigde de herkenbare boodschap over de deugden van de ene kant en de doortraptheid van de tegenpartij. Het variété en de platenindustrie haakten aan en verkochten (met winst) ontspannende of opbeurende beelden en liedjes aan burgers die steeds vermoeider, bezorgder en geïrriteerder raakten.

Geen wonder dat de film zo populair was. Film bevredigde de verlangens naar het alledaagse op een buitengewoon moment; film hekelde de treurigheid van het militaire leven en voegde daar een grote dosis woede aan toe jegens de oorzaak van alle moeilijkheden – de vijand.

Chaplin op oorlogspad

De filmindustrie werkte vanaf het begin van het conflict aan propagandadoeleinden maar kreeg pas echt invloed toen de VS zich in 1917 in de strijd wierpen. Veel oorlogsfilms zijn gemaakt in de tweede helft van 1918, vanuit de veronderstelling dat de oorlog nog jaren duren zou. Een van die films, en het populairst, was *Shoulder Arms*, die teruggreep op eerdere oorlogsfilms en een verfijning van het genre inhield.

De held was Charlie Chaplin. Deze in Groot-Brittannië geboren variété-artiest was in december 1913 bij Mack Sennett's Keystone Company in de VS gekomen. In 1914 was hij al een beroemdheid en droeg hij bij aan de oorlogsinspanning, niet

---

VOORGAANDE BLADZIJDE In de eerste twee jaar van de oorlog was de meeste propaganda afkomstig uit de particuliere sector en was ook voornamelijk bedoeld voor binnenlandse consumptie. Vanaf 1917 ging propaganda echter een centrale plaats innemen. Soldaten werden overspoeld met botte boodschappen waarin de waanvoorstellingen van de vijand gehekeld werden.
(LINKS) Dat de Britten de eer van de zwakken zouden verdedigen wordt door een Duitse cartoonist afgedaan als imperialistische hypocrisie;
(RECHTS) Duitse soldaten worden er door een Britse tekenaar aan herinnerd dat hun leiders over hun rug heen de macht uitoefenen.

September-december 1915

September *Zeppelinaanval op Londen*
De Londense journalist H.M. Tomlinson over de verschijning van een zeppelin boven Londen.

17 september Een slanke vinger van helwit licht bewoog langzaam door de lucht, weifelde even en bleef toen, beschuldigend, wijzen op iets in de hemel. Een zeppelin! Daar was hij, eerst een schim, een vaag iets dat op het punt stond weer te verdwijnen, toen werd het verlicht en kreeg contouren, een hemelse larve, tegen een wolk gekleefd als een rups aan de rand van een blad. We tuurden er zwijgend naar, ik kan niet zeggen hoe lang. De lichtstraal leek de heldere larve tegen de hemel te prikken zodat belangstellende Londenaren ernaar konden kijken. Toen zei iemand: 'Ik geloof dat hij onze kant op komt.'[24]

Na een zeppelinaanval

Oktober *Edith Cavell geëxecuteerd*
Hugh Gibson, een Amerikaans diplomaat in Brussel, kort nadat de verpleegster Edith Cavell was geëxecuteerd omdat zij Britse soldaten had helpen ontsnappen aan gevangenschap in bezet Brussel.

12 oktober Gisteravond laat kreeg de heer Gahar een pasje en werd binnengelaten om mejuffrouw Cavell te bezoeken kort voor ze naar buiten zou worden gebracht om geëxecuteerd te worden. Hij zei dat ze kalm was, zich had voorbereid op wat haar te wachten stond en dit onversaagd tegemoet zag. Ze was heel klein, ze zag eruit alsof ze bij het geringste zuchtje wind kon worden weggeblazen, maar haar geestkracht was enorm. ... Ze vertelde de heer Gahar dat ze nergens spijt van had, dat zij zich niet beklaagde en dat zij zich niet anders zou gedragen als zij het allemaal nog eens zou moeten overdoen.[25]

Verpleegster Edith Cavell

De totale oorlog

OKTOBER *Frans offensief in Artois*

Brief van pater Pierre Teilhard de Chardin, brancardier, aan sergeant Jean Broussac, hoogleraar in de geologie aan het Institut Catholique in Parijs. Broussac werd op 22 augustus 1916 gedood; Teilhard de Chardin overleefde de oorlog en werd een van de meest prominente katholieke theologen van deze eeuw.

> *Nabij Arras* Het zijn verschrikkelijke dagen. De enige troost bij de droevige herinneringen aan een tijd waarin vele vrienden gestorven zijn, is het gevoel van aanvaarding – vol geloof en dankbaarheid jegens de goddelijke genade – waarmee ik de strijd voor aanvang vol overgave tegemoettrad. ... Deze oorlog is een vreselijke crisis ... maar het is desondanks een geweldig spannende en bijzondere tijd om in te leven. Vergeleken met oorlog lijken alle andere bezigheden kinderspel.[26]

Teilhard de Chardin

NOVEMBER *Servische terugtocht*

Ooggetuigenverslag van ene missionaris Smith na de Servische terugtocht in de winter van 1915. Het Servische leger trok over de bergen van Montenegro en Albanië naar de kust om door de geallieerde strijdkrachten op de Adriatische Zee via zee geëvacueerd te worden.

> Het is onmogelijk om aan de grote aftocht te denken zonder de 23.000 Servische jongens die op die wrede tocht de dood vonden in herinnering te roepen. Om te voorkomen dat zij in handen van de vijand zouden vallen kregen 30.000 Servische jongens bevel het land te verlaten. Zij maakten deel uit van de grote volksexodus. Het waren jongens van twaalf tot achttien jaar, en zij waren niet bestand tegen de kou, honger en ontberingen van de mars. 15.000 van hen stierven in de bergen, en degenen die uiteindelijk de schepen en de zee zagen, hadden niets menselijks meer in hun ogen.
> De Italianen in Avalona hadden geen ziekenhuisfaciliteiten voor 15.000. ... Zij lieten de jongens kamperen in het open veld vlak bij een rivier, en gaven hun al het voedsel dat zij konden missen – legerbiscuits en vlees uit blik. Tegen de tijd dat de schepen arriveerden om hen naar Korfoe te brengen was hun aantal teruggelopen tot negenduizend. Nog eens tweeduizend jongens stierven tijdens de 24 uur durende tocht van Avalona naar Vido.

Servische vluchtelingen

door zich voor het leger aan te melden maar door in Californië te blijven. Volgens een soldatenliedje zou zijn beurt nog wel komen.

> *The moon shines bright on Charlie Chaplin,*
> *His boots are cracking,*
> *For want of blacking,*
> *And his little baggy trousers*
> *They want mending*
> *Before we send him*
> *To the Dardanelles.*[22]

(Helder schijnt de maan op Charlie Chaplin,/zijn laarzen kraken,/omdat ze hoognodig gepoetst moeten worden,/en zijn kleine slobberbroek/moeten we nodig verstellen/voor we hem uitzenden/naar de Dardanellen.)

Volgens Alistair Cooke schrok Chaplin van het liedje. 'Ik dacht werkelijk dat ze me zouden komen halen. Het maakte me doodsbang.'[23] Hij had zich niet druk hoeven maken. Zijn inspanningen op het witte doek bleken een grotere bijdrage aan de oorlog dan hij in uniform had kunnen leveren. Hij was een icoon, een klein, kwetsbaar mannetje dat er (vroeg of laat) toch in slaagde een loopje met het gezag te nemen. Hij was de grote survivor, de 'zwerver' – de titel van een van zijn meest succesvolle films, gemaakt in 1915 – met wiens fatsoen nog wel eens een loopje werd genomen, maar wiens veerkracht onbedwingbaar was.

Geheel onvoorzien was het effect dat een foto van Charlie Chaplin had op

De totale oorlog

LINKS De populaire filmheld Charlie Chaplin in *Shoulder Arms* (1918). De film veroverde pas vanaf 1916 een belangrijke rol in de propagandastrijd, toen *The Battle of the Somme* in Groot-Brittannië circa twintig miljoen mensen trok, een bezoekersaantal dat in Engeland door geen enkele film meer is geëvenaard.

soldaten in shock. Een dokter in dienst van het Amerikaanse leger zei dat een gesigneerde foto wonderen deed voor de patiënten.[28] 'Signeer de foto's alstublieft,' schreef dokter Lewis Coleman Hall aan Chaplin. 'Bijna iedereen kent u van de film. Het idee is dat ik de foto toon aan een van die arme knapen. Daaardoor zal hij zijn gedachten misschien even kunnen vasthouden. Misschien zegt hij wel: "Kent u Charlie Chaplin?", en dat zou het eerste straaltje hoop kunnen zijn dat zo'n jongen gered kan worden.'[29]

Sommige van Chaplins film waren duidelijk propaganda. Hij gebruikte de film om 'Liberty Bonds', staatsobligaties ter financiering van de oorlog, te promoten, gevolgd door oproepen in het openbaar. Zijn verschijning met Mary Pickford en Douglas Fairbanks op Wall Street, New York, op 8 april 1918 trok naar schatting 30.000 mensen.[30] Na een tijdje de clown gespeeld te hebben met Fairbanks vertelde hij de menigte: 'Op dit moment zijn de Duitsers in het voordeel; we hebben dollars nodig. We moeten naar de overkant om die oude duivel, de Kaiser, uit Frankrijk te verdrijven.'[31] In Washington herhaalde hij dat verkooppraatje: 'De Duitsers staan al bij uw voordeur. We moeten ze tegenhouden. En we zullen ze tegenhouden als u "Liberty Bonds" koopt. Bedenk dat elke "Bond" die u koopt het leven zal redden van een soldaat – de zoon van een moeder – en een snelle overwinning zal opleveren.' Toen viel hij van de verhoging, 'sleurde Marie Dressler met zich mee en viel met haar boven op mijn knappe jonge vriend, Franklin D. Roosevelt, die toen onderminister van Marine was.'[32] Hij ontmoette president Wilson en voor zijn Britse publiek verscheen hij met de variété-ster Harry Lauder, wiens zoon in 1916 was gedood.

Shoulder Arms werd voor het eerst op 20 oktober 1918 vertoond, en kreeg meteen goede kritieken. Het verhaal belicht het harde leven in de Amerikaanse trainingskampen. Na eindeloos gedrild te zijn, valt de uitgeputte Chaplin in slaap en wordt wakker aan het westelijk front. In zijn eentje neemt hij een Duitse eenheid gevangen door die te omsingelen, maakt zich de kunst van het camoufleren machtig door te veranderen in een boom en slaagt er uiteindelijk in de Kaiser zelf gevangen te nemen (gespeeld door zijn broer Sydney).

Oorspronkelijk wilde Chaplin eindigen met een banket waarvoor hij zou worden uitgenodigd door de president van Frankrijk en koning George V, die een van 'Charlots' knopen zou afsnijden als souvenir. Om de film op tijd te kunnen uitbrengen (en vanwege het protocol) eindigt de film als Chaplin in het kamp wakker wordt en wordt geconfronteerd met de realiteit van het soldatenleven.

De Duitse kant van het scherm

OOK IN DUITSLAND werden films gebruikt om de oorlogsboodschap over te brengen. In 1913 waren er in het land meer dan tweeduizend bioscopen, meer dan tweehonderd daarvan in Berlijn.[33] Dat aantal was slechts de helft van dat in het Verenigd Koninkrijk maar desondanks was er vlak voor de oorlog sprake van een grote opmars van de Duitse film.[34]

In eerste instantie werd de filmindustrie door het Duitse Opperbevel genegeerd, en zelfs als hinderlijk ervaren, maar toen Erich Ludendorff in 1916 een beslissende rol in de leiding ging spelen had de film zijn pleitbezorger gevonden.[35] Toen de import van Amerikaanse bioscoopjournaals in 1917 verboden werd, ging de Duitse industrie bioscoopjournaals maken voor het grote publiek, dat een onverzadigbare honger had naar beelden van het front. Alfred Hugenberg, president-directeur van de firma Krupp, speelde hierin een leidende rol. Eind 1917 ontstond UFA (Universum Film AG), een consortium van filmmaatschappijen, voor een derde in handen van de Duitse Rijksbank en onder directe militaire controle.

Bioscopen kregen voorrang bij de distributie van kolen en elektriciteit in de winter van 1917-1918, met als resultaat grote bezoekersaantallen in Duitsland zelf en in het bezette België. Bovendien had het leger zijn eigen filmindustrie met negenhonderd veldbioscopen in 1917, en ook daar waren de grote Duitse filmsterren te zien, Henny Porten en Asta Nielsen. Ze waren gespecialiseerd in komedie en melodrama, waarbij gezorgd werd voor een goed huwelijk tussen winst en vaderlandsliefde, zodat tegen het einde van de oorlog een sterke Duitse filmindustrie was ontstaan die een medium werd voor gewaagde experimenten. Met de erfenis van de filmpropaganda uit de Eerste Wereldoorlog wisten de nazi's hun voordeel te doen op weg naar de Tweede.[36]

Het cultiveren van de haat: totale oorlog en genocide

Onderdeel van de culturele mobilisatie in het kader van de totale oorlog was het zwartmaken van de tegenpartij. Gedeeltelijk is dat een oud verhaal – getuige de propaganda ten tijde van Reformatie en Contrareformatie – maar gekoppeld aan andere elementen van de totale oorlog betrad de cultuurgeschiedenis van het gewapend conflict een geheel nieuw landschap, waar op ongekende schaal geheel nieuwe vormen van oorlogsmisdaden plaatsvonden. De ergste vorm was de genocide.

De totale oorlog vergrootte op radicale wijze de geweldstolerantie in sommige van de samenlevingen die bij dit gewapende conflict betrokken waren. De totale oorlog weet iedereen te infecteren. De meeste mensen zijn immuun voor genocide door hun rechtssysteem, opleiding, godsdienstige overtuiging, militaire traditie of andere opvattingen of praktijken. Wie niet zo gelukkig is antistoffen te hebben ontwikkeld wordt door het geweldsvirus aangestoken – waarna onschuldigen lijden. Onder deze omstandigheden kan in de context van de totale oorlog genocide plaatsvinden. Slechts één natie ging zich tijdens de Eerste Wereldoorlog te buiten aan volkenmoord, maar het was de totale oorlog die er de voorwaarden voor schiep.

Het begrip 'totale oorlog' kwam uit het Westen. Tijdens de Napoleontische Oorlogen in Spanje en Rusland werd al oorlog gevoerd tegen burgers en partizanen. Vijftig jaar later voegde de Amerikaanse Burgeroorlog een extra dimensie toe aan het gewapend conflict. Het was niet een Turkse tiran maar generaal Philip Sheridan die op 8 september 1870 tegen de toekomstige Duitse kanselier Bismarck opmerkte: 'De juiste strategie bestaat in de eerste plaats in het uitvoeren van zoveel mogelijke vernietigende aanvallen op het vijandelijke leger, en in de tweede plaats de burgerbevolking zoveel te laten lijden dat ze naar vrede verlangt en die eist van de regering. De mensen moeten niet meer overhouden dan hun ogen om de oorlog te bewenen.'[37] De bevolking in kwestie was die van de afgescheiden zuidelijke staten, met dezelfde taal, godsdienst en soms zelfs familie als die van Sheridan. Tot welke gruweldaden zou een dergelijke mentaliteit leiden als ze niét werd getemperd door culturele banden?

De totale oorlog

Kinderen van een school van de Armeense Apostolische Kerk in Mashger, een dorp in Arapgir in het Osmaanse rijk, 1915. Slechts vier van de kinderen overleefden de genocide.

In de uren voor de zonsopgang van 25 april 1915, de dag waarop de geallieerden landden op Gallipoli, begonnen de Turkse autoriteiten met de onderdrukking van degenen die zij beschouwden als de binnenlandse vijand: de Armeense gemeenschappen van in totaal misschien twee miljoen mensen die verspreid in het hele Osmaanse rijk woonden, met de grootste concentratie in het noordoosten van Anatolië. Onder dekking van de duisternis werden verscheidene honderden Armeense mannen (intellectuelen, journalisten, zakenmensen, vaklieden en geestelijken) uit hun huizen gehaald en geëxecuteerd.

Dat was nog maar het begin. In de loop van de volgende twee jaar werd de Armeense bevolking van Osmaans Turkije van huis en haard verdreven en verbannen naar de woestijnstreken van Mesopotamië. Tussen de 500.000 en één miljoen Armeniërs werden hierbij gedood of stierven aan ziekte en ontberingen in kampen en de Syrische woestijn. Midden in de oorlog werd een substantieel deel van een reeds lang gevestigde en welvarende burgergemeenschap met een kenmerkende godsdienstige en culturele achtergrond uitgeroeid. Mensen werden ter dood veroordeeld om wie zij waren en waar zij waren; vanwege hun etniciteit.

Er waren al lange tijd spanningen tussen de christelijke Armeniërs en de islami-

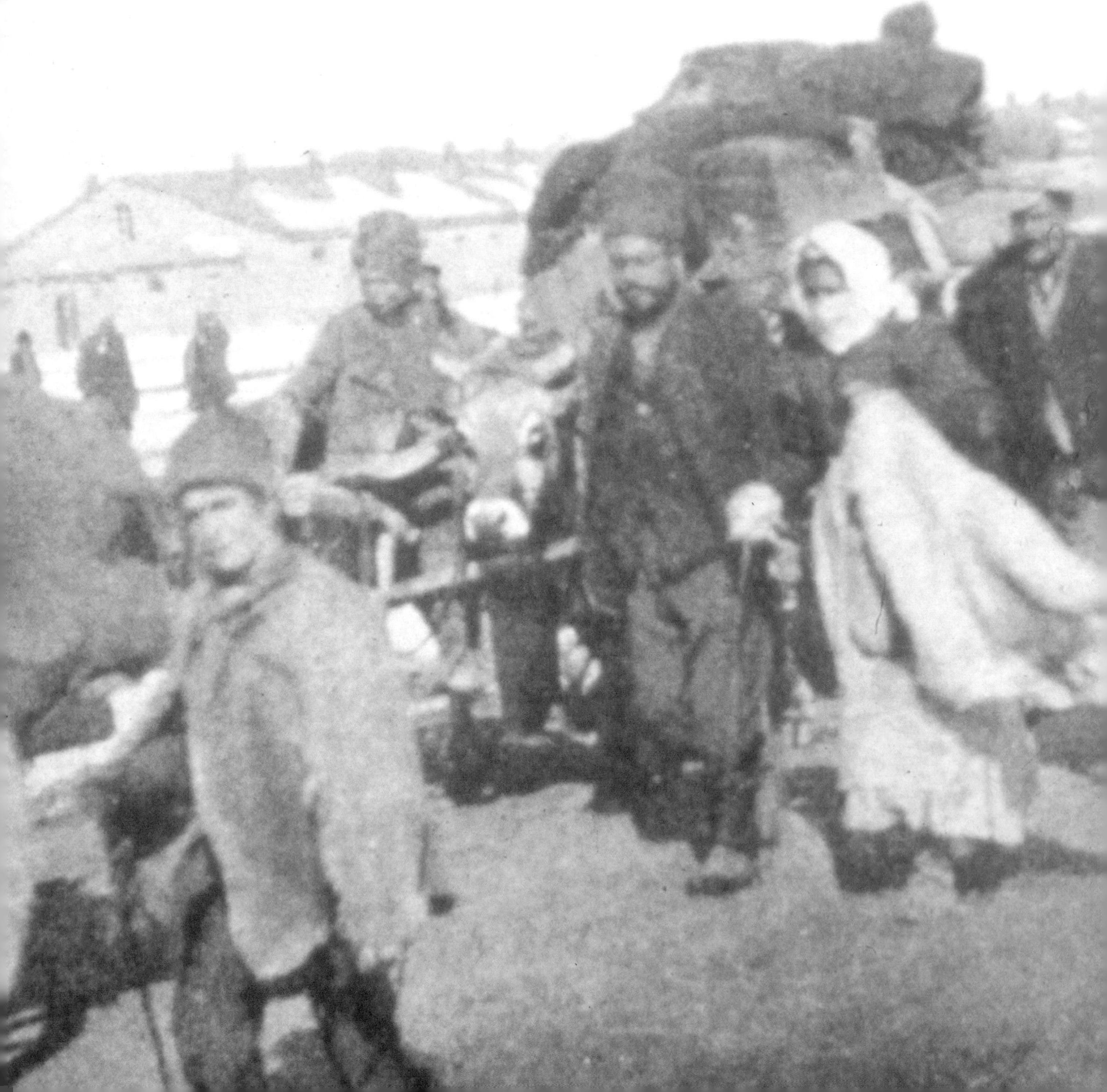

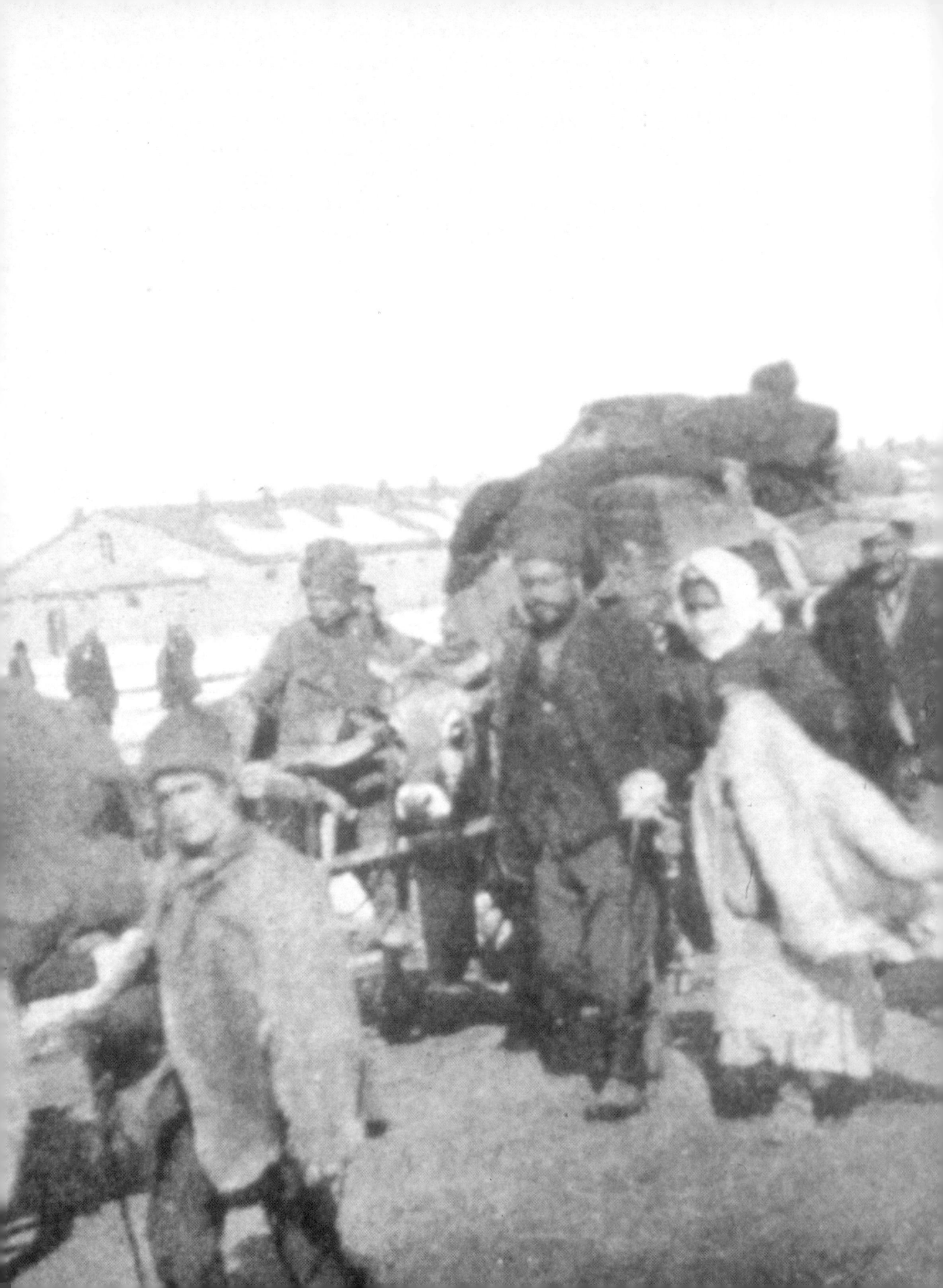

Armeense vluchtelingen. Deportatie vormde het eerste stadium in de genocide. Diefstal van eigendommen werd gevolgd door een gedwongen mars naar de woestijn, verkrachting en moord. Diplomaten en geestelijken waren getuige van deze misdaden. Hun oproepen bereikten de Amerikaanse regering, die echter niet kon optreden omdat zij neutraal was, en de Duitse regering, die als bondgenoot van Turkije niet wilde optreden.

tische Turken. In 1894 en 1896 was het Armeense separatisme ten koste van vele mensenlevens onderdrukt. Na de revolutie van 1908 veranderde het nationalisme van de 'Jong-Turken' het karakter van de tegenstellingen; de Armeniërs in Turkije werden nog vijandiger en bedreigender afgeschilderd dan tevoren. Het uitbreken van de oorlog in 1914 leek de Turkse vrees te bevestigen: Armeense eenheden dienden naast Russische strijdkrachten in de Kaukasus en dreigden met vijfde-colonneactiviteiten achter de Turkse linies. Na een periode van sporadische uitbarstingen van geweld tussen de twee gemeenschappen werd op 20 april 1915 een aanval door de Turken op de oostelijke Armeense stad Van afgeslagen door gewapende Armeniërs; bij het treffen kwamen achttien Turken om. Die 'opstand' verschafte het excuus voor de nachtelijke arrestatie en executie van prominente Armeniërs vier dagen later, juist toen Turkije geconfronteerd werd met een invasie vanuit het westen.[38]

Zelfs al lukte het de geallieerden niet uit hun bruggenhoofden weg te breken, toch voelde het Turkse regime zich van alle kanten bedreigd door een invasie en zware verliezen in eigen gelederen. In die situatie werd het besluit genomen om de Armeniërs te verdrijven. Wanneer de geallieerde landing tot een snelle opmars naar Constantinopel zou hebben geleid, had de Armeense tragedie misschien wel niet plaatsgevonden.

Het is niet waarschijnlijk dat het heersende Turkse driemanschap – minister van Binnenlandse Zaken Tallat Bey, minister van Oorlog Enver Pasja en minister van Marine Djemal Pasja – exact de opdracht hebben gegeven alle Armeniërs uit te moorden. Dát deze mannen verantwoordelijk waren voor de collectieve deportatie is duidelijk; maar deportatie, een traditionele strategie in het negentiende-eeuwse Turkije, was nog geen genocide, al was zij feitelijk gelijkwaardig aan een doodvonnis voor bejaarden, zieken en zwakken.

De volkenmoord op de Armeniërs was een totale oorlog tegen een binnenlandse 'vijand' door corrupte en onbekwame elementen uit het Turkse leger. De Turken die zo onverzettelijk vochten op Gallipoli vertegenwoordigden het nieuwe Turkije. De moordenaars van de Armeniërs brachten de nare kanten van het oude Turkije voor het voetlicht. Reeds lang was geprobeerd het Turkse leger te moderniseren. Al in de jaren dertig van de negentiende eeuw werd Helmuth von Moltke, de latere stafchef van het Pruisische leger en architect van de nederlaag van de Fransen in 1870, naar Constantinopel gezonden om hierbij te adviseren. Probleem was echter dat het Turkse leger zijns ondanks de corruptie binnen de Turkse samenleving bleef weerspiegelen. Legervoorraden kwamen langs een grote omweg via de zwarte markt weer terecht bij de regeringsbureaus die ze hadden verschaft. Nog in 1915 moesten de slechtbetaalde soldaten en ongeregelde troepen hun voedsel zelf zien te bemachtigen, net als in de tijd dat Von Moltke met het Turkse leger in Armenië en Egypte diende. Om die reden ondernamen Turkse eenheden strooptochten, die in het ruwe terrein van de Turks-Russische grensstreek endemisch waren.

Vanaf het midden van 1915 overvielen dergelijke troepen Armeense steden en dorpen; bandieten in Turks uniform en onbetaalde en ondervoede Turkse soldaten konden straffeloos moorden, vielen de gedeporteerden lastig en dreven hen naar het zuiden, naar concentratiekampen of de wildernis van de Mesopotamische woestijn.

De massaslachting kwam voort uit een bundeling van het ergste wat de oude en de nieuwe tijd te bieden hadden. Rond 1915 vocht Turkije voor zijn bestaan, maar er waren ook corrupte motieven in het spel. Het beperkte maar hardnekkige

De totale oorlog

gewapende verzet van de Armeniërs verschafte de Turkse leiders een voorwendsel om de hand te leggen op Armeense eigendommen, land en activa. Het begon allemaal met diefstal en geweld op grote schaal, eerder vergelijkbaar met de gruwelijke beschietingen van de burgers van Sarajevo in 1995 door de Bosnische Serviërs dan met de uitroeiing van de joden door de nazi's. De Turken wilden de Armeniërs weg hebben, maar zij hadden ook een oogje op hun rijkdom en waren bereid tot moord, foltering en verminking om die in handen te krijgen. Hun motieven waren oud; de middelen om hun doel te bereiken waren nieuw en angstaanjagend. Ze bestempelden een heel volk tot binnenlandse vijand en besloten eenvoudigweg dat volk te elimineren.

Ooggetuigen

DEZE MISDAAD WERD niet in het geniep gepleegd; talrijke mensen waren ooggetuige van het deporteren en afslachten van het Armeense volk. Een van degenen die zagen wat er gebeurde, was een Duitse missionaris in Turkije, Johannes Lepsius, voorzitter van de Deutsche Orient-Mission en de Duits-Armeense Vereniging. Hij stelde een gedetailleerd verslag op voor zijn Mission, dat was bedoeld om te circuleren onder invloedrijke mensen in Berlijn, in de hoop dat zij in staat zouden zijn het moorden te stoppen; censuur verhinderde een openbare discussie van een zaak die een bondgenoot van Duitsland in verlegenheid zou kunnen brengen.[39] Lepsius meldde dat drie kwart van het Armeense volk beroofd was van zijn eigendommen en uit zijn huis was verjaagd, en dat wie niet bereid was zich te bekeren tot de islam werd gedood of naar de woestijn gedeporteerd. Een zevende van de Armeniërs kon aan deportatie ontsnappen. Lepsius wees politieke kringen rond 'het Comité van Eenheid en Vooruitgang' aan als verantwoordelijk voor de deportaties, al werden deze ook bekrachtigd door een regeringsdecreet. 'Clubs' van Jong-Turken rekruteerden groepen moordenaars en bandieten om de bannelingen uit hun steden te 'begeleiden', en hen te beroven, verkrachten en vermoorden als dat zo uitkwam.

Getuigenissen van overlevenden bevestigen Lepsius' verhaal. In de stad Bayburt

Een Armeens dorp in Turkije voor de massamoorden van 1915.

Armeniërs die door de Turken vermoord werden in Aleppo. Sommige Armeniërs ontsnapten aan de dood door zich te bekeren tot de islam, anderen kwamen om door dorst, blootstelling aan de elementen of geweld. Bewijs van de genocide was ook in die tijd al beschikbaar in de vorm van foto's. Misschien maakte het niet-Europese karakter van de slachtoffers en daders de Europeanen minder gevoelig voor de schending van Armenië in 1915 dan zij zich voor de schending van België in het voorafgaande jaar toonden. Maar geen enkele Duitser werd ervan beschuldigd erop uit te zijn het Belgische volk uit te moorden; die 'eer' was weggelegd voor de Turkse behandeling van alle Armeniërs, slachtoffers van de totale oorlog.

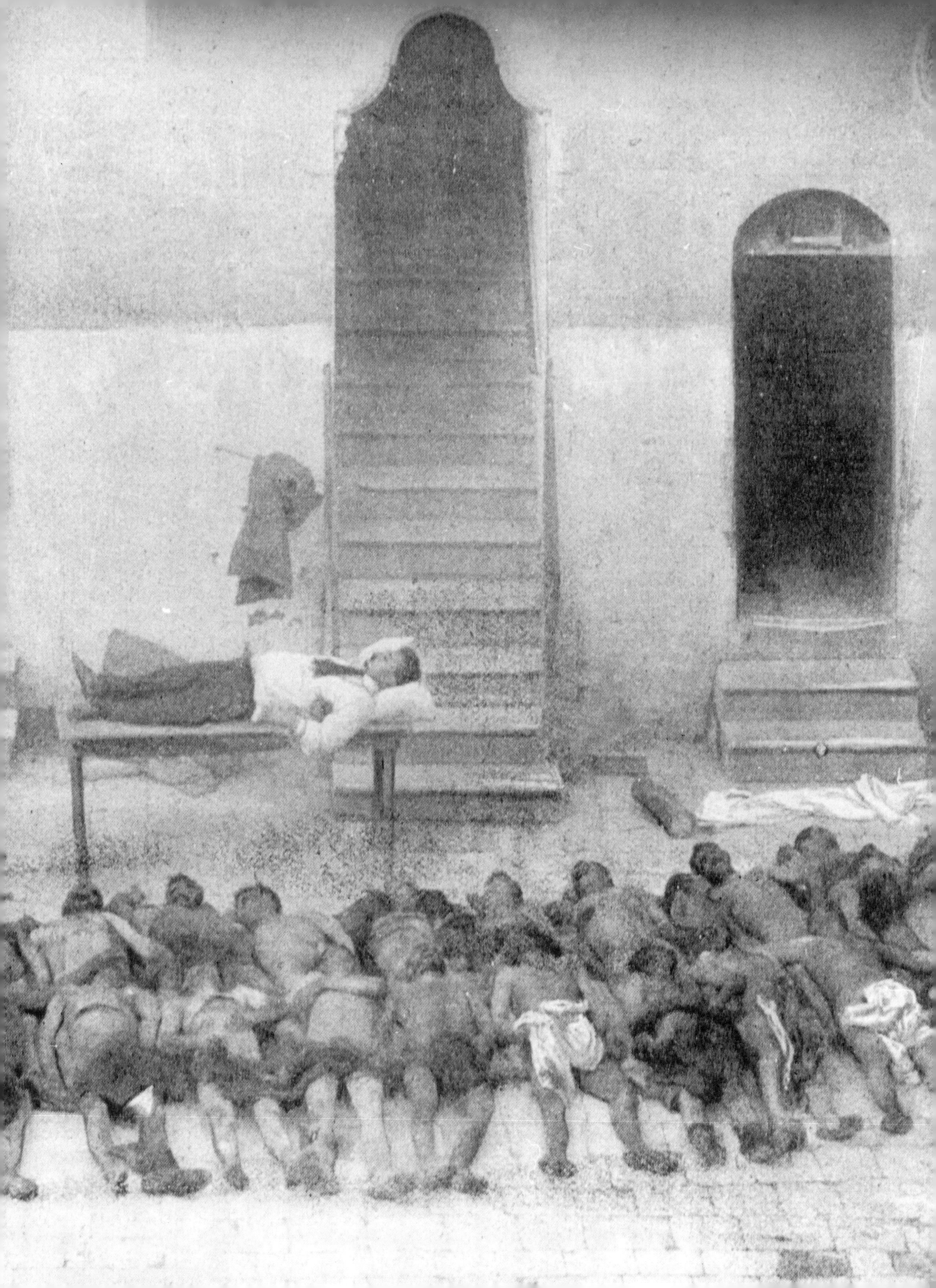

De totale oorlog

woonden ongeveer 17.000 Armeniërs. In de eerste twee weken van juni 1915 werden daar zo'n zeventig vooraanstaande Armeniërs gevangen genomen of meegevoerd naar de heuvels, waar zij vermoedelijk werden geëxecuteerd. De bisschop en zeven andere notabelen werden opgehangen. Andere mannen werden ter plekke gedood omdat zij weigerden de stad te verlaten. Daarop werd de rest van de bevolking samen met die uit de omringende dorpen in drie groepen gedeporteerd.

Een weduwe gaf een zeer beeldend verslag van de verschrikkingen van deze reis. Zij en haar dochter werden op 14 juni samen met vier- of vijfhonderd anderen gedeporteerd. De Turkse prefect van de stad wenste hun een 'goede reis'. Het konvooi werd begeleid door vijftien gendarmes. Twee uur na hun vertrek werden zij aangevallen door gewapende bandieten die, in eendrachtige samenwerking met hun 'bewakers', al hun bezittingen stalen. In de loop van de daaropvolgende week werden alle mannen van vijftien jaar en ouder doodgeknuppeld; jonge vrouwen en kinderen werden weggevoerd. Terwijl de gedeporteerden verder trokken, zagen zij langs de weg de lijken van eerdere gedeporteerden liggen. Beroofd van al hun bezittingen, zonder enige beschutting in de nachtelijke uren, waren zij al spoedig de dood nabij. Onderweg passeerde hen een konvooi auto's met ongeveer dertig Turkse oorlogsweduwen, op weg van Erzurum naar Constantinopel. Een van de weduwen doodde een Armeense man met het pistool van een gendarme. Daarop kregen diens weduwe en haar dochter de keus om bij het eigen konvooi te blijven of zich bij het Turkse konvooi aan te sluiten; dan zouden zij zich wel tot de islam moeten bekeren. Toen zij de vlakte van Erzurum bereikten, aan de oever van de Eufraat, lagen daar overal lijken. Zij zagen hoe kinderen in de rivier geworpen werden, een wisse dood tegemoet. Armeense mannen probeerden zich met behulp van een sluier als moslimvrouwen voor te doen. Wie in een dergelijke vermomming werd gesnapt, werd ogenblikkelijk doodgeschoten. Na 32 dagen bereikten de weduwe en haar dochter Constantinopel. Wat er verder van hen geworden is, is niet bekend.

Om enig idee te krijgen van de omvang van de Armeense deportaties moeten we deze ene tocht met vele duizenden vermenigvuldigen. De details van de vervolging

Een Armeense moeder rouwt om haar kind. Gruweldaden zijn disproportionele en gewelddadige aanvallen op mensen die in de oorlog een onderworpen positie innemen, ofwel door overgave ofwel doordat zij niet tot de strijdende partijen behoren. Alle partijen pleegden gruweldaden, maar de ergste waren waarschijnlijk die door de Turken. Sommige Armeniërs vochten in het tsaristische leger tegen Turkije; dat vormde het excuus voor de onderdrukking van het hele Armeense volk. De systematische uitroeiing van de Armeense gemeenschap was de eerste volkenmoord van de twintigste eeuw.

varieerden, het uiteindelijke karakter en doel ervan niet. Deze deportaties waren bedoeld om Turkije te ontdoen van een oude en welvarende gemeenschap waarvan de rijkdom jaloezie opwekte en waarvan de eigen etnische identiteit de leden ervan in oorlogstijd tot potentiële vijanden maakte.

Lepsius was niet de enige westerling die protest aantekende en de autoriteiten smeekte actie te ondernemen om het moorden te stoppen. De Amerikaanse consul in de stad Harput zond gruwelijke en gedetailleerde rapporten over de massamoorden naar Henry Morgenthau, Amerikaans ambassadeur in Constantinopel.[40] Op dat moment waren de VS nog neutraal, maar ook Duitsland was niet in staat een halt toe te roepen aan het moorden.

Het misdadige karakter van de massamoord op de Armeense bevolking werd vastgesteld tijdens zittingen van het Turkse hoge militaire gerechtshof in 1919. Bij een van de onderzoeken, naar moorden die gepleegd waren in de streek Yozgat, werden drie mannen in staat van beschuldiging gesteld. De beschuldigingen omvatten onder meer moord met voorbedachten rade op Armeniërs die uit Yozgat gedeporteerd waren, het stelen van de bezittingen van de slachtoffers en het ontvoeren en verkrachten van Armeense vrouwen. Van de Armeense gemeenschap in Yozgat overleefden slechts 88 van de 1800 mensen de oorlog. Er bestond overvloedig bewijs over deze moorden in de vorm van telegrammen, gecodeerde instructies en orders die waren ondertekend door de verdachten. De krijgsraad stelde vast dat er geen sprake was geweest van provocatie of georganiseerd verzet tegen het Turkse gezag van de kant van de Armeniërs in Yozgat. De mannen werden gescheiden van hun gezinnen, die met geweld gedeporteerd werden. De bewakers die hen in ballingschap begeleidden, kregen de instructie hen te vermoorden. De bezittingen van de slachtoffers werden in beslag genomen en verdeeld. Het is hetzelfde verhaal als in Lepsius' 'geheime' rapport uit 1916 te vinden is en het werd door de Turkse rechters geldig verklaard. Onder de artikelen 45 en 170 van het Osmaanse wetboek van strafrecht en artikel 171 van het militaire wetboek van strafrecht werd de oudste van de verdachten, de vijfendertigjarige Mehmed Kemal, ter dood veroordeeld en op 10 april 1919 geëxecuteerd, vier jaar nadat zijn kleine aandeel in deze bloedige episode begonnen was.

De volkenmoord op de Armeniërs markeerde een nieuwe fase in de geschiedenis van het oorlogvoeren. De totale oorlog verschafte het voorwendsel en de dekmantel voor een samenzwering van Turkse nationalisten en het boeventuig dat zij inschakelden om een geheel volk systematisch te deporteren, te onteren en uit te moorden. Dat naast de volwassenen ook kinderen werden vermoord, toont aan dat de misdaad bedoeld was om de Armeense bevolking van de aardbodem te vagen.

Deze genocide was een cruciale gebeurtenis in de geschiedenis van de twintigste-eeuwse oorlogvoering. De massamoord op de Armeniërs was niet vergelijkbaar met de geïndustrialiseerde moord op de Europese joden door de nazi's, maar was wel een stap op de weg daar naartoe. Hitler zelf wierp in 1942 de vraag op: 'Wie herinnert zich nu nog de Armeniërs?' Gelukkig doen wij dat. De Armeense massamoorden vormen een brug van de negentiende naar de twintigste eeuw. Deze misdaden betekenden een verdere verlaging van de drempel tegen georganiseerde moord in oorlogstijd. Wat in 1915 in Armenië plaatsvond was waarlijk genocide, een vreselijke voorbode van wat nog komen zou. In Armenië werd de ware betekenis van de totale oorlog duidelijk. De gevolgen daarvan zijn nog steeds voelbaar.

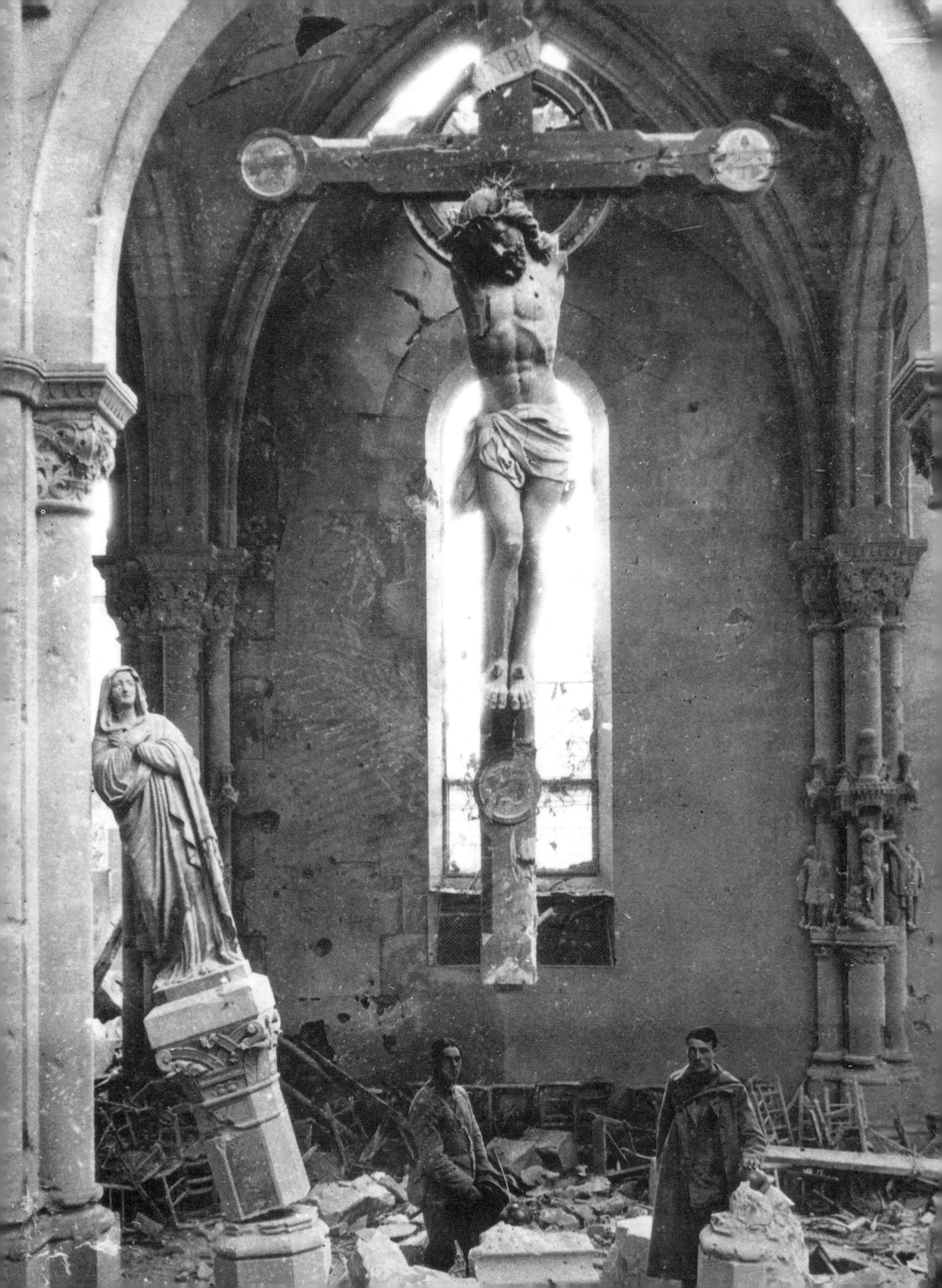
INRI

4
Slachting

Verwoest kerkinterieur, Reims. De stad Reims, waar eens de Franse koningen gekroond werden, lag van 1914 tot 1918 midden in de frontlinie. Haar schitterende kathedraal werd herhaaldelijk geraakt door artillerievuur dat, zo beweerden de Duitsers, gericht was tegen artillerieverkenners op het dak. Andere kerken werden met de grond gelijkgemaakt. In de verminkte kruisbeelden konden de soldaten een belichaming zien van de relatie tussen lijden en opoffering.

Er heerste weinig opgetogenheid bij de geallieerden aan het begin van 1916. Het Duitse leger lag nog steeds stevig ingegraven aan het westelijk front, ondanks alle pogingen van Frankrijk en Engeland het terug te dringen. Het streven naar een tweede front bij Gallipoli was desastreus verlopen. De Oostenrijkse troepen, die gedurende de hele oorlog weinig te vieren hadden, behaalden een van hun schaarse overwinningen toen Montenegro om vrede vroeg. Nieuws van het Russische front betrof meestal Russische nederlagen en zware verliezen. Alleen in Afrika werd een, zij het militair onbetekenende, overwinning behaald: een Frans expeditieleger had Yaounde ingenomen, de hoofdstad van Duits Kameroen.

De VS namen nog geen deel aan de strijd, maar hadden te maken met onrust in Mexico, waar Pancho Villa een trein tot stoppen dwong en achttien Amerikaanse ingenieurs doodde. Als reactie zond de Amerikaanse regering een expeditieleger naar Mexico onder leiding van brigadegeneraal John J. Pershing, de latere opperbevelhebber van het Amerikaanse expeditieleger in Frankrijk.

In het jaar 1916 zou de Slag bij Jutland plaatsvinden, de enige grote confrontatie op volle zee, die onbeslist eindigde. Voor het jaar voorbij was zou de wereld horen over de dood van generaal Joseph S. Galliéni, de 'redder van Parijs', de Britse minister van Oorlog lord Kitchener en de Oostenrijkse keizer Frans Jozef.

Dat waren allemaal belangrijke gebeurtenissen, maar overal vroegen de mensen zich toch vooral af hoe lang de oorlog nog zou duren. De nederlaag bij Gallipoli en de tegenslag van het Russische leger in het oosten versterkten het strategische belang van het westelijk front. Daar zou de oorlog gewonnen of verloren worden. Maar hoe moest de impasse doorbroken worden? Militairen aan beide kanten meenden dat de oplossing – en de uiteindelijke overwinning – gezocht moest worden in een gecombineerde massale aanval van mensen en materieel. De Britten, die de oorlog begonnen waren met slechts een kleine expeditiemacht, stationeerden nu een miljoen manschappen in Frankrijk en België. Frankrijk en Duitsland hadden hun legers aangevuld. Het toneel was gereed voor drie massale, gewelddadige en grotendeels nutteloze veldslagen.

Wat Gettysburg is voor de VS is Verdun voor Frankrijk en zijn de Somme en Passendale voor Groot-Brittannië. Deze legendarische slagvelden zijn tot op heden heilige grond. Het zijn grimmige bedevaartsoorden en ze blijven in de herinnering als dé plaatsen van de eerste wereldomvattende oorlog. Maar het zijn meer dan

Het westelijke front 1915-1917

Legenda:
- Frontlinie maart 1915
- Hindenburglinie waarachter de Duitsers zich terugtrokken in februari 1917
- Frontlinie december 1917

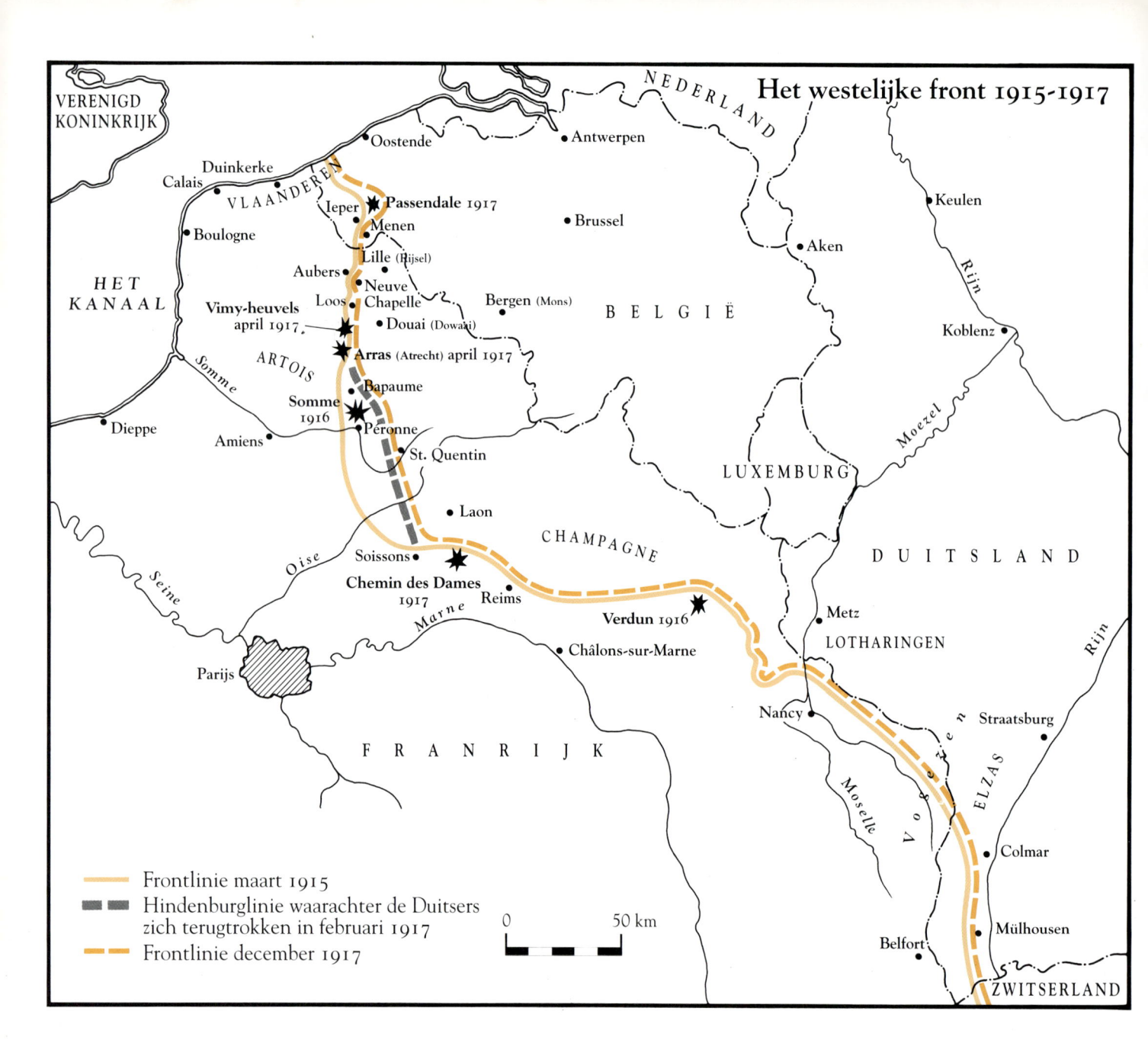

plaatsen van bloedvergieten en herinneringen. Wat zich op deze slagvelden voltrok gaf een nieuwe en verschrikkelijke betekenis aan het begrip 'offer' en kan het beste door één woord worden weergegeven: slachting.

Verdun

Het is wel 's werelds grootste veldslag genoemd. In ieder geval was het een van de gruwelijkste. Maar niet alleen de doden geven Verdun zijn speciale plaats in de geschiedenis. In een oorlog die bekendstond als een uitputtingsslag was dit de veldslag die de betekenis van dat woord veranderde. De Slag bij Verdun, die in februari 1916, hartje winter, begon, was de langste veldslag uit de hele oorlog en werd het symbool van de wilskracht van de Franse natie. Tien maanden lang ging het doden door. Misschien wel 300.000 Franse en Duitse soldaten stierven daar en nog eens 770.000 raakten gewond. Maar aan het einde van de strijd bevonden de linies zich nog ongeveer op dezelfde plaats als aan het begin.

De architect van de veldslag was de chef van de Duitse generale staf, generaal Erich von Falkenhayn, die beloofde dat voor elke Duitser drie Fransen zouden sterven. Von Falkenhayn was een aristocratische 'Junker' met een stamboom die terugging tot de middeleeuwse Teutoonse ridders. Hij had eind 1914 de plaats ingenomen van Von Moltke toen deze was ingestort na de mislukking van het Schlieffenplan. Von Falkenhayn was met zijn 53 jaar relatief jong voor een dergelijke positie. Zelfs naar Pruisische normen was hij onbuigzaam en streng en hij vertrouwde niemand. Niettemin was hij favoriet aan het hof. Misschien wel meer dan enig ander Duits generaal was Von Falkenhayn in staat naar de vooruitzichten van deze oorlog op de lange termijn te kijken. Dat stemde hem niet optimistisch voor Duitsland.

Met Kerstmis 1915 presenteerde hij de Duitse keizer zijn visie over de beste strategie voor Duitsland om de oorlog te winnen. Het document is verloren gegaan en de inhoud is ons nog slechts bekend uit Von Falkenhayns eigen memoires.[1] Daarin schetst hij een nieuw soort strategie, overwinnen door het uitputten van de tegenstander. Frankrijk, zo stelde hij, 'zit aan de grenzen van zijn uithoudingsvermogen'. Rusland stond er niet veel beter voor: 'Zijn offensieve kracht is zo gebroken dat het nooit zijn oude sterkte zal herwinnen. ... Zelfs al kunnen we misschien niet een revolutie in grootse stijl verwachten, dan nog mogen we aannemen dat de binnenlandse moeilijkheden Rusland op relatief korte termijn zullen dwingen zich gewonnen te geven.' Maar een opmars in het oosten, redeneerde Von Falkenhayn, 'leidt nergens toe'. Groot-Brittannië vormde het echte gevaar, maar hij was huiverig om de kracht van de vijand te tarten. Toch was het noodzakelijk in het offensief te gaan voordat Duitsland zou bezwijken onder de Britse zeeblokkade en de overmacht aan materieel en manschappen van de geallieerden. Gezien deze omstandigheden koos Von Falkenhayn voor een offensief, een van de weinige waarin het Duitse opperbevel zich tussen de herfst van 1914 en de lente van 1918 aan het westelijk front stortte. Volgens hem restte slechts een aanval op Frankrijk. 'Binnen ons bereik achter de linies van de Franse sector van het westelijk front bevinden zich doelen die de Franse generale staf zullen dwingen elke beschikbare man in de strijd te werpen om te voorkomen dat ze in onze handen vallen. Als ze dat doen, zullen de Franse strijdkrachten doodbloeden.'[2]

De plek des oordeels

WAAROM WAS VERDUN van zo vitaal belang dat de Fransen al hun manschappen zouden inzetten om het te verdedigen? De stad was niet van echt strategisch belang, maar kende wel een lange militaire geschiedenis. Al in de tijd van het Romeinse rijk was het een versterkt kamp geweest, en het was onderdeel van het opmerkelijke fortenstelsel dat voor Lodewijk XIV door diens meester-architect Vauban was ontworpen. In de Frans-Duitse Oorlog van 1870 was Verdun het laatste Franse fort dat viel. De Fransen waren vastbesloten ten koste van alles te voorkomen dat de geschiedenis zich zou herhalen.

Von Falkenhayn gaf zijn strijdplan de codenaam *Gericht*, dat onder meer 'plaats des oordeels' betekent, een passende naam voor een operatie waarbij het Duitse leger in het geheim zes nieuwe divisies en 1300 stuks geschut samentrok, de grootste

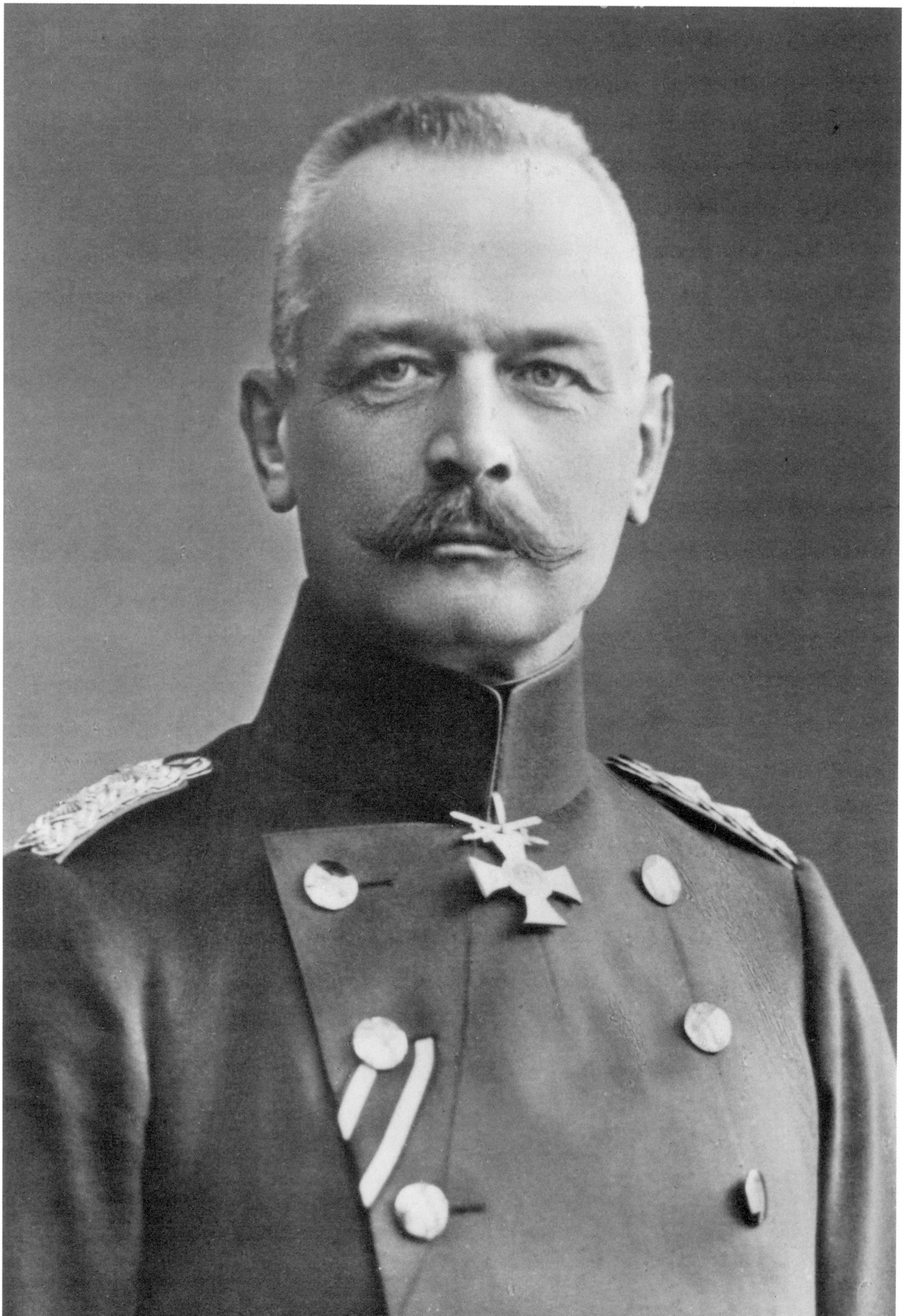

Slachting

LINKS Generaal Erich von Falkenhayn. Hij was de eerste die de slijtageslag als strategie ging toepassen. Von Falkenhayn wilde dat de Fransen bij Verdun alles op alles zouden zetten, en zij gaven hem zijn zin.

samengebalde strijdmacht tot dan toe. Het arsenaal omvatte Dikke Bertha's met projectielen van een ton. Zware bombardementen maakten deel uit van Von Falkenhayns plannen. Hij stelde voor een betrekkelijk smal front zo zwaar te beschieten dat het leven in dit gebied ondraaglijk zou worden. Vervolgens zou zijn infanterie de verwoeste zone zonder veel verliezen kunnen bezetten, waarna het geschut naar voren verplaatst kon worden en het hele proces van voren af aan kon beginnen. Zo zou het Franse leger doodbloeden.

Een van de infanteristen van de enorme Duitse troepenmacht bij Verdun was Otto Heinebach, een filosofiestudent uit Berlijn. Hij maakte zich geen illusies over wat hem en zijn makkers te wachten stond.

> Voor Verdun, vrijdagavond 18 februari 1916
> Ik neem afscheid van u, lieve ouders, broers en zusters. Dank, oprechte dank voor alles wat u voor mij gedaan hebt. Mocht ik sneuvelen, dan smeek ik u dit moedig te dragen. Bedenk dat ik waarschijnlijk nooit volledig gelukkig en tevreden zou zijn geworden. ...
> Vaarwel. U kent al degenen die mij dierbaar zijn; zegt u hen namens mij vaarwel. Zo doof ik in mijn verbeelding de lamp van mijn bestaan aan de vooravond van deze vreselijke veldslag. Ik snijd mijzelf los uit de kring waarvan ik een geliefd onderdeel ben geweest. De leegte die ik achterlaat moet opgevuld worden; de menselijke keten mag niet verbroken worden. Ik, die daar eens een kleine, geliefde schakel van uitmaakte, zegen haar voor eeuwig. Ik smeek u, herinner u mij tot uw laatste dagen met tederheid. Eer mijn herinnering zonder die te vergulden en koester mij in uw liefhebbende, trouwe hart.[3]

ONDER Luitenant-kolonel Emile Driant, afgevaardigde voor Nancy, bracht de senaat op de hoogte van zijn ernstige bezorgdheid om de verdediging van Verdun. Er werden wel enkele maatregelen genomen, maar zij waren onvoldoende en kwamen te laat. Driant werd op 22 februari 1916 gedood nabij het Bois des Caures.

Toen stak de storm op. Heinebach stierf aan de verwondingen die hij al op de eerste dag opliep. Het Franse opperbevel werd verrast door de Duitse aanval die op 21 februari werd gelanceerd over een twaalf kilometer breed front. Iets dergelijks was nog niet vertoond. Alleen al op de eerste dag werden een miljoen granaten afgevuurd.

Het zwaarste bombardement werd uitgevoerd op een sleutelpositie in de frontlinie, het Bois des Caures, waar luitenant-kolonel Emile Driant het bevel voerde. Driant was een reservist die zich in vredestijd in de buurt van Verdun met de politiek had beziggehouden. Hij was ook schrijver van militaire verhalen. Ironisch genoeg had hij acht jaar eerder een kinderboek geschreven waarin hij zijn eigen dood op het slagveld beschreef.[4] Hij had als een roepende in de woestijn gewaarschuwd tegen de Duitse troepenconcentratie. In januari 1916 schreef hij: 'Ik wacht de cycloon af. ... Uiteindelijk, als dit het uur is en ik geroepen word, zal ik antwoorden: "Present", zoals alle anderen.'[5] Zijn oproep om te zorgen voor versterkingen werd in de wind geslagen; nu kregen hij en zijn mannen de hel van de verwoestende artillerieaanval te verduren.

Na twee dagen van beschietingen, onder andere met gifgas, bestookten de Duitsers de Franse linies met een nieuw wapen, de vlammenwerper. De weinige Franse overlevenden die uiteindelijk uit hun holen tevoorschijn kropen, kwamen tot de ontdekking dat van het dichte bos nog slechts versplinterde takken en stronken restten. Driants mannen hadden een dag lang standgehouden, de aanvallende Duitsers bestokend met een spervuur uit hun machinegeweren. Aan het einde van die eerste dag had Driant een priester gevraagd hem te helpen 'vrede met

Slachting

Januari-juni 1916

Januari *Dienstplicht ingevoerd in Groot-Brittannië*

De eerste Wet op de militaire dienst, waarmee de dienstplicht voor alleenstaande mannen werd ingevoerd, werd op 25 januari 1916 van kracht. Passage uit het dagboek van dominee Andrew Clark.

1 januari De heer Jas. Caldwell belde – zeer verhelderend en informatief. Het is nu vrijwel zeker dat de dienstplicht er komt. De *Daily News* en de *Star*, van dezelfde eigenaars, voeren er een felle maar nutteloze strijd tegen. Zij vertegenwoordigen Labour, waarvan de leden allerminst bezorgd zijn over het feit dat de jongemannen van het land aan de gevaren van de oorlog worden blootgesteld, maar wel doodsbenauwd zijn dat hun eigen vermogen om kwaad aan te richten na de oorlog vernietigd wordt.
Het is een absolute schande die massa's jongemannen van rond de vijfentwintig de hele dag in de cafés van Londen te zien koffie drinken, sigaretten roken en domino spelen. De heer Caldwell vluchtte op een dag voor een regenbui 'The Mecca' in: die zat vol met dat soort lui, en er was geen verlofganger te bekennen. ...[6]

Rekruteringsbureau in Londen

Februari *De Slag bij Verdun begint*

De Franse schrijver Jules Romain beschrijft de eerste dag van de veldslag, 21 februari.

Over het hele front ... over een strook van verscheidene kilometers, hing een werveling van stof, rook en puin, vergezeld van donderend lawaai. Duizenden mannen, in groepjes van twee, drie, tien en soms twintig kromden hun rug tegen de storm, tegen elkaar aangedrongen op de bodem van hun schuilgaten die meestal niet meer waren dan krassen in de grond, en vaak de aanduiding schuilplaats nauwelijks verdienden. Hun oren werden bestookt met het geluid van door granaten opengereten en omgewoelde vaste grond.[7]

April *De Paasopstand in Ierland*

Uit een verslag van de gebeurtenissen op 24 april, toen gewapende leden van de Irish Republican Brotherhood het hoofdpostkantoor en andere openbare gebouwen in Dublin trachtten te bezetten.

In de South Dublin Union De eerste man die geraakt werd was Richard O'Reilly, die een broer, John, in het 'Nurses Home' had, en twee andere broers die toen in het Britse leger dienden. 'Grappig,' zei John later, 'die dag waren twee van ons voor en twee van ons tegen Engeland aan het vechten.'[8]

Het verwoeste postkantoor in Dublin

Slachting

April *De val van Koet*

Britse troepen in Koet el-Amara in Mesopotamië werden door het Turkse leger belegerd van 7 december tot hun overgave op 29 april. Dominee Harold Spooner, anglicaans aalmoezenier, vertelt over de verschrikkelijke laatste dagen. Spooner overleefde, maar bracht zestien jaar in een verpleeghuis door nadat hij geestelijk was ingestort.

> *Maandag 17 april - 23 (Pasen)* Je durft niet te denken wat er zal gebeuren als het garnizoen niet snel wordt ontzet. Iedereen teert weg. Veel soldaten sterven aan gastro-enteritis – wat in feite slechts een andere benaming is voor de hongerdood. Het is allemaal te vreselijk om aan te denken – geen medische hulp of voedsel meer – de toestand is onderhand onhoudbaar.[9]

Mei *De Slag bij Jutland*

> *31 mei* De eerste en enige grote confrontatie tussen de Britse en de Duitse vloot. De Britse 'Grand Fleet' leed zware verliezen, maar zou niet meer door de Duitse Hochseeflotte worden uitgedaagd. Een Duitse zeeman beschouwde de slag als een nederlaag voor de Britten.

De slag bij Jutland

> Op 2 juni bereikt ons het nieuws dat de grootste zeeslag aller tijden ... in het Skagerrak heeft plaatsgevonden. De slag eindigde in een onbetwistbare nederlaag voor de Britse vloot, die dus de kans heeft gehad het met zijn grootste tegenstander eens te worden over de vraag wie nu de echte heersers zijn op zee – voor het eerst sinds de Kaiser en Tirpitz die vraag opwierpen. Verscheidene Britse oorlogsbodems werden vernietigd. ...[10]

Juni *Het Broesilovoffensief met succes bekroond*

Alexej Broesilov, bevelhebber van het Russische leger aan het zuidelijk front, begon zijn offensief op 4 juni en slaagde erin het Oostenrijkse leger bijna 90 kilometer terug te dringen – de meest succesvolle actie van het Russische leger in de oorlog. Hier vertelt hij over de veldslag.

> Ik zal de confrontaties die onder mijn bevel werden uitgevochten niet tot in detail beschrijven. Ik stel slechts vast dat we op 6 juni om twaalf uur 's middags in totaal 900 officieren en meer dan 40.000 manschappen gevangen hadden genomen, en 77 kanonnen, 134 machinegeweren, 53 loopgraafmortieren en tal van ander oorlogstuig hadden buitgemaakt.[11]

Russische soldaten in Galicië

Slachting

God te sluiten'. Hij nam de leiding over het 59ste Bataljon Lichte Infanterie op zich en slaagde erin enkele eenheden te versterken die nog steeds standhielden in het Bois des Caures. Op 22 februari rond vier uur 's middags werd hij aan het hoofd geraakt, schreeuwde 'Mijn God', en stierf. Er was wederom iemand toegevoegd aan de groeiende lijst van legendarische helden van Frankrijk.

De 37ste Afrikaanse Divisie, die uit Marokkaanse en Algerijnse manschappen bestond en een geduchte gevechtsreputatie had, werd op 24 februari in de strijd geworpen. Zij weerstonden de beschietingen niet en sloegen op de vlucht. De volgende dag vielen de Duitsers Fort Douaumont aan. Deze enorme, veelhoekige vesting, bijna 400 meter in doorsnee, was de hoeksteen van de Franse verdedigingslinie maar onvoldoende bemand. Douaumont werd bijna zonder strijd genomen, hetgeen tot veel vreugde in Duitsland aanleiding gaf. Kerkklokken

BOVEN Franse schoolkinderen volgen de aanval op Fort Douaumont.
RECHTS Het verwoeste fort. De strijd om Fort Douaumont duurde van de bezetting door de Duitsers op 25 februari tot de herovering door de Fransen op 24 oktober 1916.

Slachting

LINKS Stephen Westman was een Duitse arts die in een vroeg stadium van de veldslag naar Verdun kwam. In zijn memoires vertelt hij van de vreselijke spanningen waaraan de soldaten blootstonden in wat de ergste veldslag uit de geschiedenis wordt genoemd.

luidden en kinderen kregen een dag vrij van school. Maar er was weinig vreugdevols aan het bezetten van het fort, schreef de Duitse legerarts Stephen Westman.

Ik voelde hoe het hele fort schudde toen een bijzonder zwaar projectiel, waarschijnlijk met vertraagde ontsteking, neerkwam en explodeerde. ... Naderhand zwierf ik door het fort met zijn vele schuilholen en kazematten. De toegang tot een daarvan was dichtgemetseld en iemand had er een bord opgehangen met het opschrift: 'Hier rusten 1052 Duitse soldaten', een heel bataljon dat in die kazemat sliep. Blijkbaar had een van hen een sigaret opgestoken en waren de vaten met brandstof voor de vlammenwerpers die daar opgeslagen lagen geëxplodeerd; niemand had dat overleefd.[12]

Duitse soldaten in Fort Douamont, dat zij met slechts een handjevol manschappen wisten in te nemen. De herovering van het fort kostte volgens een schatting van een Franse generaal 100.000 Fransen het leven.

Slachting

Dantes hel

VOOR DE OVERLEVENDE Franse troepen aan de noordkant van Verdun was de situatie vrijwel ondraaglijk geworden. Vanuit vliegtuigen strooiden de Duitsers pamfletten uit over de val van Douaumont met de mededeling dat de oorlog bijna voorbij was. Verversingstroepen waren al gedemoraliseerd voor zij zich in de strijd begaven. 'We zijn verloren,' schreef sergeant Paul Dubrulle, een jezuïet in het 8ste Regiment. 'Ze hebben ons zonder rantsoenen en bijna zonder munitie in de vuurhaard gegooid. Wij waren het laatste redmiddel; ze hebben ons opgeofferd. ... Ons offer zal vergeefs zijn.'[13] Wanhopig op zoek naar een leider wendde Joffre zich tot iemand die hij persoonlijk verafschuwde: de zestigjarige Henri Philippe Pétain.

De situatie in Verdun was zeer kritiek toen Pétain daar met een dubbele longontsteking arriveerde. De beijzelde wegen naar de stad waren verstopt met vluchtelingen, gewonde soldaten en uiteengevallen regimenten. Toen zij op het hoofdkwartier kwamen had, een van zijn adjudanten het gevoel dat hij 'een gekkenhuis had betreden. ... Iedereen was druk aan het praten en gesticuleren.'[14] Pétain nam snel de leiding en dirigeerde de strijd vanaf zijn ziekbed. In een tijd dat andere Franse officieren de militaire filosofie van de infanterieaanval aanhingen, was Pétain een uitgesproken voorstander van vuurkracht. 'Kanonnen zijn er om te veroveren, de infanterie om te bezetten.' Door de nadruk die hij legde op gecoördineerd artillerievuur kon Verdun in Franse handen blijven. Omdat hij inging tegen de gevestigde Franse militaire doctrine en openlijk zijn minachting voor politici liet blijken, had hij het toen de oorlog begon nog slechts tot kolonel geschopt, maar nog voor het einde van de oorlog zou hij het gehele Franse leger onder zijn bevel krijgen. Hij gedroeg zich nobel maar kil en hij blijft een van de meest intrigerende – en controversiële – militairen van deze eeuw.

Eind februari was het Duitse offensief vastgelopen. De reden daarvoor was eenvoudig: ondanks de geweldige omvang en kracht van geschut en granaten waren ze toch niet op hun taak berekend. Toch zette Von Falkenhayn door. Op 1 april verkondigde de Duitse keizer in het openbaar dat het einde van de oorlog, net als bij de Frans-Duitse Oorlog van 1870, in Verdun zou plaatsvinden. Maar hoewel de Duitse artillerie van het bestookte gebied een zone des doods had gemaakt, was het gebied daarbuiten vergeven van Franse artillerie. Toen de Duitse infanterie optrok om het gebied te bezetten dat door de eigen granaten was omgeploegd, werd zij getroffen door zwaar tegenvuur van de Fransen die vanuit Bar-le-Duc door gemotoriseerde transporten bevoorraad werden over de Voie Sacrée, de 'Heilige Weg'. Zodoende ontaardde de veldslag ook voor het Duitse leger in een bloedbad.

Het gebied ten noorden van Verdun was al snel volledig verwoest. Een piloot die eroverheen vloog beschreef het als 'Dantes hel'. Dit was een gepaste aanduiding voor deze afgrijselijke slachtplaats. 'Men eet, men drinkt naast de doden, men slaapt te midden van de stervenden, men lacht en zingt in gezelschap van lijken,' schreef de Franse chirurg Georges Duhamel.[15] Om zijn verstand niet te verliezen speelde hij fluit tussen het opereren door.

Tegen de lente was de strijd een eigen leven gaan leiden, zonder veel strategische betekenis voor beide kanten. Het is moeilijk voor te stellen hoe één enkele slag kon leiden tot een totaal aantal slachtoffers – doden, gewonden en vermisten – van bijna een miljoen. Het is even moeilijk voor te stellen hoe de Fransen, die de helft van die verliezen leden, de beschietingen dag na dag doorstonden. In de loop van

Generaal Philippe Pétain aan wie de verdediging van Verdun werd toevertrouwd daags nadat Fort Douaumont in handen van de Duitsers was gevallen.

Granaathulzen in Verdun. Pétain maakte bij Verdun zo effectief gebruik van zijn artillerie dat de Duitsers evenveel verliezen leden als zij de Fransen toebrachten.

de strijd werden zo'n veertig miljoen granaten afgevuurd door de twee legers – ongeveer tweehonderd per gedode soldaat.[16] Dat verklaart waarom overlevenden zoals Dubrulle in hun beschrijvingen steeds weer uitkwamen op hun ervaringen tijdens de beschietingen:

> Als je het fluiten in de verte hoorde, trok je hele lichaam samen om de al te krachtige trillingen van de explosie te weerstaan, en elke herhaling

betekende opnieuw een aanslag, vermoeienis, lijden. Onder een dergelijk regime houden zelfs de sterkste zenuwen het niet lang uit. ... Misschien kun je het het best vergelijken met zeeziekte ... uiteindelijk geef je je eraan over, heb je zelfs de kracht niet meer om je met je bepakking tegen rondvliegende splinters te beschermen en heb je nog amper de kracht om tot God te bidden.

Sterven door een kogel lijkt niet erg, dan blijf je tenminste nog deels intact. Maar om je ledematen kwijt te raken, uiteengereten en tot pulp

Verminkte lijken aan het westelijk front. Veel soldaten ontwikkelden na veelvuldig met dergelijke beelden te zijn geconfronteerd een soort onverschilligheid als afweer en drukten de herinnering voorgoed weg uit hun bewustzijn.

gereduceerd te worden, dat is een angst die je lichaam niet kan verdragen en die het grootste lijden teweegbrengt tijdens een bombardement.[17]

Dubrulle was vooral aangedaan door één explosie waarbij een torso zonder hoofd of ledematen in een boom terechtgekomen was. 'Ik smeekte God een eind aan deze vernederingen te maken. Nooit heb ik zo uit de grond van mijn hart gebeden.' Dubrulle overleefde Verdun, maar uitte later minder orthodoxe gevoelens voor een jezuïet: 'Na de moed te hebben opgegeven om te midden van zoveel verschrikking in leven te willen blijven, smeken we God ons niet te laten doden – de overgang is te gruwelijk – maar ons gewoon dood te laten zijn. We hadden nog maar één verlangen: naar het einde.'[18]

Ook bij de tegenpartij werd het geloof zwaar op de proef gesteld. Voor sommigen was het een bron van kracht. Johannes Haas was een vierentwintigjarige theologiestudent uit Leipzig. Op 13 mei 1916 schreef hij aan zijn familie:

> Allerliefste ouders,
> Dit hier is oorlog in zijn meest verschrikkelijke vorm, en in onze ellende beseffen we Gods nabijheid. Het begint er heel slecht uit te zien, maar van binnen ben ik onbezorgd en gelukkig ... Ik vrees het Oordeel niet. Ik ben dan wel een armzalig, zondig schepsel, maar hoe groot zijn niet Gods genade en de liefde van de Heiland! Daarom doe ik mijn plicht voor het vaderland en mijn geliefde Duitse volk zonder angst of wanhoop. Ik dank u, lieve ouders, dat u mij naar de Heiland geleid hebt; dat was het beste dat u ooit gedaan hebt. Ik heb u innig lief. God zij met u.
> Hans

Drie weken later, op 1 juni 1916, schreef hij opnieuw:

> Lieve ouders,
> Ik lig op het slagveld, gewond in het lichaam. Ik denk dat ik ga sterven. Ik ben blij dat ik tijd heb om me voor te bereiden op mijn hemelse thuiskomst. Dank u, lieve ouders. God zij met u.
> Hans[19]

Henri Desagneaux was een overlevende van Verdun die een verslag heeft nagelaten van zijn tijd daar. Hij begon de oorlog als reserve-luitenant bij het transport per spoor, maar toen het aantal Franse officieren terugliep werd hij overgeplaatst naar het front en kreeg hij het bevel over een compagnie. Bij zijn aankomst in Verdun op een regenachtige avond in juni hoorden hij en zijn mannen het daveren van de kanonnen rond de hele vestingstad. Hij merkte tot zijn verbazing dat er geen hutten of schuilplaatsen waren voor de mannen die aankwamen, hoewel de strijd al weken gaande was. Dat was nog slechts het begin van een ervaring die hij omschreef als een 'leegte'. 'We bevinden ons niet langer in de beschaafde wereld.' Hij had gelijk.

> Verdoofd en daas, zonder een woord te zeggen en met kloppend hart, wachten we op de granaat die ons zal vernietigen. De gewonden liggen in steeds grotere aantallen om ons heen. De arme donders, niet wetend waar ze naartoe kunnen, komen naar ons toe denkende dat zij geholpen zullen worden. Wat kunnen we doen? Er hangen rookwolken, de lucht is niet om in te ademen. De dood is overal. Bij onze voeten kreunen de gewonden in een poel van bloed; twee van hen, die het zwaarst getroffen zijn, blazen hun laatste adem uit. De een, een mitrailleur, is blind geschoten, met één oog

Slachting

dat uit de kas hangt terwijl het andere er volledig is uitgerukt; bovendien heeft hij een been verloren. De tweede heeft geen gezicht meer, mist een arm en heeft een vreselijke buikwond. Kreunend en gruwelijk lijdend smeekt de een: 'Luitenant, laat me niet sterven, luitenant, ik heb zo'n pijn, help me.' De ander, die mogelijk nog ernstiger gewond is en dichter bij de dood, smeekt me hem te doden met deze woorden: 'Luitenant, als u het niet wilt doen, geef me dan uw revolver!' Afgrijselijke, verschrikkelijke ogenblikken, terwijl de kanonnen ons teisteren en de granaten ons met modder en aarde bespatten. Urenlang gaat dat kreunen en smeken door tot, om 6 uur 's avonds, zij voor onze ogen sterven zonder dat iemand in staat is hen te helpen.[20]

Henri Desagneaux, die het bevel voerde over een Franse compagnie bij Verdun. In juni 1916 bracht hij twee weken aan de frontlinie door en overleefde dat zonder kleerscheuren. Hij was een van de gelukkigen. Verdun doorstaan te hebben, schreef hij, betekende het betreden van een geheel nieuwe wereld, een leegte die was omgeploegd door onophoudelijke bombardementen, een woestenij, een enorm kerkhof dat mannen verzwolg die de meest vreselijke verwondingen hadden opgelopen zonder enig vooruitzicht dat hun lijden verlicht zou worden.

Slachting

Een Pyrrusoverwinning

VERDUN WERD AL terwijl de slag nog in alle hevigheid woedde een Franse legende. Eén incident dat mythische afmetingen kreeg, de 'loopgraaf van de bajonetten', toont hoe dat in zijn werk ging. De feiten staan vast. De 3de Compagnie van het 137ste Franse Infanterieregiment werd op 12 juni 1916 in een ravijn tussen Thiaumont en Douaumont vernietigd. Na deze confrontatie werd de loopgraaf waarin de soldaten zich bevonden hadden volledig gedicht aangetroffen. Uit de aarde staken op regelmatige afstand van elkaar bajonetten omhoog waaronder zich de lijken van deze eenheid bevonden. Volgens de verhalen zouden de mannen op hun post zijn gebleven tot zij levend begraven werden.[21] Waarschijnlijker is echter dat zij als gevolg van een bombardement begraven werden en dat hun graven gemarkeerd werden door Duitse soldaten die deze sector korte tijd bezetten.

De 'loopgraaf van de bajonetten' werd net als de veldslag zelf al een legende nog voor de oorlog was afgelopen. Een Franse legercommissie kwam in 1917 naar Douaumont om de zaak te onderzoeken. Zij vonden een piloot die op 12 juni over het slagveld had gevlogen en die vertelde dat hij een plotseling verschuiven van de grond had waargenomen, hetgeen het instorten van de loopgraaf verklaarde. Was er een beter, ontroerender symbool voor de onwrikbare wil van het Franse leger bij Verdun om stand te houden? De commissie oordeelde dat deze plek bewaard moest blijven. Met geld van de Amerikaanse bankier George F. Rand werd hier (of waarschijnlijker, er ergens dichtbij) een betonnen boog aangebracht. Tot op heden is het een bedevaartsplek.

Als oord van onmetelijke moed is Verdun uniek. Maar was er militair gezien iets bereikt toen na tien maanden strijd de frontlijn goeddeels weer dezelfde was als in februari 1916? Voor Duitsland was Verdun een mislukking. Wilhelm Hermanns besefte dat, toen zijn eenheid in een later stadium van de strijd de Verdun-sector binnentrok.

> We zagen een handvol soldaten onder aanvoering van een kapitein een voor een tussen de bomen vandaan komen. De kapitein vroeg wat voor compagnie we waren en begon plotseling te huilen. Leed hij aan shellshock? Hij zei: 'Toen ik jullie zag komen dacht ik eraan hoe ik zelf zes dagen geleden over deze weg met ongeveer honderd man aan kwam. En kijk nu eens wat er nog van over is.'
> We keken terwijl we ze passeerden. Zij waren met ongeveer twintig man en liepen als levende gipsen beelden. Hun gezichten als van ingevallen mummies keken ons aan en hun ogen leken zo enorm dat je niets anders zag dan ogen. Die ogen, die vier dagen en nachten geen slaap hadden gezien, verbeeldden de dood. ... Was dit de verwezenlijking van de glorieuze droom die ik had toen ik me aanmeldde om met de Kaiser onder de Arc de Triomphe door te marcheren?[22]

Von Falkenhayn had het Franse leger inderdaad laten leegbloeden, maar kon er niets tegen doen dat ook zijn eigen strijdkrachten een heksenketel ingezogen werden die Duitsland evenzeer, zo niet meer verzwakte dan Frankrijk. Hij werd in augustus 1916 als opperbevelhebber vervangen door veldmaarschalk Paul von Hindenburg, die samen met zijn kwartiermeester-generaal Erich Ludendorff het leger ging leiden.

Voor Frankrijk was Verdun hooguit een Pyrrusoverwinning. De stad, met zijn historische betekenis voor Frankrijk, had standgehouden door drie kwart van het

Franse soldaten in een krater in de buurt van Fort Vaux. De Slag bij Verdun ontaardde in een wanhopige strijd van geïsoleerde kleine groepjes mannen die geen contact meer hadden met hun eigen eenheid, zonder reserves of voorraden.

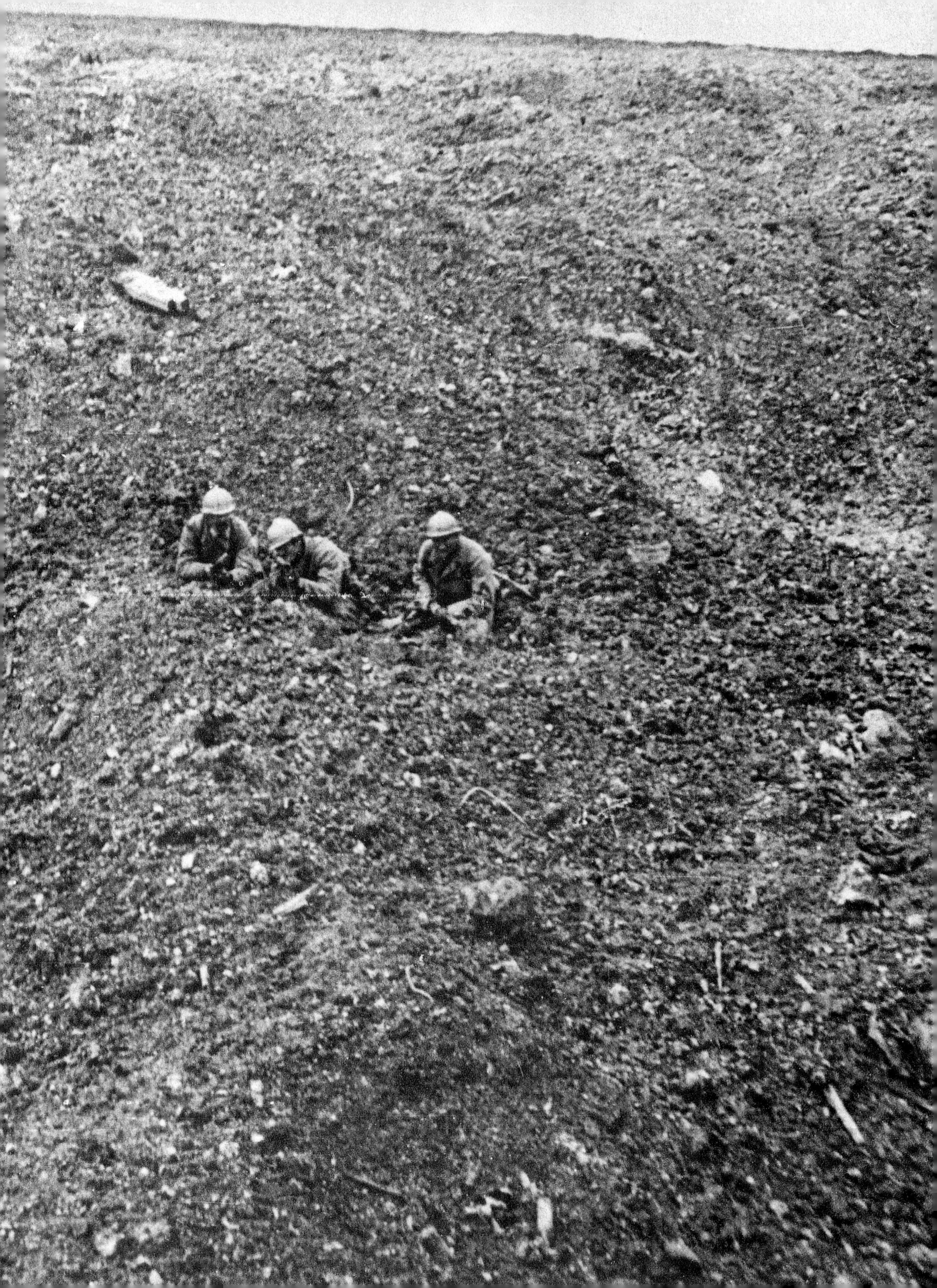

Slachting

Franse leger door de vleesmolen te draaien. Dat leger bleef doorvechten, maar voor de rest van 1916 kwam de last van de geallieerde oorlogsinspanning aan het westelijk front op de schouders te liggen van de Britten met hun dominions en de burgerstrijdkrachten die ze de oorlog in stuurden.

Kitcheners leger

Aan het begin van de oorlog moest een Brits vrijwilliger negentien jaar oud en één meter zeventig lang zijn. In november van het eerste oorlogsjaar was die eis reeds teruggebracht tot 1,57 meter, hoewel er nauwelijks een tekort aan vrijwilligers was.[23] Nog twee maanden eerder waren de rekruteringsbureaus op één enkele dag overspoeld door 30.000 mannen.[24] In de eerste vijf maanden melden zich een miljoen mannen aan. Terwijl de eisen omlaag gingen, werden overal posters opgehangen. Op vele daarvan was lord Kitchener te zien die de mannelijke bevolking opriep zich aan te melden. Andere brachten een wat subtielere maar heel effectieve boodschap door zich te richten op geliefden. 'De vrouwen van Groot-Brittannië zeggen: Ga!' luidde er een. Een andere riep de hulp in van kinderen en lanceerde een zin die een vertrouwde vraag is geworden voor latere generaties; kinderen vragen een zorgelijk kijkende vader: 'Wat deed u in de oorlog, vader?'

Er was ook de druk van de werkgevers. De schrijver Edward Thomas schreef hierover: 'Overal waar ik kwam werd mij verteld dat werkgevers – "de beste firma's" – mannen ontsloegen, de jongere, ongetrouwde mannen, om hen ertoe te brengen zich aan te melden.' Jongemannen die in Londen niet in uniform rondliepen werden door society-vrouwen op straat aangehouden en kregen een witte veer aangereikt – een teken van lafheid. Zelfs een avondje theater bood geen ontsnapping. In het patriottische toneelstuk *England Expects* was onder andere te horen: 'O, we willen je niet verliezen, maar vinden toch dat je moet gaan.' En in totaal gingen zo'n zes miljoen mannen; drie miljoen van hen gingen al vóór 1916 als vrijwilliger.

Eén van hen was Thomas. Terwijl sommigen hals over kop dienst namen uit een zucht naar avontuur en solidariteit met kameraden, in de veronderstelling dat de oorlog slechts een paar maanden zou duren, gingen anderen, zoals Thomas, eerder uit plichtsgevoel dan uit jeugdig enthousiasme. 'Hij had een geweldige hekel aan het patriottisme van de kranten,' herinnerde zijn vrouw Helen zich. 'Hij keek door hun leugens en bedrog heen zoals hij altijd dwars door onwaarheden heen keek.' Net als bij anderen kreeg een knagend plichtsbesef uiteindelijk de overhand. Hij meldde zich in 1915 als zevenendertigjarige aan bij de Artists' Rifles, een opleidingskorps voor officieren, juist toen hij zijn eigen stijl als dichter begon te vinden. Hij had zijn tijd als officier in opleiding kunnen uitdienen, maar meldde zich als vrijwilliger voor een officierspost bij de artillerie aan het front. In een van de meest ontroerende persoonlijke documenten uit de oorlog beschrijft zijn vrouw hun laatste nacht samen:

> Ik zit stom naar zijn bagage tegen de muur te staren. Hij haalt zijn kompas tevoorschijn en legt me de werking uit, maar ik zie niets, en als er een traan op valt, klapt hij het dicht en stopt het weg. Hij neemt een boek uit zijn zak. 'Zie je, jouw Shakespeare-sonnetten zitten al waar ze altijd zullen zitten. Zal ik je er een paar voorlezen?' Hij leest er een paar voor. Zijn gezicht is grauw en zijn mond trilt, maar zijn stem klinkt kalm en vast. En weldra laat ik me

Rekruteringsposters. Een miljoen Britse en Ierse mannen meldden zich voor het leger aan in 1914, en nog eens anderhalf miljoen in 1915, maar nog verlangde het opperbevel meer manschappen. Toen onvoldoende vrijwilligers gehoor gaven aan de patriottische oproepen werd in januari 1916 de dienstplicht ingevoerd.

Helen Thomas en haar man, de dichter Edward Thomas, die zich in 1915 als vrijwilliger aanmeldde voor actieve dienst. Hij sneuvelde tijdens gevechten in de Slag bij Arras in 1917. Helens boek *World Without End* is een van de meest ontroerende getuigenissen van het leven van burgers tijdens de oorlog.

op de grond zakken en ga tussen zijn knieën zitten, en terwijl hij voorleest houd ik zijn hand vast die hij op mijn schouder heeft gelegd.
'Zal ik je bij dit heerlijke vuur uitkleden en je in mijn kaki-jas naar boven dragen?' Hij maakt al mijn kleren los en ik glip eruit; dan haalt hij de spelden uit mijn haar en we lachen om onszelf, omdat we ons gedragen zoals zo vaak, als jonge verliefden.
Ik verberg mijn gezicht tegen zijn knie en al mijn tranen, zo lang ingehouden, komen hartstochtelijk tevoorschijn. Ik kan niet ophouden. Mijn lichaam schokt aanhoudend, zo hard moet ik huilen. Ik word meegesleurd door deze wanhoop als een drenkeling door de zee. Ik ben niet tot denken in staat. En zo liggen we daar de hele nacht bij elkaar, af en toe pratend over onze liefde en wat geweest is, en over de kinderen, en over wat er niet deugde en wat goed was. We wisten dat het beste was, dat er tussen ons nooit sprake van onwaarachtigheid was geweest. We wisten alles van elkaar, en het was goed. En zo, pratend en huilend en elkaar liefhebbend vielen we in elkaars armen in slaap terwijl het koude gereflecteerde licht van de sneeuw door de met ijs bedekte ramen kroop.[25]

Voor elke getormenteerde Thomas waren honderden anderen die zich aanmeldden zonder er al te veel bij na te denken. Velen waren blij te kunnen ontsnappen aan een kleurloos, monotoon bestaan om deel te hebben aan wat op afstand een groot

Rekruten van een 'Pals' Battalion'. Om het teruglopend aantal aanmeldingen van vrijwilligers op te vijzelen, zetten plaatselijke notabelen in heel Groot-Brittannië zich in om eenheden van vrienden en buren uit hun streek op de been te brengen. Aanvankelijk was er een gebrek aan uniformen en wapens.

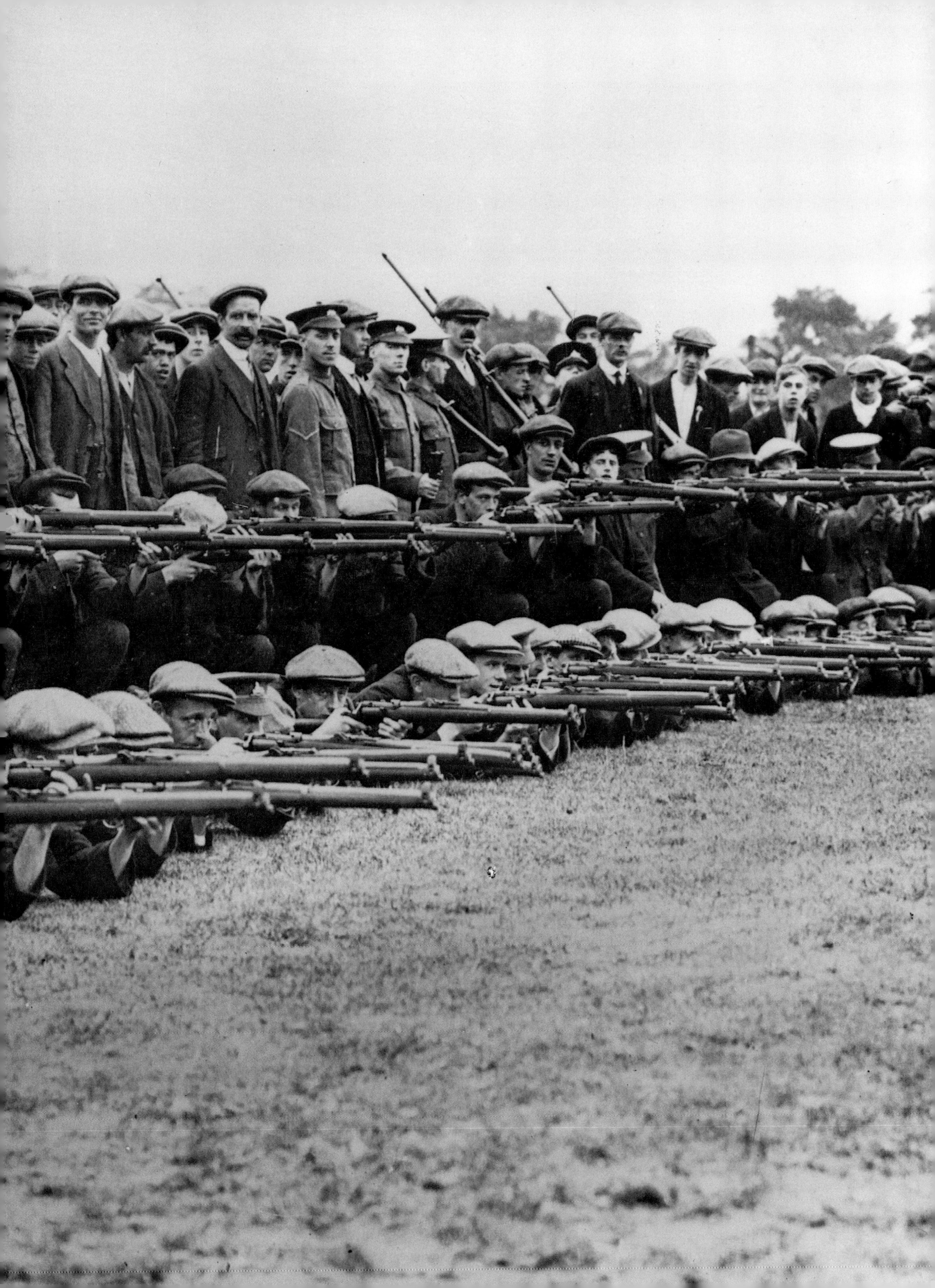

avontuur leek. Sommigen liepen wel dertig kilometer naar een rekruteringsbureau. Anderen smeekten aangenomen te worden. Sommige eenheden hieven zelfs entreegeld. Tegen 1915 konden soldaten-in-de-dop zich troosten met de gedachte dat zij samen met vrienden konden dienen door bij een 'Pals' Battalion' (kameradenbataljon) te gaan, dat geheel bestond uit vrijwilligers uit dezelfde plaats. Hoewel dit een effectieve rekruteringsmethode was, gingen de Britten voorbij aan een les die ze uit de Amerikaanse Burgeroorlog hadden kunnen trekken: binnen enkele minuten kon een hele stad in massale rouw gedompeld worden, wat dan ook gebeurde.

De Somme

Net als Verdun is de Somme een naam die niet meer is weg te denken uit de taal van de westerse beschaving. Wie nu, tachtig jaar na de Slag aan de Somme, deze naam uitspreekt roept meteen beelden op van een ramp zonder weerga,

Slachting

een dieptepunt dat er zelfs te midden van de overige gruwelijkheden van de Eerste Wereldoorlog uitspringt. De Slag aan de Somme duurde van juli tot november 1916 en werd door twee miljoen man uitgevochten langs een 45 kilometer breed front tussen Amiens en Péronne. Strategisch gezien werd er geen winst geboekt, de prijs was meer dan een miljoen doden. Net als Verdun was de Somme een collectieve slachtpartij, de uitkomst van de verschrikkelijke logica van de totale oorlog.

Er bestaat veel discussie over de bedoelingen achter het offensief aan de Somme. Ging het om een slijtageslag of om iets anders? Bij oppervlakkige beschouwing lijkt het een duidelijk plan; het wees niet in de richting van een uitputtingsslag. Het zou de langverbeide grote doorbraak van de geallieerden moeten worden.

Sir Douglas Haig

DE NAAM VAN DE BRITSE opperbevelhebber, sir Douglas Haig, is onlosmakelijk met deze veldslag verbonden. Weinig generaals zijn door historici zo streng veroordeeld – of zo fel verdedigd. Momenteel is sprake van een rehabilitatie door enkele militaire historici. De critici verwijten hem dat hij tienduizenden soldaten nodeloos de dood in stuurde, terwijl zijn verdedigers stellen dat zijn tactiek noodzakelijk was – en uiteindelijk ook tot de overwinning leidde. Hoe moeten we deze man op een rechtvaardige manier beoordelen?

Zoals zoveel generaals uit zijn tijd geloofde Haig in het offensief. Hij was een Schot en oud-cavalerist, stug, koppig en kil, maar beschikte over zeer goede connecties en was een vertrouweling van de koning. Al in zijn eigen tijd waren er mensen die kleinerend over hem opmerkten dat hij was blijven steken in negentiende-eeuwse tactieken. Hij had gevochten in de Boerenoorlog en later in India gediend. Hij was een snelle beslisser. Als vrijgezel van middelbare leeftijd vroeg hij zijn toekomstige vrouw binnen 72 uur na hun eerste ontmoeting ten huwelijk. 'Ik heb vaak in belangrijker kwesties nog veel sneller een besluit genomen,' zei hij eens. Hij was niet harteloos, zoals blijkt uit zijn naoorlogse toewijding aan oudgedienden die behoefte hadden aan zorg of bijstand.

Wie Haigs leven bestudeert kan slechts zeggen dat hij volhardend was, een buldog die zijn kaken zette in het probleem om aan het westelijk front door de Duitse linies te breken en die weigerde los te laten, ongeacht de prijs. In de Amerikaanse Burgeroorlog had Lincoln jaren moeten zoeken voor hij een dergelijke generaal vond – generaal Ulysses S. Grant, wiens vastbeslotenheid om de Unie te herstellen sterker was dan zijn bezorgdheid over de lijst met slachtoffers.

In de vroege lente van 1916 zat Haig met een enorm probleem. De Slag aan de Somme was in 1915 gepland als een gezamenlijk Frans-Brits offensief. Als gevolg van de Slag bij Verdun was het vermogen van de Fransen een bijdrage te leveren op een ander oorlogstoneel gestadig aan het afnemen, terwijl zij steeds nadrukkelijker van Haig eisten dat hij een groot offensief in gang zette. Als het Britse leger niet snel iets deed, zei Joffre kwaad tegen Haig, zou het Franse leger 'ophouden te bestaan'. Een gespannen ontmoeting tussen de twee bevelhebbers leidde tot een beslissing. Niet later dan 1 juli zouden Kitcheners strijdkrachten aan de Somme aanvallen, samen met een kleinere Franse strijdmacht.

Kitchener zelf zou die dag niet meemaken. Drie weken voor het begin van de veldslag voer hij op een geheime missie naar Rusland. Op 5 juni liep zijn schip op een mijn en zonk. Heel Groot-Brittannië was geschokt. Sommige mensen weigerden

Sir Douglas Haig, die in 1915 opperbevelhebber werd van het Britse expeditieleger, een positie die hij tot het eind van de oorlog bekleedde. Rond zijn persoon is nog steeds een controverse gaande. Zijn critici stellen dat hij vasthield aan ouderwetse, moorddadige tactieken. Zijn pleitbezorgers geloven dat zijn aanpak noodzakelijk was om de oorlog te winnen.

Slachting

te accepteren dat hij niet meer leefde en waren ervan overtuigd dat de aankondiging van zijn dood bedoeld was om de vijand te misleiden.

Op 23 juni 1916 begon het Britse leger de Duitse linies langs de Somme te beschieten. Het artilleriebombardement van anderhalf miljoen granaten duurde een week, een barrage die zwaarder was dan die bij Verdun. Het geluid van de zware beschietingen was aan de overzijde van het Kanaal te horen. Haig ging ervan uit dat de aanval gericht moest zijn op een breed front om te voorkomen dat zijn geliefde cavalerie, die door de gaten in het centrum naar voren zou moeten stormen, zou worden blootgesteld aan vuur vanaf de flanken. 'Ik voel dat elke stap in mijn plan met Gods hulp is gezet,' schreef Haig aan de vooravond van de slag aan zijn vrouw.[26]

Maar Haig beleed slechts zijn versie van Von Falkenhayns waanidee: dat het aantal granaten voldoende was voor de beoogde taak. Ze maakten een indrukwekkend lawaai maar werden afgevuurd over een veel breder front en een veel grotere afstand dan bij Verdun. Er was nauwelijks kans op een reële doorbraak. Erger nog, een miljoen van de afgevuurde granaten waren schrapnels, die de diep ingegraven Duitse troepen niet eens konden bereiken. Naast de kwantiteit was ook de kwaliteit een probleem. Slechte ontstekingen verminderden het vermogen om door prikkeldraad heen te snijden en de Britse granaten met een zwaardere springlading waren te haastig geproduceerd en van slechte kwaliteit; veel explodeerden in het geheel niet en sommige bliezen het geschut op waarmee ze afgevuurd hadden moeten worden.

Het bombardement van een week was tot mislukken gedoemd. Het besluit af te stappen van het gevestigde principe om in de vroege ochtend aan te vallen, als de troepen beschermd werden door het halfduister, maakte het er niet beter op. De Britten moesten in het volle daglicht oprukken, want zo hoopte men de Duitsers te verrassen. Cavalerie-eenheden moesten de infanterie op de voet volgen en hun voordeel doen met brede gaten die in de vijandelijke linies zouden vallen. Er werden omheiningen van prikkeldraad opgezet om de duizenden krijgsgevangenen op te vangen. De grondige planning voorzag ook in het graven van massagraven voor de doden van beide kanten, van wie de meeste volgens Haig Duits zouden zijn.

De artillerie zou het Duitse prikkeldraad vernielen en de Duitse loopgraven verpulveren, zo verzekerden de commandanten hun manschappen. De mannen hoefden slechts met volle bepakking door niemandsland naar die loopgraven te wandelen, die op sommige plaatsen op zo'n twee kilometer afstand lagen. Het zou een 'walkover' worden. 'Jullie kunnen zo met een wandelstok uit de loopgraven klimmen, jullie zullen je geweer niet nodig hebben. ... Jullie zullen alle Duitsers dood aantreffen, zelfs geen rat zal het overleefd hebben.'[27] Andere eenheden moesten sneller optrekken, of in ganzenmars, maar welke formatie zij ook kozen, centraal stond dat de Duitse verdedigingsposities vooraf verwoest moesten zijn. Volgens de leiding was dit ook gebeurd. Maar niet iedereen was zo optimistisch. Veel mannen schreven een, naar zij vreesden laatste, brief naar huis. Anderen maakten hun testament. Religieuze bijeenkomsten werden druk bezocht. Een aantal soldaten bracht zichzelf verwondingen toe om niet mee te hoeven vechten.[28]

Enthousiaste Britse soldaten op weg naar de Somme in juni 1916. De burgerlegers die van 1914 tot 1916 in Groot-Brittannië op de been werden gebracht waren vol vertrouwen dat ze zouden winnen. Het waren allemaal vrijwilligers, en wat zij misten aan militaire ervaring werd gecompenseerd door hun grote onderlinge solidariteit.

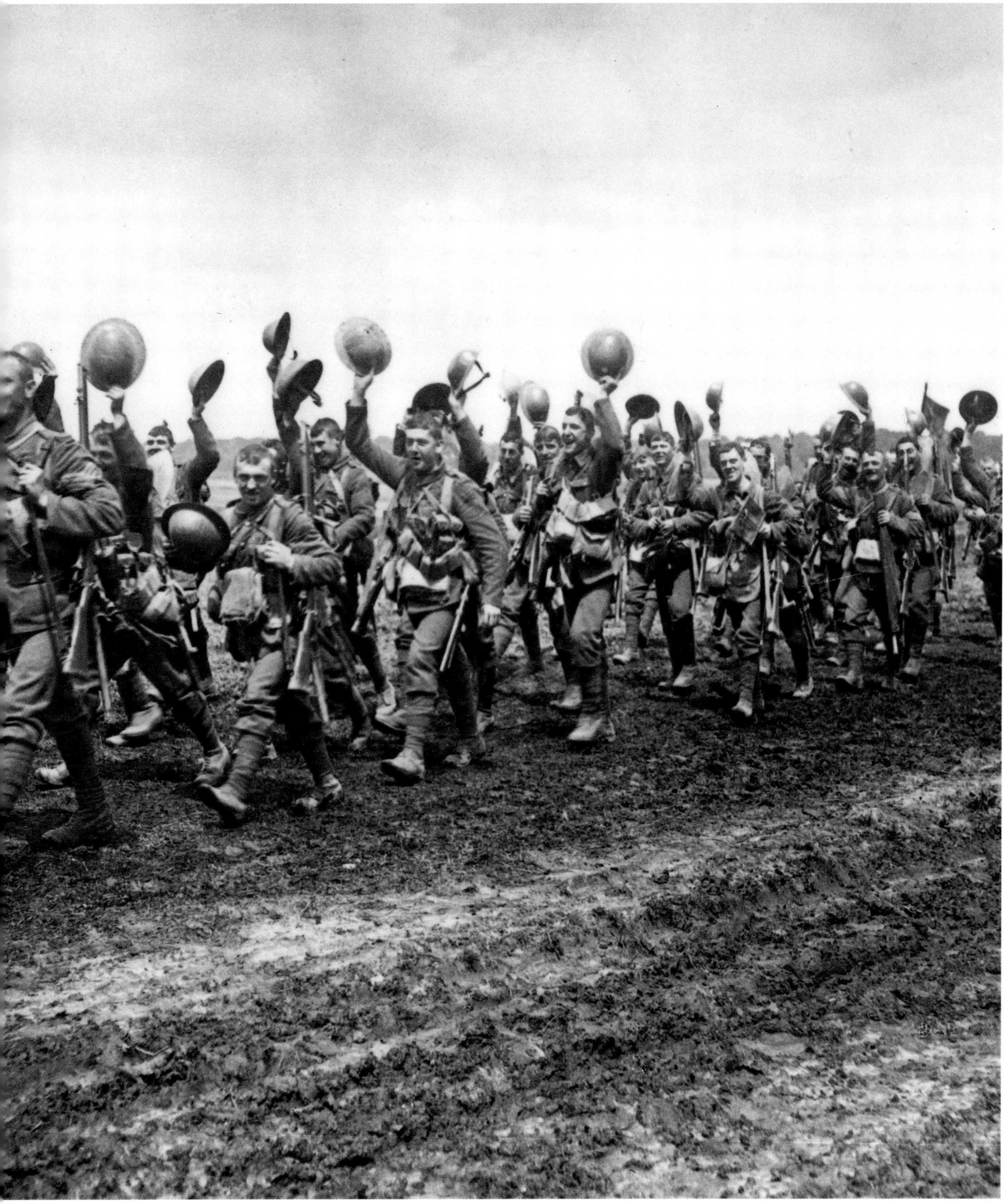

De explosie van deze gigantische mijn onder de Duitse posities bij Beaumont-Hamel in de noordelijke sector van het front markeerde het begin van het Somme-offensief. De aanval door Newfoundlanders die erop volgde was een van de bloedigste mislukkingen van de Slag aan de Somme.

Slachting

1 juli 1916

Om half acht op deze heldere, zonnige morgen stopten de beschietingen. Er volgde een moment stilte. Toen kwamen Britse divisies in golven de loopgraven uit. Er was geen dienstplichtige militair bij. Alle soldaten waren ofwel mannen die al voor de oorlog beroepsmilitair waren en tot dan toe in leven hadden weten te blijven ofwel vrijwilligers. Langs een front van twintig kilometer klommen meer dan 60.000 mannen, ieder met een bepakking van ruim 25 kilo en een geweer met bajonet in de hand uit de loopgraven, en gingen op weg naar de vijandelijke linies.

Hoe zwaar de beschietingen voor de Duitsers ook geweest waren, ze hadden ze doorstaan. Nu renden ze uit hun schuilplaatsen naar hun machinegeweren en begonnen de rijen mannen die op hen afkwamen neer te maaien. 'Op de een of andere manier leek ons in het begin niets te overkomen; we liepen alsof we in het park aan het wandelen waren,' schreef soldaat W. Slater van de 2nd Bradford Pals.[29] 'Toen, plotseling, bevonden we ons in een regen van kogels uit machinegeweren en ik zag hoe mannen rondtolden en op alle mogelijke rare manieren vielen als zij geraakt werden – heel anders dan acteurs in films doen.'

Het werd nog erger toen de Duitse artillerie, grotendeels onaangetast door de beschietingen, een dodelijke regen van granaten liet neerkomen op de langzaam vooruitkomende, zwaarbepakte troepen. In de tweede aanvalsgolf bevond zich de broer van Vera Brittain, Edward. 'Ik kan me niet meer herinneren hoe ik mijn manschappen heb meegekregen,' vertelde hij zijn zus later. 'Ik weet alleen dat ik tweemaal terug moest om ze zover te krijgen. Ik zou die minuten niet nog eens willen overdoen, al zou ik er het Victoria Cross voor krijgen.'[30]

Halverwege de ochtend was het resultaat voor iedereen aan het front duidelijk. Het opperbevel ontving echter tegenstrijdige berichten en stuurde nog meer eenheden op de Duitse linies af. Eén luitenant van het 4th Tyneside Scottish bereikte zijn doel, draaide zich om en riep: 'Mijn God, waar is de rest?'[31] Slechts twee andere soldaten uit zijn compagnie hadden het ook gered. Overleven was toeval. Gewonden werden achtergelaten waar zij neervielen; de gelukkigen vonden enige dekking en baden om hulp; de ongelukkigen werden uiteengereten door machinegeweervuur en granaten.

In de belangrijke centrale sector rond de weg van Pozières naar Bapaume werd geen winst geboekt. De London Division meldde succes bij Gommecourt, Ulstermen bereikten de Schwaben-redoute bij Thiepval en een gezamenlijke Frans-Britse strijdmacht rukte op naar het zuiden. Maar niets van dit alles kwam ook maar in de buurt van de doorbraak die het Britse opperbevel voor ogen had.

Later die ochtend werd de aanval hervat, met vergelijkbare rampzalige resultaten. Misschien wel het ergste schouwspel was te zien in de noordelijke sector bij Beaumont-Hamel. Om 7.28 uur explodeerde een enorme mijn onder de Duitse stellingen bij de Hawthorn-redoute, maar de Duitse linie bleef intact. Later die ochtend ontving luitenant-kolonel Hadow, commandant van het 1st Newfoundland Regiment bevel om de Duitse posities via het open veld aan te vallen. Eenheden van het Essex Regiment zouden rechts van hen aanvallen, maar liepen vertraging op in de verbindingsloopgraven. Tegen de tijd dat zij arriveerden waren de Newfoundlanders al uit hun loopgraven gekomen en afgeslacht. Van de 752 mannen die de loopgraven hadden verlaten waren er na een half uur 684 gedood of gewond.[32] Onder de Duitsers vielen geen slachtoffers bij deze confrontatie.

VOLGENDE BLADZIJDEN
De Tyneside Irish Brigade in opmars op de eerste dag van de Slag aan de Somme bij La Boisselle, een paar kilometer ten zuiden van Beaumont-Hamel.

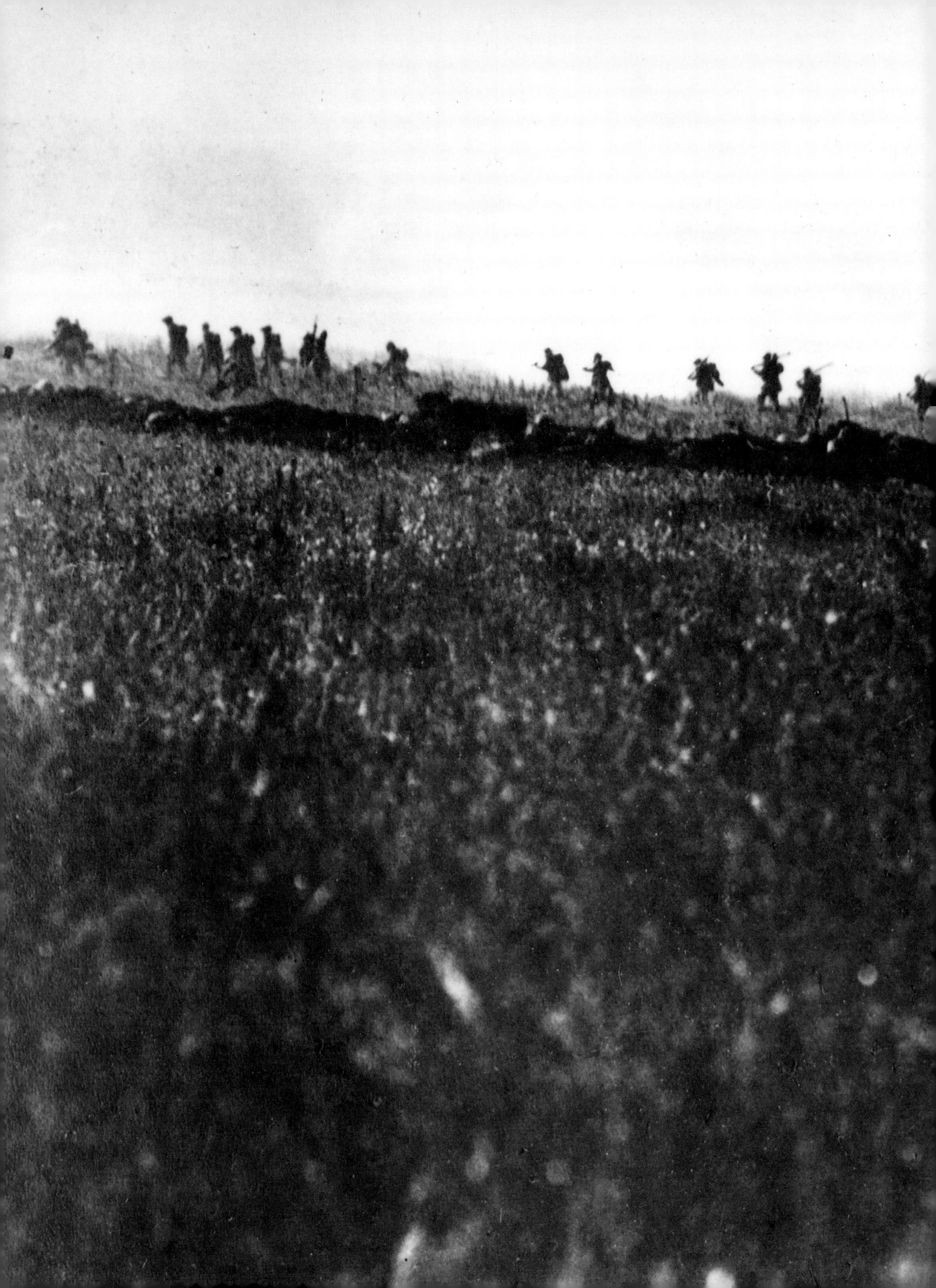

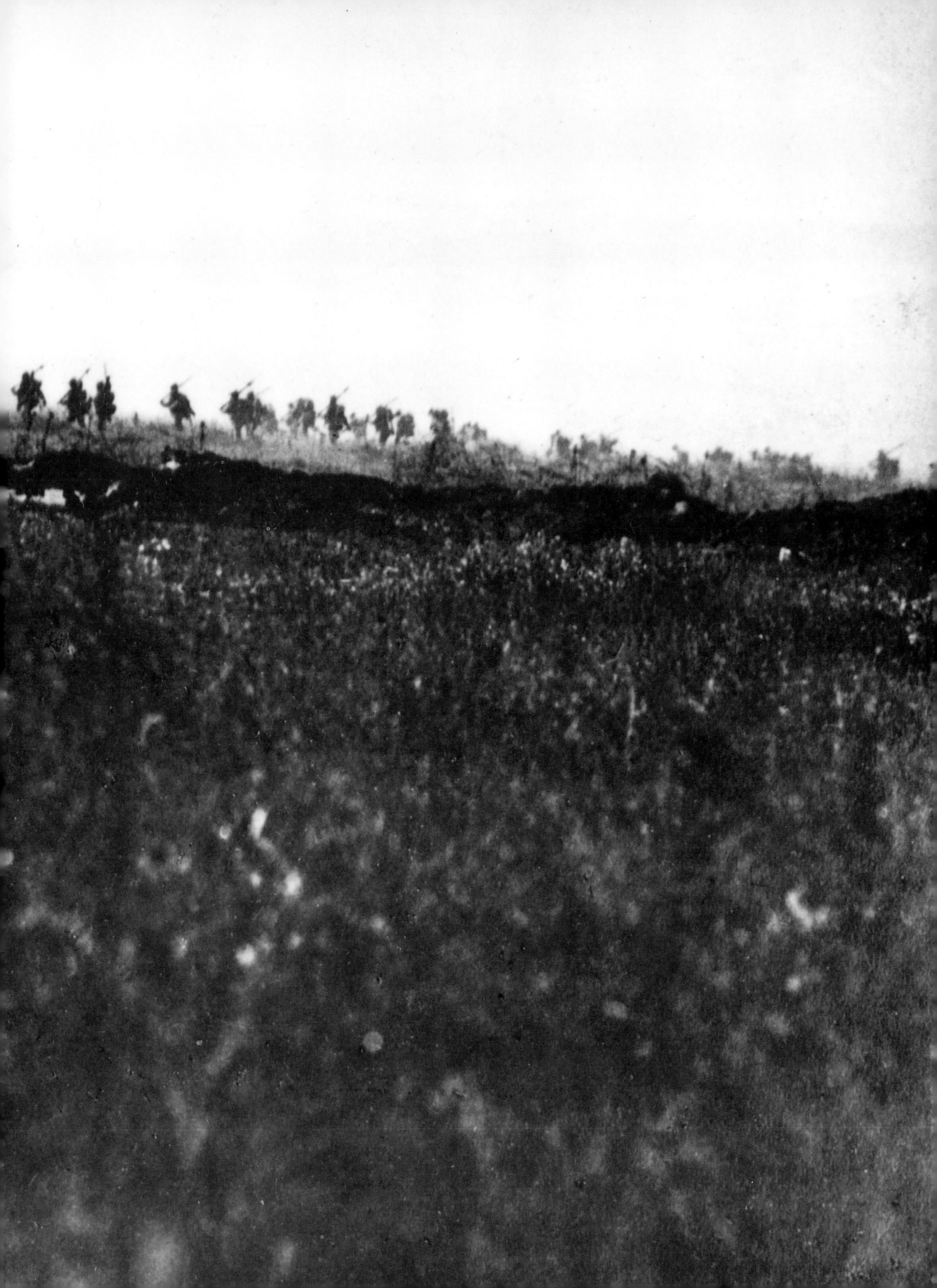

SLACHTING

Tegen twaalf uur 's middags had het Britse leger voor deze frontale aanval 129 bataljons, circa 100.000 man, ingezet, twee derde in de eerste golf, de rest later die ochtend. Chaotische gevechten, bewegingen en tegenbewegingen in de middag brachten geen verandering in de uitkomst van die dag. Sommige doelen waren veroverd, de meeste door de Fransen in het zuiden. Maar voor het Britse leger was sprake van een ramp. 'Wat in twee jaar werd opgebouwd,' mijmerde soldaat A.V. Pearson van de Leeds Pals, 'werd in tien minuten vernietigd.'[34]

Britse soldaten in de loopgraven kregen te horen dat zij de gewonden niet mochten redden. Een Britse generaal die zijn laatste bataljon al in de strijd had geworpen kreeg opdracht opnieuw aan te vallen. In shocktoestand antwoordde hij zijn superieur: 'U schijnt te vergeten, sir, dat de 70th Brigade niet meer bestaat.'[35]

Slachtoffers aan de Somme. November 1916 schreef de theologiestudent Friedrich Georg Steinbrecher vanuit de loopgraven: 'De poëzie van de loopgraven is iets uit het verleden. ... De oorlog, die begon als een frisse jongeling, eindigt als een geschminkte, vervelende, achterhaalde acteur. De dood is de enige overwinnaar.'[33] Hij sneuvelde op 19 april 1917.

Slachting

Appèl

DE ZONSONDERGANG MAAKTE een genadevol einde aan de slachting. Onder dekking van de duisternis kropen de gewonden die daartoe in staat waren terug naar hun linies, maar de meesten stierven in niemandsland. Op de eerste dag hadden de Engelsen zeven maal zoveel manschappen ingezet als de Duitsers, maar telden ook bijna zeven maal zoveel slachtoffers, 60.000, van wie 20.000 gedood waren; 6000 Duitsers werden gedood of gewond, en nog eens 2000 werden gevangengenomen. Het traditionele appèl na de hergroepering was een smartelijke ceremonie. Bij het 14de peloton van de 1st Rifle Brigade antwoordde slechts één soldaat. Hij had 39 kameraden verloren. En dit was nog pas de eerste dag van een slag die, zonder noemenswaardige terreinwinst, nog bijna een half jaar zou voortduren.

Het eerste nieuws over de slag was bemoedigend. Krantenkoppen meldden 'Grootse dag aan de Somme', 'Kitcheners jongens – Nieuwe legers doen het goed', 'Snelle Britse opmars'. Journalisten als Philip Gibbs waren vaak zowel oorlogscorrespondent als propagandist. 'Over het geheel genomen was het een goede dag voor Engeland en Frankrijk,' vertelde hij zijn lezers. Langzaam drong de waarheid echter door. Binnen een paar dagen verschenen in de plaatselijke kranten de eervolle vermeldingen en de lijsten met doden en gewonden. Het thuisfront ontdekte dat in een paar minuten hele steden geruïneerd waren. Treinladingen gewonden begonnen te arriveren, en Vera Brittain was een van degenen die voor hen ging zorgen. Onder de gewonden bevond zich haar broer Edward.

Hele bataljons 'Pals' die zich gezamenlijk hadden aangemeld, samen waren opgeleid en samen naar de Somme waren afgereisd, stierven samen in formatie. Een van die eenheden was de Glasgow Chamber of Commerce Battalion. De verliezen waren zo zwaar dat de bevelhebber, luitenant-kolonel David Morton, die in andere omstandigheden individuele condoleancebrieven schreef, nu een open brief aan zijn stad moest sturen.

> 6 juli 1916
> Ik zou aan alle verwanten van degenen die gesneuveld zijn mijn oprechte medeleven willen betuigen bij hun grote verdriet, en hen willen verzekeren dat alle overgebleven officieren, onderofficieren en manschappen dat verdriet met hen delen.
> Misschien strekt het u tot troost te weten dat het bataljon tijdens het gevecht zo standvastig optrok als op het exercitieterrein, en woorden schieten tekort om mijn bewondering uit te drukken voor de energie, moed en durf waarmee allen hun vreselijke taak onder ogen zagen.
> Zij die zich in deze veldslag geheel gaven voor hun land, deden dat in de geest van de beste tradities van Schotland. ...[36]

In Londen ging enkele weken na het begin van de strijd de eerste documentaire die ooit over een oorlog werd gemaakt in première. *The Battle of the Somme* werd met groot gevaar voor eigen leven gefilmd door twee cameramensen, G.H. Malins en J.B. McDowell. De documentaire gaf de mensen aan het thuisfront een nog nooit vertoonde kans om de eigen troepen in actie te zien. De film was bedoeld als oppepper voor de moraal en was een mengeling van feitelijke en geënsceneerde gebeurtenissen. Het misschien wel meest bekende beeld van de oorlog, van soldaten die uit de loopgraaf klimmen en in de mist verdwijnen, is in deze film te zien; het was in scène gezet.

In Londen alleen al werd de film in dertig theaters vertoond. De bezoekers werden aangetrokken door beelden die naar hedendaagse maatstaven vrij tam waren. 'Ik dacht echt dat sommige van de scènes met doden het Britse publiek zouden schokken,' bekende Malins. Exploitanten vroegen zich af of vrouwen blootgesteld moesten worden aan 'de feitelijke gruwelen van de oorlog'. Eén bioscoop weigerde de film te vertonen en verklaarde: 'Dit is een plaats voor amusement, geen gruwelkamer.' Terwijl de film echte gruwelijkheden vermeed, gaf hij mensen die geen idee hadden van het geweld en de schaal van de moderne oorlog het beste beeld dat zij daarvan ooit zouden zien. 'Het was geen aangenaam gezicht,' schreef een bezoeker, 'maar het geeft een geweldig beeld van de gevechten.' In één bioscoop stopte het orkest met spelen op het moment dat de ondertitel aankondigde: 'De aanval'. Een vrouw in het publiek riep uit: 'O God, ze zijn dood.' In de herfst van 1916 stopte de vertoning van de film. Er werd geschat dat hij twintig miljoen bezoekers had getrokken.[37]

De leercurve

ONDERTUSSEN GINGEN de gevechten gewoon door. 'Over zes weken zal de vijand moeite hebben nog manschappen te vinden,' voorspelde Haig eind juli.[38] 'Het volhouden van een constante offensieve druk zal uiteindelijk leiden tot zijn volledige nederlaag.' Toen de campagne in november eindigde waren de Britse en Franse verliezen opgelopen tot bijna 750.000 man. Over de Duitse verliezen zijn geen exacte gegevens bekend, die waren mogelijk iets minder, maar ook heel zwaar.

Tegen de herfst zocht Haig zijn toevlucht tot een nieuw wapen. In de hoop dat de vijandelijke linies met tanks gebroken zouden kunnen worden introduceerde hij ze op het slagveld bij de eerste gelegenheid die zich voordeed. Op 15 september 1916 ratelden de eerste 49 tanks naar het front. Nog voor zij daar aankwamen hadden 17 het al begeven; slechts 18 rukten op door het niemandsland, met een snelheid van zo'n 750 meter per uur, en waren zo een uitnodigend doelwit voor de Duitse artillerie. Het zou nog een jaar duren voor de juiste tactiek gevonden was – en voldoende tanks beschikbaar waren – om de nieuwe uitvinding met succes te kunnen inzetten. Haig zette het offensief desondanks onversaagd voort. Pas toen de weersomstandigheden in november verder vechten onmogelijk maakten, werd de strijd gestaakt. De geallieerden waren negen kilometer opgerukt en bevonden zich op zes kilometer van Bapaume – dat Haigs cavalerie op de eerste dag gehoopt had in te nemen.

Onder de doden bevond zich Henry Webber. Als achtenzestigjarige was hij de oudste Britse soldaat die in de oorlog tijdens gevechten omkwam. Raymond Asquith, zoon van de Britse premier, was ook een van degenen die hier sneuvelde. Na zijn dood kon de premier nooit meer veel enthousiasme voor de oorlog opbrengen. De toekomstige premier Harold Macmillan raakte aan de Somme gewond toen een granaat vlak bij zijn gezicht ontplofte. Een andere gewonde was de 27-jarige Duitse korporaal Adolf Hitler. Hij moest als ordonnans in de frontlinies berichten rondbrengen tussen de ontploffende granaten en kogels door, een van de meest riskante taken in de oorlog. Hitler ontsnapte aan de dood toen een Britse granaat in zijn schuilhol neerkwam en de meeste manschappen om hem heen

Deze gevechtsscène uit de documentaire *The Battle of the Somme* is in scène gezet. De man die rechts naar beneden glijdt lijkt dood te zijn. Hij speelde zo overtuigend dat het Britse bioscooppubliek geschokt was. De muziek stopte op dit punt en in de stilte die volgde begonnen de burgers zich er een voorstelling van te maken hoe vreselijk een veldslag kon zijn. De realiteit was veel, veel erger.

doodde; hijzelf werd slechts door een granaatsplinter in het gezicht geraakt. Toen had hij al één van zijn twee ijzeren kruisen vanwege zijn moed ontvangen. In latere jaren zou hij nauwelijks meer over deze medailles spreken; hij had ze gekregen op voorspraak van een joodse luitenant. De Engelse schrijver Robert Graves werd ook geraakt bij een spervuur van de Duitse artillerie. Onder de vele wonden die hij opliep was die van een granaatscherf die zijn rug was binnengedrongen en via zijn borst weer naar buiten was gekomen. Op de medische hulppost achtte men zijn overlevingskans nihil en werd hij in een hoekje gelegd om te sterven. De volgende dag, 21 juli, ontdekten de ziekenbroeders bij het verzamelen van de dode lichamen tot hun stomme verbazing dat hij nog in leven was. Graves zou de oorlog overleven en zijn klassiek geworden memoires schrijven, *Goodbye to all that*.

Met de vraag hoe de strijd zo lang heeft kunnen doorgaan begeven we ons op het terrein van een grote controverse. Sommigen oordelen over Haigs plannen, visie en medeleven, en vinden dat hij in alles tekortschoot. Anderen zien hem als iemand die een nieuw soort puzzel probeerde op te lossen, en vonden het nauwelijks verbazingwekkend dat het hem net als alle toenmalige generaals niet lukte een manier te vinden om door de versterkte loopgraven heen te breken. Het winnen van de oorlog eiste onder andere dat het leger op alle niveaus nieuwe kennis opdeed. Dit langdurige proces wordt door sommigen aangeduid met leercurve, door anderen met bloedcurve. Over één ding is iedereen het eens: de sleutel tot succes lag bij de Britse artillerie, en slechts zelden maakte Haig gebruik van beschietingen die zwaar genoeg waren om de verdediging te breken. Zo had het Britse 4de Leger onder bevel

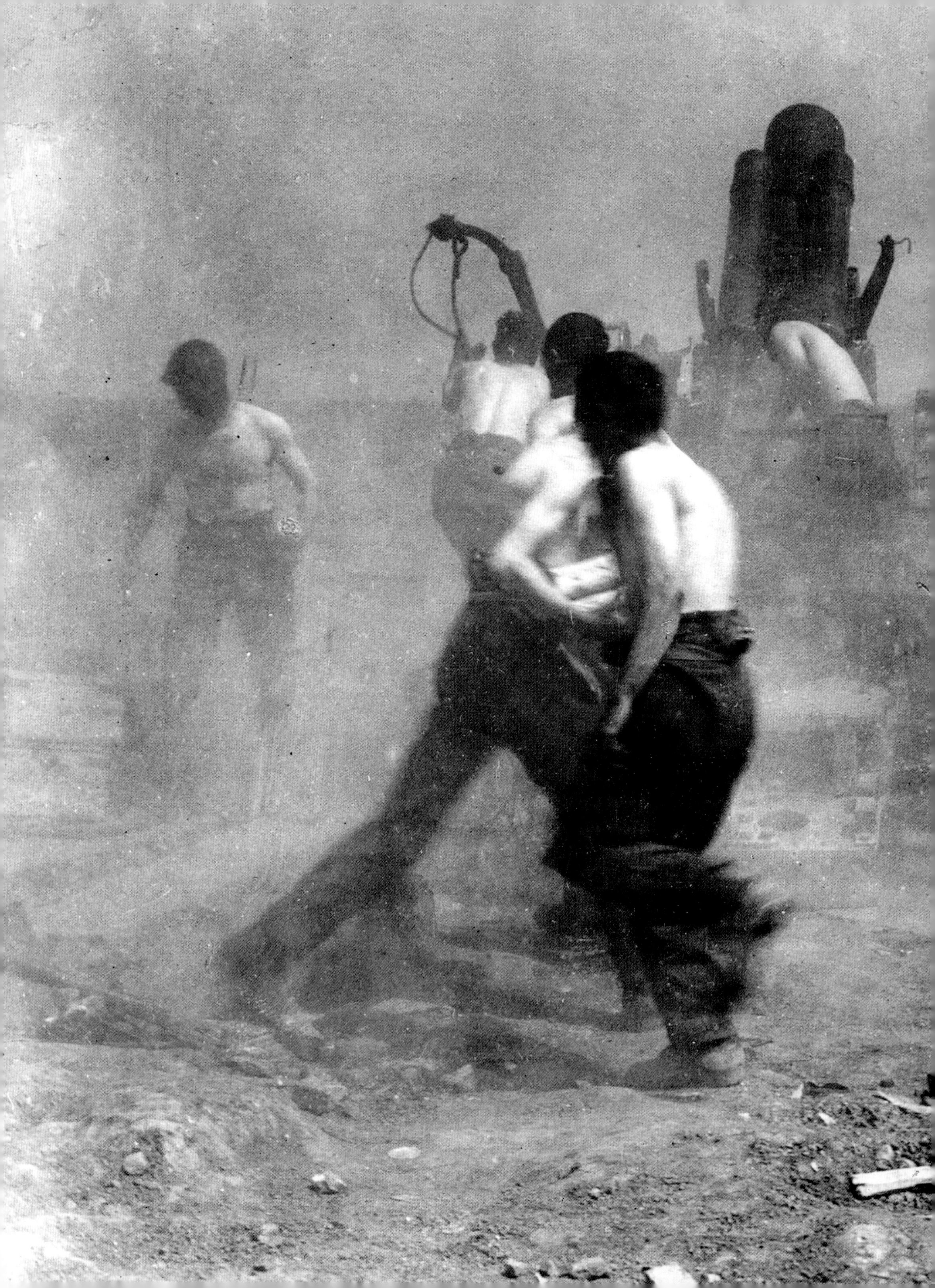

Britse houwitsers in actie.
Veel veteranen stelden dat
niemand het geluid van een
massaal bombardement kon
vatten. De Duitse dichter
August Stramm probeerde
het in zijn gedicht
'Granaten':
  Doofheid doodt terreur
    verwondt
  Knallend kloppend
    schuddend gierend ...[39]

Slachting

van generaal Henry Rawlinson op 1 juli, de eerste dag, over een bijna twintig kilometer breed front ruim een kilometer moeten oprukken. Aan de aanval ging een vijfdaags bombardement met anderhalf miljoen granaten vooraf, ofwel circa 150 kilo per meter loopgraaf. Maar Haig veranderde de plannen: het 4de Leger moest tweemaal zo ver oprukken; de intensiteit van het bombardement werd echter niet aan de gewijzigde plannen aangepast. Het resultaat was rampzalig.[40]

Twee weken later, op 14 juli, werd een frontlijn van ruim vijf kilometer – een kwart van het front op de eerste dag – onder vuur genomen door twee derde van de kanonnen die aan het begin van de veldslag waren ingezet. Het resultaat was positief: de tweede Duitse linie in de centrale sector van het front werd genomen. Als om dat punt nog eens extra te onderstrepen was de mislukking van het nemen van ook de derde Duitse verdedigingslinie op 15 september te wijten aan dezelfde misrekening als voor 1 juli: het spervuur op de Duitse linies was de helft van dat van

Canadese bravoure, op deze granaten gekalkt, vloeide voort uit de verrichtingen van de Canadezen in de heuvels van Vimy, waar zij in april 1917 Duitse troepen verjoegen van een helling die het noordelijke front domineerde.

Slachting

14 juli. Het gevolg was 30.000 Britse slachtoffers op die ene dag, absoluut gezien de helft van die op 1 juli, maar naar verhouding even moordend. Dat is de ware aanklacht tegen het Britse opperbevel: het vroeg van de infanterie het onmogelijke, en toen dat op een mislukking uitliep, werd het desondanks keer op keer opnieuw gevraagd.

De artilleriebarrages waren onvoldoende om de vijandelijke linies te breken, maar ze zetten de Duitse soldaten in de loopgraven wel onder zware druk. Ze weerstonden deze vreselijke bombardementen en gaven slechts met grote tegenzin terrein prijs – en ten koste van enorme verliezen. Steeds weer kregen de Duitse soldaten opdracht van hun generaals verloren terrein te heroveren. Er vonden meer dan driehonderd aanvallen op Britse posities plaats tijdens de slag, en ook die gingen ten koste van veel verliezen. Karl Gorzel, rechtenstudent uit Breslau, geeft ons enig idee van wat hij en zijn kameraden dag na dag meemaakten. Op 1 oktober 1916 schreef hij naar huis over die 'verschrikkelijke affaire bij Thiepval'.

> ... de Engelse aanval begon [op 12 september]. ... 's Ochtends keek ik om me heen; wat een spookachtige aanblik! Er was niets over van de loopgraven, slechts kraters zover het oog reikte – kraters die waren gedicht door nieuwe explosies, weer waren blootgelegd en opnieuw gedicht. ... De gewonden liggen hulpeloos te kreunen. Het water raakt op. ... Het spervuur wordt zo intens dat het niet meer mogelijk is de inslagen te onderscheiden. Onze mond en oren zitten vol aarde; drie maal zijn we bedolven en hebben we ons uitgegraven, en nu wachten we – op de nacht of de vijand! ... De dodendans van de barstende granaten wordt steeds doller – je kunt niets zien door rook, vuur en opspringende aarde. ...
> Plotseling houdt de barrage op ... en daar, vlak voor ons, verschijnt de eerste aanvalsgolf van de vijand! Eindelijk verlossing! Iedereen die niet gewond is, iedereen die een arm kan optillen, staat nu, en als een hagelbui schieten onze projectielen op de aanvallende vijand af. De eerste golf ligt languit voorover bij onze gaten, en daar is de tweede golf al, en daarachter komen de Engelsen in een dichte massa opzetten. Met ieder die onze linie bereikt wordt meteen korte metten gemaakt in een man-tegen-mange-vecht met de bajonet, en nu vliegen onze granaten met dubbele kracht naar de vijandelijke gelederen. Daar doen zij hun gruwelijke werk, en als rijpe korenaren voor de oogster vallen de aanstormende Engelsen neer. Slechts een enkeling vlucht in allerijl terug door de boyaux [verbindingsloopgraven].
> We laten ons verdwaasd op de gefolterde aarde zakken en verbinden de gewonden zo goed mogelijk in afwachting van de tweede aanval of de nacht. ... Ik steek een sigaret op en probeer te denken – aan onze doden en gewonden, aan het lijden van de mensheid, aan – thuis! Maar weg met die gedachten! Het heden eist zijn rechten op – het vereist een echte man, geen dromer. ... Versterkingen arriveren, er wordt opgeruimd en de doden worden begraven, een nieuwe dag breekt aan, nog vreselijker dan de vorige! Dat is de slag aan de Somme – Duitslands bloedige slag om te overwinnen. Deze week vertegenwoordigt de uiterste grens van wat een mens kan verdragen – het was een hel.[41]

Mettertijd werden de Duitsers uit een deel van hun goedgeconstrueerde loopgraven gedreven. Maar dit ging heel langzaam en dwong hen slechts terug naar andere versterkte posities. Aan het eind van de slag hadden de Britten geen doorbraak

Duitse doden aan de Somme. Eduard Offenbächer, student politieke economie, schreef vanuit de frontlinie op 14 juli 1916: 'Je blijft hoop koesteren dat het misschien mogelijk is een uitweg te vinden uit deze ellendige situatie. ... Het volk, de grote machine die werd gesmeerd door de rotzooi van de pers, begint nu zelf te denken. Mensen zowel hier als in andere landen schreeuwen om het einde van de oorlog, en toch stopt die niet. Wie is hier verantwoordelijk voor?'[42] Dertien dagen later sneuvelde hij.

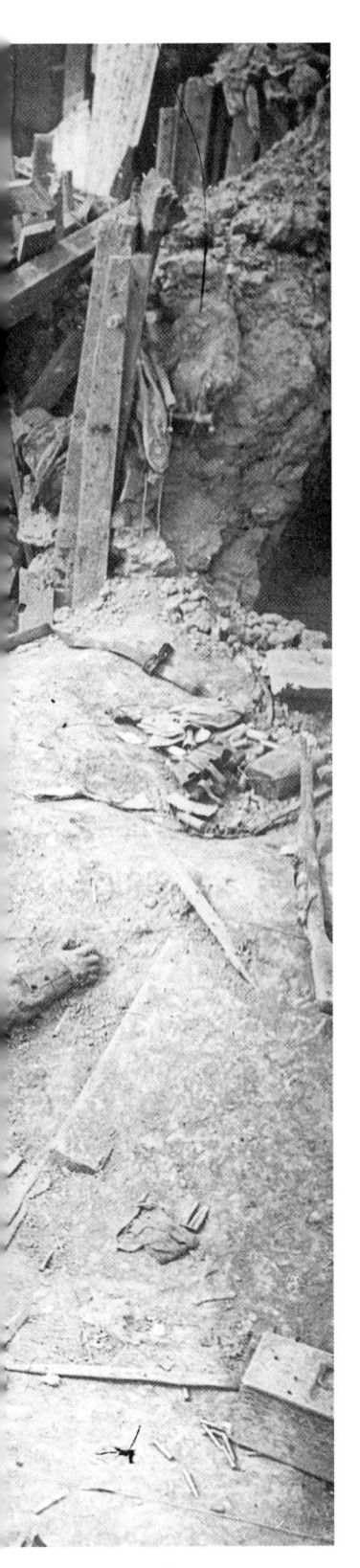

bereikt. Karl Gorzel en de mannen om hem heen hadden grotendeels standgehouden, ondanks zes maanden van niet-aflatende geallieerde druk.

Wat ook de dood vond aan de Somme was elke vorm van enthousiasme. Toen soldaat E.T. Radford van het 1/5th West Yorks werd gevraagd naar zijn sterkste herinnering betrof die niet de strijd zelf maar 'al die groots uitziende cavaleristen, te paard gereed om bij een doorbraak te volgen. Wat een ijdele hoop!'[43] Soortgelijke gevoelens leefden aan de andere kant van de gevechtslinie. Het is moeilijk om een toegewijder Duits soldaat te vinden dan Ernst Jünger, maar ook hij besefte dat de Slag aan de Somme een keerpunt betekende. 'Hier werd voorgoed afscheid genomen van ridderlijkheid. Het hedendaagse Europa verscheen hier voor de eerste keer op het slagveld. ... Na de Slag aan de Somme had de oorlog zijn eigen bizarre stempel gekregen dat hem onderscheidde van alle andere oorlogen,' zo schreef hij.[44]

Jarenlang overschaduwden de gruwelen van die eerste dag aan de Somme – waarop het Britse leger meer verliezen leed dan tijdens de Krim-, de Boeren- en de Koreaanse Oorlog samen – bijna alle andere facetten van die zes maanden lange veldslag. Die eerste dag kostte de Britten acht maal meer mensenlevens dan de Slag bij Waterloo. En de mannen die vielen waren de besten van de vrijwilligers die zich in 1914 en 1915 hadden gemeld. Natuurlijk was de eerste dag van de Slag aan de Somme voor Groot-Brittannië een nationale ramp, maar het was toch vooral een intense tragedie voor individuele gemeenten. Meer dan 5000 Londenaren stierven die dag of raakten gewond; Manchester verloor 3500 mannen; een aantal kleinere steden en dorpen leden naar verhouding nog zwaardere verliezen.

En nog was er geen doorbraak bereikt. Maar in andere opzichten was alles anders geworden. Meer dan alleen ridderlijkheid ging aan de Somme verloren. De eerste dag van de slag was een cultuurschok waarvan de Britse samenleving, die gebaseerd was op economische overheersing en macht op zee, nooit meer volledig herstelde. De bittere teleurstelling van die dag en de daaropvolgende maanden markeert het punt waarop de illusies van de ene eeuw moesten wijken voor het realisme van de volgende.

Passendale

E*r is nog één grote confrontatie* aan het westelijk front die gelijkstaat aan slachting: de Derde Slag om Ieper, in de volksmond bekend als Passendale, die tussen 31 juli en 10 november 1917 werd geleverd. Geen Brits, Australisch of Canadees verslag van de oorlog zou compleet zijn zonder melding te maken van wat daar gebeurde. Meer nog dan de Somme symboliseert Passendale de doelloosheid van de loopgravenoorlog.

Niet één maar drie grote veldslagen werden uitgevochten rond de stad Ieper in zuidwestelijk Vlaanderen, een moerasstreek die slechts bewoonbaar is dankzij een uitgebreid netwerk van afwateringskanalen. In de middeleeuwen was Ieper een belangrijke textielstad geweest, een Europees handelscentrum met 200.000 zielen. Ieper bloeide op omdat het een toegangspoort vormde naar het Kanaal, maar dat was ook de reden van zijn verval: in de loop van drie eeuwen was Ieper het toneel van menige veldslag.

Slachting

Juli-december 1916

Juli *De Slag aan de Somme begint*

De Franse generaal Emile-Marie Fayolle beschrijft de eerste dag van de veldslag:

> *1 juli* Eerste dag van de Slag aan de Somme. Schitterende voorbereiding. Aanval van het 20ste Legerkorps om 7.30 uur. Zag het vertrek van het 1ste Koloniale Korps bij het Lapin-bos om 9.20 uur. Alle Duitse frontlinies in één geweldige beweging ingenomen. Curlu, Dompierre, Bequincourt, Bugny en Fay, circa 4500 krijgsgevangenen gemaakt. Zag Joffre. Stralend. 's Avonds hoorden we dat de Engelsen jammer genoeg niet succesvol waren geweest aan de linkerflank. Zij namen in het centrum Montauban en Mametz in, maar ter linkerzijde niets.[45]

Het begraven van een Franse soldaat

Augustus *De Slag aan de Somme duurt voort*

Een Franse soldaat uit Savoie, Guy Delphin, schrijft aan zijn ouders over zijn ervaringen aan de Somme. Delphin overleefde de oorlog.

> *23 augustus 17.00 uur* Beste ouders onze situatie is erg droevig. We liggen onder een regen van vuur en een ondoorzichtige wolk van aarde en stof. Bid voor ons. Aan beide zijden worden de loopgraven vernietigd en het regent overal granaten. Voor het moment denk ik dat ik kans heb er levend uit te komen. We leven in de openlucht. Reken er niet op dat ik verlof krijg want we bevinden ons bij het dorp Monrepas bij Péronne. …[46]

Augustus *Von Hindenburg en Ludendorff nemen het bevel op zich*

Op 28 augustus werd Paul von Hindenburg aangesteld als chef van de generale staf, en Erich Ludendorff werd zijn kwartiermeester-generaal. Het commentaar van een stafofficier tegen een andere.

Von Hindenburg (links) en Ludendorff

Kolonel Von Marschall aan generaal Groener

Hij, Marschall, vreesde dat Ludendorff in zijn mateloze ijdelheid en trots oorlog zou blijven voeren tot het Duitse volk volledig uitgeput zou zijn, om vervolgens de monarchie voor alle schade te laten opdraaien. Hij had deze visie neergelegd in een memorandum, aangezien hij geen verantwoordelijkheid wenst te nemen voor de veranderingen in het opperbevel.[47]

SLACHTING

September *Het eerste gebruik van tanks*

Cecil Lewis, op dat moment piloot bij het Royal Flying Corps, voerde een verkenningsvlucht uit op de eerste dag dat tanks aan het front werden gebruikt.

Cecil Lewis

Hoppy en ik werden belast met de eerste contactpatrouille met de tanks. De aanval ging van start op 15 september om 6.30 uur. ... In mijn logboek staat het volgende:

'De Guedecourtlinie had om 10 uur gevallen moeten zijn, maar dit mislukte. Zij zal morgen bij zonsopgang opnieuw worden aangevallen. We zijn nu een nieuwe frontlijn aan het graven. Er is weinig bekend over wat er op onze flanken gebeurde; maar het is vrij zeker dat de cavalerie niet is doorgebroken zoals bedoeld. Misschien morgen. Altijd morgen! Een gedeeltelijk succes. ... Ik zal nooit vergeten hoe de tanks door Flers walsten. Een kleine witte terriër, een mascotte veronderstel ik, volgde een van de tanks. Blijkbaar werd het beestje niet geraakt, want we zagen het tijdens onze middagpatrouille blaffend rond zijn tank rennen.'[48]

DECEMBER *Lloyd George wordt premier*

Lloyd George volgde op 7 december Asquith op als premier. Austen Chamberlain, toen lid van het oorlogskabinet, schreef een paar dagen later naar zijn vrouw.

14 december Ik voel een diep wantrouwen jegens [Lloyd George] – ongetwijfeld een man met veel energie, maar heel onbetrouwbaar; hij bewandelt geen kronkelpaden omdat hij dat wil, maar omdat hij niet recht op zijn doel weet af te gaan.[49]

Lloyd George

DECEMBER *De Slag bij Verdun eindigt*

De lijst van slachtoffers na de tien maanden durende Slag bij Verdun telde 377.000 Franse en 337.000 Duitse doden. Prins Max von Baden werd kanselier van de parlementaire regering die in Duitsland in 1918 werd gevormd. Hij voerde de onderhandelingen over de wapenstilstand.

De campagne van 1916 eindigde in een bittere teleurstelling voor iedereen. Wij en onze vijanden hadden ons beste bloed in stromen vergoten en wij noch zij waren een stap dichter bij de overwinning gekomen. Het woord 'impasse' lag op ieders lippen.[50]

Prins Max von Baden

Het centrum van Ieper in puin. De Duitse artillerie veranderde de middeleeuwse Lakenhal en de aangrenzende gebouwen in ruïnes. De Belgische stad vormde de basis van een vooruitgeschoven Britse positie die in noordoostelijke richting naar de Duitse linies wees. Deze saillant was het toneel van vier grote veldslagen: in oktober-november 1914, in april-mei 1915, en in juli-november 1917: de slag die bekend staat als Passendale. Elke veldslag resulteerde in een bloedige patstelling. In 1918 wist het Duitse leger het Britse leger terug te dringen, echter zonder een doorbraak te bereiken.

Slachting

Geen daarvan was echter verwoestender dan de veldslagen van de Eerste Wereldoorlog. In 1914 eindigde de 'Wedloop naar de zee' bij Ieper en hadden de geallieerden de stad in handen. Zij vormde een kwetsbare vooruitgeschoven positie die van alle kanten blootstond aan beschietingen. De stad werd met de grond gelijkgemaakt. Maar omdat ze er om gevochten hadden, waren de Britten niet bereid haar zomaar op te geven. Een tweede veldslag werd geleverd in de volgende lente, toen het Duitse leger een nieuw offensief lanceerde – en daarbij experimenteerde met chloorgas –, maar ook deze aanval werd afgeslagen.

In de zomer van 1917 was het Haigs beurt voor een offensief in Vlaanderen. Waarom? Zoals we in het volgende hoofdstuk zullen zien was het Franse leger tegen het midden van 1917 uitgeput en gedemoraliseerd. Het Russische leger in het oosten was er nog slechter aan toe. Het kon nog één, misschien wel twee jaar duren voor de Amerikanen als een effectieve strijdmacht ten tonele zouden verschijnen. En Haig was er opnieuw van overtuigd dat de Duitsers wankelden en na nog één aanval zouden kunnen bezwijken.

Ditmaal had Haig reden om optimistisch te zijn. Hij beschikte nu over tanks, vliegtuigen, lichte machinegeweren en loopgraafmortieren. Bovendien had het BEF nu ruime voorraden kanonnen en granaten – van de gewenste soort en kwaliteit – en de kanonniers werden steeds geoefender. De werkwijze van een spervuur dat steeds één stapje voor de infanterie opschoof werd verder geperfectioneerd. De noodzaak om aanvallen op geschutsemplacementen van de vijand uit te voeren was duidelijk geworden. Daarbij werd gebruikgemaakt van waarnemingen en foto's vanuit vliegtuigen. Zelfs het weer, dat van invloed is op de baan van projectielen, werd bij de berekeningen betrokken; artillerieaanvallen waren een wetenschap geworden.

Met de nieuwe tactiek kon niet in één keer grote terreinwinst geboekt worden, maar zij werkte wel bij aanvallen met beperkte doelen, het soort 'bijten en vasthouden' waarvoor sommige ondergeschikten van Haig aan de Somme gepleit hadden. In april 1917 bleek een dergelijke tactiek veelbelovend bij Arras, waar de Canadezen de Duitse infanterie verdreven uit hun hoge posities in de Vimy-heuvels en Britse strijdkrachten tegenover Arras een indrukwekkende vijf kilometer konden oprukken. Het offensief werd pas tot staan gebracht toen de Britse infanterie te ver voor de artillerie uit was gekomen. Ironisch genoeg (zie hoofdstuk 5) was Arras slechts een afleidingsmanoeuvre, bedoeld om de aandacht van de Duitsers af te leiden van de massale Franse aanval op Chemin des Dames door generaal Robert Nivelle. Een van de gevallenen bij Arras was Edward Thomas, die omkwam bij een Duitse beschieting. Zijn bezittingen en papieren, inclusief de sonnetten van Shakespeare, werden aan zijn vrouw teruggegeven. 'Ze waren allemaal op een vreemde manier gekreukeld,' schreef Helen Thomas, 'alsof ze aan een vreselijke druk hadden blootgestaan.'[51]

Haigs volgende stap, bedoeld als voorspel op een doorbraak bij Ieper, verliep ook goed. Om tien over drie in de ochtend van 7 juni 1917 brachten geallieerde genisten negentien gigantische mijnen tot ontploffing die na achttien maanden graven onder de Duitse linies ten zuidoosten van Ieper onder de heuvelrug van Mesen waren aangebracht. Iets dergelijks was nog nooit vertoond. De gigantische explosie van bijna een miljoen pond amatol werd tot in Londen en Parijs gehoord. In Lille, 36 kilometer verderop, dacht men aan een aardbeving.[52] Geallieerde

VOLGENDE BLADZIJDEN
Soldaten in modderige kraters. De natte zomer veranderde Haigs hoop bij Passendale een doorbraak te forceren in een nachtmerrie voor de soldaten.

199

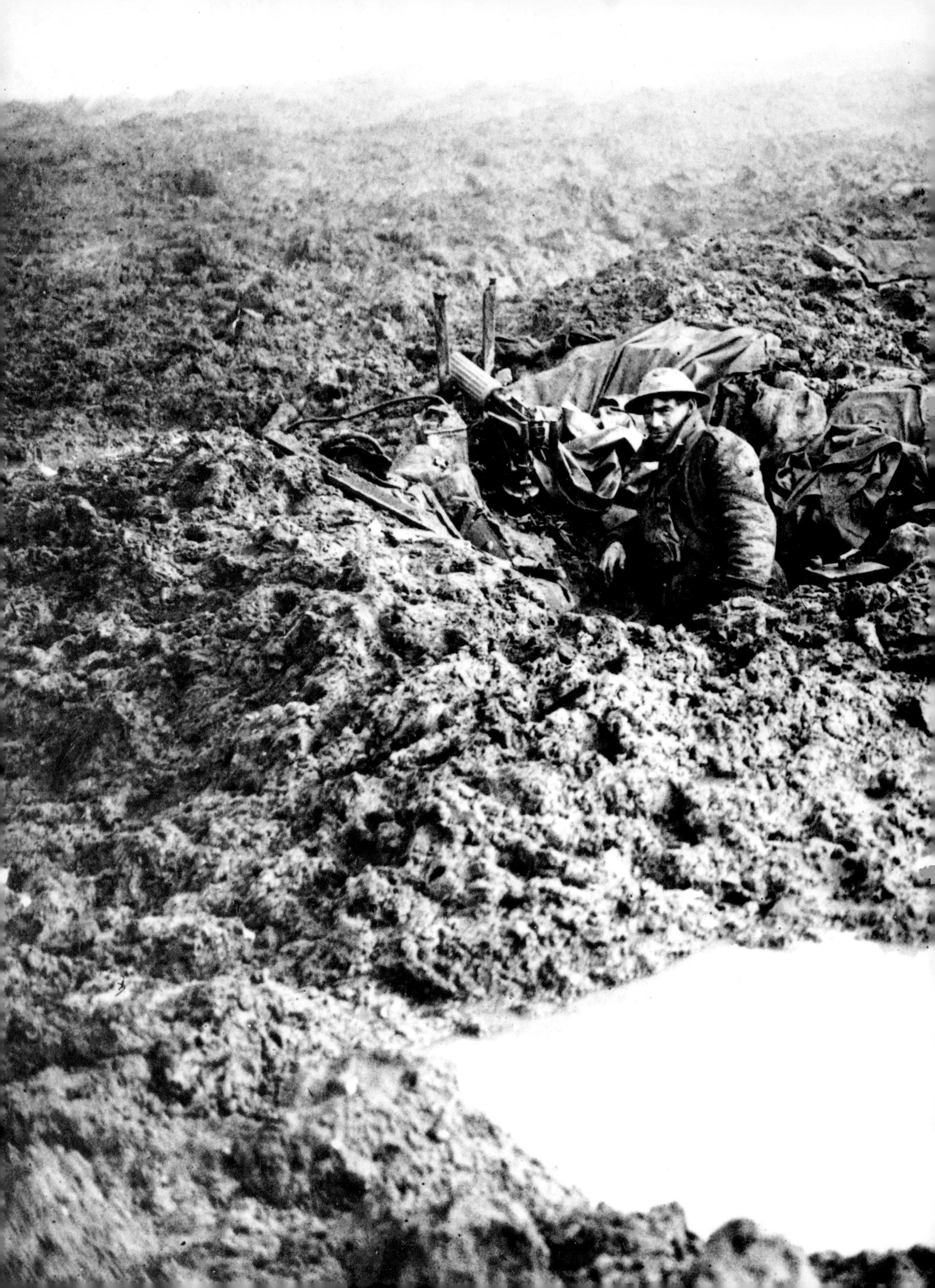

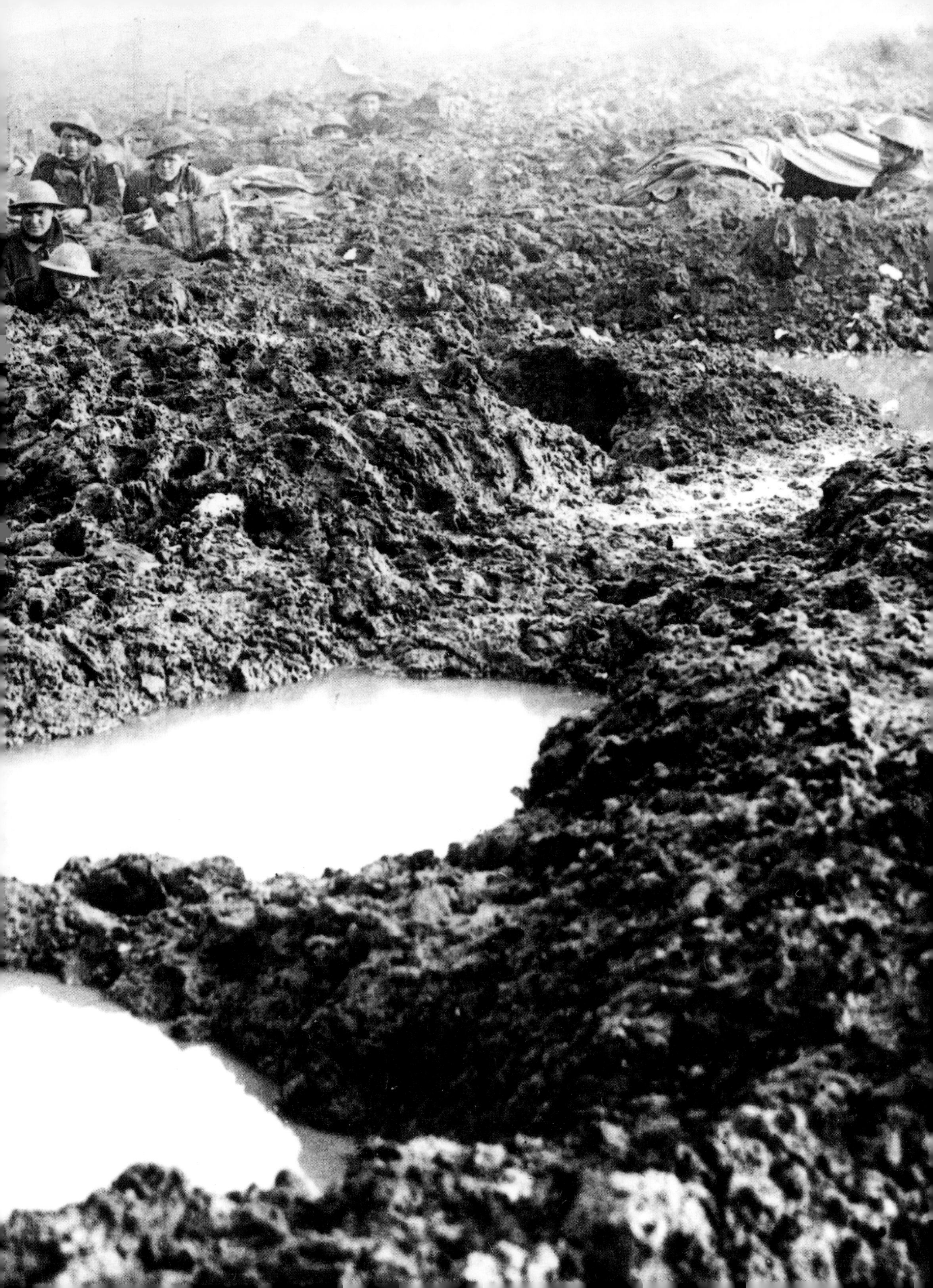

Slachting

soldaten die getuige waren van de ontploffing gingen door de schok tegen de vlakte. 'Wetenschappelijk oorlogvoeren,' noemde een verblufte Britse korporaal het.[53] Samen met een zeer verfijnde tegenaanval op de Duitse artillerie verstoorde deze zet de Duitse defensieve stellingen volledig. Geallieerde troepen, met Nieuw-Zeelanders als speerpunt bij de aanval, namen in wat restte van de gemeente Mesen, en trokken over een smal front op tot op een relatief nog te hanteren afstand van de ondersteunende kanonnen.

In plaats van deze meesterzet te gebruiken om onmiddellijk de Duitse posities aan te vallen, hergroepeerden de geallieerde strijdkrachten zich. Koning George V kwam op bezoek en werd onthaald op een enscenering van de aanval. Zes weken gingen voorbij voor het offensief werd hervat, net op tijd voor het begin van de natste zomer sinds mensenheugenis die werd gevolgd door een even natte herfst. In de hoosbuien van augustus kon het Royal Flying Corps niet optreden als verkenners voor de artillerie, die nu in den blinde moest vuren. De regen veranderde de grond waarover de infanterie zou moeten optrekken in een moeras. Al met al niet de juiste omstandigheden voor een massaal offensief, maar Haig zette door.

De bloedcurve

Wat de derde slag bij Ieper tot symbool maakte van de hele tragedie van 1916-1917 was de collectieve herinnering aan de omgeploegde modderpoel waarin deze plaatsvond. De strijd begon op 31 juli 1917 en duurde maar voort. Een van de Duitse strijders bij Ieper was Gerhard Gürtler, theologiestudent in Breslau. Hij werd op 14 augustus gedood. Vier dagen voor zijn dood schreef hij naar huis over wat de slag met hem en de mannen om hem heen deed.

> Niets is zo uitputtend als een voortdurende, vreselijke barrage zoals wij die in deze veldslag meemaakten, met name het intensieve Britse spervuur tijdens mijn tweede nacht aan het front. ... Duisternis en licht zo helder als daglicht wisselen elkaar af. De aarde schudt en trilt als gelei. ... En de mannen die zich nog altijd in de frontlinie bevinden horen niets dan het trommelvuur, het kreunen van gewonde kameraden, het geschreeuw van gevallen paarden, het wilde bonken van het eigen hart, uur na uur, nacht na nacht. Zelfs tijdens de korte rustpauzes die hun worden gegund spoken in die vreemde stilte de herinneringen van grenzeloos lijden door hun uitgeputte hersenen. Er is geen ontsnappen aan, er resten hun slechts afschuwelijke herinneringen en een berustend wachten op wat komen gaat. ... 'Hebben jullie geen kogel voor me, kameraden?' schreeuwde een korporaal wiens been was afgerukt en wiens arm door een granaat was versplinterd – en we konden niets voor hem doen. ... Het slagveld is werkelijk niets anders dan één groot kerkhof.[54]

Aan de andere kant van het front was het niet beter. Voor de Britten ontpopte Passendale zich tot de gruwel van oorlogvoeren in een moeras, in een surreële wereld waar mannen en dieren eenvoudigweg door de modder verzwolgen werden. Alleen al het bereiken van het front was een afgrijselijke ervaring. Paarden en manschappen gleden van de weg af en verdwenen voor zij gered konden worden. Doden werden gebruikt als stapstenen om volledig uit het zicht te verdwijnen. Dit is het landschap van Passendale op 27 augustus, zoals opgetekend in het dagboek van een jonge Britse officier, Edward Campion Vaughan:

Net als elders werden bij Passendale dieren ingezet voor het vervoer van artillerie en goederen. Zij ondergingen hetzelfde lot als de mannen die zij aan zij met hen zwoegden en in hun ogen stond tijdens de angstaanjagende barrages dezelfde angst te lezen. Soms zakten zij weg in de zuigende modder van het slagveld zonder een spoor achter te laten.

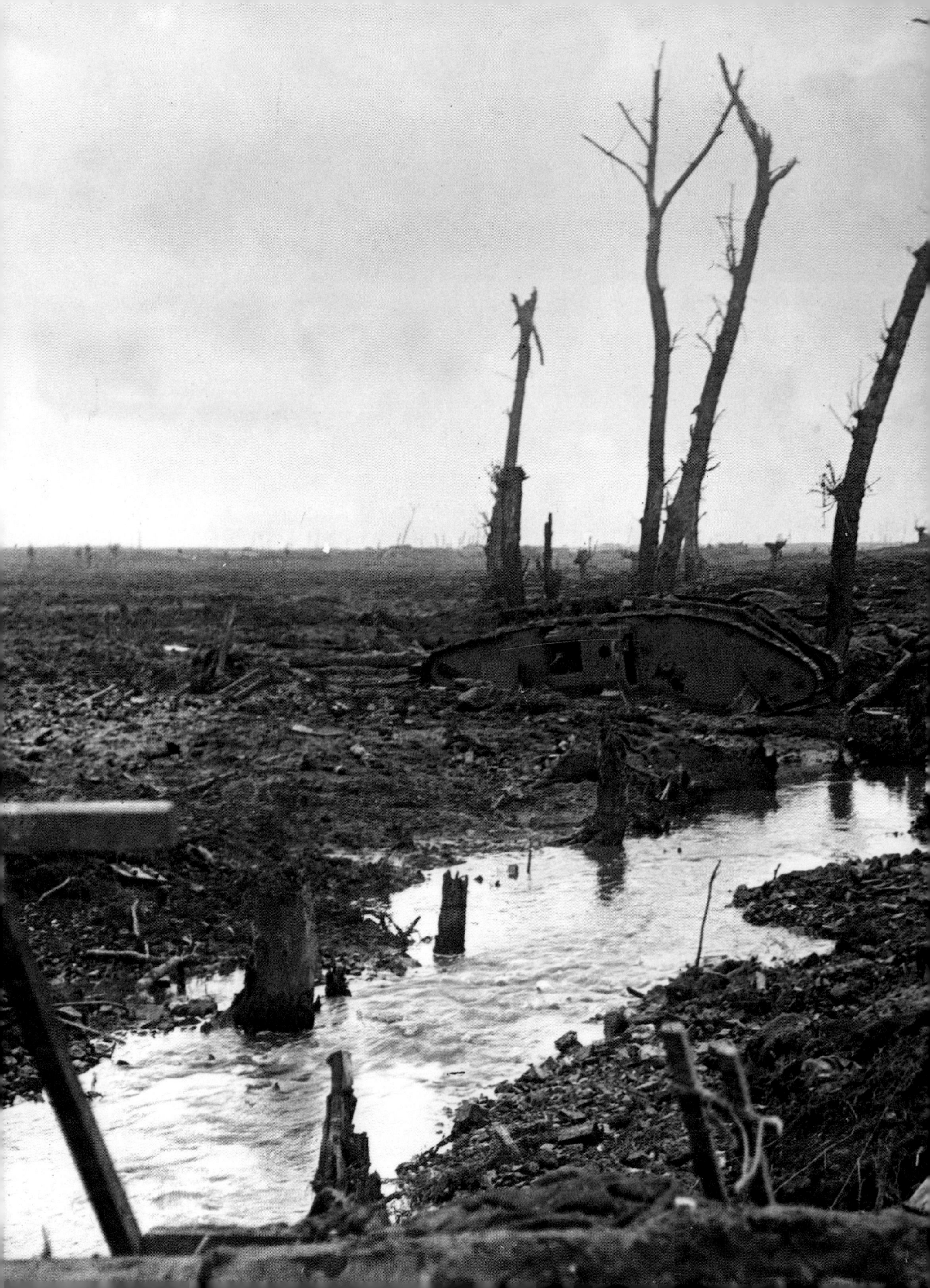

Tanks werden voor het eerst gebruikt aan de Somme in september 1916, zonder veel resultaat. De meeste gingen al snel kapot. Een jaar later, door de weersomstandigheden en de modder bij Passendale, fungeerden ze hooguit als stoomwalsen of statische artillerie, en op zijn slechtst als een dodelijke val voor hun bemanning.

Slachting

Vanuit het duister kwam van alle kanten het gekreun en gekerm van gewonden; vaag, lang aangehouden snikken, jammerende doodsklachten en wanhopig gegil. Het was op een gruwelijke manier duidelijk dat tientallen mannen met ernstige verwondingen zich op zoek naar een veilige plek naar nieuwe granaatkraters hadden gesleept, en nu was het water gaan stijgen en verdronken zij langzaam, niet in staat te bewegen. Door dat schreeuwen kwamen vreselijke visioenen bij me boven – van Woods en Kent, Edge en Taylor, die daar lagen, verminkt, in het volste vertrouwen dat hun kameraden hen zouden vinden, en die nu een vreselijke dood stierven, eenzaam te midden van de doden in een inktzwarte duisternis. En we konden niets doen om hen te helpen. Naast me huilde Dunham zachtjes, en alle mannen waren hevig aangedaan door de jammerlijke kreten.[55]

Later die dag noteerde Vaughan: 'Het geschreeuw van de gewonden was een stuk minder geworden, en terwijl we over de weg glibberden werd de reden daarvan maar al te duidelijk, want het water stond tot boven de rand van de kraters.'

Haig had zich niet voldoende rekenschap gegeven van wat vechten op dit soort terrein betekende, zoals hij ook de vijand had onderschat. Steeds weer dacht hij dat

Brancardiers in de modder. Gerhard Gürtler, een theologiestudent, schreef op 10 augustus 1917 vanuit Vlaanderen: '... de mannen die zich nog altijd in de frontlinie bevinden horen niets dan het trommelvuur, het kreunen van gewonde kameraden, het geschreeuw van gevallen paarden, het wilde bonken van het eigen hart, uur na uur, nacht na nacht.' Vier dagen later sneuvelde hij.[56]

de Duitsers op instorten stonden en gaf hij bevel tot nog een aanval om de doorbraak te forceren die volgens hem voor het grijpen moest liggen. Tijdens een periode van droog weer eind september voerde het Britse leger drie beperkte aanvallen uit en boekte terreinwinst bij Menen en het bos van Polygon. Opgevrolijkt door deze successen schreef Haig in zijn dagboek: 'De vijand is aan het wankelen en ... een krachtige aanval zou weleens tot definitieve resultaten kunnen leiden.'[57] Maar niet bij Passendale. Want de regen kwam terug. Maar Haig en zijn commandanten zetten door alsof de zon nog scheen.

'Wat is Passendale?' vroeg de journalist Philip Gibbs zich af:

> Zoals ik het deze ochtend zag door de rook van het geschutsvuur en de flarden mist was het minder dan toen ik het de vorige keer zag, een week of twee geleden, met nog slechts één ruïne, die van de kerk – een zwarte massa afgeslacht metselwerk en verder niets, geen huis stond nog overeind. ... Duizenden – vele duizenden – van onze jongens en van de jongens overzee zijn hier door vuur en water gegaan, het vuur van de vreeswekkende bombardementen, het water van de moerassen, de beekjes en kraters, waar zij doorheen hebben geplonsd en geploeterd, waarin zij zijn blijven steken en soms verdronken.[58]

'De vijand,' ging Gibbs verder, 'zal het veroveren van Passendale waarschijnlijk afdoen als het innemen van een modderpoel.' Hij had gelijk. Het verwoeste dorp had geen tactische, laat staan strategische waarde. Nadat het puin door Canadese troepen was ingenomen, beëindigde Haig het offensief in november en tegenover het kwart miljoen Britse slachtoffers kon hij weinig meer stellen dan 'het afgeslachte metselwerk' van het dorp dat de veldslag zijn naam gegeven had. De slag moest een doorbraak creëren, maar liep uit op een bloedbad en eindigde zelfs niet in een 'gelijkspel'. Hoewel zwaar getroffen, verloor Duitsland 50.000 manschappen minder dan Groot-Brittannië.[59]

Niet alleen Haig had schuld aan het voortduren van de strijd. Lloyd George, sinds december 1916 Brits premier, had zijn twijfel geuit aan het begin van de campagne en zich het recht voorbehouden de strijd af te blazen. Maar net als andere gezagsdragers kwam hij niet met een alternatief en deed hij niets om het doden te stoppen.

Tegen het eind van 1917 was het alle soldaten in de loopgraven van beide kanten duidelijk dat hun generaals in massale, bloedige aanvallen het middel zagen om de oorlog te winnen. Ondanks sterke culturele bindingen en de privé-wereld die ze voor zichzelf hadden gecreëerd, begonnen velen zich af te vragen waarom ze eigenlijk vochten. 'Voor het eerst verloor het Britse leger zijn optimisme, en veel van de officieren en manschappen met wie ik contact had waren ten prooi aan loodzware neerslachtigheid,' schreef Gibbs later.[60]

Op 3 januari 1917 werd Douglas Haig bevorderd tot veldmaarschalk, de hoogste rang in het Britse leger.

Net als Verdun en de Somme werd Passendale synoniem van militaire verspilling, een symbool voor de wijze waarop de oorlogsmachine de geest van de mannen die haar in bedwang moesten houden de baas was. Als dit oorlog was, waarom moest die dan nog worden doorgezet? Die vraag en de verschillende antwoorden erop speelden een overheersende rol in het volgende jaar van het conflict.

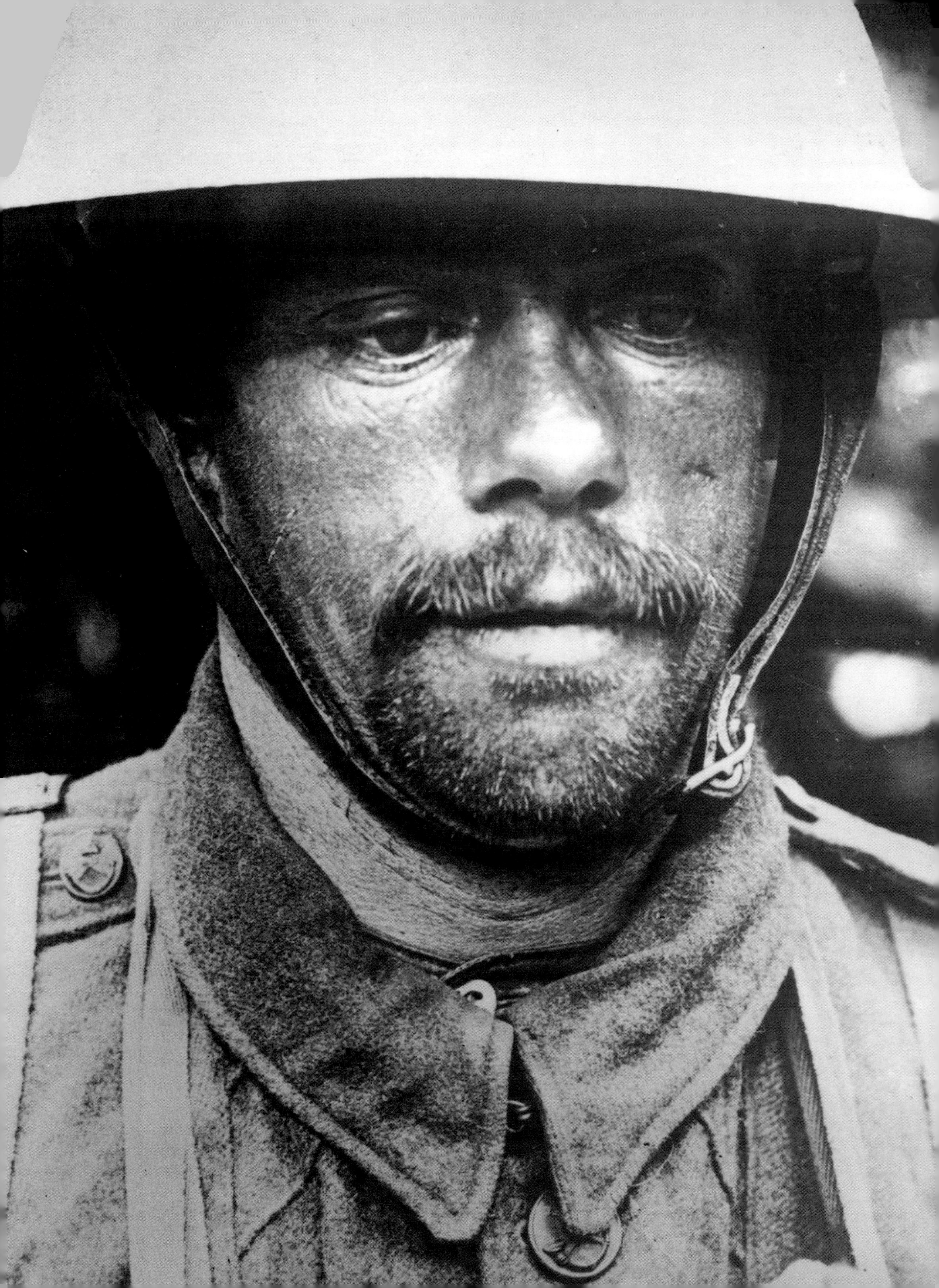

5
Muiterij

IN 1917 WERD DE OORLOG HARDER. De winter van 1916-1917 brak vele kouderecords. Kolen waren schaars, in de steden heerste duisternis. Intussen betreurde bijna ieder gezin het verlies van een geliefde, vriend of collega. En de afloop van de oorlog viel nauwelijks te voorspellen. Het Russische leger in het oosten was kwetsbaar – volgens sommigen uitgerangeerd, volgens anderen een uiterst belangrijke magneet die Duitse troepen wegzoog van de cruciale confrontaties aan het westelijk front. De Russen, die zulke hoge verliezen hadden geleden dat ze hun slachtoffers onmogelijk meer konden tellen, gingen een onzekere toekomst tegemoet. Aan het Italiaanse front braken Duitse en Oostenrijkse troepen in oktober en november 1917 door bij Caporetto en bedreigden Venetië. De Italianen moesten zich zo'n 100 kilometer terugtrekken.

In 1917 kwamen harde mannen aan de macht. Lloyd George stond aan het hoofd van de Britse oorlogsmachine. In december werd Georges Clemenceau premier van Frankrijk. Zijn beleid was duidelijk: 'Mijn taak is oorlog voeren en niets anders.' Om genoeg troepen op de been te brengen om door te vechten, voerde Canada de dienstplicht in. Een dergelijke maatregel werd in Australië tot tweemaal toe verworpen, maar toch bleef dit land aanzienlijke aantallen vrijwilligers naar het oorlogsgebied sturen.

Overal stonden vredesapostelen op: paus Benedictus XV stelde een 'vrede van gelijken' voor, zonder annexaties en herstelbetalingen. Dit idee werd verworpen, evenals andere vredesinitiatieven, zoals een voorstel van Oostenrijk en van de Duitse kanselier Von Bethmann-Hollweg.

In februari 1917 begon Duitsland met de totale duikbootoorlog; door de aanvoerroutes van de geallieerden naar Noord-Amerika en elders af te snijden, wilden ze hen naar de conferentietafel dwingen. Deze gok had echter een averechtse uitwerking: de geallieerden gaven niet toe en werden in april versterkt met de Verenigde Staten. In juli werd Von Bethmann-Hollweg ontslagen als kanselier, daarmee de weg vrijmakend voor de echte machthebbers van Duitsland: de bevelhebbers van de generale staf, Von Hindenburg en Ludendorff.

Ook het politieke karakter van de oorlog veranderde in 1917. Tijdens de Februari-revolutie in Rusland werd tsaar Nicolaas II afgezet; de voorlopige regering die aan de macht kwam, liet weten de oorlog te zullen voortzetten en tekende daarmee haar eigen doodvonnis. Ze werd acht maanden later opgevolgd door Lenin

Door de patstelling en de steeds zwaardere verliezen begonnen hoe langer hoe meer manschappen zich in 1917 tegen hun superieuren te verzetten. Een Britse officier herinnert zich: 'Als commandant van meer dan duizend man vond ik het dikwijls pijnlijk als mij in toevallige gesprekken met een onderofficier of een sergeant werd gevraagd naar de redenen van dit alles. ... "Waarom vallen we altijd aan in de winter, als iedere gek die ook maar iets van het front afweet, snapt dat zo'n aanval zal mislukken?"'[1]

Muiterij

en de bolsjewieken; in december kozen ze voor vrede en trokken ze Rusland uit de strijd terug. De deelname van Amerika aan de oorlog deed de balans echter doorslaan en leidde ten slotte tot de nederlaag van Duitsland.

Wat tachtig jaar later zonneklaar is, was destijds volstrekt onduidelijk. Eind 1917 bevond het Duitse leger zich in zijn machtigste positie. Het had de oorlog aan het oostelijk front gewonnen en alle geallieerde offensieven in Frankrijk en België afgeslagen. De Duitsers hielden de hooggelegen gebieden van het Kanaal tot Zwitserland in schijnbaar onoverwinnelijke defensieve stellingen bezet. Het zal dan ook geen verbazing wekken dat de geallieerden in de koude winter van 1917-1918 zeer onzeker waren over de afloop van de oorlog.

Aan het westelijk front was het einde van de oorlog nog niet in zicht. De Duitsers bezetten nog steeds het grootste deel van België en stonden binnen schootsafstand van Parijs. In maart 1917 hergroepeerden zij hun vooruitgeschoven posities in Picardië: ze trokken hun troepen massaal (en in het geheim) ruim dertig kilometer oostwaarts terug tot wat later de Hindenburglinie zou worden genoemd. Nadat ze hun hoofdkwartier in Péronne aan de Somme hadden verlaten, verwoestten ze de stad. Op de ruïne van het stadhuis lieten ze een boodschap achter voor de geallieerden: 'Niet boos zijn, wees slechts verbaasd.'

Na drie jaar oorlog begonnen steeds meer soldaten op diverse manieren – variërend van lethargie tot openlijke muiterij – uiting te geven aan hun woede en verbijstering. In 1917 werd duidelijk dat miljoenen mensen de grens van het menselijk uithoudingsvermogen hadden bereikt – en overschreden. Over hen gaat dit hoofdstuk.

Hoe kunnen we het uithoudingsvermogen van deze mensen verklaren? Sommige historici wijzen op het voortleven van negentiende-eeuwse idealen, zoals eer, kameraadschap, plicht en vaderlandsliefde. Waarden en normen van vóór 1914 verdwenen na het uitbreken van de oorlog niet als sneeuw voor de zon, maar waren een hardnekkig leven beschoren, wat verklaart waarom de oorlog meedogenloos doorging, ondanks de miljoenen slachtoffers.

Het evenwicht tussen dwang en de wil om oorlog te voeren vormt een van de belangrijkste punten in de geschiedenis van de oorlog. In vroegere studies is vooral de nadruk gelegd op dwangmiddelen, zoals dienstplicht, propaganda, onderdrukking van dissidenten en het gebruik van politiespionnen. Tegenwoordig is de weegschaal naar de andere kant doorgeslagen. Het is veel beangstigender te moeten erkennen dat de oorlog doorging omdat miljoenen mensen dat noodzakelijk achtten. In 1917 nam de weerstand vele vormen aan, maar deze protesten vonden grotendeels plaats binnen het kader van de overtuiging dat de oorlog moest worden voortgezet.

In het vierde jaar van de oorlog trachtten mannen en vrouwen overal manieren te vinden om in leven te blijven en tegelijkertijd hun oorlogsverplichtingen na te komen – ten opzichte van de mannen in uniform, van hun gezinnen thuis, van hun gevoel voor sociale rechtvaardigheid en hun waarden en normen, die volgens de meesten werden bedreigd door de vijand. Deze spanning was in 1917 nog niet opgelost, maar de overweldigende meerderheid accepteerde nog steeds dat de oorlog noodzakelijk was, totdat uitputting of de beloofde militaire doorbraak er een einde aan zou maken.

In dit hoofdstuk zullen we ons van het persoonlijke naar het algemene begeven: van het lijdende individu in het ziekenhuis en soldaten die als groep in opstand

'Niet boos zijn, wees slechts verbaasd.' Deze boodschap lieten de Duitsers, nadat ze zich hadden teruggetrokken achter de Hindenburglinie, achter op het verwoeste stadhuis van Péronne. Het bord is tegenwoordig te zien in de Historial de la Grande Guerre in Péronne.

kwamen tot antioorlogsbewegingen en echte revoluties. Telkens weer blijkt het dualistische karakter van 1917: de botsing tussen de krachten die de motor achter de oorlog vormden en die welke er ten slotte een einde aan maakten.

Shellshock

Doorgaan of naar huis gaan. In 1917, het jaar waarin er geen uitweg uit de oorlog was, was dit het ondraaglijke probleem waarmee ontelbare mannen aan het front werden geconfronteerd. Zij reageerden op diverse manieren. Een daarvan was zich terugtrekken in waanzin.

In de Eerste Wereldoorlog werden de symptomen van psychiatrische oorlogsslachtoffers samengebracht onder de noemer 'shellshock', een term die in 1915 voor het eerst werd gebruikt door de Britse arts C.S. Myers. Het woord duidde aan wat er met veel mannen in de loopgraven gebeurde: ze kregen een zenuwinzinking, die niet noodzakelijkerwijs hun eigen schuld was, maar voortkwam uit de ondraaglijke spanning waaronder ze moesten vechten.

Shellshock kwam voor bij militairen uit alle rangen. Gewone soldaten die erdoor werden getroffen, werden meestal gediagnosticeerd als 'hysterisch', wat betekende dat ze psychische problemen omzetten in lichamelijke klachten. Deze konden de vorm aannemen van verlammingsverschijnselen, verwrongen lichaamshoudingen of een wankelende tred. Vóór 1914 associeerde men 'hysterie' vooral met vrouwen, maar na die tijd werd het ook een verzamelterm voor de vele symptomen van shellshock in de lagere rangen. De psychische klachten van officieren werden anders benoemd: hun nachtmerries, slapeloosheid, angstaanvallen en andere symptomen werden destijds met de term 'neurasthenie' aangeduid.[2]

Veel slachtoffers hebben indrukwekkende verslagen van hun lijden nagelaten. De spanningen van de loopgravenoorlog – de grote angst voor verminking en dood, de afschuwelijke beelden en geuren – konden kerngezonde mannen geheel uit hun evenwicht brengen. Niet alleen het onophoudelijke artillerievuur leidde tot ondraaglijke angst, ook de druk van de dagelijkse routine, de afschuwelijke ontberingen en het slaapgebrek eisten hun tol. Tijdens offensieven konden dergelijke perioden van spanning een eeuwigheid lijken te duren.

Niemand kon zeggen waar het breekpunt van een individu lag, maar dat er een dergelijk breekpunt bestond, was overduidelijk. Een niet met name genoemde eenentwintigjarige Britse geniesoldaat ging er voorbij. Achter de linies begon hij zich te herinneren wat er met hem was gebeurd:

> Joe, ga niet weg – Geef me mijn geweer, Joe – Tien doden. Arme oude Taffy – Droomde gisternacht – Zag Harry Edmonds met al zijn ribben gebroken – na de explosie – 5000 bommen en twee en een halve ton explosieven ontploffen – Joe – Clay zei dat hij geen drie weken meer te leven heeft – Zijn bril kapot – Taffy gedood door een granaat in zijn maag – G ——T ——Al zijn geslachtsdelen weggeschoten – Net toen hij de werkplaats verliet.[3]

Een Duitse soldaat, die in het burgerleven 'bediende' was geweest, werd de lucht in geslingerd toen zijn loopgraaf door een granaat werd getroffen. Naderhand kon hij niet meer praten. Hij kon horen, reageerde door met zijn hoofd te schudden of te schrijven, maar er kwam geen woord meer over zijn lippen. De man drukte zijn angst uit in korte, onsamenhangende notities. Toen hij werd afgevoerd, krabbelde hij: 'Rijden we nog verder, ik heb zo'n hoofdpijn. De dokter moet niet komen. Die wilde me neerschieten omdat ik niet kon spreken. Ze zijn allemaal slecht.'

Muiterij

VOLGENDE BLADZIJDEN Het desolate landschap van de oorlog

ONDER Duitse soldaat, gedood tijdens een aanval op 3 oktober 1917. 'Zeker, ook in vroegere oorlogen waren er steden en dorpen platgebrand, maar wat stelde dat voor, vergeleken bij deze zee van kraters, uitgegraven door machines? ... Het leek of de mens in dit zelfgeschapen landschap veranderde, mysterieuzer en harder en geslepener werd dan in welke vroegere slag dan ook.'
(Ernst Jünger)[4]

Een vijfendertigjarige Russische soldaat raakte na een zware granaataanval geheel buiten zinnen. Hij sprong op de schouders van zijn kameraden en schreeuwde: 'De duivel is gekomen! Dit is de hel, hier zijn de duivelskinderen.' Achter de linies was hij nog steeds bijzonder geagiteerd: 'Zijn spraak was onsamenhangend. Na een paar zinnen herhaalde hij telkens weer: "Ga daar niet heen. Dat is de hel! Er wordt gemoord. Daar worden mensen gedood door duivels en onzalige machten." Hij trilde, verstijfde, en reageerde niet op speldenprikken. Terwijl hij lichamelijk geen schrammetje had opgelopen.'

Dergelijke symptomen kwamen even vaak voor bij beroepssoldaten als bij dienstplichtigen en vrijwilligers. Zo was er een Britse beroepsofficier die na drie jaar in de loopgraven ten slotte een zenuwinzinking kreeg. Nadat hij had gedroomd dat hij onder een granaat werd begraven, werd hij echt getroffen en begraven. Hij was overal bang voor: 'In de trein verkeerde hij in elke tunnel in doodsangst dat hij zou worden vermorzeld.' Volgens zijn superieuren was hij een 'voorbeeldige soldaat', maar hij was ook een soldaat die zeker wist dat 'er geen mens op aarde is die hier voor eeuwig mee door kan gaan'.

Sommige mannen konden het niet langer verdragen vijanden te doden. Een

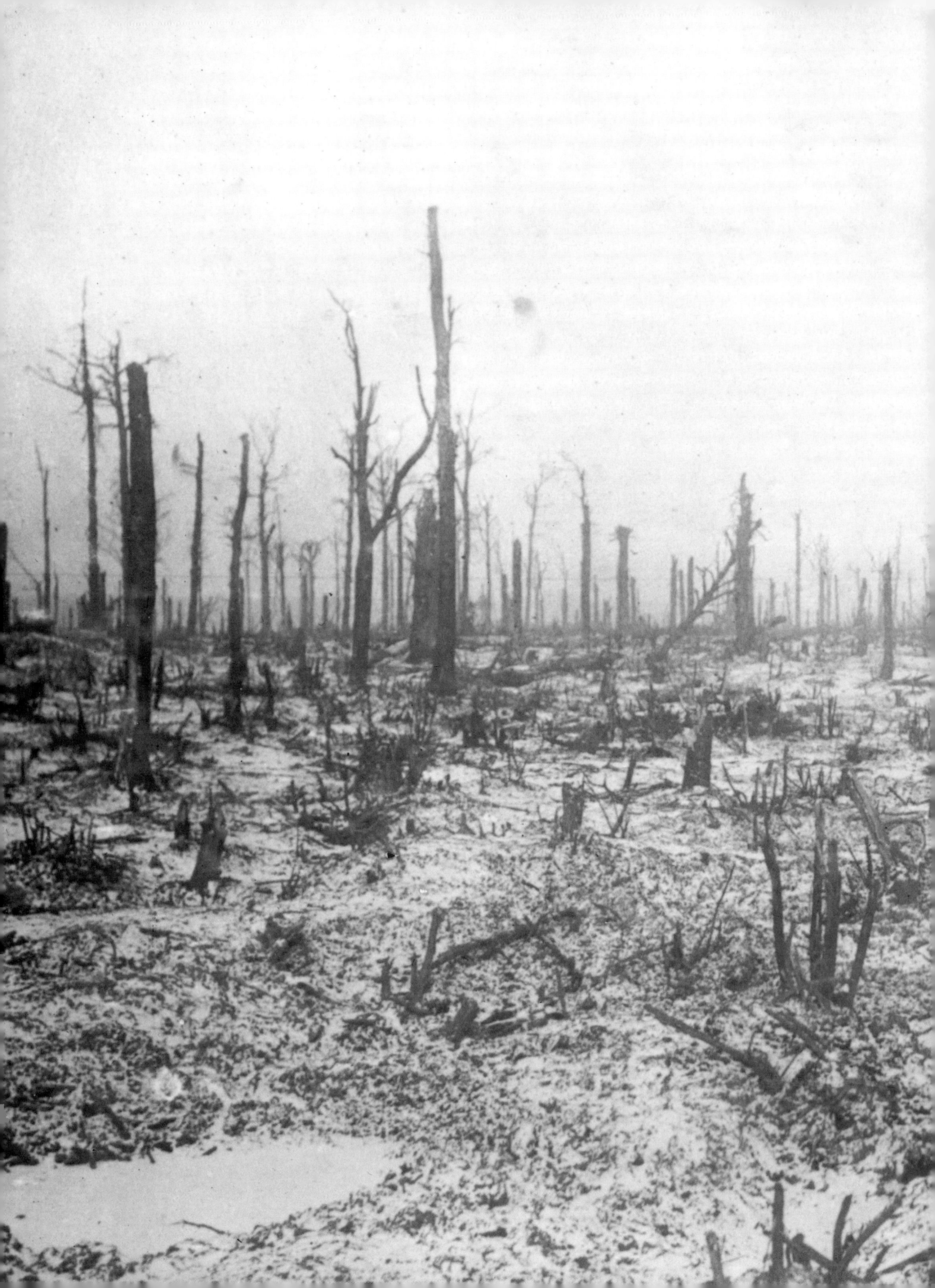

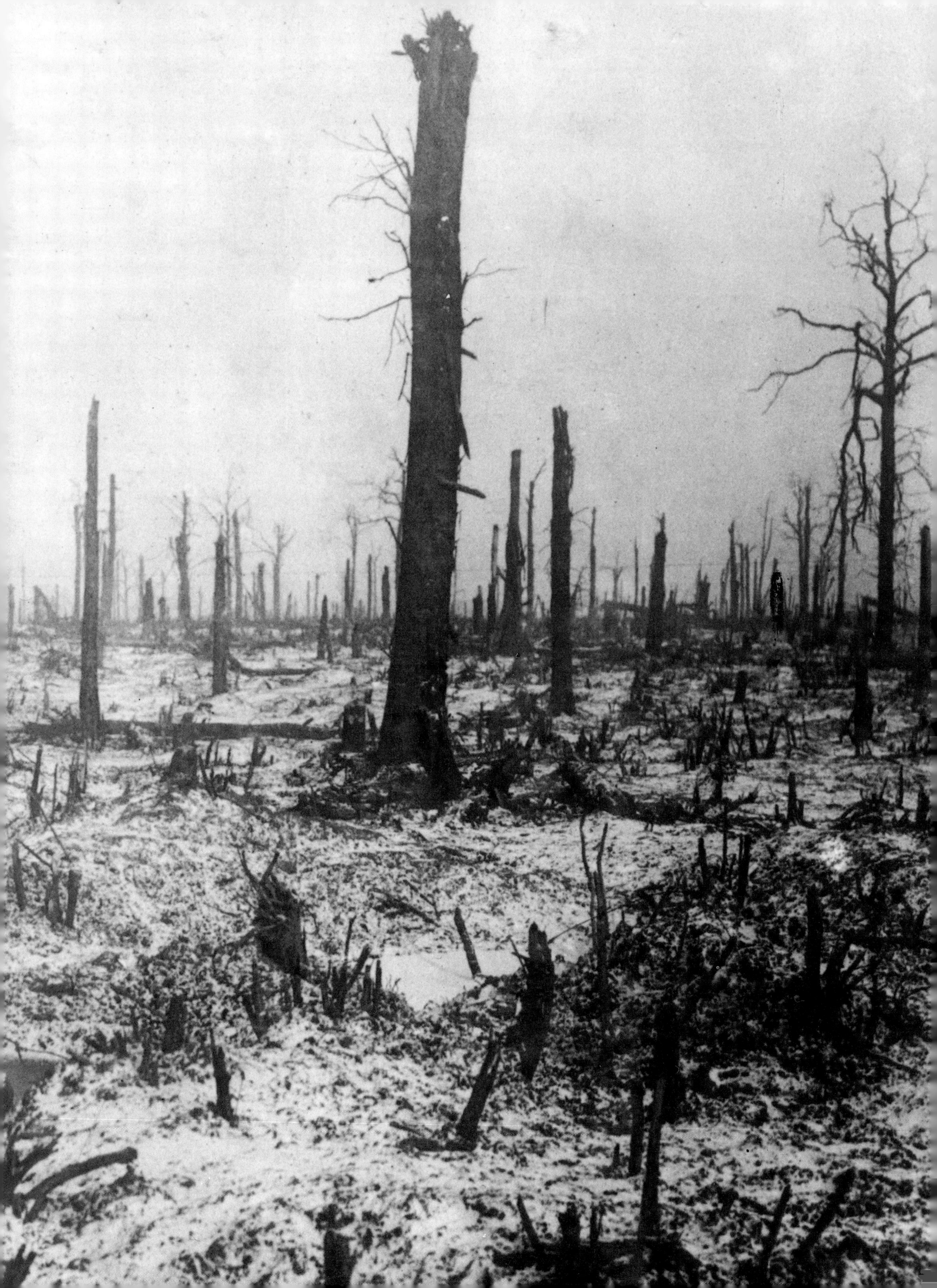

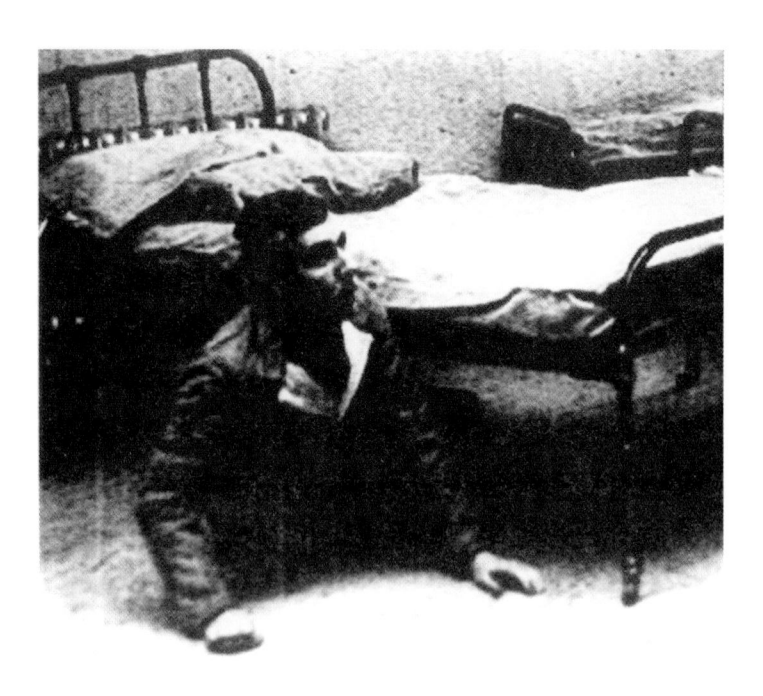

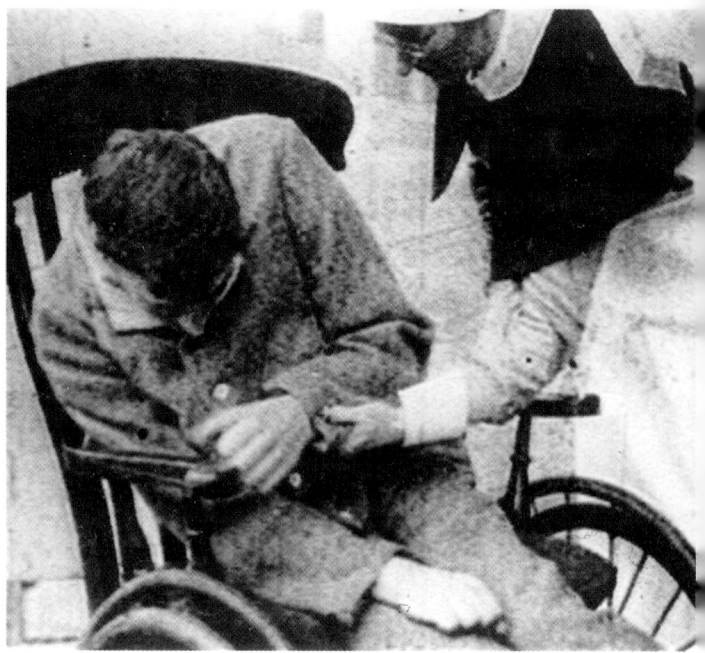

eenentwintigjarige Duitse soldaat raakte verlamd aan één been, dat bij de knie, enkel en tenen gebogen bleef. Hij werd behandeld met lachgas en sprak in zijn ijltoestand woorden die zijn dokter vond getuigen van sympathie voor de vijand: 'Zie je hem? Zie je de vijand daar? Heeft hij een vader en een moeder? Heeft hij een vrouw? Ik wil hem niet afmaken.' Ondertussen huilde hij en maakte met zijn vinger bewegingen alsof hij de trekker van een geweer overhaalde. Deze man kreeg binnen enkele weken de controle over zijn been terug, maar anderen hadden minder geluk.

Zo gaf een Franse soldaat na maanden in de loopgraven toe dat 'de trein uit de rails was gelopen'. Hij leed aan ongecontroleerde trillingen van zijn hoofd en ledematen, die zelfs nadat hij naar Parijs was overgebracht door heel gewone geluiden konden worden veroorzaakt.

> Het geluid van het hek van de metro, een plotseling oplichtende lamp, het gefluit van een locomotief, een blaffende hond, ... zijn genoeg om de trillingen te veroorzaken. ... Toen er onlangs een vlag werd gehesen op de Invalides, dacht ik eerst dat ik door zo'n ontroerende gebeurtenis zou worden genezen, maar toen begon ik plotseling zo hevig te trillen dat ik het uitschreeuwde, moest gaan zitten en huilde als een kind. Soms tril ik zonder aanleiding. Ik ging laatst met mijn vrouw naar een winkel. De menigte, de lichten, het geruis van zijde, de kleuren van de koopwaar – ik vond het allemaal prachtig, zo'n tegenstelling met de ellende van de loopgraven. Ik was gelukkig en praatte honderduit, als een schooljongen op vakantie. Plotseling voelde ik mijn kracht wegvloeien. Ik stopte met praten, kreeg pijn in mijn rug, voelde hoe mijn wangen invielen. Ik staarde voor me uit en het trillen begon weer, vergezeld van een gevoel van groot ongemak. ... Ik merk dat de mensen in de tram en de metro naar me kijken, en dat geeft me een afschuwelijk gevoel. Ik heb het idee dat ik medelijden oproep. Een aardige vrouw biedt me haar zitplaats aan. Ik ben diep geroerd, maar ze kijken me aan en zeggen niets, wat denken ze van me?

Genezing

De behandeling die dergelijke mannen kregen, varieerde van onverschilligheid tot hypnose, psychotherapie en elektroshocktherapie. Het gebruik van

Soldaten met shellshock in een ziekenhuis tijdens de Eerste Wereldoorlog. Tegenwoordig zou worden gezegd dat ze leden aan een posttraumatisch stress-syndroom. Bij sommigen leidde de psychische staat van doodsangst tot verlammingsverschijnselen, anderen reageerden alleen nog maar op bepaalde woorden. De soldaat op de foto (LINKSBOVEN) reageerde alleen op het woord 'bom': als hij het hoorde, verborg hij zich onmiddellijk onder zijn bed. Tijdens de loopgravenoorlog raakten miljoenen gezonde mannen verstrikt in een doolhof van gevaar en verwoesting. Het verbazingwekkende was niet dat sommigen werden getroffen door shellshock, maar dat zo velen dit lot bespaard bleef.

elektroden om elektrische stroom door verlamde ledematen te leiden was tijdens de oorlog controversieel. In Duitsland en Frankrijk is deze methode dikwijls toegepast en zijn er volgens een aantal neurofysiologen wonderen mee bereikt. De mannen die deze behandeling ondergingen, waren daar minder zeker van. Sommigen genazen, anderen vonden dat ze werden gefolterd. Een Franse dienstplichtige, Baptiste Deschamps, sloeg zijn dokter Clovis Vincent toen deze de elektroden op zijn lichaam wilde bevestigen.[5] De soldaat werd veroordeeld wegens geweld tegen een meerdere, maar kreeg uiteindelijk een voorwaardelijk vonnis. Zijn zaak werd beroemd en bracht Vincent ten slotte in diskrediet. Diens medisch centrum in Toulouse was berucht vanwege het veelvuldige gebruik van elektroshocktherapie om mannen met shellshock te genezen. Ook in Duitsland bestond verzet tegen de behandeling; sommigen trachtten aan het eind van de oorlog zelfs wraak te nemen op de artsen die hen – naar hun mening – op deze manier hadden mishandeld.[6]

Ook Britse artsen maakten soms gebruik van elektroshocktherapie, maar deze pijnlijke methode was slechts één van de behandelwijzen en werd slechts zelden op officieren toegepast. Men maakte vaker gebruik van hypnose, geneesmiddelen en tijdrovender psychotherapie.

W.H.R. Rivers was een van de humane artsen die soldaten met shellshock met behulp van gesprekken probeerde te genezen. Rivers was een veelzijdig man.[7] In 1914, op vijftigjarige leeftijd, was hij zowel arts als psycholoog en een bekend antropoloog. Sinds 1897 had hij in Cambridge fysiologie en experimentele psychologie gedoceerd en vanaf 1907 gaf hij colleges over de fysiologie van de zintuigen. Na baanbrekend werk op het gebied van het gezichtsvermogen werd hij in 1908 lid van de Royal Society, de grootste eer die een wetenschapper in Groot-Brittannië ten deel kan vallen.

Zijn onderzoek op het gebied van experimentele psychologie was slechts één van de facetten van het werk van Rivers. Als eerste in Groot-Brittannië bracht hij de Freudiaanse ideeën over psychopathologie in praktijk en deed hij systematisch onderzoek naar dromen. Daarnaast was hij een van de grondleggers van de wetenschappelijke antropologische methode, die volgens hem niets anders was dan een van de vele manieren om de menselijke geest te bestuderen.

In oktober 1916 kreeg hij opdracht om in het Craiglockhart War Hospital aan de rand van Edinburgh officieren met shellshock te behandelen. Voordien had hij in een ziekenhuis voor zowel officieren als soldaten gewerkt, maar hier vond hij een omgeving die perfect aansloot op zijn temperament en stijl. In het begin van de oorlog werden Britse officieren voornamelijk geselecteerd uit de hogere klassen en de welgestelde stedelijke middenklasse. Dit betekende dat veel patiënten in Craiglockhart dezelfde sociale achtergrond hadden als de studenten die hij in Cambridge college had gegeven.

Het trauma – en later de symptomen – van de meeste patiënten kwam tot uiting in hun dromen, die Rivers en zijn medewerkers met hen bespraken. Zijn sympathie, mededogen en onpartijdigheid waren spreekwoordelijk en dankzij de helende kracht van zijn persoonlijkheid slaagde hij erin de angsten van zijn patiënten in zekere mate te verlichten.

W.H.R. Rivers, de fysioloog, psycholoog en antropoloog uit Cambridge die in het Craiglockhart War Hospital een humane vorm van psychotherapie ontwikkelde. Siegfried Sassoon was een van zijn patiënten. Rivers, een eerlijk en meedogend man, luisterde naar wat Sassoon te zeggen had en begon naar aanleiding daarvan zijn eigen mening over de oorlog te herzien.

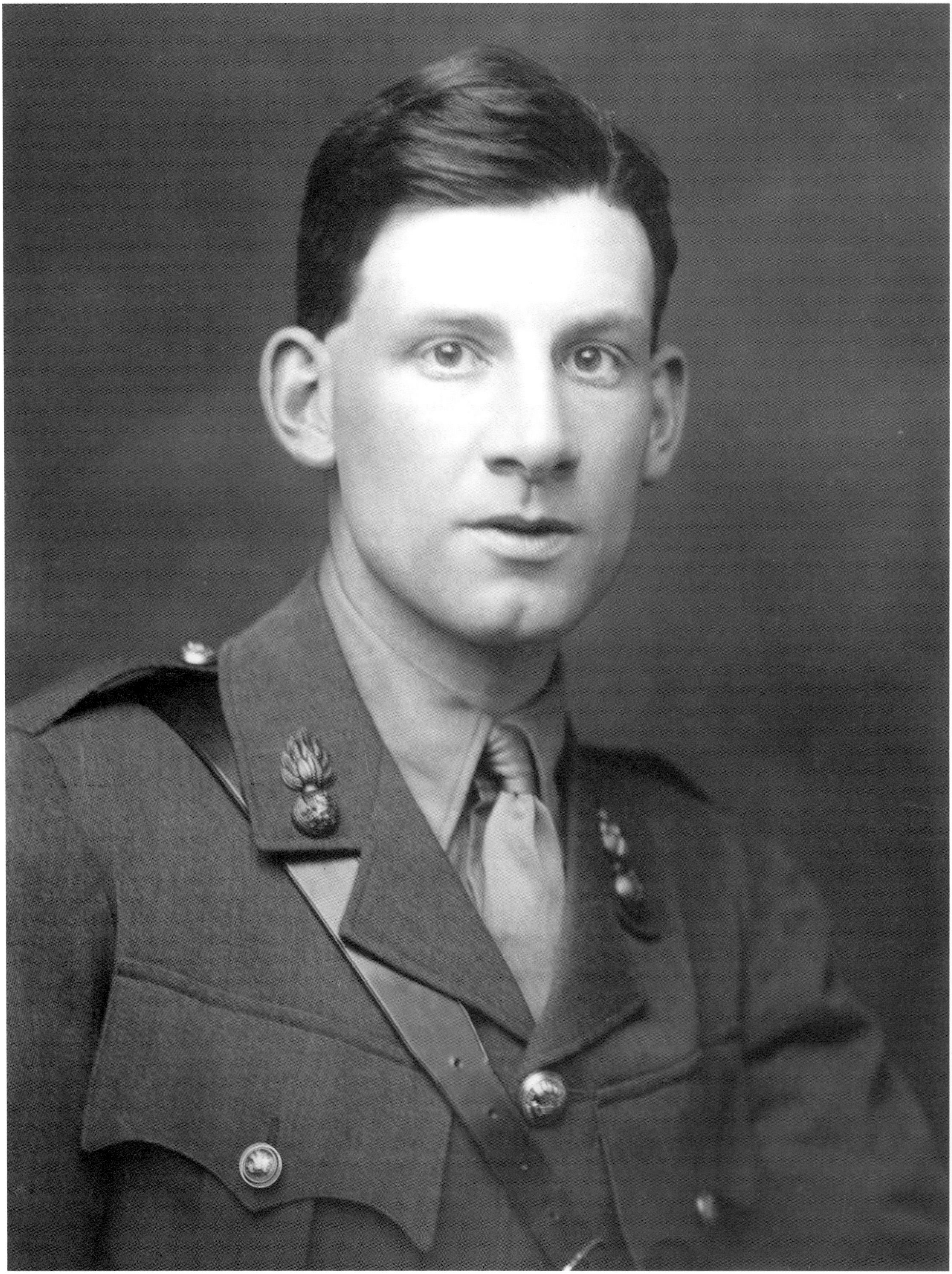

MUITERIJ

Siegfried Sassoon

Zijn therapeutische ontmoetingen met tweede luitenant Siegfried Sassoon verschilden van die met andere patiënten. Sassoon was half zo oud als Rivers. Hij had een jaar in Cambridge gestudeerd en was het type student dat Rivers goed kende. In 1914 nam Sassoon dienst in de Sussex Yeomanry, in 1915 werd hij overgeplaatst naar het eliteregiment Royal Welsh Fusiliers en in juni 1916 kreeg hij het Military Cross voor betoonde moed. Na de Slag aan de Somme kreeg hij verlof om te herstellen van wat hij 'loopgravenkoorts' noemde. Voorjaar 1917 was hij terug aan de Somme, waar hij 'in de schouder werd getroffen door de kogel van een sluipschutter'. 'Gelukkig bloedde het niet erg,' tekende hij op 16 april laconiek op in zijn dagboek.[9] Maar op weg terug naar huis schreef hij: 'Mijn wond doet vreselijk pijn, door de tetanusinjectie voel ik me rillerig, ik ben half dood door slaapgebrek, ik zit maar op een stoel in mijn oude kleren – met mijn beenwindsels nog om – en niemand heeft zelfs maar aangeboden dat ik me kan wassen. Het doet er niet toe. – *For I've sped through, O Life, O Sun!*' Deze laatste zin is een grap, een citaat uit het gedicht 'Escape' ('Ontsnapping') van een mede-officier van de Royal Welsh Fusiliers, Robert Graves, die naar verluidde in augustus 1916 aan zijn wonden was bezweken. Maar Graves was, evenals Sassoon, de dood ontsprongen – voorlopig althans.

'Ik voel me nog steeds strijdlustig,' merkte Sassoon op 17 april op[10], maar zes dagen later, in een ziekenhuis in Londen, begon deze houding te veranderen. Hij schreef het gedicht 'To the Warmongers' ('Aan de oorlogshitsers'), dat het begin markeerde van zijn veranderende perceptie van de oorlog. Het begon als volgt:

> *I'm back again from hell*
> *With loathsome thoughts to sell;*
> *Secrets of death to tell;*
> *And horrors from the abyss.*[11]

Wat hij ook deed om zijn nachtmerries te verlichten, ze kwamen telkens terug. Op 25 april noteerde hij:

> Mijn hersens zijn als een strak gespannen snaar. Ik moet de hele dag over de oorlog praten, vragen van vrienden beantwoorden, waarbij ik me opwind en dingen zeg die ik nooit had willen zeggen. En als het licht uit is, de ziekenzaal deels in schaduwen is gehuld en deels wordt verlicht door het smeulende vuur, en er rust heerst in de witte bedden met uitgeputte figuren … dan komen de schrikbeelden aankruipen over de vloer: overal dood vlees en beenderen, gezichten staren naar het plafond, gezichten zijn op de vloer gericht, handen grijpen krampachtig naar hals of buik. Een grijnzend, lijkbleek gezicht met een borstelige snor gluurt me aan over de rand van mijn bed, de handen grijpen mijn lakens.[12]

Sassoon voelde het verwijt van deze verschijningen, die hem benijdden om zijn lichte verwonding. Ze keken hem smekend aan, bespotten zijn geluk, en een van hen wilde hem een brief geven: '…als hij naar me overbuigt, knikt zijn hoofd opzij en zakt hij plotseling ineen. Hij heeft een gat in zijn kaak, het bloed verspreidt zich over zijn witte gezicht als inkt over vloeipapier. Kon ik maar slapen.'[13] In die tijd wilde Sassoon nog steeds verder vechten. Op 29 april bedacht hij: 'De zaken moeten hun beloop hebben. Ik weet dat ik weer zal worden weggezonden en het allemaal nog

---

Ik ben terug uit de hel/en heb afschuwelijke gedachten te delen/geheimen over de dood te vertellen/en gruwelen uit de peilloze diepte.

Siegfried Sassoon in 1915. In zijn gedichten drukte hij de woede uit van de vermoeide mannen aan het front. De oorlogspoëzie had vele gezichten. Veroordeling van de oorlog en het lijden dat eruit voortkwam was één van de aspecten van zijn gedichten. Een ander was de zoektocht naar het heilige.
'My spirit longs for prayer, and, lost to God, I seek him everywhere.'
(Mijn geest verlangt naar gebed/En, verloren voor God, zoek ik Hem overal) schreef Sassoon in maart 1917 in zijn gedicht 'The Church of St Ouen' ('De kerk van St. Ouen').[8]

Muiterij

Januari-juni 1917

Januari *De rapenwinter*

Ernst Glaeser beschrijft de 'rapenwinter' van 1916-1917 in Berlijn.

> Het was een barre winter. ... Honger ondermijnde de solidariteit: kinderen begonnen de rantsoenen van andere mensen te stelen. Al spoedig spraken de vrouwen in de lange rijen voor de winkels vaker over de honger van hun kinderen dan over de dood van hun man. De oorlog had alles veranderd, een nieuw front geschapen, waarop vrouwen slag leverden met de politie en bureaucraten. Al spoedig betekende een lamsbout meer voor ons dan de val van Boekarest.[14]

Duits gezin, winter 1916-1917

April *De Verenigde Staten mengen zich in de oorlog*

Op 6 april verklaarden de Verenigde Staten Duitsland de oorlog. Edmond Genet was een jonge Amerikaanse vrijwilliger die eerst in het Vreemdelingenlegioen diende en in januari 1917 deel uitmaakte van het Lafayette Escadrille. Dit fragment uit zijn dagboek schreef hij twaalf dagen voordat hij sneuvelde.

> *4 april* De 975ste dag van de oorlog. ... President Wilson vroeg het Congres vandaag de vijandelijkheden tegen het Duitse rijk te openen. De oorlogsverklaring zal vandaag komen. Het hele land zal wel stijf staan van de spanning. ... Ik ben een van de weinige Amerikanen die hier al vechten, hoewel ik daarvoor uit het leger van mijn eigen land heb moeten deserteren. ... Ik heb het Amerikaanse vlaggetje verscheurd dat ik sinds het begin van mijn diensttijd bij me had. Het lijkt me een aanfluiting om me te verheugen over de deelname van ons land aan de oorlog. Wij zijn hier al zo lang en hebben alles gegeven voor rechtvaardigheid, terwijl ons land maar bleef aarzelen. Het had al veel eerder hier moeten zijn.[15]

Edmond Genet

MUITERIJ

APRIL *De Slag bij Arras*

Billy Bishop, een Canadese piloot van het Royal Flying Corps en een van de beste oorlogspiloten, beschreef hoe hij de slag vanuit de lucht zag.

14 april De aanvalsgolven van artilleristen, die vanuit de loopgraven oprukten onder dekking van een spervuur van granaten, vormden een verbazingwekkend schouwspel. Het leek of ze door het niemandsland op hun gemak naar de vijandelijke loopgraven kuierden, alsof de slag hen niets interesseerde. Vanuit de lucht leken ze het veel te gemakkelijk op te nemen. Zo gaat oorlog voeren met de klok in de hand. Deze troepen zijn getraind om in een bepaald tempo op te rukken. Telkens weer hadden ze een zekere afstand moeten overbruggen en met behulp van die gegevens was het tempo van het gordijnvuur voor hun dekking exact vastgesteld.[16]

Britse troepen in het centrum van Arras

MEI *Franse muiterij en stakingen*

André Kahn, een sergeant in het Franse leger, schreef aan zijn verloofde.

23 mei Ik denk niet dat er een revolutie in het leger zal plaatsvinden. Men zegt dat de soldaten, zoals altijd na een mislukt en bloedig offensief, er genoeg van hebben en tegen iedereen vertellen dat ze op deze manier niet willen doorgaan. Drie jaar lang heb ik dit lage moreel om me heen gezien, maar meestal gaan ze na een maand weer terug. De staking van textielarbeiders is nog ernstiger, vooral als deze zich uitbreidt. ... Maar ik vermoed dat de staking niet meer is dan een kleine lente-oprisping.[17]

JUNI *De ondermijning van de heuvelrug van Mesen*

Op 7 juni ontploften negentien enorme mijnen onder de Duitse linies. Stafchef generaal-majoor Charles Harington beschreef de gevolgen.

7 juni De volgende morgen ging ik, deels per tank, naar de heuvelrug van Mesen. Wat ik daar zag zal ik nooit vergeten. Ik betrad een betonnen schuilplaats bij Spanbroekmolen – onze grootste krater – en zag vier Duitse officieren rond een tafel zitten – allen gedood door de schokgolf. Het was een griezelig gezicht – ze hadden geen schrammetje. Terwijl ik schrijf zie ik hun doodsbleke gezichten weer voor me. In de portefeuille van een van hen zat een kopie van een boodschap die om 2.40 uur – 30 minuten voor de explosie – was verzonden. Er stond in: 'Situatie tamelijk rustig.'[18]

Ontploffende mijn bij de heuvelrug van Mesen.

eens moet doormaken... Maar de volgende keer zullen ze me vast en zeker doden.'[19]

Enkele weken later, op 16 mei, scheef hij: 'Nu begin ik de furiën die me achtervolgden af te schudden,'[20] maar vier dagen later was hij daar minder zeker van: toen hij 's morgens een vogel hoorde zingen, herinnerde hij zich hoe zijn mannen aan het westelijk front 'in de dreigende schemering van de hel ronddwaalden'.[21] Iemand moest voor hen opkomen, iemand moest zich verzetten tegen de zelfvoldaanheid en blindheid die Sassoon overal om zich heen zag.

In zijn memoires vermeldt Sassoon dat hij op dit moment 'begon na te denken' of de oorlog wel moest worden voortgezet. Hij reageerde 'intuïtief ... te vergelijken met een jongeman die plotseling zijn geloof in God verliest en zich verheft om het Opperwezen te zeggen dat Hij niet bestaat, eraan toevoegend dat, mocht Hij wel bestaan, Hij de wereld zeer onrechtvaardig bestiert'.[22]

Op 15 juni zond Sassoon een open brief aan zijn bevelvoerend officier, maar in feite wilde hij het hele land een boodschap sturen. Hij zond afschriften aan prominente schrijvers, journalisten en een liberale politicus, die de brief op 30 juli in het Lagerhuis voorlas. De volgende dag publiceerde *The Times* de tekst. Op 31 juli begon Haig met de bloedige Derde Slag bij Ieper, die nu bekend staat onder de naam Passendale. Sassoon had geschreven:

> Deze verklaring is een welbewuste uitdaging van het militaire gezag, omdat ik geloof dat de oorlog met opzet wordt gerekt door hen die de macht bezitten er een einde aan te maken. Ik ben een soldaat, en ben ervan overtuigd dat ik namens soldaten spreek. Ik ben van mening dat deze oorlog, die begon als verdedigings- en bevrijdingsoorlog, nu een aanvals- en veroveringsoorlog is geworden. Ik geloof dat het doel waarvoor ik en mijn medesoldaten de oorlog zijn ingegaan zo duidelijk omschreven had moeten zijn dat het onmogelijk zou zijn geweest het buiten ons medeweten te wijzigen. Was dit het geval geweest, dan zou het doel waarvoor we vochten nu door middel van onderhandelingen bereikbaar zijn.
> Ik heb het lijden van de soldaten gezien en meegemaakt, en ik kan niet langer meedoen aan de voortzetting ervan ten behoeve van een doel dat ik als kwaadaardig en onrechtvaardig beschouw. ...
> Uit naam van hen die nu lijden, protesteer ik tegen de misleiding waarvan zij het slachtoffer zijn. Ik geloof dat dit zal helpen de zelfvoldane ongevoeligheid weg te vagen waarmee de meerderheid thuis de verlenging van de doodsstrijd beschouwt, waaraan zij zelf geen deel heeft, en voor welks besef zij onvoldoende voorstellingsvermogen bezit.[23]

Sassoon wist dat hij hier problemen mee zou krijgen, maar had nog steeds hoop dat, wanneer de soldaten 'hun mond open zouden doen en hun medailles in het gezicht van hun meesters zouden werpen'[24], zij op die manier het zelfbedrog van hun meerderen zouden kunnen doorprikken. Zelf gooide hij zijn Military Cross in de rivier de Mersey.

Deze daden werden gevolgd door openlijke ongehoorzaamheid. Sassoons verlof liep eind juni af, maar hij meldde zich niet. Op 4 juli kreeg hij opdracht zich onmiddellijk bij zijn regiment te voegen. Twee dagen later liet hij zijn commandant weten: 'Ik schrijf u deze brief met het grootst mogelijke leedwezen. Ik moet u laten weten dat ik van plan ben alle verdere militaire verplichtingen te weigeren. ... Ik ben me ten volle bewust van de consequenties.'[25] Toch meldde hij zich op 12 juli

Muiterij

bij zijn eenheid. Robert Graves wendde zijn invloed aan om zijn eigenzinnige vriend door een medische commissie te laten horen. Aanvankelijk weigerde Sassoon te verschijnen, maar Graves wist hem over te halen en ten slotte werd hij op 20 juli gehoord.

Graves probeerde de commissie te overtuigen dat Sassoon geen verraad had gepleegd, maar ziek was. Hij sprak ontroerend en smeekte om begrip voor zijn vriend. Toen was het de beurt aan Sassoon. Voordat het gesprek plaatsvond, had hij een exemplaar gekocht van *The Morals of Jean-Jacques Rousseau*, en een paar regels van de dichter Cowper bleven maar door zijn hoofd spelen:

> *I shall not ask Jean-Jacques Rousseau*
> *If birds confabulate or no.*

Ik hoef Jean-Jacques Rousseau niet te vragen/of vogels al dan niet keuvelen.

Sassoon moest tijdens het interview zijn uiterste best doen om alle onnozele vragen niet met deze regels te beantwoorden. Nee, hij had niets tegen vechten. Nee, hij was er niet zeker van dat hij het oordeelsvermogen bezat om te beslissen of de oorlog moest worden voortgezet. Sassoon was vastbesloten om beleefd te blijven, en ondertussen bleef het couplet door zijn hoofd spelen. Het resultaat was dat hij te horen kreeg dat hij aan shellshock leed en zich moest melden bij het Craiglockhart War Hospital.

Craiglockhart

IN HET ZIEKENHUIS ontmoette hij Rivers, met wie hij langdurige gesprekken had. Rivers luisterde naar Sassoons oorlogservaringen en de dromen die hem kwelden en ze spraken over de politiek in Europa, de vredesinitiatieven die altijd mislukten en (natuurlijk) over Sassoons protest.

'In dit Mekka van psychoneurosen', herinnerde Sassoon zich later:

> ging ik drie avonden per week naar de kamer van Rivers om te praten over mijn anti-oorlogscomplex. Ik zou veel over hebben voor een paar grammofoonopnamen van mijn gesprekken met Rivers. Maar het belangrijkst zijn mijn herinneringen aan deze grote, goede man, die me vriendschap en raad gaf. Ik zie hem nog voor me, zittend aan zijn tafel in de schemering van de nazomer, met zijn bril op zijn voorhoofd en zijn handen gevouwen rond zijn knieën, een toonbeeld van integriteit. ...[26]

Deze passage is ontleend aan Sassoons geromantiseerde oorlogsmemoires, *Sherston's Progress*. Hoewel Sassoon de naam van vrijwel iedereen in het boek heeft veranderd, noemde hij het hoofdstuk over Craiglockhart eenvoudig 'Rivers' – een eerbetoon aan de arts die zoveel voor hem had betekend.

Rivers was Sassoons 'biechtvader'[27], aan wie de jongere man zijn gevoelens openbaarde, zijn dromen beschreef en bij wie hij bovenal uiting gaf aan de tweestrijd of hij al dan niet naar het front zou terugkeren. Al die tijd hield Sassoon koppig vast aan zijn overtuiging dat de oorlog waanzin was, wat nog werd versterkt nadat hij het protest had gelezen van een andere soldaat-pacifist, Henri Barbusse.[28]

Diens roman *Le feu* (*Onder vuur*) had net de Prix Goncourt, de felbegeerde Franse literatuurprijs gewonnen, en was vervolgens in het Engels vertaald. Het was de hartenkreet van een soldaat die zich ten doel had gesteld de wreedheid aan de kaak te stellen van de illusies die de burgerij over de oorlog koesterde: de waarheid moest gezegd worden, ongeacht de gevolgen. Oorlog was volgens Barbusse een gruwel; elke andere mening was obsceen.

Net als Barbusse was Sassoon een pacifist in uniform, die alleen doorging vanwege zijn onwankelbare loyaliteit aan de mannen aan het front. Hij besprak met Rivers hoe hij uit de impasse kon raken: er moest een einde komen aan de oorlog, maar toch moest hij de wapens weer opnemen. Hij vreesde dat hij bij een andere eenheid zou worden geplaatst, maar als hij al terug zou keren naar het front, zou hij dat alleen doen als hij zich weer bij de mannen kon voegen die hij had achtergelaten.[29] Dit 'compromis' vereiste delicate onderhandelingen met het ministerie van Oorlog, waar Rivers zich wel van wilde kwijten.

Rivers had begrip voor de positie van Sassoon, maar was niet tegen de oorlog. Hij wist dat Sassoon geheel gezond was en dat diens 'anti-oorlogscomplex' hem niet ongeschikt maakte voor frontdienst. Zoals Sassoon het zelf uitdrukte: hij was niet ingestort, alleen uitgebroken.[30] Als een militaire commissie hem gezond genoeg achtte om te vechten, zo redeneerde Rivers, zou zij impliciet toegeven dat de man die het pijnlijke protest in *The Times* had geschreven gezond was. Dit zou een kleine, maar belangrijke overwinning betekenen voor Sassoon.[31] Tot grote teleurstelling van Rivers kwam Sassoon echter niet bij de zitting opdagen. Hij had er genoeg van gehad om buiten de kamer te moeten wachten en was eenvoudig weggelopen.[32] Op 26 november 1917 werd een tweede bijeenkomst belegd, waarop Sassoon wel aanwezig was. Deze keer speelden enkele regels van Tennyson door zijn hoofd[33]:

> *Comrades, leave me here a little, while as yet 'tis early morn,*
> *Leave me here, and when you want me blow upon the bugle-horn.*

Kameraden, laat me hier nog even, nu het nog vroeg in de morgen is/laat me hier achter, en als je me nodig hebt, blaas dan op de bugel.

Sassoon verklaarde dat zijn standpunten over de oorlog niet waren gewijzigd, maar dat hij niettemin naar het front zou terugkeren. Later zei hij tegen Graves dat de commissie verrast was door zijn koppigheid. Rivers had 'al eerder vanuit hogere regionen de verzekering gekregen dat me geen obstakels in de weg zouden worden gelegd om naar de gehaktmolen terug te keren'[34], en Sassoon werd dan ook geschikt bevonden voor actieve dienst.

Zo kwam zijn verblijf in Craiglockhart ten einde. Wat hem geveld had, was niet shellshock, maar het besef dat oorlog collectieve waanzin was. Dat hij dit inzag betekende dat hij een gezond mens was. En aangezien hij gezond was, had hij geen ander alternatief dan terug te keren naar het toneel van de waanzin, waar hij zich zou voegen bij de manschappen van zijn eenheid, wier lot hij verkoos te delen.

De poëzie van mededogen

DEZE PARADOX GOLD ook voor andere oorlogsdichters. Een van hen werd in de zomer van 1917 eveneens in Craiglockhart verpleegd: Wilfred Owen, een vierentwintigjarige tweede luitenant in het 2de Bataljon, het Manchester Regiment, die aan het westelijk front zijn diep-traumatische vuurdoop had ondergaan. Zoals hij op 16 januari 1917 aan zijn moeder schreef:

> Ik kan geen excuus verzinnen om u onwaarheid te schrijven over de laatste dagen....

Omslag van *The Hydra*, het tweewekelijkse tijdschrift dat Wilfred Owen in het Craiglockhart War Hospital voor de patiënten verzorgde. In dit nummer is het gedicht 'Counter-attack' ('Tegenaanval') van Siegfried Sassoon opgenomen. Veel Britse soldaten gingen artikelen en gedichten schrijven, maar ze produceerden slechts zelden een gedicht dat zoveel zeggingskracht had dat het de tand des tijds kon doorstaan. Sassoon en Owen waren twee van de weinigen die hier wel in slaagden.

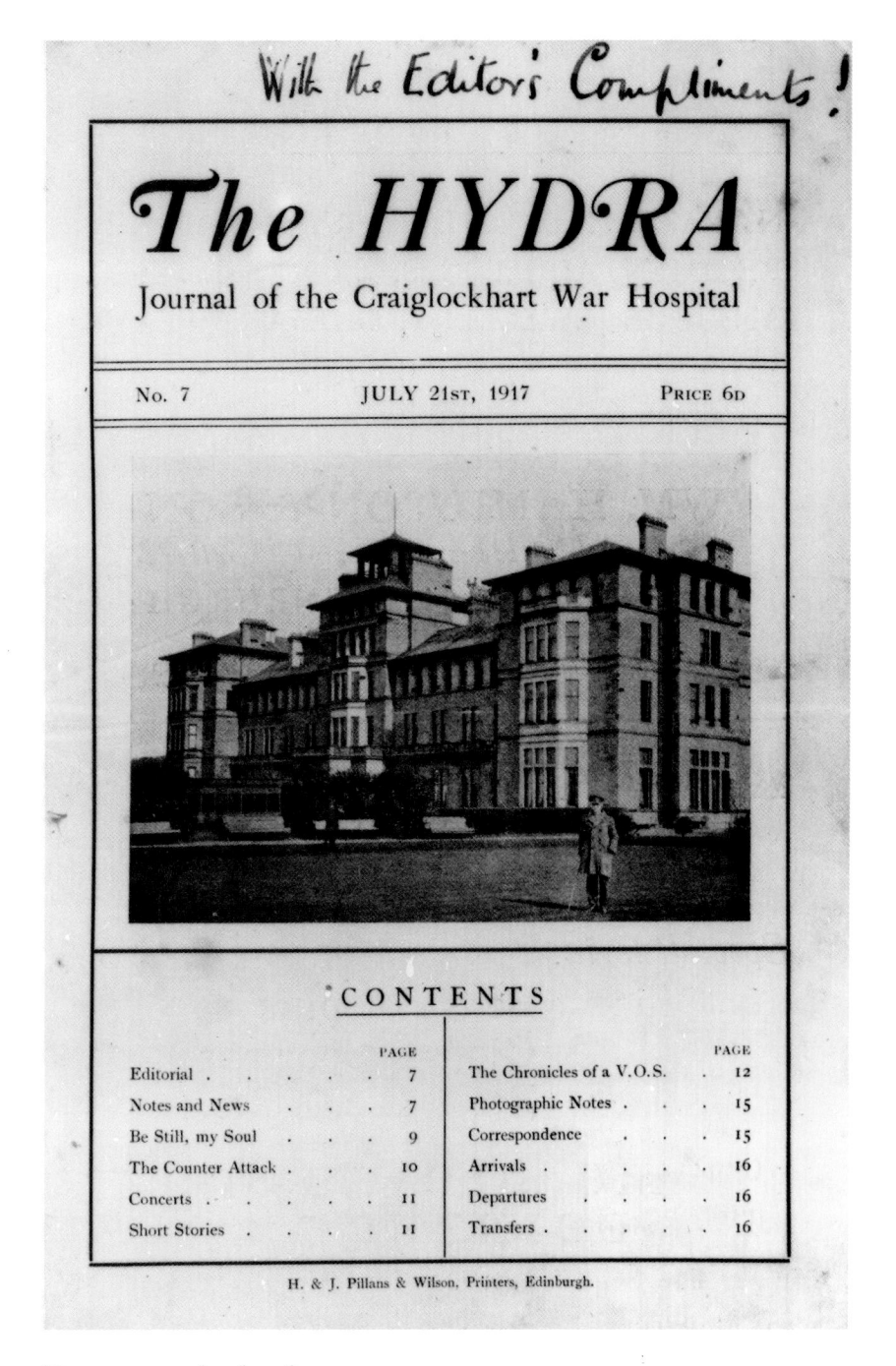

Dit was erger dan het front.
Ik lag in een vooruitgeschoven positie, een gat in de grond van niemandsland. ... De bodem was erger dan natte modder, een octopus van zuigende klei, een tot twee meter diep, slechts afgewisseld door kraters vol water. Men zegt dat er mannen in zijn verdronken. ...
De Duitsers wisten waar we zaten en hadden besloten dat we er weg moesten.
Die vijftig uur waren de doodsstrijd van mijn gelukkige leven. ... Ik stortte haast in en heb mezelf bijna laten verdrinken in het water dat nu langzaam tot boven mijn knieën steeg.[35]

In maart liep hij een hersenschudding op toen hij in een kelder bij Amiens viel en later nam hij deel aan een aanval op de Duitse loopgraafposities aan de Somme. Schuilend achter een spoordijk ondervond hij wat langdurige blootstelling aan bombardementen met de menselijke geest kan doen. In mei van dat jaar kreeg hij ziekenverlof wegens hoofdpijn, koorts en 'neurasthenie' – dat wil zeggen shellshock. Vanuit het ziekenhuis schreef hij zijn zuster: 'Toen ik hier net aankwam, voelde ik me behoorlijk bibberig. ... Weet je, het was niet de Mof die me de das omdeed, noch de explosies, maar het was om zo lang vlakbij die arme oude Cock Robin te leven, zoals we tweede luitenant Gaukroger noemden, die niet alleen vlakbij lag, maar overal om ons heen, als je begrijpt wat ik bedoel. Ik hoop dat je er niets van begrijpt!'[36] Op 6 juni keerde hij terug naar Engeland en na een kort verblijf in een ziekenhuis in Hampshire arriveerde hij later die maand in Craiglockhart.

Het is niet bekend of hij is behandeld door Rivers. De man die het meest voor Owen betekende was Sassoon, die zeven jaar ouder was en al gedichten had gepubliceerd. Vermoedelijk ontmoetten ze elkaar halverwege augustus. Owen zocht hulp, goede raad en sympathie, en kreeg ze alle drie. Hij zei eens tegen Sassoon: '... jij hebt mijn leven weer richting gegeven. ... Een maand lang heb ik als een planeet om je heen gedraaid, maar ik zal spoedig weer wegschieten, een donkere ster rond jouw schittering.'[37] Sassoon gaf Owen een exemplaar van Barbusses *Le feu*, 'dat hem in vuur en vlam zette zoals geen enkel ander boek over de oorlog had gedaan'.[38] Tot half november 1917, toen Owen Craiglockhart verliet, deelden beide mannen hun literaire interesses en experimenten, en schreven ze enkele van de mooiste oorlogsgedichten.

Poëzie was een intense manier om uitdrukking te geven aan de spanningen die bij duizenden soldaten shellshock hadden veroorzaakt. De gedichten van Sassoon worden gekenmerkt door protest, die van Owen door mededogen. Ze verwoorden de spanningen waar de soldaten aan blootstonden en de geestesgesteldheid van hen die erdoor werden gebroken. Sassoons protest werd al snel achterhaald door de feiten, maar zijn poëzie was een langer leven beschoren.

Mannen die aan shellshock leden, waren de gevangenen van hun eigen wereld. Het was al moeilijk genoeg om contact met hen te maken en het zou een illusie zijn te denken dat ze gezamenlijk een vuist konden maken. Daarom spraken Sassoon en Owen in hun gedichten tot en namens hen. In 'Sick Leave' ('Ziekenverlof') beschreef Sassoon hoe ze de oorlog constant met zich meedroegen, als een tijdbom die elke nacht kon afgaan:

When I'm asleep, dreaming and lulled and warm,–
They come, the homeless ones, the noiseless dead.[39]

Vervolgens vragen 'de thuislozen' hem waarom hij niet terugkeert naar zijn (en hun) kameraden aan het front. Is dat niet beter dan te midden van burgers en hun patriottische illusies te leven? In 'Does It Matter?' ('Wat doet het ertoe?') schrijft Sassoon dat 'de mensen niet zullen zeggen dat je gek bent' als de 'dromen uit de hellepoel' komen; het enige wat ertoe doet is dat je voor je land hebt gevochten. In 'Survivors' ('Overlevenden') veranderen mannen die 'vastberaden en vrolijk' ten strijde trokken in 'kinderen met ogen die je haten, gebroken en waanzinnig'. Ironisch merkt hij op: 'Ze zullen vast wel snel beter worden' en 'hun dromen waar het bloed van afdruipt' vergeten.

Als ik slaap, dromend en kalm en warm/komen zij, de thuislozen, de geruisloze doden.

Wilfred Owen als cadet in 1916, voordat hij aan het westelijk front had gevochten. In zijn dromen werd hij toen nog niet achtervolgd door de mannen die hij had gedood en de gruwelen die hij had gezien.

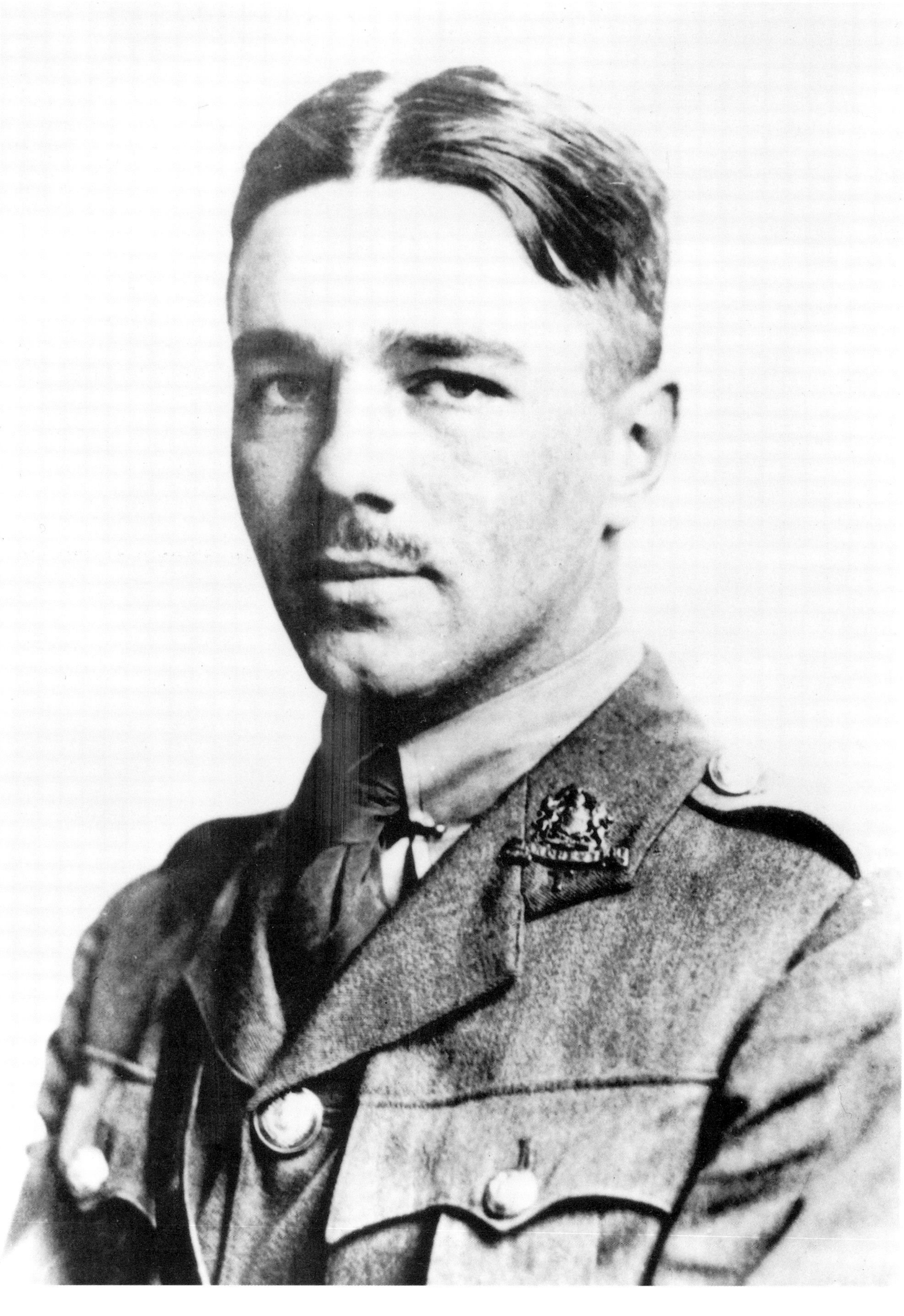

Muiterij

De titel van Sassoons gedicht 'Repression of War Experience' ('Onderdrukking van de oorlogservaring') is ontleend aan een lezing die Rivers in 1917 gaf.

When thoughts you've gagged all day come back to scare you;
And it's been proved that soldiers don't go mad
Unless they lose control of ugly thoughts
That drive them out to jabber among the trees.

Owens gedichten gaan over dezelfde onderwerpen, maar zijn stem is bedachtzamer. In Craiglockhart schreef hij enkele van de krachtigste en indrukwekkendste oorlogsgedichten, zoals 'Dulce et Decorum Est'. Het gaat over hoe hij achter een wagen stond, waarin een man aan gasvergiftiging lag te sterven. Als burgers konden horen hoe het bloed 'uit de door schuim verrotte longen gorgelt'[40] zouden zij geen geloof meer hechten aan de oude leugen dat het mooi en juist is om voor je land te sterven, maar zich gaan afvragen: 'Welke doodsklokken luiden voor hen die sterven als vee?' (uit 'Anthem for Doomed Youth' – 'Lofzang voor verdoemde jonge-

Als gedachten die je de hele dag hebt onderdrukt terugkeren om je te verschrikken/en het is bewezen dat soldaten niet gek worden/tenzij ze de macht verliezen over afschuwelijke gedachten/die hen tussen de bomen doen brabbelen.

Dit manuscript bevat de eerste versie van het gedicht 'Anthem for Doomed Youth' van Owen. Het is door Sassoon van aantekeningen in potlood voorzien. Het gedicht is geschreven in september 1917, toen beiden in Craiglockhart werden verpleegd, en is een tijdloze evocatie van verdriet en verlies in de oorlog. Benjamin Britten heeft het in zijn *War Requiem* op muziek gezet. Britten componeerde zijn werk na de Tweede Wereldoorlog, maar greep terug op de poëzie uit de periode 1914-1918.

Muiterij

mannen'). 'Dead Beat' ('Doodop') gaat over een man die gek is geworden en sterft zonder dat hij lichamelijk is gewond. Dit onderwerp keert terug in 'Mental Cases' ('Psychiatrische gevallen'), een gedicht dat Owen in 1918 schreef en is geïnspireerd op zijn ervaringen in Craiglockhart:

> *Who are these? Why sit they here in twilight?*
> *Wherefore rock the purgatorial shadows,*
> *Drooping tongues from jaws that slob their relish,*
> *Baring teeth that leer like skulls' teeth wicked?*

Het antwoord heeft eeuwigheidswaarde:

> *These are men whose minds the Dead have ravished*
> *Memory fingers in their hair of murders,*
> *Multitudinous murders they once witnessed. ...*

Als we deze gedichten zien in de context van 1917, begrijpen we iets van de surrealistische wereld van de loopgraven, de spanning van de strijd, het ineenstorten van de soldaten, het vooruitzicht van nog meer jaren oorlog. Hun gedichten roepen een spookachtig landschap op, waarin waanzin een nieuwe en oneindig beangstigende dimensie kreeg.

Ontsnapping

Mannen met shellshock leefden alleen met hun nachtmerries. Anderen verenigden zich om uit de impasse van de loopgravenoorlog te breken, soms door te muiten. Het spectaculairste massaprotest tegen de manier waarop de oorlog aan het westelijk front werd gevoerd, vond aan het einde van de lente van 1917 plaats in Frankrijk.

De directe aanleiding was een nieuw offensief tussen Parijs en Verdun aan de Chemin des Dames, de oever van de Aisne, waar eens de dames van het hof van Lodewijk XIV paradeerden. Het plan was opgesteld door de nieuwe commandant van de Franse troepen in de noordelijke en noordoostelijke sector, generaal Robert Nivelle, die Joffre had vervangen. De energieke en zelfverzekerde Nivelle wist zijn mede-officieren ervan te overtuigen dat hij een einde kon maken aan de patstelling. Zijn plan om eindelijk uit de loopgraven te breken en de oorlog met voornamelijk Franse troepen te winnen, was echter tot mislukken gedoemd. Op 16 april 1917 rukten negentien divisies van het Franse Vijfde en Zesde Leger noordwaarts op naar de ontzagwekkende Duitse stellingen, gevolgd door het Vierde Leger, dat ten oosten van Reims lag. De meeste eenheden die bij deze actie waren betrokken, hadden Verdun overleefd; ze waren vastbesloten de langverwachte doorbraak te forceren. Na aanvankelijk zware verliezen werd de aanval in de twaalf daaropvolgende dagen opnieuw ingezet – ook nu weer met grote verliezen en te verwaarlozen resultaten. Eind april waren meer dan een kwart miljoen Fransen gesneuveld voor een terreinwinst van nog geen vijfhonderd meter.

Op dat moment besloten de Franse troepen om gezamenlijk een einde te maken aan de slachtpartij. Het was genoeg geweest. Groepjes manschappen en volledige

---

Wie zijn dit? Waarom zitten zij hier in de schemering?/Waartoe wiegen de schaduwen uit het vagevuur/neerhangende tongen uit kaken die kwijlen van lust/hun tanden ontbloten, grijnzend als kwaadaardige schedeltanden?

Dit zijn de mannen wier geest is verkracht door de dood/Die in hun haar herinnering aan moorden meedragen/de talrijke moorden die ze ooit aanschouwden.

Nivelle, de architect van het succesvolle Franse tegenoffensief bij Verdun in 1916, heeft zich nooit kunnen revancheren voor de mislukking van het Chemin des Dames-offensief in het jaar daarop.

Franse infanteristen marcheren op 7 juni 1917 over de Montigny-weg bij de Marne naar het front. Deze mannen hebben het tijdens het Nivelle-offensief van 1917 het zwaarst te verduren gehad. Al vanaf het begin van de oorlog moest het Franse leger vrijwel alleen de Duitse aanvallen aan het westelijk front keren. Ook de strategie van Nivelle was gebaseerd op deze leidende rol van de Fransen, maar de infanterie kon de zware verliezen onmogelijk meer dragen. Manschappen uit 68 divisies weigerden het offensief voort te zetten en maakten het Franse opperbevel duidelijk dat zij wel hun land wilden verdedigen, maar geen zinloze bevelen van een mislukte commandant wilden uitvoeren.

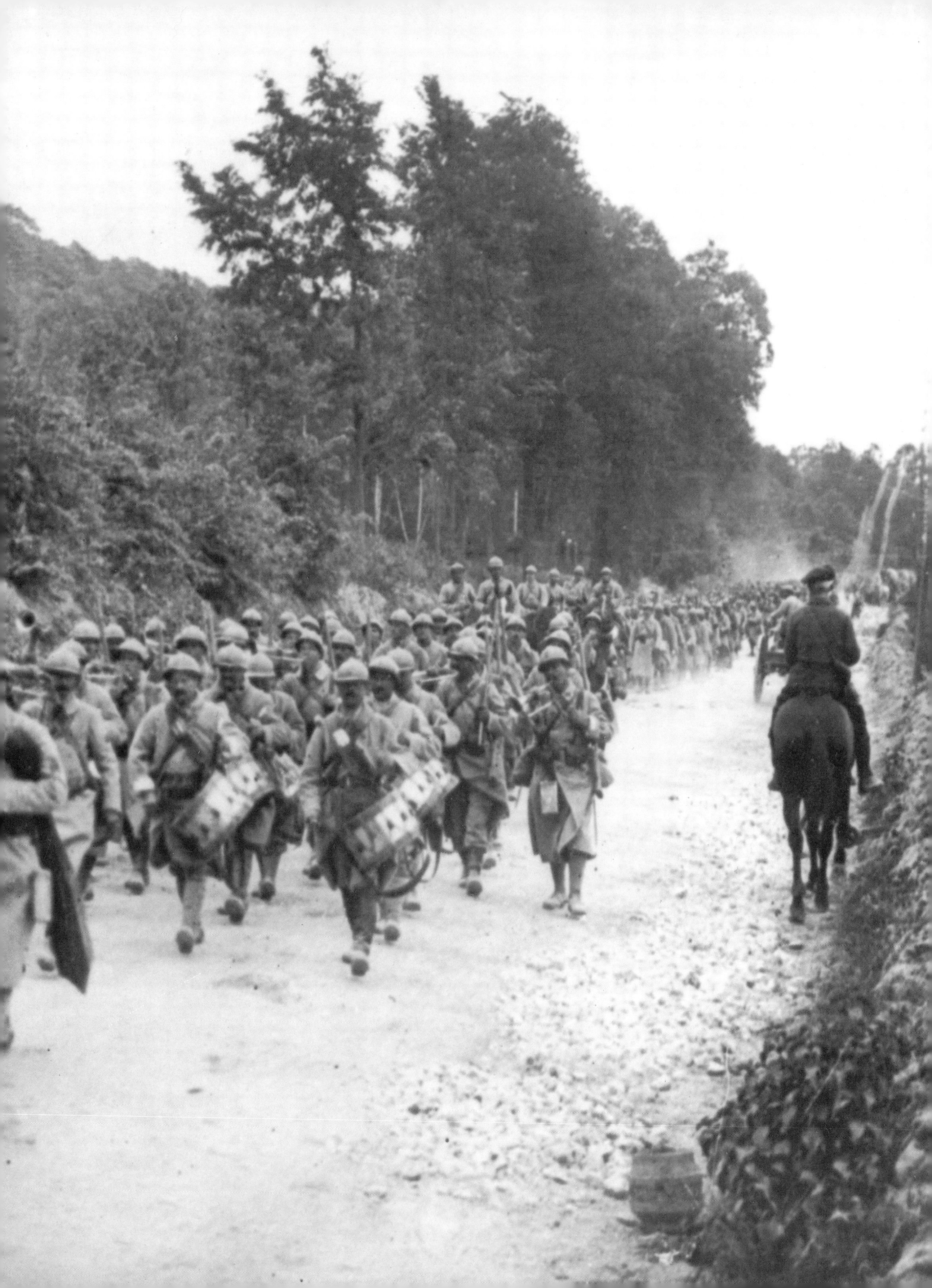

eenheden weigerden terug te keren naar het front. In totaal waren 68 divisies – meer dan 500.000 man – bij de acties betrokken. Het was een collectieve uiting van ongenoegen, een staking tegen het nodeloze lijden, niet tegen de pogingen om de Duitsers van Frans grondgebied te verdrijven. De meeste eisen van de muiters waren apolitiek. Ze eisten betere verlofregelingen, betere medische zorg en beter voedsel. En ze wilden dat het offensief werd afgeblazen. Ze waren bereid de Duitsers te verhinderen door de Franse linies te breken, maar niet om onneembare stellingen aan te vallen, alleen omdat hun officieren niets beters wisten te verzinnen.

Muiterij

De taal die de muiters gebruikten, was geheel ontleend aan het burgerleven: 'Ik ben bereid om de loopgraven in te gaan,' schreef een mitrailleur van het 74ste Infanterieregiment, 'maar we doen net als de *midinettes* [textielarbeiders]. We gaan staken, iedereen heeft er meer dan genoeg van.'[42] Dit waren mannen die hun recht als burger opeisten om het opperbevel te laten weten dat het genoeg was geweest.

Louis Barthas

BARTHAS WAS EEN VAN HEN. In 1914 was hij een vijfendertigjarige kuiper uit een dorpje in Zuid-Frankrijk. Hij was een *militant*, een katholiek die actief was in de plaatselijke socialistische partij, en had een vakbond van landarbeiders opgericht. Op 4 augustus 1914 ging hij in het leger als christelijk socialist en patriot, en dat bleef hij in de hele vier en een half jaar waarin hij een uniform droeg.

Barthas diende het grootste deel van zijn tijd als korporaal, maar werd soms, wanneer zijn guerrillaoorlog met de officieren van zijn eenheid uit de hand liep, gedegradeerd tot gewoon soldaat. Zijn opvattingen representeren die van de mannen aan de onderkant van de piramide, die alle ontberingen en nachtelijke beschietingen moesten doorstaan. In zijn eenheid was de band uitzonderlijk sterk; in tegenstelling tot hun Franstalige officieren spraken de manschappen Occitaans, de taal van Zuid-Frankrijk.

Barthas beschouwde de oorlog vanaf het begin als een zware plicht, waartoe hij was gedwongen door de Duitse invasie van zijn land. Hij zag oorlog als 'de ergste van alle kwaden' en 'een smet op onze eeuw'. Al vroeg trok hij de aandacht van de onbeduidende tirannen die er genoegen in schiepen mannen te laten buigen voor hun gezag. Vlak voordat hij noordwaarts naar het front afreisde, vroeg Barthas een dag verlof om zijn familie nog een keer te zien. 'Afgewezen,' was het antwoord van de 'grootinquisiteur' – een verzoek om verlof moest worden ingediend op dinsdag, en Barthas had dit op woensdag gedaan. Dit incident is exemplarisch voor de ervaringen van ontelbare soldaten: Amerikaanse soldaten in de Tweede Wereldoorlog noemden het *chickenshit* – de kleine vernederingen die dienstplichtigen door hun superieuren werden aangedaan.[43] Barthas reageerde op een tamelijk riskante manier op zijn kwelgeest: hij vertrok toch en daagde de officier uit er iets tegen te doen. In 1914 kon dit nog ongestraft.

Na twee maanden oponthoud vertrok zijn eenheid naar het front. Zes dagen later arriveerden ze in het noorden, niet (zoals op de trein stond) in 'Berlin', maar in 'Barlin' bij het Nauw van Calais, 'één letter en duizend kilometer' van hun doel. Al spoedig rukten Barthas en zijn eenheid op en zagen voor het eerst de beelden die ze nooit zouden vergeten, zoals uiteengereten stukken mensenvlees.

In dit deel van Noord-Frankrijk vocht Barthas op twee fronten: allereerst tegen de Duitsers, ten tweede tegen zijn officieren, die gewone soldaten 'niet als burgers maar als een kudde vee' behandelden. De bevelhebbers, sneerde hij, moesten 'de huid van een nijlpaard' hebben om hun mannen te bevelen zwaar verdedigde stellingen aan te vallen, terwijl de kans op succes vrijwel nihil was. Maar wat nog erger was: na een aanval was er nauwelijks medische hulp voor de gewonden. Dit weet hij aan een bijzonder gevoelloze medische officier, 'een echte klootzak' die het er schandalig bij liet zitten.[44]

Barthas beperkte zijn gemor tot zijn vertrouwde groep vrienden, die in het Occitaans met elkaar spraken. Een medesoldaat die eens duidelijk zei dat het leger

Franse infanteristen in actie. 'We vochten omdat we niet anders konden. ... Door alle sociale banden waar we aan vast zaten moesten we wel oorlog voeren en vechten.' (Franse soldaat, geciteerd in de loopgravenkrant *Le Tord-boyau*, augustus 1917).[41]

Muiterij

Net als Louis Barthas (LINKS) beschouwden veel Franse soldaten zichzelf als burgers van de republiek, mannen die niet alleen een geweer droegen, maar ook een eigen mening hadden. Barthas verwoordde deze stemming van 'loyale ongehoorzaamheid' in het dagboek (RECHTS) dat hij in 1919 in de vorm van een plakboek schreef, compleet met ansichtkaarten van verwoeste dorpen waar hij had gediend.

naar zijn mening werd geleid door een kudde ezels werd tot twee jaar gevangenschap veroordeeld en uit het regiment verwijderd. Andere vormen van insubordinatie waren echter moeilijker de kop in te drukken. Zo kreeg Barthas als korporaal soms bevelen om met zijn eenheid moeilijke en gevaarlijke klussen te klaren. Meestal gehoorzaamde hij, maar in één geval weigerde hij pertinent een bevel om onder vuur aan het front bij Lorette een latrine te graven.

Barthas was een enorme mopperpot. Hij klaagde over het slechte voedsel en over het feit dat zijn eenheid van 'wandelende joden van de loopgraven' constant ergens

> # Bataille de la Somme
> ## Secteur de Combles
>
> [postcard: 1219. LA GRANDE GUERRE 1914-17 — Offensive Franco-Anglaise de la Somme — Dans COMBLES bombardé]
>
> ## La Relève – Hardécourt
>
> Le 19 Octobre à une heure de l'après-midi le 296ᵉ sous une pluie battante quitta les barraquements de Bonfray pour aller occuper les 1ʳᵉˢ lignes en avant de Combles.

anders heen moest, dikwijls 'als moslims' geknield in de loopgraven. Hij verhief zijn stem tegen de luizenplaag, ontstaan doordat men nooit een bad kon nemen, laat staan met verlof gaan. Te midden van deze ontberingen probeerden de mannen in leven te blijven – net als de Duitse soldaten die slechts enkele honderden meters verderop lagen.

Door deze gedeelde ellende ontstond een uitgesproken gevoel van verbondenheid met de vijand. Barthas schreef: 'Het gemeenschappelijke lijden bracht hun harten samen, versluierde de haat, deed sympathie opbloeien tussen mannen die vroeger

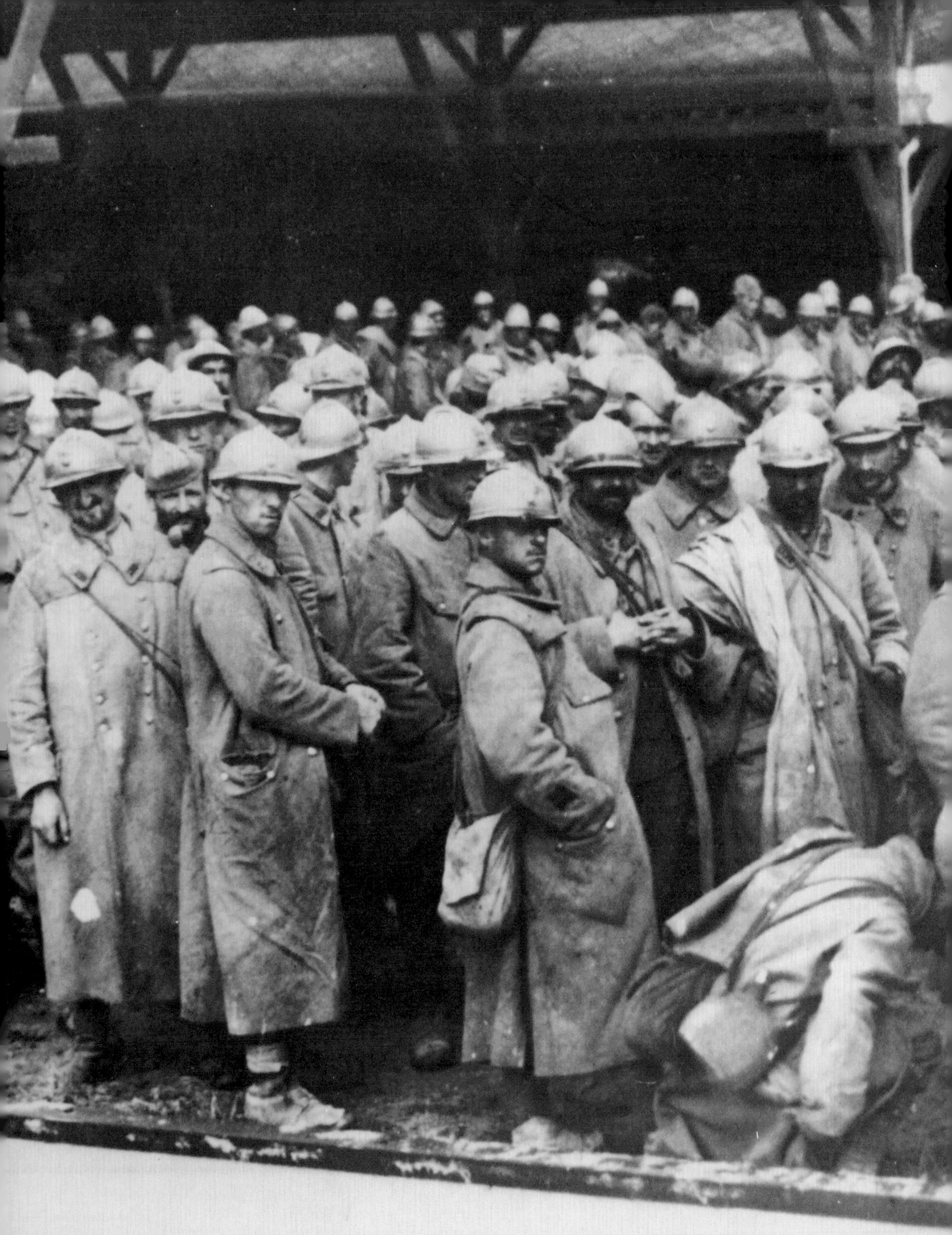

Franse krijgsgevangenen. In de Eerste Wereldoorlog zijn ongeveer acht miljoen krijgsgevangenen gemaakt. 'De *poilu* is een mens. ... Door langdurig verblijf in water en modder kan hij reumatiek of bevriezingsverschijnselen krijgen; hij kan neervallen van vermoeidheid, en omdat zijn instinct tot zelfbehoud niet is uitgeblust, lijdt hij aan de zwakheid zijn eigen huid te willen redden. ...Hij kan zichzelf verwensen en zelfs ruzie maken met zijn wapenbroeders, en iedereen weet dat het er bij de verdeling van wat extra wijn zelden vreedzaam aan toegaat. Hij eet zijn ingemaakte vlees voorzichtig en mort als er tekort is aan voedsel. Hij zingt niet als hij ten aanval gaat, want hij wil zijn adem sparen.' (Uit de loopgravenkrant *Le Périscope*, 1916.)[45]

MUITERIJ

onverschillig of zelfs vijandig tegenover elkaar stonden.' Volgens Barthas had een soldaat uit zijn eenheid zelfs de Duitse loopgraven bezocht. Bij zijn terugkeer werd hij door een officier gearresteerd, waarop hij wegvluchtte en de officier uitdaagde hem te volgen. Hij liep verder naar de vijandelijke loopgraaf en keerde niet meer terug.

Van de noordelijke sector volgde de eenheid van Barthas de hoofdmacht van het Franse leger naar Verdun. Daar gaf hij zich op als vrijwilliger voor een bijzonder gevaarlijke verkenningsmissie, op voorwaarde dat hij daarna drie dagen verlof zou krijgen. Na Verdun kwam de Somme met al zijn gruwelen. Vervolgens keerde hij terug naar Champagne, waar hij onder de indruk raakte van de verwoeste kruiswegstaties langs de wegen.

Hier sloot Barthas zich in de koude aprilmaand van 1917 aan bij de muiters. Na een aantal mislukte aanvallen op de Duitse linies, als onderdeel van het Nivelle-

Franse infanteristen in Champagne. 'Arme, gelukkige thuisblijver, jij hebt het nooit koud gehad. Jij had deze hele winter hier moeten zitten ... zes dagen en zes nachten zonder een kant uit te kunnen ... jij had de wanhoop moeten voelen dat niets ter wereld je ooit meer warm kan krijgen.' (Uit de loopgravenkrant *Le Crapouillot*, 1917.)[46]

MUITERIJ

offensief, werd zijn eenheid op ruim vijf kilometer van de frontlinie gestationeerd. De mannen hadden het te koud om verder te gaan. Een van de officieren, kolonel Robert, negeerde het bevel om Barthas en zijn mannen naar het slagveld te laten oprukken. Hij liet zijn superieuren weten dat ze te uitgeput waren en niet waren opgewassen tegen de onvermijdelijke gifgasaanvallen.

Maar ook na dit incident weigerden ze verder deel te nemen aan het Nivelle-offensief, dat evenals Passendale was gedoemd te mislukken. In die tijd zong Barthas het populaire deuntje 'Lied van Craonne', over een soldaat aan dit deel van het westelijk front:

> *Adieu, leven*
> *Adieu, liefste*
> *Adieu, alle vrouwen*
> *Het is voorbij*
> *Voorgoed voorbij,*
> *Deze gruwelijke oorlog.*
> *In Craonne*
> *Op het plateau*
> *Moesten we het leven laten*
> *Omdat we zijn veroordeeld.*
> *Wij zijn de offerdieren.*

Volgens Barthas was de muiterij te wijten aan de verliezen tijdens het Nivelle-offensief, het vooruitzicht dat dit nog maanden zo zou doorgaan en het lange uitblijven van verlof: 'Dit ergert de soldaten; nadat we ons leven voor ons land op het spel hebben gezet, vinden we dat het veel te lang duurt voor we verlof krijgen.' Samen met vele anderen schreeuwde hij: 'Een einde aan de oorlog!' en 'Wij willen verlof!' en weigerde hij gehoor te geven aan het bevel om naar hun kampementen terug te keren.

Op 30 mei 1917 overwoog zijn eenheid een 'sovjet' te vormen, met Barthas aan het hoofd. Hij weigerde omdat hij 'er niets voor voelde te worden gefusilleerd, alleen omdat ik de Russen heb nageaapt'. Barthas gaf de voorkeur aan strikt legale vormen van protest. Dergelijke protesten klonken op in twee derde van alle infanterie-eenheden die drie jaar hard hadden gevochten. Hun geduld was op. Barthas meende dat pogingen de orde met geweld te herstellen op een bloedbad zouden uitlopen – en niet onder de muiters. De discipline werd echter op minder hardhandige wijze hersteld. Er waren militaire tribunalen, maar uit de eenheid van Barthas werd niemand veroordeeld – zijn bataljon werd naar een afgelegen gebied achter het front gestuurd en ontbonden.

Voor Barthas was de oorlog echter nog niet voorbij. Hij kwam weer in actie tijdens het offensief van maart 1918 en mocht na 48 maanden continue militaire dienst vanwege uitputting eindelijk het leger verlaten. Dankzij zijn geschriften kunnen we ons een idee vormen waarom de soldaten in 1917 trachtten te ontsnappen aan de doodlopende weg van de aanvalsoorlog. Bovenal blijkt eruit dat de protesten van de muiters de Franse republiek niet ondermijnden, maar juist versterkten: er werd erkend dat soldaten burgers in uniform waren en dus het recht hadden na te denken en menswaardig behandeld te worden.

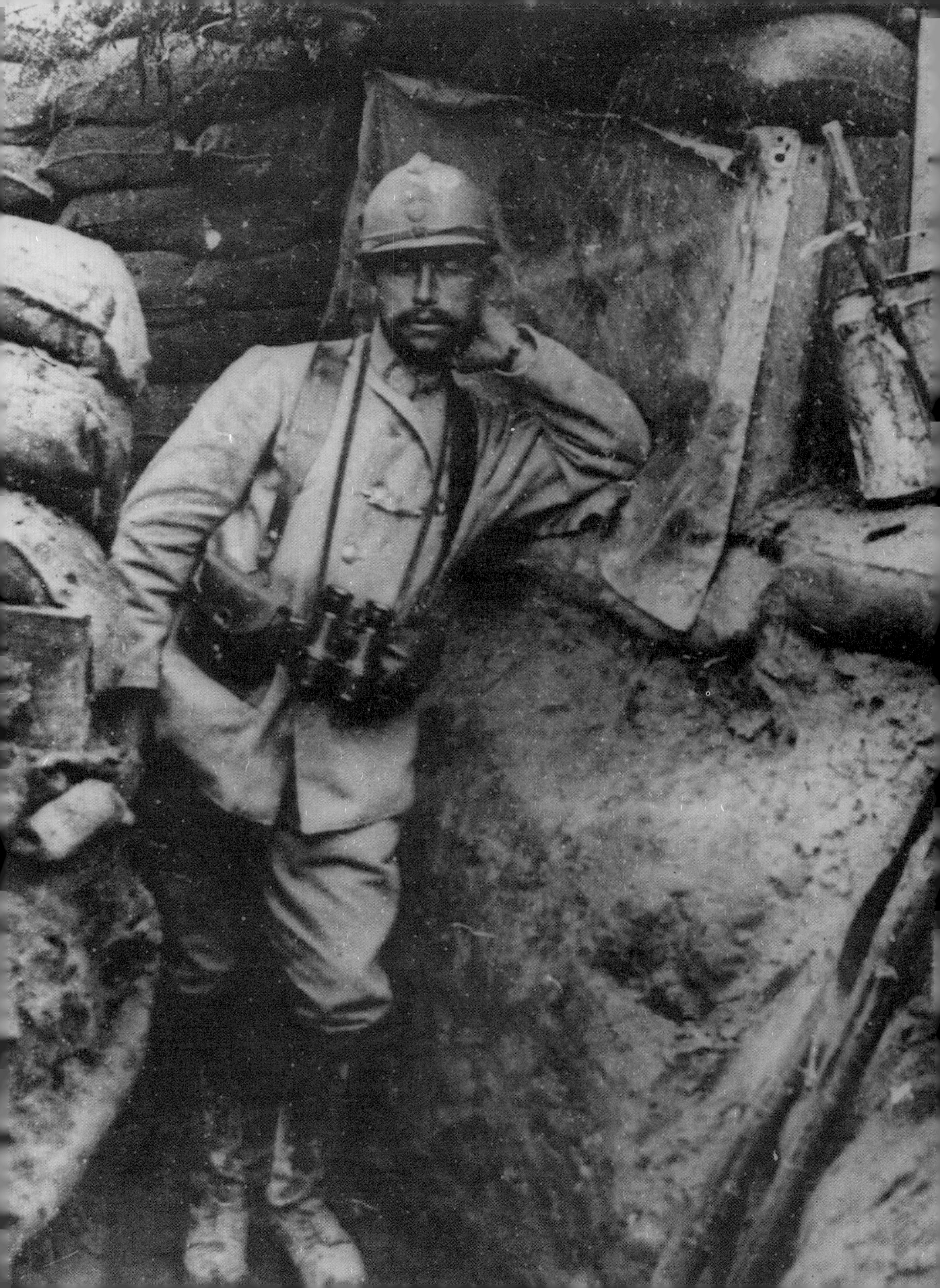

Muiterij

'Wij willen vrede'

Toen de kogel eenmaal door de kerk was, kwamen allerlei grieven naar boven. Soldaten hebben altijd gemord over ongelijkheid en ontberingen, maar de protesten van 1917 werden bovendien gekenmerkt door een gevoel dat de oorlog geen enkele zin had. Het sleutelwoord van de muiterij was 'vrede'. Op 29 mei vond een ontmoeting plaats tussen muiters van het 36ste en het 129ste Infanterieregiment. Zij verwoordden het als volgt:

> We willen vrede ... we hebben genoeg van de oorlog en willen dat de volksvertegenwoordigers dit weten. ... Als we de loopgraven ingaan, zullen we een witte vlag neerzetten. De Duitsers zullen hetzelfde doen en we zullen niet meer vechten tot de vrede is getekend. We willen dat de volksvertegenwoordigers over onze actie te horen krijgen; dit is de enige manier die ons ter beschikking staat om hun aan het verstand te brengen dat we vrede willen.[48]

Deze houding is alleen te begrijpen als we het absurde idee overboord zetten dat soldaten ophouden met denken zodra ze een uniform aantrekken. De muiterij in het Franse leger bracht een wisselwerking tussen de manschappen en de commandanten aan de oppervlakte die impliciet al de hele oorlog aan de gang was. Indien mogelijk werden bevelen opgevolgd, maar de uitkomst van de strijd werd op het slagveld bepaald, niet op het hoofdkwartier. Dit geven en nemen was kenmerkend voor de gevechten aan het westelijk front. Door de muiterij van 1917 kwam dit impliciete patroon aan de oppervlakte.[49] De muiterij toonde aan dat de soldaten nog steeds deel uitmaakten van de politieke natie die zij verdedigden. Dit is het cruciale verschil tussen hen en de Russische troepen in de zomer van 1917 – die waren vervreemd van de tsaristische staat – en de Duitse matrozen aan het eind van 1918, die al lang hadden gebroken met de keizer en diens hofhouding. In Frankrijk bleven de banden tussen het front en het thuisfront bestaan – en de legerstaf, die de muiterij moest onderdrukken, was zich hiervan bewust.

Hoewel dit nooit in zoveel woorden is toegegeven, had de muiterij meer succes dan het offensief dat eraan was voorafgegaan. Nivelle werd ontslagen en opgevolgd door Pétain, die de reputatie had zeer zorgvuldig om te gaan met het leven van zijn manschappen. Verlofregelingen werden versoepeld en de materiële omstandigheden verbeterden. Toch gingen de onlusten door – ze waren voortgekomen uit jarenlange ontberingen en het gevoel dat er niemand luisterde. Maar deze keer werd hun stem door het leger en het land gehoord.

Een zekere vorm van afrekening kon niet uitblijven. Militaire tribunalen achtten 3427 soldaten schuldig aan muiterij. Er werden 554 manschappen ter dood veroordeeld, van wie er 49 zijn gefusilleerd. Honderden anderen kwamen voor kleinere vergrijpen in de gevangenis. Gezien de omstandigheden hadden de tribunalen zich van hun milde kant laten zien. Dat was niet verwonderlijk. De muiters hadden er zorgvuldig voor gewaakt dat de Duitsers geen idee hadden van de problemen in het Franse leger. Niemand had in Parijs gedemonstreerd, en wat sommige in verlegenheid gebrachte generaals ook beweerden, buitenlandse agitators waren niet verantwoordelijk voor de muiterij. Het was zonneklaar dat de boze Franse soldaten hun land wilden blijven verdedigen, zij het niet op de manier van Nivelle. Zij wilden wel doorgaan, maar niet met een blinddoek om een zekere dood tegemoet.

Franse soldaat in een loopgraaf. 'Als hij aan zijn gezin en aan zijn leven van vóór de oorlog denkt heeft hij last van *le cafard* [depressie]. ... Over zaken als Rechtvaardigheid, Beschaving en Menselijkheid denkt de *poilu* maar niet te veel na. Het aantal *poilus* dat duidelijke ideeën heeft over zulke abstracte zaken is op de vingers van een hand te tellen.' (Uit *Le Périscope*, 1916.)[47]

Muiterij

De ontsnappingskunstenaar

IN DE EERSTE WERELDOORLOG zijn in totaal acht miljoen krijgsgevangenen gemaakt. Een van hen was Charles de Gaulle. In 1914 was hij een jonge beroepsmilitair, die op vierentwintigjarige leeftijd was afgestudeerd aan de elitaire militaire academie van St. Cyr. Hij werd eerst ingedeeld bij het 33ste Infanterieregiment in Arras, de stad waar de ontknoping van de roman *Cyrano de Bergerac* zich afspeelde.[50] Het stond onder bevel van Pétain, een man die meer geloof hechtte aan de kracht van de artillerie dan aan retoriek. In tegenstelling tot Pétain was De Gaulle een soldaat van de oude stempel, die geloofde in de aanval: 'Oprukken, oprukken om aan te vallen, totdat we de Duitsers kunnen bespuwen of hen op de vlucht doen slaan.'[51]

Al binnen een jaar kreeg De Gaulle de gelegenheid zijn idealen in praktijk te brengen. In augustus 1914 liep hij bij Dinant in België een schotwond in zijn been op, waardoor zijn rechtervoet verlamd raakte. Ondanks deze vuurdoop behield hij zijn hooggestemde ideeën. Zo zei hij tegen zijn moeder: 'Onze doden moeten hebben gehuiverd in hun graf toen ze onze zegevierende soldaten en het vreselijke gedonder van onze kanonnen hoorden.'

Zijn offensieve instelling kreeg bij zijn terugkeer aan het front een nieuwe impuls. Hij bespotte officieren die de Duitsers tegemoet traden met de houding 'leven en laten leven'. Zulke voorzichtigheid, zei hij tot zijn vader, vond hij 'bedroevend'. Hij stond als kapitein aan het hoofd van een infanterie-eenheid in Champagne ('een zee van modder') en raakte weer gewond, deze keer door een granaatsplinter die zijn linkerhand doorboorde. Na zijn herstel keerde hij terug naar het front, niet afgeschrikt door het granaatvuur dat andere officieren dekking deed zoeken.

In maart 1916 vocht hij bij Verdun, even ten noorden van fort Douaumont, dat ondertussen door de Duitsers was veroverd. Dit gebied was totaal verwoest door artillerievuur: 'Er waren geen frontloopgraven, geen communicatieloopgraven, geen telefoon, geen kaart,' schreef hij in het logboek van zijn regiment. Slechts één ding stond vast: de Duitsers zouden aanvallen. Ze omsingelden de eenheid van De Gaulle, die op karakteristieke wijze reageerde: hij viel de vijand aan. Vervolgens werd hij geveld door een bajonetsteek in zijn dij en gevangengenomen. Pétain, de Franse bevelhebber in deze sector, dacht dat hij was gesneuveld en betreurde het verlies van 'een in alle opzichten weergaloze officier'.

De Gaulle was echter niet gedood. Nadat zijn wond was verzorgd werd hij naar Duitsland getransporteerd, waar hij in een aantal krijgsgevangenkampen verbleef. Hij voelde zich ellendig omdat 'de strijd voor mij zo was afgelopen', betreurde zijn 'jammerlijke verbanning' van het front en verzon allerlei ontsnappingsplannen: niet om aan de oorlog te ontkomen, maar om ernaar terug te keren.

De avonturen van De Gaulle en zijn medeofficieren zijn onsterfelijk geworden door het meesterwerk *La grande illusion* van Jean Renoir.[52] In deze film probeert een groep Franse officieren van alles om te ontsnappen. De hoofddaders van mislukte pogingen worden naar een versterkte gevangenis overgeplaatst, waaruit twee mannen weten te ontsnappen, terwijl een derde, een carrièreofficier met onberispelijke manieren, de aandacht van de bewakers afleidt. Hij wordt neergeschoten, zijn kameraden bereiken Zwitserland.

Met uitzondering van de tragische ontknoping is deze beroemde film uit 1937 een geromantiseerde biografie van gevangenen als De Gaulle en Renoirs vriend,

Kapitein Charles de Gaulle. Hij werd in 1916 gevangengenomen en bracht de rest van de oorlog in krijgsgevangenschap door. Als officier genoot hij enkele voorrechten. Hij zat samen met andere officieren in een aantal Duitse kampen waar de leefomstandigheden weliswaar onaangenaam waren, maar beter dan in de door tyfus geteisterde kampen aan het oostelijk front. De Gaulle wilde koste wat het kost terugkeren naar het front. Daartoe bedacht hij vele ingenieuze, maar stuk voor stuk mislukte ontsnappingspogingen. Jean Renoir, die in zijn film *La grande illusion* (zie bladzijde 242) de Franse krijgsgevangenen onsterfelijk heeft gemaakt, baseerde zijn script op de avonturen van De Gaulle en anderen.

Muiterij

generaal Pinsard. De Gaulle werd van een kamp bij Münster overgebracht naar Neisse aan de Donau. Na een mislukte ontsnappingspoging belandde hij in een kamp voor recalcitrante gevangenen in Litouwen, waar hij een opmerkelijke groep ontsnappingskunstenaars ontmoette. Samen met een voormalige ingenieur begon hij een tunnel te graven, die net als in de film werd ontdekt, waarna hij in een nog zwaarder bewaakt kamp terechtkwam, Fort IX bij Ingolstadt in Beieren. Hier zaten ongeveer 150 Russische, Franse en Britse officieren, onder wie de Franse oorlogsvlieger Roland Garros en een jonge Russische officier, Michail Toekatsjevski, wiens ontsnappingspoging slaagde. Hij bracht het op veertigjarige leeftijd tot maarschalk in het Sovjet-Russische leger en werd drie jaar later tijdens een van Stalins zuiveringen gefusilleerd.

De mannen maakten constant ontsnappingsplannen. De Gaulle slikte picrinezuur (een antiseptisch middel) om in het garnizoensziekenhuis te worden opgenomen. Hier stal hij samen met een andere gevangene enkele Duitse uniformen en een kaart, en samen wandelden ze eenvoudig de deur uit. Nadat ze al twee derde van de afstand naar Zwitserland hadden afgelegd, werden ze ontmaskerd en teruggebracht naar Fort IX.

De Gaulle gaf echter niet op. In juli 1917 werd hij samen met andere officieren overgeplaatst naar het fort van Rosenberg bij Bayreuth.[53] Dit heeft model gestaan voor *La grande illusion*, hoewel de commandant, generaal Peter, lang niet zo'n imponerende persoonlijkheid was als diens evenknie in de film, gespeeld door Erich von Stroheim.[54] De Gaulle en drie anderen vlochten een dertig meter lang touw, waarlangs ze op 15 oktober afdaalden naar de rotsachtige voet van het kasteel. Ze hielden het tien dagen vol, totdat enkele boeren hen verraadden en ze naar Rosenberg werden teruggebracht. Slechts vijf dagen later zaagden ze hun tralies door en lieten zich, voorzien van een valse snor en burgerkleding, weer langs de muren afzakken. Ze namen de eerste trein naar de Nederlandse grens, maar werden ook nu weer in de kraag gevat. De wanhopige mannen moesten terug naar Ingolstadt, waar ze werden opgesloten 'in een kamer met geblindeerde vensters, geen licht, een speciaal dieet, niets om te lezen, niets om mee te schrijven, en slechts een half uur

In 1937 regisseerde Jean Renoir zijn meesterwerk *La grande illusion*. De film gaat over Franse officieren die uit een Duits krijgsgevangenkamp proberen te ontsnappen. De Duitse kampcommandant Von Rauffenstein (BOVEN), gespeeld door Erich von Stroheim, draagt een metalen halssteun – niet omdat hij een stijve aristocratische Duitser is, maar omdat hij op het slagveld zijn rug heeft gebroken. De Boieldieu, gespeeld door Pierre Fresnay, tracht door een afleidingsmanoeuvre op het dak de aandacht af te leiden van twee ontsnappende kameraden (RECHTS), maar wordt door Von Rauffenstein neergeschoten. In deze film stelde Renoir de oorlog voor als gevangenschap, waarmee hij zijn opvattingen duidelijk maakte zonder ook maar één enkele gevechtsscène in de film op te nemen.

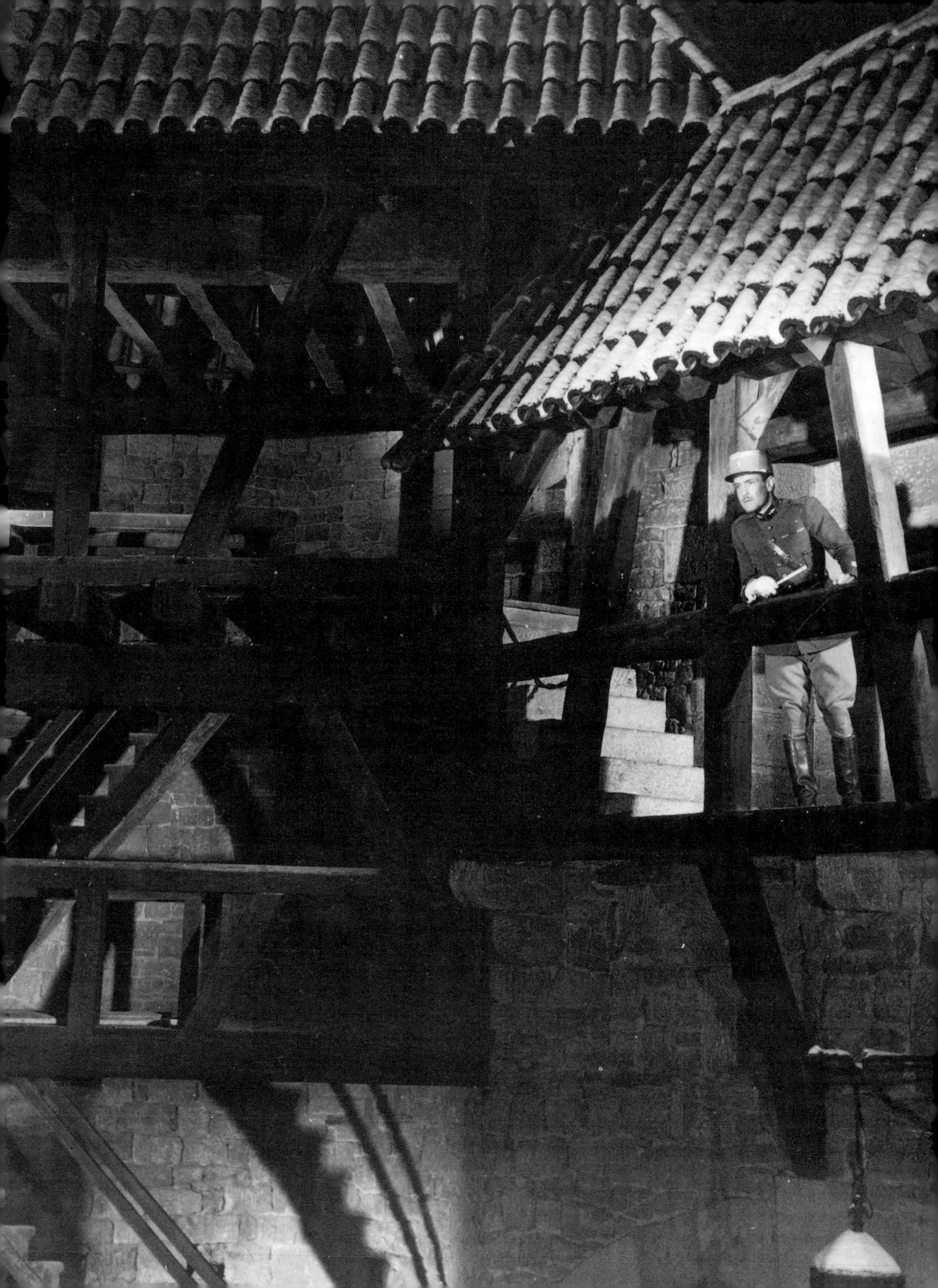

luchten per dag op een binnenplaats van nauwelijks honderd vierkante meter'.

Vervolgens kwamen ze in twee andere gevangenissen terecht en deden nog enkele mislukte uitbraakpogingen. De Gaulle had het bijzonder moeilijk. Hij schreef aan zijn moeder: 'Ik ben levend begraven, een zwakke afspiegeling van mijn vroegere zelf, verbitterd door spijt dat ik geen betere rol in de oorlog heb gespeeld.' Pas na de wapenstilstand kwam hij vrij.

De persoon van De Gaulle als krijgsgevangene vormde één aspect van de oorlog: zijn wil om te vechten en zijn land te verdedigen werd niet geknakt. Zijn lot stond diametraal tegenover dat van Siegfried Sassoon, Louis Barthas en Wilfred Owen: mannen die juist te midden van de slachting gevangenen waren van de oorlog.

De Duitse impasse

Rosa Luxemburg, gevangene van haar geweten

IN ALLE bij de oorlog betrokken landen zaten mensen vanwege hun politieke overtuiging in de gevangenis. Een van hen was de Duitse revolutionaire Rosa Luxemburg, medeoprichtster van de voorloper van de Communistische Partij van Duitsland, de Spartakusbund – genoemd naar de leider van de slavenopstand tegen de Romeinen in de eerste eeuw voor Christus. Op 10 juli 1917 werd zij gearresteerd op beschuldiging van opruiing, waarna ze twee weken vast zat in de vrouwengevangenis aan de Barnimstrasse in Berlijn. Onder het uiten van de beschuldiging dat hij niet meer was dan 'een ordinaire spion en een *Schweinhund*' gooide ze hier een politieman een inktpot naar het hoofd.[55] Als straf werd ze overgebracht naar het hoofdbureau van politie aan de Alexanderplatz (in de volksmond 'Alex'), waar de nazi's in de Tweede Wereldoorlog hun martelkamers hadden. De autoriteiten wilden de publiciteit rond een proces vermijden en hielden haar eenvoudig van de buitenwereld geïsoleerd. Na zes weken kwam ze terecht in een cel in een oud fort in Wronke bij Posen (het huidige Poznan), dat leek op de gevangenis waar De Gaulle werd vastgehouden. De Gaulle en Luxemburg, die geloofde in de revolutie van de massa's, vertegenwoordigden echter volslagen tegengestelde werelden.

Rosa leed in de gevangenis kou en honger. Ze was bedroefd en werd geplaagd door maagklachten, maar haar medelijden, haar zucht naar kennis en haar levensvreugde bleven ongebroken. Ze troostte Sonja, de vrouw van de medeoprichter van de Spartakusbund, Karl Liebknecht, toen ze hoorde dat Sonja's broer op het slagveld was gesneuveld. Rosa wilde haar een sjaal geven, een van de weinige kleurige dingen die ze in haar Spartaanse cel had. Net als De Gaulle piekerde ze veel: 'Op mijn dagelijkse "wandeling" langs de muur liep ik heen en weer als een gekooid dier en mijn hart kromp ineen van verdriet dat ook ik hier niet weg kon komen.'

Rosa kreeg grijze haren in de gevangenis, maar ze behield haar politieke ideeën. Ze geloofde in de kracht van de massa's en bracht deze romantische visie over op de Spartakusbund, die de autoriteiten wilden vernietigen, met inbegrip van zijn twee leiders. De leden van de bond deelden de overtuiging dat de oude Sociaal-Democratische Partij, waar Luxemburg en Liebknecht ooit lid van waren geweest, tot in het merg was verrot, en dat het tijd was voor een nieuwe beweging, gebaseerd op massastakingen. Rosa gaf toe dat de oorlog haar had geleerd hoe de massa's konden worden gemanipuleerd. Maar

---

Rosa Luxemburg, vóór 1914 de stokebrand van de linkervleugel van de Socialistische Internationale, heeft tijdens de oorlog een grote bijdrage geleverd aan het instandhouden van de revolutionaire visie. Tijdens haar gevangenschap slaagde ze erin een aantal pamfletten en artikelen naar buiten te smokkelen. Hierin hekelde ze de patriotten in de Duitse Sociaal-Democratische Partij, die in 1914 ontdekten dat ze in de eerste plaats Duitser waren en pas in de tweede plaats socialist.

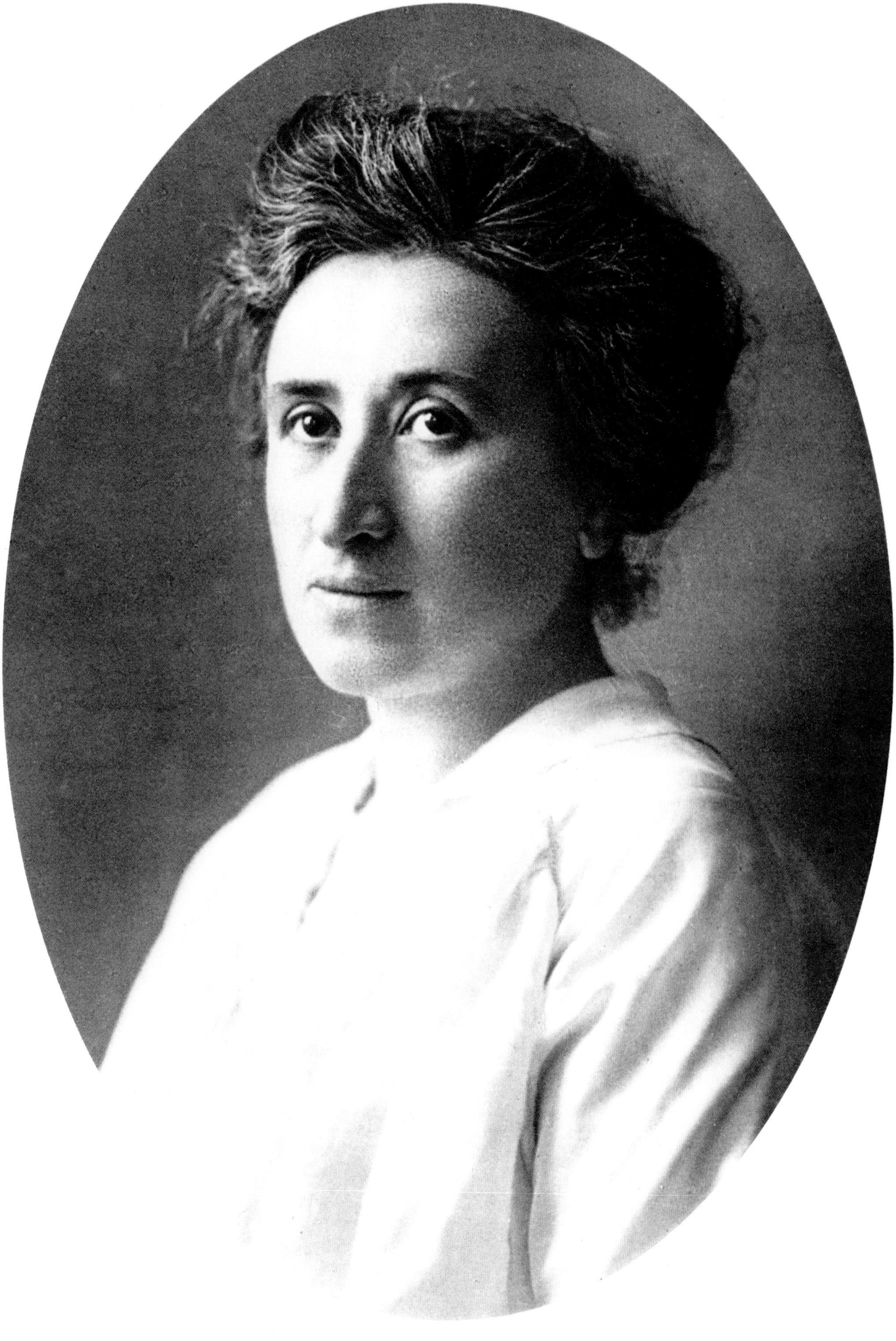

vooral de psyche van de massa bevat altijd, als de Thalatta, de eeuwige zee, alle latente mogelijkheden: dodelijke windstilten en bruisende storm, nederigste lafheid en wildst heroïsme. De massa is altijd dat, wat zij naar de tijdsomstandigheden moet zijn, en zij staat altijd op het punt iets totaal anders te worden dan ze schijnt.[56]

Rosa hield veel van vogels, insecten en planten. In de gevangenistuin praatte ze tegen een vogeltje dat ze er vaak zag: 'We zijn nergens bang voor, wij tweetjes hebben zelfs in een sneeuwstorm ons dagelijkse wandelingetje gemaakt.' Ze speelde met het idee de politiek vaarwel te zeggen en zich te wijden aan haar echte liefde, de botanie, die haar al het andere deed vergeten.

In maart 1917, voordat ze gevangen werd genomen, zei ze tegen een vriend dat ze zich voelde 'als een bevroren hommel', wachtend op de dooi (en de vrijheid) om weer tot leven te komen. De Februari-revolutie in Rusland vervulde haar met hoop, niet alleen voor Rusland, maar ook voor Duitsland. In april schreef ze: 'daar heeft onze zaak gewonnen. Dit *moet* en dit *zal* het begin zijn van de bevrijding van heel de wereld, dit moet zich verspreiden over gans Europa.'

Haar internationalisme onderscheidde haar van de meeste anderen die zich in 1917 tegen de oorlog verzetten. Rosa beschouwde naties en het nationalisme als de echte vijanden. Hoewel ze van joodse afkomst was, had ze niet alleen oog voor het lijden van haar eigen volk. Toen een vriend eens een opmerking maakte over antisemitisme, antwoordde ze:

> Wat heb je voor met speciaal Jodenleed? Mij staan de arme slachtoffers op de rubberplantages van Putumayo, de negers in Afrika, met wier lichamen de Europeanen vangbal spelen, precies even na. Weet je nog het motto van de Grote Generale Staf over de veldtocht in de Kalahari: 'En het rochelen van de stervenden, het waanzinnige schreeuwen der versmachtenden stierven weg in de verheven stilte der oneindigheid.' O, deze 'verheven stilte der oneindigheid', waarin zovele kreten ongehoord wegsterven, zij klinkt in mij zo sterk, dat ik geen bijzondere hoek voor het getto heb: ik voel mij in de hele wereld thuis, waar er wolken en vogels en mensentranen zijn.

Haar voorstellingsvermogen en temperament komen nergens beter naar voren dan in een brief die ze in december 1917 in de gevangenis van Breslau schreef aan Sonja Liebknecht:

> Op de binnenplaats, waar ik wandel, komen vaak wagens van het leger, volgeladen met zakken of oude soldatenjassen en hemden, dikwijls met bloedvlekken... die hier worden afgeladen, over de cellen verdeeld, versteld, dan weer opgeladen en aan het leger afgeleverd. Onlangs kwam zo'n wagen, bespannen, niet met paarden, maar met buffels. Ik zag die beesten voor de eerste keer van dichtbij. Ze zijn krachtiger en breder gebouwd dan onze runderen, met platte koppen en plat omgebogen horens, de schedels dus ongeveer als onze schapen, helemaal zwart met grote zachte ogen. Ze komen uit Roemenië, zijn krijgsbuit. ... Een paar dagen geleden kwam er zo'n wagen met zakken binnenrollen, de vracht was zo hoog opgestapeld, dat de buffels niet over de drempel van de poortingang konden. De begeleidende soldaat, een brute kerel, begon dusdanig met het

dikke eind van de zweep op de dieren los te slaan, dat de toezichthoudster hem verontwaardigd op zijn nummer zette: of hij dan geen medelijden met de dieren had! 'Met ons mensen heeft ook niemand medelijden,' antwoordde hij met een boosaardig lachje en sloeg nog krachtiger toe. ... De dieren trokken ten slotte aan en kwamen over de hindernis, maar één bloedde. ... Sonitschka, de buffelhuid is wat dikte en taaiheid aangaat spreekwoordelijk, en zij was vaneengereten. De dieren stonden daarna bij het afladen doodstil van uitputting en één, en wel dat bloedde, staarde daarbij voor zich uit met een uitdrukking in het zwarte gezicht en de zachte zwarte ogen, als een moegeschreid kind. Het was precies de uitdrukking van een kind dat streng gestraft is en niet weet waarom, waarvoor, niet weet hoe het de pijn en het ruwe geweld moet ontkomen. ... Hoe ver, hoe onbereikbaar, verloren, de vrije sappige groene weiden van Roemenië! Hoe anders scheen daar de zon, blies er de wind, hoe anders waren de schone geluiden van de vogels of het melodieuze roepen van de herders. En hier – deze vreemde, kille stad, de bedompte stal, het walgelijke muffe hooi met rot stro vermengd, de vreemde verschrikkelijke mensen – en de stokslagen, het bloed dat uit de verse wonde stroomt. ...'

'Wij staan hier beiden zo machteloos en verslagen,' voegde Rosa daaraan toe, 'en zijn slechts één in smart, in machteloosheid, in heimwee.'

Intussen verdrongen de gevangenen elkaar bedrijvig om de wagen, laadden de zware zakken af en sleepten ze het huis in; de soldaat echter stak zijn beide handen in zijn broekzakken, wandelde met grote passen over de binnenplaats, glimlachte en floot een straatdeuntje. En de hele glorieuze oorlog trok aan mij voorbij. ...
Schrijf snel, ik omhels je, Sonitschka,

Je Rosa

Sonitschka, liefste, wees ondanks alles rustig en vrolijk. Zo is het leven en zo moet men het aanvaarden, dapper, onversaagd en glimlachend – ondanks alles.

De oorlog van staal: Ernst Jünger

Dapper, onversaagd en glimlachend – ondanks alles kenschetsen deze woorden ook de houding van veel Duitsers die de oorlog niet wilden beëindigen. Integendeel, ze riepen juist op tot extra krachtsinspanningen. Een van hen was Ernst Jünger, de zoon van een apotheker die later eigenaar werd van een chemische fabriek in Heidelberg. In 1912, op zeventienjarige leeftijd, liep hij van huis weg naar het Franse Vreemdelingenlegioen. Zijn vader haalde hem terug, maar de jonge avonturier ontsnapte opnieuw, deze keer naar de 73ste Hannover-fuseliers, waar hij bij het uitbreken van de oorlog dienst nam.[57]

In de daaropvolgende vier jaar vocht hij als veelvuldig onderscheiden luitenant en later als kapitein aan het westelijk front. Onder de titel *In Stahlgewittern* ('Storm van staal') schreef hij een van de beroemdste verslagen over de loopgravenoorlog. Jüngers wereldvisie was op zijn manier even romantisch als die van Rosa Luxemburg, maar dat was het enige wat ze gemeen hadden. Hij vertegenwoordigde de generatie jonge, patriottische Duitsers die was opgegroeid met de Pruisische militaire waarden en Nietzsches verkenning van het spirituele rijk 'achter goed en kwaad'. Zijn idealisme, stoïcisme, moed, intelligentie en creativiteit in de krijgskunst zeggen ons veel over de redenen waarom en de wijze waarop het Duitse leger

Muiterij

Juli-december 1917

Juli *Het laatste Russische offensief*

Een Britse verpleegster, Florence Farmborough, diende bij een medische eenheid van het Russische leger en was getuige van het laatste Russische offensief in Galicië.

Russische troepen aan het Galicische front

1 juli De hele nacht heerste er een luidruchtige chaos. We werden constant ingehaald door artillerie en manschappen. Zo af en toe, als soldaten ons zagen, schreeuwden ze naar ons, en sommige opmerkingen waren verre van fijnzinnig. Dit was de eerste keer ... dat we ruw werden bejegend door onze eigen mannen. We waren verbijsterd en vernederd.[58]

Juli *Begin van de Slag van Passendale*

Op 31 juli om 3.50 uur begon het offensief. Guy Chapman, een kapitein van de Royal Fusiliers, heeft die dag beschreven.

31 juli De slag begon, gehuld in mist en geruchten. De geruchten bleken vals, en de mist ging over in motregen, daarna in regen en hevige stortbuien, waarin de hemel het opnam tegen de kanonnen en overwon.[59]

Oktober-november *De Slag bij Caporetto en de Italiaanse terugtocht*

De gezamenlijke Duits-Oostenrijkse aanval begon op 24 oktober in de omgeving van Caporetto in de Italiaanse Alpen. Erwin Rommel diende als luitenant in het Duitse leger.

25 oktober De bergen van het Kolovrat-massief glinsterden boven ons in de ochtendzon. ... Ik rapporteerde mijn besluit om de vijandelijke Kolovrat-stelling aan te vallen. ... Net toen ik de hoorn op de haak legde, kreeg ik bericht van Streicher: 'Verkennings-eenheid doorgebroken, kanonnen veroverd en gevangenen gemaakt.' In de vijandelijke stellingen heerste stilte en er was geen schot afgevuurd. Zo snel mogelijk voerde ik mijn plan uit om door te breken. ... Een seconde uitstel had de overwinning in gevaar kunnen brengen.[60]

Duitse en Oostenrijkse troepen bij Caporetto

MUITERIJ

NOVEMBER *De bolsjewistische revolutie*

Morgan Philips Price, verslaggever van de *Manchester Guardian* in Rusland, beschrijft de gebeurtenissen van 7 november (volgens de nieuwe kalender), toen de bolsjewieken de macht grepen.

> *7 november* Ik probeerde me een comité van gewone soldaten en arbeiders voor te stellen dat in Londen verklaarde dat zij de regering vormden en dat geen enkel bevel van Whitehall zonder hun toestemming mocht worden uitgevoerd. Ik probeerde me voor te stellen dat het Britse kabinet met het comité zou onderhandelen om hun geschillen bij te leggen, terwijl Buckingham Palace was omsingeld door soldaten en de koning via een zijdeur ontsnapte. ... En toch heeft hier in Rusland iets dergelijks plaatsgevonden. Ik kon me nauwelijks voorstellen dat het eeuwenoude Russische rijk letterlijk voor mijn ogen uiteenviel.[61]

Detachement van Russische arbeiders

NOVEMBER-DECEMBER *De Slag bij Cambrai*

George Coppard, een korporaal van het Korps Mitrailleurs, beschrijft het verwoestende effect van de Britse tanks bij Cambrai.

> *20 november* Maar het *pièce de résistance* waren natuurlijk de tanks. Net als iedereen raakte ik opgewonden bij het idee om achter deze nieuwerwetse, Weellsiaanse monsters in de aanval te gaan. ... Op die gedenkwaardige twintigste november was het uur van de aanval vastgesteld op 6.30 uur. We hoorden de tankmotoren warmlopen. ... Ten slotte begon de officier met aftellen. Precies op tijd werd de zwarte hemel doorkliefd met lichtstralen. Een gruwelijk gedonder weerklonk over het dertien kilometer lange front en honderden granaten vonden hun weg naar het oosten. ... De tanks, die op enorme padden leken, staken op de top van de helling scherp af tegen de hemel. Enkele van de voorste tanks waren uitgerust met enorme bundels dicht bijeengebonden takken, die ze lieten vallen op het moment dat ze bij een brede loopgraaf kwamen, zodat ze erover heen konden rijden.[62]

Britse tank bij Cambrai

Muiterij

tijdens de crisis van 1917 door bleef vechten, ondanks de miljoenen slachtoffers en de bittere ellende.

Jünger was de schrijver van de gemechaniseerde oorlog. De Slag aan de Somme 'maakte me voor het eerst bewust van de overweldigende effecten van de gemechaniseerde oorlog'. Daar werd hij geconfronteerd met 'een getrouw ... beeld van de ziel van de wetenschappelijke oorlogsvoering', die zowel de oorlog als de krijger transformeerde. In *In Stahlgewittern* schreef hij:

> Het moderne slagveld is als een reusachtige, slapende machine met ontelbare ogen en oren en armen, verborgen en inactief liggend in een hinderlaag, tot dat ene moment waar alles van afhangt. Dan klieft vanuit een gat in de grond een rode lichtstraal de hemel in. Onmiddellijk bulderen duizend kanonnen; zodra de ontelbare trekkers worden overgehaald, komt de vernietigingsmachine op gang.[63]

Het nieuwe was de absurde, overweldigende, angstwekkende wanverhouding tussen mens en materieel. De oorlog was een gigantische fabriek des doods.

> Want ik kan niet dikwijls genoeg herhalen dat een veldslag niet langer werd gesmoord in bloed en vuur. Het was iets dat week na week en zelfs maand na maand van geen wijken wilde weten. ... Ridderlijkheid behoorde voorgoed tot het verleden. Zij moest zwichten voor de verhoogde intensiteit van de oorlog, zoals alle schone en persoonlijke gevoelens moeten zwichten wanneer machines de dienst uitmaken. Het tegenwoordige Europa liet zich hier voor het eerst op het slagveld zien. Het leek of de mens in dit zelfgeschapen landschap veranderde, mysterieuzer en harder en geslepener werd dan in welke vroegere slag dan ook. ... Na deze slag droeg de Duitse soldaat de helm van staal en waren in zijn gelaat de lijnen gegrift van een tot het uiterste op de proef gestelde felheid, lijnen die toekomstige generaties wellicht even fascinerend en indrukwekkend zullen vinden als die van vele koppen uit de klassieke tijd of de Renaissance.

Jüngers gelaat droeg de lijnen van deze nieuwe vorm van oorlog voeren. Hij was de stormtroeper bij uitstek, een van de mannen die na de Slag aan de Somme de grote verandering in de tactiek van de loopgravenoorlog symboliseerde, waardoor de oorlog van 1917-1918 fundamenteel verschilde van die tussen 1914 en 1916.

Na het zware Britse bombardement aan de Somme werden in augustus 1916 Paul von Hindenburg en Erich Ludendorff, respectievelijk opperbevelhebber en kwartiermeester-generaal, de belangrijkste mannen in het Duitse opperbevel. Ludendorff was het machtigst. Hij nam met zijn operationele staf de taak op zich de Duitse verdedigingstactiek te herzien, met als resultaat dat het aanzicht van het slagveld veranderde.

In plaats van de manschappen te concentreren in de frontlinie, waar ze door de geallieerde artillerie in stukken werden gereten, was de nieuw Duitse verdedigingsstrategie gekenmerkt door een front dat uit drie zones bestond: een vooruitgeschoven zone tot op ongeveer achthonderd meter van het niemandsland, een gevechtszone met een breedte van ongeveer twee en een halve kilometer en een nog bredere achterhoede.[64] Dankzij deze nieuwe strategie waren de Duitse troepen beter beschermd tegen artilleriebeschietingen: hoe verder men terugging in de verdedigingslinie, hoe minder kwetsbaar deze werd voor vijandelijk vuur. Als de

---

Ernst Jünger was negentien jaar toen de oorlog uitbrak. Hij was een geharnaste conservatief en zijn verslag van de oorlog, *In Stahlgewittern*, werd later de bijbel voor politiek rechts in Duitsland. Als intellectueel was Jünger te snobistisch om zich bij de nazi's aan te sluiten. Tijdens de Tweede Wereldoorlog diende hij bij het Duitse leger in Parijs. Veel deelnemers aan de samenzwering tegen Hitler in juli 1944 behoorden tot zijn kennissenkring. Zijn verdiensten in de Eerste Wereldoorlog hebben hem wellicht het leven gered.

Muiterij

Ernst Jünger (midden) met twee kameraden aan het front. 'Na de Slag aan de Somme droeg deze oorlog een stempel dat hem onderscheidde van alle andere oorlogen. Na deze slag droeg de Duitse soldaat de helm van staal en waren in zijn gelaat de lijnen gegrift van een tot het uiterste op de proef gestelde felheid, lijnen die toekomstige generaties wellicht even fascinerend en indrukwekkend zullen vinden als die van vele koppen uit de klassieke tijd of de Renaissance.'

linie werd aangevallen, zou ze volgens Jünger weerstand bieden, buigen en vervolgens als een stalen snaar terugslaan.

Door dit systeem kon de totale verdedigingslinie in 1917 niet alleen weerstand bieden aan de geallieerde druk, maar ook de voorwaarden scheppen om tegenaanvallen uit te voeren. Hierbij lag de nadruk niet op de directe aanval, maar op kleine groepjes mobiele soldaten met lichte machinegeweren, die de vijandelijke linies moesten infiltreren. Het resultaat was verwoestend effectief, wat de geallieerden erkenden – in het laatste jaar van de oorlog namen ze deze tactiek van het Duitse leger over.

Eenheden van deze stormtroepers bestonden uit mannen als Jünger: uiterst gemotiveerde soldaten die zelfs in de loopgravenoorlog hun aanvalsdrift en initiatief de vrije teugel konden laten. Zij schiepen een krachtveld waarin binnen het kader van de gemechaniseerde oorlogsvoering plaats was voor individualisme.

Jünger was zich sterk bewust van het paradoxale karakter van deze nieuwe manier van oorlog voeren: hij vocht tegen machines die zijn wilskracht ver te boven gingen, maar vond toch een manier om die wilskracht in stand te houden. In het nieuwe systeem konden zijn moed, flair en initiatief optimaal tot uitdrukking komen. Dit maakte hem tot zo'n bijzonder soldaat en hierdoor kwam hij tot het inzicht dat, hoewel in deze oorlog de machine de mens overheerste,

VOLGENDE BLADZIJDEN: Duitse troepen in de aanval, Picardië, 1917. 'Want ik kan niet dikwijls genoeg herhalen dat een veldslag niet langer werd gesmoord in bloed en vuur. Het was iets dat week na week en zelfs maand na maand van geen wijken wilde weten.' Ernst Jünger, *In Stahlgewittern*.

> het individu tegenwoordig belangrijker is dan ooit. Dat beseft eenieder die hen in hun eigen domein heeft gezien, deze prinsen van de loopgraven, met hun harde, vastberaden trekken, hun aan waanzin grenzende moed ... met tot het uiterste gespannen, bloeddorstige zenuwen. ... De loopgravenoorlog is de bloedigste, ruwste en wreedste vorm van oorlog, maar ook zij heeft haar mannen gekend, mannen die gehoor hebben gegeven aan de roep, onbekende, roekeloze strijders. Van alle zenuwslopende momenten van de oorlog is geen zo indrukwekkend als de ontmoeting van twee leiders van stormtroepen in een smalle loopgraaf. Van terugtrekken en genade kan geen sprake zijn. In de schrille kreet die als een nachtmerrie uit de borst ontsnapt, klinkt het geluid van bloed.

Hier horen we een echo van de *Ilias* op een slagveld dat Jünger zelf als zeer modern

253

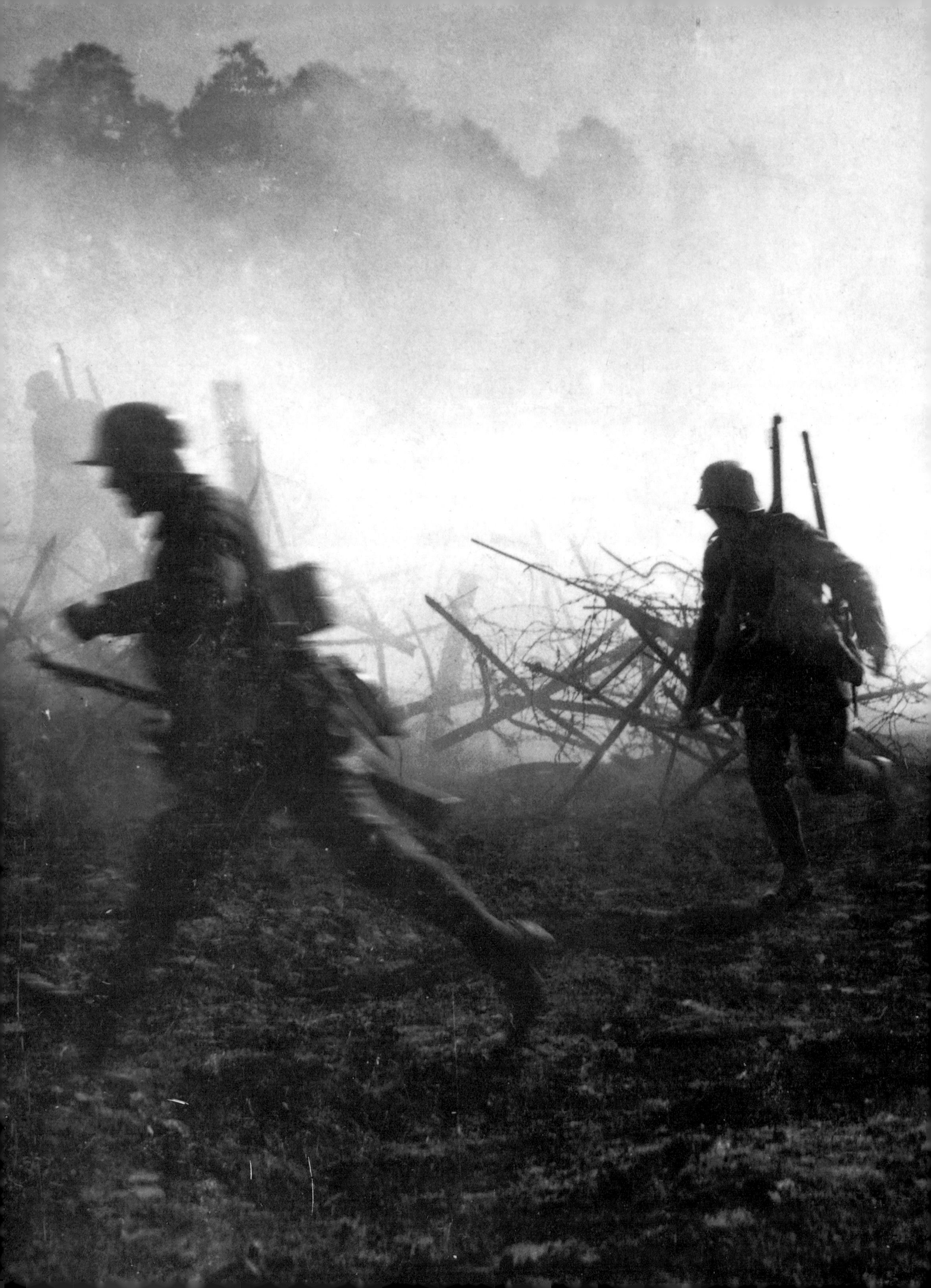

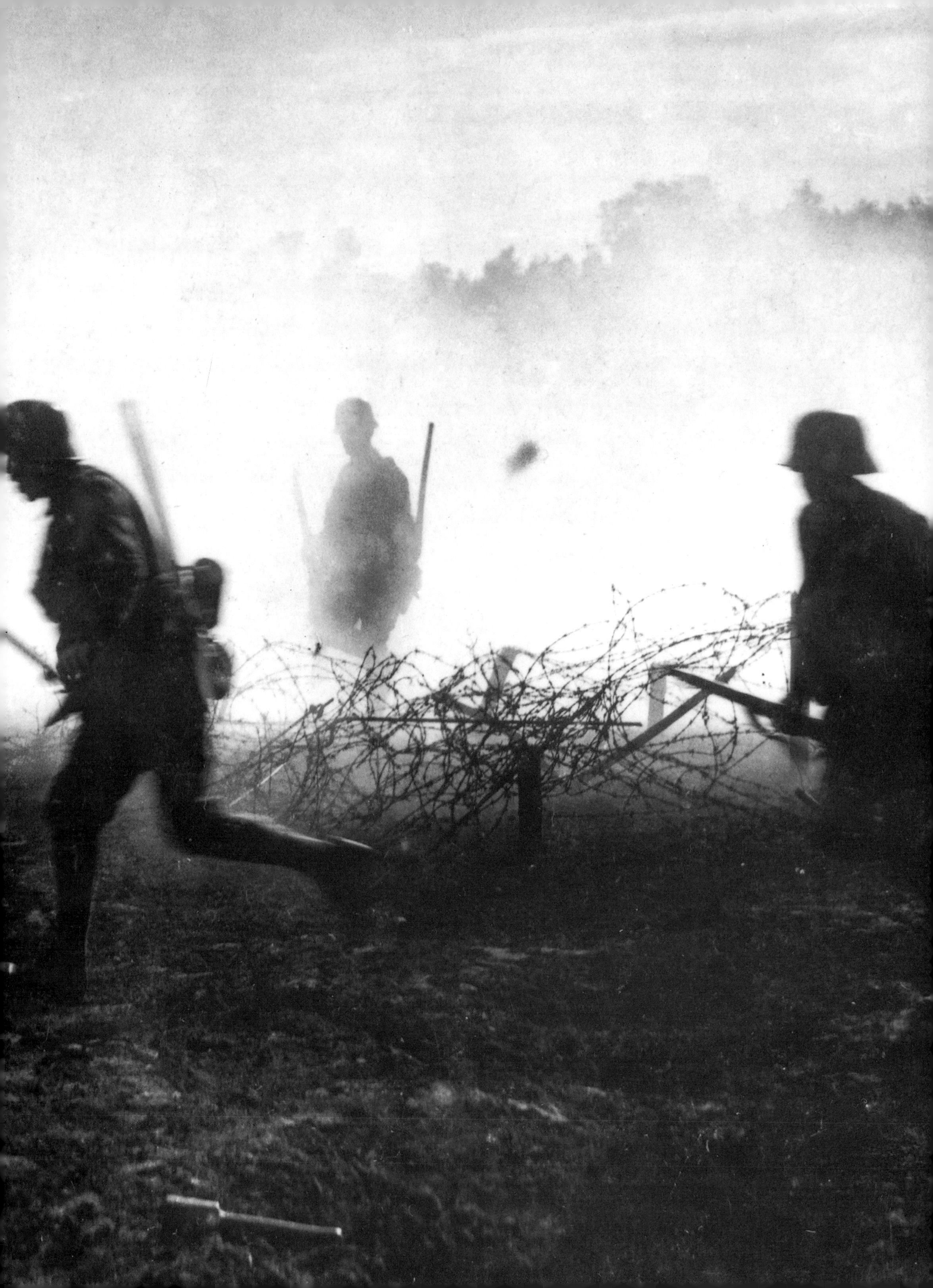

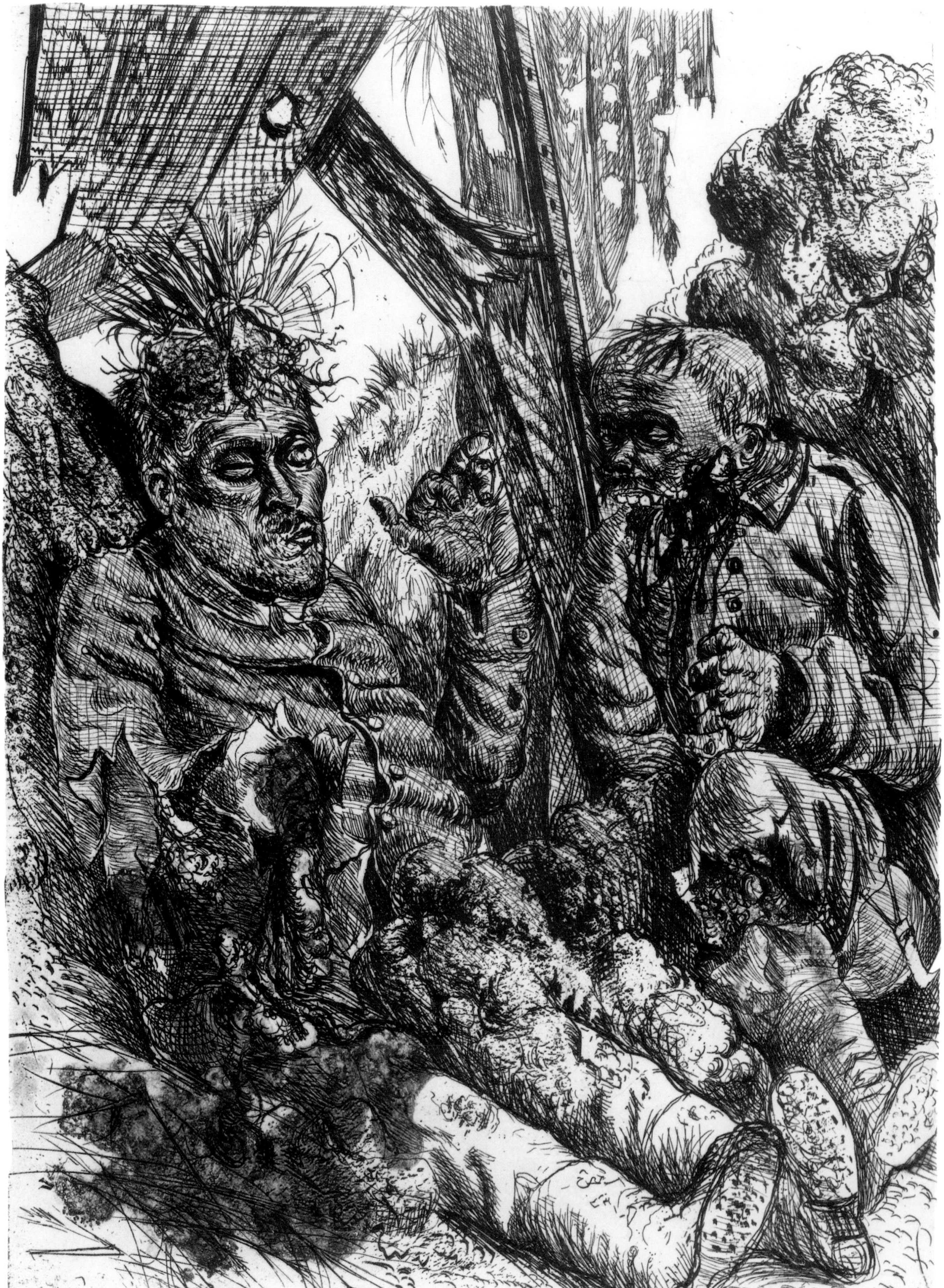

Ets uit een serie van vijftig van Otto Dix, getiteld *Der Krieg* (*De oorlog*), 1924. Hij schreef: 'Luizen, ratten, prikkeldraad, vlooien, granaten, bommen, ondergrondse holen, lijken, bloed, sterke drank, muizen, katten, geschut, vuil, kogels, mortieren, vuur, staal: dat is de oorlog. Het is het werk van de duivel.'[65]

omschreef. Zijn visie weerspiegelt één aspect van deze oorlog en de redenen waarom hij werd voortgezet: de oorlog vernietigde niet alleen individuen, maar bevestigde tevens het individualisme. Hij toonde de mensheid dat oorlog oneindig smerig is, maar tevens ontzagwekkend, angstaanjagend en soms zelfs prachtig. Romantiek verdronk in een zee van modder en werd herschapen in de kameraadschap van de wapenen, vooral in kleine eenheden van mannen wier uithoudingsvermogen en moed tot het breekpunt – en daar voorbij – op de proef werden gesteld. Jüngers boodschap was dat de oorlog een diepe innerlijke ervaring was, waarin waardigheid en eer (zoals hij die zag) ondanks de heerschappij van de machine konden overleven. Door de mogelijkheid aan te grijpen zijn eigen initiatief te ontplooien, wist hij te ontsnappen aan de passiviteit van de loopgravenoorlog. Hierdoor werd in die harde maanden van 1917, toen Jünger en zijn kameraden vochten in het verwoeste landschap van Picardië en Vlaanderen, zijn visie van de nobele oorlog ondanks alles niet weggevaagd, maar bleef deze voor hem en sommige van zijn geestverwanten nog lang na de wapenstilstand voortbestaan.

Revolutie: Rusland 1917

De februari-dagen

GEZIEN DE PATSTELLING aan het westelijk front had Duitsland in 1917 twee opties om de oorlog te winnen. Allereerst kon de wil van het Russische leger om de oorlog voort te zetten worden gebroken, ten tweede kon men trachten Groot-Brittannië door een duikbootoffensief naar de conferentietafel te dwingen. Het eerste doel werd bereikt en leidde tot de val van de Romanov-dynastie – en later tot de machtsovername door de bolsjewieken.

Evenals het Westen had Rusland te maken met oorlogsmoeheid, tekorten, arbeidsconflicten en militaire verwarring. Het politieke stelsel was echter minder flexibel, waardoor Rusland zich moeilijker kon aanpassen aan de materiële en politieke spanningen van een oorlog op deze schaal.

De erfelijke monarchie vormde een deel van het probleem. De tsaar probeerde de bevolking achter zich te krijgen door persoonlijk de leiding van het leger op zich te nemen, maar had totaal geen verstand van militaire zaken. De tsarina droeg bij aan het ondermijnen van de politieke orde door de kliek rond Raspoetin – een man die bedrog, occultisme en wellust in zich verenigde – de hand boven het hoofd te houden. Alle energie werd opgeslokt door intriges; aan beleid kwam niemand meer toe. Dit effende het pad voor nieuwe organisaties, die de dagelijkse problemen van de oorlog trachtten te verlichten. Zo hield de Pan-Russische Unie van prins Lvov zich bezig met hulp aan gewonde soldaten, terwijl een comité van oorlogsindustriëlen het vacuüm vulde dat was te wijten aan een onbekwame bureaucratie. Er ontstond een parallel politiek systeem: naast de wettige autoriteiten werden informele organisaties opgericht die ervoor zorgden dat het leven doorging. Zij konden echter geen einde maken aan de inflatie en ontberingen. Begin 1917 braken stakingen uit. In een politierapport stond te lezen:

> Het proletariaat in de hoofdstad staat aan de rand van de wanhoop. We zijn van mening dat de geringste onlust … tot oncontroleerbare rellen met

duizenden slachtoffers zal leiden. De voorwaarden voor zo'n uitbarsting bestaan al. De economische omstandigheden van de massa zijn, ondanks de grote loonsverhogingen, abominabel slecht. ... Al zijn de lonen verdubbeld, de prijzen zijn verdriedubbeld. De schaarste, de lange rijen voor de winkels, de toenemende sterfte door slechte woonomstandigheden, de koude en vochtigheid door gebrek aan kolen ... door al deze oorzaken is een situatie ontstaan waarin de arbeiders op het punt staan massaal uit te barsten in gewelddadige broodoproeren.[66]

Deze arbeidersprotesten kregen ook een politieke dimensie: kreten als 'Een einde aan de oorlog' waren het rechtstreekse resultaat van het onvermogen van de regering om haar hongerige bevolking te voeden.

Halverwege februari ging het massaprotest tegen de voedseltekorten over in een revolutie. Enkele officieren probeerden de menigten in de straten van Petrograd (zoals Sint-Petersburg in 1914 herdoopt was) te verspreiden, waarbij op 26 juli ongeveer honderd slachtoffers vielen. Dit had tot gevolg dat veel soldaten die niet tegen hun eigen volk wilden vechten nog meer van hun leiders vervreemd raakten. Door dit machtsvertoon verdween het laatste restje gezag van de regering – een vergissing die het Franse leger tijdens de muiterij, enkele maanden later, angstvallig vermeed. Soldaten in Petrograd trotseerden hun officieren openlijk door hun wapens aan demonstranten te overhandigen. Een ooggetuige, graaf De Chambrun, heeft het moment vastgelegd waarop de macht overging van de ene op de andere orde:

> Terwijl het gerechtshof in brand stond, marcheerde het Pavlovski-regiment ... de kazerne uit. Ik zag deze bataljons in slagorde passeren, onder leiding

In de rij voor brood in Petrograd. Vrouwen stonden aan de basis van de eerste Russische Revolutie in februari 1917. Hun protesten kwamen gedeeltelijk voort uit gebrek aan brood. De bewoners van de stad moesten urenlang in de rij staan voor hun basisbehoeften en in februari 1917 was de grens van hun incasseringsvermogen bereikt. Op de Internationale Dag van de Vrouw was een aantal demonstraties georganiseerd die werden geleid door vrouwen. Later sloten fabrieksarbeiders zich bij hen aan. Loyale tsaristische troepen kregen bevel de woedende menigte te verspreiden en er braken gevechten uit.

van onderofficieren. Instinctief volgde ik hen. Tot mijn verrassing marcheerden ze naar het Winterpaleis, groetten de schildwachten en bezetten het. Na enkele ogenblikken zag ik hoe de vlag van de tsaar langzaam door onzichtbare handen werd gestreken. Kort daarna, terwijl ik met bezwaard hart alleen op het besneeuwde plein stond, wapperde de rode vlag boven het paleis.[67]

De volgende dag, 27 februari (volgens de oude Russische kalender – elders was het 12 maart), benoemde de tsaar een voorlopig comité ter bewaring van rust en orde, onder voorzitterschap van prins Lvov, terwijl arbeiders in Petrograd een sovjet vormden, een comité van afgevaardigden van soldaten en arbeiders. Drie dagen later deed de tsaar afstand van de troon.

Deze twee nieuwe autoriteiten – een voorlopige regering en de sovjet van Petrograd – vulden elk een deel van het machtsvacuüm dat na de ineenstorting van de monarchie was ontstaan. Zo'n systeem van dubbele soevereiniteit was uiteraard weinig stabiel, maar kon korte tijd functioneren omdat het aansloot op de vorm van regering door comités die eerder in de oorlog was ontstaan.

De oorlog gaat door

HET NIEUWE REGIME besloot de oorlog voort te zetten en slaagde er enige tijd in het geloof in de zaak te herstellen. Alles hing af van het leger, dat zich in 1915 ver had moeten terugtrekken, maar in 1916 onder generaal Broesilov grote gebieden heroverde – zij het ten koste van grote verliezen. In 1917 was het incasseringsvermogen van het leger vrijwel uitgeput, maar toch waren er nog elementen die door wilden vechten, zoals het uit vrouwen bestaande 'Bataljon des Doods', onder aanvoering van Maria Botsjkareva, bij haar soldaten bekend onder de naam Jasjka. Ze kon lezen noch schrijven, was op vijftienjarige leeftijd getrouwd, door haar eerste man misbruikt en met haar tweede naar Siberië verbannen, waar ze een uitvlucht uit alle ellende zocht in het leger. Dit besluit werd met hoongelach begroet, maar in een petitie aan de tsaar smeekte ze om het recht dienst te mogen nemen, wat haar werd toegestaan.

Later heeft ze verslag gedaan van haar initiatie in deze mannenwereld en van de vele vernederingen die ze had moeten slikken. Sommige 'herinneringen' waren verzonnen, maar dat neemt niet weg dat ze een indrukwekkende carrière maakte. Jasjka dwong respect af door de ontberingen van haar kameraden te delen en gewonden uit het niemandsland te redden. Ze liep bevriezingsverschijnselen op, werd enkele malen gewond en raakte door granaatscherven tijdelijk verlamd.

In 1917 hoorde ze aan het front het nieuws van de revolutie. De slogan 'vrijheid, gelijkheid en broederschap' en de belofte van land voor de landlozen vervulden haar met ongeloof. Ze zwoer trouw aan de nieuwe regering, maar eerst wilde ze 'de Duitsers uit het Vrije Rusland verjagen, alvorens naar huis terug te keren om het land te verdelen'.[68]

Toen de mannen van haar eenheid weigerden verder te vechten, reisde ze naar Petrograd, waar ze naar eigen zeggen de voormalige voorzitter van de Doema (het parlement), Rodzjanko, benaderde met het idee om het 'Bataljon des Doods' te vormen. Later deed ze verslag van haar toespraak tot een groep soldatenafgevaardigden: '"Jullie hebben gehoord wat ik als soldaat heb gedaan en doorstaan," zei ik. "Wat vinden jullie van het idee om driehonderd vrouwen zoals ik bijeen te brengen, die als voorbeeld voor het leger kunnen dienen en de mannen in de slag kunnen

VOLGENDE BLADZIJDEN Op een gegeven moment waren ongeveer zestien miljoen man voor het Russische leger gemobiliseerd. Het was een enorme taak om al deze monden te voeden. Logistieke problemen staken overal de kop op, niet zozeer door moeilijkheden in de productie, maar vooral door de chaotische organisatie.

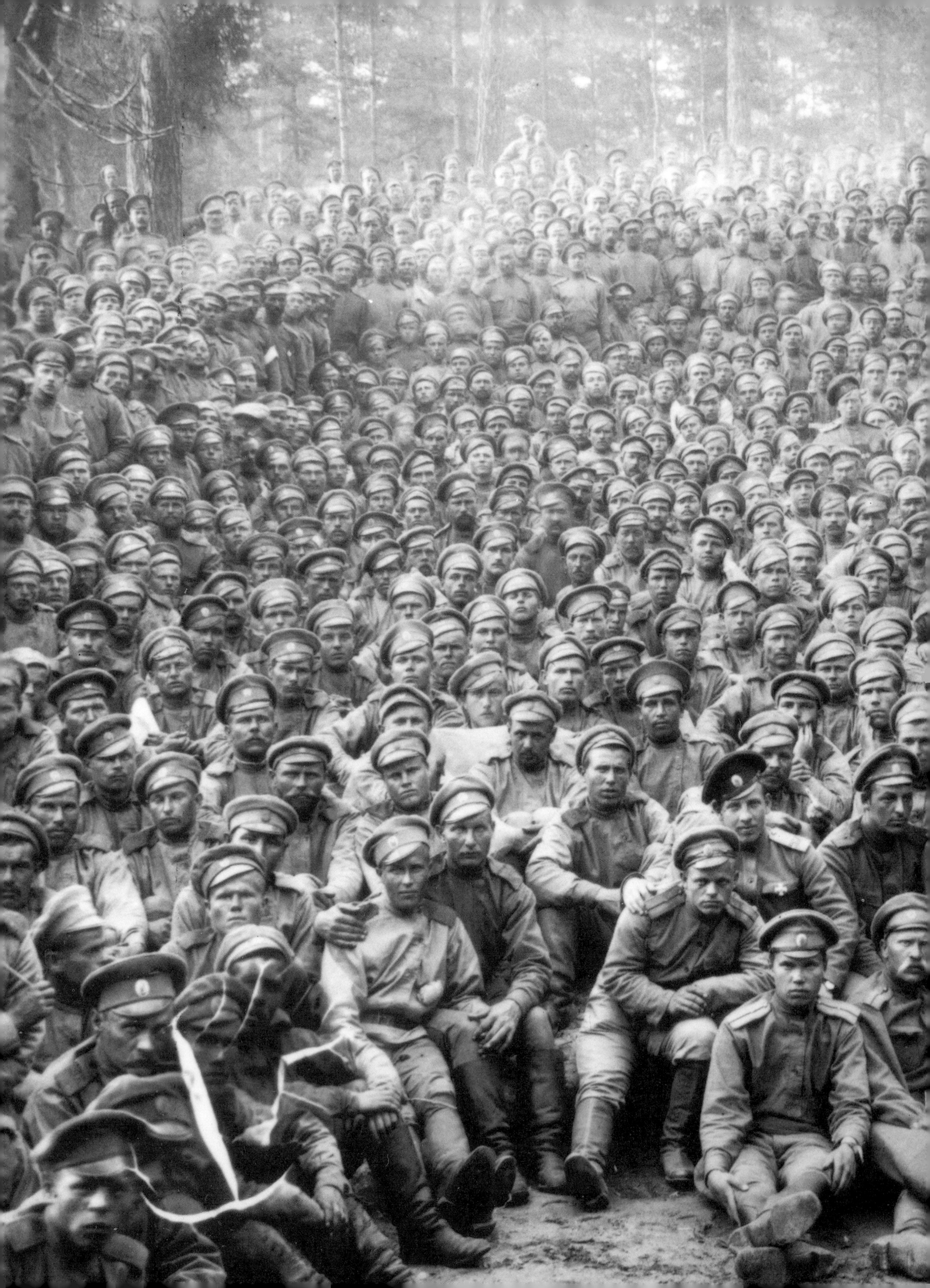

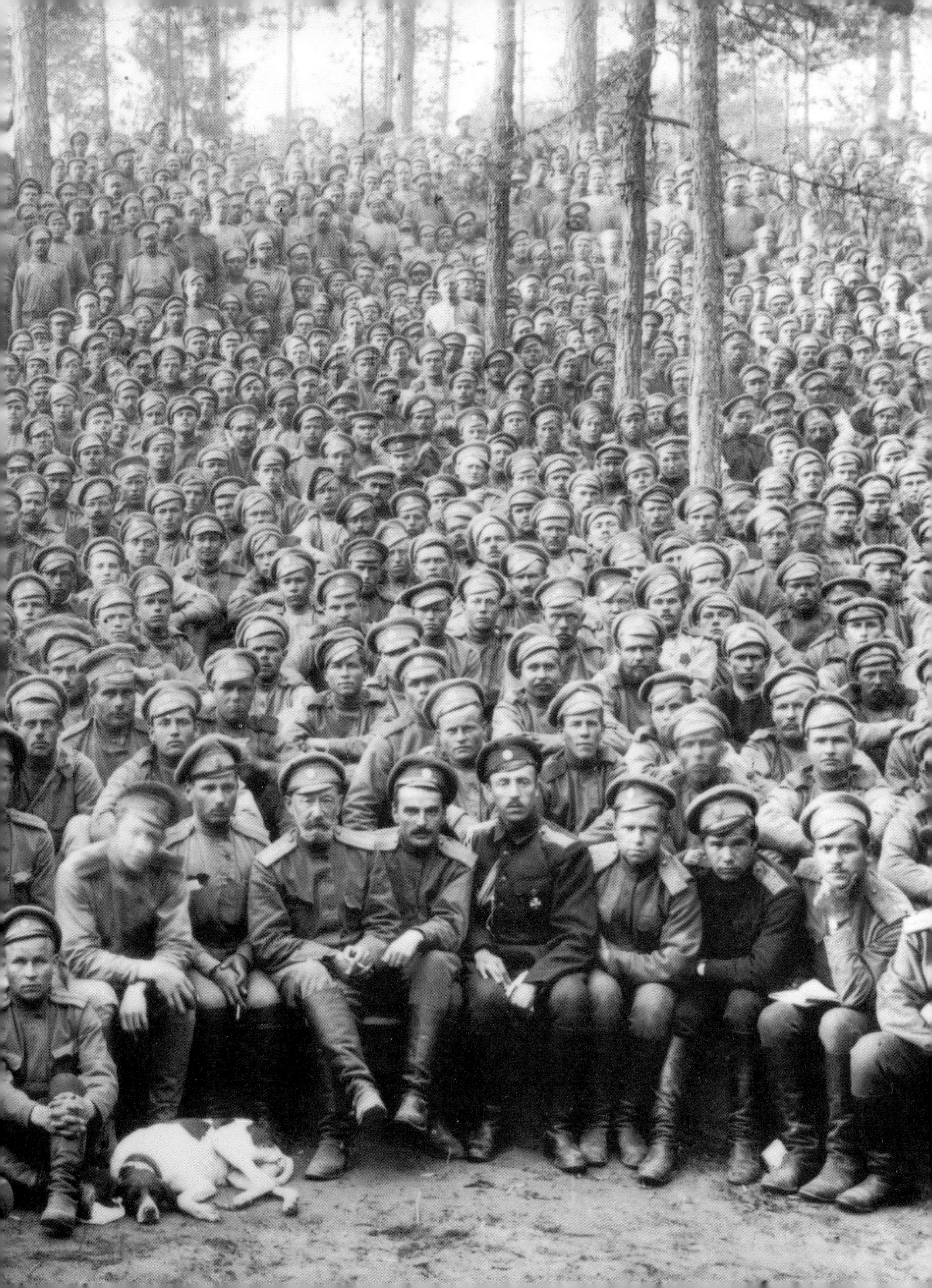

MUITERIJ

voorgaan?"⁶⁹ Ze wilde 'het gedemoraliseerde leger niet imiteren', maar de discipline en het plichtsbesef versterken. Aan het front merkte ze echter dat het te laat was; slechts weinig eenheden konden nog de kracht opbrengen om door te vechten.

Ook Alexander Kerenski, die in juni 1917 de belangrijkste man in de voorlopige regering werd, wilde de oorlog voortzetten. Hij gaf het leger opdracht begin juli een nieuw offensief te beginnen. Dit mislukte; de Duitsers deden een tegenaanval en het Russische leger viel uiteen.

Het Bataljon des Doods was samen met andere eenheden opgerukt, maar het haalde niets meer uit. Jasjka raakte bewusteloos en werd met shellshock in een ziekenhuis opgenomen.⁷⁰ Toen ze was hersteld, verkeerde het leger in wanorde. Volgens haar memoires heeft ze nog een ontmoeting gehad met Kerenski en generaal Kornilov (de commandant van de zuidelijke sector), die de orde met geweld wilden herstellen, wat slechts tot gevolg had dat de steun voor de voorlopige regering nog verder afkalfde.

In juli 1917 startte Kerenski het laatste Russische offensief van de oorlog, deels om de geallieerden te bewijzen dat het nieuwe regime loyaal was aan hun zaak, deels om steun te verwerven voor zijn regering. Jasjka (LINKS) en haar Bataljon des Doods (ONDER) werden naar het slagveld gestuurd, maar het offensief liep uit op een volledige mislukking. Na een Duits tegenoffensief stortten de Russische linies ineen.

Muiterij

Terugkeer van de ballingen

DEZE RAMPZALIGE periode voor het Russische leger viel tussen de Februari- en Oktoberrevolutie. De gebeurtenissen op het slagveld hebben de koers van de revolutie bepaald. Zij die er het meeste garen bij sponnen – en later de macht grepen – bevonden zich het grootste deel van de oorlog echter niet in Rusland. Een van hen was Leo Trotski. In 1914 was hij een vijfenveertigjarige revolutionair, zij het gematigder dan Lenin. Hij was een van de leiders geweest van de revolutie van 1905 en behoorde tot de mensjewieken, de gematigde meerderheidsvleugel van de Russische Sociaal-Democratische Partij. Trotski had grote intellectuele en oratorische gaven – waar hij zich goed van bewust was. Een van zijn collega's heeft eens geschreven: 'Hij hield van de arbeiders en zijn kameraden omdat hij via hen van zichzelf hield.'[71]

Net als andere revolutionairen was hij geschokt door het ineenstorten van de Socialistische Internationale. Toch geloofde hij (naar later bleek terecht) dat de

Muiterij
♦ ♦ ♦

steun van de Russische bevolking voor de oorlog in 1914 slechts een façade was. In 1914 en 1915 was hij op de vlucht en wist hij in een aantal landen te ontkomen aan arrestatie. In dat opzicht verschilde hij niet van de meeste leiders van de revolutie van 1917. Velen zochten hun toevlucht in Zwitserland, waar ook Lenin woonde, na enige tijd in een Oostenrijkse gevangenis in Galicië te hebben gezeten.

In september 1915 voegde Trotski zich in het Zwitserse Zimmerwald bij Lenin en de onlangs uit de gevangenis ontslagen Rosa Luxemburg om de Socialistische Internationale nieuw leven in te blazen. In die tijd was hij geen politieke vriend van Lenin; hij sloot zich pas twee jaar later, midden in de revolutie, aan bij de bolsjewieken, de radicale minderheidsvleugel van de RSDP.

In 1916 werkte hij als militair correspondent in Parijs, tot zijn krant in september werd verboden en hij Frankrijk werd uitgewezen. Hij ging naar Spanje, werd gearresteerd, snel weer vrijgelaten, en arriveerde in januari 1917 in New York. Ook daar was hij redacteur van een revolutionaire krant. Naar verluidt heeft hij zelfs op een filmset in de Bronx gewerkt.

Toen hij het nieuws over de opstand hoorde, besefte hij onmiddellijk wat dit voor Rusland en de rest van de wereld kon betekenen. 'In alle oorlogszuchtige landen is het tekort aan brood de belangrijkste oorzaak van ongenoegen en verontwaardiging bij de massa's,' schreef hij. 'Alle waanzin van de oorlog draait hierom: het is onmogelijk de noodzakelijke levensbehoeften te produceren omdat de productie van de instrumenten des doods voorrang hebben.'[72] In New York had hij gemakkelijk praten, maar om echt invloed uit te oefenen zouden hij en de andere bannelingen moeten terugkeren naar Rusland. Na de Februarirevolutie betaalden vrienden zijn terugtocht naar Rusland. Hij verliet New York op 27 maart, maar werd op een tussenstop in Halifax (Nova Scotia) gearresteerd door de Britse geheime dienst. Na zijn vrijlating bereikte hij Petrograd op 17 mei 1917.

Lenin was een maand eerder aangekomen op het Finland-station in Petrograd. Hij was door Duitsland gereisd in een verzegelde trein, hem ter beschikking gesteld door de Duitse autoriteiten, die deze kans om het nieuwe regime te verzwakken niet voorbij wilden laten gaan. Onmiddellijk na aankomst riep Lenin op tot de omverwerping van de voorlopige regering en beëindiging van de oorlog.

Militaire nederlaag en politieke opstand

SUBVERSIE was niet nodig. Lenin en Trotski hoefden de revolutie niet te maken; ze hadden slechts de leiding over een aantal gebeurtenissen die voortkwamen uit de beslissing van de voorlopige regering om de oorlog voort te zetten. In de zomer van 1917 was het water de bevolking tot de lippen gestegen. Zulke spanningen bestonden ook in het Westen, maar daar accepteerde men de ontberingen als een noodzakelijk kwaad. In Rusland was de situatie totaal anders. Trotski schreef na zijn terugkeer in Petrograd:

> De soldaten marcheerden met rode linten op hun uniform en zongen revolutionaire liederen. Het leek een ongelooflijke droom. ... In de brede straten werden nog militaire oefeningen gehouden. Schutters hurkten, renden dan een stukje achter elkaar aan, en hurkten weer. De oorlog, dat gigantische monster, wierp nog steeds zijn schaduw over de revolutie. Maar de massa's geloofden niet meer in de oorlog, en het leek alsof de oefeningen alleen doorgingen omdat niemand eraan had gedacht ze te stoppen.[73]

Alexander Kerenski was het lot beschoren van een gematigd man in een revolutionaire situatie. In augustus 1917 werd hij eerste minister van de voorlopige regering. Hij trachtte de verworvenheden van de Februarirevolutie te verdedigen, maar doordat hij de oorlog voortzette, werkte hij de zege van de Oktoberrevolutie in de hand.

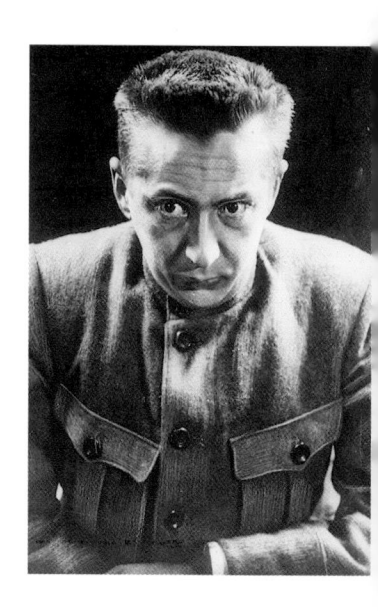

Verbijsterd door de ineenstorting van de Socialistische Internationale moest Lenin zijn ideeën aanpassen. Tijdens zijn ballingschap in Zwitserland besefte hij dat de oorlog de revolutie dichterbij kon brengen door de zwakste schakel in de kapitalistische ketting – Rusland – te breken. Bij zijn terugkeer in april 1917 maakte hij zijn programma bekend: 'Brood, vrede en land.'

Toen de regering-Kerenski begin juli 1917 een nieuw offensief aankondigde, was instemming van de bevolking ver te zoeken. Het inzetten van het Bataljon des Doods haalde niets uit. Zoals Trotski zei: het leger had met zijn voeten tegen de oorlog gestemd. In deze sfeer kregen eenheden in Petrograd, inclusief een aantal leden van de militaire organisatie van de bolsjewieken, het bevel naar het front af te reizen. Ze reageerden woedend en hielden op 4 juli gewapende demonstraties om het aftreden van de voorlopige regering te eisen. De opstand duurde twee dagen en werd neergeslagen door regeringsgetrouwe troepen.

Trotski wist hoe zwak de steun voor de regering was.

> Alle soldaten, tot de laatste man, zeggen nu: 'Er is genoeg bloed vergoten. Wat hebben we aan land en vrijheid als we dood zijn?' Verlichte pacifisten die de oorlog trachten te beëindigen met rationele argumenten zijn alleen maar belachelijk, maar als de bewapende massa's zelf het wapen van de rede opnemen tegen de oorlog, is de oorlog voorbij.[74]

De oorlog werd gewonnen en verloren aan het westelijk front, maar de slachting aan het oostelijk front was nog groter en bloediger. De soldaten leden hier niet alleen grote verliezen door vijandelijke acties, maar ook door ziekten. Aan het oostelijk front werd een negentiende-eeuwse oorlog gevoerd met twintigste-eeuwse wapens. Er sneuvelden ongeveer twee miljoen Russische soldaten – ongeveer tien procent van het totale aantal manschappen dat was gemobiliseerd.

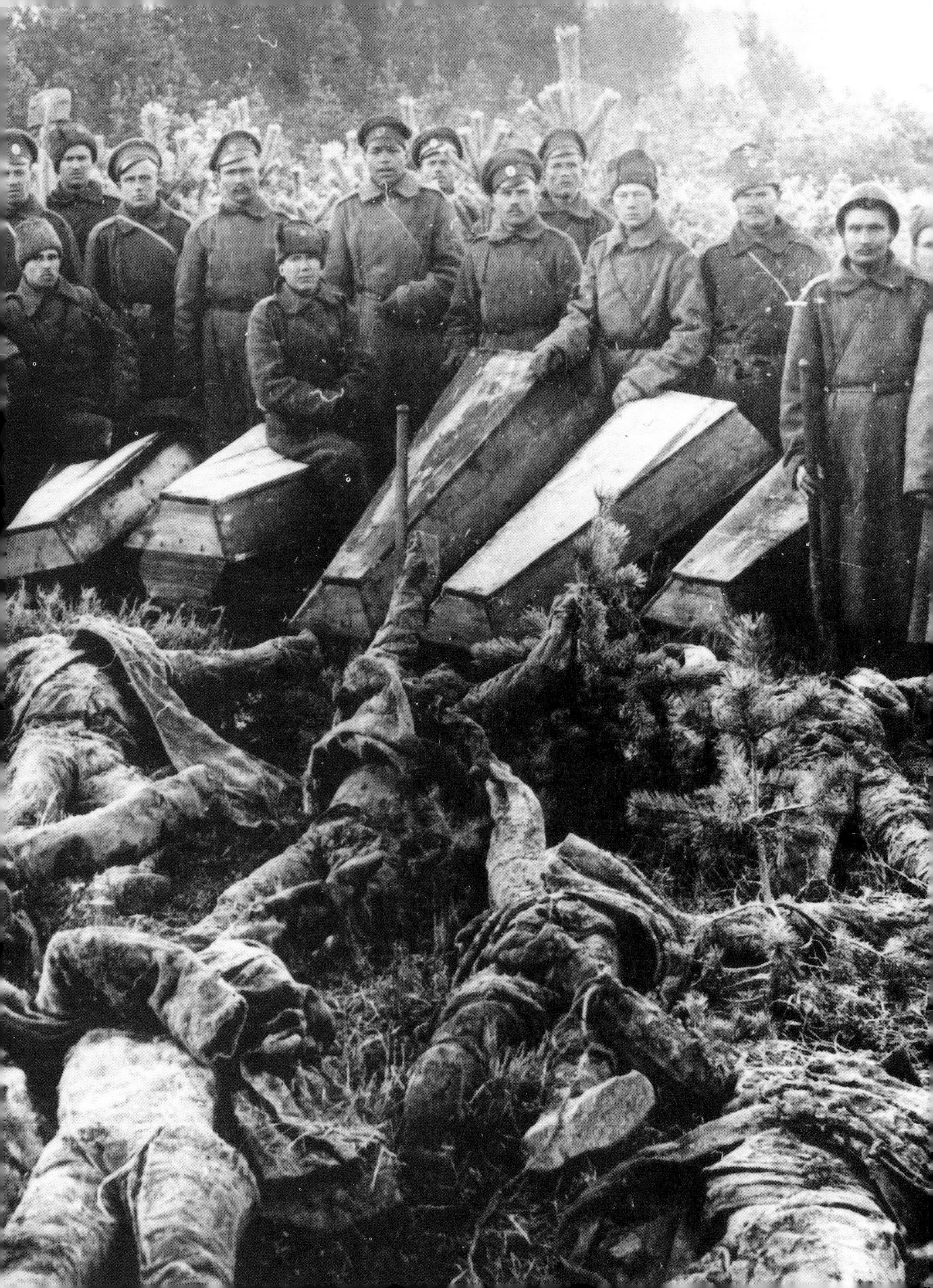

Het oostelijk front 1914-1918

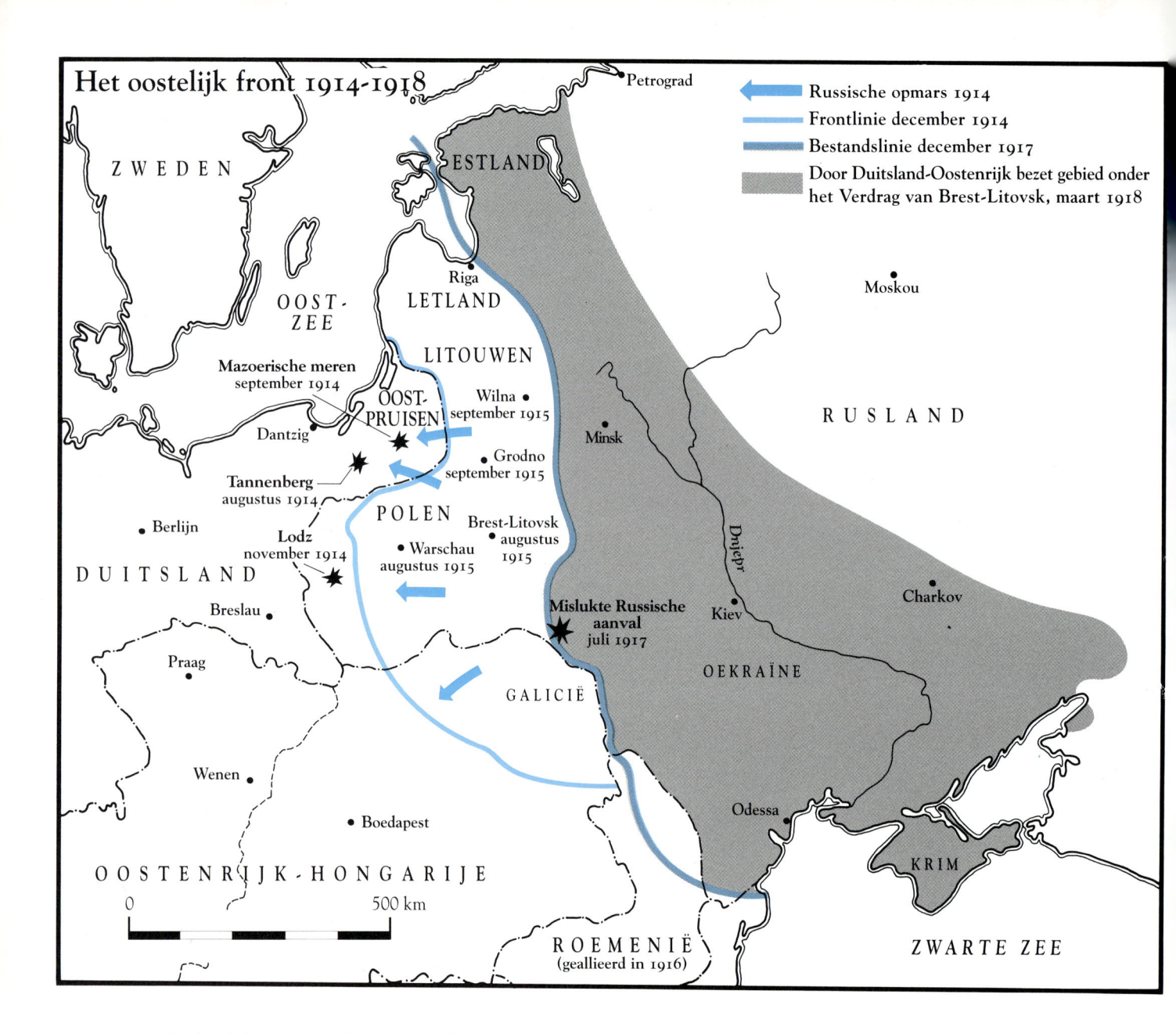

Legenda:
- Russische opmars 1914
- Frontlinie december 1914
- Bestandslinie december 1917
- Door Duitsland-Oostenrijk bezet gebied onder het Verdrag van Brest-Litovsk, maart 1918

Locaties en gebeurtenissen op de kaart: Petrograd, Zweden, Estland, Oostzee, Riga, Letland, Litouwen, Mazoerische meren september 1914, Oost-Pruisen, Dantzig, Wilna september 1915, Tannenberg augustus 1914, Berlijn, Grodno september 1915, Minsk, Moskou, Rusland, Lodz november 1914, Polen, Brest-Litovsk augustus 1915, Warschau augustus 1915, Duitsland, Breslau, Praag, Mislukte Russische aanval juli 1917, Dnjepr, Kiev, Charkov, Oekraïne, Galicië, Wenen, Boedapest, Oostenrijk-Hongarije, Odessa, Krim, Roemenië (geallieerd in 1916), Zwarte Zee.

Hij had gelijk, maar ondertussen wilde Kerenski van geen wijken weten. Lenin en andere vooraanstaande bolsjewieken moesten onderduiken. Volgens Trotski hadden de revolutionairen op deze julidagen slechts met hun spierballen gerold. Nu moesten ze zich terugtrekken en hergroeperen om het juiste moment af te wachten. Zelf werd hij op 23 juli gearresteerd, maar vanuit zijn cel bleef hij leiding geven aan de gebeurtenissen. Pas toen, in augustus 1917, werd hij lid van het Centraal Comité van de Bolsjewistische Partij.

Toen contrarevolutionaire troepen onder generaal Kornilov de voorlopige regering omver dreigden te werpen, bezochten enkele matrozen Trotski in zijn cel om hem advies te vragen. 'Moesten ze het Winterpaleis verdedigen of innemen? Ik gaf hun de raad hun grieven tegen Kerenski te laten rusten totdat ze hadden afgerekend met Kornilov. Wat van ons is, zal ons niet ontgaan.'[75]

'Wat van ons is, zal ons niet ontgaan': deze kreet weerklonk overal in het uitgestrekte Russische rijk. Sinds april 1917 hadden steeds meer boeren land in bezit genomen. De structuur van de Russische boerenstand veranderde aanvankelijk onder het mom van wettigheid, later met gebruikmaking van geweld. De bolsjewieken – plotseling blijkbaar voorstanders van privé-eigendom – juichen deze ontwikkeling toe. Sommigen vonden dit getuigen van realiteitszin, anderen van cynisme. Hoe langer het conflict zich voortsleepte, hoe groter de steun voor de bolsjewieken werd. Zoals Trotski zei: 'Elke soldaat die wat vrijmoediger dan de anderen zei wat iedereen dacht, werd door zijn meerderen zo vaak uitgescholden voor bolsjewiek dat hij dat op het laatst zelf ging geloven. De soldaten, die aanvankelijk slechts land en vrede hadden geëist, gingen zich nu op de macht richten.'[76]

De machtsgreep

DE SAMENWERKING tussen Lenin en Trotski – twee mannen die elkaar met respect en argwaan bejegenden – vormt de sleutel tot de Russische Revolutie. Lenin gaf de politieke richting aan, Trotski zorgde voor de militaire macht om deze te bereiken. In september was de militaire situatie kritiek. De Duitsers hadden Riga veroverd en rukten op naar Petrograd. Ondertussen hadden de bolsjewieken de sovjet van Petrograd grotendeels op poten gezet. Deze vormde een revolutionair militair comité om rode gardisten en andere militaire eenheden ter verdediging van de stad in te zetten. De voorlopige regering raakte steeds meer geïsoleerd. Vanuit hun machtsbasis in de Petrograd-sovjet bewapenden de bolsjewieken de mannen die op 24 oktober (volgens de westerse kalender 6 november) de machtsgreep onder aanvoering van Trotski moesten uitvoeren. Trotski had ook het plan voor de opstand ontworpen en leidde de operaties vanuit het Smolny-instituut. Duizenden dingen moesten worden gecoördineerd: één detachement diende de drukpers van de bolsjewistische partij te bezetten, die door de voorlopige regering was verzegeld; een ander moest de studenten van de militaire academie verjagen die de telefooncentrale bezet hielden, enzovoort. Op 24 oktober nam de spanning steeds verder toe. Trotski schreef later:

> 24 oktober, vroeg in de grijze morgen. Ik dwaalde van de ene verdieping naar de andere. ... Soldaten sleepten hun machinegeweren over de stenen vloer van de oneindige en nog halfdonkere gangen van het Smolny. ... In de grote, lege kamer naast ons staat een telefoon onophoudelijk te rinkelen, soms over belangrijke zaken, soms voor kleinigheden. Elk telefoontje maakt de spanning ondraaglijker.[77]

Ondertussen bezetten rode gardisten met behulp van enkele reguliere legereenheden de belangrijkste fabrieken en kazernes, waardoor de resten van de voorlopige regering werden geïsoleerd en omsingeld. De hele nacht door kwamen berichten binnen op de derde verdieping van het Smolny-instituut:

> Een telefoontje uit Pavlovsk leert me dat de regering van daaruit een detachement artillerie zendt, en vanuit Tsarskoje Selo een bataljon stoottroepen. ... Ik geef bevel een betrouwbare militaire verdediging te leggen langs de wegen naar Petrograd en agitators te sturen naar de door de regering gezonden detachementen. ... 'Als jullie er niet in slagen ze met woorden tegen te houden, gebruik dan de wapens. Jullie zijn hier met je leven verantwoordelijk voor.'

Het wachten ging door. Er werden meer strategische posities ingenomen.

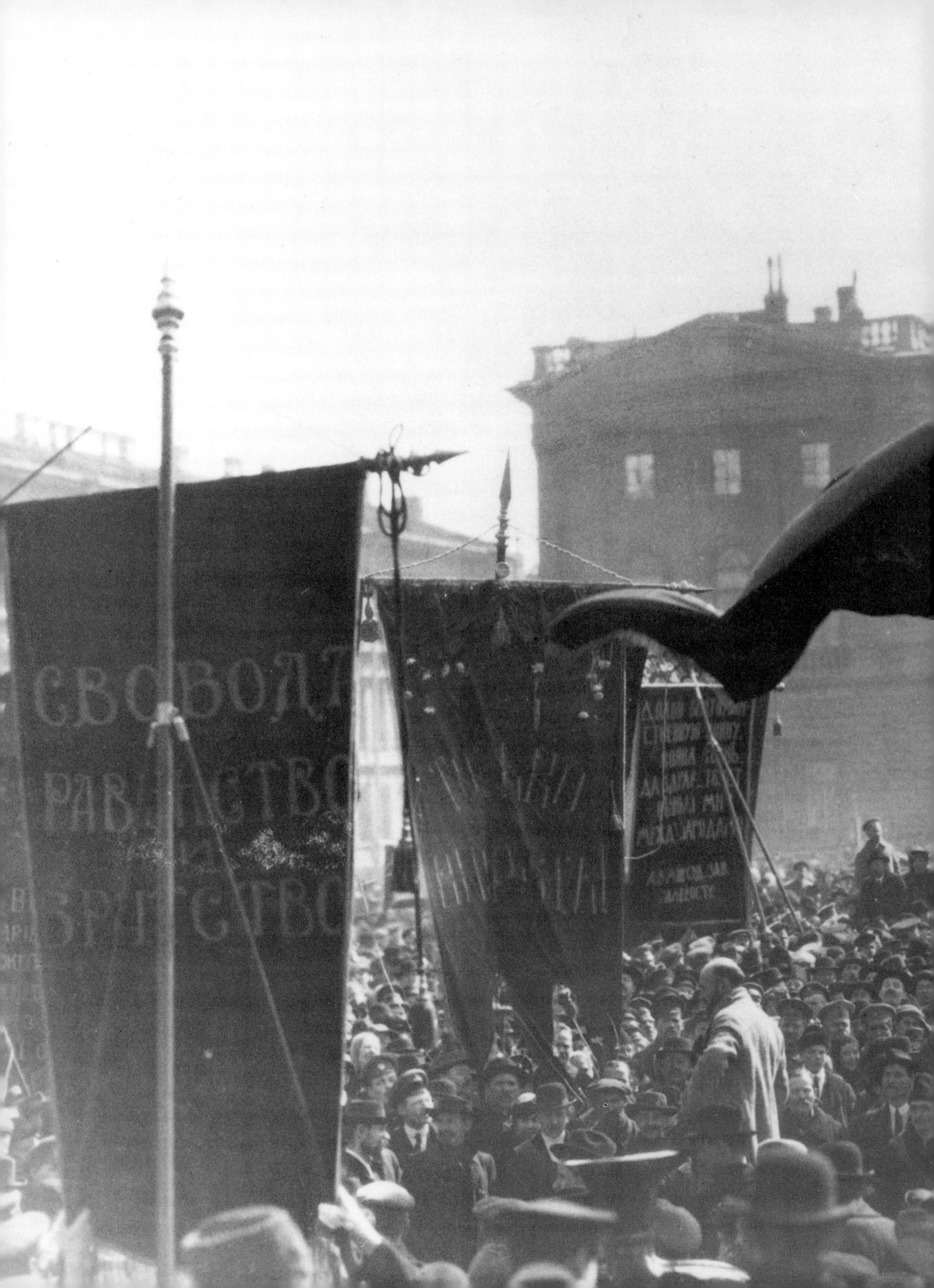

Tijdens de eerste weken van de revolutie werden in de straten van Petrograd elke dag massademonstraties gehouden. Elke kleur van het politieke spectrum wilde een stem hebben in de wederopbouw van Rusland. Het vraagstuk van oorlog of vrede was echter het belangrijkst. De mislukking van het juli-offensief leidde tot grote onlusten en de arrestatie van een groot aantal tegenstanders van de oorlog, zoals de bolsjewieken. De voorlopige regering raakte in een steeds groter isolement, in de steek gelaten door zowel haar buitenlandse als binnenlandse bondgenoten. Haar dagen waren geteld.

Muiterij

Trotski sloot zich pas in de zomer van 1917 bij de Bolsjewistische Partij aan, maar leidde niettemin de machtsgreep in oktober. Hij vertegenwoordigde het nieuwe regime op de vredesconferentie van Brest-Litovsk, waar hij er ondanks zijn oratorische en analytische gaven niet in slaagde de scherpe kantjes van het Duitse dictaat af te slijpen. De Duitsers eisten dat Rusland grote delen van zijn Europese bezittingen zou opgeven.

> Op de stations observeren speciaal aangestelde commissarissen de aankomende en vertrekkende treinen, en in het bijzonder de troepenbewegingen. Zij melden geen verontrustend nieuws. We hebben alle belangrijke punten in de stad bijna zonder weerstand en zonder verliezen in handen gekregen. Telkens weer horen we door de telefoon: 'Het is gelukt!'[78]

De bolsjewieken slaagden erin de stad in hun macht te krijgen. Pas toen begon Trotski te beseffen dat hij het onmogelijke had volbracht.

> 'Geef me een sigaret,' vraag ik aan Kamenev. ... Ik neem een paar trekjes, maar plotseling, met de woorden 'Alleen dit ontbrak nog!' val ik flauw. ... Als ik bijkom, zie ik Kamenevs verschrikte gezicht over me heen gebogen. 'Zal ik een medicijn halen?' vraagt hij.
> Na een ogenblik nadenken antwoord ik: 'Je kunt veel beter wat te eten gaan halen.' Ik probeer me te herinneren wanneer ik voor het laatst iets heb gegeten, maar ik weet het niet meer. Het was in elk geval vóór gisteren.[79]

Kerenski vluchtte en zijn regering viel uiteen. Zijn zwakke poging om troepen achter zich te krijgen faalde. De rode garde had de positie van het nieuwe regime veiliggesteld. De volgende dag om één uur 's middags sprak Trotski de sovjet van Petrograd toe. De gedelegeerden

> hoorden zijn woorden enkele seconden in doodse stilte aan. Toen begon het applaus, niet erg stormachtig, veeleer bedachtzaam. Men voelde de intense spanning en wachtte. ... De zwaarste tegenstand van de oude wereld stond ons wellicht nog te wachten: strijd, hongersnood, koude, vernietiging, bloed en dood. 'Zullen we ook dat overwinnen?' vroegen velen zich af.[80]

Toen verscheen Lenin voor de sovjet. Hij had voor het eerst sinds juli zijn schuilplaats verlaten. Volgens Trotski werd hij 'onstuimig verwelkomd' en wist hij een zekere mate van vertrouwen in de toekomst te herstellen.

Niemand, inclusief Lenin en Trotski, kon met zekerheid zeggen of de opstand zou slagen. 'Later die avond,' herinnerde Trotski zich, 'rustten Lenin en ik in een kamer naast de vergaderzaal, waar alleen wat stoelen stonden. Iemand had een deken voor ons op de vloer gelegd, iemand anders, ik geloof de zuster van Lenin, had kussens gebracht. We lagen naast elkaar, lichaam en geest ontspanden zich. ... We konden niet slapen en dus spraken we op zachte toon met elkaar.'[81] De bolsjewieken hadden in Petrograd gewonnen – maar alleen in Petrograd. In Moskou braken bloedige gevechten uit, die tien dagen zouden duren. Toen was ook het Kremlin in hun handen.

Lenin baseerde zijn programma op zijn eerdere beloften, die hij kort na zijn terugkeer in april in Petrograd had gedaan: vrede, brood en land. De boeren waren al bezig het land in bezit te nemen. Brood vereiste vrede – dat was de eerste prioriteit. De bolsjewieken zochten onmiddellijk contact met de Duitse legerleiding en verzochten om beëindiging van de vijandelijkheden. Op 3 december 1917 werd een staakt-het-vuren overeengekomen.

De vrede van Brest-Litovsk

Trotski, die was benoemd tot minister van Buitenlandse Zaken, reisde af naar de Oekraïense hoofdstad Brest-Litovsk om de wapenstilstand om te zetten in vrede. Eerst maakte hij echter de inhoud van de archieven van het ministerie van Buitenlandse Zaken van de tsaar openbaar, waaruit bleek hoezeer de geallieerde plannen voor na de oorlog waren gebaseerd op hebzucht. De tsaar zou worden afgekocht met Constantinopel. Trotski probeerde de rest van Europa te overtuigen dat de oorlog alleen in het belang was van de bankiers en geen druppel bloed meer waard was. Hij zette al zijn kaarten op de oorlogsmoeheid in het Westen, maar daar vond zijn oproep nauwelijks weerklank. Antioorlogsbewegingen werden er de kop ingedrukt en stakingen konden in 1918 gemakkelijker worden gebroken dan in 1917. Dit betekende dat Duitsland de enige militaire macht was die de uitkomst bepaalde van de besprekingen. Duitsland eiste een groot deel van Europees-Rusland. Dit kon Trotski niet accepteren en na een maand verliet hij de beraadslagingen.

Zijn slogan was 'Geen vrede, geen oorlog'. De Duitsers wisten wel beter en lieten hun leger eenvoudig verder oprukken. Zo dwongen ze de bolsjewieken in maart 1918 nog hardere voorwaarden te accepteren. Op dat moment stond de laatste, beslissende fase van de oorlog op het punt te beginnen.

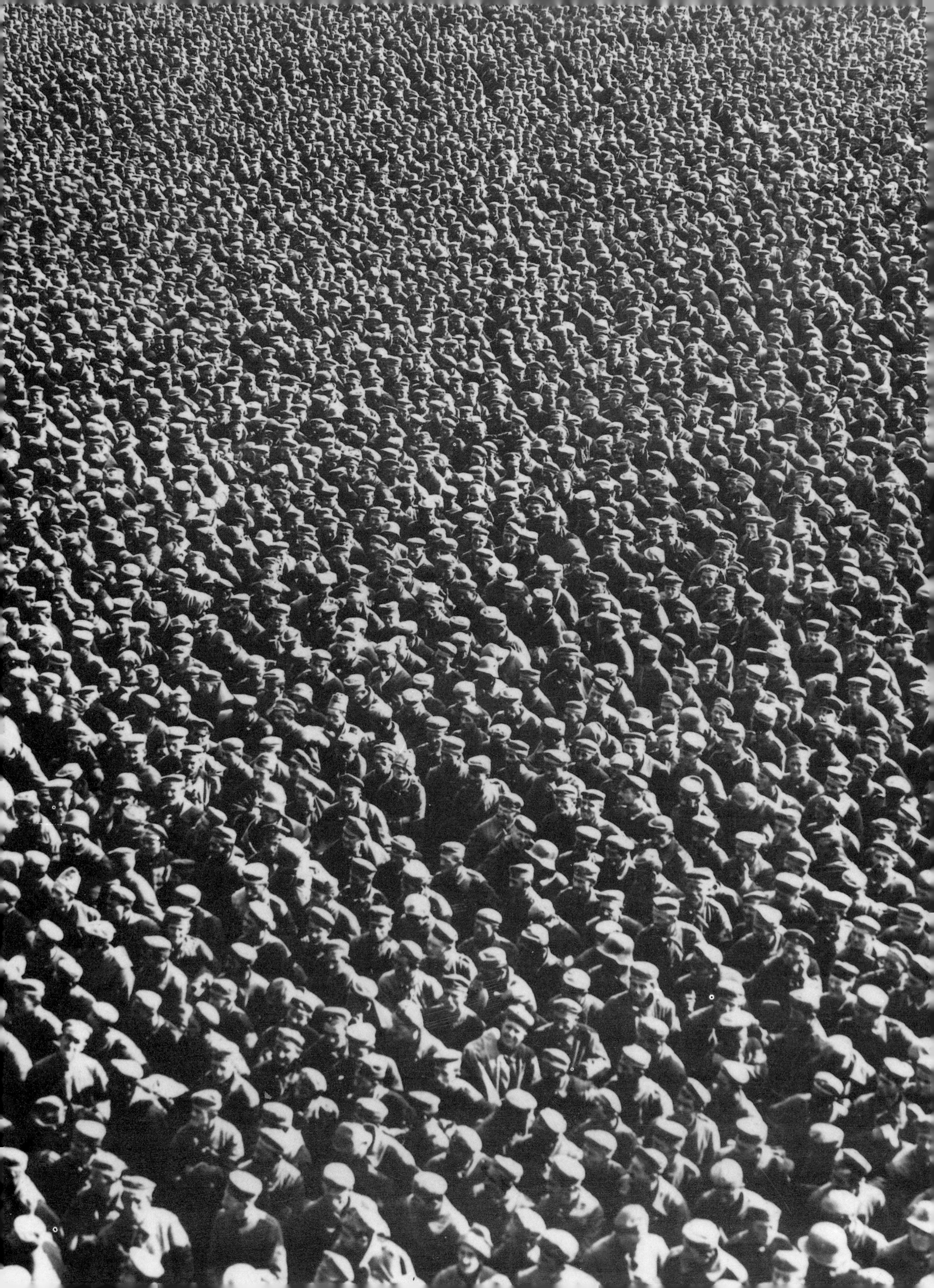

6

Ineenstorting

Duitse manschappen, gevangenengenomen in de slag bij het St. Quentinkanaal, tussen 29 september en 2 oktober 1918. Dankzij de gecoördineerde inspanningen van de geallieerde infanterie, artillerie, tanks en luchtmacht wist het tegenoffensief in de zomer en herfst van 1918 de Duitse wil om door te vechten te breken. Duitse eenheden gaven zich massaal over.

Op nieuwjaar 1918 kon nog niemand de uitkomst van de oorlog voorspellen. Het Duitse leger lag ingegraven in machtige defensieve stellingen aan het westelijk front. Parijs lag nog steeds binnen bereik van de Duitse artillerie en het geallieerde offensief bij Ieper had geen doorbraak geforceerd. Aan het oostelijk front was Duitsland aan de winnende hand; Rusland wilde vrede. Op zee was de strijd onbeslist. De geallieerde blokkade van Duitsland trof de voedsel- en munitieproductie en leidde overal in het land tot ernstige tekorten. Maar ook het Duitse duikbootoffensief had zijn tol geëist en vervulde Parijs en Londen met grote zorg.

Het was geen gunstige periode voor de geallieerden. En toch capituleerden de centrale mogendheden slechts elf maanden later. De omslag in de strijd, die ten slotte uitmondde in een grote geallieerde overwinning, vond in tamelijk korte tijd plaats. Op 21 maart 1918 startten de Duitsers een massaal en aanvankelijk succesvol offensief aan het westelijk front. In juli hadden ze de Marne bereikt, waar het eerste Duitse offensief in 1914 tot stilstand was gekomen, maar de geallieerden wisten de Duitsers langzaam en ten koste van grote verliezen terug te dringen. Tijdens hun terugtocht slaagden de Duitsers er niet in opnieuw een stabiele verdedigingslinie op te bouwen en na augustus konden ze hun verliezen aan manschappen en materieel niet meer aanvullen.

Het Duitse opperbevel ontving berichten dat de mannen aan het front niet meer in de overwinning geloofden en beseften dat ze de oorlog niet konden winnen. Waarom zouden ze dan nog doorgaan? Tienduizenden Duitsers gaven zich over, hoewel het leger als geheel intact bleef en de geallieerden nog steeds zware verliezen moesten incasseren. De Duitse marine, die opgesloten zat in de havens aan de Noordzee, kreeg bevel om nog één keer haar tanden te laten zien, maar de matrozen weigerden voor niets te sterven.

In dezelfde periode werden de bondgenoten van Duitsland verslagen. Het Turkse

Aan het Italiaanse front heersten in de winter barre omstandigheden. Het front strekte zich uit over steile berghellingen en bossen. De Italiaanse bergtroepen verplaatsten zich en werden bevoorraad op ski's. Het geschut moest over bergpassen naar rotsachtige stellingen worden getrokken.

Ineenstorting

front werd opgerold, Bulgarije stortte ineen. Het Oostenrijkse leger viel uiteen, waarmee de bescherming van de zuidoostelijke toegangswegen tot Duitsland wegviel. Via bemiddelaars wendden de Duitsers zich tot president Woodrow Wilson om een wapenstilstand te bewerkstelligen. Deze werd op 11 november 1918 getekend.

Caporetto

In het begin van 1918 verliep de oorlog voor de centrale mogendheden nog voorspoedig. Bij Caporetto, een dorp in het noordoosten van Italië, leden de geallieerden een van hun grootste nederlagen van de oorlog. Sinds 1915 hadden Oostenrijkse en Italiaanse troepen in dit gebied een aantal onbesliste gevechten geleverd. Ze hielden elkaar redelijk in evenwicht: beide landen hadden rond Caporetto 35 divisies gelegerd. De Duitse versterkingen – met name het Alpenkorps, met eenheden van het Württemberger Bergbataljon onder bevel van kapitein Erwin Rommel – deden de weegschaal echter doorslaan in het voordeel van de centrale mogendheden.

Op 24 oktober 1917 voerde de Duitse artillerie een massale aanval uit met gifgas, zware mortieren en granaten, gevolgd door de opmars van drie Oostenrijkse elitedivisies en de Duitse Jäger-divisie, aangevoerd door de Oostenrijkse generaal Krauss. Hij drukte zijn troepen op het hart: 'Laat dit jullie lijfspreuk zijn: geen rust totdat de Italianen zijn verpletterd.' En ze werden verpletterd. De meeste schade werd aangericht door de 12de Divisie van Von Stein, die ruim acht kilometer achter twee Italiaanse divisies infiltreerde en vervolgens de Italianen aanviel, die het op dat moment al zwaar te verduren hadden door de Oostenrijkse frontale aanval. De Italiaanse 19de Divisie werd van de aardbodem weggevaagd, waardoor een grote bres in de Italiaanse linie ontstond.

Tegelijkertijd slaagde de Alpendivisie, met Rommels troepen in de voorhoede, er – soms op eigen initiatief – in om heimelijk onder dekking van de mist door te dringen tot een bergrug ten zuiden van Caporetto. De volgende dag veroverden zij na een gedurfde aanval in de rug op vijandelijke machinegeweerstellingen de berg Kolovrat, waarna ze doorbraken naar het heuvelachtige terrein achter de Italiaanse linie. Daar hoefden Rommels mannen slechts te wachten tot de terugtrekkende Italianen in hun handen zouden vallen. Aan de weg van Lucio naar Savogna noteerde Rommel:

> Soldaten en voertuigen naderden ons in wanorde zonder iets te vermoeden. Ze werden bij een scherpe bocht beleefd opgevangen door onze troepen en gevangengenomen. Iedereen had plezier en er werd geen schot gelost. ... Terwijl enkele bergeenheden zich ontfermden over de chauffeurs en begeleiders, namen anderen de paarden en muildieren bij de teugel. Ze werden allemaal naar een vooraf daartoe aangewezen plaats gebracht. ... Onze uitgehongerde strijders vonden onverwachte heerlijkheden in de voertuigen. Chocolade, eieren, jam, druiven, wijn en witbrood werden uitgeladen en verdeeld. ... Drie kilometer achter het vijandelijke front was het moreel uitstekend![1]

Ineenstorting

Toen arriveerden Italiaanse versterkingen. Ze trachtten de weg te heroveren, maar Rommels mannen lagen in superieure stellingen in de heuvels en waren beter bewapend. Italiaanse eenheden gaven zich *en masse* over.

Rommel hield de druk op de ketel en zijn manschappen drongen steeds verder door achter de stellingen van de Italianen, die de verkeerde kant op keken. Telkens wanneer grotere Italiaanse eenheden – zich onbewust van de aanwezigheid van de Duitse Alpentroepen – in de buurt kwamen, liep Rommel rustig de weg op, zwaaide met een witte zakdoek en verzocht de Italianen zich over te geven. Rommel schreef over zo'n ontmoeting op de zuidflank van de Matajur:

> Ik kwam tot op 150 meter afstand van de vijand! Plotseling kwam de massa in beweging en sleurde in paniek de zich verzettende officieren mee de heuvel af. Honderden soldaten gooiden hun wapens neer en renden naar me toe. Ik was al snel omringd door Italianen, die me op hun schouders namen. *'Evviva Germania!'* klonk het uit duizenden kelen. Een Italiaanse officier die aarzelde of hij zich zou overgeven, werd door zijn eigen mannen neergeschoten. Voor de Italianen op de top van de Mrzli was de oorlog voorbij.[2]

Nauwelijks 52 uur na het begin van de campagne bereikten Rommels mannen de top van de Matajur. Ze waren met hun machinegeweren en andere wapens een bergketen van meer dan 3000 meter hoog overgestoken en hadden grote ontberingen doorstaan, maar deze stonden in verhouding tot de beloning: de Italiaanse linie was volledig ingestort en er waren meer dan 9000 krijgsgevangenen gemaakt, terwijl slechts zes man waren gesneuveld.[3]

Na de doorbraak konden de Duitsers snel naar het westen oprukken. De Italiaanse bevelhebbers waren verdeeld. Luigi Capello, de aan zijn ziekbed gekluisterde commandant van het Italiaanse Tweede Leger, drong er bij de generale staf op aan om ver terug te trekken. Opperbevelhebber Luigi Cadorna wilde hier niet van weten, maar zijn woorden haalden niets uit. De troepen trokken zich niet terug vanuit strategische overwegingen, maar omdat ze in paniek op de vlucht sloegen – eerst bijna zestig kilometer naar de rivier de Tagliamento, toen nog eens eenzelfde afstand westwaarts naar de Piave. De ontregelde Italiaanse eenheden werden vergezeld door massa's vluchtelingen, waardoor de wegen verstopt raakten. De wanhoop van de ongeveer 750.000 mensen die het front ontvluchtten kwam tot uiting in grootschalige plundering. In zijn oorlogsroman *Afscheid van de wapenen* heeft Ernest Hemingway een onvergetelijk verslag gegeven van de ramp. Hoewel hij pas zes maanden na Caporetto in Italië aankwam, is zijn beschrijving ongelooflijk nauwkeurig.

De geallieerden, die snel versterkingen naar Italië overbrachten, wisten het tij echter te keren. Nu Duitse en Oostenrijkse eenheden waren doorgedrongen tot het belangrijkste deel van het land en zich op schootsafstand van Venetië bevonden, kwam in Italië een patriottische campagne op gang om de bezetters te verdrijven. Cadorna werd ontslagen en vervangen door generaal Armando Diaz. In de lente van 1918 was de crisis voorbij.

Ineenstorting

De oorlog van een matroos

ONDANKS ALLE TEGENSLAGEN waren het niet de geallieerden die in 1918 verliezen leden, maar de centrale mogendheden. Dit werd mede veroorzaakt doordat een groot deel van de Duitse vloot door de geallieerde blokkade zat opgesloten in de Duitse Noordzeehavens. Het lot van de vloot en de matrozen is exemplarisch voor de problemen waarmee Duitsland in 1917-1918 te kampen had.

Matroos Richard Stumpf[4] was een patriot, een vrome katholiek die vóór de oorlog als tingieter lid was geweest van een katholieke vakbond. In 1912 nam hij dienst bij de marine, waar hij zes jaar lang op hetzelfde schip diende, de *Helgoland*. Toen de oorlog uitbrak was hij 22 – een gewone Duitse matroos, conservatief en nationalistisch, hoogstens iets belezener dan de meeste andere matrozen.

Stumpf heeft de hele oorlog een dagboek bijgehouden, waarin we de desintegratie van het Duitse rijk en de afnemende loyaliteit van de mannen kunnen volgen. Op 2 augustus 1914, de dag waarop hij hoorde dat de oorlog met Engeland was begonnen, schreef hij: 'We slaakten allen een zucht van verlichting. Waar we zo lang op hadden gewacht en gehoopt, waar we naar hadden uitgezien en wat we vreesden, was eindelijk gebeurd.' De 'Engelse afgunst en kleinzielige jaloezie' had eindelijk tot een oorlog geleid. 'De verering van Mammon heeft dat land van zinnen beroofd. Zouden ze echt geloven dat ze met soldaten die ze tien shilling per week betalen een Duitsland dat verenigd achter zijn keizer staat kunnen verslaan?'

Hij en zijn mede-matrozen bleven in Wilhelmshaven en volgden 'met grote vreugde' de berichten over de Duitse overwinningen in België en bij Tannenberg in Oost-Pruisen. Stumpf ging patriottische gedichten schrijven. Na een schermutseling met de Britse vloot in de Noordzee op 28 augustus kreeg hij een nog lagere dunk van de Engelsen: slechts de helft van de Britse granaten was ontploft en na onderzoek van een onontplofte granaat bleek deze slechts zestig procent van de explosieve lading van een Duitse granaat te bevatten. De Duitsers hielden deze ontdekking geheim om te voorkomen dat de Engelsen en hun 'gele apen' (de Japanners) hun granaten zouden verbeteren. Het enige wat ze hadden te bieden, schreef Stumpf, waren 'lafhartige leugens' over vermeende Duitse wreedheden.

In de lange maanden van ledigheid die hierop volgden, taande Stumpfs geloof in de Duitse zaak niet. Hij begon alleen ongeduldig te worden voor de beslissende slag. Toch sloop er geleidelijk een zekere mate van irritatie in zijn dagboek. In april 1915 verbaasde hij zich erover dat op de vooravond van een gevechtsoefening op zee 'geen van onze hooggeëerde officieren het nodig vond ons ook maar enigermate in te lichten over de komende acties'. Zijn vaderlandsliefde en die van zijn kameraden nam echter niet af. Hij juichte bij het tot zinken brengen van de *Lusitania* en noteerde: '1300 mensen omgekomen, onder wie vele Amerikanen (wat me nog gelukkiger maakt).' Toen de duikboot die de *Lusitania* had getorpedeerd de haven binnenvoer, werd de bemanning met 'donderend gejuich' begroet.

Voor hem kende de oorlog echter niet zulke opwindende momenten en de door nietsdoen veroorzaakte irritatie werd nog versterkt door de steeds bredere kloof tussen officieren en manschappen. Er werden steeds meer triviale inspecties gehouden. Matrozen werden gestraft voor 'stof of vlekjes' op hun uniform. Eind 1915 mopperde Stumpf:

Matroos Richard Stumpf. Revolutionairen worden gemaakt, niet geboren. De ruwe manier waarop officieren manschappen bejegenden die het grootste deel van de oorlog opgesloten zaten in de haven, verzwakte de loyaliteit van de matrozen. Stumpf sloot zich aan bij de matrozen die het Duitse rijk in 1918 de nekslag toebrachten door te weigeren verder te vechten.

Ineenstorting

Januari-juli 1918

Januari *De Veertien Punten van Wilson*

Op 8 januari presenteerde president Woodrow Wilson zijn vredesvoorstel aan het Amerikaanse Congres. De Franse premier Georges Clemenceau gaf er eind maart commentaar op.

President Woodrow Wilson

28 maart Ik heb kennis genomen van de woorden en goede bedoelingen van president Wilson, maar helaas besteedt hij geen aandacht aan gevoelens en herinneringen. ... De Verenigde Staten hebben een glorieuze, maar korte geschiedenis. Voor hen is honderd jaar zeer lang; voor ons stelt dat niets voor.[5]

Maart *Het Verdrag van Brest-Litovsk*

Op 3 maart tekenen de bolsjewieken een vredesverdrag met Duitsland, waarin ze alle aanspraken op Polen, de Baltische staten, de Oekraïne, Wit-Rusland, Finland en Bessarabië opgaven. Generaal Hoffmann was de Duitse opperbevelhebber aan het oostelijk front.

25 februari Ik verwacht dat de leden van de vredesdelegatie vandaag en morgen zullen aankomen. Het staat nog niet vast of Trotski zelf de weg naar Canossa zal gaan of dat hij iemand anders zal sturen. De onderhandelingen hier zullen hoogstens drie of vier dagen duren, en deze keer zullen de kameraden eenvoudigweg moeten slikken wat we hun voorhouden.[6]

Trotski en Joffre in Brest-Litovsk

Maart *Duitsland lanceert een nieuw offensief*

Op 21 maart lanceerde Ludendorff een nieuw offensief. Wilhelm Reinhard diende in het 109de Leib Grenadier-regiment.

De Kaiser

's Nachts hadden we geholpen dit enorme 28-cm kanon in positie te brengen. ... We wilden het eerste schot meemaken en stonden slechts twee tot drie meter van het kanon. Iemand riep '*Feuer frei*', en toen ging het met een enorm gebulder af. We vielen allemaal achterover en de kanonniers lachten ons uit. Daarna werd het kanon regelmatig afgevuurd – met een tempo van ongeveer één granaat per minuut – maar we bleven niet lang en keerden terug naar onze loopgraaf.[7]

Ineenstorting

April *Duits offensief tegengehouden*

In Picardië werd een nieuw Duits offensief richting Amiens op 24 april bij Villers-Bretonneux door de Australiërs tegengehouden. Luitenant-generaal sir John Monash beschreef deze dag.

Gisteren vierden we onze nationale feestdag. ... Er werd die dag een magnifiek gevecht geleverd door de 13de en 15de Australische Brigade (Glasgow en Elliott), over welke brigades ik de afgelopen weken het bevel heb gevoerd. Mijn 9de Brigade had de Moffen drie weken lang uit Villers-Bretonneux weten te houden. ... Op 24 april vielen de Moffen aan (met vier divisies) en veroverden de stad. 's Avonds laat moesten we een tegenaanval op touw zetten, die vroeg in de morgen van onze nationale feestdag door de 13de en 15de Brigade werd uitgevoerd. Zonder artilleriesteun rukten ze in het donker bijna 3000 meter op. We heroverden al onze stellingen en namen meer dan 1000 man gevangen.[8]

Duitse soldaten in Picardië

Juni *Amerikaanse troepen in actie in het bos van Belleau*

Op 26 juni veroverde de Amerikaanse Marine Brigade na wekenlange gevechten het bos van Belleau. J.E. Redinell, die diende bij de mariniers, schreef hierover in zijn dagboek.

21 juni Ik was uitgerust met geweer & zware bepakking & keerde terug naar het front. Kwam op 21 juni aan op hoofdkwartier 6de Mariniers. Zij waren toen reservetroepen. Luitenant Marshall kwam op me af & begroette me & wilde weten wat er gebeurde & ik vertelde het hem. Hij zei: 'Je komt precies op tijd, we komen morgen weer in actie.' Ongeveer 3 uur 's middags keerden hij & ik terug naar het front. ... Wat een verschil met 3 juni, toen we hier voor het laatst waren. Er stond geen huis meer overeind. Het munitiedepot onder de grote boom op het stadsplein was ontploft. ... Dode paarden & koeien in de weiden. Dit was dus de prijs van de oorlog.[9]

Juli *Geallieerd tegenoffensief doet het tij keren*

De Duitse troepen werden bij de Marne teruggeslagen door het Franse leger. Rudolf Binding diende in het Duitse leger.

Ik heb de meest ontmoedigende, zij het lang niet de gevaarlijkste, dag van de oorlog meegemaakt. ... Alle telefoonkabels waren gebroken, kapotgeschoten of vernield door onze eigen kanonnen en voertuigen. Hierdoor kon de divisie geen berichten ontvangen van het front. ... Je kon voelen dat de manschappen, die door hun bevelhebbers waren verlaten, steeds meer in paniek raakten. We zagen geen enkele gesneuvelde Fransman, laat staan dat we geweren buitmaakten, en we hadden zware verliezen geleden. ... Sinds onze belevenissen op 16 juli weet ik dat we reddeloos zijn.[10]

Britten in de aanval

Ineenstorting

> Nooit eerder in mijn tijd bij de marine was de kloof tussen officieren en manschappen groter. Deze pijnlijke situatie wordt nog aanzienlijk versterkt door het feit dat de officieren tot nu toe geen enkel offer hebben gebracht. Terwijl wij genoegen moeten nemen met halve rantsoenen brood, houden zij in de officiersmess feesten en drinkgelagen waar zes of zeven gangen worden geserveerd.

Toch verschilden deze klachten nog nauwelijks van het gebruikelijke gemor bij de marine. Stumpf ging in 1915 op verlof en raakte onder de indruk van de slechte omstandigheden waarin gewonde Franse en Belgische krijgsgevangenen leefden. Hij geloofde toen nog steeds dat de oorlog in de lente van 1916 voorbij zou zijn. Vrienden die van het front terugkeerden, vertelden hem dat 'de Engelsen de ene na de andere linie negertroepen tot de aanval dwongen', een zekere dood tegemoet.

Na zijn terugkeer meldde hij zich niet snel genoeg voor corveedienst en moest voor straf de geschutskoepels schoonmaken. Daarna pleegde hij vier dagen lang lijdelijk verzet: 'Zo wreken we ons voor de excessen op de keizerlijke vloot.' Later mopperde hij verder over de pesterijen: mannen moesten dag en nacht alleen witte kleren dragen, ze mochten geen kranten of boeken meenemen in de geschutskoepels, wie geen reddingsvest droeg werd gearresteerd, hangmatten werden streng verboden. Stumpf ergerde zich vooral aan het laatste: 'De reden hiervoor kan ik niet bevroeden. Zoiets kan alleen worden verzonnen vanuit bewuste gemeenheid.' Door dergelijke maatregelen veranderden de mannen in gezworen vijanden van 'de privileges van de officierskaste'. Sommige matrozen begonnen zich zelfs af te vragen of Duitsland de bezette gebieden na de oorlog wel zou moeten houden. 'Wie had het ooit voor mogelijk gehouden dat zulke extreme socialistische ideeën bij ons de kop zouden opsteken?' schreef Stumpf. Maar in juni 1916 was ook hij tot deze ideeën bekeerd.

De spanningen lagen constant vlak onder de oppervlakte. Een onderofficier die een matroos het ziekenhuis in had geslagen, kreeg zeven dagen huisarrest. Stumpf vroeg zich af wat er was gebeurd als de rollen omgedraaid waren geweest. Het leek of de onderofficieren er plezier in hadden 'de matrozen ongelooflijk wreed te behandelen'. Zo moesten de mannen zonder enige reden rondrennen met hun geweer. Stumpf noteerde: 'Mijn grootste wens in het leven is van deze domheid en vernedering te worden verlost.' Dergelijke opmerkingen werden afgewisseld met reactionaire en soms antisemitische schimpscheuten. Hij was woedend op 'de jood Liebknecht' en andere onruststokers – maar hij maakte zich drukker om de ontoereikende rantsoenen. De officieren 'klagen het hardst omdat ze hun gebakken eieren bij het ontbijt moeten missen', maar behandelden de matrozen als 'leeglopers'. Bovendien vond Stumpf dat de meeste officieren overbodig waren. Toch bleef hij geloven in de overwinning.

Op 1 juni 1916 kwam Stumpf eindelijk in actie in de Slag bij Jutland, maar het onbesliste resultaat maakte hem wanhopig. Hij en zijn kameraden waren 'terneergeslagen' door het verlies van zusterschepen, hoewel de keizer zelf op bezoek kwam om de 'overwinning' te vieren. Daarna barstten de geruchten los: er zouden broodoproeren zijn uitgebroken, waarbij in Braunschweig of Leipzig of Keulen of Berlijn vrouwen en kinderen door de militie waren neergeschoten. Deze geruchten misten iedere grond, maar ze weerspiegelden de bezorgdheid van de mannen om hun gezin, die toenam naarmate de oorlog langer duurde.

Ineenstorting

In de lente van 1916 schreef Stumpf dat 'Duitsland al zijn veroveringen moet opgeven. Er zullen geen winnaars en geen verliezers zijn'. Dergelijke abstracte ideeën lagen echter aan de grens van zijn bevattingsvermogen. Hij maakte zich drukker om de reglementen die het dagelijks leven tot een hel maakten. Op 31 juli schreef hij dat deze niet meer waren dan 'voorwendsels om ons te pesten en te treiteren. Het is meer dan iemand kan verdragen om een twintigjarige luitenant toestemming te moeten vragen naar het toilet te mogen. En die maakt het nog erger door te vragen of het een noodgeval is of eenvoudig een excuus om niet te hoeven werken.' Hij voelde diepe weerzin toen hij zag hoe een man meermalen door een officier werd geschopt omdat hij niet kon zwemmen. En hoe die man dat verdroeg om zijn bord soep niet mis te lopen. Stumpf moest zich wel uiten, ook al liep hij daar, volgens eigen zeggen, zijn bevordering tot matroos-eerste-klas door mis.

Stumpfs patriottisme kreeg een nieuwe impuls toen hij tijdens verlof aan de praat raakte met een man op krukken, die hem vertelde dat Engelse artsen zijn breuken expres zo hadden gezet dat hij kreupel zou blijven. Stumpf had medelijden met havenarbeiders die alle restjes voedsel verzamelden die ze konden vinden. Maar ondanks alles zwoer hij door te gaan: 'Ik ben vervuld van een waarachtige en diepe liefde voor het vaderland. Ik ben er volkomen van overtuigd dat Duitsland

De machinekamer van een oorlogsschip. Het leven aan boord was voor alle matrozen uit alle landen smerig, zwaar en soms bijzonder gevaarlijk. De verliezen waren ongeveer gelijkelijk verdeeld over officieren en manschappen, maar de materiële levensomstandigheden waren voor officieren veel beter.

De muiterij van Duitse matrozen in Wilhelmshaven, november 1918. Dit is het gezicht van de revolutie: de matrozen weigerden het bevel om uit te varen naar een zekere nederlaag en de dood. Hun officieren hadden meer belangstelling voor het redden van hun reputatie dan voor het leven van hun mannen.

een beschavingsmissie heeft te vervullen.' Hij was tenslotte een monarchist, zij het 'geen blinde monarchist'.

Als het kastenstelsel in de Duitse marine minder rigide was geweest, zou Stumpfs aangeboren loyaliteit sterker zijn geweest dan de ergernissen waaraan geen soldaat of matroos ontkomt. Net als Louis Barthas, die op dat moment diende in het Franse leger bij Arras, maakte matroos Stumpf zich woedend over de vele kleinzielige vernederingen. Op 16 september 1916 noteerde hij: 'Omdat we zo weinig merken van de echte oorlog, voeren we op het schip een soort oorlog onder elkaar.'

De matrozen hadden geen zeep en namen hun toevlucht tot soda en zand, maar niettemin werd regelmatig geïnspecteerd of ze wel schone nagels hadden. Ze wisten precies wat ze te eten kregen: eens per week aardappels, op elke andere dag rapen. Hongerige arbeiders en oorlogsinvaliden stroopten de kaden af op zoek naar wat voedsel en werden in het openbaar geslagen en vernederd door jonge officieren, wat Stumpf laaiend maakte. In februari 1917 schreef hij: 'Ons militaire systeem heeft voor elkaar gekregen wat geen boek, geen krant en geen socialist ooit zou zijn gelukt: ik heb geleerd mijn meerderen meer dan wie dan ook te haten en

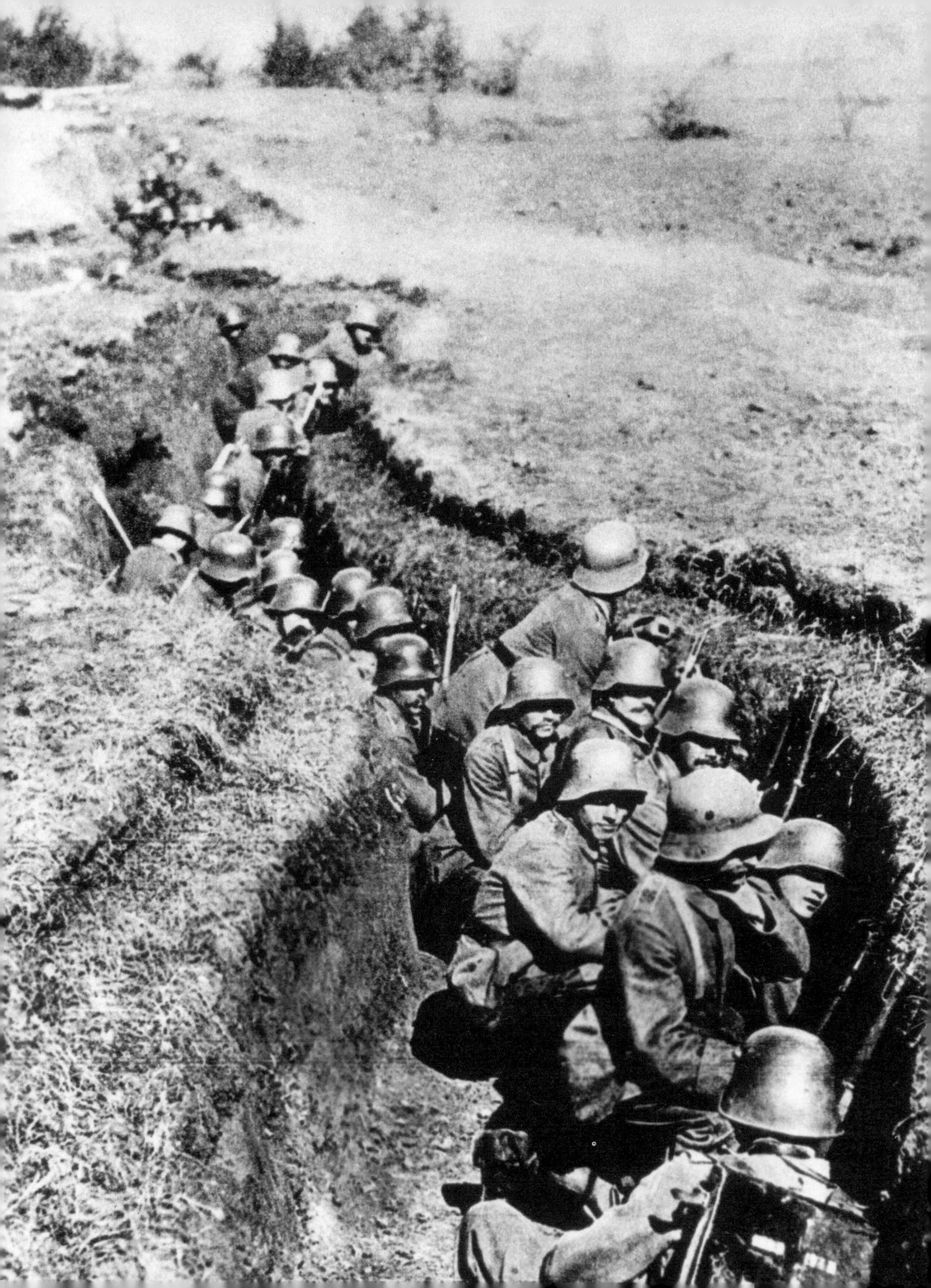

verachten.' En in april ging hij verder: 'Hoe kunnen we een systeem instandhouden dat werkende mensen hun rechten en vrijheden ontzegt? Als ik in mijn diensttijd van vijf jaar was behandeld als een mens, en niet als een beest, zou ik trots zijn geweest een Duitser te zijn. Maar ik zie hoe deze dievenbende [de officieren] de hele dag op hun bed ligt te luieren.' De instelling van een comité voor voedselinspectie op de schepen maakte geen einde aan het gemor. Stumpf gaf zijn eigen diagnose van het moreel van de mannen: 'Een hoge mate van opwinding, veroorzaakt door volledig gebrek aan vertrouwen in de officieren. Alom de overtuiging dat de oorlog alleen in het belang van de officieren wordt gerekt. Uitingen van bittere woede doordat de manschappen honger lijden, terwijl de officieren in het geld liggen te wentelen.' In juli 1917 kwamen twee mannen van zijn schip vanwege opruiing voor de krijgsraad, terwijl twee anderen van de *Prinzregent Luitpold* werden gefusilleerd.

Een jaar later was de grens bereikt. Het lente-offensief van 1918 was volbracht. Stumpf tekende op dat heel Duitsland 'zich verslagen voelt' en dat de ernst van de situatie 'in de Rijksdag op schandelijke en domme wijze verkeerd wordt voorgesteld'. De Duitse leiders behandelden het volk als zwakzinnige kinderen. De voedseltekorten werden elke week nijpender. In oktober 1918 leek Wilhelmshaven 'een borrelende vulkaan. Regelmatig worden bevelen massaal genegeerd; we praten erover zoals we het vroeger over de paardenrennen hadden.'

Eind oktober kreeg de vloot het bevel uit te varen voor een laatste actie ter meerdere eer en glorie van de Duitse marine – of beter gezegd: van de generale staf. De matrozen weigerden aan de zinloze slag te beginnen, wat Stumpf vervulde met *Schadenfreude* – leedvermaak over de misère van de officieren. De gedesillusioneerde mannen, die wisten dat uitvaren zelfmoord betekende, lieten de ketels van de schepen afkoelen en weigerden te vechten voor de toekomstige reputatie van hun officieren. Stumpf schreef: 'Lange jaren van opeengestapeld onrecht hebben geresulteerd in een gevaarlijk explosief mengsel, dat nu overal met grote kracht ontploft.' Gesteund door revolutionaire arbeiders in de Noordzeehavens eisten de matrozen vrede en revolutie. De vrede kregen ze op 11 november; de revolutie bleek moeilijker haalbaar.

NEDERLAAG AAN HET WESTELIJK FRONT

DE BELEVENISSEN van matroos Stumpf en de vele anderen die in de Duitse marine dienden, geven ons een indruk van de achtergronden van zowel de kracht als de nederlaag van Duitsland. Het vertrouwen in de overwinning, het geloof in de Duitse zaak en in het adeldom van wapenen werden aanvankelijk door velen gedeeld. Maar toen kwamen de harde realiteit van de oorlog, de wreedheden en tekorten, de sociale ongelijkheid die door gevoelloze autocratische leiders werd genegeerd of zelfs vergroot, en ten slotte de nederlaag van 1918.

De Duitse nederlaag had zowel binnenlandse als internationale oorzaken. Naarmate de binnenlandse sociale spanningen toenamen, gingen de Duitse leiders steeds meer de nadruk leggen op naoorlogse annexaties, van België tot de Oostzee. Maar ondanks de hersenspinsels van zijn leiders was Duitsland nog ver verwijderd van de overwinning – gedeeltelijk doordat de doelen die Duitsland zich in deze

Duitse soldaten, 1918. Het Duitse lente-offensief was bijzonder succesvol en resulteerde in de eerste grote doorbraak aan het westelijk front in meer dan drie jaar. Maar een doorbraak waarheen? Een tactische meesterzet liep uit op een strategische nederlaag.

oorlog had gesteld zo extreem waren dat de geallieerden deze nooit aan hun eigen bevolking zouden kunnen verkopen. Maar er was nog een reden waarom een Duitse overwinning een illusie was: ondanks de toenemende spanningen en tekorten hadden de Duitse leiders de invloed onderschat van een nieuwe, nog machtiger vijand: de Verenigde Staten.

De onbeperkte duikbootoorlog van de Duitse marine had een deuk geslagen in het Amerikaanse isolationisme, met als gevolg dat president Wilson in april 1917 brede steun kreeg voor zijn voorstel Amerika in de oorlog te betrekken. Volgens de logica van de Duitse leiders waren de Verenigde Staten al in oorlog met Duitsland, aangezien Amerikaanse bankiers en industriëlen de geallieerde oorlogsinspanningen steunden. Dit was inderdaad een feit, maar de luchthartige houding van de Duitse autoriteiten ten opzichte van een formele Amerikaanse oorlogsverklaring was een kolossale vergissing. De inzet van miljoenen Amerikaanse manschappen in Europa was geen trivialiteit. Bovendien had de duikbootoorlog de geallieerden niet op de knieën gedwongen. Integendeel: de Duitse strategie om burgers te doden door zowel neutrale als geallieerde schepen zonder waarschuwing te torpederen, had tot gevolg dat de geallieerden niet genegen waren tot compromissen; het sterkte hen juist in hun overtuiging dat Duitsland als militaire grootmacht moest worden vernietigd. Na de mislukking van de duikbootoorlog had het Duitse opperbevel nog maar één optie: de overwinning moest op het land worden behaald, in het gebied waar de oorlog was begonnen: het westelijk front.

De deelname van de Amerikanen versterkte de vastberadenheid van de geallieerden. Daarom besloot het Duitse leger al zijn reserves en zijn beste troepen – die overigens al waren verzwakt door jaren bloedige strijd – in te zetten voor een laatste poging: de 'Kaiserschlacht' of Keizerslag.

De Kaiserschlacht

DE SLAG BEGON OP 21 maart 1918 en had volgens Ludendorff tot doel 'de Britten te verslaan'. Hij redeneerde als volgt: als zijn infanterie erin slaagde een wig te drijven in de geallieerde linie ten zuiden van Péronne in Picardië en de Britten terug kon drijven, zouden de Franse stellingen ineenstorten en zouden de Amerikanen besluiten geen massale troepenmacht in te zetten. Om dit te bereiken, sloeg hij toe in het gebied waar de Britse en Franse troepen aan de Somme naast elkaar lagen. Terwijl hij de Fransen in bedwang hield, wilde hij de Britten dwars door Frankrijk terugdrijven naar Het Kanaal.

Dit offensief was gebaseerd op een nieuwe tactiek, waarvan het eerste stadium werd gekenmerkt door de samenwerking van artillerie en infanterie. In plaats van dagen- en nachtenlang een massaal voorbereidend bombardement uit te voeren, koos Ludendorff voor een korte, maar bijzonder intensieve beschieting, die niet langer dan vier uur duurde. Deze tactiek had succes, deels door de samengebalde vuurkracht, deels door de verbeterde accuratesse van de Duitse artillerie. Daar kwam nog bij dat de Duitse oorlogseconomie op volle toeren draaide: in 1918 was de Duitse munitieproductie hoger dan op enig tijdstip in de Tweede Wereldoorlog. Artillerie is echter alleen effectief binnen de maximale schootsafstand. Het werk moest worden afgemaakt door de infanterie.

Onder dekking van gordijnvuur van de artillerie moesten eenheden van de elitestormtroepen, bewapend met automatische geweren, lichte machinegeweren en vlammenwerpers, de uiteengereten Britse frontlinie infiltreren en geïsoleerde verzetshaarden omzeilen. Allereerst moesten ze de Britse artilleriestellingen achter de frontlinie in handen krijgen, daarna konden ze door open gebied oprukken en de vijand verder achtervolgen.

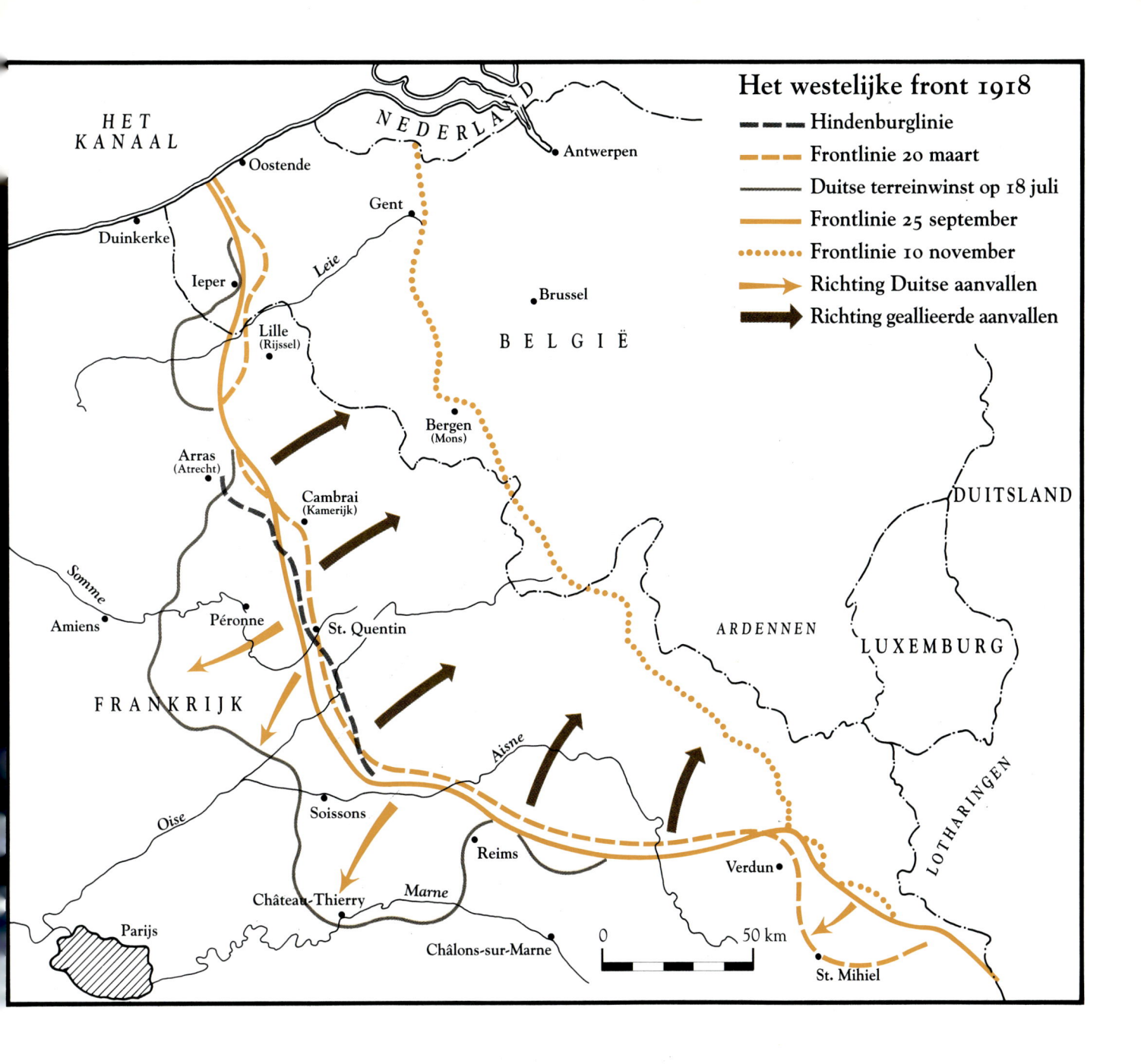

Zo luidde het strijdplan, en aanvankelijk leek het succes te hebben. Op 21 maart 1918 om 4.40 uur werd het einde van de loopgravenoorlog ingeluid door het meest massale geconcentreerde artilleriebombardement uit de hele oorlog. Zevenduizend kanonnen vuurden meer dan een miljoen granaten af; één van de vier was een gasgranaat. Ernst Jünger beleefde de aanval als volgt:

> Een enorm gebulder van kanonnen bracht ons op de been; aan onze onzekerheid was plotsklaps een einde gekomen door een klap zoals nog nooit is gehoord ... van duizenden en nog eens duizenden kanonnen langs

Manschappen van het Duitse 18de Leger in de verwoeste straten van St. Quentin, vlak voor het begin van het offensief in maart 1918. De Duitsers vielen aan op het punt waar de stellingen van de Franse en Britse troepen in Picardië naast elkaar lagen.

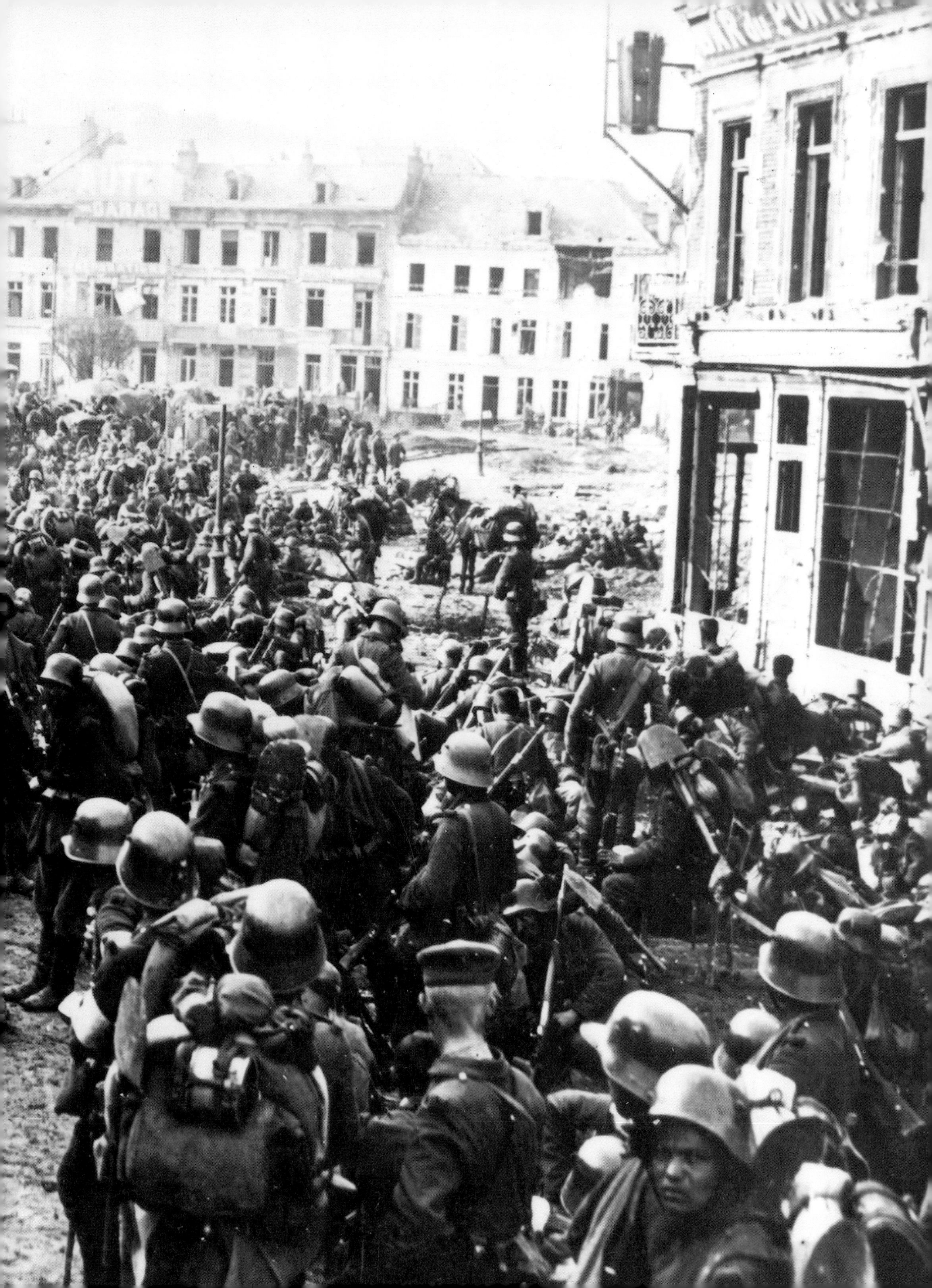

Ineenstorting

een front van vijftig kilometer. We wisten dat de orkaan ons eindelijk had bereikt. Het lawaai was harder dan ik me ooit had kunnen voorstellen. We waren verdoofd door letterlijk duizenden ontploffende granaten, en hoewel het zicht vaag was, want er hing mist, konden we zien dat ons hele front was gehuld in een zee van rook en vuur, terwijl de grond onder onze voeten trilde en schudde.[11]

Het geluid van een enkel kanon, laat staan dat van een geweer, was boven het gedonder niet meer te onderscheiden. Praten en zelfs schreeuwen was onmogelijk. Aan het Britse front waren de telefoonkabels door granaten vernield, waardoor de verbinding met het hoofdkwartier werd verbroken. De prikkeldraadversperringen werden verwoest. De loopgraven veranderden in kraters, waarin de weinige overlevenden slechts het einde van het bombardement konden afwachten.

Wat er van het Britse Vijfde Leger aan de Somme over was, bezweek toen de stormtroepen aanvielen. In slechts twee dagen braken ze door linies die drie jaar lang stand hadden gehouden. Ze rukten ongeveer 25 kilometer op, de grootste terreinwinst sinds het begin van de oorlog. De eerste dag van de slag was voor het Britse leger rampzalig uitgepakt. Tweede luitenant C.C.H. Greaves van de 4th Lincolns schreef:

> Het grootste deel van de brigade was gesneuveld of gevangengenomen en tegen de avond waren er nog slechts kleine groepjes over, onder aanvoering van kolonels of majoors. We hadden een bespreking met de overgebleven officieren. Zij hadden slechts één ding te zeggen: dat het 'zwaar klote was geweest'.[12]

LINKS Deze dode soldaat lag naast zijn kanon, terwijl om hem heen de gevechten van de laatste fase van de oorlog woedden.

Duitse troepen in actie, 1918. Het Britse Vijfde Leger was door het Duitse lente-offensief gedwongen zich terug te trekken, maar er arriveerden al snel geallieerde versterkingen aan het front. De Duitse druk op de Britten bij Ieper en op de Fransen en Amerikanen aan de Marne, ten oosten van Parijs, verontrustte de geallieerden, maar de Duitse overwinning bleef uit.

Ineenstorting

Haig verzocht dringend om Franse versterkingen, maar kreeg slechts weinig hulp. Pétain gaf prioriteit aan de verdediging van Parijs en de Franse troepen ten noorden van de stad. De Duitse keizer was buiten zichzelf van vreugde. Admiraal Georg von Müller noteerde: 'Zijne majesteit keerde vol van het nieuws terug uit Avesnes. Toen de trein was gestopt, riep hij naar de schildwacht: "We hebben de slag gewonnen! De Engelsen zijn verpletterd!" Die avond was er champagne bij het diner.'[13]

Zoals gewoonlijk was het oordeel van de keizer vertroebeld door zijn emoties. Binnen een week kwam de opmars tot stilstand. De grote gebieden die waren veroverd, hadden geen strategische waarde. De Britten hadden weliswaar honderden kanonnen achtergelaten, maar die konden snel worden vervangen. En

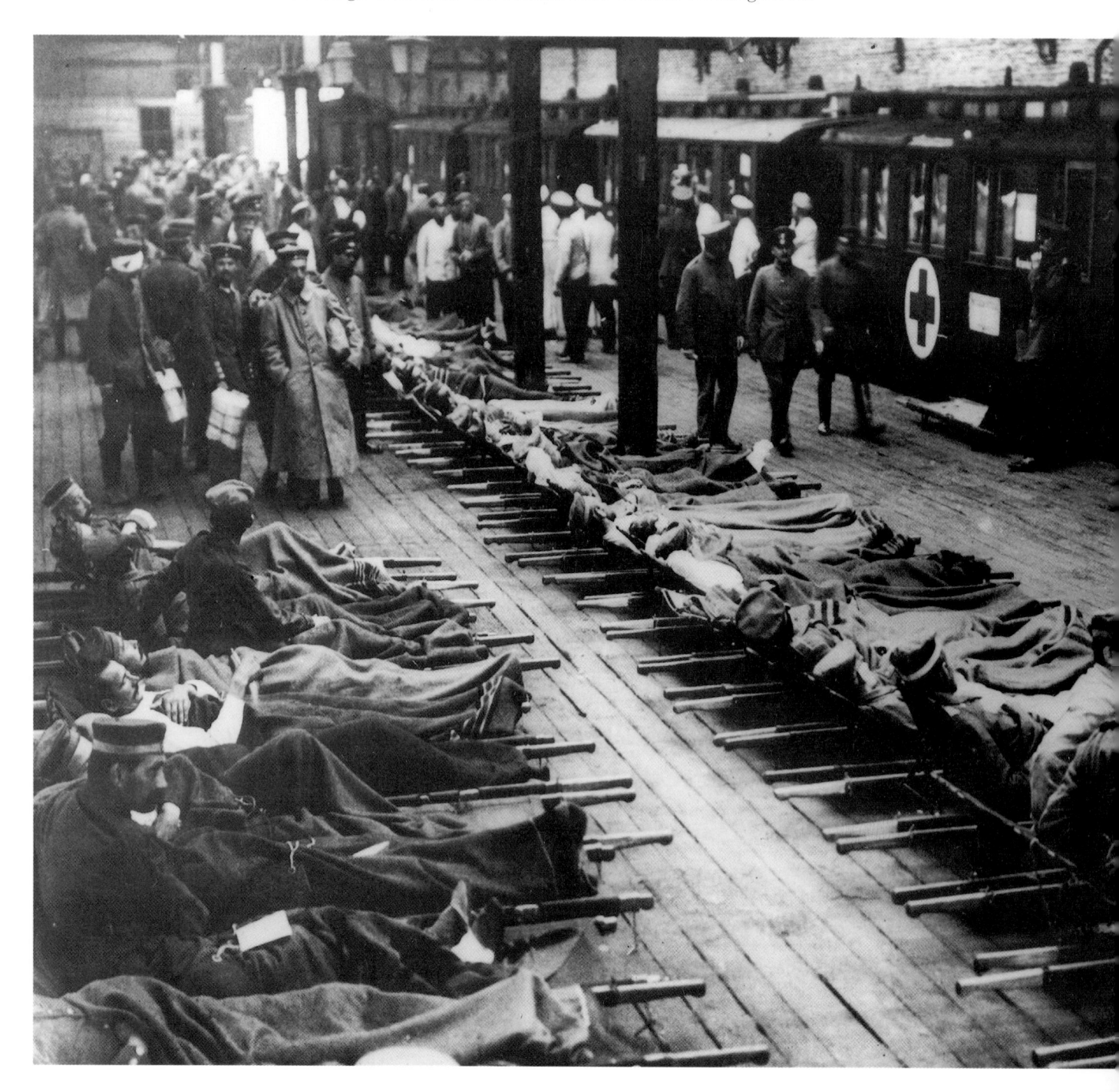

Ineenstorting

Gewonde Duitse soldaten op weg naar huis. De Duitse verliezen tijdens de offensieven van 1918 bedroegen ongeveer een miljoen man. Toen treinen vol gewonden in de Duitse steden arriveerden, zagen de burgers de gevolgen van de strijd. Na de hooggestemde verwachtingen van maart 1918 begon de bittere waarheid door te dringen: de oorlog kon niet worden gewonnen.

hoewel ze zich massaal hadden moeten terugtrekken, hielden Haigs troepen nog steeds een aaneengesloten verdedigingslinie in stand. Er was geen bres in de linies geslagen, hoogstens een deuk.

Ludendorff faalde omdat hij te veel had gewild. Zijn infanterie moest niet alleen de Britse frontlinies onder de voet lopen, maar ook veel verder doorstoten tegen nieuwe, inderhaast opgeworpen stellingen. Tijdens hun snelle opmars lieten de stormtroepen de dekking van de artillerie achter zich. De voorraad granaten begon geleidelijk te slinken. Bovendien eisten de toenemende verliezen hun tol van de offensieve en onvervangbare gevechtstroepen. Voor een land met een tekort aan manschappen en materieel kon dit niet anders dan op een ramp uitlopen.

Toen de doorbraak aan de Somme half april was geslaagd, besloot Ludendorff de Britten in België aan te vallen, in juni en juli gevolgd door aanvallen op de Fransen, verder zuidwaarts. Maar de geschiedenis herhaalde zich: op een spectaculair eerste succes, waarbij de geallieerde frontlinies door geconcentreerd artillerievuur werden weggevaagd, volgde een periode waarin de infanterie steeds trager oprukte, ofwel richting zee (tegen de Britten), ofwel richting Parijs (tegen de Fransen). Halverwege juli was het offensief op alle fronten tot stilstand gekomen. Terwijl de Duitse bevelhebber zijn troepen gereedmaakte voor een nieuwe aanval, volgde een tegenoffensief, eerst van de Fransen, later van de Britten. Binnen enkele dagen waren de kansen gekeerd. Het zou onjuist zijn te zeggen dat Ludendorff het initiatief uit handen had gegeven – het was hem eenvoudig ontrukt.

Het veranderende karakter van de strijd blijkt uit acties als de Engels-Amerikaans-Australische aanval bij Hamel op 4 juli, de aanval van Britse, Canadese, Australische en Franse eenheden bij Amiens op 8 augustus, en bovenal de Britse verovering van de zwaar versterkte fortificaties van de Hindenburglinie, eind september. Op 29 september slaagde de 46ste Divisie (North Midland) er bij de saillant van Bellenglise in om op sommige plaatsen te voet door de zogenaamd onneembare waterlinie te breken die de Duitse stellingen beschermden. Op andere plekken moesten ze zwemmend of op vlotten het kanaal oversteken. Dit alles was mogelijk geworden door de zware artilleriebeschietingen die aan de aanval voorafgingen en de Duitse linies hadden verwoest.[14] De artilleriecommandant van het Vierde Leger, generaal Budworth, beschreef wat het 48 uur durende bombardement had aangericht:

> De schade aan het front en de Duitse aanvoerlijnen ten oosten van het kanaal is enorm. De ingangen van sommige uitgegraven schuilplaatsen waren gedeeltelijk geblokkeerd. Door voltreffers op de muren langs de oevers van het kanaal waren dijkjes van puin gevormd, waar de aanvallers overheen konden kruipen. Veel van de zwaar versterkte stellingen waren veranderd in puinhopen. ... Het belangrijkste resultaat van het bombardement was dat de verdedigers waren teruggedrongen naar diep uitgegraven schuilplaatsen. De meesten waren zo gedemoraliseerd dat ze op de dag van de aanval geen weerstand meer boden.[15]

Volgens Duitse gevangenen was het inleidende bombardement 'uiterst effectief. ... Dit verhinderde de voorhoede van de Tweede [Duitse] Divisie de bruggen over het kanaal bij Bellenglise op te blazen. De mannen hadden twee dagen lang niets te eten gehad en durfden door het artillerievuur hun schuilplaatsen niet te verlaten.'

Ineenstorting

Op deze manier verdreven de geallieerden het Duitse leger uit enkele van zijn machtigste stellingen.

Al deze operaties hadden één ding gemeen: hun doelstellingen waren beperkt en konden worden bereikt zonder grote verliezen. Dit was van doorslaggevend belang, want het grootste deel van de Amerikaanse troepen was nog niet in Frankrijk aangekomen en, net als de Duitsers, hadden de geallieerden groot gebrek aan manschappen.

De acties waren gericht tegen doelen die ruim binnen het bereik van de artillerie lagen en zeer kwetsbaar waren voor de enorme vuurkracht die de geallieerden konden inzetten, met name uiterst explosieve granaten, kanonnen, mortieren, gifgas, luchtbombardementen en tanks. Deze coördinatie van verschillende vormen van vuurkracht tot een geïntegreerd wapensysteem gaf de aanvallende infanterie een mate van bescherming die eerder in de oorlog had ontbroken. Hierbij was het van doorslaggevend belang dat de geallieerde infanteristen (in tegenstelling tot de Duitsers tijdens het Ludendorff-offensief) slechts zo ver mochten oprukken als de dekking van de artillerie reikte.

De artilleristen hadden nieuwe vaardigheden onder de knie gekregen. Eerst werd een groot deel van de vijandelijke kanonnen vernield door de artillerie, terwijl de vijandelijke kanonniers tegelijkertijd werden uitgeschakeld door gifgas. Ze hadden het afvuren van gordijnvuur, dat net voor hun aanvalstroepen insloeg, geperfectioneerd. Hierdoor waren de vijandelijke mitrailleurs en karabiniers gedwongen zich schuil te houden, terwijl hun loopgraven onder de voet werden gelopen.

Zo wisten de geallieerden de Duitse opmars tot staan te brengen en terug te dringen. Het trage, bloedige geallieerde offensief in de zomer van 1918 betekende de nekslag voor de Duitsers – hele eenheden gaven zich *en masse* over, veel manschappen die op verlof waren keerden niet meer naar hun eenheden terug.

Troepen van overzee

DE GROTE VELDSLAGEN van september 1918, waarin de Hindenburglinie onder de voet werd gelopen, waren niet beperkt tot één sector van het westelijk front. Het hele front stond in vuur en vlam, niet het minst in de zuidelijke sector, waar het Amerikaanse leger van generaal John J. Pershing lag.

De Amerikanen hebben een belangrijke, maar geen doorslaggevende rol gespeeld in de eindfase van de oorlog. Ze moesten zich de nieuwe gevechtstactieken binnen korte tijd eigen maken en konden aanvankelijk slechts beperkt worden ingezet. Taalproblemen vormden een complicerende factor. Er bestaan tientallen anekdotes over Amerikaanse soldaten die in verwarring vroegen: 'Is er hier dan helemaal niemand die Amerikaans spreekt?'

Er deden zich enkele zeer pijnlijke incidenten voor. Een van de slachtoffers daarvan was niet eens soldaat. Edward. E. Cummings was chauffeur bij het Amerikaanse Rode Kruis. Hij werd in oktober 1917 gearresteerd nadat een Franse censor enkele kritische brieven had onderschept die hij van het front naar huis had geschreven. Op verdenking van verraad werd hij opgesloten in de gevangenis van La Feré Macé, waar iemand van de Amerikaanse ambassade hem ten slotte vond. Na zijn terugkeer in de Verenigde Staten was hij verbitterd over de oorlog. In *The enormous room*, dat in 1922 verscheen onder zijn auteursnaam e.e. cummings, heeft hij de gevoelens verwoord die veel soldaten over de oorlog hadden.

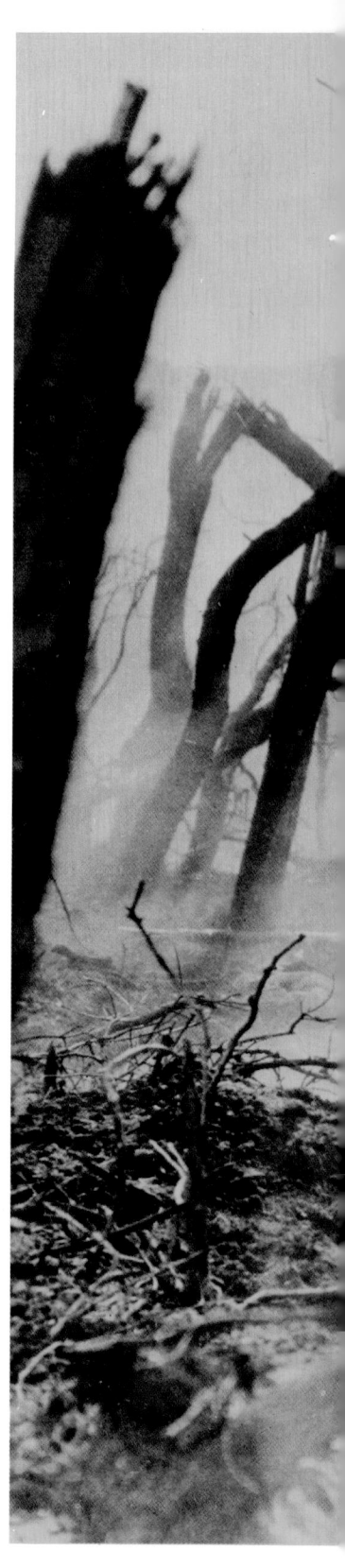

Generaal Pershing, bevelhebber van het Amerikaanse Expeditieleger, zette zich ervoor in zijn mannen onder Amerikaans bevel te houden, maar nadat de Duitsers in maart 1918 hun offensief hadden gelanceerd, konden de geallieerden zich de luxe van onafhankelijkheid niet langer veroorloven. De Amerikanen vochten samen met Britse en Franse troepen, zoals hier in de saillant van St. Mihiel, ten oosten van Verdun (oktober 1918).

Ineenstorting

De manschappen van het Amerikaanse Expeditieleger waren lang niet goed genoeg geoefend om een gevaar te vormen voor het Duitse leger. De toekomstige president Harry S. Truman, die bij zijn vader op de boerderij werkte toen de Verenigde Staten Duitsland de oorlog verklaarden, was een van hen. Vóór de oorlog had hij naar de militaire academie West Point gewild, maar hij werd afgekeurd vanwege zijn slechte ogen. Nu was het leger minder kieskeurig. Hij werd eerste luitenant bij het Korps Artillerie en werd later bevorderd tot kapitein.

Volgens hun commandant, generaal Pershing, moesten de Amerikanen als eenheid opereren en niet verspreid worden ingezet om bressen in de geallieerde linies te dichten. Hij eiste dan ook een aparte commandostructuur voor de Amerikaanse troepen. Een van de eerste Amerikaanse eenheden in Frankrijk stond onder bevel van kapitein George C. Marshall. Nadat de Verenigde Staten zich in de oorlog hadden gemengd, kreeg hij opdracht om bij Plattsburg (New York) twee trainingskampen voor officieren op te zetten. Er heerste op dat moment grote chaos. Marshall maakte vijanden door zijn pogingen de legerbureaucratie te omzeilen, zelfs voor eenvoudige zaken als voldoende dekens voor zijn manschappen. Hij werd overgeplaatst naar de Eerste Divisie, die bestond uit vier infanterieregimenten uit het zuidwesten van de Verenigde Staten. Alles moest zo haastig worden geregeld dat het schip waarmee ze naar Europa voeren zelfs de ammunitie voor zijn eigen kanonniers vergat mee te nemen.

Marshall was een van de eerste Amerikanen die in Frankrijk aan wal gingen. Hij werd getroffen door de vele vrouwen in rouwkleding en de spookachtige stilte. 'Iedereen lijkt op het punt te staan in tranen uit te barsten,' noteerde hij.[16] De chaotische bevoorradingssituatie bleef ook in Frankrijk bestaan. Pas gevormde eenheden voor de bediening van houwitsers, mortieren en 37-mm kanonnen 'hadden geen idee' wanneer hun wapens zouden arriveren. Ze oefenden in Oost-Frankrijk in de buurt van Domrémy, de geboorteplaats van Jeanne d'Arc. Toen

LINKS De identiteitskaart van Harry S. Truman van het Korps Artillerie. Hij bleef tot het allerlaatste moment in november 1918 op zijn post. Als president van de Verenigde Staten vuurde hij het laatste grote schot van de Tweede Wereldoorlog af – de atoombom.

BOVEN Amerikaanse bevoorradingstroepen in een verwoest dorp in de saillant van St. Mihiel, oktober 1918. De Amerikanen leerden in 1918 wat alle andere partijen al jaren eerder hadden ontdekt: wanneer ze snel wilden oprukken, werd hun opmars vertraagd door hun eigen bevoorradingscolonnes, die zich minder snel konden verplaatsen dan de infanterie.

Marshall 27 jaar later als stafchef van het Amerikaanse leger weer in Frankrijk vocht, nam hij geschenken mee voor het gezin waar hij in 1917 had gelogeerd.

Een ander kopstuk uit de Tweede Wereldoorlog, George S. Patton, bevond zich in 1917 eveneens in Frankrijk. Hij had samen met Pershing in Mexico gevochten en zette in 1917 het eerste Amerikaanse tankkorps op. Patton begon met slechts twee tanks, die volgens Frans ontwerp in Washington waren gebouwd. Toen ze arriveerden, reed hij ze persoonlijk het schip af. Veel keus had hij niet: hij was de enige die een tank kon besturen. Patton dreef zijn mannen tot wanhoop door zijn obsessie voor onberispelijke manieren – een volmaakt uitgevoerde militaire groet kwam in het Amerikaanse Expeditieleger bekend te staan als een 'georgepatten'.

De commandant van de 42ste 'Rainbow' Division – samengesteld uit mannen uit 26 Amerikaanse staten – was kolonel Douglas MacArthur. Ook hij had problemen

Amerikaanse kustartillerie bestookt de Duitse linies in het gebied rond Argonne, september 1918. De oorlog werd gewonnen en verloren op het slagveld. Door een goede coördinatie van artillerie, infanterie, tanks en vliegtuigen wisten de Britten, Fransen en Amerikanen de Duitse verdedigingslinie te verwoesten. Dit 340-mm kanon werd ingezet voor het spervuur dat de Duitse wil om de oorlog voort te zetten ten slotte brak.

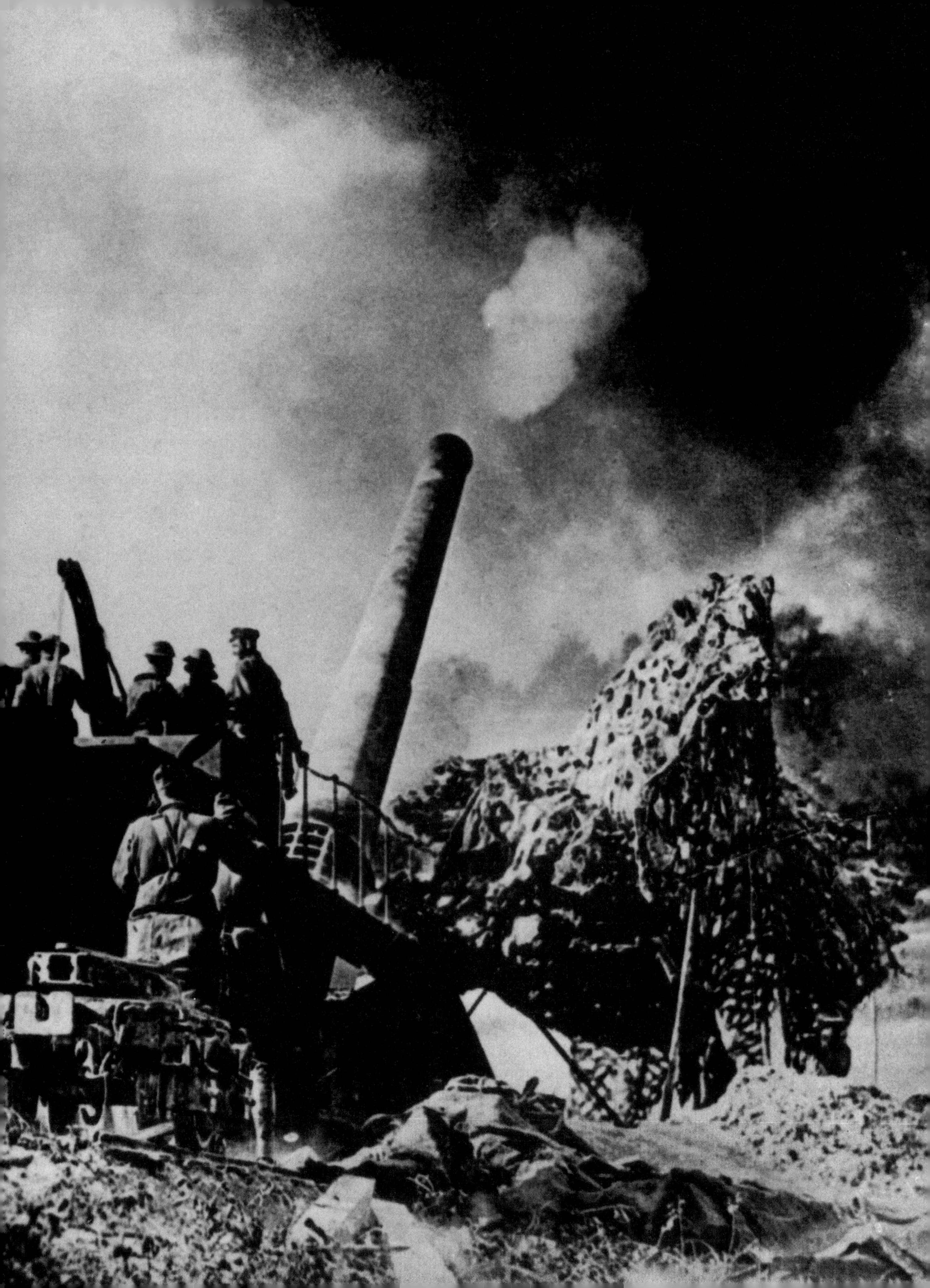

Ineenstorting

Door gebrek aan manschappen moesten de Duitsers in 1918 bijzonder jonge soldaten inzetten. Deze Duitse krijgsgevangene krijgt hulp van onverwachte kant: een Amerikaanse aalmoezenier.

om zijn mannen uit te rusten; zijn voorraden werden door het hoofdkwartier geplunderd ten bate van andere eenheden. Bovendien moest hij zijn uiterste best doen om te verhinderen dat zijn divisie werd opgesplitst ter vervanging van andere Amerikaanse infanterie-eenheden. De Rainbow Division was net op tijd gereed voor de gevechten in de lente van 1918, maar slechts ten koste van enorme inspanningen op het gebied van logistiek en training. Ondertussen bevonden zich 500.000 geoefende Amerikaanse soldaten in Frankrijk. Elke maand kwamen er 250.000 man bij, culminerend tot 2 miljoen aan het eind van 1918. Zij konden niet werkloos blijven toezien, ondanks de waarschuwing van Pershings dat er geen

Ineenstorting

Kolonel Douglas MacArthur, commandant van de 84ste Brigade, april 1918. MacArthur was een van de vele beroemde militairen uit de Tweede Wereldoorlog die in de oorlog van 1914-1918 naam maakten.

mannen in de strijd moesten worden ingezet voordat ze er gereed voor waren.

In mei hielpen de Amerikanen bij Cantigny aan de Somme de bressen te dichten die het Duitse offensief in de Franse en Britse linies had geslagen. Deze actie werd op het hoofdkwartier van de Eerste Divisie voorbereid door George Marshall. De Tweede en Derde Divisie werden ingezet om het Duitse offensief verder zuidwaarts bij het bos van Belleau en Château-Thierry te keren. Verder oostwaarts, bij St. Mihiel, vielen op 12 september 500.000 Amerikanen aan om een Duitse saillant te vernietigen. Alle 174 tanks van kolonel Patton leidden de aanval. Ongeveer zeventig bereikten de Duitse linies; de andere kregen motorpech, kwamen zonder brandstof te zitten of werden uitgeschakeld. De Duitsers trokken zich terug en er werden meer dan 15.000 gevangenen gemaakt.

Op de eerste dag van de strijd ontmoette Patton Douglas MacArthur, die een brigade aanvoerde. Patton schreef later: 'We praatten, maar hadden geen van beiden veel belangstelling voor wat de ander te zeggen had. We dachten de hele tijd aan de granaten.'[17] George Marshall was intussen verbonden aan de staf van het algemeen hoofdkwartier. Zo kregen drie mannen die zo'n grote rol hebben gespeeld in de Tweede Wereldoorlog – Patton, MacArthur en Marshall – in 1918 bij St. Mihiel hun vuurdoop in de gemechaniseerde oorlogvoering.

Amerikaanse troepen vormden de kern van het daaropvolgende Maas-Argonne-offensief. Op 26 september gingen negen Amerikaanse divisies in de aanval, ondersteund door 189 tanks en 800 vliegtuigen. In de volgende zeven weken kwamen meer dan een miljoen Amerikanen in actie, van wie er ongeveer 120.000 sneuvelden of gewond raakten. Volgens sommigen was dit te wijten aan hun onervarenheid en bereidheid zware verliezen te accepteren. Een Amerikaanse bevelhebber schatte dat voor iedere Duitser tien van zijn mannen waren gesneuveld. De Franse theoloog Teilhard de Chardin, die destijds brancarddrager was, zei tegen zijn zuster: 'De Amerikanen lagen naast ons. ... Iedereen zegt hetzelfde: het zijn eersteklas soldaten, die met grote *individuele* passie en moed vechten. Er valt slechts één ding op hen aan te merken: ze zijn te onvoorzichtig. Ze laten zich te gemakkelijk doden.'[18] In feite waren ze aan het leren wat de anderen geallieerden al jaren wisten: oprukken kost levens, en het Duitse leger was een lastige tegenstander. Maar hoe hoog de prijs ook was, vanaf september 1918 was het zonneklaar dat het Duitse leger aan de verliezende hand was. Het wachten was slechts op de capitulatie.

De voedselcrisis van 1918

De Duitse nederlaag was onontkoombaar. Verliezen op het slagveld gingen gepaard aan een voedselcrisis in Duitsland zelf. In de zomer van 1918 was er weinig meer te eten en had de bevolking de moed opgegeven. Waarom nog meer offers gebracht als er toch geen kans bestond op de overwinning?

Voor de meeste Duitse burgers waren tekorten niets nieuws. Men accepteerde ze als tijdelijk ongemak, niet te vergelijken met de ontberingen aan het front. Het aanhalen van de broekriem was geen probleem – rechtvaardigheid wel. Maar wat de burgers (net als de soldaten en matrozen) niet konden accepteren, was dat de welgestelden in weelde leefden, terwijl anderen honger leden.

Ineenstorting

Augustus-november 1918

Augustus *De 'zwarte dag' voor het Duitse leger*

Op 8 augustus, na een geallieerde aanval met meer dan 450 tanks bij de Somme, gaven duizenden Duitse officieren en manschappen zich over. Uit het dagboek van kolonel Albrecht Their, lid van de Duitse generale staf in Vlaanderen.

> We hadden te veel verwacht van de grote krachtsinspanningen in maart, misschien zelfs het einde van de oorlog. Toen had iedereen de handen ineengeslagen om de oorlog te steunen. Nu volgt de enorme teleurstelling, zodat onze aanvallen, ook als ze goed zijn voorbereid door de artillerie, ten einde zijn gekomen. ... Inferieure troepen raken in paniek als ze verliezen lijden. ... Er is onvoldoende artillerie en soms krijg ik de indruk dat men de verstrekking van drank belangrijker vindt.[19]

Duitse krijgsgevangenen

September *De Hindenburglinie doorbroken*

Het geallieerde tegenoffensief raakte in een stroomversnelling toen Haig en de BEF eind september door de Hindenburglinie braken. Deneys Reitz was een Zuid-Afrikaanse majoor die bij de First Royal Scots Fusiliers diende.

> Nadat Graincourt was veroverd, sloeg ik rechtsaf. Onderweg kwam ik langs vijandelijke artilleriestellingen van waaruit ze die morgen hun spervuur hadden afgeschoten. Ik telde meer dan vijftig kanonnen. Ik ging niet dichter naar de gevechtslinie. Sinds het begin van de dag hadden de Britten ongeveer vijf kilometer van de Duitse verdedigingslinie veroverd en bijna alles bereikt wat ze wilden. ... Op die dag maakten de Britten 10.000 krijgsgevangenen en maakten ze 200 kanonnen buit. Ze waren over een 24 kilometer lang front door de Hindenburglinie naar het open land erachter doorgebroken. Vanaf dat moment behoorden de gruwelen van de loopgravenoorlog tot het verleden en was er een nieuwe fase ingegaan.[20]

Britse soldaten in actie bij de Hindenburglinie

Ineenstorting

OKTOBER *Griep*

In de herfst van 1918 woedde in Europa en veel andere delen van de wereld een griepepidemie. Sergeant André Kahn schreef aan zijn verloofde.

19 oktober Groot nieuws, mijn liefste: Rijssel, Brugge en Oostende zijn gevallen. Wanneer zal het voorbij zijn? Niemand weet het. Ik schrijf iedere dag, maar de post werkt omgekeerd evenredig met de overwinning. Met mijn griep gaat het beter. Maar pas op. In Parijs zijn vreselijk veel mensen ziek; het aantal doden is angstwekkend groot. Neem geen enkel risico.[21]

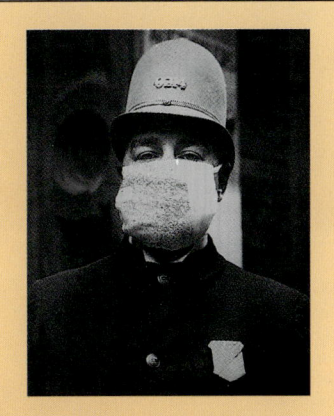

Amerikaanse politieman met griepmasker

NOVEMBER *De Duitse revolutie*

De revolutie in Duitsland, die eind oktober begon met de muiterij van matrozen, breidde zich snel uit. Rosa Luxemburg sprak op 1 januari 1919, twee weken voordat ze werd vermoord, de oprichtingsvergadering van de Duitse Communistische Partij toe.

Wat heeft de oorlog overgelaten van de bourgeois-maatschappij, behalve een enorme hoop puin? Natuurlijk zijn alle productiemiddelen en vrijwel alle machtsmiddelen, vooral die welke de doorslag geven, formeel nog in handen van de heersende klassen. Daarover koesteren we geen illusies. Maar wat onze heersers zullen bereiken met de macht die ze bezitten, behalve dat ze zullen proberen hun systeem van plundering door bloed en slachting in stand te houden, zal slechts chaos zijn. Nu is het punt bereikt dat de mensheid een keuze moet maken uit twee alternatieven: ofwel gaat zij ten onder in chaos, ofwel vindt zij haar redding in het socialisme.[22]

Revolutionairen in Berlijn

NOVEMBER *De wapenstilstand*

Op 11 november werd de wapenstilstand getekend. Uit het dagboek van Virginia Woolf.

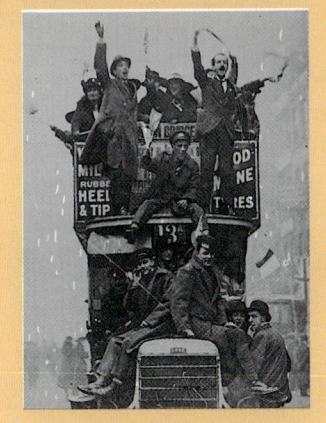

11 november Vijfentwintig minuten geleden zwegen de kanonnen en was het vrede. Een sirene huilde over de rivier, en ze huilen nog steeds. Enkele mensen snelden naar het raam. Roeken vlogen rondjes & leken een ogenblik op symbolische wezens die een ceremonie uitvoeren, deels als dank, deels een afscheid boven het graf. Het is een zwaarbewolkte, rustige dag. De rook trekt zwaar naar het oosten & wekt ook een ogenblik de indruk van iets wat drijft, golft, kwijnt...[23]

Viering van de wapenstilstand in Londen

Ineenstorting

In theorie betekende rantsoenering dat iedereen te eten had, zij het minder dan anders. In de praktijk vierde onrechtvaardigheid echter hoogtij. Dit was niet alleen te wijten aan de chaotische, topzware bureaucratie. Het politieke gevaar school vooral in het feit dat naast het officiële systeem een onofficieel systeem bestond: de zwarte markt.[24] De rijken konden *hinterherum* (via de achterdeur) krijgen wat ze wilden.[25] De welgestelde cliëntèle van de grote hotels en restaurants kwam volstrekt niets te kort. Uit de spoorwegopslagplaatsen van Berlijn verdwenen wagonladingen voedsel, dat slechts enkele uren later in zijstraatjes te koop werd aangeboden.

De autoriteiten waren hiervan op de hoogte, maar konden er niet tegen optreden. Door de rantsoenen nog kariger te maken, nodigden ze de bevolking uit de officiële regels aan haar laars te lappen.[26] Dit betekende in de praktijk dat iedere Duitser gedwongen was de wet te overtreden om in leven te blijven. De afgunst en

Op zoek naar aardappelschillen in een Duitse stad. De voedselcrisis die in de winter van 1918 in Centraal-Europa heerste, dwong miljoenen mensen om naar restjes eten en brandstof te zoeken. Dit verhoogde de volkswoede tegen de ongelijkheid en tegen zwarthandelaren.

verbittering die hieruit voortkwamen, richtten zich niet op de vijand, wiens zeeblokkade de voornaamste oorzaak van de tekorten was, maar tegen medeburgers met hun versleten overjas vol zakken met schaarse goederen. Deze handelaars leefden in weelde, terwijl bejaarden en armen honger leden.

Toen het lente-offensief van 1918 begon, hield het land collectief de adem in, in de hoop dat de langbeloofde overwinning eindelijk ophanden was. De onderlinge solidariteit had grote klappen te verwerken gekregen, maar het patriottisme en het geloof in het leger waren nog steeds zo groot dat velen zich voorhielden dat alle ontberingen niet voor niets waren geweest.

Niets was echter minder waar. In de zomer van 1918 stond de vulkaan van hoop, spanning, achterdocht en woede op uitbarsten. In Berlijn waren geen aardappels meer te krijgen en ondertussen vertelden duizenden soldaten op verlof tegen hun familie dat de oorlog niet was te winnen. Hun loyaliteit aan het oude regime was tot het nulpunt gedaald. Velen keerden nooit terug naar hun eenheden. Ze vonden ergens een gastvrij onderkomen waar ze hun verlof 'onofficieel' rekten tot de wapenstilstand. Toen die eindelijk kwam, slaakte iedereen, behalve de meest fervente patriotten, een zucht van verlichting.

DE OVERGAVE

EIND SEPTEMBER wist het Duitse oppercommando dat de oorlog was verloren. Het leger was dat jaar overwonnen door een tegenstander die in een lang en pijnlijk proces had geleerd een grootschalige gemechaniseerde oorlog te voeren. Leiderschap vormde hierin een factor van belang. Op dit gebied wisten de geallieerde bevelhebbers in de nazomer en het begin van de herfst van 1918 hun voorsprong uitstekend uit te buiten.

In operationeel opzicht was het Duitse offensief van 1918 een gigantische mislukking. Ludendorff trachtte dit echter op subtiele en totaal immorele wijze te verhullen en de verantwoordelijkheid af te schuiven. Eind september al had hij in Spa in België met gelijkgezinden gesproken over een grondwetsherziening – een 'revolutie van bovenaf' – om een 'revolutie vanuit de basis' tegen te gaan. Dit zou als bijkomend voordeel hebben dat de verantwoordelijkheid voor het uitwerken van een wapenstilstand van de militairen naar een burgerregering zou verschuiven, waardoor, zoals Ludendorff opmerkte, zoveel mogelijk mensen bij de nederlaag zouden worden betrokken. Ludendorff en admiraal Von Hintze, een vooraanstaand rechts politicus, wisten Von Hindenburg en ten slotte ook de keizer over te halen dit voorstel te steunen. Voor het eerst in de Duitse geschiedenis zou een kanselier, prins Max von Baden, niet alleen verantwoording verschuldigd zijn aan de keizer, maar via de wetgevende macht ook aan het hele land. De nieuwe leiders van Duitsland kregen hun macht dankzij het leger, zodat burgers de laatste onderhandelingen voerden die tot de wapenstilstand van 11 november leidden.

De burgers, zei Ludendorff op 1 oktober tot de sectorcommandanten van het Duitse opperbevel, 'krijgen nu een koekje van eigen deeg'.[27] Deze opvatting is ook terug te vinden in het overleg dat hij op 18 oktober voerde met ministers van de Duitse burgerregering:

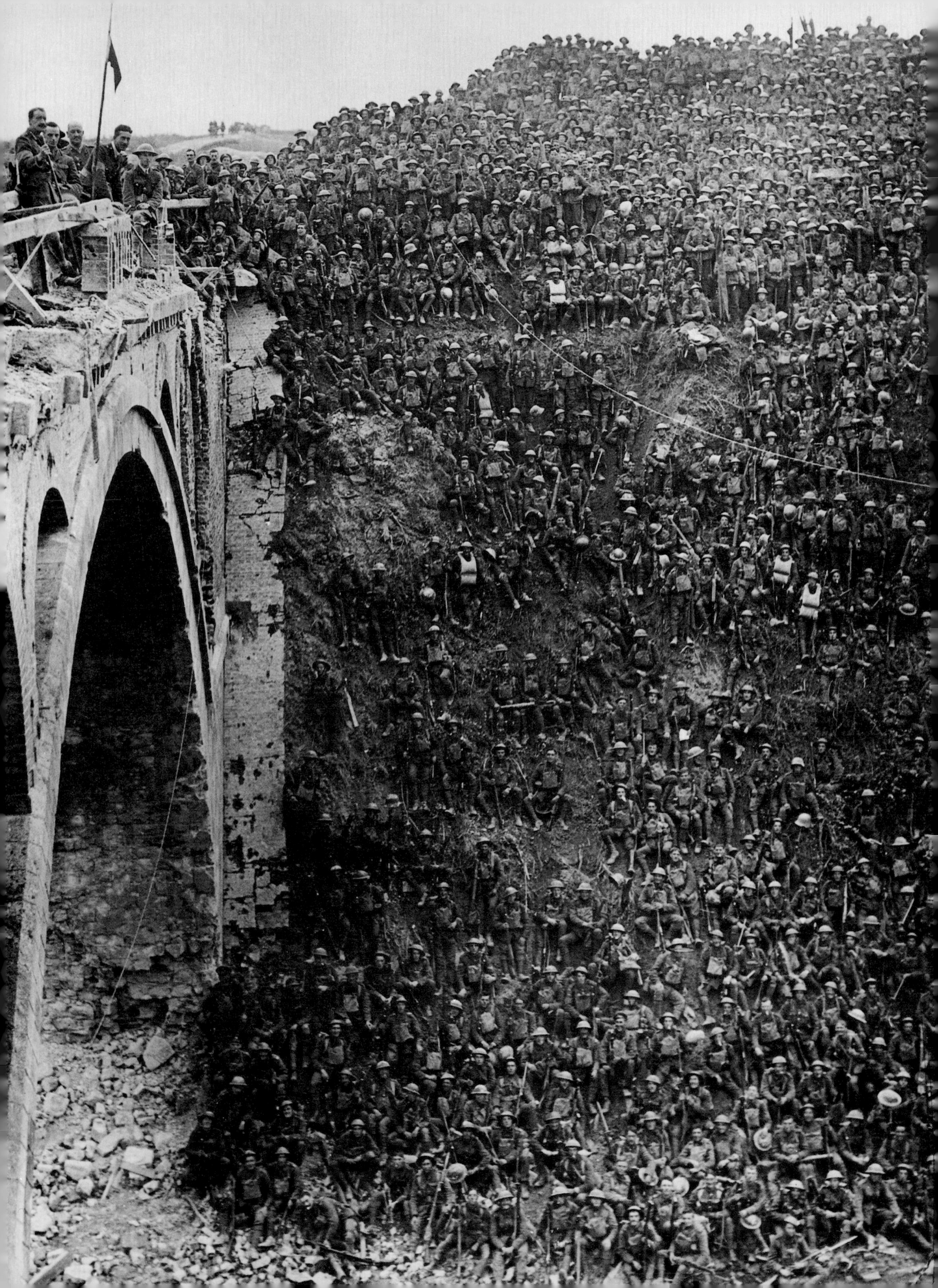

Ineenstorting

> GENERAAL LUDENDORFF: Heren, laat mij u de situatie schetsen. Gisteren hebben we slag geleverd bij Ieper. De Engelsen en Fransen vielen ons bijzonder fel aan. Dat wisten wij, en we wilden standhouden; we zagen het gevaar naderen. Het was een moeilijke situatie. Enerzijds wisten we dat we zouden worden teruggedreven, anderzijds moesten we standhouden. We zijn teruggedreven, maar toch is het goed gegaan. Het is waar dat er bressen van vier kilometer breed in ons front zijn geslagen, maar de vijand is niet doorgebroken en we hebben het front in stand weten te houden. Wat zouden extra versterkingen toen veel voor ons hebben betekend!
> De enorme druk op alle manschappen heeft een kritiek niveau bereikt. Soldaten en officieren voelen zich in de steek gelaten. Als een officier hen verlaat, vragen de mannen: 'Meneer, waar gaat u heen?' en rennen vervolgens weg. Als we de bressen kunnen dichten, kunnen we elke aanval weerstaan. Als we de mannen aan het front kunnen zeggen: 'Er komen versterkingen,' zal hun zelfvertrouwen toenemen en kunnen ook wij vertrouwen op de goede afloop.
> MINISTER VAN OORLOG SCHEUCH: Als ik zijne excellentie Ludendorff goed begrijp, zegt hij dat de situatie belangrijk zal wijzigen wanneer hij onmiddellijk versterkingen krijgt.
> GENERAAL LUDENDORFF: Dat klopt.
> MINISTER SCHEUCH: Houdt u er rekening mee dat de Amerikanen ondertussen grotere versterkingen zullen aanvoeren dan wij?
> GENERAAL LUDENDORFF: We moeten de Amerikanen niet al te hoog aanslaan. Ze zijn tamelijk gevaarlijk, maar tot nu toe hebben we ze teruggeslagen. Zeker, getalsmatig maken ze een verschil, maar onze mannen maken zich geen zorgen over de Amerikanen – maar wel over de Engelsen. Ons leger moet het gevoel in de steek te zijn gelaten kwijtraken.[28]

Wat hierin vooral opvalt, is de ontkenning van de kracht van de Amerikanen en Ludendorffs optimisme dat er een nieuwe verdedigingslinie kon worden gevormd. Een ander opvallend punt is de nadruk op de geïsoleerde positie van het leger, dat in een periode van hoge nood niet meer werd gesteund door de burgerbevolking. Beide argumenten waren een poging om zijn persoonlijke verantwoordelijkheid voor de nederlaag van het Duitse leger af te wentelen.

Ludendorff erkende dat zijn mannen slecht waren bevoorraad en dat de grote tekorten het moreel hadden ondermijnd. Maar in plaats van toe te geven dat zijn eigen leiderschap hiervoor verantwoordelijk was, legde hij de nadruk op externe factoren. Ook het volgende citaat is hier een goed voorbeeld van:

> GENERAAL LUDENDORFF: Er is nog een punt ... het moreel van het leger. De [41ste] Divisie weigerde op 8 augustus pertinent om te vechten; dat was een zwarte dag in de geschiedenis van Duitsland. Momenteel levert deze divisie moedig strijd op de oostelijke oever van de Maas. Dat is allemaal een kwestie van moreel. Aanvankelijk was het moreel slecht. Veel mannen waren geveld door griep en er waren geen aardappels meer. Ook de mannen die van verlof terugkeerden hadden een negatieve invloed. ... Er hebben zich ernstige gevallen van insubordinatie voorgedaan.

Hierop antwoordde minister Scheidemann dat er in Duitsland niets meer was om naar het front te sturen. Ook het moreel van de burgerbevolking, zei hij, was

Britse brigade op de oever van het St. Quentinkanaal, 2 oktober 1918, na de aanval op de Hindenburglinie. Deze linie van versterkte Duitse verdedigingsstellingen werd eind september en in oktober 1918 door de Britse infanterie en artillerie doorbroken – een grote prestatie, die hier wordt gevierd door de mannen die eraan deel hadden genomen.

Ineenstorting

geknakt door gebrek aan aardappels. Er is geen vlees meer. We kunnen geen aardappels sturen omdat we elke dag 4000 wagonladingen tekortkomen. Vetten zijn absoluut nergens meer te krijgen. ... Als daar geen verandering in komt, is het onmogelijk het moreel van het volk te vergroten. Het zou het toppunt van oneerlijkheid zijn als we iemand op dit punt in onzekerheid zouden laten.

Ludendorff was een meester in het verkennen van de 'toppunten van oneerlijkheid'. Hij eiste 'dat we geen enkele voorwaarde mogen accepteren die hervatting van de vijandelijkheden onmogelijk zou maken'. Maar waarom nog doorgaan? Hoe kon

De Duitse keizer in ballingschap. In zijn hoofdkwartier in België bespraken de keizer en zijn militaire staf zijn toekomstige lot. Hij probeerde tevergeefs de titel 'koning van Pruisen' te houden, maar kreeg te horen dat hij was afgezet. De rest van zijn leven bracht hij in ballingschap in Nederland door.

Ineenstorting

Otto Dix, *Op appèl*. Duitse soldaten die aan het eind van de oorlog nog op hun benen konden staan, marcheerden in uniform als een leger naar huis. Voor sommigen verzachtte dit de vernedering van de nederlaag. Het naoorlogse werk van Otto Dix drukte de Duitsers met hun neus op de realiteit van de oorlog: van glorie was totaal geen sprake.

men de grote verliezen blijven verantwoorden? Daarop had Ludendorff geen antwoord. Hij vond alleen een zondebok: het verlies van Duitsland was te wijten aan zijn burgers. De mythe van de 'dolksteek in de rug', die zo'n grote rol heeft gespeeld bij de machtsovername van de nazi's in 1933, is in de laatste dagen van de Eerste Wereldoorlog ontstaan.

Een week later nam Ludendorff ontslag. De laatste geallieerde eis was de troonsafstand van de keizer. Hierover is op diens hoofdkwartier in Spa lang gepraat. Toen bleek dat aftreden onvermijdelijk was, weigerde Von Hindenburg aanwezig te zijn en ging een wandeling in het bos maken. De generaals hebben zelfs nog overwogen het leger in te zetten om de macht van de keizer te herstellen, maar ze betwijfelden of dit bevel wel zou worden opgevolgd. De keizer stemde toe, maar wilde geen afstand doen van de titel 'koning van Pruisen'. Niemand luisterde echter naar hem. Op 9 november 1918 werd hij afgezet. Het Duitse rijk was ineengestort; twee dagen later werd de wapenstilstand getekend.

Ineenstorting

Vreugde en verdriet:
de dood van een dichter

Op 11 november zwegen de kanonnen, maar het zou een illusie zijn te denken dat de oorlog voorbij was. Eerst moest nog worden onderhandeld over de vrede en afgerekend met de verliezers. De dag van de wapenstilstand was voor beide partijen een ambigu moment. In Duitsland heerste grote verbittering over de nederlaag, maar er was in elk geval een einde gekomen aan de slachtingen. Aan geallieerde zijde ging verdriet gepaard aan vreugde. Het sombere aspect van de wapenstilstand is ondergesneeuwd door de vele beelden van juichende menigtes en lachende politici. Maar dit was slechts een deel van de waarheid. Ook de geallieerden kenden meer treurenden dan feestvierders.

Twee dagen na het einde van de oorlog werd de dichter Guillaume Apollinaire begraven op Père Lachaise in Parijs. Hij was 38 jaar geworden. Apollinaire was in 1880 als Wilhelm de Kostrowitsky geboren uit een adellijke Poolse familie en had voor de oorlog naam gemaakt als avant-gardistisch dichter. In 1907 had hij Braque in contact gebracht met Picasso en hij had de boodschap van het kubisme zowel in Parijs als Berlijn uitgedragen. Na het uitbreken van de oorlog verhuisde hij naar Nice, waar hij zich opgaf als vrijwilliger, ook al was hij nog niet tot Frans staatsburger genaturaliseerd. Zijn aanvraag werd pas 18 maanden later gehonoreerd. Zoals zijn vriend André Billy heeft opgemerkt, had geen van zijn vrienden verwacht dat deze 'corpulente dromer' zich aan de militaire discipline zou kunnen aanpassen, maar hij bleek een uitstekend soldaat.

Zijn oorlogspoëzie is patriottisch en uitbundig. Ze is ook uniek: zijn visuele

LINKS Viering van de wapenstilstand in Londen. RECHTS Amerikaanse matrozen vieren feest.

De wapenstilstand werd op vele verschillende manieren gevierd, onder andere met overwinningsparades en straatfeesten. De tekorten, de ellende en de angst van 1500 dagen oorlog waren voorbij. Het normale leven kon weer beginnen.

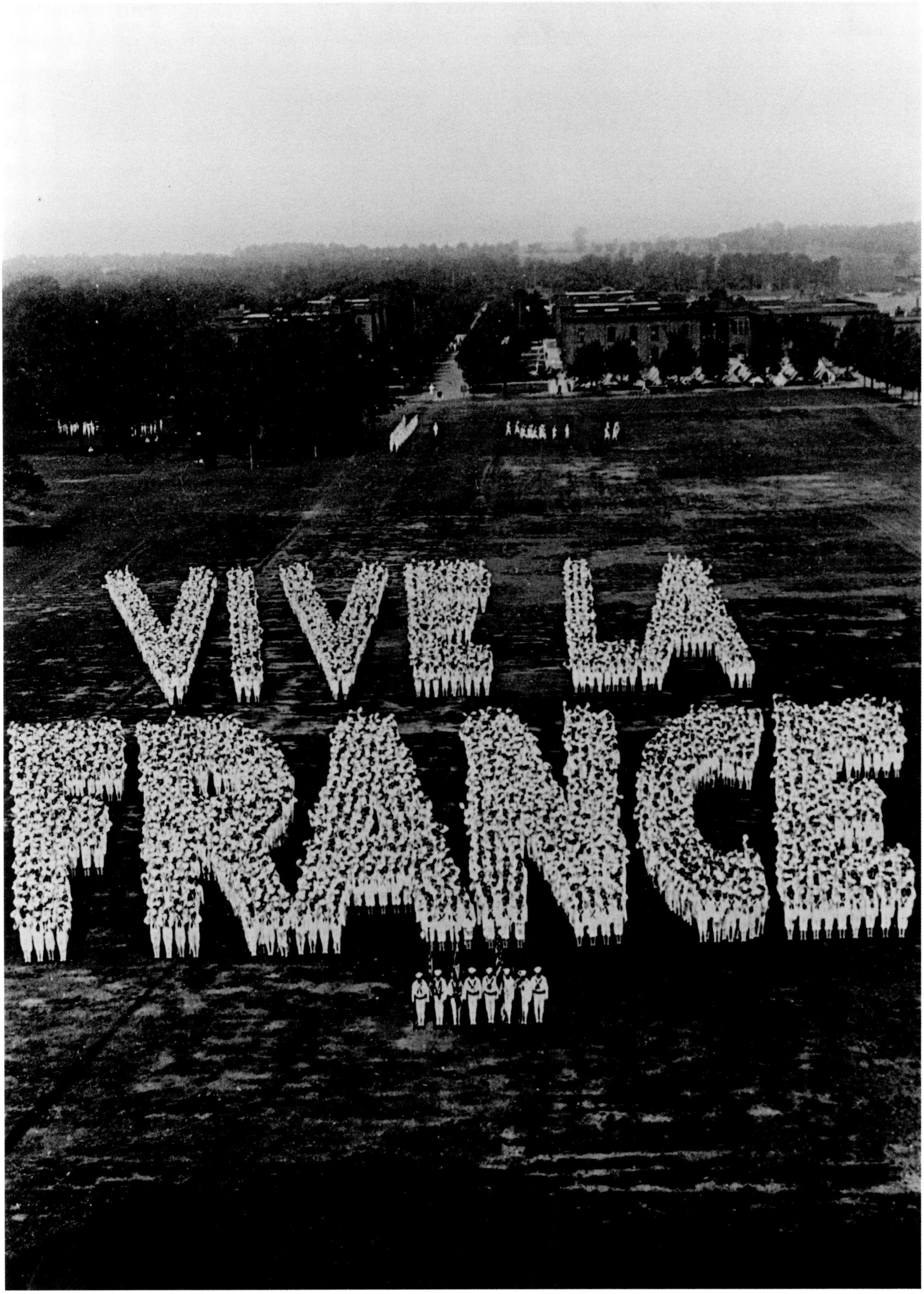
VIVE LA
FRANCE

Ineenstorting

gedichten of kalligrammen ontsnapten aan de conventionele vormgeving. Een deel van zijn gedicht *La petite auto* vormt een auto; *Loin du pigeonnier* lijkt van de bladzijde te fladderen; *Voici le cercueil* (Ziehier de doodskist) ziet er als volgt uit:[29]

```
         V O I C I
         L E   C E
         R C U E I
         L   D A N
         S   L E Q
         U E L   I
         L   G I S
         A I T   P
         O U R R
         I S S A
         N T   E
         T     P
         A L E


  V I V E   L A     F R A N C E !
  I L   D O R T   D A N S   S O N
  P E T I T   L I T   D E   S O L
  D A T   M O N   P O E T E   R
  E             S             S
  U                           S
  C                           I
  T                           E
```

Dit is de doodskist waarin hij rottend en bleek rustte

Lang leve Frankrijk!
Hij slaapt in zijn soldatenbedje
mijn uit de dood verrezen dichter

Apollinaires gedichten staan diametraal tegenover de poëzie van ontgoocheling van Wilfred Owen en Siegfried Sassoon. Hij 'accepteerde de gevaren' van de oorlog, zoals Billy heeft gezegd. In het Bois des Buttes bij Berry-au-Bac werd hij op 17 maart 1916 door een granaatscherf in het hoofd getroffen. Hij overleefde de schedelboring en andere vormen van militaire geneeskunde, maar terwijl hij herstellende was kreeg hij griep, waaraan hij twee dagen voor de wapenstilstand stierf. Apollinaire was het slachtoffer van de bijzonder kwaadaardige Spaanse griep, zo genoemd vanwege het (overigens onjuiste) idee dat de infectie door zeelieden van Azië naar Spanje en Portugal was gebracht. Niemand weet waar de ziekte vandaan kwam en waarom ze halverwege 1919 was uitgewoed. Toen waren er ongeveer twintig miljoen mensen aan gestorven, waarmee het een van de rampzaligste epidemieën uit de geschiedenis is.

In 1918 en 1919 kwamen meer mensen om door de griep dan door de oorlog. Vooral jonge volwassenen, al dan niet in uniform, waren het slachtoffer. Zowel wat verspreidingsgraad als verspreidingssnelheid betreft was de ziekte erger dan de grote pokken-, cholera- en tyfusepidemieën uit het begin van de negentiende eeuw. De epidemie kende twee pieken: de eerste van juli tot december 1918, de tweede in de lente van 1919.

In India en de Verenigde Staten stierven meer mensen dan in Europa. Volgens schattingen bedroeg het aantal slachtoffers alleen al in India meer dan zeven miljoen. De ziekte sloeg over naar Afrika en veranderde Accra aan de Goudkust

Ineenstorting

Tekening van Apollinaire door Pablo Picasso. De Franse dichter en kunstenaar Guillaume Apollinaire had de strijd en zijn verwondingen overleefd, maar stierf in 1918 aan de Spaanse griep. Op deze tekening is zijn hoofd nog verbonden, maar iedereen dacht dat hij herstellende was. Hij stierf op 9 november 1918.

(het huidige Ghana) in een spookstad. De Australische autoriteiten zagen zich genoodzaakt scheepvaart langs de kust te verbieden en de grenzen te sluiten. De eilanden in de Grote Oceaan werden het zwaarst getroffen: in de herfst van 1918 stierf hier ongeveer 25 procent van de bevolking. De epidemie had ook politieke gevolgen. Nationalisten in Afrika klaagden dat de Britse koloniale overheid niets voor de bevolking deed. Sommigen waren van mening dat de sfeer tijdens de vredesonderhandelingen in Parijs was vergiftigd door de epidemie en dat ze president Wilsons pogingen de Amerikaanse Senaat te overtuigen het vredesverdrag te ratificeren had ondermijnd. Als er ooit een wereldramp heeft plaatsgevonden, was dit het wel.

De epidemie was niet door de oorlog veroorzaakt, hoewel de oorlog wel heeft bijgedragen aan een snellere verspreiding. De Spaanse griep was geen gewone ziekte; ze sloeg even hard toe in het Midwesten van de Verenigde Staten, waar de oorlog

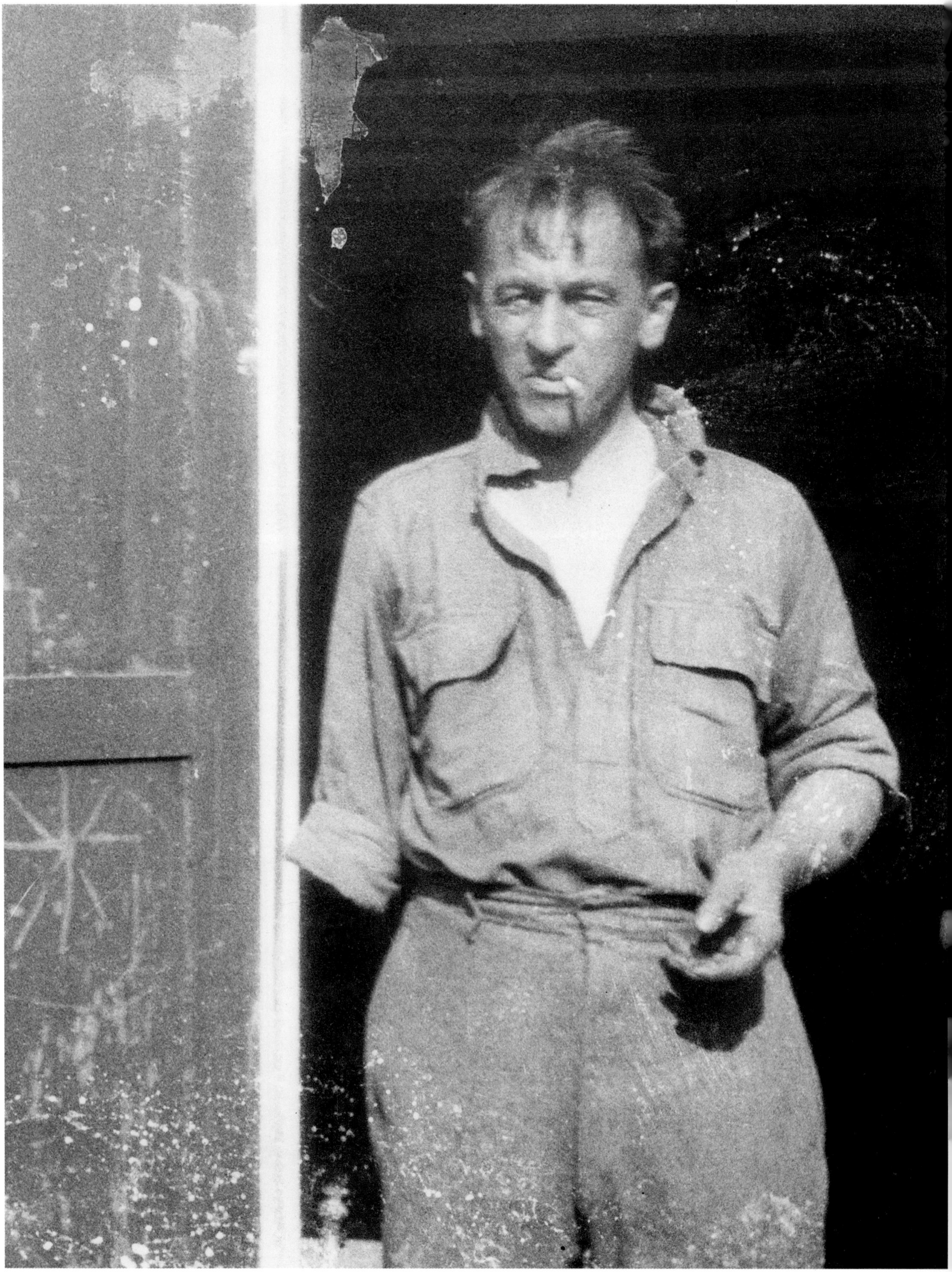

Ineenstorting

De dichter Blaise Cendrars, die in 1915 een arm had verloren, was een vriend van Apollinaire. Hij was een van de rouwenden die onderweg naar de begrafenis van Apollinaire verzeild raakten in een overwinningsoptocht. Cendrars ging in zijn eentje verder, maar kon het graf in de novembermist niet vinden. Zo eindigde de oorlog voor Cendrars: koude, mist en verdriet.

tot een economische opleving had geleid, als in het door honger getroffen Centraal-Europa. Welgestelden liepen een even groot risico als armen. Soldaten van beide partijen werden getroffen, waardoor soms zelfs een gevechtspauze noodzakelijk was om de zieken te evacueren. Geïnfecteerde mannen en vrouwen hadden hoge koorts en stierven binnen enkele dagen. De meeste artsen waren in dienst van het leger en dus niet beschikbaar voor de burgerbevolking, maar dit maakte geen enkel verschil: er bestond geen geneesmiddel tegen de Spaanse griep. Ook preventieve maatregelen, zoals het dragen van gasmaskers of het ontsmetten van de huizen van slachtoffers, hadden geen resultaat.

Na 1500 dagen vechten, nadat miljoenen waren gesneuveld en nog eens miljoenen gewond geraakt, eindigde de oorlog met een uitgeputte bevolking die werd geconfronteerd met de ergste epidemie sinds de Zwarte Dood in de veertiende eeuw. Het verhaal over de dood van Apollinaire is symbolisch voor de sombere stemming in de laatste maanden van het conflict en in de door ziekte geteisterde tijd van de wapenstilstand.

De in Zwitserland geboren dichter en avonturier Blaise Cendrars heeft verslag gedaan van de gebeurtenissen. Cendrars was met regisseur Abel Gance in Nice bezig met de verfilming van de oorlogsklassieker *J'Accuse* en was naar Parijs gereisd om enkele zaken te regelen. Hier liep hij op zondag 3 november Apollinaire tegen het lijf. Ze lunchten in Montparnasse en spraken over 'het onderwerp van de dag, de epidemie die meer slachtoffers eiste dan de oorlog'. Vijf dagen later ontmoette Cendrars de conciërge van het gebouw waar Apollinaire woonde. Zij vertelde hem dat Apollinaire getroffen was door de griep. Cendrars rende de trap op en werd begroet door Apollinaires vrouw Jacqueline. Ook zij was ziek, maar minder erg dan haar man. Cendrars ontbood snel een arts, die echter niets meer kon doen. Apollinaire stierf de volgende avond, op 9 november.

De begrafenis vond plaats op 13 november, twee dagen na de wapenstilstand. Een militaire erewacht begeleidde de baar vanuit de kerk van Thomas van Aquino, gevolgd door de weduwe, familieleden,

> alle figuren uit de literaire en kunstzinnige kringen van Parijs en de pers. Maar toen de stoet de hoek van Saint-Germain bereikte, raakte ze verzeild in een menigte die de wapenstilstand vierde, dansende en zoenende mannen en vrouwen, die uit volle borst het lied over het einde van de oorlog zongen:
> *Nee, je hoeft niet te gaan, Guillaume*
> *nee, je hoeft niet te gaan.*
> Dat was te veel. Ondertussen hoorde ik achter me de vergane glorie van het symbolisme, al die 'onsterfelijke' dichters die nu allang zijn vergeten, babbelen over de toekomst van de poëzie en over wat jonge dichters na de dood van Apollinaire zouden gaan doen. Ze waren vrolijk, alsof ze waren gekomen om de overwinning in de oorlog tussen Ouden en Modernen te vieren. Het was afschuwelijk, ik was vervuld van woede en afkeer.[30]

Cendrars maakte zich met zijn minnares en toekomstige vrouw Raymone en de kunstenaar-soldaat Fernand Léger los uit de stoet. Na een warm drankje om zich tegen de griep te wapenen namen ze een taxi naar de begraafplaats Père Lachaise in het noordoosten van Parijs, waar ze merkten dat de stoet sneller was opgeschoten dan ze hadden gedacht. De ceremonie was afgelopen en de vrienden van Apollinaire vertrokken al. De laatkomers gingen op zoek naar het graf. Tot ergernis van de grafdelvers struikelden ze over twee pasgedolven graven. Ze vroegen de weg, maar de grafdelvers konden hen niet helpen.

> 'U begrijpt, door de griep en de oorlog vertellen ze ons niet meer hoe de mensen die we in de grond stoppen heten. Het zijn er te veel'. ... Maar ik zei dat hij een luitenant was, luitenant Guillaume Apollinaire of Kostrowitsky. Er was boven zijn graf een salvo afgevuurd. 'Mijnheer,' antwoordde de voorman van de grafdelvers, 'we hebben twee salvo's gehoord. Er zijn twee luitenants begraven. We weten niet welke u moet hebben. Ga zelf maar zoeken.'[31]

Ze zagen een graf met een hoopje bevroren aarde, dat precies de vorm had van het

De Romeinse geschiedschrijver Tacitus had twintig eeuwen eerder geschreven: 'Ze schiepen een woestenij en noemden het vrede.' In 1918 was er een woestenij vol dode mensen, dode dieren, verwoeste dorpen, stinkende loopgraven en verbrande bossen.

Ineenstorting

hoofd van Apollinaire, met gras als het haar rond het operatielitteken. De psychische krachten waren 'zo groot dat we onze ogen niet konden geloven. ... we waren overrompeld. ... We verlieten de begraafplaats, waar de graven al in een dichte, ijzige mist waren gehuld ... en zeiden: "Dat was hij. Apollinaire is niet dood. Hij zal spoedig weer verschijnen, let op mijn woorden." '[32]

Deze surrealistische scène speelde zich af in de buurt van het graf van Alain Kardec, de grondlegger van het spiritisme in Frankrijk. Cendrars en zijn metgezellen liepen langs het grafschrift van Kardec, dat luidde: 'Geboren worden, sterven, herboren worden en eindeloos voortgaan. Zo luidt de wet.' 'Het was ongelooflijk,' zei Cendrars, 'Parijs vierde feest. Apollinaire was dood. Ik was overweldigd door weemoed. Het was absurd.' Hij keerde terug naar de vraag die hem obsedeerde: 'Onder welk masker zal Guillaume terugkeren naar het feestende Parijs?'[33]

Dit incident rond de begrafenis van Apollinaire symboliseert de sfeer van het bitterzoete moment waarop, althans formeel, de Eerste Wereldoorlog eindigde. De mengeling van uitbundige feestvreugde en wanhoop tekent het manische en melancholische van de wapenstilstand van 1918. Cendrars' gevoel dat een pasgedolven graf iets weg had van het profiel van Apollinaire, dat hij niet echt dood was, geeft de macht van de ontkenning aan, het vasthouden aan de hoop dat een geliefde toch in leven was

De oorlog had het leven gekost aan negen miljoen soldaten. Er waren zoveel vermisten dat er inderdaad een kans bestond dat enkelen van hen niet waren gesneuveld. Maar voor de meeste mensen vervaagde deze hoop al snel; hun bleef niets anders over dan op zoek te gaan naar de plek waar hun geliefden waren omgekomen. Ook in dit opzicht symboliseert Cendrars' probleem om het graf van Apollinaire te vinden de situatie van miljoenen anderen, die niet wisten waar hun doden lagen. Het zou nog jaren duren voordat de militaire begraafplaatsen op de voormalige slagvelden gereed waren. Miljoenen nabestaanden hadden het zonder de overgangsrituelen moeten stellen die zo belangrijk zijn voor de uitdrukking en verwerking van verdriet.

Op 16 oktober 1916 had Cendrars het gedicht 'De oorlog in de Jardin du Luxembourg' geschreven, waarin hij zich een voorstelling maakte van de dag van de overwinning:

De zon zal vroeg opkomen, als een snoepwinkel op Valentijnsdag
Het zal lente zijn in het Bois de Boulogne en verder naar Meudon
Alle auto's zullen heerlijk geuren en de arme paarden zullen bloemen dragen [...]
Dan
Op die avond
Zal de Place de l'Etoile in de lucht verrijzen
De Dôme des Invalides zal als een immense gouden klok over Parijs zingen
En de stemmen van duizenden kranten zullen 'la Marseillaise' toejuichen [...]

Hoe ver was dit visioen verwijderd van de onwerkelijke sfeer in de eerste dagen na het zwijgen van de kanonnen, waarin de oorlog was gewonnen en verloren. De vreugde over de overwinning was getemperd door uitputting en ziekte. Er heerste een gevoel van opluchting, maar zoals Cendrars besefte, was de oorlog op 11 november 1918 voor velen geëindigd in een sombere, weemoedige noot, vol verdriet over de 'verloren generatie'.

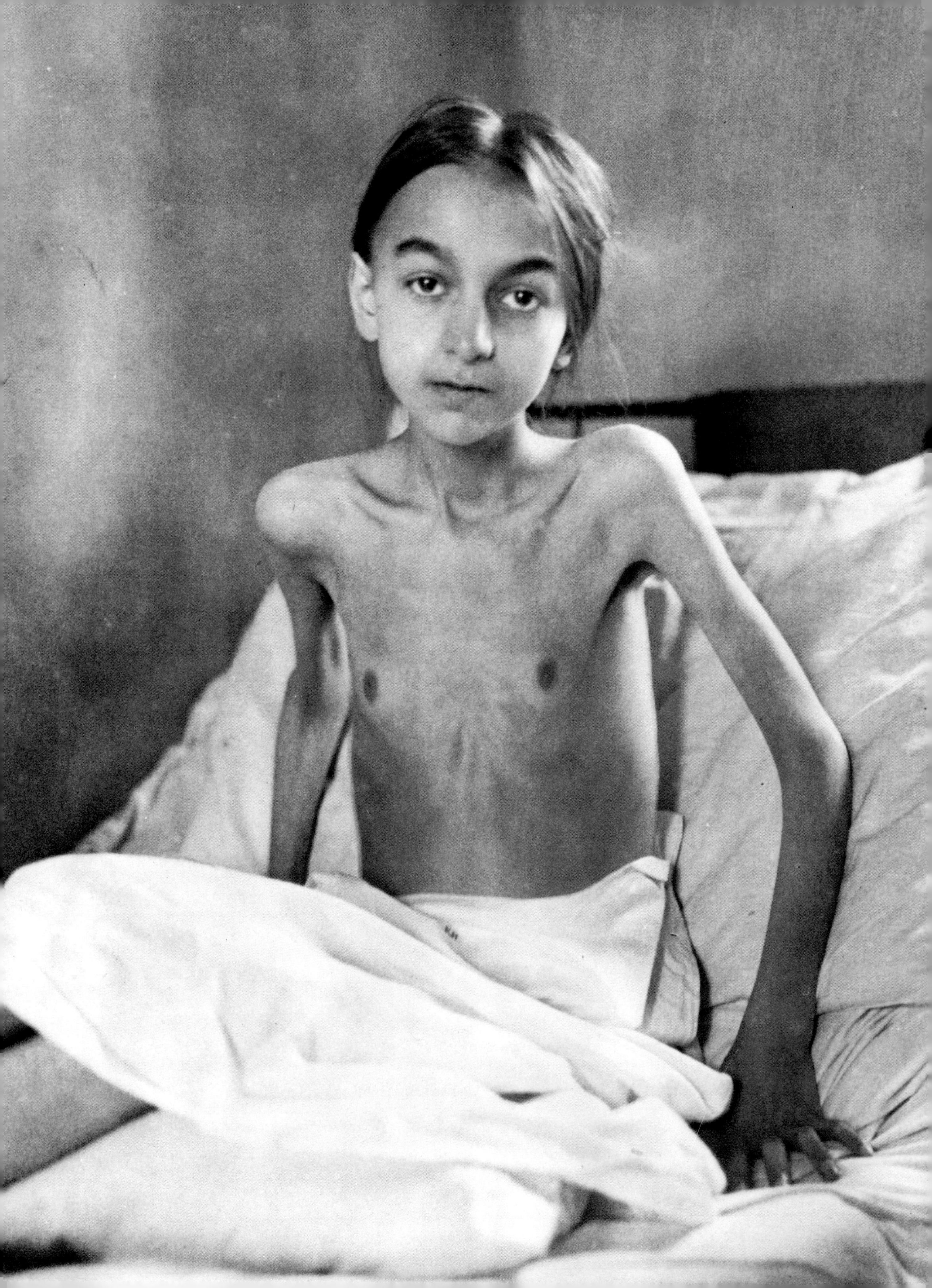

7
Haat en honger

IN 1919 DEMOBILISEERDEN de belangrijkste partijen in de Eerste Wereldoorlog hun legers. Ze beseften echter al snel dat het realiseren van een blijvende vrede minstens zo moeilijk was als oorlog voeren. Het einde van de openlijke vijandelijkheden betekende nauwelijks verlichting van de ellende van miljoenen. Honger, ziekte, revolutie en burgeroorlog bleven hun tol eisen.

'Gezegend zij de vredestichters' is wel het laatste wat kan worden gezegd over het Verdrag van Versailles. 'Want zij zullen de aarde beërven' is een toepasselijker omschrijving van de motieven en uitkomsten van de conferentie, waarop heel weinig werd opgelost. Vrede sluiten was als oorlog voeren met andere, maar nog even wraakzuchtige middelen. De grootste twistpunten werden eenvoudig herschikt voor een nog vernietigender oorlog, een generatie later. Toch werden de onderhandelingen in Versailles niet gedomineerd door hebzucht – maar wel door haat en vrees: haat die voortkwam uit vier en een half jaar bloedvergieten en verbittering, vrees gebaseerd op het toenemende geweld en de revoluties in Oost-Europa en Rusland.

RODE TERREUR IN RUSLAND

IN RUSLAND was de eerste aanzet te zien van wat de naoorlogse wereld te wachten stond. In 1917 had het land zich teruggetrokken uit de oorlog, om verzeild te raken in burgeroorlog, hongersnood en chaos. De bolsjewistische revolutie werd bestreden door een heterogene groep contrarevolutionairen of 'witten'. De geallieerden steunden hen en zonden zelfs troepen naar Rusland.[1]

Volgens de geallieerden waren de handen van de bolsjewieken besmeurd met het bloed van geallieerde soldaten. Vlak voor het laatste grote Duitse offensief in maart 1918 hadden de bolsjewieken Rusland uit de oorlog teruggetrokken. Vanaf dat

In Rusland heerste na de oorlog hongersnood. Het nieuwe regime, dat was verwikkeld in een burgeroorlog met een groot aantal door het Westen gesteunde groeperingen, was niet in staat de bevolking te voeden. Zoals altijd waren de kwetsbaarste mensen het slachtoffer: bejaarden, zieken en kinderen.

moment tot aan de wapenstilstand rechtvaardigden de westerse machten de aanwezigheid van hun troepen in Rusland door erop te wijzen dat men wilde voorkomen dat westerse wapens in handen van de Duitsers zouden vallen. Bovendien hoopten ze dat een post-bolsjewistisch Rusland weer aan de oorlog zou deelnemen. Na november 1918 bleven er westerse troepen – zij het slechts een gering aantal – om de witten te bevoorraden. Deze hulp stelde echter weinig voor, wat te maken had met de gematigde opstelling van president Wilson, die tussen de roden en witten trachtte te bemiddelen.

De andere geallieerden stonden echter openlijk vijandig tegenover de bolsjewieken. Dit conflict plaatste de afgezette tsaar en zijn gezin in een kwetsbare positie. Zij waren de symbolen van de oude orde en de bolsjewieken konden niet toestaan dat ze naar het Westen vluchtten of een antibolsjewistisch blok in Rusland zouden gaan aanvoeren. Het was onmogelijk om ze in vrijheid te laten – of ze zelfs maar in leven te laten.

De moord op de tsaar

IN AUGUSTUS 1917 waren de tsaar en zijn gezin per trein en boot naar Siberië overgebracht, waar ze acht maanden in Tobolsk verbleven, ongeveer 320 kilometer ten noorden van de Transsiberische spoorlijn. Sommige boeren namen hun pet nog af en sloegen een kruis als ze de tsaar zagen, maar de steun van de boeren aan de monarchie was na februari 1917 snel afgenomen.[2] Het gezin probeerde de schijn op te houden dat er niets aan de hand was. Zo voerden ze het toneelstuk *De beer* van Tsjechov op, waarin de tsaar de rol van Smirnov speelde. Sommige bewakers ergerden zich eraan dat de tsaar de onderscheidingstekens bleef dragen van het leger dat hij eens had geleid en eisten dat hij ze van zijn uniform verwijderde. Eerst verzette hij zich, maar uit angst voor represailles tegen zijn gezin verborg hij zijn epauletten ten slotte onder een mantel.[3] Op 1 maart 1918 werden de privileges van het gezin nog verder beperkt. Van toen af aan moesten ze leven van soldatenrantsoenen en een kleine wedde.

Elders probeerden vrienden hen te helpen. Een vermeende loyalist was de mysticus Boris Solovjev, een schoonzoon van Raspoetin. Hij reisde van Petrograd naar Tobolsk, maakte veel plannen, maar ondernam niets. Veel geld voor de tsaar kwam in zijn zakken terecht; wat ermee is gebeurd, is nog steeds een raadsel. Niemand weet of hij een bolsjewistische agent is geweest. Tijdens het spelen liep tsarevitsj Alexej, die aan bloederziekte leed, een verwonding op die de ernstigste bloeding sinds jaren tot gevolg had. Hij leed veel pijn en zei: 'Mama, stierf ik maar. Ik ben niet bang voor de dood, maar ik ben zo bang voor wat ze hier met ons gaan doen.'[4]

Zijn vrees was gegrond. Een nieuwe commissaris bracht orders van het Centraal Comité van de Communistische Partij om de tsaar naar Moskou over te brengen. De tsaar, zijn vrouw en een van hun dochters vertrokken, maar kwamen nooit in Moskou aan. Onderweg eisten bolsjewieken in Jekaterinenburg, een mijnstad in de Oeral, het recht op om hen gevangen te houden. Ze bleken sterk genoeg om dit inderdaad te doen, wellicht met toestemming van Moskou (en Lenin).

Halverwege mei woonden de tsaar en zijn hele gezin in een huis van twee verdiepingen in het centrum. De Britse consul in Jekaterinenburg, T.H. Preston, overwoog hen te redden. Maar met duizenden rode gardisten in de stad was ontsnappen

De afgezette Russische tsaar, nu niet meer dan een symbool van een verdwijnende wereld, zaagt hout in Tsarskoje Selo, waar hij gevangen zat. Hij deed zijn uiterste best om zijn gezin nog een enigszins normaal bestaan te verschaffen.

onmogelijk.[5] Het gezin had nu nieuwe bewakers, onder wie Oostenrijkse krijgsgevangenen die voor de Tsjeka (geheime politie) waren gaan werken.

De plaatselijke sovjet had al besloten de tsaar te doden, maar vroeg eerst per telegram om de goedkeuring van Moskou. Daar bleek de partijleiding nog in tweestrijd te staan. Trotski gaf de voorkeur aan een openbaar proces, met hemzelf als aanklager. Wellicht heeft Lenin persoonlijk bevel gegeven om de tsaar te executeren, maar zijn rol in deze zaak is nog steeds onduidelijk.

De bolsjewieken vonden dat het lot van de tsaar niet in hun handen lag, maar in die van de contrarevolutionairen, die met 40.000 Tsjechische soldaten hun weg naar het westen vochten. Zij waren voormalige krijgsgevangenen die de Russen vóór 1917 gevangen hadden genomen en die vervolgens door Kerenski waren bevrijd en van wapens voorzien om aan het oostelijk front te vechten. Na het vredesverdrag trachtten de bolsjewieken hen te ontwapenen, maar slaagden daar niet in. Hun aanwezigheid in Siberië betekende dat ze een belangrijk deel van de Transsiberische spoorlijn in handen hadden. Bovendien bestond het risico dat de Tsjechen de tsaar en diens gezin zouden bevrijden.

In juli 1918 naderden de Tsjechen Jekaterinenburg. Toen de sovjet van de Oeral op 12 juli vernam dat de stad binnen drie dagen zou kunnen vallen, besloot hij de tsaar en zijn gezin te executeren. De beulen ontvingen hun orders de volgende dag. In de nacht van 16 op 17 juli wekten ze de gevangenen en bevalen hen zich onmiddellijk aan te kleden; de tsaar kreeg te horen dat ze vanwege de Tsjechische opmars elders zouden worden ondergebracht. Het gezin werd naar de kelder gebracht, zogenaamd om te wachten op vervoer. Een vrachtwagen liet zijn motor warm lopen om de slachtoffers in de waan te laten dat ze snel zouden vertrekken. Toen kwam een groep soldaten gewapend met revolvers de kelder binnen. Zij doodden het hele gezin. De lijken werden naar een gat in de grond gebracht, in stukken gesneden, verbrand, gedeeltelijk opgelost in zuur en later in een bos begraven.[6] Op 25 juli 1918 veroverden de Tsjechen Jekaterinenburg en haastten de monarchistische officieren zich om de tsaar te bevrijden. Het gezin was echter spoorloos verdwenen. Het door kogels gehavende huis werd later een soort bedevaartplaats. In 1977 beval Boris Jeltsin, de eerste secretaris van het gebied, dat het moest worden afgebroken. De stoffelijke resten van het tsarengezin zijn pas in 1994 met zekerheid geïdentificeerd.

De moord op de tsaar maakte deel uit van een van de wreedaardigste episoden uit

BOVEN In deze kamer kwam een einde aan de driehonderd jaar oude Romanov-dynastie. De tsaar en zijn gezin werden gedood omdat het te gevaarlijk was hen in leven te laten, en omdat de bolsjewieken de wereld wilden tonen dat ze vastbesloten waren de macht niet meer uit handen te geven.

RECHTS Fanja Kaplan. Haar aanslag op Lenin in augustus 1918 mislukte, maar heeft toch de loop van de geschiedenis veranderd. Lenin is nooit volledig hersteld, ging lichamelijk steeds verder achteruit en stierf in 1924.

de Russische geschiedenis, maar de rode terreur was al vóór de moord in Jekaterinenburg begonnen. Leo Trotski, die later zelf zou worden vermoord, rechtvaardigde de moorden als volgt: 'De executie van de tsaar en zijn gezin was niet alleen nodig om de vijand angst aan te jagen en te ontmoedigen, maar ook om onze eigen mensen wakker te schudden, om ze te laten zien dat er geen weg terug was, dat de toekomst slechts de volledige overwinning of de volledige nederlaag kon brengen. Lenin was zich hier zeer goed van bewust.'[7]

Boris Savinkov en de sociaal-revolutionairen

HET LAND was in de greep van instabiliteit, verwarring en bloedvergieten. Zelfs vele Russische groeperingen die zich tegen de tsaar hadden verzet, keerden zich tegen de bolsjewieken.[8] Leden van de Sociaal-Revolutionaire Partij, die onder de tsaar gevangen hadden gezeten, waren fel gekant tegen de bolsjewistische dictatuur en het Verdrag van Brest-Litovsk, waarin Rusland naar hun mening was verraden. Sommigen van deze radicalen kwamen daadwerkelijk in actie. Ze arresteerden het hoofd van de Tsjeka, Felix Dzjerzjinski (bijgenaamd 'jezuïet van de terreur'[9]) en bezetten de Loebjanka-gevangenis. Bolsjewistische Letse troepen onderdrukten de opstand echter en bevrijdden Dzjerzjinski, waarna dertien rebellen werden gefusilleerd.

Ook andere groeperingen roerden zich. Op 6 juli 1918 sloegen antibolsjewistische troepen van de Unie ter Verdediging van het Moederland en de Vrijheid toe in het gebied rond de Wolga, ten noordoosten van Moskou. Ze bezetten de industriestad Jaroslavl, halverwege Moskou en Archangelsk. Deze actie was ontsproten aan het brein van een van de opmerkelijkste mannen in het antibolsjewistische kamp. Boris Savinkov, in naam sociaal-revolutionair, was het prototype van een terrorist, een man die gedijde in deze broeierige sfeer. Hij was de zoon van een tsaristische ambtenaar, raakte in het vooroorlogse Parijs bevriend met Apollinaire en Modigliani, diende tussen 1914 en 1917 als vrijwilliger in het Franse leger en werd na zijn terugkeer in Rusland onderminister van Oorlog onder Kerenski. Vervolgens vocht hij met de Kozakken tegen de bolsjewieken en was hij betrokken bij vrijwel alle samenzweringen tegen het nieuwe regime. Op het kerkhof van Jaroslavl smeedde hij, gekleed als Frans officier, plannen om de macht in de stad te grijpen.[10]

Zijn mannen bezetten de belangrijkste gebouwen, doodden drie vooraanstaande bolsjewieken, dreven tweehonderd gijzelaars naar een 'dodenschip' op de Wolga en verklaarden alle sovjetwetten en -decreten nietig. Ze hielden het zeventien dagen vol. Savinkov bevond zich in het nabijgelegen Rybinsk, waar hij het had gemunt op een groot wapendepot. Hij had al zijn hoop gevestigd op geallieerde steun, maar kreeg nul op het rekest. De opstand was gedoemd te mislukken. Op 23 juli heroverden de bolsjewieken de stad en maakten haar met de grond gelijk. Savinkov wist aan arrestatie te ontkomen, maar zijn mannen in Jaroslavl hadden minder geluk. In de volgende 48 uur werden vierhonderd gevangenen geëxecuteerd. Dzjerzjinski schreef aan zijn vrouw: 'Het is hier een dans van leven en dood.'[11] Het was ook het moment waarop de tsaar en zijn gezin werden vermoord. De rode terreur was begonnen.

Op 30 augustus werd Oeritski, het hoofd van de Tsjeka in Petrograd, vermoord. Op dezelfde dag vuurde de achtentwintigjarige sociaal-revolutionaire Fanja Kaplan, wier ouders in 1911 naar Amerika waren geëmigreerd, twee kogels af op Lenin toen

VOLGENDE BLADZIJDEN
Tijdens de gevechten tussen de legers van de roden en de witten werd de stad Jaroslavl met de grond gelijk gemaakt.

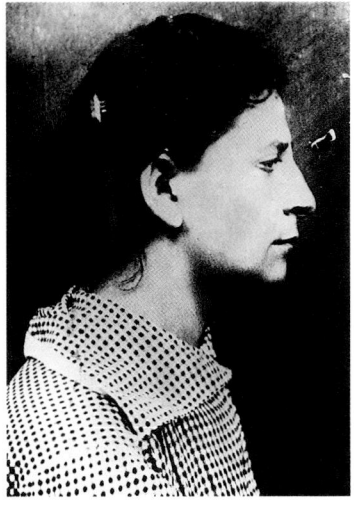

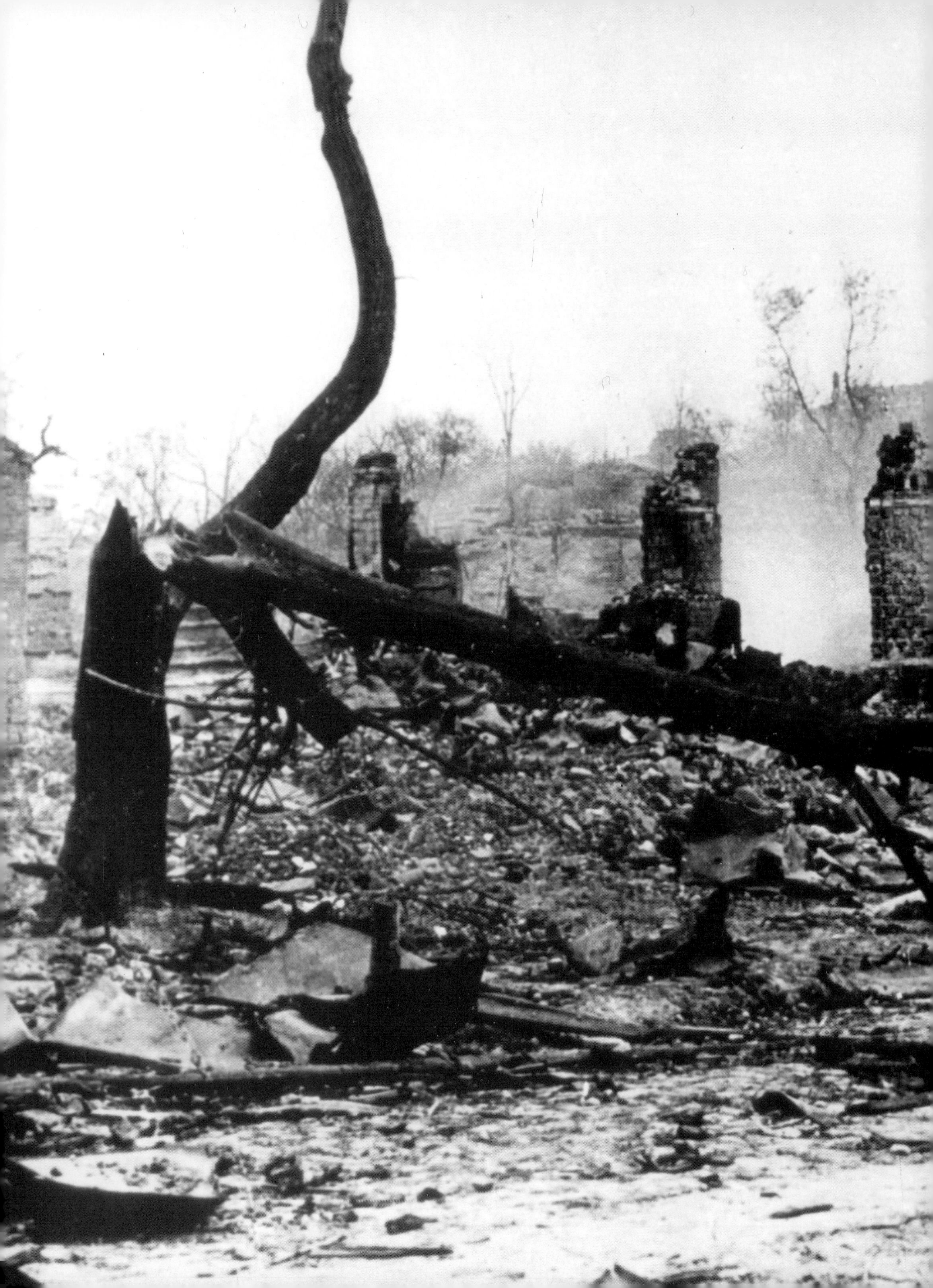

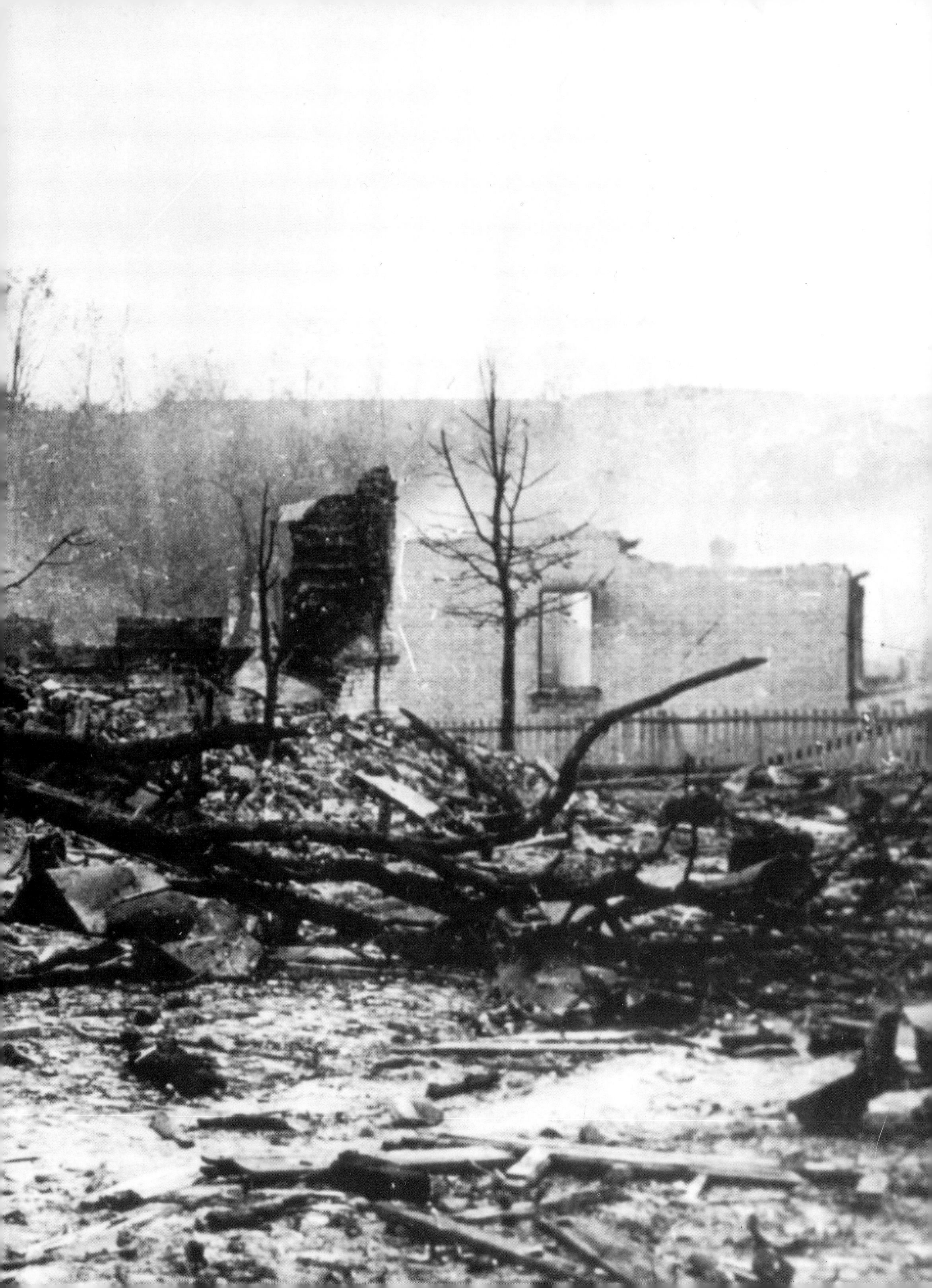

Haat en honger

die fabrieksarbeiders in Moskou toesprak. Hij werd in zijn borst en hals getroffen, maar overleefde de aanslag. Kaplan werd op 4 september geëxecuteerd. 'Met de rode terreur valt niet te spotten,' sprak haar beul na haar executie.[12] De krant *Krasnija Gazeta* pakte deze opmerking op: 'Laat er voor het bloed van Lenin en Oeritski golven bloed van de bourgeoisie vloeien – zoveel bloed als maar mogelijk is.' 'Van nu af aan,' scheef de *Pravda*, 'zal de lofzang van de werkende klasse een lofzang van haat en wraak zijn.'[13] In september werden in Petrograd vijfhonderd gevangenen doodgeschoten. Matrozen in Kronstadt doodden in één nacht vierhonderd gijzelaars. Hetzelfde lot stond gevangenen in andere delen van Rusland te wachten. 'De Revolutie onderging een interne verandering,' merkte Trotski op. 'De "vriendelijke aard" ervan liep ten einde. Het staal van de partij werd voor het laatst gescherpt. ... In de herfst [van 1918] vond de grote revolutie echt plaats. Van de kleurloze zwakte uit de lentemaanden was geen spoor meer over. Er was iets gebeurd, de revolutie had aan kracht gewonnen.'[14]

Alexis Babine

ALEXIS BABINE MAAKTE deze verandering mee. Hij was geboren in Rusland en had gestudeerd aan de Amerikaanse Cornell University, waar hij een tweedelige geschiedenis van de Verenigde Staten in het Russisch had geschreven, maar was in 1912 naar zijn vaderland teruggekeerd. Daar ging hij doceren aan de universiteit van Saratov aan de benedenloop van de Wolga, een provinciestadje dat het kosmopolitische karakter van Sint-Petersburg of het politieke rumoer van Moskou ontbeerde. De gebeurtenissen in Saratov in de burgeroorlog zijn exemplarisch voor honderden andere steden.[15]

Het dagboek van Babine geeft ons een indruk van de chaos en wreedheid in de tijd dat de revolutie verhardde. Hij was geen vriend van de bolsjewieken of andere revolutionairen en schreef over dagelijkse vernederingen en onrecht. Zwarthandelaren werden gegeseld,[16] gevangenen geëxecuteerd en eigendommen willekeurig

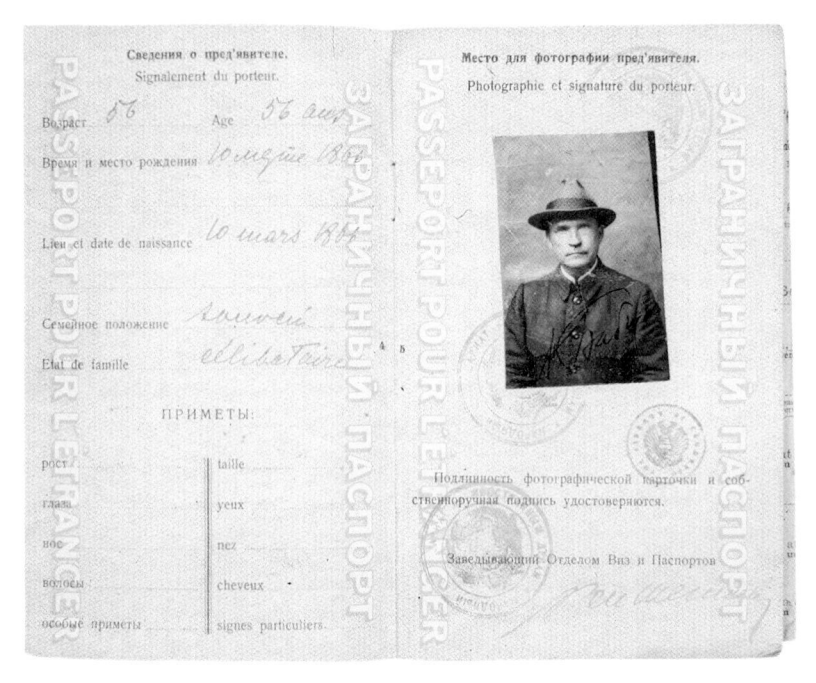

Het paspoort van Alexis Babine, een historicus die in Amerika had gestudeerd en tijdens de Russische burgeroorlog aan de universiteit van Saratov doceerde. Als vijand van de nieuwe orde nam hij geen blad voor de mond, maar hij werd met rust gelaten. Ten slotte ontsnapte hij naar de Verenigde Staten, waar hij een baan kreeg bij de Library of Congress.

Haat en honger

Veel schermutselingen in de burgeroorlog speelden zich af rond de spoorlijnen, de levensaders voor beide partijen. Gepantserde treinen waren een politiek machtsmiddel in een conflict tussen partijen die geen van beide konden rekenen op voldoende steun uit de bevolking.

geconfisqueerd.[17] Babine vond de bolsjewieken even corrupt als de ambtenaren van de tsaar – ze lieten zich met alcohol omkopen om de executie van veroordeelden uit te stellen, om ze later toch te fusilleren.[18]

Onderweg van Saratov naar Moskou ontmoette Babine talloze mensen die genoeg hadden van de bolsjewieken en hun 'despotisme, wreedheid, handelsbeperkingen, en de steeds nijpender voedselsituatie'.[19] Later hoorde hij dat na de aanslag op Lenin twintig gijzelaars waren vermoord en 150 'conservatieven' gevangen genomen.[20] 'Sinds het begin van de bolsjewistische heerschappij zijn ongeveer 350 lichamen naar het mortuarium van de universiteit gebracht,' noteerde hij in oktober 1918.[21] Op kerkelijke feestdagen moesten winkels open blijven,[22] in ziekenhuizen mochten geen iconen meer hangen,[23] woningen werden geconfisqueerd en landeigenaren zonder vorm van proces gefusilleerd.[24] Voor hem en zijn vrienden 'was het grootste probleem in leven te blijven en het langer vol te houden dan de bolsjewieken'.[25] Op de herdenkingsdag van de bolsjewistische machtsovername overpeinsde Babine:

> Door het gemak waarmee ieder verstandig mens die gek genoeg is voor zijn overtuiging uit te komen op bevel van een kleine, maar uitstekend georga-

niseerde bende geperverteerden wordt vernietigd ... en de meedogenloze, bloedige wreedheid van de bende, beginnen steeds meer intelligente overlevenden ervan overtuigd te raken dat alle liberale verklaringen en slogans van de bolsjewieken flauwekul zijn. ... Het echte doel van de communisten is iedereen uit de weg te ruimen tot wie het volk zich zou kunnen wenden voor leiding in dit actieve protest tegen de onderdrukking.[26]

Na de wapenstilstand aan het westelijk front staken wilde en ongefundeerde geruchten over de val van de bolsjewieken de kop op. Op 25 november schreef Babine dat de geallieerden de onvoorwaardelijke overgave hadden geëist van de 'bolsjewistische wanbestuurders'[27]; het 'nieuws' van de volgende dag was dat Petro-

Beide partijen in de Russische burgeroorlog beschouwden moord als politieke noodzaak. Deze bolsjewistische arbeiders uit de Oekraïne werden opgehangen door milities van de witten, die werden gesteund door westerse troepen.

Haat en honger

grad zou zijn bezet. Maar dergelijke illusies brachten geen brood op de plank; overal heerste schaarste. Op 28 december schreef Babine: 'De algemene teneur is dat alleen de joden alles hebben wat ze willen.'

Begin 1919 had de bevolking te lijden onder kou en honger. In Saratov, bij de frontlinie tussen de bolsjewieken en de witten, schreef Babine dat iedereen 'bad voor de geallieerden' en hevig verlangde naar bevrijding van 'de hardste en wreedste monarchie die men zich kan voorstellen'.[28] Hij verwelkomde het nieuws van antibolsjewistische opstanden en klaagde over schaarste – geen brandhout, geen brillen, veel te weinig brood. Zelf zag hij zich genoodzaakt zijn brood te kopen bij een 'joodse profiteur'.[29] Deze ellende versterkte Babines haat tegen de bolsjewieken en maakte hem ontvankelijk voor andere, vermoedelijk al even onwaarschijnlijke informatie. Zo schreef hij op 29 april:

> Enkele dagen geleden hoorden wachters bij het bolsjewistische monument op het Theaterplein kreten uit een nabijgelegen kapelletje, alsof er iemand huilde. Ze wierpen hun musketten neer en renden naar de bolsjewistische autoriteiten om dit te melden. Twee bolsjewieken gingen de zaak onderzoeken. Toen ze de kapel betraden, zagen ze hoe er uit de ogen van de houten icoon van Onze Lieve Vrouwe tranen stroomden. Een van de mannen viel flauw, de andere vluchtte in doodsangst. ... Er zijn aan één stuk door diensten gehouden voor de toegestroomde gelovigen. Ik slaagde er vanmiddag niet in om me door de menigte de kapel in te wurmen.[30]

De onwaarschijnlijke verhalen in de dagboeken van Babine weerspiegelen de instabiele, gevaarlijke en totaal onvoorspelbare wereld van de burgeroorlog.[31] Maar Babine bevond zich aan de verliezende kant. De krachten van de oude orde waren eind 1919 verzwakt en het tij was gekeerd ten gunste van de bolsjewieken. De legers van de witten waren even wreed en corrupt als die van de bolsjewieken – er

RECHTS Bolsjewistische gevangenen. Krijgsgevangenen die door de revolutie en de wapenstilstand in Siberië waren gestrand, sloten zich in de burgeroorlog bij beide partijen aan. Sommigen werden opnieuw gevangengenomen, velen wisselden van partij, anderen verdwenen voor altijd.

was slechts één verschil: de witten waren onbekwamer. De boeren geloofden niet dat ze, mocht de tsaar weer aan de macht komen, het land zouden kunnen houden dat ze tijdens de revolutie van 1917 in bezit hadden genomen.[32] Het nieuwe regime consolideerde zijn macht in Zuid- en Oost-Rusland en hield stand tegen de Poolse troepen in het westen. De bolsjewieken slaagden er mede dankzij de rode terreur in aan de macht te blijven.

Het was een tijd van grote tegenstellingen. Het feit dat Babine zijn vrijheid behield en zelfs kon blijven doorwerken toont aan dat de terreur zijn beperkingen had; als hij tien jaar later, onder Stalin, in Saratov had gewoond, zou hij het nog geen dag hebben volgehouden. Hetzelfde regime dat misdaden beging stond ook toe dat de schilderkunst, beeldhouwkunst, muziek en poëzie een bloeiperiode doormaakten. De rechten van vrouwen werden erkend. Marc Chagall werd in 1919 in Vitebsk (Wit-Rusland) benoemd tot commissaris voor Schone Kunsten. Hij hechtte geloof aan de belofte van de bolsjewieken dat ze de joden als een van de vele volken in de sovjetstaat zouden erkennen. In mei 1920 vertrok hij naar Moskou om de fresco's voor het Joodse Staatstheater te schilderen. Toen begon een aantal afschuwelijke pogroms, geleid door de witten en Oekraïense nationalisten. Het geweld, dat was ontsproten aan het antisemitisme waarvan Alexis Babine een voorbeeld was, kostte aan duizenden het leven en ging de hele burgeroorlog door. In 1922 besloot Chagall naar Parijs terug te keren; het culturele en politieke klimaat in Rusland was veranderd. De tijd van artistieke vrijheid was voorbij.[33]

In dat jaar vluchtte ook Babine terug naar het Westen. In Londen hoorde hij een jonge heethoofd Trotski's slogan over de bourgeoisie herhalen: 'Het is gemakkelijker ze neer te schieten dan met ze te praten.'[34] Babine heeft geluk gehad. Hij vestigde zich in Washington en werd plaatsvervangend hoofd van de Slavische afdeling van de Library of Congress. Daar stierf hij in 1930 op vierenzestigjarige leeftijd, een overlevende van zowel de rode terreur als de Russische burgeroorlog.

Witte terreur in Duitsland

De terreur nam in het naoorlogse Europa vele vormen aan, zoals de brute onderdrukking van revolutionair links in Duitsland. Deze turbulente fase in de Duitse geschiedenis volgde op de ineenstorting van de oude orde. Eind 1918 besefte iedereen dat de geallieerden geen vrede zouden sluiten met keizer Wilhelm II: de prijs voor vrede was politieke verandering. Daarom werd de keizer op 8 november zonder pardon afgezet.

Het machtsvacuüm dat hij achterliet, werd opgevuld door een groep van zes socialisten, die een voorlopige regering vormden. Drie van hen kwamen uit de rechtervleugel van de partij en hadden de oorlog vanaf het begin gesteund, de drie anderen waren links en hadden zich tegen de oorlog verzet. Aan het hoofd stond Friedrich Ebert, een bijzonder behoedzaam man die zichzelf beschouwde als de Duitse evenknie van Kerenski. Hij had van de gebeurtenissen in Rusland geleerd op zijn hoede te zijn voor het gevaar door een tweede bolsjewistische revolutie te worden opgeslokt. Om dit te voorkomen, sloot hij onmiddellijk een geheim pact met generaal Wilhelm Groener, die als feitelijk bevelhebber van het Duitse leger Ludendorff had opgevolgd.

Haat en honger

LINKS Marc Chagall, *Studie voor muziek*, 1920. De bolsjewistische revolutie luidde een periode van kunstzinnige experimenten in. Tussen 1918 en 1921 vond een ware explosie van creativiteit plaats. In de kunstacademie van Vitebsk bezong Chagall het joodse leven in Wit-Rusland en de Oekraïne. Dit is een studie voor een muurschildering in het nieuwe Joodse Theater in Moskou.

Om verzekerd te blijven van de steun van het leger was Ebert genoodzaakt de revolutionaire linkervleugel van de socialisten in toom te houden of te vernietigen. Op 8 november, kort voordat de voorlopige regering werd gevormd, had hij een telefoongesprek met generaal Groener. Het was duidelijk dat het keizerlijke leger ook het leger van de nieuwe orde zou worden.

Groener was een man met wie Ebert zaken kon doen. Hij maakte geen deel uit van de oude garde, die had overwogen machinegeweren in te zetten tegen stakers. Weliswaar was hij conservatief, maar een verlichte conservatief. Hij had de Duitse mobilisatie van 1914 georganiseerd en was in 1916 benoemd tot hoofd van het nieuwe *Kriegsamt* voor munitieproductie. Zijn meerderen beschouwden hem echter als te toegeeflijk voor de vakbonden en in 1917 werd hij door Ludendorff ontslagen. De socialist Ebert had de oorlogsinspanning gesteund en samengewerkt met Groener. Ebert behoorde tot de uiterste rechtervleugel van de Duitse Socialistische Partij en was van mening dat het naoorlogse Duitsland een constitutionele monarchie moest worden. Evenals Groener verafschuwde hij wanorde en revolutie.

Het verbond werd in het geheim gesloten. Ebert heeft zijn socialistische collega's nooit iets verteld over de inhoud van het telefoongesprek dat hij op 8 november met Groener voerde:

> EBERT: Wat verwacht u van ons?
> GROENER: De veldmaarschalk [Von Hindenburg] verwacht dat de regering het officierscorps zal steunen, de discipline bewaren, en de tuchtregels van het leger in stand zal houden. Hij verwacht dat er toereikende maatregelen zullen worden genomen voor de volledige instandhouding van het leger.
> EBERT: En wat nog meer?

De nieuwe Republiek Duitsland wendde zich tot het leger om haar macht te consolideren. De prijs voor de steun van het leger was de onderdrukking van revolutionaire arbeiders. Hier spreekt Friedrich Ebert (derde van links), de voorzitter van de voorlopige regering, met zijn militaire bondgenoten.

GROENER: Het officierscorps verwacht dat de regering het bolsjewisme zal bestrijden en stelt zich voor deze taak ter beschikking van de regering.
EBERT [*na een korte pauze*]: Breng de dank van de regering over aan de veldmaarschalk.³⁵

Groener besefte dat er een voorlopige regering zou komen en dat deze zou bestaan uit vertegenwoordigers van zowel de linker- als van de rechtervleugel. Om het bolsjewisme te bestrijden, zou de regering iedereen die sympathie had voor de revolutionairen moeten isoleren en elimineren. Dat was ook het plan van Groener en Ebert.

Ten tijde van de wapenstilstand stond Ebert met steun van het leger aan het hoofd van een onstabiele coalitie van gematigde en radicale socialisten. De radicalen raakten steeds meer geïsoleerd en verlieten de regering na zes stormachtige weken, waarna Ebert verder kon werken aan zijn taak: het voorkomen van een bolsjewistische opstand, het land terugvoeren op het spoor van de vrede, tien miljoen mannen demobiliseren en weer aan werk helpen, onderhandelen over een vredesverdrag en de voorwaarden scheppen voor een stabiele democratie.

Ebert bevond zich ongetwijfeld in een bijzonder precaire situatie. In de eerste weken van hun bewind zorgden de gematigde socialisten ervoor dat het naoorlogse Duitsland erg veel zou lijken op het oude *Kaiserreich*. Tenslotte, zo redeneerden zij, wie kon de garantie geven dat de geallieerden een radicaler regime in Berlijn zouden tolereren?[36] De overwinnaars dreigden weliswaar met militaire interventie, maar dit was niet meer dan bluf. Iedereen wilde naar huis – vooral in het verslagen Duitsland. De militaire demobilisatie ging gepaard met een soort politieke demobilisatie van het socialistische programma.

Algemeen kiesrecht en het creëren van democratische instituties, met een uitvoerende macht die verantwoording verschuldigd was aan de wetgevende macht, waren zeker geen geringe prestaties. De hogere regionen van het ambtelijk apparaat bleven echter bezet door personen die ook onder het oude regime hadden gewerkt; dit gold eveneens voor de rechtbanken en in grote lijnen ook voor het leger. Om een einde te maken aan de oorlog was het noodzakelijk de keizer te vervangen door een op westerse leest geschoeide democratie. De mannen die aan het hoofd van de voorlopige regering stonden, waren echter vastbesloten te voorkomen dat Duitsland in een socialistische staat zou veranderen. De oude orde had de schok van de nederlaag en het aan de macht komen van de socialisten overleefd.

Spartakus

IN JANUARI 1919 HAD HET conservatisme van het nieuwe regime tot gevolg dat een klein groepje revolutionairen een poging deed de macht te grijpen. Ze werden geleid door de Spartakusbund, die op Nieuwjaar 1919 werd omgedoopt in Communistische Partij van Duitsland. Rosa Luxemburg, die met Karl Liebknecht aan het hoofd van de Spartakusbund stond, vond dat de tijd voor actie nog niet rijp was, maar de heethoofdige Liebknecht wilde onmiddellijk toeslaan. Hij dreef zijn zin door en tegen beter weten in deed Luxemburg met hem mee.

Ze gokten erop dat de Berlijnse arbeiders zich achter hen zouden scharen. Op 11 januari bezetten ze een aantal gebouwen in Berlijn en kondigden de val van de voorlopige regering aan. Na vier dagen van straatgevechten was de opstand echter volledig de kop ingedrukt. Meer dan duizend mensen waren omgekomen of gewond en Berlijnse arbeiders hadden nauwelijks aan de opstand deelgenomen.

Op 15 januari werden Liebknecht en Luxemburg gearresteerd en overgebracht naar Hotel Eden in het centrum van Berlijn, het tijdelijke hoofdkwartier van de Cavalerie- en Karabiniersdivisie, waar tevens een van de paramilitaire politie-eenheden (*Freikorps*) was gelegerd die de Spartakisten hadden verpletterd. De *Freikorps* bestonden uit ex-soldaten, misdadigers en avonturiers die het vuile werk voor het nieuwe regime opknapten. Er is geen bewijs dat de regering opdracht heeft gegeven voor de moord op Liebknecht en Luxemburg, maar ze deed ook niets om de *Freikorps*, die hun eigen vorm van rechtspleging kenden, te beteugelen.

De proclamatie van de Republiek Duitsland door de gematigde leiders van de Sociaal-Democratische Partij, op de trappen van de Rijksdag in Berlijn, 9 november 1918.

Haat en honger

Eerst werd Liebknecht het hotel uitgeleid en neergeknuppeld door ene soldaat Runge. De gevangene werd naar een verlaten deel van Berlijn gebracht en daar uit de auto gegooid, waarna zijn lichaam werd doorzeefd met kogels. Vervolgens kreeg luitenant Vogel opdracht Rosa Luxemburg naar de Moabit-gevangenis over te brengen, waar ze tijdens de oorlog ook een tijd gevangen had gezeten. Maar ook zij werd door Runge neergeslagen, nog voor zij het hotel verlaten had. Anderen weerhielden hem om zijn werk in het bijzijn van zoveel getuigen af te maken. Bloedend uit haar neus en mond werd ze naar een auto gesleurd. Meteen nadat deze was weggereden, klonk er een schot, vermoedelijk afgevuurd door luitenant Vogel, die op de treeplank meereed. Haar lichaam werd in het Landwehr-kanaal gegooid. 'Die oude teef is gaan zwemmen,' spotte een van haar moordenaars.[37] Haar lijk werd pas eind mei opgevist en begraven naast Liebknecht en anderen die bij de januari-opstand waren omgekomen.[38]

Het onderzoek naar de moorden was oppervlakkig. Tientallen getuigen hadden gezien hoe Luxemburg en Liebknecht in Hotel Eden waren neergeslagen, naar een auto gesleurd en afgevoerd. De regering was gecompromitteerd; iemand zou verantwoording moeten afleggen.[39] De militairen sloten de rijen. In mei 1919 kwam de

RECHTS Foto's van de lichamen van Rosa Luxemburg en Karl Liebknecht, beiden vermoord op 15 januari 1919. Rosa Luxemburgs lichaam verkeerde in staat van ontbinding omdat het pas vier maanden nadat ze was neergeschoten uit het Landwehr-kanaal was opgedregd.

Freikorps-vrijwilligers in Hotel Eden in Berlijn op 15 januari 1919, de dag waarop Rosa Luxemburg en Karl Liebknecht hierheen werden gebracht, en mishandeld tot de dood erop volgde.

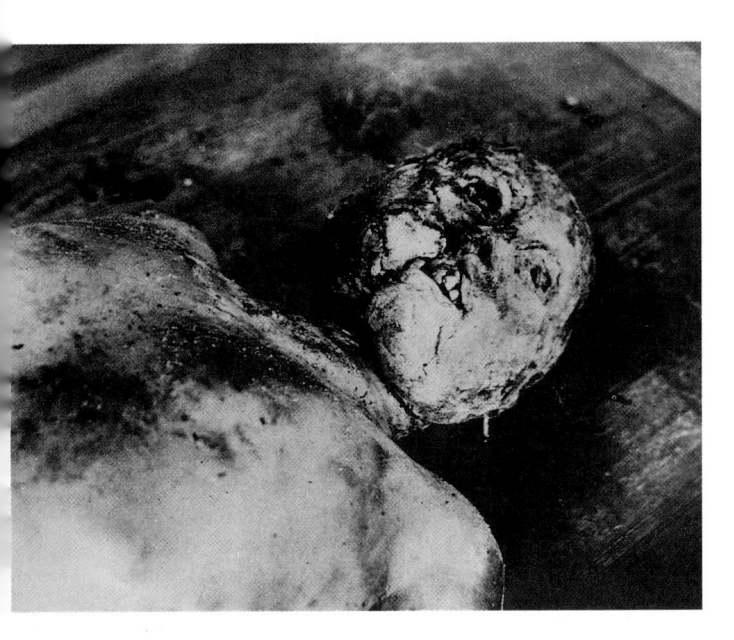

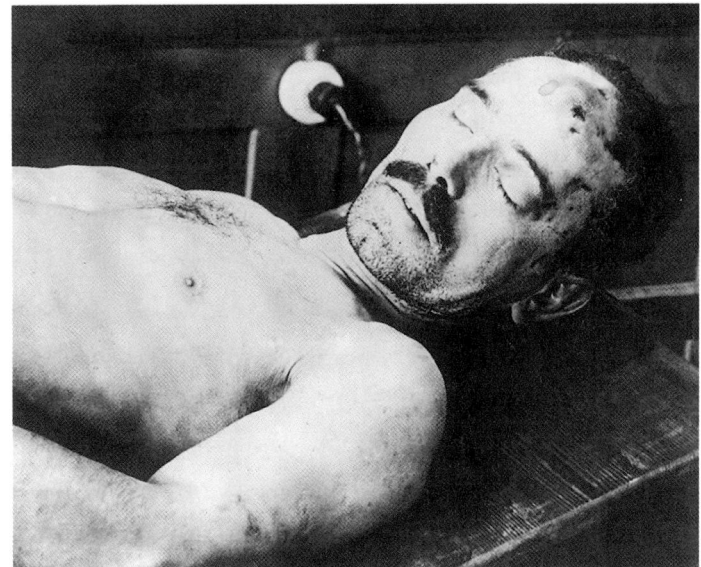

krijgsraad bijeen. De beschuldiging tegen luitenant Vogel luidde dat hij had verzuimd een dode te rapporteren en een lijk op illegale wijze had doen verdwijnen. Hij werd veroordeeld tot twee jaar en vier maanden cel en vervolgens, voordat hij in hechtenis kon worden genomen, snel afgevoerd naar Nederland. Runge werd aangeklaagd voor poging tot doodslag. Hij kreeg twee jaar cel, die hij uitzat, maar in 1933 schonken de nazi's, die toen net aan de macht waren gekomen, hem 6000 Deutschmark smartengeld omdat hij 'zijn idealen met gevangenschap had moeten bekopen'.[40]

Polarisering

ER VOLGDEN NOG MEER politieke moorden. In het conservatieve Beieren was de linkse socialist Kurt Eisner ten dode opgeschreven omdat hij had verklaard dat Duitsland verantwoordelijk was geweest voor het uitbreken van de oorlog. Eisner was voorzitter van de Raad van Arbeiders, Soldaten en Boeren die in de turbulente dagen aan het eind van de oorlog in Beieren de macht had gegrepen. Op 21 februari werd hij op weg naar het parlementsgebouw vermoord door een Beierse aristocraat, graaf Arco-Valley. De gedelegeerden kregen het nieuws te horen van Erhard Auer, die in plaats van Eisner de zitting van de raad opende. Vervolgens probeerde een krankzinnige slager Auer te doden door in de hal wild om zich heen te schieten. Twee gedelegeerden kwamen om, maar de zwaargewonde Auer overleefde de aanslag.[41]

In maart 1919 was het de beurt aan de communist Leo Jögiches, de voormalige minnaar van Rosa Luxemburg. Hij had zich voorgenomen de doofpotaffaire rond Rosa's dood aan de kaak te stellen en was in Berlijn gebleven, hoewel dat zeer gevaarlijk was. Toen hij een bezoek bracht aan haar appartement merkte hij op: 'Het is hier mooi. Ik heb het gevoel dat Rosa elk moment weer binnen kan komen.'[42] Jögiches werd gearresteerd, zwaar mishandeld en gefusilleerd.[43]

Onder deze slachtoffers waren Eisner en Luxemburg van joodse afkomst. Dit paste goed in de mythe van de dolksteek-in-de-rug, die Ludendorff en anderen verkondigden: Duitsland had de oorlog niet verloren, maar was verraden door joden en revolutionairen. Het feit dat Duitsland nu een democratie was, had geen einde gemaakt aan het antisemitisme. Integendeel, haat tegen de buitenlandse vijand ging naadloos over in haat tegen de vijand in eigen land.[44] Aan het Russische front hadden Duitse soldaten voor het eerst veel contact gehad met Oost-Europese joden. Veel van deze mannen waren uitgesproken antisemiet. Ook dit illustreert de continuïteit tussen de vooroorlogse politieke cultuur en de tijd na 1918. Er was echter één verschil: na de nederlaag nam de haat toe.

Het was de bedoeling dat de voorlopige regering aan de macht zou blijven tot er een grondwetgevende vergadering was gekozen. De vernietiging van revolutionair links in 1919 verschafte de nieuwe orde legitimiteit onder de middenklasse en conservatieve arbeiders. Maar zij had ook een destabiliserende invloed op Duitsland, met blijvende gevolgen. De brute vervolging sloeg een permanente kloof binnen de socialistische beweging: de linkervleugel heeft de gematigden nooit vergeven dat zij verantwoordelijk waren voor de moord op Luxemburg en Liebknecht. Communisten en socialisten bleven elkaar verketteren, zelfs als ze werden geconfronteerd met een gemeenschappelijke vijand.

De publieke steun voor radicale verandering slonk om twee redenen: het conservatisme van het merendeel van de werkende bevolking en de uitputting na vier jaar oorlog.[45] De Duitsers hadden één kruistocht overleefd en schrokken ervoor terug om aan een tweede te beginnen. De opmerking van Oscar Wilde over het socialisme gold in 1919 wellicht nog meer voor Duitsland dan voor andere Europese landen: Wilde had gezegd dat hij geen socialist was omdat het hem te veel vrije avonden kostte. Er was tenslotte nog veel meer te doen, zoals de terugkeer naar een normaal leven – huwelijken opnieuw opbouwen, kinderen opvoeden, weer aan het werk gaan, de reuk van de loopgraven vergeten.

Deze psychologische terugkeer naar de belangrijke zaken van het dagelijks leven verklaart wellicht de uitkomst van de verkiezing voor de grondwetgevende vergadering in 1919. Vier dagen nadat de opstand van de Spartakisten was neergeslagen, spraken dertig miljoen Duitsers – onder wie voor het eerst vrouwen – hun oordeel uit over revolutie: 36 procent stemde op de gematigde socialisten, 8 procent op de radicalen en de rest op conservatieve partijen. In de nieuwe republiek hadden de socialisten dus niet eens de meerderheid.[46] In plaats van het revolutionaire Berlijn werd Weimar, de stad van Goethe, tot hoofdstad van het nieuwe Duitsland gekozen. De Duitse revolutie van 1918-1919 was al voordat ze was begonnen ten einde gekomen.

Kurt Eisner, leider van de socialistische revolutie in Beieren, riep op 7 november 1918 een republiek uit. Hij werd op 1 februari 1919 vermoord.

De verloren vrede

IN 1919 GINGEN haat en diplomatie hand in hand. De vredesconferentie die een einde maakte aan de oorlog, had meer te maken met bestraffing dan met vrede. De akkoorden die op 28 juni 1919 in de Spiegelzaal in Versailles werden ondertekend, leidden tot instabiliteit en bleken uiteindelijk niets waard. Hier begon de aanzet tot de Tweede Wereldoorlog.

Om te begrijpen wat er in Versailles misging, is het van belang aandacht te besteden aan het karakter van de vier belangrijkste mannen van de conferentie. Clemenceau, de premier van Frankrijk, Lloyd George, de Britse premier, en de Amerikaanse president Wilson waren lijfelijk aanwezig. Lenin was in Rusland gebleven, maar was in de geest aanwezig in Versailles. De gastheer, Clemenceau, heeft zijn conservatieve stempel op de conferentie gedrukt. Hij had weinig keus:

Frankrijk was vastbesloten de macht van Duitsland zo ver in te perken dat herhaling van het bloedbad van 1914 onmogelijk was – de gereduceerde Franse bevolking kon het zich niet veroorloven nog eens een dergelijke nachtmerrie door te maken. Clemenceau wilde het vroegere machtsevenwicht herstellen, waarbij Duitsland op internationaal gebied een veel kleinere rol zou spelen. Met andere woorden: hij trachtte de vooroorlogse wereld te herscheppen, met Frankrijk als de belangrijkste Europese grootmacht. Ook Lloyd George richtte zich op de vooroorlogse tijd. Hem stonden echter vooral de bescherming van Britse politieke en handelsbelangen voor ogen, waarbij hij lippendienst bewees aan nieuwe begrippen, zoals het recht op zelfbestuur van onderworpen volken. Lloyd George ging ervan uit dat dergelijke ideeën niet meer waren dan holle retoriek, die vanzelf zou slijten.

Wilsons uitgangspunt was geheel anders. Hij propageerde een nieuwe wereldorde, gebaseerd op 'rede' en 'recht'. Op een nieuw op te richten internationaal forum, de Volkenbond, zouden buurlanden hun geschillen zonder bloedvergieten kunnen bijleggen. Zijn ideeën kwamen voort uit typisch Amerikaanse hooghartigheid: Europa was een poel van onrecht en Amerika moest de Europeanen te hulp komen om de moeilijkheden op te lossen waar zij zelf niet uit konden komen.

Vanaf het begin was duidelijk dat Wilson uitging van een totaal ander toekomstbeeld. Lloyd George, een meester in diplomatieke dubbelzinnigheid, kon goed samenwerken met Clemenceau: zij spraken dezelfde wereldse, onbetrouwbare taal. Wilson leek echter van een andere planeet te komen. Lloyd George heeft eens opgemerkt: 'Ik ben er heilig van overtuigd dat de idealistische president zichzelf aanvankelijk als een soort zendeling beschouwde die de arme Europese heidenen van de eeuwenlange verering van valse en wrede goden moest redden. Hij had de neiging ons in die trant toe te spreken, beginnend met enkele simpele waarheden, bijvoorbeeld dat recht belangrijker is dan macht, en rechtvaardigheid langer duurt dan kracht.'[47]

Anderzijds was het een oude Europese misvatting om de Amerikanen te behandelen als kinderen in een wereld van volwassenen. Wilson was geen kind en Amerika was te belangrijk om eenvoudig terzijde te schuiven. Maar niemand, hoe gewiekst en overtuigend ook, kon de Europese leiders er in 1919 van overtuigen dat de vroegere manier om hun zaken te regelen zijn tijd gehad had. Het conservatisme was te sterk. Een ander belangrijk punt was het aantal gesneuvelden. Ongeveer 50.000 Amerikanen waren in de oorlog omgekomen. Het aantal Britse gesneuvelden lag vijftien maal hoger, het aantal Franse dertig maal. Waarom zouden de Europeanen aandacht schenken aan hooggestemde idealen waarvoor de Amerikanen verhoudingsgewijs weinig hadden opgeofferd?

Toch zette Wilson door. De Veertien Punten die hij in januari 1918 had opgesteld, hadden over de hele wereld weerklank gevonden en vormden de achtergrond van de Duitse capitulatie en de onderhandelingen in Versailles. Bovendien waren ze een tegenwicht tegen revolutionaire krachten, ontketend door de bolsjewistische revolutie.[48] Het liberalisme van Wilson was veel meer dan antibolsjewisme, hoewel hij zijn afkeer van het nieuwe Russische regime niet onder stoelen of banken stak. Het probleem was echter dat de geest van het liberalisme in 1919 te edelmoedig en te optimistisch was voor de sombere stemming van die tijd. De hardvochtiger opvattingen van Clemenceau en Lenin vormden een betere weerspiegeling van de tijdgeest.[49]

Wilson was de eerste Amerikaanse president die een officieel bezoek bracht aan Europa. Naar Parijs gaan was politiek riskant, maar thuisblijven achtte hij ondenkbaar. Als vierjarig kind had Wilson bij zijn ouderlijk huis in Augusta in Georgia gestaan toen hij 'een voorbijganger hoorde zeggen dat Lincoln tot president was gekozen en er oorlog zou komen. Ik weet nog dat ik mijn vader vroeg wat het betekende.' Daar kwam hij al spoedig achter.[50]

In 1916 werd hij herkozen op de belofte dat hij Amerika buiten de oorlog zou houden. Twee jaar later, toen hij op de *George Washington* naar Europa voer, was hij vastbesloten de wereldorde te hervormen. Hij wist hoe moeilijk dit zou worden en zei tegen een adviseur: 'We mogen niet talmen. ... Volken kunnen hun tirannen jarenlang verdragen, maar verscheuren hun bevrijders als het aardse paradijs uitblijft. Ik voorzie – en ik hoop van ganser harte dat ik ongelijk heb – een tragedie van teleurstelling.'[51] Wilson raakte zijn sombere voorgevoel niet kwijt. In Londen was hij op gepaste wijze ontvangen, maar dat was dan ook alles. Koning George V vond hem een koele, wereldvreemde professor: 'Ik kon hem niet uitstaan,' luidde het koninklijk commentaar tegenover een vriend. In Parijs werd hij hartelijker begroet, maar de president bleef zich slecht op zijn gemak voelen. Hij verzuchtte: 'Binnen zes maanden sleuren ze me wellicht door de modder.'[52]

Het lot van Duitsland was het belangrijkste gespreksonderwerp. Het precedent sprak klare taal: in 1871, na de Frans-Duitse oorlog, had Frankrijk niet minder dan vijf miljard franc aan herstelbetalingen moeten opbrengen. Nu moest Duitsland bloeden. Frankrijk was destijds Elzas-Lotharingen kwijtgeraakt; dit gebied zou nu moeten worden teruggegeven. En het antwoord op de vraag wie er verantwoordelijk was voor de oorlog was eenvoudig: Duitsland.[53]

Het kernpunt van het verdrag was artikel 231, waarin Duitsland de volledige verantwoordelijkheid voor de oorlog en de daaruit voortvloeiende schade op zich nam. De keizer werd aangeklaagd wegens 'misdaden tegen de internationale moraal en de onschendbaarheid van verdragen'; artikel 227 voorzag in het samenroepen van een tribunaal voor oorlogsmisdaden. De vijf rechters zouden uit Groot-Brittannië, Frankrijk, Italië, de Verenigde Staten en Japan moeten komen. Dit proces heeft nooit plaatsgevonden, maar diende als precedent voor het Neurenberg-tribunaal, 27 jaar later.

De tweede strafmaatregel had betrekking op de herstelbetalingen. Duitsland moest met ingang van 1921 dertig jaar lang de kosten betalen van het geallieerde bezettingsleger, en daarnaast opdraaien voor de materiële schade aan geallieerde eigendommen (inclusief de tot zinken gebrachte geallieerde schepen) en andere kosten. De geallieerden kregen de controle over de Duitse waterwegen, met name de Rijn, en hadden het retentierecht over grondstoffen, zoals kolen en staal. In feite moest de Duitse economie zowel de directe als de indirecte kosten van de oorlog dragen. Dit was een verlammende last, en was ook als zodanig bedoeld. Duitsland heeft zijn schuld nooit volledig betaald, maar in de eerste tien jaar na de oorlog waren de herstelbetalingen de oorzaak van economische instabiliteit in Europa.[54]

Bovendien verloor Duitsland al zijn koloniën, die overgingen in handen van de geallieerden, en werd de omvang van het Duitse leger strikt beperkt: het mocht uit niet meer dan 100.000 manschappen en 4000 officieren bestaan. De dienstplicht werd afgeschaft en wapenhandel, militaire academies, duikboten en vliegtuigen werden verboden. Door deze maatregelen kwamen honderdduizenden ontevreden

Haat en honger

Een ontmoeting van staatshoofden die niet met elkaar konden opschieten. In 1918 bracht president Wilson een staatsbezoek aan koning George V in Buckingham Palace.

carrièreofficieren op straat te staan. Zij konden in politiek opzicht alleen terecht bij radicaal rechts. In *Mein Kampf*, dat in 1924 en 1925 werd geschreven, maakte Hitler duidelijk hoe hij het verdrag zag: 'Wat een mogelijkheden biedt het Verdrag van Versailles. ... Als elk van de punten in de geest en het hart van het Duitse volk kon worden gebrand, totdat zestig miljoen mannen en vrouwen hun ziel voelden branden van woede en schaamte, zou er een zee van vuur losbarsten ... waarin een stalen wil wordt gesmeed, en zou ieder uitroepen: "Wij zullen weer wapens hebben!"'[55]

Haat en honger

De Volkenbond

WILSON KOESTERDE geen illusies over de aard van de overeenkomst, die hij slechts als een beginpunt beschouwde. Om de vrede veilig te stellen, wilde hij allereerst zijn Volkenbond oprichten. Hij had de gedetailleerde voorbereidingen al vrijwel afgerond in de Verenigde Staten en kon dan ook na slechts tien dagen, op 13 februari 1919, de statuten voor de Volkenbond presenteren. De volgende dag werden ze goedgekeurd door de belangrijkste geallieerde landen, de Raad van Tien.[56]

Wilson had zijn hart en ziel in dit instrument voor een nieuwe wereldorde gelegd, maar zijn collega's hadden andere prioriteiten: de grenzen in Europa, koloniale bezittingen en economisch herstel, dat onlosmakelijk was verbonden met de Duitse herstelbetalingen. Ze wisten bovendien dat Wilson het nog moeilijk genoeg zou krijgen om zijn voorstel voor de Volkenbond door de Amerikaanse Senaat te loodsen. Toch hield hij voet bij stuk: op dit punt wilde hij van geen compromissen weten, noch met zijn Amerikaanse tegenstanders, noch met zijn Europese bondgenoten. Al tijdens zijn terugreis naar Washington in februari 1919 wist de president dat hij voor zijn ideaal zou moeten vechten. Op het gebied van de buitenlandse politiek hielden veel invloedrijke leden van het Congres er andere meningen op na dan hij.[57]

Winston Churchill kijkt kort voor de wapenstilstand in Lille toe hoe de 47ste Divisie langsmarcheert. Tijdens de onderhandelingen in Parijs leidde hij persoonlijk de aanval op de bolsjewieken, waarin hij veel feller was dan de regering waarvan hij deel uitmaakte.

De spanningen begonnen hun tol te eisen. Zijn vertrouweling kolonel Edward House schreef: '22 maart 1919. De president ziet er moe en afgemat uit. ... Iedere dag ontevreden gemopper. De mensen willen vrede. Het bolsjewisme wint overal aan kracht. ... We zitten boven op een open kruitvat dat elke dag door een vonk kan ontploffen.'[58] Wilson accepteerde veel compromissen. Hij gaf Clemenceau zijn zin op het gebied van de Europese grenzen en herstelbetalingen, maar gaf niet toe als het om de Volkenbond ging. Toen het vredesverdrag op 28 juli 1919 werd getekend, kon hij althans op dit punt tevreden zijn.

Rusland

PRESIDENT WILSON HAD echter geen oplossing voor de toekomst van Rusland. Alle leiders in Versailles waren gekant tegen het bolsjewistische bewind, maar ze verschilden van mening over de wijze waarop ze er een eind aan konden maken. Wilson was zeer sceptisch over het inzetten van westerse troepen, maar de Britse minister van Munitie, Winston Churchill, was juist diep overtuigd van de noodzaak van militaire interventie.

Churchill, de aartsvijand van het communisme, de man die na de Tweede Wereldoorlog had gewaarschuwd voor een 'ijzeren gordijn' van Stettin aan de Oostzee tot Triëst aan de Adriatische Zee, de man van de Koude Oorlog in de jaren vijftig, drukte zijn stempel op de discussies. Nadat de bolsjewieken de Britse ambassade in Petrograd hadden geplunderd en een Bitse marine-attaché gedood, riep hij op tot vervolging van de leiders van het regime,[59] en op de dag vóór de wapenstilstand had hij opgemerkt: 'Misschien moeten we het Duitse leger weer opbouwen, want om de verspreiding van het bolsjewisme te voorkomen is het van groot belang dat Duitsland weer op eigen benen staat.'[60] Churchill maakte deel uit van een werkgroep waarin op 13 november werd besloten de steun aan antibolsjewistische groeperingen voort te zetten door geallieerde troepen in Moermansk en Archangelsk te houden. Tegenover zijn politieke achterban was hij nog duidelijker: 'Rusland glijdt in snel tempo af naar een beestachtige vorm van barbarij. ... De bolsjewieken blijven aan de macht door massale en bloedige slachtpartijen, die vooral worden uitgevoerd door Chinese beulen en pantserwagens. ... In enorme gebieden wordt de beschaving volledig uitgeroeid, terwijl de bolsjewieken tussen de ruïnes van steden en de lijken van hun slachtoffers rondspringen als een troep kwaadaardige apen.'[61]

Lloyd George had evenals Wilson zijn bedenkingen tegen het inzetten van westerse troepen, maar Churchill zei op 31 december in het Britse oorlogskabinet dat 'we na de vredesconferentie zullen juichen om een overwinning die geen overwinning was, een vrede die geen vrede was, en na enkele maanden genoodzaakt zullen zijn onze legers weer te mobiliseren'[62] – tenzij de geallieerden in Rusland tussenbeide kwamen. Zijn vriendin Mary Borden hoorde Churchill en Lloyd George redetwisten over het bolsjewisme: 'Winston zei tegen LG dat, wanneer we de bolsjewieken zouden erkennen, we net zo goed sodomie konden legaliseren.'[63]

Dit meningsverschil kwam ook aan de oppervlakte tijdens de vredesconferentie zelf, waarop Churchill de voorzichtiger Wilson en Lloyd George tegenover zich vond. Op 14 februari 1919 trachtte de Raad van Tien haar beleid ten opzichte van Rusland te formuleren. De tijd drong: Wilson moest die dag naar Amerika terugkeren voor de opening van het Congres. Toen Wilson 's avonds om half zeven opstond om te vertrekken, vroeg Churchill of ze nog een gemeenschappelijk standpunt konden formuleren.[64] Wilson keek op zijn horloge en antwoordde dat hij nog twintig minuten had voordat de auto naar zijn schip in Cherbourg vertrok. Hij ging weer zitten, en onder deze omstandigheden bespraken de wereldleiders het Russische vraagstuk.

Churchill benadrukte dat zijn regering onmiddellijk moest weten wat het beleid van de geallieerde leiders ten opzichte van Rusland was.[65] Dit was onzin; hij wilde niets anders dan de zaak tot een snel einde brengen. Clemenceau, wellicht de felste antibolsjewiek van het gezelschap, protesteerde dat dit onderwerp zorgvuldige overweging vereiste. Wilson pleitte voor informele contacten met de bolsjewieken; hij zou geen steun verlenen aan verdere militaire interventie. De geallieerde troepen die nog in Rusland waren 'wisten niet voor wie of voor wat ze vochten'. Hun aanwezigheid droeg niet bij aan het herstel van de orde. Bovendien was hun aantal te gering om van doorslaggevend belang te kunnen zijn en zouden ze vroeg of laat toch moeten vertrekken. Waarom dan niet nu?

Churchill was van mening dat dit gelijkstond aan 'het trekken van de splitpen uit de hele machine' en zou resulteren in de executie van tienduizenden tegenstanders van het nieuwe regime. Zou het geallieerde opperbevel het zenden van vrijwilligers en deskundigen naar Rusland steunen? Wilson antwoordde dat zulke vrijwilligers volgens hem nergens te vinden waren en dat het zenden van wapens naar de witten alleen 'de reactie zou steunen' – dat wil zeggen tot het herstel van de monarchie zou leiden. Hij had zijn besluit echter nog niet genomen en zou zich bij het meerderheidsstandpunt neerleggen. Er was echter één probleem: er was geen duidelijke meerderheid.[66]

Hiermee eindigde de bijeenkomst en keerde Wilson terug naar de Verenigde Staten. Hoewel er geen beslissing was genomen, was dit het begin van gezamenlijke geallieerde pogingen om de bolsjewieken omver te werpen.[67] Churchill wilde hen een ultimatum stellen: trek jullie troepen uit westelijk Rusland en Polen terug, of er zullen repercussies volgen. Clemenceau was van mening dat er weliswaar plannen voor een militaire interventie moesten worden voorbereid, maar dat het de voorkeur verdiende de bolsjewieken achter een *cordon sanitaire* te isoleren.

In de daaropvolgende dagen werd de discussie steeds verhitter. Lloyd George telegrafeerde Churchill dat diens plan lijnrecht op het beleid van de Britse regering stond, die de witten wilde steunen met wapens en geld, maar niet met troepen. Als de Russen de bolsjewieken omver wilden werpen, moesten ze dat zelf maar doen. Op 17 februari liep de ruzie zo uit de hand dat de geallieerde gedelegeerden besloten hun discussie uit de officiële notulen te schrappen. Churchill hield voet bij stuk; de Amerikaanse vertegenwoordiger, kolonel House, zei dat de Verenigde Staten militaire interventie in een land waarmee zij niet in oorlog waren nooit zouden steunen. De impasse was compleet.

Op 19 februari werd een aanslag gepleegd op Clemenceau, die door een kogel gewond raakte. Het gerucht ging dat de bolsjewieken hierachter zaten.[68] Dit was niet het geval, maar door dit incident werden de discussies over het Russische vraagstuk op een zijspoor gerangeerd.

Later in de lente werd Wilson geveld door griep – de voorbode van een veel ernstiger aanval die hem in oktober aan het bed gekluisterd zou houden.[69] Maar niet alleen zijn gezondheid, ook zijn politieke lot raakte in een neerwaartse spiraal.

Japanse, Amerikaanse, Britse en Franse matrozen in Vladivostok maakten deel uit van de geallieerde interventiemacht die tijdens de burgeroorlog in Rusland tegen de bolsjewieken vocht.

Hij werd steeds magerder en grijzer, steeds humeuriger en vermoeider. Zijn assistenten drongen erop aan dat hij rust zou nemen, maar hij schudde zijn hoofd en zei: 'We zijn in een wedren gewikkeld met het bolsjewisme en de wereld staat in brand.' Na zijn ziekte in april was hij volgens velen sterk veranderd. Hij dacht dat zijn Franse bedienden spionnen waren en was bang dat zijn meubilair werd gestolen. Hij intimideerde de andere gedelegeerden en negeerde zijn eigen adviseurs. Clemenceau merkte op: 'Ik heb nooit iemand gekend wiens woorden zo op die van Jezus Christus leken en wiens daden zo op die van Lloyd George.'[70]

Op 24 mei kwamen de geallieerden overeen steun te verlenen aan admiraal Koltsjak, een van de leiders van de witten, mits hij erin toestemde de enorme schulden van het oude regime aan het Westen (met name aan Frankrijk) af te lossen. Lloyd George en Wilson waren ondertussen overtuigd geraakt van de noodzaak vrijwilligers naar Rusland te sturen en de witten materiële steun te verlenen. Uit oogpunt van discretie werd echter besloten deze punten niet in het

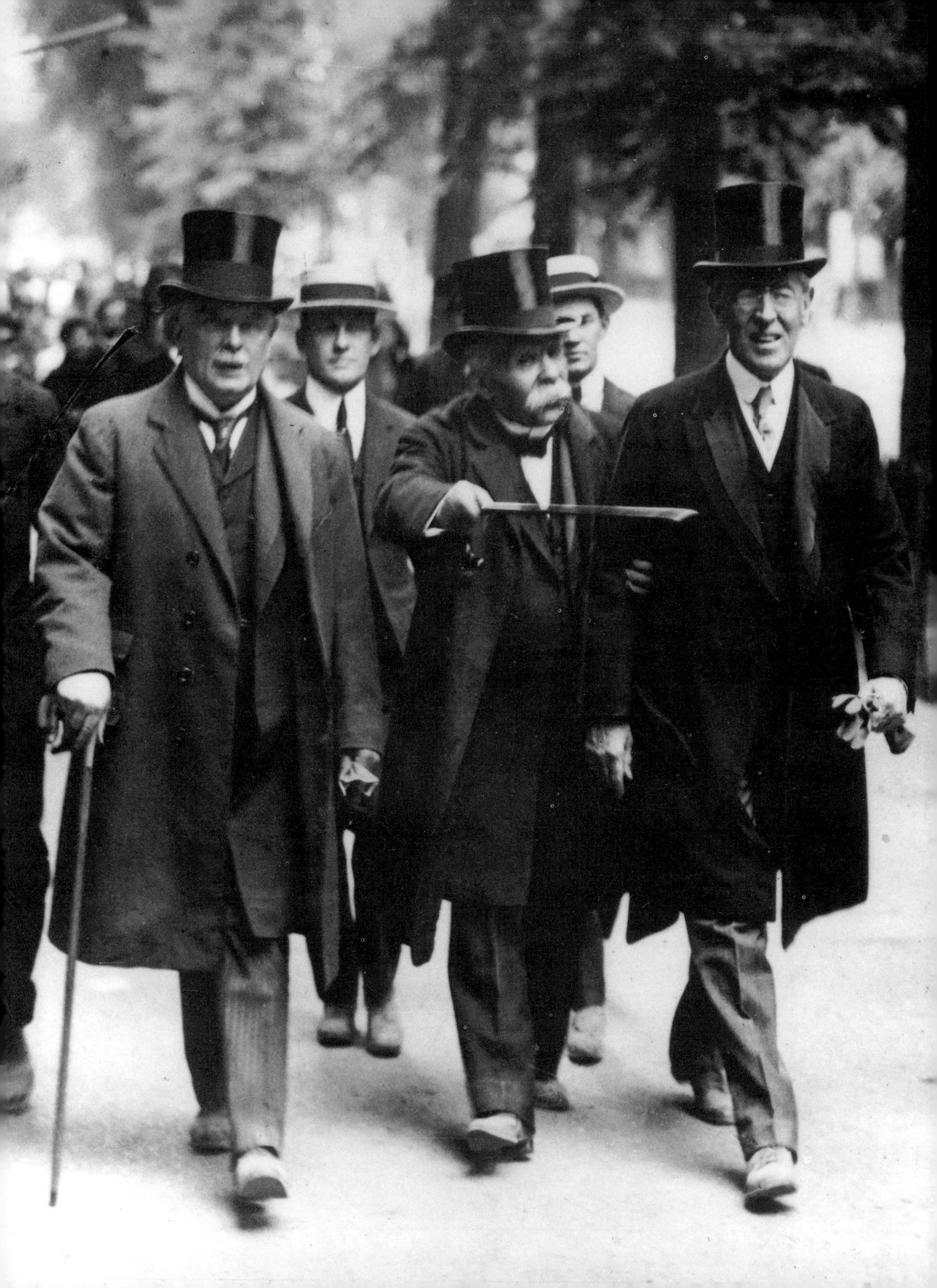

Lloyd George, Georges Clemenceau en Woodrow Wilson, enkele dagen voordat zij op 28 juni 1919 het Verdrag van Versailles ondertekenden. Deze mannen stelden een vredesverdrag op waar vanaf het begin een vloek op rustte.

officiële communiqué op te nemen. Deze maatregelen kunnen nauwelijks als beleid worden bestempeld en kwamen voort uit de geallieerde misvatting dat het bolsjewistische regime spoedig ineen zou storten.[71]

De rode legers slaagden er echter in hun tegenstanders het hoofd te bieden, waarna de geallieerden zich opnieuw gingen bezinnen. Op 17 juni vond in de Raad van Vier – de vergadering van de belangrijkste geallieerde staatshoofden (Clemenceau, Lloyd George, Wilson en Orlando van Italië) – de volgende discussie plaats:

> LLOYD GEORGE: Als ik geloofde dat we de bolsjewieken dit jaar konden verpletteren, zou ik voorstander zijn van een grote actie, met deelname van de Engelse en Franse vloot. Maar admiraal Koltsjak is net driehonderd kilometer teruggedrongen. Een van zijn legers is vernietigd. Elke keer wanneer een van de twee partijen in deze vreemde oorlog is verslagen, loopt een deel van diens troepen over naar de tegenstander.
> WILSON: Het staat wel vast dat het volk geen van beide partijen vertrouwt.
> ...
> LLOYD GEORGE: Het ziet ernaar uit dat de bolsjewieken hun zaken in militair opzicht goed op orde hebben. Maar volgens onze informanten nemen ze steeds meer afstand van hun puur-bolsjewistische doctrines, en de staat die men daar aan het opbouwen is verschilt niet veel van een bourgeoismaatschappij.
> CLEMENCEAU: Bent u daar zeker van?
> WILSON: Daarvoor is het misschien nog te vroeg, maar het zal zeker gebeuren.[72]

Wilson vergiste zich precies zeventig jaar. Maar zijn bedenkingen tegen westerse interventie in Rusland sneden hout. Hiermee is slechts bereikt dat de Russische buitenlandse politiek steeds paranoïder werd en dat de leiders van het land constant meenden dat er westerse militaire interventie op de loer lag.

De nasleep

DE VREDESCONFERENTIE eindigde op 28 juni 1919 met de ondertekening van het verdrag door de Duitse en geallieerde vertegenwoordigers. De sfeer van deze gebeurtenis is onder woorden gebracht door een Britse diplomaat, sir James Headlam-Morley, die een grote rol had gespeeld in het opstellen van het verdrag en de haat achter de juridische en diplomatieke taal doorzag. Hij werd getroffen door de manier waarop de Duitsers werden behandeld. Toen de vertegenwoordigers van de zegevierende landen hun plaatsen hadden ingenomen,

> werden de Duitse gedelegeerden naar binnen geleid. Ze liepen vlak langs me en leken op gevangenen die hun vonnis kwamen vernemen, maar ze hielden zich over het algemeen manhaftig. ... Na de ondertekening werd de vergadering gesloten en werden de Duitsers weer als veroordeelden weggeleid.
> Naderhand lijkt deze gang van zaken me vanuit politiek oogpunt rampzalig. Er was maar één ding bereikt: Frankrijk had wraak genomen voor 1871. De ondertekening vond plaats in een gebouw dat in feite was opgetrokken op de ruïnes en de vernedering van Duitsland, en in de zaal waarin Duitsland Frankrijk diep had vernederd. ... En dit was niet meer dan een nieuw hoofdstuk in de rivaliteit tussen beide landen, die de vloek van Europa is

geweest. ... De noodzakelijke toon van verzoening, van hoop, van een gewijzigd gezichtspunt, ontbrak volledig.[73]

Veel waarnemers deelden deze mening. Uit protest tegen de harde en onrealistische economische maatregelen die Duitsland werden opgelegd, had de econoom John Meynard Keynes zich uit de Britse delegatie teruggetrokken. De historicus R.G. Collingwood had tijdens de oorlog bij de inlichtingendienst van de marine gewerkt. Hij merkte op dat

> de intensiteit van de strijd ... de geestkracht van alle partijen lijkt te hebben ondermijnd, zodat (ik schrijf als iemand die zich in het laatste deel van de oorlog heeft beziggehouden met de voorbereidingen voor de vredesconferentie) een oorlog van ongekende wreedheid is gevolgd door een vredesverdrag van ongekende dwaasheid, waarin staatsmanschap, zelfs puur egoïstisch staatsmanschap, het heeft moeten afleggen tegen de gemeenste en idiootste van alle hartstochten. ... Sommigen menen dat dit met opzet zo was beraamd door een kliek Duitse oorlogsbaronnen, anderen houden een kliek Engelse handelsbaronnen verantwoordelijk, maar niemand heeft ooit durven beweren dat een van de partijen ... deze vrede heeft gewild. Het is zo gelopen omdat de situatie uit de hand liep – en naarmate de conferentie vorderde, steeds meer uit de hand liep, met als dieptepunt de ondertekening van het vredesverdrag. ... De enorme absurditeit van het verdrag overtreft die van vroegere verdragen in dezelfde mate als de technische volmaaktheid van het materieel van de twintigste-eeuwse legers die van vroegere legers overtrof.[74]

Het nieuwe stelsel van internationale betrekkingen dat in Versailles werd opgesteld, vertoonde onoverkomelijke tekortkomingen. Er waren te veel mensen omgekomen en de oorlog had aan te veel dromen een einde gemaakt. Ruimhartigheid was in Versailles niet op zijn plaats. De politiek van haat had overwonnen.

De tegenstelling tussen de gruwelen van de slachting en de politieke overeenkomst die erop volgde, is uitgedrukt door William Orpen, een in Ierland geboren kunstenaar die van de Britten opdracht had gekregen de vredestichters te schilderen. Eerst maakte hij een formele versie. Op *Ondertekening van het vredesverdrag in de Spiegelzaal, Versailles* zien we de overwinnaars te midden van de rococo-pracht van het paleis. Vervolgens schilderde hij een ander doek, waarin hij uitdrukking gaf aan zijn zorgen. *Aan de onbekende Britse soldaat in Frankrijk* heeft dezelfde achtergrond, maar nu zonder de politici en generaals. Alles wat is overgebleven, is de Spiegelzaal en het graf van de onbekende soldaat, bewaakt door twee slechts in hun helm geklede Britse soldaten en twee engeltjes boven hen. Zo zag althans de eerste versie eruit. Maar Orpen was te ver gegaan en werd gedwongen de figuren rond de doodskist over te schilderen. Het resultaat is de statige 'palimpsest' die nu is te zien in het Imperial War Museum in Londen.[75]

Orpen had echter een belangrijk punt aangeroerd. De mannen die de buit verdeelden, hadden niets gemeen met de mannen die de oorlog op het slagveld hadden gewonnen. De politici – die 'frakken' werden genoemd, naar de pandjesjas die mannen als Lloyd George droegen – waren als ijdele gieren, die traag boven het verwoeste landschap van het naoorlogse Europa zweefden. Orpen schreef:

Ondertekening van het vredesverdrag in de Spiegelzaal, Versailles van de in Ierland geboren Britse oorlogsschilder William Orpen. De Duitse afgevaardigden zitten aan de ene kant van de tafel, de geallieerden aan de andere. De Amerikaanse gedelegeerden zitten links van Wilson, de Britse rechts van Lloyd George. De voorzitter, Clemenceau, kon eindelijk de schande uitwissen van de vernederende capitulatie van Frankrijk, die in 1871 eveneens in deze zaal werd getekend.

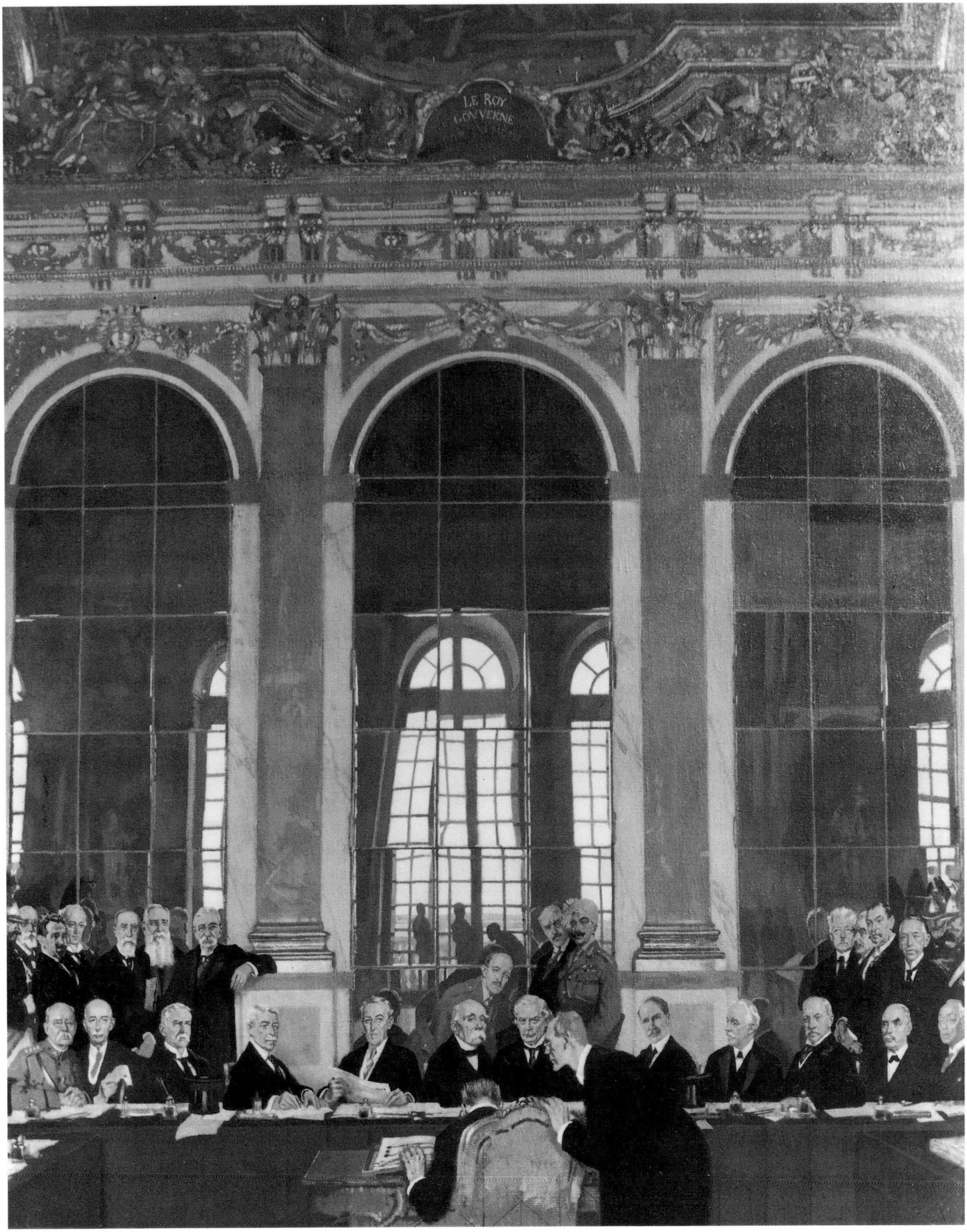
LE ROY GOUVERNE

Al deze frakken kwamen me in vergelijking met de strijders die ik tijdens de oorlog heb gesproken voor als onbetekenende persoonlijkheden. Ze leken alleen maar te denken aan hun eigenbelang, streefden constant naar populariteit, elk mannetje voor zich – zielig. De strijders die het hadden overleefd en zij die waren gesneuveld – al die mensen die de vredesconferentie mogelijk hadden gemaakt – waren vergeten. De frakken maakten de dienst uit. Je zou haast denken dat zij de oorlog hadden gewonnen. Stuk voor stuk schreeuwden ze: 'Ik heb dit gedaan', 'En ik dat', maar de zwijgende soldaat hield zijn mond, hoewel er veel door zijn hoofd moet hebben gespeeld.

Tijdens de ondertekening van het verdrag op 28 juni viel Orpen de karikaturale houding van de machthebbers op:

> Alle frakken voerden hun kunstjes perfect uit. President Wilson liet zijn tanden zien, Lloyd George wuifde zijn weelderige manen, Clemenceau wapperde als een windmolen met zijn in grijze handschoenen gehulde handen, Lansing tekende poppetjes en meneer Balfour sliep. De frakken hadden de oorlog gewonnen en de vrede getekend. Het leger was vergeten. Sommigen waren dood en vergeten, sommigen verminkt en vergeten, anderen in leven en welzijn – en eveneens vergeten. Toch scheen de zon en spoten de fonteinen en was het Duitse leger – wat ervan over was – ver, heel ver van Parijs.[76]

Orpen had gelijk. De vrede van Versailles was in het geheel geen vrede. Geen van de geschilpunten die tot de oorlog hadden geleid was opgelost. Toch geloofde Wilson nog steeds dat de nieuwe Volkenbond kon helpen de vrede te versterken en

LINKS William Orpen, *Aan de onbekende Britse soldaat in Frankrijk* (oorspronkelijke versie), 1922.
RECHTS William Orpen, *Aan de onbekende Britse soldaat* (gewijzigde versie). In 1919 kreeg Orpen opdracht een schilderij te vervaardigen ter ere van de begrafenis van de onbekende soldaat in Westminster Abbey. Hij koos hetzelfde motief van de triomfboog als in zijn *Ondertekening van het vredesverdrag*, maar brak met alle conventies door twee naakte Britse soldaten en twee engeltjes achter de doodskist toe te voegen. Dit riep grote weerstand op. Orpen schilderde ze over, maar onder de nieuwe verf zijn ze nog steeds aanwezig.

verdedigen. Hij verliet Parijs een dag na de ondertekening. Een van zijn vertrouwde adviseurs, kolonel House, schreef in zijn dagboek:

> 29 juni 1919. Er is een poging gedaan een vredesverdrag op de gebruikelijke wijze op te stellen. Dat is een grote fout geweest. ... Als Wilson in Washington was gebleven en zich niet met de conferentie had bemoeid, had hij zijn macht en invloed wellicht kunnen bewaren. Maar toen hij van zijn voetstuk stapte en op gelijk niveau bekvechtte met de vertegenwoordigers van andere staten, werd hij een gewoon mens. ...
> Ik heb begrip voor hen die het een slecht verdrag vinden dat nooit had mogen worden opgesteld en menen dat de naleving ervan Europa oneindige problemen zal bezorgen. Daar moet ik echter aan toevoegen dat het onmogelijk is probleemloos rijken te vernietigen en nieuwe staten op hun puinhopen op te bouwen. ... Toch had ik gewild dat we een andere koers waren ingeslagen, ook al was deze minder gemakkelijk geweest, zowel nu als in de toekomst. ... Dan zouden we ten minste in de goede richting zijn gegaan, en als zij die ons volgden het onmogelijk hadden gemaakt de weg tot zijn eindpunt af te leggen, zou de verantwoordelijkheid bij hen en niet bij ons hebben gelegen.[77]

Wilson was laconieker. Hij zei tot zijn vrouw: 'Dat was het dan. En omdat niemand tevreden is, hoop ik dat we een rechtvaardige vrede hebben opgesteld, maar dat ligt geheel in de schoot der goden.'[78] Het verdrag moest echter eerst nog worden goedgekeurd door de Senaat.[79] Veel senatoren hadden hun bedenkingen, want het leek de Amerikaanse soevereiniteit in te perken. Het isolationisme – een strategie om de soevereiniteit van de VS te beschermen over wat veel Amerikanen zagen als hun vitale belangen, met name op het Amerikaanse continent – was diep geworteld. Bovendien hadden veel Amerikanen Europa letterlijk achter zich gelaten. In de etnische lappendeken van de Amerikaanse politiek kon hun verlangen om met het verleden te breken niet worden genegeerd.

De oppositie tegen het verdrag had ook onverkwikkelijker kanten. De campagne werd aangevoerd door ongeveer tien isolationistische senatoren die bekend stonden onder de bijnaam 'Bataljon des doods'. Senator James A. Reed uit Missouri had bezwaren tegen de multiraciale samenstelling van de Volkenbond. 'De gekleurde volkenbond,' zei hij, was samengesteld uit vijftien blanke landen en zeventien landen van het 'zwarte, bruine, gele of rode ras, met een laag beschavingspeil en doordrenkt van barbaarsheid'. Senator Lawrence Y. Sherman uit Illinois beschouwde het verdrag als 'een revolutionair document', want de Volkenbond zou bestaan uit zeventien katholieke en slechts elf protestantse landen. Had de wereld behoefte aan een nog machtiger paus?

Wilsons belangrijkste probleem was echter de Senaat ervan te overtuigen dat hij de geheiligde principes van de Amerikaanse buitenlandse politiek (zoals de Monroe-doctrine, de negentiende-eeuwse bekrachtiging van de Amerikaanse superioriteit op het westelijk halfrond) niet had gecompromitteerd. Sommigen vreesden dat de Volkenbond zich zou ontwikkelen tot een soort superstaat. Wilsons overredingskracht haalde niets uit. Na een gesprek met Wilson had senator Brandegee eens het gevoel 'dat ik met Alice in Wonderland had rondgezworven en thee had gedronken met de Hoedenmaker'.

De gevaarlijkste opponent van de president was Henry Cabot Lodge uit

Massachusetts, voorzitter van het Comité voor Buitenlandse Betrekkingen van de Senaat. Hij diende amendementen in die de geest van het verdrag ondermijnen. Wilson besloot de zaak aan het volk voor te leggen. In een bliksemcampagne, waarbij hij – gevolgd door twee republikeinse tegenstanders – in 22 dagen meer dan 15.000 kilometer aflegde, trachtte hij de publieke opinie ten gunste van het verdrag te mobiliseren. Het ontbrak hem echter aan voldoende uithoudingsvermogen voor zo'n *tour de force*. Wilson brak de campagne af en keerde als zieke, gebroken man terug naar Washington. Op 2 oktober 1919 kreeg hij een beroerte en raakte aan zijn linkerzijde verlamd.

Pas zes maanden later was de president voldoende hersteld om weer een kabinetszitting bij te wonen. Hij bleek nog onverzettelijker dan voorheen en gaf zijn medestanders opdracht tegen het verdrag te stemmen als de amendementen van Lodge werden aangenomen. Het gevolg was dat de Senaat het verdrag verwierp. Toen hij deze gigantische nederlaag van zijn arts te horen kreeg, antwoordde hij: 'Dokter, de duivel is een drukbezet mens.'

Henry Cabot Lodge, senator van Massachusetts, was evenals Wilson een intellectueel. Hij leidde de oppositie tegen Wilsons campagne om het Verdrag van Versailles te ratificeren.

Honger

Het verdrag van Versailles wijzigde de grenzen in Centraal- en West-Europa. In het westen werd Elzas-Lotharingen weer bij Frankrijk gevoegd. In het oosten vormde de nieuwe onafhankelijke staat Polen een buffer tussen Duitsland en de Sovjet-Unie. Oost-Pruisen werd gereduceerd tot een kleine Duitse enclave, in het westen en zuiden grenzend aan Polen, in het noorden aan Litouwen. De Oostenrijks-Hongaarse dubbelmonarchie werd opgedeeld in de onafhankelijke staten Oostenrijk, Tsjecho-Slowakije, Hongarije en het door de Serven gedomineerde Joegoslavië.

De voormalige Duitse koloniën in zuidelijk Afrika (het huidige Tanzania en Namibië) gingen over in Britse handen, Kameroen in West-Afrika werd toegewezen aan Frankrijk. In het Midden-Oosten oefende Groot-Brittannië onder mandaat van de Volkenbond de macht uit over de nieuwgevormde entiteiten Palestina (van de Middellandse Zee tot de Jordaan), Transjordanië (het huidige Jordanië ten oosten van de Jordaan) en het huidige Irak. Aan de Perzische Golf ten zuidoosten van Irak werd de geheel kunstmatige entiteit Koeweit geschapen boven de enorme olievoorraden van dit gebied.

Deze grenswijzigingen maakten geen einde aan de internationale conflicten, integendeel. Etnische Duitsers woonden nu in Oostenrijk, Tsjechië en Polen – in gebieden die de Duitse nationalisten terug wilden (en binnen twintig jaar terug zouden krijgen). De uitbarstingen in het Midden-Oosten lieten langer op zich wachten, maar ook dit kruitvat vindt zijn oorsprong in het Verdrag van Versailles. De politieke grenzen in de Balkan, die nu is verscheurd door het uiteenvallen van Joegoslavië, werden ook in Parijs vastgelegd. Kortom: in Versailles werd de bloedige internationale politieke agenda voor de rest van de eeuw opgesteld. Versailles maakte zelfs geen eind aan de vijandelijkheden in grote delen van Oost-Europa.

Een dergelijke grote instabiliteit gaat dikwijls gepaard met hongersnood, die na de oorlog dan ook uitbrak. Vooral in Rusland vielen veel slachtoffers. Gezien de chaos in de periode na 1917 was het niet verwonderlijk dat het nieuwe regime zijn bevolking niet kon voeden. Het wekt meer verbazing dat de Amerikanen, wier visie op een nieuwe wereldorde in duigen was gevallen, met hun macht en rijkdom een grote bijdrage leverden aan het helen van de wonden van de oorlog. Dit bleek uit een nieuw fenomeen: de voedselhulp.

De eerste voedselhulpprogramma's

DE MAN DIE de voedselhulp coördineerde was Herbert Hoover, een typisch Amerikaanse kapitalistische ondernemer. Hij was geen vriend van de bolsjewieken, maar wilde de situatie op een subtielere manier aanpakken dan Churchill. Ook al konden de geallieerden de bolsjewieken niet wegbombarderen, zo redeneerde Hoover, ze konden wel worden gedwongen hun politiek te matigen. Hij was er vast van overtuigd dat het bolsjewisme voortkwam uit honger: zorg dat er een eind komt aan de honger, en het bolsjewisme zal vanzelf wegkwijnen. Maar ook al

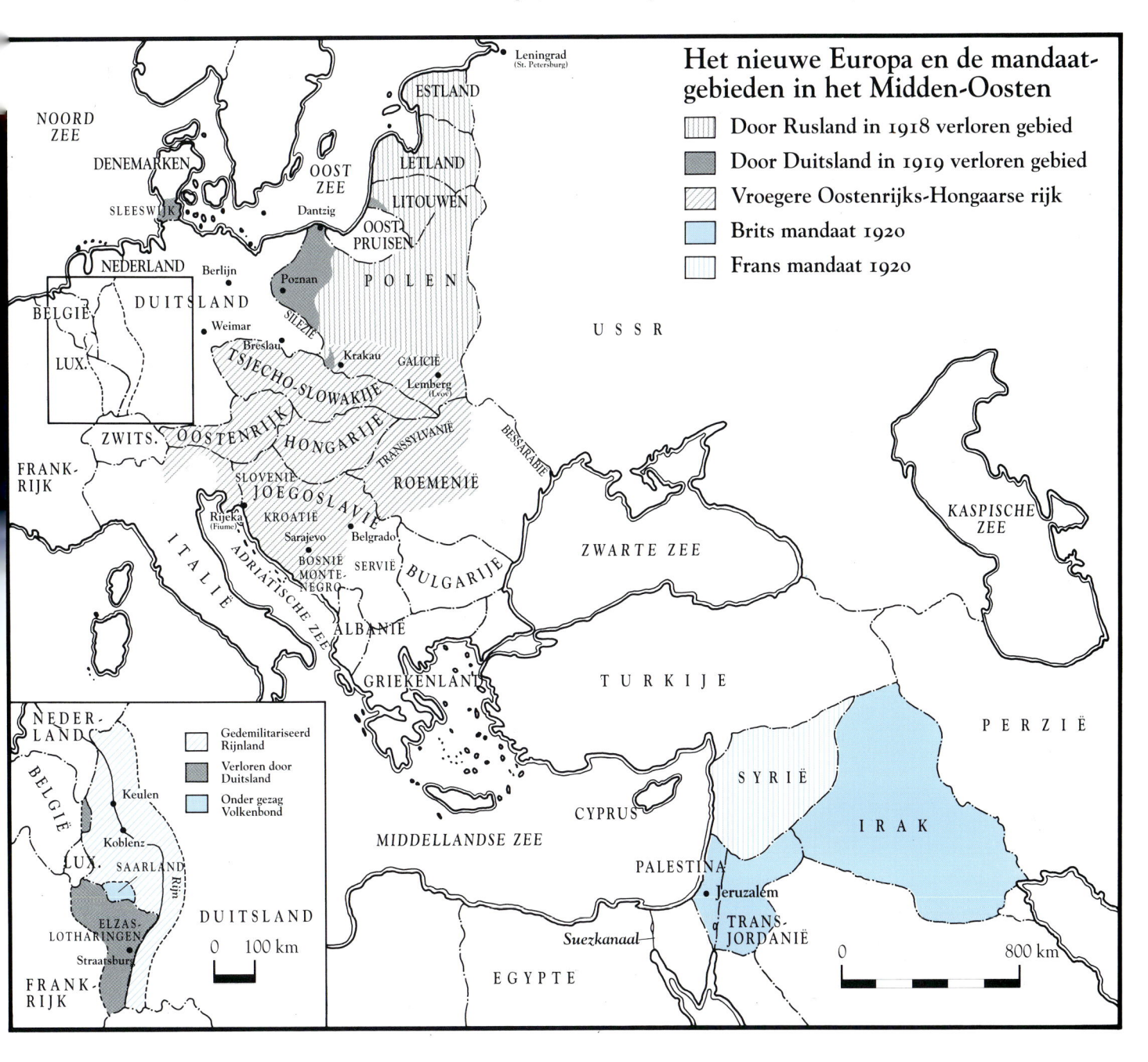

Haat en honger

zou dat laatste niet gebeuren, dan nog konden de geallieerden in ieder geval voorkomen dat miljoenen mensen zouden sterven.[80] Op 28 maart 1919 legde hij zijn plan in de volgende woorden voor aan Wilson:

> Geachte meneer de president,
> Ten gevolge van de bolsjewistische economische opvattingen sterven elke maand honderdduizenden Russen aan honger en ziekte, en dat in een land dat vroeger het voedsel voor een groot deel van de wereld produceerde. ...
> Het kan eenvoudig niet worden ontkend dat de omslag van de tirannie van extreem rechts naar die van extreem links te maken heeft met reële sociale grieven. ... Het verloop ervan weerspiegelt het niet-onnatuurlijke geweld van een massa onwetenden, die zelf generaties lang hebben geleden onder de gevolgen van tirannie en geweld. ...

Toch, zei Hoover, was het denkbaar dat de bolsjewieken hun revolutie zouden exporteren. Wat konden de geallieerden daar tegenover stellen? Tientallen jaren voor politieman spelen, waardoor het zou lijken of ze streefden naar het herstel van de oude orde? Erkenning van het bolsjewistische regime – 'die moorddadige tirannie' – was uitgesloten; het was veel beter de mensen te eten te geven.[81]

En dat was precies wat hij deed. De kinderen uit de stad Pinsk in de westelijke Oekraïne, waar zowel Pools als Russisch, Oekraïens, Jiddisch en zelfs Hebreeuws werd gesproken, stuurden Hoover gezamenlijk een dankboek. Op elke bladzijde

Herbert Hoover, tien jaar voordat hij een van de meest verguisde Amerikaanse presidenten aller tijden werd. Met zijn krachtige kaak en heldere oogopslag was hij het toonbeeld van een man die wist wat hij wilde en hoe hij dat moest bereiken. Deze zakenman was de drijvende kracht achter de voedselhulp van 1914-1921.

stond een klassenfoto, omringd door tekeningen en de namen van de kinderen. De leerlingen van de joodse school zonden dit Jiddische gedicht, geschreven in de zomer van 1921:

> *Wij, joodse kinderen van Pinsk*
> *aan u, onze Amerikaanse broeders,*
> *Laten wij allen gelukkig zijn.*
>
> *Wij drinken uw melk*
> *in onze schoolkeuken,*
> *in plaats van alcohol en wijn.*
> *Moge u gezond zijn.*
>
> *Onze dank is groot*
> *voor de hulp die u gegeven hebt.*
> *En wij vragen u uit de grond van ons hart*
> *ons te helpen in onze pijn en ons lijden.*
>
> *Stuur ons zo veel als maar kan*
> *vandaag en in de toekomst.*
> *Stuur ons zo snel mogelijk*
> *geld om boeken te kopen.*
>
> *Voor kleren, rijst*
> *en andere soorten voedsel*
> *Zodat we in staat zullen zijn*
> *zonder vrees de Thora te leren.*[82]

De kinderen van een andere – zionistische – school in Pinsk staren ons van hun foto aan, met pionierspetjes op, zich voorbereidend op een leven in de woestijn. Hun brief, in literair Hebreeuws geschreven door hun onderwijzers, verwijst naar de bloedige pogroms die in 1919 in Pinsk uitbraken:

> *Wij, enkele van de duizenden kinderen in een met bloed doordrenkt Europa,*
> *kinderen die ellendige wezen waren*
> *tijdens een oorlog waarin heel Europa een veld des doods werd,*
> *toen iedereen wachtte op de dood,*
> *alleen door uw hulp*
> *zijn we van de dood gered.*
>
> *Wij tonen u, zelfs in ons verdriet en onze wanhoop,*
> *onze diepe dankbaarheid over uw grote edelmoedigheid.*
> *Het Amerikaanse volk, zowel christenen als joden,*
> *was een van de weinige volken die de behoeftigen en wanhopigen hielp.*
>
> *De geschiedenis zal uw daden niet vergeten,*
> *en tot het einde der tijden*
> *zal uw naam worden geroemd in gebed.*[83]

De kinderen van de Hebreeuwse Technische School in Pinsk, zomer 1921.

Niemand weet wat er van deze kinderen is geworden. Sommigen zijn wellicht naar Palestina geëmigreerd, anderen kwamen om tijdens de zuiveringen en vervolgingen. Sommigen leven misschien nog. Het feit dat zij de hongersnood in het naoorlogse revolutionaire Rusland overleefden, is eveneens een aspect van de nasleep van de oorlog, het aspect van mededogen in plaats van verbittering, van de helpende hand in plaats van de gebalde vuist.

Herbert Hoover was ook de drijvende kracht achter de allereerste hulpactie aan het buitenland in de geschiedenis. In het begin van de Duitse bezetting in 1914 leden in België duizenden kinderen honger.[84] Hoover, die zelf wees was, wist alle bureaucratische barrières te slechten en slaagde erin om als burger van een neutraal land door de linies voedsel naar de bevolking te krijgen.[85]

Gedurende de daaropvolgende vier jaar wist Hoover met overredingskracht, dreigementen en vleierij de geallieerde blokkade van Duitsland en de Duitse bezetters van België te omzeilen. Hij opereerde als een magnaat met absolute autoriteit, kocht schepen, organiseerde het vervoer en sloot overeenkomsten met regeringen alsof hij een staatshoofd was. Het Britse ministerie van Buitenlandse Zaken ergerde zich dikwijls aan hem, maar moest toegeven dat hij aan het hoofd stond van een 'piratenstaat van liefdadigheid'.[86] Hij ontving meer dan 700 miljoen dollar steun uit Groot-Brittannië en Frankrijk, en nog eens vijftig miljoen dollar uit particuliere bronnen. Wie te arm was om iets te betalen, kreeg de goederen gratis; wie wel geld had, kon ze kopen en betaalde iets meer dan de kostprijs. Op die manier, en door verkoop aan neutrale landen, wist Hoover zelfs winst te maken. Het Comité voor

Deze schoolkinderen uit Pinsk in de Oekraïne stuurden hun foto met handtekeningen aan Herbert Hoover om hem te bedanken voor de voedselhulp tijdens de hongersnood van 1921.

Voedselhulp aan België verdeelde voedsel ter waarde van 880 miljoen dollar – meer dan de totale vooroorlogse begroting van de Verenigde Staten.[87]

Het staat vast dat de honger in België dankzij de voedselhulp niet vererergde tot een hongersnood. Dit was vooral te danken aan Hoover. Belgische kinderen toonden hun dankbaarheid door hem poppen te sturen of bloemen en sterren te borduren op zakken waar het voedsel uit de Verenigde Staten in had gezeten.[88]

Drie jaar later werd het particuliere initiatief van Hoover overgenomen door de staat. Nadat de Verenigde Staten zich in de oorlog hadden gemengd, werd hij benoemd tot hoofd van het Voedseladministratiebureau, waar hij dezelfde speelruimte en autoriteit bezat als tijdens zijn actie voor België. Na de wapenstilstand kreeg hij de verantwoordelijkheid voor de Amerikaanse hulpprogramma's. Hij veegde de geallieerde bezwaren tegen zijn autoriteit van tafel en alleen al in 1919 verdeelde hij ongeveer vier miljoen ton hulpgoederen over 22 Europese landen.[89]

Een van zijn eerste taken was om iets te doen voor ongeveer drie miljoen vergeten mannen: de Russische krijgsgevangenen die na de wapenstilstand waren gestrand in Duitsland en Oostenrijk.[90] Velen van hen waren uitgehongerd en volgens maarschalk Foch, de Franse geallieerde opperbevelhebber aan het westelijk front, rijp om te worden gerekruteerd door het Rode Leger. Hoover slaagde erin enige orde te scheppen in deze chaotische wereld en de Russen vóór hun repatriëring van voedsel te voorzien.

Twee jaar later heerste er weer hongersnood in Rusland. In 1921 sloeg de droogte toe in het gebied rond de Wolga. Er werd zelfs melding gemaakt van kannibalisme. Ongeveer 25 miljoen mensen leden honger, van wie er twee tot drie miljoen stierven.[91] Lenin deed een oproep aan de werkende klasse in het Westen: 'De sovjetrepubliek van arbeiders en boeren verwacht hulp van de werkende klasse, de industriearbeiders en kleine boeren.'[92] In plaats daarvan kreeg hij hulp van Hoover, het prototype van een kapitalist. De Russische schrijver Maxim Gorki trad op als

Vóór Rusland hadden de Amerikanen voedselhulp gegeven aan België. Deze zakken meel waren uit de hele Verenigde Staten afkomstig en werden door Hoovers American Relief Administration tijdens de Duitse bezetting van België naar Antwerpen verscheept. Kinderen versierden de zakken en zonden ze als geschenk terug naar Hoover.

Haat en honger

tussenpersoon. Gorki genoot grote bekendheid in het Westen; Lenin vertrouwde hem, ook al deelde hij diens ideeën niet. Op 13 juli 1921 deed Gorki een oproep uit naam van het Russische Comité ter Bestrijding van de Hongersnood, waar Hoover op reageerde.

 Hoovers organisatie voedde in die tijd al meer dan een miljoen kinderen in Polen en West-Rusland. Halverwege 1921 was hij onderminister van Handel in de regering-Harding. Deze positie kwam hem goed van pas om twijfelaars ervan te overtuigen dat voedselhulp de Amerikaanse landbouwoverschotten zou helpen verminderen en dus ook ten goede kwam aan Amerikaanse boeren. Hoover liet aan Gorki doorschemeren dat er Amerikaanse hulp op komst was en vernam op 26 juli van Gorki dat de sovjetregering het plan had goedgekeurd.[93] De doelstelling was om elke dag een miljoen Russische kinderen een maaltijd te geven. De voedselhulp begon aan het einde van de zomer van 1921 met een gaarkeuken in Petrograd, vier dagen later gevolgd door Moskou. Later kwamen vele plaatsen in het Wolgagebied en zelfs voorbij de Oeral aan de beurt. Op het hoogtepunt werden in 3000 keukens in 191 steden en dorpen 500.000 mensen per dag gevoed.[94]

 'Het mooiste paleis ter wereld wordt gebruikt voor het schitterendste doel' – zo omschreven de Amerikanen hun werk in Tsarskoje Selo, het paleis van de tsaar even buiten Petrograd.[95] 'In het paleis krijgen meer dan 2000 kinderen elke dag een maaltijd van het geld dat het Amerikaanse volk bijeen heeft gebracht. De Amerikanen zorgen alleen voor het voedsel. Alle noodzakelijke keukens, opslagplaatsen, kantoren en dergelijke worden verschaft door de sovjetregering.' Deze kinderen waren in betere conditie dan die in meer afgelegen gebieden. Foto's, genomen door leden van de Amerikaanse missie, getuigen van de afschuwelijke gevolgen van de hongersnood. Hun ingevallen gezichten en koortsige ogen zijn een gruwelijk aspect van de nasleep van de oorlog. Het feit dat zij in leven bleven was te danken aan het

LINKS Russische kinderen dragen Amerikaanse schoenen. Deze foto werd genomen om te laten zien dat de Amerikaanse hulp tijdens de hongersnood van 1921 effect had.

Het Zomerpaleis van de tsaar in Tsarskoje Selo werd ingericht als centrum voor Amerikaanse voedselhulp aan kinderen tijdens de hongersnood van 1921. Hier kregen meer dan 2000 kinderen elke dag een warme maaltijd.

onwaarschijnlijke verbond tussen Lenin en de bolsjewieken enerzijds, en Herbert Hoover, de apostel van het kapitalisme, anderzijds. Ook Hoover hoopte op de val van het bolsjewistische regime, maar wat de toekomst Rusland ook zou brengen, hij was vast overtuigd van het nut van zijn reddingsoperatie. Lenin besefte zowel de gevaren als de voordelen van de hulp, maar was bereid de risico's te aanvaarden. Samen met Hoover vond hij een manier om het wederzijdse wantrouwen te overwinnen en de redding van miljoenen mensen mogelijk te maken. De Amerikaanse voedselhulp kan wellicht het beste worden samengevat in de woorden 'calculatie' en 'medelijden'. Het medelijden was echt; ook dit was een erfenis van de Eerste Wereldoorlog.

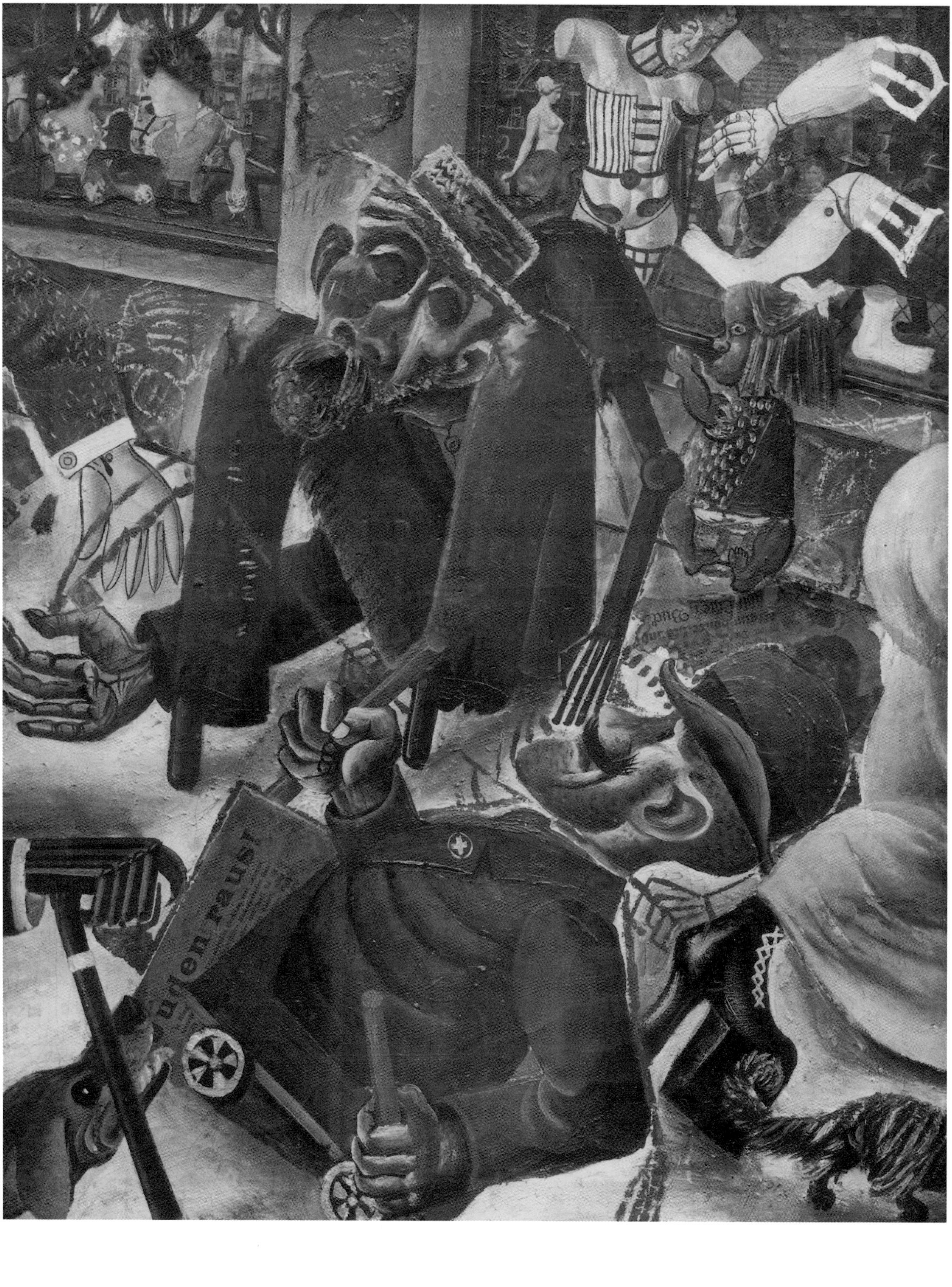
Juden raus!

8
Oorlog zonder einde

Otto Dix, *Pragerstrasse*, 1920. In de nieuwe Weimar-republiek woonde een groot aantal oorlogsinvaliden. De schilder Otto Dix beeldde ex-soldaten zonder ledematen af in de straten van Dresden. Een van hen krijgt een postzegel van een voorbijganger. Een man zonder benen rijdt met zijn karretje over een krant met de kop 'Weg met de joden!' De naoorlogse crisis was begonnen.

DE EERSTE WERELDOORLOG WAS niet alleen een sprong in de moderne tijd, maar ook een terugkeer naar het verleden – een paradox die kenmerkend is voor de twintigste eeuw. Enerzijds versnelde de oorlog het ontstaan van een wereld die door machines van ongekende kracht werd gedomineerd, anderzijds bespoedigde hij een terugkeer naar ongekende wreedheid. De techniek ontwikkelde zich met sprongen, maar de politiek gleed af naar een nieuw tijdperk van duisternis, nog verergerd door nieuwe, efficiënte methoden om dood en verderf te zaaien.

Het besef dat er in de oorlog iets verschrikkelijks en onomkeerbaars was gebeurd, verklaart zijn grote betekenis voor de generaties die erna kwamen. Deze oorlog was immers niet alleen de ingrijpendste politieke en militaire gebeurtenis van de eeuw, maar ook de gebeurtenis die het meest tot de verbeelding sprak.[1] De oorlog schiep nieuwe naties, nieuwe verplichtingen en nieuwe bondgenootschappen. De Verenigde Staten kwamen eruit te voorschijn als een economische wereldmacht, hoewel dit land zich een generatie lang heeft onttrokken aan de politieke verantwoordelijkheden die hieruit voortvloeien. Het ideologische conflict tussen communisme en kapitalisme was een gevolg van deze oorlog, evenals de herindeling van Europa, waarvan de grenzen in 1919 in Versailles werden vastgelegd. Zeventig jaar later kwam het communisme als politiek systeem ten val en werd Duitsland herenigd zonder een bedreiging te vormen voor de vrede in Europa. In de jaren negentig zijn de grenzen van na 1918 gaan afbrokkelen, deels door de middelpuntzoekende kracht van de Europese Unie, deels door de middelpuntvliedende kracht van etnische en nationalistische bewegingen.

De Eerste Wereldoorlog heeft niet alleen het politieke kader voor onze tijd geschapen, maar ook vele fundamentele vooronderstellingen die wij hanteren om hem te begrijpen. Bovenal heeft deze oorlog de aanzet gegeven tot het collectieve geweld dat onze eeuw typeert. Op zeker moment tussen 1914 en 1918 was bijna de hele wereld betrokken bij de oorlog. Slechts weinigen hebben zich kunnen bevrijden van het negatieve toekomstbeeld, het pessimisme en de angst die hieruit voortkwamen. Oorlog is deel gaan uitmaken van onze geest, een constante factor van de wereld waarin wij leven – zowel de zichtbare wereld als de wereld van dromen en nachtmerries die deze troosteloze eeuw heeft geschapen.

De rekening wordt gepresenteerd

De Eerste Wereldoorlog verschilde totaal van alle eerdere oorlogen. De negentiende-eeuwse tactiek van frontale aanvallen door grote aantallen artilleristen was zinloos tegen twintigste-eeuwse wapens. Maar voordat de generaals, pas na een jaar, het veranderde karakter van deze oorlog begonnen te begrijpen, waren al meer dan een miljoen mannen omgekomen. Zelfs toen hadden ze hun lesje nog niet geleerd, zoals blijkt uit de slagen bij Verdun, aan de Somme, bij Passendale en zelfs in het laatste jaar van de oorlog, toen het Duitse leger een laatste wanhoopsoffensief lanceerde. Al deze afschuwelijke mislukkingen verklaren mede dat het succesvolle tegenoffensief van de geallieerden in de laatste maanden van de oorlog vrijwel vergeten is. Deze opmerkelijke prestatie kon de gruwelen van tientallen mislukte offensieven niet verdoezelen.

Zij die het ware gezicht van deze oorlog hadden gezien, wisten dat de oude, romantische illusies over oorlog ongeldig, absurd of obsceen waren geworden. Om de schok te verwerken, veranderde ook het woordgebruik: oorlog werd na 1918 in zakelijker en realistischer termen omschreven dan voorheen.[2]

De mannen die de oorlog hadden uitgevochten, waren dan ook niet meer de opgewekte strijders uit de negentiende-eeuwse Romantiek. In 1927 wijdde Philippe Pétain, de held van Verdun, een reusachtig ossuarium in Douaumont in – volgens Antoine Prost 'een soort begraafplaats van begraafplaatsen'. In zijn toespraak verwees Pétain naar de gewone soldaat in de Eerste Wereldoorlog: 'Wij die hem kennen, weten dat hij een gewone man is, met deugden en ondeugden, een man uit het volk waaraan hij gehecht bleef ... aan zijn familie, aan zijn werkplek, zijn kantoor, zijn dorp, aan de boerderij waar hij opgroeide.' Hij deed zijn plicht en 'trok moedig, maar zonder enthousiasme ten strijde'.[3]

Dit was de oorlog waarin het lijden werd gedemocratiseerd.[4] In de meeste deelnemende landen was ongeveer vijftig procent van de mannelijke bevolking tussen de 18 en 49 jaar onder de wapens – een leger van ongekende omvang. Frankrijk en Duitsland mobiliseerden het grootste percentage: zo'n tachtig procent van de mannen in de dienstplichtige leeftijd werd opgeroepen. De Oostenrijks-Hongaarse Dubbelmonarchie mobiliseerde vijfenzeventig procent van haar volwassen mannen; Groot-Brittannië, Servië en Turkije riepen vijftig tot zestig procent op. In Rusland waren ongeveer zestien miljoen mannen (veertig procent van de mannelijke bevolking tussen 15 en 49 jaar) onder de wapens en in de Verenigde Staten droegen in een periode van achttien maanden zo'n vier miljoen mannen, ongeveer zestien procent van dezelfde leeftijdsgroep, een uniform.

Het percentage dode en gewonde soldaten was hoger dan ooit tevoren: een totaal van ongeveer negen miljoen gevallenen (de schattingen lopen uiteen) betekent dat één op de acht mannen was gesneuveld. In totaal is ongeveer de helft van alle soldaten gevangengenomen, gewond of gedood. Het westelijk front was het

Oorlog zonder einde

bloedigste strijdtoneel, hoewel aan het oostelijk front een hoger percentage soldaten stierf. Daar maakten ziekten en gevechtshandelingen in gelijke mate slachtoffers. Aan dit front werd een negentiende-eeuwse oorlog met twintigste-eeuwse wapens uitgevochten. Van de Serven sneuvelde zevenendertig procent, van de Roemenen, Turken en Bulgaren ongeveer vijfentwintig procent. Aan het westelijk front, waar de oorlog werd gewonnen en verloren, beliepen de Duitse en Franse verliezen ongeveer één op de zes militairen, de Britse één op de acht.

Aanvankelijk vielen er meer slachtoffers onder de sociale elite dan onder de rest van de bevolking. Het percentage gesneuvelden was onder de officieren die de acties aan het front leidden namelijk beduidend hoger dan onder de manschappen – zo'n tien procent van de gewone soldaten kwam om, tegen twaalf tot twintig procent van de officieren. En verreweg de meeste officieren waren afkomstig uit de aristocratie en gegoede burgerij – de samenstelling van het leger vormde namelijk een afspiegeling van de sociale ongelijkheid in de vooroorlogse samenleving. In het begin van de oorlog gold: hoe hoger iemands positie op de sociale ladder, des te groter de kans dat hij officier werd – en des te groter de kans dat hij sneuvelde.

Thuiskomst, Australië, 1919. Deze vrouwen wisten niet wat hun te wachten stond wanneer hun soldaten uit het troepentransportschip dat hen naar huis had gebracht zouden stappen. Ze waren 10.000 kilometer en vele ontberingen verwijderd geweest van hun geliefden; het zou jaren duren voordat de kloof was overbrugd.

Omstreeks 1917 waren echter al zo veel mannen uit deze bevolkingsgroep gesneuveld dat het leger jonge officieren uit bredere lagen van de bevolking moest rekruteren – nog wel uit de gegoede burgerij, maar nu ook uit het zaken- en middenstandsmilieu. Dit betekende dat in de laatste twee oorlogsjaren ook onder deze groepen naar verhouding veel slachtoffers vielen.

Ironisch genoeg hebben vooroorlogse ontberingen miljoenen arbeiders het leven gered.[5] Vanwege hun lichamelijke gebreken en ziekten voldeden zij zelfs niet aan de lichtste normen van de medische dienstplichtkeuring. In Groot-Brittannië werd ongeveer 35 procent van de gekeurde mannen ofwel gevechtsonbekwaam bevonden, of zelfs geheel ongeschikt om een uniform te dragen. De sociale ongelijkheid was hun redding geworden.

Verminkte gezichten, geamputeerde ledematen

TIJDENS EN NA DE OORLOG zag men overal gewonden – op straathoeken, op pleinen, in kerken. Er was geen dorp of stad in Europa waar men ze niet tegenkwam. De Franse textielarbeidster Mémé Santerre schreef over haar dorp in het noorden van het land:

> De boerenarbeiders kwamen geamputeerd, blind of door gas aangetast terug, of kregen vanwege hun mismaakte, grof genezen gezichten bijnamen als 'vogelverschrikker'. Steeds meer soldaten kwamen terug. Wat een menigte! Wat een wrede schok op het station, waar vrouwen hun mannen gingen afhalen en hen zo aantroffen – invalide, ziek, wanhopig omdat ze nutteloos waren geworden. Aanvankelijk leek het wel alsof alleen de gewonden terugkeerden. Pas later kwamen de anderen, die geen schrammetje hadden opgelopen. Maar net als bij hun kameraden stonden hun gezichten ernstig, droef en strak; ze spraken weinig. Ze hadden vier onuitwisbare jaren in de hel geleefd.[6]

Er waren vele soorten gewonden: psychisch beschadigde mannen, mannen die aan een in de oorlog opgelopen ziekte leden en mannen die letterlijk uiteengereten waren, zoals de duizenden *gueules cassées*, de mannen met een verminkt gezicht.[7] De schattingen lopen uiteen, maar ten minste twaalf procent van alle gewonden had verminkingen aan het gezicht, ongeveer een derde van hen zo ernstig dat herstel onmogelijk was. Omdat er alleen al in Groot-Brittannië, Frankrijk en Duitsland zeven miljoen gewonden waren, betekende dit dat ongeveer 280.000 van hen dergelijke verminkingen hadden. Ze waren niet allemaal ernstig misvormd, maar wie dat wel was, durfde niet meer in de spiegel te kijken: hij had letterlijk zijn identiteit verloren. Voor deze mannen was de terugkeer naar een normaal leven een martelgang.

De Franse verpleegster Henriette Rémi kende hun lot uit de eerste hand. In het voorjaar van 1918 bezocht zij een bevriende officier die een 'man zonder gezicht' verzorgde: 'Hij heeft maar één been, zijn rechterarm zit in het verband. Zijn mond is verwrongen door een afschuwelijk litteken dat tot onder zijn kin doorloopt. Van zijn neus zijn alleen nog twee enorme, zwarte gaten over. ... Je vraagt je af voor welk doel deze man geleden heeft. ... Alles wat er van zijn gezicht rest zijn de versluierde ogen; hij lijkt te kunnen zien...'[8]

De gewonde sprak over thuis, over zijn moeder en zuster: 'Ik kan ze dan wel niet

Twee verminkte veteranen. Medelijden was niet ten offer gevallen aan de Eerste Wereldoorlog. Oorlogsinvaliden kregen veel hulp en steun van hun medeslachtoffers. Ze stichtten verenigingen, pressiegroepen en organisaties voor wederzijdse hulp. Dankzij deze vorm van solidariteit konden de mannen, die soms werden gemeden door de burgermaatschappij, hun gevoel van waardigheid hervinden.

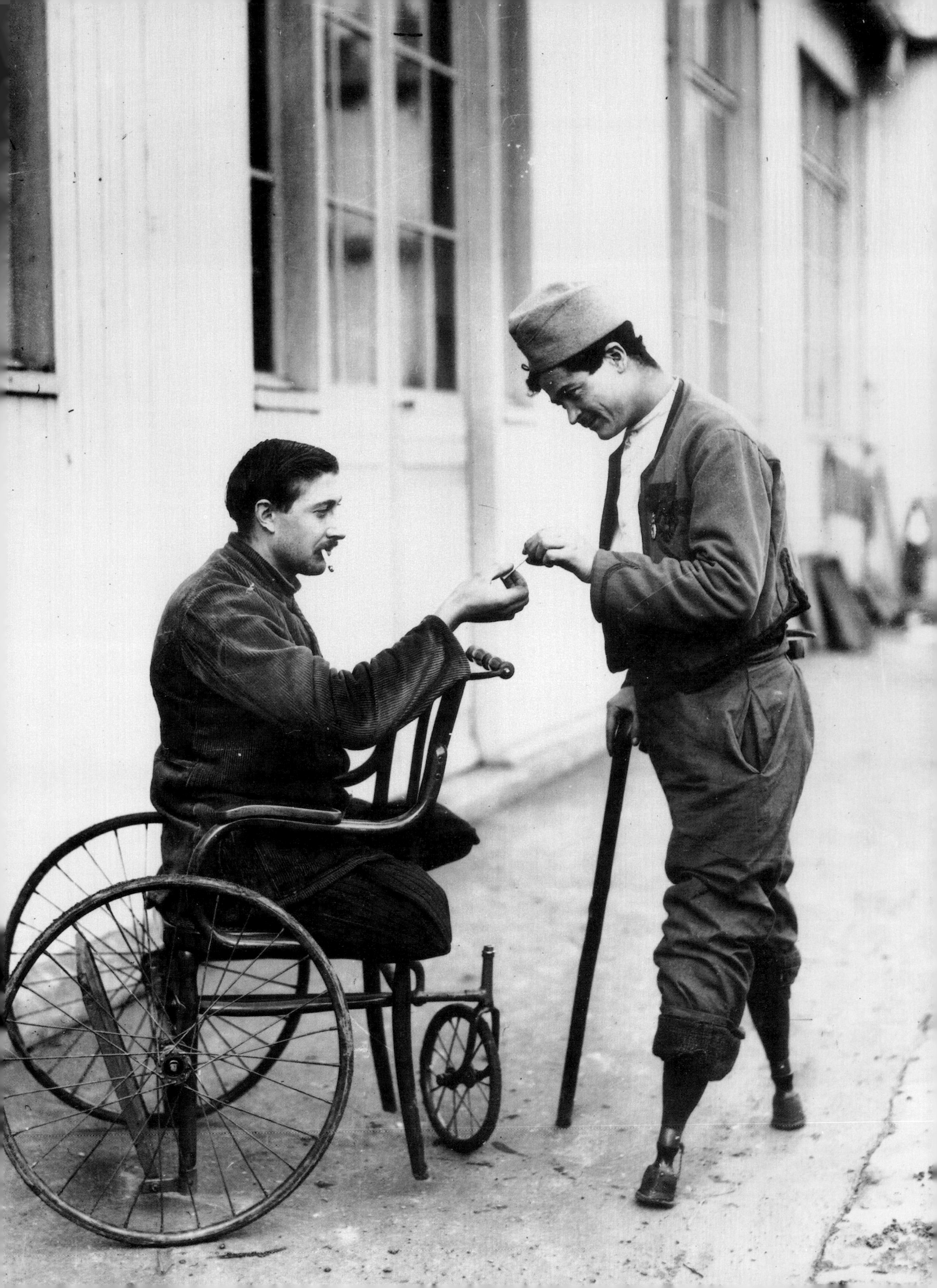

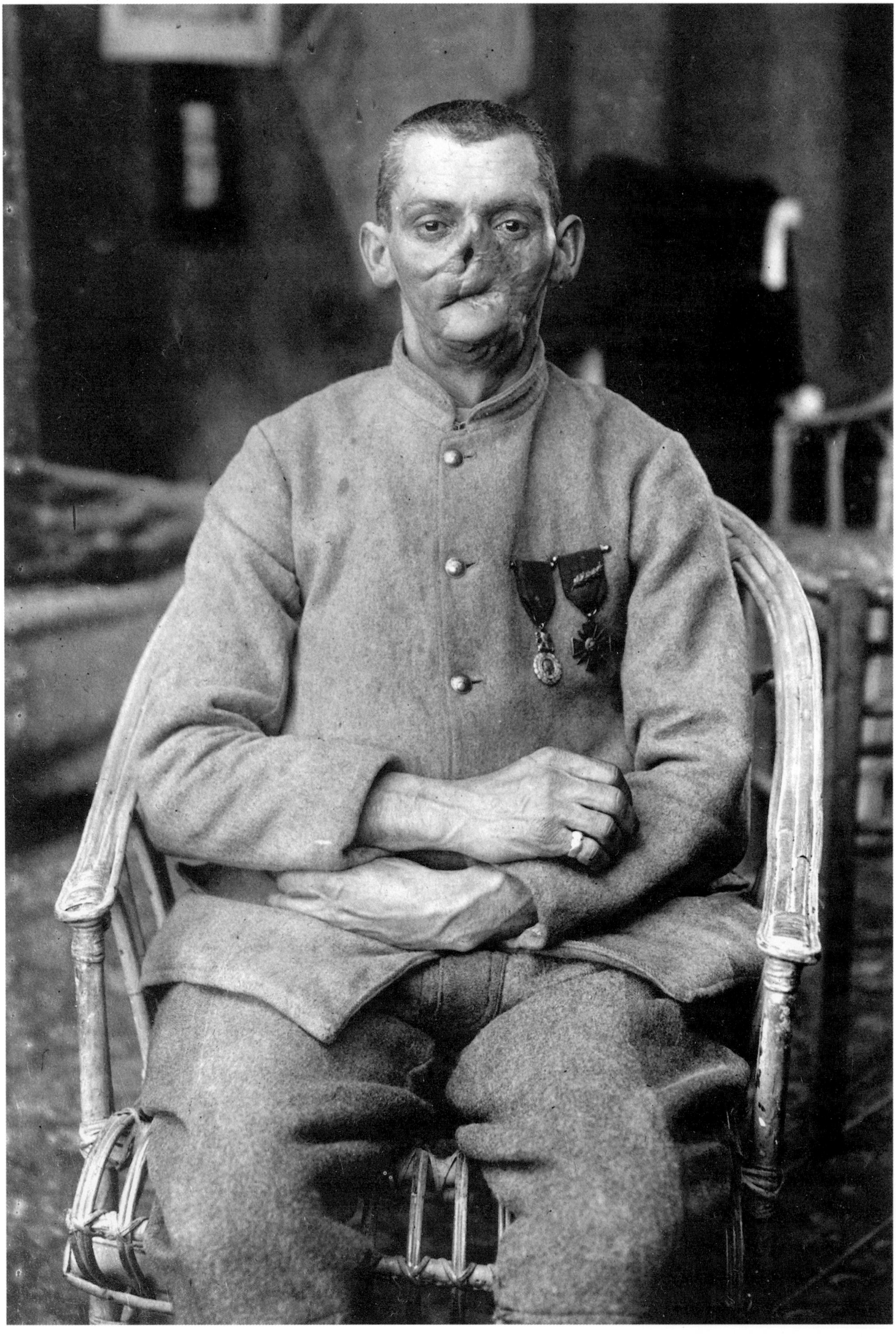

LINKS EN BOVEN De Fransen noemden hen 'de mannen met de gebroken gezichten'. Sommigen konden geleidelijk en op pijnlijke wijze worden geholpen door middel van plastische chirurgie, anderen namen hun toevlucht tot prothesen. Deze soldaat, die zelfverzekerd een sigaret rookt, liet de helft van zijn gezicht niet door plastische chirurgie herstellen, maar met behulp van een kunstig vervaardigd masker.

zien, maar zij zullen mij zien. Ja, zij zullen me zien! Ze zullen voor me zorgen en me helpen de tijd door te komen. De tijd gaat zo langzaam in het ziekenhuis. Mijn zuster is lerares, ze zal me voorlezen. Mijn moeder heeft slechte ogen, ze kan nauwelijks lezen. Ze naaide te veel in onze kindertijd en moest voor ons zorgen; mijn vader stierf toen wij nog klein waren.'

De artsen in het ziekenhuis ontmoedigden familiebezoek, dat vaak traumatisch verliep. Maar het moment was gekomen dat deze veteraan naar zijn familie terugkeerde. Hij vroeg Rémi of ze hem zouden herkennen. 'Natuurlijk,' antwoordde zij aarzelend, en hoopte dat als ze hem niet met hun ogen zouden herkennen, dan toch met hun hart. Toen verscheen zijn zuster:

> Een jonge, knappe vrouw snelt naderbij. Ze zoekt in de menigte naar haar broer. Plotseling verbleekt ze, haar gezicht drukt afschuw en schrik uit, ze heft haar armen omhoog alsof ze een vreselijk beeld wil wegduwen en mompelt: 'Mijn God ... dat is hem.' Iets verderop komt een in het zwart geklede, wat gebogen vrouw schuchter aanlopen en kijkt met een verwachtingsvolle glimlach om zich heen. Dan verschijnt er een blik van afgrijzen in die arme, vermoeide ogen .... en slaakt de moeder een kreet, uit het diepst van haar hart: 'Mijn God ... dat is hem.'

Voor dit gezin begon, na de eerste schokkende herkenning, de lange weg naar het herstel. Anderen hadden echter minder geluk. Meneer Lazé, een voormalige leraar die nu blind was, werd ook door Henriette Rémi verpleegd. Tijdens zijn herstel keek hij uit naar het bezoek van zijn vrouw en zoontje Gérard. De eerste keer dat Gérard het ziekenhuis bezocht, vroeg hij de zuster of hij zijn vader mocht zien, maar hij kreeg te horen dat het nu niet kon; de volgende dag zou vader even thuis komen. Henriette ging met hem mee. In de trein zag een kind Lazé en vroeg aan zijn moeder: 'Wat is er met die man?' Lazé zei: 'Kijk maar eens goed, en vergeet nooit meer dat dit, en niets anders, het gezicht van de oorlog is.' Vanaf het station nam hij de gewone weg naar huis. Zijn vrouw begroette hem bij de deur en riep hun zoon.

> Toen slaakte de jongen een doordringende gil; hij trilde over zijn hele lichaam. Zijn vader was ook overstuur en staarde naar de grond. Gérard rende zo snel als hij kon weg en schreeuwde: 'Dat is papa niet'. Lazé voelde zich ontredderd. Zijn vrouw zei: 'Dit was te snel; je moet zoiets voorbereiden.'[9]

Aan de andere kant van de tuin bleef Gérard maar herhalen: 'Dat is papa niet.' Henriette probeerde hem te helpen.

> Ik liep voorzichtig op hem toe, maar Gérard wilde me niet zien. Hij beefde; ik kon hem beter aan zijn moeder overlaten. Hij verborg zich in haar rok. Lazé stond als aan de grond genageld. Met zijn hoofd in zijn handen zei hij: 'Idioot, idioot! Maar hoe kon ik weten dat ik zo afzichtelijk ben. Dat hadden ze me moeten zeggen!'

Henriette was het met hem eens: 'Ik was overrompeld door wanhoop, schaamte en onmacht. Hij had gelijk. In het ziekenhuis hadden we maar één wens: hen doen geloven dat ze niet angstaanjagend waren, en dit is het gevolg.' Ze nam Lazé mee

Max Beckmann, *De weg naar huis*, 1919. Deze litho maakt deel uit van een serie die de titel *De hel* draagt. Op deze afbeelding vraagt Beckmann zelf de weg naar huis aan een verminkte soldaat. Achter hem onder de lantaarnpaal staan de spreekwoordelijke prostituee en twee andere oorlogsinvaliden.

terug naar het ziekenhuis. Iedereen zei dat het kind wel aan hem zou wennen, maar dat geloofde hij niet. Hij zei tegen Henriette:

> Vroeger was ik een mens en begreep ik wat dat betekende en wilde ik alleen maar een mens zijn. Nu is mijn eigen zoon doodsbang voor me, ben ik een dagelijkse last voor mijn vrouw, een schande voor de mensheid.

Hij deed nog een poging om naar huis te gaan, die weer mislukte. Weer gilde zijn zoon: 'Dat is papa niet.' Lazé verloor de moed: 'Het is te laat, hij blijft bang voor me.' Die nacht maakte Lazé in het ziekenhuis een einde aan zijn leven. Hij sneed met een zakmes zijn polsen door.

Andere verminkten en hun lotgenoten slaagden erin een nieuwe, gezamenlijke identiteit aan te nemen.[10] De Bond van Verminkten (later de Nationale Federatie van Getrepaneerden en Verminkten) was slechts een van de vele veteranenorganisaties in het naoorlogse Frankrijk. De Federatie bleef een aparte plaats innemen, los van de grotere organisaties – de verminkten hadden speciale problemen waar ze alleen binnen hun eigen vereniging over konden praten.

Het idee was afkomstig van twee verminkten die elkaar kenden van het militair hospitaal Val-de-Grâce in Parijs.[11] Zij riepen iedereen die ze daar hadden gekend op zich te verenigen. Op 21 juni 1921 kwamen ze voor het eerst bijeen, vier jaar nadat de eerste veteranenorganisaties waren opgericht. Hun leider, de destijds negenenvijftigjarige kolonel Picot, was een vooraanstaand man in de overkoepelende veteranenbeweging. Hij heeft altijd het speciale karakter van deze Federatie benadrukt. De leden ontmoetten elkaar tweemaal per jaar tijdens een banket en vonden veel steun bij elkaar om met hun vreselijke problemen te leven. In 1927 verbouwde de Federatie een landhuis met een park in Moussy-le-Vieux, veertig kilometer van Parijs.[12] Hier konden de verminkten ver van het gegeneerde publiek rust vinden. Volgens kolonel Picot zou het een 'plek worden waar zij recht op hadden, een château zoals van hen die rijk werden, terwijl wij ons gezicht verloren'.[13] Sommige mannen bleven korte tijd, anderen voorgoed. Ook hun gezinnen waren welkom. Iedereen kon er boerenwerk doen, ook zij die hadden gedacht nooit meer werk te kunnen vinden.

Oorlogsinvaliden vormden een onlosmakelijk deel van de naoorlogse maatschappij. Op 14 juli 1919, de Franse nationale feestdag, leidden de kreupelen, blinden en verminkten de overwinningsparade. Er ontstond een hele bedrijfstak die voorzag in de behoeften van mannen die ledematen hadden verloren. In Engeland ging het geld dat jaarlijks op 11 november (de dag van de wapenstilstand) werd opgehaald naar de gezinnen van behoeftige ex-soldaten. Halverwege de jaren twintig was ongeveer tachtig procent van de werklozen veteraan; zij waren allen noodlijdend. Maar het lot van degenen wier wonden niet heelden, was nog veel zwaarder.

Otto Dix

DE DUITSE KUNSTENAAR Otto Dix trof overal in Dresden zulke mannen aan. Hij had als artillerist en mitrailleur vier jaar aan het westelijk front gediend en werd aan het einde van de oorlog voor de luchtmacht opgeleid. Hij wist hoe een man door een granaat uiteengereten kon worden. Nadat hij in 1920 in Dresden was teruggekeerd, maakte hij groteske etsen van de nieuwe Duitse maatschappij. *De Luciferverkoper* is een blinde veteraan zonder benen, voor wie iedereen wegvlucht. Op zijn *Pragerstrasse* uit 1920 (zie bladzijde 360), opgedragen 'aan mijn tijdgenoten', toont hij een gehandschoende hand die een postzegel in de kunsthand van een geamputeerde laat vallen, terwijl een andere invalide op een plank over een antisemitisch pamflet met de kop *Juden raus!* rijdt. Een van zijn beroemdste collages, *Skaatspelers*, is een wrede satire op Cézannes beroemde werk *De Kaartspelers*. Een man die zijn kaak, beide benen en een arm mist, is gekleed in het papier dat tijdens en na de oorlog in Duitsland voor kleding werd gebruikt. Een andere veteraan speelt met zijn tenen een kaart, een derde heeft een kaart tussen zijn tanden.

In 1924 opende de Duitse pacifist Ernst Friedrich in Berlijn een antioorlogsmuseum, waar foto's van afschuwelijk verminkte veteranen te zien waren. De toelich-

Korporaal Walter Briggs (UITERST RECHTS) van de Accrington Pals werd op de eerste dag van de Slag aan de Somme gedood. Onder de persoonlijke bezittingen die zijn familie terugkreeg, bevond zich een ansichtkaart (RECHTS) die zijn verloofde Amelia hem had gestuurd. Op de achterzijde had ze een gedicht geschreven dat begon met de woorden: *'Ik zal nooit van een andere jongen dan jij houden. …'*

ting onder een van de foto's luidde: 'Alleen al in Duitsland bevinden zich nog duizenden mensen in ziekenhuizen, waar ze volledig van de buitenwereld geïsoleerd en ver van hun familie en vrienden hun leven "lijden", in de hoop dat ze wellicht na jaren het uiterlijk van een mens terugkrijgen.'[14] Natuurlijk sloten de nazi's het museum toen ze in 1933 aan de macht waren gekomen.[15] Ook een van Dix' doeken deed veel stof opwaaien. *De oorlogsinvaliden (met zelfportret)* uit 1920 toonde ex-soldaten met allerlei gebreken en verminkingen. In 1937 kreeg dit doek een prominente plaats op de tentoonstelling van *Entartete Kunst*, een collectie werken die volgens de nazi's het begrip Germaans in diskrediet bracht. Het doek werd vernietigd, maar de schilder overleefde het.

De mannen die model stonden voor Dix' werk, konden de eindjes vaak nauwelijks aan elkaar knopen. Wie geluk had, kreeg een pensioen, waarvan de hoogte afhankelijk was van de ernst van de invaliditeit en de vrijgevigheid van de staat. In Frankrijk lag de bewijslast dat een handicap in de oorlog was opgelopen bij de staat; de mannen kregen aanvankelijk het voordeel van de twijfel. In Engeland was dat niet het geval; daar rustte de bewijslast bij de invalide of zijn weduwe.[16]

Oorlog zonder einde

Gebroken gezinnen

Voor sommigen gaf de terugkeer naar het gezinsleven geen, voor anderen enorme problemen. Na de oorlog steeg het aantal echtscheidingen in West-Europa. Huwelijken sneuvelden omdat er te veel was gebeurd. Sommige mensen waren in 1914 inderhaast getrouwd, met de begrijpelijke wens in deze onzekere tijd het leven en de toekomst veilig te stellen. Na 1918, toen men de gemaakte keuzes overzag en wist wie men geworden was, scheidden de wegen van velen. De thuiskomst bracht de soldaten eerst opluchting, vervolgens vragen. Duitse en Oostenrijkse soldaten waren als verliezers thuisgekomen, maar ook in de geallieerde landen gingen demobilisatie en herintegratie gepaard met geweldige problemen.

Iedereen had wel iemand verloren, maar het lange wachten op het officiële doodsbericht was zwaar.[17] Na een periode van rouw hertrouwden verreweg de meeste oorlogsweduwen. Dit weerspreekt de mythe dat de oorlog een groot aantal vrouwen levenslang tot oude vrijster veroordeelde. Zeker, er waren miljoenen potentiële echtgenoten gesneuveld, maar miljoenen andere mannen, die anders (gezien de trend van vóór 1914) zouden zijn geëmigreerd, waren in Europa gebleven. Bovendien trouwden veel vrouwen nu met mannen van hun eigen leeftijd of jonger, of uit andere steden en andere sociale klassen. Ondanks de oorlog was er geen langdurige toename van het aantal alleenstaanden.

Gezien de benarde positie van ongehuwde vrouwen en weduwen was deze ontwikkeling niet verwonderlijk. In Duitsland schoot ten tijde van de wapenstilstand de inflatie omhoog en sloeg de werkloosheid toe. In Engeland en Frankrijk heerste twee jaar later massale werkloosheid in gebieden met veel textielindustrie, waarin van oudsher veel vrouwen werkten. Alleenstaande vrouwen waren veroordeeld tot armoede of afhankelijkheid van hun ouders.

'De eerste man'

Het huwelijk was dus een manier om te overleven. Maar wie weduwe bleef en alleen kinderen probeerde op te voeden, had een moeilijke weg te gaan. Een voorbeeld van de afschuwelijke gevolgen van de oorlog is het gezinsleven van de in Algerije geboren schrijver Albert Camus. Zijn vader Lucien werkte bij een wijnhandelaar. Het gezin leefde in een stad in het binnenland toen zijn vrouw Cathérine op 7 november 1913 haar tweede kind ter wereld bracht. De vader was toen achtentwintig, de moeder eenendertig. Na het uitbreken van de oorlog stuurde Lucien zijn gezin terug naar de arbeiderswijk Belcourt in Algiers en voegde zich bij zijn eenheid zoeaven, het Arabische woord voor rekruten uit Noord-Afrika. Ze droegen de karakteristieke wijde broek en slappe baret en stonden bekend als felle soldaten. De zoeaven werden onmiddellijk naar Parijs gestuurd om de Duitse opmars naar de hoofdstad tot staan te brengen. In de Slag aan de Marne werd Lucien door granaatscherven getroffen. Hij werd naar een ziekenhuis in St.-Brieuc in Bretagne gebracht, waar hij geruststellend aan zijn vrouw schreef dat hij herstellende was. Vier weken later stierf hij echter. Cathérine ontving het officiële bericht samen met de granaatscherven die uit zijn lichaam waren gehaald. Dit aandenken was het enige dat er van Lucien was overgebleven.

De dove Cathérine trok met de twee kleine kinderen in bij haar tirannieke Spaanse moeder.[18] Hoewel ze kon liplezen, werd haar spraak steeds onduidelijker en beperkter. Tijdens de oorlog werkte ze in een munitiefabriek, daarna leidde ze,

Lucien Camus (RECHTS) en Catherina Camus (ONDER) waren arme Franse kolonisten in Algerije. Tien maanden na de geboorte van hun zoon Albert in 1913 werd Lucien opgeroepen voor dienst. Hij bezweek aan de wonden die hij in de Slag aan de Marne had opgelopen.

gehoorzaam aan haar moeder, een passief bestaan als wasvrouw. Pas vier jaar na de dood van haar man kreeg ze voor het eerst weduwenpensioen. Thuis kon niemand een formulier invullen; ze had de aanvraag pas kunnen indienen nadat een buurman te hulp was geschoten.

Albert, haar jongste zoon, groeide in dit huishouden op, waar de schim van de dode, onbekende vader voortdurend aanwezig was. Er waren geen familiedocumenten, want niemand kon lezen, en er bestonden maar weinig familieverhalen. Van zijn vader restte niet meer dan een enkele foto, een paar briefkaarten en de stukjes metaal die hem fataal waren geworden.

Albert Camus is zijn hele leven op zoek geweest naar de persoon die zijn vader was geweest. In 1953, toen hij veertig jaar was, bracht hij een bezoek aan het kerkhof in Bretagne waar zijn vader rustte. Hij vond het graf op de militaire begraafplaats St. Michel. In zijn laatste boek vertelt Camus dit verhaal via de mond van de hoofdpersoon, Albert Cormery. Hij las de datum:

> '1885-1914' en rekende automatisch uit: negenentwintig jaar. Ineens greep hem een gedachte die hem ook fysiek een schok gaf. Hijzelf was veertig jaar. De onder deze zerk begraven man, die zijn vader was geweest, was jonger dan hij.
> En de golf van genegenheid en medelijden die plotseling zijn hart overspoelde was niet de zielsbeweging die een zoon naar de herinnering van zijn omgekomen vader drijft, maar het diep gevoelde mededogen van een volwassen man voor een onrechtvaardig vermoord kind – hier strookte iets niet met de orde der natuur, en eigenlijk heerste daar waar een zoon ouder was dan zijn vader geen orde maar alleen dwaasheid en chaos.

Lopend over de begraafplaats zag hij andere graven en 'stelde aan de hand van de data vast dat hier in deze grond allemaal jongens lagen die de vaders waren geweest van grijzende mannen. ...' Hij piekerde over de persoon van deze afwezige, 'jongere' vader. 'Een gezin waar weinig werd gesproken, waar niet werd gelezen en geschreven, een ongelukkige, verstrooide moeder, wie had hem meer kunnen vertellen over deze jonge, beklagenswaardige vader? Niemand had hem gekend behalve zijn moeder, en zij was hem vergeten. Dat wist hij zeker. En hij was anoniem aan zijn einde gekomen op deze aarde waar hij een kort moment anoniem had rondgelopen.'[19]

Kon de zoon het levensgeheim van deze 'vreemde' nog ontdekken? Hij zag alleen de schaduw van zijn vader, als 'de as van een bij een bosbrand verschroeide vlindervleugel'.[20] Maar ook als veertigjarige had deze oorlogswees nog 'behoefte aan

Albert Camus (links) bij de krant *L'Express*. De oorlogswees Camus heeft zijn opvattingen over de morele aspecten van oorlog nooit onder stoelen of banken gestoken.

iemand die hem de weg wijst'.[21] Zonder zijn vader had hij geen besef van een verleden. Hij had 'nooit de momenten gekend waarop een vader zijn zoon, tot de jaren des onderscheids gekomen, bij zich roept om hem het familiegeheim te onthullen, of een langgekoesterd verdriet, of een levenservaring. ...' Daarom moest hij – de zoon – 'de eerste man' worden, en had hij 'zonder herinnering en zonder geloof de wereld [betreden] van de mensen van zijn tijd en haar vreselijke, meeslepende geschiedenis'.[22]

De 'onbekende dode van Saint-Brieuc'[23], de gevallen soldaat en vader, was een van vele miljoenen. De oorlog had elke dag 'honderden wezen gemaakt in alle delen van Algerije, Arabische en Franse, vaderloze zoons en dochters, die vervolgens zouden moeten leren leven zonder veel ontwikkeling en zonder erfenis'.[24] Daarom is oorlog 'de broedstoof van onze tijd'.[25] De oorlog was overal: hij 'maakte nu eenmaal deel uit van hun wereld, ze hoorden over niets anders, om hen heen waren zoveel dingen erdoor beïnvloed dat ze moeiteloos begrepen dat je daar een arm of been aan kon verliezen, en dat je de oorlog zelfs juist kon definiëren als een tijd in het leven waarin armen en benen werden verloren.'[26]

De moeder van een van Camus' jeugdvrienden werkte in de linnenkamer van een tehuis voor oorlogsinvaliden. De twee jongens gingen daar vaak heen, en voor hen had

> deze wereld van de verminkten absoluut niets triests. Sommigen waren zwijgzaam en somber, dat wel, maar de meesten waren jong, glimlachten en maakten zelfs grapjes over hun invaliditeit. 'Ik heb maar één been,' zei een blonde jongen die ze vaak in de linnenkamer zagen rondhangen, met een krachtig, vierkant gezicht en blakend van gezondheid, 'maar ik kan je best nog wel een schop onder je achterwerk verkopen,' zei hij tegen de jongens. En met zijn rechterhand steunend op zijn stok en met zijn linkerhand op de leuning van de galerij, kwam hij omhoog en schopte met zijn ene been in hun richting. De jongens lachten met hem mee en maakten zich dan snel uit de voeten.[27]

Sommigen hadden het geluk ongedeerd terug te keren. Een van hen, de onderwijzer van Camus toen de jongen negen jaar was, heeft de grootste vormende invloed gehad op de schrijver. Louis Germain gaf kinderen het gevoel dat de dingen die ze dachten en voelden van belang waren en dat de wereld ontdekt moest worden. Hij voelde een speciale verantwoordelijkheid voor oorlogswezen als Camus. Aan het einde van ieder trimester las hij voor uit de oorlogsmemoires *Les croix de bois* van Roland Dorgelès, dat ging over 'rare mannen, gekleed in zware stoffen die stijf stonden van de modder, mannen die een vreemde taal spraken en in gaten leefde onder een plafond van kogels, granaten en vuurpijlen'. Camus 'luisterde met hart en ziel naar het verhaal dat zijn meester met hart en ziel voorlas', een oorlogsverhaal 'dat als een schaduw zweefde boven al hetgeen over hen werd besloten'.[28]

Germain wist de moeder en grootmoeder van Camus over te halen hem op school te laten, zodat hij voor een beurs kon studeren die hem in staat zou stellen naar het *lycée* te gaan. Ze bleven vrienden voor het leven. Jaren later gaf Germain zijn beduimelde oorlogsmemoires van Dorgelès aan Camus, die het boek, zo zei hij, had verdiend omdat hij tijdens het voorlezen in de klas, in 1922 in Algiers, had gehuild.[29]

Camus had geluk. Hij had een surrogaatvader gehad die het leed in de loopgraven kende en van mening was dat de 'oorlogsgeneratie' van 1914 de plicht had de zonen van haar gevallen kameraden op te voeden. Hij gaf zijn leerling de overtuiging mee dat hij meer dan een vreemde kon worden, dat hij zijn weg kon vinden in een door geweld misvormde wereld. Vanuit deze achtergrond schiep Albert Camus in zijn proza een imposant monument voor de menselijkheid, waarvoor hij in 1957 met de Nobelprijs voor Literatuur werd beloond. Drie jaar later verongelukte Camus. In het autowrak vond de politie een lijvig, met de hand geschreven manuscript. Het was het relaas van zijn zoektocht naar zijn vader, wiens dood in de Slag aan de Marne hem tot 'de eerste man' had gemaakt.

Ontwrichte levens

NA DE WAPENSTILSTAND spraken velen van een 'verloren generatie'.[30] Sommigen gebruikten deze term om de tol van de oorlog aan te duiden, de immense verliezen aan mensenlevens en het besef dat de overgebleven generatie niet alleen getalsmatig maar ook kwalitatief was verzwakt. Anderen gebruikten hem voor een groep Europese en Amerikaanse schrijvers die het gevoel hadden door de oorlog hun richting en normbesef te zijn kwijtgeraakt en nooit meer geheel te hebben teruggevonden.[31] Maar de woorden hadden ook nog een derde, meer alledaagse, maar daarom niet minder belangrijke betekenis. Velen die in de oorlog hadden gevochten, konden de draad niet meer opvatten – niet door lichamelijke verwondingen, maar door een gevoel van desintegratie en ontworteling. Zulke mensen vond men na 1918 in alle landen die aan de oorlog hadden deelgenomen, en sommigen leefden tot hun dood in deze situatie.

Zo iemand was T.E. Lawrence, beter bekend als Lawrence of Arabia, de leider van de Arabische opstand van 1916-1918 (zie hoofdstuk 3). Na de oorlog bleef hij op zoek naar een identiteit die hem rust kon brengen, maar tevergeefs. Misschien was dat zijn lot, oorlog of geen oorlog, maar zijn geval is niet uniek. Voor velen waren de oorlogsherinneringen zo onuitwisbaar, dat zij nooit aan een nieuw leven hebben kunnen wennen. Lawrence heeft ze nooit van zich af kunnen schudden, hoeveel moeite hij daar ook voor heeft gedaan. Na de oorlog was hij stuurloos, een zwerver zonder bestemming.

Het gevoel van vervreemding waarmee Lawrence moest leven, hield deels direct verband met zijn oorlogservaringen en kwam deels voort uit zijn overtuiging dat de Britse delegatie in 1919 in Versailles de beloften die in de oorlog aan de Arabieren waren gedaan had geschonden.[32] In november 1917 was Lawrence verbindingsofficier tussen de Britse troepen in Egypte en Palestina enerzijds en de Arabische stammen die zich tegen Turkije verzetten anderzijds. De vermomde Lawrence werd gearresteerd toen hij de verdediging van de Syrische stad Deraa verkende. Hij gaf zich voor een Circassiër uit, maar zijn vloeiend Arabisch kon zijn Europese uiterlijk niet verhullen. Hij werd zwaar mishandeld en verkracht. Zoals bij vele slachtoffers van verkrachting het geval is, leed hij nog vele jaren onder deze aantasting van zijn integriteit. Sommigen weten zijn aversie tegen iedere vorm van lichamelijk contact aan dit seksuele geweld.[33] Een huwelijk was ondenkbaar, de eenzaamheid onontkoombaar.

Sindsdien leed hij aan zware depressies. Ook vóór Deraa was hij wel eens depressief, maar zijn zwaarmoedigheid leek vooral verband te houden met de schaamte,

T.E. Lawrence verongelukte in 1935 tijdens een rit op deze motorfiets. Hij liep hersenletsel op en herstelde nooit meer. De woestijnheld van de Arabische opstand tijdens de Eerste Wereldoorlog kwam om door een verkeersongeluk, na twintig jaar op zoek te zijn geweest naar vergetelheid en vrede. Hij vond geen van beide.

schuld en pijn van de verkrachting. Daar kwam nog bij dat hij, ook in algemenere zin, niet in staat was te vergeten. Daarover schreef hij aan Robert Graves, over hun onvermogen aan de gruwelen van de oorlog te ontsnappen. Ze konden nooit *Goodbye to all that* (Dat hebben we gehad) zeggen, de titel van Graves' oorlogsmemoires. Al in 1922 schreef Lawrence aan Graves: 'Waarom kunnen jij en Siegfried Sassoon en ik ... de oorlog niet achter ons laten? Jij blijft maar piekeren, [Sassoon] zwalkt als een stuurloos schip rond, ik ... kan me niet losmaken van de ellende en mishandeling. Wat is er met ons aan de hand? Het lijkt wel een malariabacil in ons bloed, die na maanden en jaren telkens weer toeslaat.'[34]

De vervreemding van wie hij was geweest en wat hij in de oorlog had gedaan, had echter nog een tweede oorzaak: de vredesconferentie van 1919. Lawrence had emir Faisal naar Frankrijk vergezeld om aan het overleg deel te nemen. Het werd hem echter al snel duidelijk dat de bondgenoten opnieuw werden ingedeeld in overheersende en ondergeschikte naties – ondanks de mooie woorden van president Wilson over zelfbeschikkingsrecht. De Arabieren waren en bleven niet meer dan pionnen in het spel. Lawrence heeft gezegd dat de eerste maanden van 1919 'de ergste waren die ik heb meegemaakt, maar voor Faisal waren ze nog erger'.[35] Vernedering volgde op diplomatieke minachting: Faisal was een toeschouwer, geen partij in het vredesoverleg. Een Frans diplomaat zei hem: 'Ze lachen u uit, de Britten hebben u laten vallen,' daarmee suggererend dat de Fransen betrouwbaarder bondgenoten waren. Maar Faisal wist wel beter. Hij antwoordde: 'Ik ben hier niet om te marchanderen, maar om de wereld ervan te doordringen dat wij ons niet van het Turkse juk hebben bevrijd om opnieuw onderworpen of opgedeeld te worden. Ik heb gevochten om vrij en autonoom te worden, en voor dat principe willen we sterven.'[36] Trotse woorden, maar ze hadden weinig effect. In een geheim akkoord uit 1916, de Sykes-Picot-overeenkomst, hadden Frankrijk en Engeland het Midden-Oosten al onder elkaar verdeeld. Vrijheid voor de Arabieren was nog niet aan de orde.

Lawrence was vervuld van afschuw. Hij had zijn woorden van kameraadschap en toewijding in goed vertrouwen geuit, maar kon niet op tegen de ijzeren wil van Lloyd George en Clemenceau. Hij was opnieuw gebruikt; weer was zijn integriteit geschonden. Zelfs toen hij na 1921 korte tijd adviseur Arabische Zaken van Winston Churchill was (destijds minister van Koloniën), vergat hij de gebroken beloften en het geschonden vertrouwen niet.

Ondertussen was de Britse officier die in wapperend Arabisch gewaad heldendaden had verricht in Arabië en de Turken had gesaboteerd, een beroemdheid geworden. Hij was echter zo verbitterd door de voorwaarden in het vredesverdrag en het Britse koloniale beleid dat hij een pathologische afkeer van publiciteit kreeg. Publiciteit herinnerde hem aan wie hij was geweest en wat hij had doorstaan. Nu zocht hij alleen nog maar de anonimiteit.

Hierin kwamen zijn oorlogservaringen en zijn jeugd samen.[37] Hij had in zijn jonge jaren te horen gekregen dat hij – net als zijn moeder – een onwettig kind was. Dat betekende dat hij volgens de normen van die tijd 'naamloos' was – en dus de vrijheid had de naam waaronder het publiek hem kende af te werpen. Hij bouwde een nieuw leven op als John Hume Ross en werkte bij het grondpersoneel van de Royal Air Force. De pers ontdekte zijn nieuwe identiteit echter al spoedig, wat de RAF in een moeilijke positie bracht. Lawrence was een veelvuldig onderscheiden kolonel; waarom volgde hij nu op de RAF-basis in Farnborough bevelen van onderofficieren op? De oplossing was simpel: hij werd ontslagen.

Maar zijn behoefte aan anonimiteit bleef. Dit keer nam hij onder de willekeurig gekozen naam T.E. Shaw dienst als gewoon soldaat bij het Tankkorps.[38] Opnieuw onderging hij de vernederingen en ontberingen van de basisopleiding, opnieuw probeerde hij zich levend te begraven. Hij zei tegen een vriend uit Oxford dat 'de rede bewijst dat er geen hoop is'; wie hoopt doet dat 'bij wijze van spreken op één been van zijn geest. Misschien is een meervoudige persoonlijkheid een oplossing'.[39]

Een andere uitlaatklep was snelheid. Hij hield van het gevaar en zocht het op vele manieren op, onder andere op zijn motorfiets. Hij zei eens tegen een vriend: 'Wanneer mijn gemoed te verhit raakt en ik doelloos ronddwaal, pak ik de motor en jaag urenlang op topsnelheid over onze slechte wegen. Mijn zenuwen zijn vrijwel dood, en alleen door urenlang vrijwillig het noodlot te tarten kan ik ze weer tot leven wekken. ...'[40] Dit schreef de auteur van *Seven Pillars of Wisdom*, het klassieke verslag van de opstand in de woestijn tijdens de oorlog. Hij werkte eraan van 1920 tot 1922; het werd herzien en uitgegeven in 1926 en werd een bestseller in Engeland en Amerika.

Naarmate zijn roem toenam, groeide zijn verlangen naar anonimiteit. Telkens als men hem de hemel in prees, nam zijn zelfverachting toe. 'Ik ken de keerzijde van de medaille, en haat die valse kant zo hartgrondig dat ik worstel als een gestrikt konijn om zo niet meer te zijn. ...' of tenminste om 'plezier te mijden', een gedeeltelijke 'verlichting van de onontkoombare straf om verder te leven' – na de oorlog, na de verkrachting.[41]

Na het Tankkorps ging hij weer schrijven en kwam hij opnieuw bij de luchtmacht, waar hij speedboten testte en enigszins tot rust kwam. Hij liet zijn naam officieel veranderen in Shaw.[42] Na twaalf jaar in Engeland en India bij de RAF te hebben gewerkt, trok hij zich terug in een landhuis in Devon. De pers bleef hem echter achtervolgen en beroofde hem van de rust waar hij zo wanhopig naar verlangde. Op 11 mei 1935 stapte hij op zijn motor om een telegram te versturen naar een andere oorlogsveteraan en schrijver, Henry Williamson. Op een landweg wilde hij twee fietsers ontwijken en raakte van de weg. De fietsers bleven ongedeerd, maar Lawrence liep hersenletsel op, raakte in coma en stierf op 19 mei 1935 op zesenveertigjarige leeftijd.

Zijn ontwrichte leven is een goed voorbeeld van de grote problemen waarmee de overlevenden van de Eerste Wereldoorlog te kampen hadden. Lawrence, de kunstenaar die zijn eigen imago had geschapen, was constant op de vlucht voor zijn verleden en de romantische legende die hij belichaamde. Daarom verschaften de RAF en het technische werk dat hij daar deed hem een zekere mate van rust. Zoals hij in februari 1935 tegen Robert Graves zei: 'Ik ging bij de RAF om een mechanisch doel te dienen, niet als leider, maar als radertje in de machine. Het sleutelwoord is, denk ik, machine. Sindsdien leef ik mechanisch en ben ik een goed technicus, want mijn inspanningen om kunstenaar te worden hebben mijn blik verruimd. Anderen mogen zeggen of ik al dan niet goed gekozen heb. Een van de voordelen om een radertje in het geheel te zijn is dat je er zelf niet meer toe doet!'[43] De idealist, de kruisvaarder, de eenzame, romantische held had eindelijk een thuis gevonden – waar hij onderdeel kon zijn van de machines van de twintigste-eeuwse oorlog.

Herdenkingskaart voor een Australische soldaat die bij Gallipoli sneuvelde (RECHTS) en beenderen bij Gallipoli (VOLGENDE BLADZIJDEN). Gallipoli was geheiligde grond voor de Australiërs en Nieuw-Zeelanders. Spoedig na de wapenstilstand werden de beenderen van geallieerde soldaten verzameld en werden begraafplaatsen aangelegd. De meeste families op het zuidelijk halfrond konden echter onmogelijk een bezoek brengen aan het graf van hun geliefden. In plaats daarvan konden ze een verzoek indienen voor een foto van het graf – een symbolische thuiskomst voor hen die aan de andere kant van de wereld waren begraven.

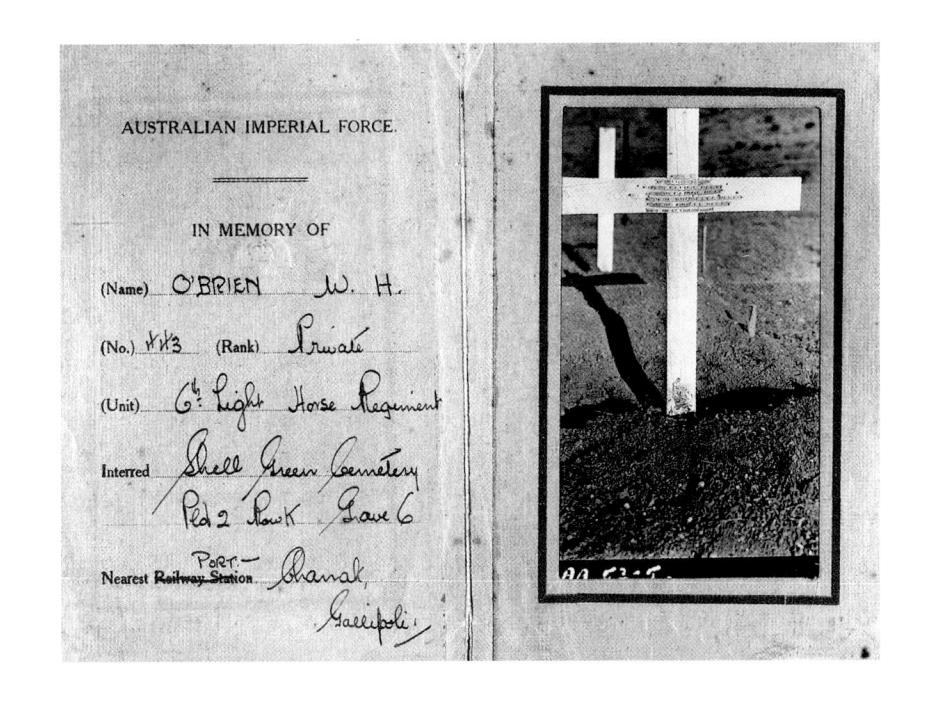

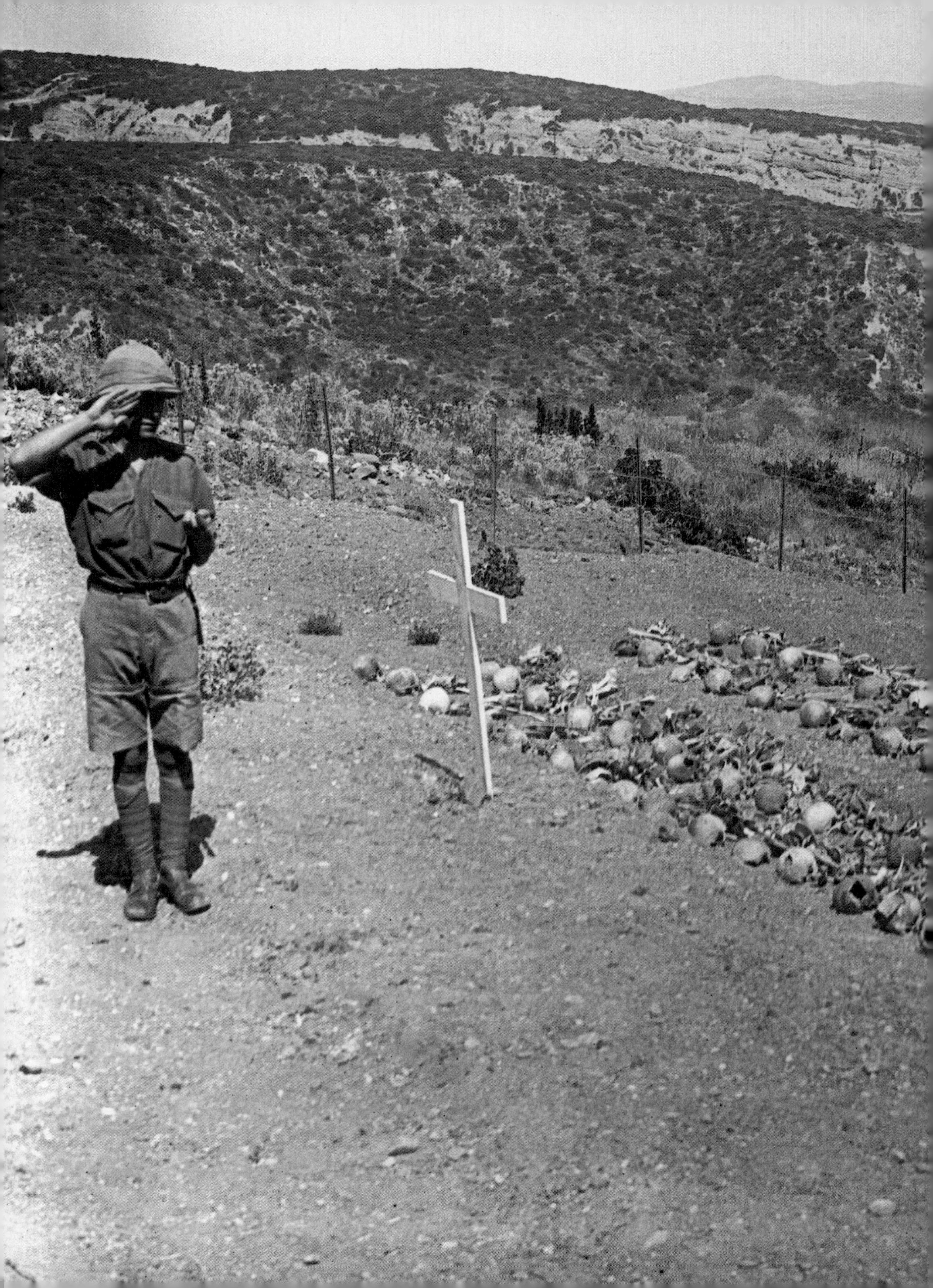

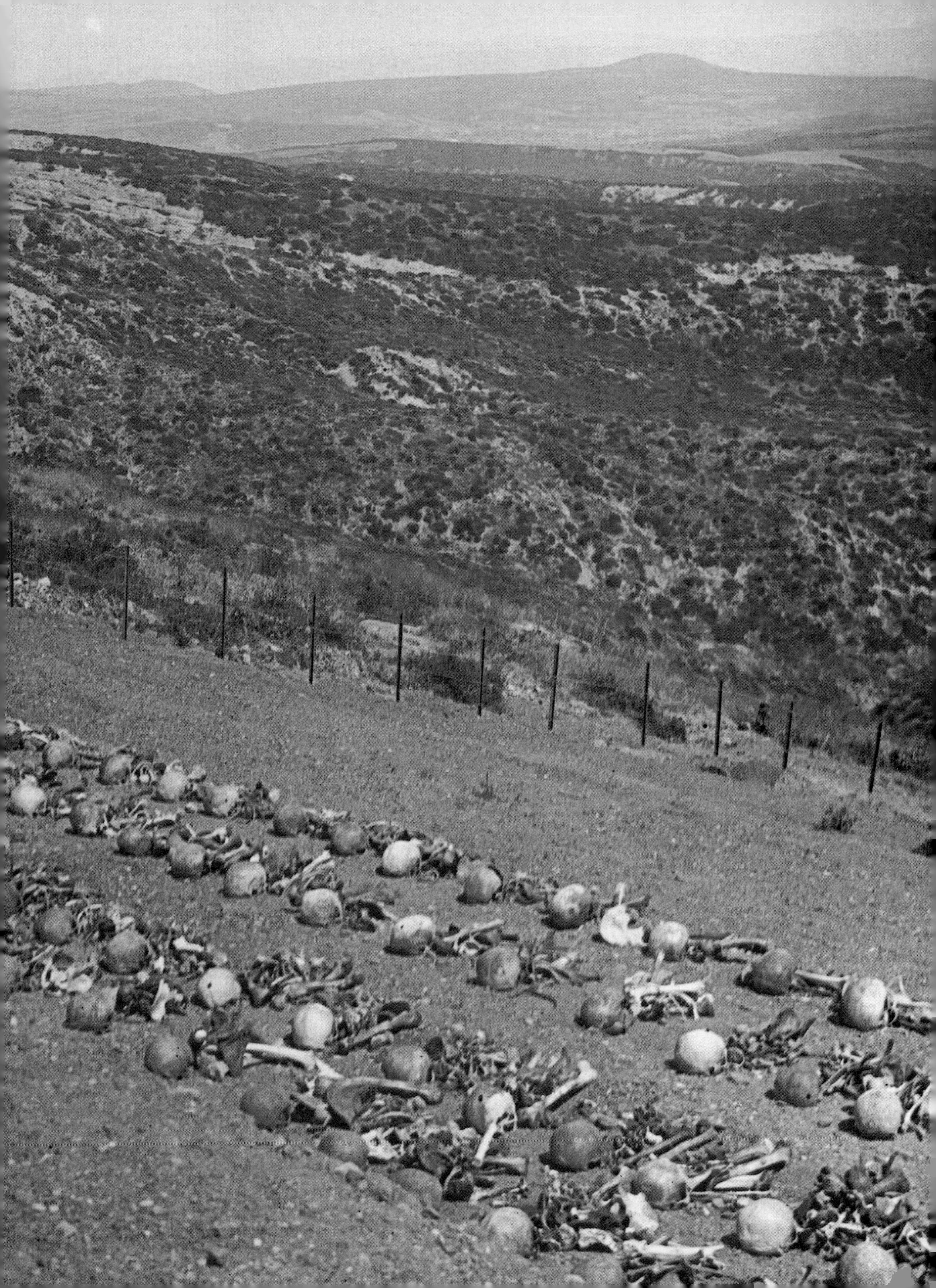

Pelgrims

NA DE DOOD VAN T.E. Lawrence maakte een van zijn vrienden, de officiële oorlogskunstenaar Eric Kennington, een monument voor zijn graf. Op de steen beeldde hij een rustende kruisridder af.[44] Deze gedenksteen zegt veel over Lawrence, en nog meer over de nasleep van de Eerste Wereldoorlog. De man die snelheid, machines en een anonieme carrière in het leger had gezocht, werd gehuldigd als een solitaire eenling, een soldaat van de waarheid, die op eigen wijze zijn bedevaart naar het Heilige Land had gemaakt. Net als in de oorlog kwamen in dit kunstwerk het archaïsche en het moderne samen.

Er was echter niets verhevens aan de verstikkingsdood na een gasaanval bij Ieper, aan levend begraven worden bij Verdun of met kogels doorzeefd aan de Somme. Soldaten en hun families wisten dat, maar toch probeerde na de oorlog bijna iedereen de zin van de slachting en het lijden te doorgronden met behulp van vroegere symbolen van opoffering.[45] Dit was als een christendom zonder kerken, een poging om iets van het gewijde terug te vinden door de plaatsen te bezoeken waar miljoenen waren gestorven.[46]

Een bedevaart vergt financiële en fysieke offers. Pelgrims zijn op zoek naar een doel en geven hun kracht – en zonodig hun leven – om dit te bereiken. Na 1918 volbrachten duizenden deze symbolische daad. De doden hadden alles gegeven, maar wat hadden de levenden te bieden? De bedevaart was een poging een deel van de schuld in te lossen. De Britse journalist Stephen Graham ging in 1921 terug naar de slagvelden. Hij zag hoe men zich inspande om de doden op begraafplaatsen bijeen te brengen. De mannen die de lichamen verzamelden, deden onaangedaan hun werk. Ze leverden commentaar op eigenaardigheden: lijken van Britten vergingen minder snel dan die van Duitsers, in wasdoek begraven lijken bleven intact. Toen nam Graham op een veld bij Ieper een schedel in zijn handen: 'Kijk naar deze schedel in een oude loopgraaf, schoon en glad – een soldatenhoofd, met een laag en breed voorhoofd. ... Er zit een rafelig gat in de anderszins perfecte schedel.... Hoe meer je ernaar kijkt, hoe bozer hij lijkt – hij koestert een intense wrok. Hij grijnst niet, want de mond is weggeslagen. Hij blijft voor altijd blind en gevoelloos.'[47] Hier, op het slagveld, daagden de doden de levenden uit. 'Ze trekken aan ons vanuit de andere wereld, aan ons hart en onze geest. Men schaamt zich om in leven te zijn.'[48]

In 1922 waren de oorlogsbegraafplaatsen gereed. De Amerikanen brachten hun doden meestal naar eigen land over, maar de Britten, Fransen, Duitsers, Italianen, Oostenrijkers, Australiërs, Russen, Nieuw-Zeelanders en vele andere nationaliteiten begroeven hun doden dicht bij het slagveld. Tot op de dag van vandaag bezoeken velen deze herdenkingsplaatsen en beseffen met welk een slachting de twintigste eeuw begonnen is.[49]

Bezoek

DE OVERLEVENDEN worstelden met hun schuldgevoel. Een van de manieren om hiermee om te gaan, vond men in een ander soort bedevaart – van de doden naar de levenden. Overal werden seances gehouden. De schrijver sir Arthur Conan Doyle sprak vrijuit over de manieren waarop de doden terugkeerden om de levenden te troosten, hen te helpen het leven weer op te nemen.

De schepper van Sherlock Holmes, de ultieme rationalist, was door de oorlog

Franse toeristen bezoeken een slagveld aan het westelijk front. Al ten tijde van de oorlog gingen mensen op bedevaart naar voormalige slagvelden. Hier werd echter paal en perk aan gesteld, aangezien nog overal lijken lagen en onontplofte bommen een gevaar vormden. Na 1922 zijn er begraafplaatsen aangelegd en konden de nabestaanden zien waar hun geliefden hun laatste dagen hadden doorgebracht.

zwaar getroffen. Hij was zelf te oud geweest om te vechten, maar hij verloor zijn zoon Kingsley, zijn broer en zijn zwager, die al in 1914 bij Bergen omkwam. Zijn zoon, die arts was, raakte gewond aan de Somme en stierf in 1918 aan longontsteking in Londen, en ook zijn broer, een stafofficier bij de 24ste Divisie, kwam in de laatste oorlogsmaanden om.[50] De kinderjuffrouw van het gezin, die op het huwelijk van Conan Doyle bruidsmeisje was geweest, had in 1915 drie broers verloren. Later beweerde zij berichten van haar dode broers te ontvangen. Vermoedelijk heeft zij de twijfel weggenomen die Arthur al sinds zijn medische studie koesterde over de mogelijkheid met de doden te communiceren.[51]

Conan Doyle en zijn gezin gingen deelnemen aan seances waarin hij met zijn zoon in contact kwam. Via het medium 'mevrouw B.' vroeg Kingsley zijn ouders vergiffenis en bood hun troost. Wat er ook in de oorlog was gebeurd, 'hij zou zeker niet in Engeland zijn gebleven, want hij was altijd al van plan geweest om als arts naar het buitenland te gaan'.[52] In september 1919 namen Conan Doyle en zijn

Sir Arthur Conan Doyle bezoekt in 1921 het graf van zijn broer Innes in Halle in België. Op 19 februari 1919 was Innes aan longontsteking gestorven.

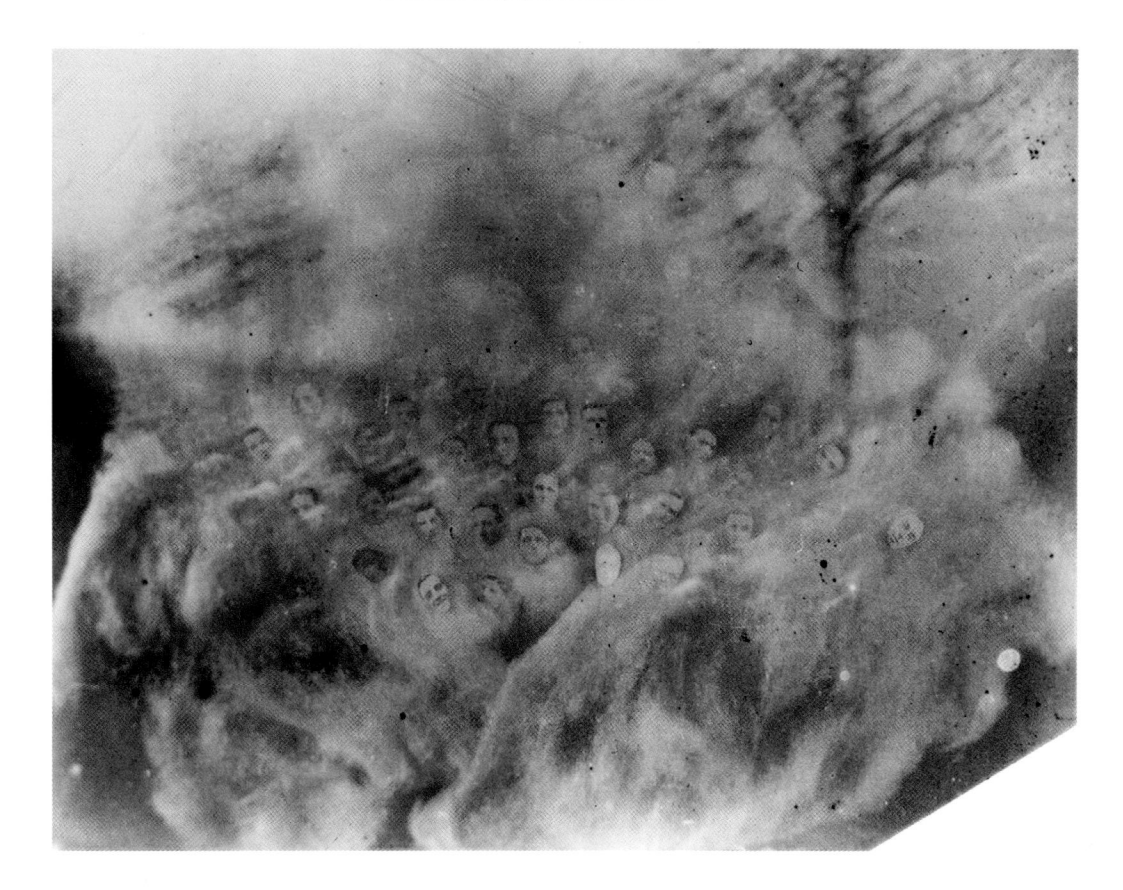

Mevrouw Ada Emma Deane nam deze foto van een miasma van geesten van dode soldaten, die zich tijdens de twee minuten stilte op 11 november 1923 bij de levenden kwamen voegen. Ze bevinden zich in de buurt van de Cenotaaf in Londen. Geestenfotografie was populair bij de miljoenen die tijdens en na de oorlog troost zochten.

vrouw deel aan een seance in Portsmouth. Bij deze gelegenheid sprak het medium Evan Powell, een spiritist uit Wales, via zijn 'controlegeest', een indiaanse geest die Zwarte Havik heette. De boodschap was dezelfde: Kingsley vroeg om vergiffenis en liet weten dat hij gelukkig was. Ook de broer van Conan Doyle verscheen tijdens een seance: hij betreurde zijn dood niet, maar wel dat hij gestorven was voordat de geallieerden de overwinning hadden behaald.[53]

Dit was een van de belangrijkste kenmerken van de seances: de doden verschenen om de levenden te troosten. Via de stemmen en de aanwezigheid van de gestorvenen kon men de schuld inlossen die men als overlevende op zich had geladen. De officiële kerken, die spiritisme afwezen en als hekserij of blasfemie beschouwden, voorzagen niet in zulke afscheidsrituelen.[54]

Sommige spiritisten waren labiel, anderen charlatans, maar de meesten geloofden oprecht in wat ze deden. Hun activiteiten waren controversieel en soms bizar, maar het was moeilijk hen eenvoudig als excentriekelingen opzij te schuiven – niet alleen omdat een aantal vooraanstaande spiritisten ook in het maatschappelijk leven hoge posities bekleedde, maar ook omdat geloof in het paranormale onder soldaten wijdverbreid was.[55]

Zeker, sommigen was het alleen om geld te doen. Commerciële geestenfotografie bestond al vóór de oorlog, maar werd tijdens en na de oorlog nog veel populairder.[56] Ada Emma Deane, een werkster uit de arme wijk Islington in Londen, werd door haar broer, die chemicus was, geholpen een lucratief handeltje op te zetten. Zij bood de lichtgelovigen op de herdenkingsdag van de wapenstilstand foto's aan van de geesten van doden die boven de levenden zweefden. Een van deze foto's is op 11 november 1923 vanaf de muur van Richmond Terrace in Whitehall genomen. De

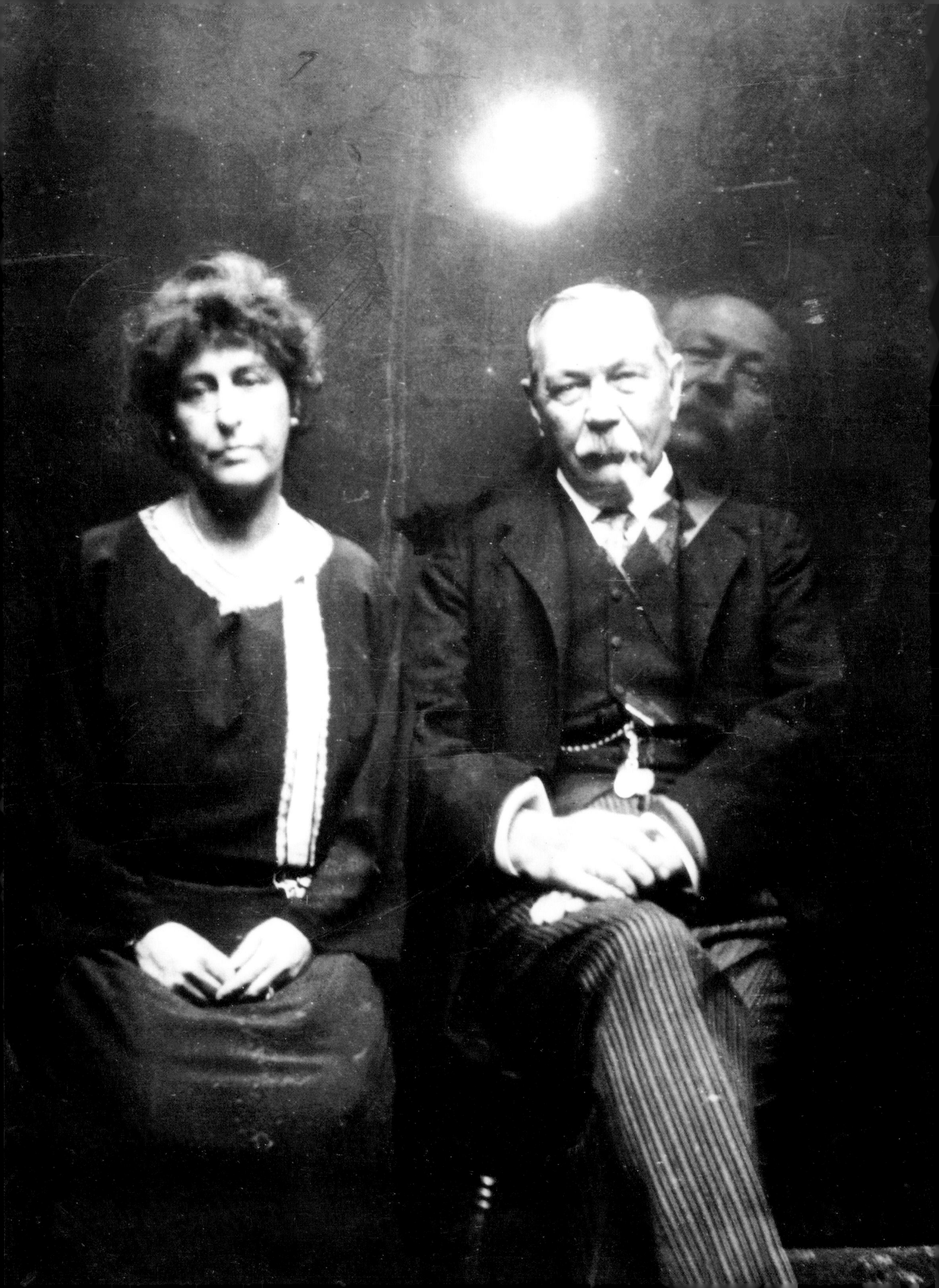

Sir Arthur Conan Doyle en zijn vrouw, in 1923 in het British College of Psychic Science gefotografeerd met een geestverschijning. Doyle was een onvermoeibare pleitbezorger voor het spiritisme.

fotografische plaat had ze gekregen van mevrouw E.W. Stead, wier echtgenoot (een bekend journalist en spiritist) in 1912 bij de ramp met de Titanic was omgekomen. De plaat werd tijdens de twee minuten stilte belicht en daarna in het bijzijn van mevrouw Stead ontwikkeld. In de mistige massa boven de hoofden van de rouwenden zouden de gezichten van de doden te zien zijn. Andere foto's die mevrouw Deane op Wapenstilstandsdag nam, tonen eveneens geesten. Een daarvan werd genomen in het gemeentehuis van Woolwich, een voorstad van Londen die nauwe banden had met het leger. Hierop staan de doden recht boven de levenden.[57] Niemand weet welke trucs ze heeft toegepast, maar zelf heeft ze altijd beweerd dat er niet met de foto's is geknoeid. Dat ze veel geld opbrachten, staat wel vast.

Voordat we dit soort foto's afdoen als bedrog waardoor lichtgelovigen werden gedupeerd, mogen we niet vergeten hoe wijdverbreid de belangstelling voor geestenfotografie was en hoevelen uit diverse sociale klassen en van verschillende opleidingsniveaus bereid waren hun ongeloof kortstondig te verloochenen. Op deze manier 'bezochten' de doden de levenden en 'hielpen' hen om het verlies te verwerken.

Herdenking

IN DE DECENNIA NA DE oorlog is een groot aantal oorlogsmonumenten opgericht. Elk jaar kwamen op 11 november de overlevenden bij nationale monumenten, op kruispunten en op marktpleinen samen om de doden te herdenken. Net als het graf voor de onbekende soldaat onder de Arc de Triomphe in Parijs, in Westminster Abbey in Londen en op de Arlington National Cemetery in de Verenigde Staten zijn dit symbolische begraafplaatsen – de meeste doden liggen namelijk ver weg begraven, dicht bij de plaats waar ze sneuvelden.[58]

Sommige nabestaanden hadden de mogelijkheid de plekken te bezoeken waar hun zonen, echtgenoten, vaders, vrienden en collega's in werkelijkheid lagen. Het verslag van de bedevaart van een van de vele ouderparen naar het graf van hun zoon is illustratief voor miljoenen andere.

In augustus 1932 werd op de Duitse oorlogsbegraafplaats Roggevelde bij Vladslo in Vlaanderen een monument onthuld: een beeld van twee ouders die rouwen om hun in oktober 1914 omgekomen zoon. Het is gemaakt door Käthe Kollwitz (zie bladzijde 8). Voor ouders die in de oorlog een zoon verloren, is er geen ontroerender monument dan dit simpele stenen beeld van een ouderpaar, geknield voor het graf van hun zoon. De naam van de kunstenares ontbreekt – hier telt slechts het universele verdriet van twee oudere mensen, omringd door de doden als (aldus Käthe Kollwitz) 'een schare' verloren kinderen.[59] Zij is erin geslaagd een tijdloos gedenkteken te scheppen, een kunstwerk dat uitzonderlijke kracht en emotie uitdrukt.

Kollwitz kon het beeld pas achttien jaar na de dood van haar zoon voltooien. Alleen al dit feit zegt ons iets over het rouwproces dat zij zo ontroerend in haar dagboek en haar werk heeft uitgedrukt – een rouwproces waarin vele andere ouders zich herkennen. Kollwitz werd achtervolgd door dromen over haar zoon, zij voelde zijn aanwezigheid. Urenlang zat ze in zijn kamer. In oktober 1916 schreef ze in haar dagboek: 'Ik voel Peters aanwezigheid. Hij troost me, hij helpt me bij mijn werk.' Zij verwierp het idee dat geesten naar de aarde terugkeren, maar voelde zich aangetrokken tot 'de mogelijkheid dat hier, in dit rijk van de zintuigen, een verbinding kan worden gelegd tussen de levende en het wezen van iemand die fysiek dood is'.

VOLGENDE BLADZIJDEN De aankomst van doodskisten in Douaumont. De Franse onbekende soldaat van de Eerste Wereldoorlog werd gekozen door de zoon van een dode en vermiste soldaat. Hij wees een willekeurige doodskist aan uit zes kisten die in 1920 naar het ossuarium van Douaumont bij Verdun waren gebracht. Deze werd vervolgens overgebracht naar Parijs en bijgezet in de Arc de Triomphe. Dergelijke ceremonies vonden in 1920 ook plaats in Groot-Brittannië en de Verenigde Staten, en nog onlangs in Australië, waar de onbekende soldaat uit de Eerste Wereldoorlog in 1993 werd begraven in Canberra.

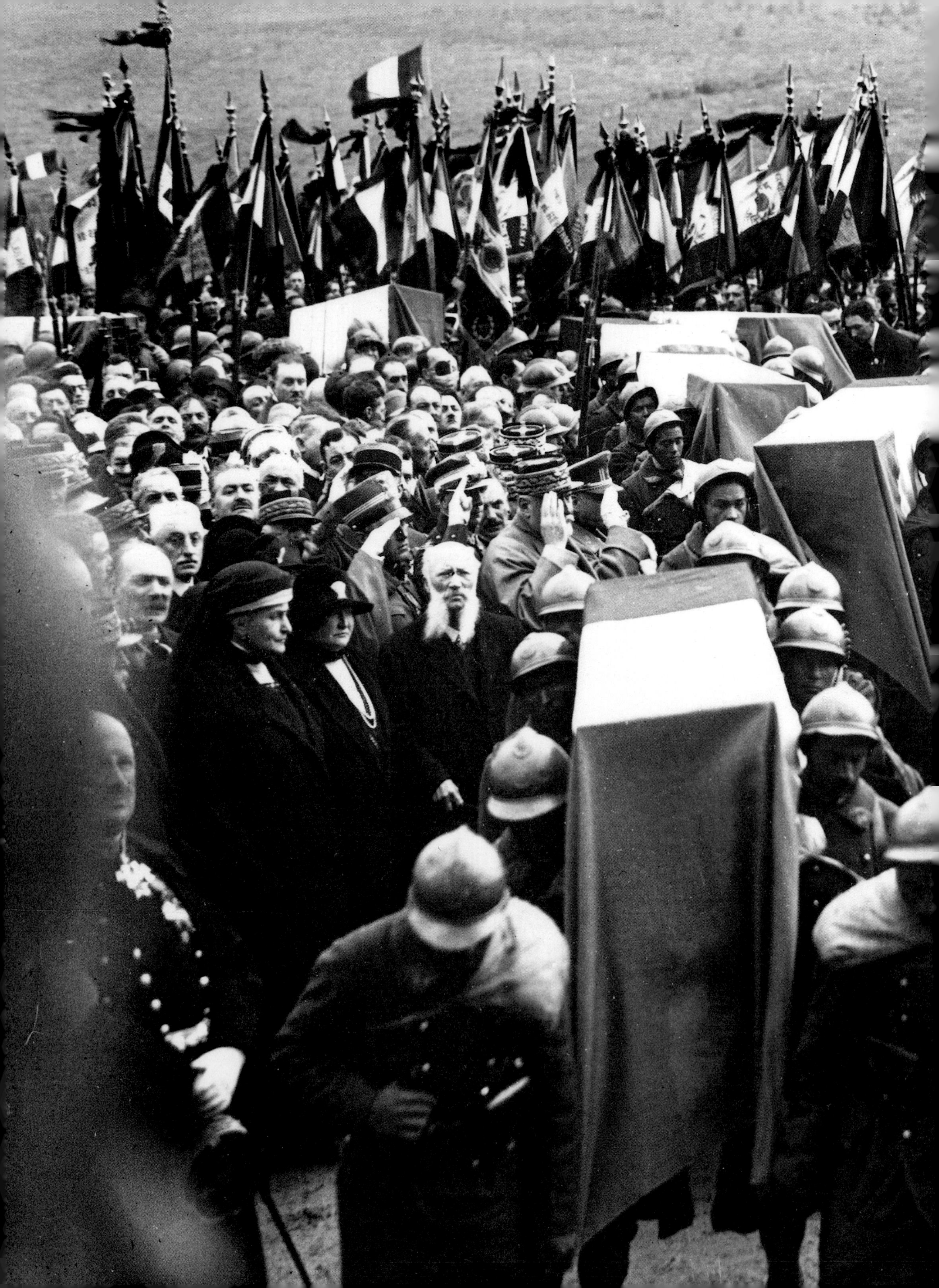

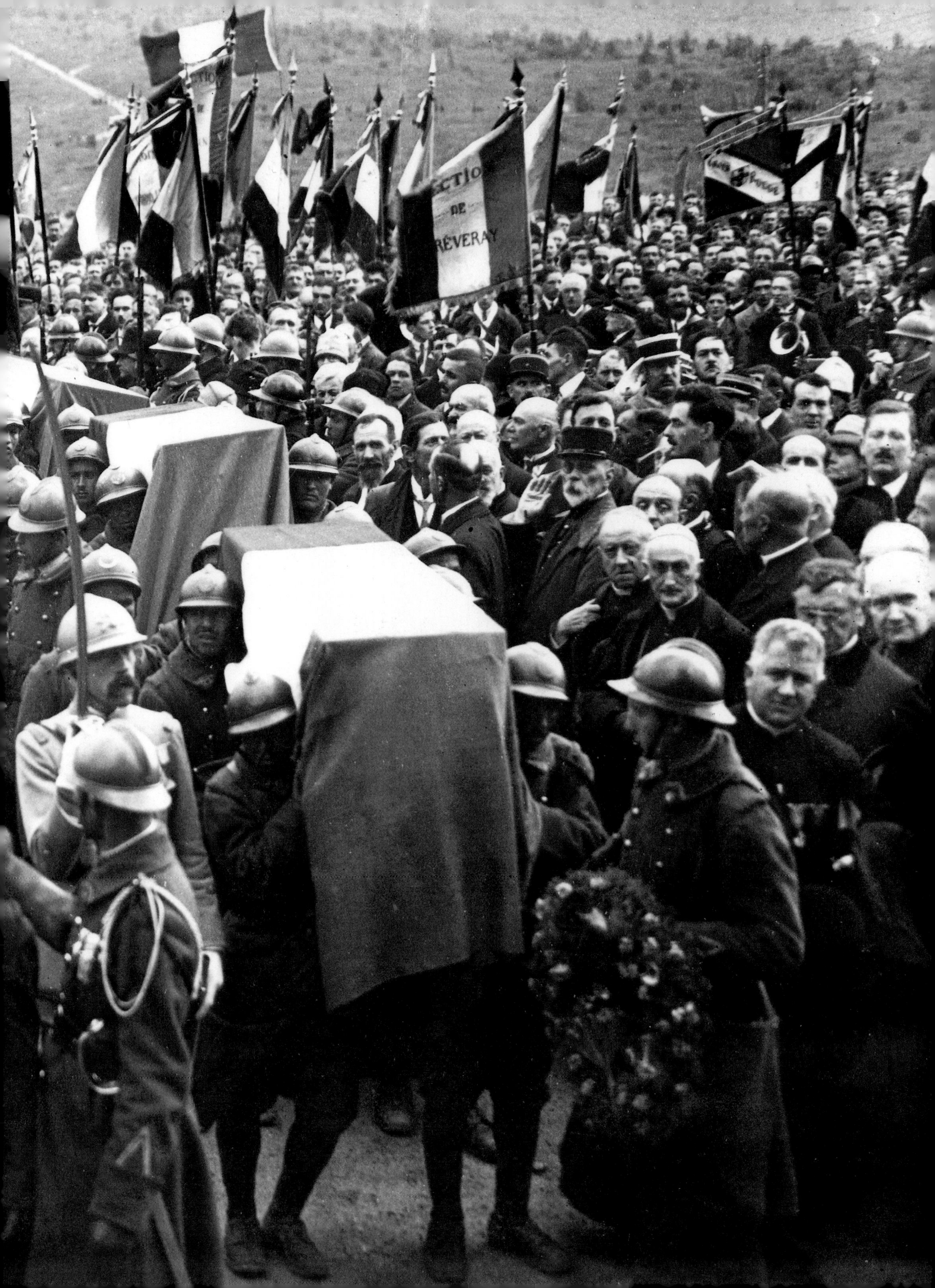

Noem het 'theosofie of spiritisme of mystiek', maar de aanwezigheid was niettemin voelbaar. 'Ik heb je gevoeld, mijn jongen – vele, vele keren.'[60] Ook toen de pijn van het verlies sleet, sprak ze nog steeds met haar dode zoon, vooral wanneer ze aan zijn herdenkingsmonument werkte.[61]

Haar schuldgevoel over de verantwoordelijkheid van de oudere generatie voor het bloedbad onder de jongere gaf haar rouw een extra dimensie. Dit gevoel wortelde in haar bezorgde, maar positieve reactie op Peters besluit zich als vrijwilliger aan te melden. Zij was internationaal georiënteerd en was afkerig van de barbaarse arrogantie van de Duitse machthebbers. Maar, zei ze steeds weer, er was een hogere plicht dan louter eigenbelang. Al voor 1914 vond ze dat 'achter het leven van het individu ... het vaderland stond'.[62] Ze wist dat haar zoon met een 'rein hart' vrijwilliger was geworden[63], vervuld van vaderlandsliefde, 'de liefde voor een idee, een gebod'.[64] Toch had ze bittere tranen gehuild toen hij vertrok.[65]

Het was pijnlijk om later in de oorlog te ontdekken dat zijn idealisme misplaatst

Oorlog zonder einde

De Berlijnse kunstenares Käthe Kollwitz (LINKS) besteedde achttien jaar van haar leven aan het oprichten van een herdenkingsteken voor haar zoon Peter, die in 1914 in België was omgekomen. De beelden (zie bladzijde 8) werden in 1932 onthuld op de begraafplaats waar hij lag. In 1942 sneuvelde haar kleinzoon (RECHTS), die eveneens de naam Peter droeg, in Rusland. De schaduw van de oorlog is haar tot haar dood in 1945 blijven achtervolgen.

was geweest, zijn offer voor niets. In oktober 1916 schreef ze: 'Als ik de oorlog alleen nog maar als waanzin kan zien, verbreek ik daarmee dan mijn loyaliteit jegens jou, Peter?'[66] Hij had geloofd in de zaak waarvoor hij was gestorven; moest zij dat, als moeder, niet respecteren? Maar het besef dat de oorlog zinloos was, leidde tot een nog pijnlijker inzicht: dat de hele generatie van haar zoon was 'verraden'. Toen zij in 1918 tot deze slotsom was gekomen, schrok zij er niet voor terug daar artistiek vorm aan te geven.[67] Dit is een van de redenen waardoor de voltooiing van het beeld zo lang op zich liet wachten en waarom zij en haar man geknield voor het graf van hun zoon zitten. Ze komen hem vergeving vragen, komen hem vragen of hij kan aanvaarden dat zij geen betere manier wisten, dat zij niet hebben kunnen voorkomen dat de waanzin van de oorlog zijn leven in de knop gebroken had.

De geknielde Käthe en Karl Kollwitz symboliseren een gezin waar wij allen deel van uitmaken. En misschien had ze dat ook voor ogen: het meest intieme is hier tevens het meest universele. Men heeft sterk het gevoel dat het gedenkteken een familiereünie is, een voorgevoel van wat volgens haar de toekomst zou kunnen brengen. Het gevoel van hereniging, genezing en transcendentie is duidelijk voelbaar in het ontroerende verslag van haar laatste bezoek. Ze was alleen met haar man: 'We liepen van het beeld naar Peters graf, en alles leefde en voelde als één geheel. Ik stond voor de vrouw, keek naar haar – mijn eigen gezicht – en ik huilde en streelde haar wangen. Karl stond vlak achter me – maar ik was het me niet bewust. Ik hoorde hem fluisteren: "Ja, ja." Wat waren we toen dicht bij elkaar!'[68]

Dankzij deze bedevaart heelden de wonden. Maar er had zich al weer een nieuwe, wrede periode aangediend: het tijdperk van de nazi's, de ware kinderen van de Eerste Wereldoorlog. Voor Käthe Kollwitz bracht de oorlog die zij ontketenden wederom veel leed. De nazi's lieten haar weliswaar met rust, maar haar werk werd bespot. Haar man stierf in 1940. Haar kleinzoon Peter, genoemd naar de oom die in 1914 in België was gevallen, sneuvelde in 1942 in Rusland. Door de bombardementen van de geallieerden moest ze het jaar daarop Berlijn verlaten. Haar huis en een groot deel van haar werk werden op 23 november 1943 verwoest. Had de Eerste Wereldoorlog het onderscheid tussen burger- en militaire doelen vertroebeld, in de Tweede Wereldoorlog was er in het geheel geen sprake meer van een dergelijk onderscheid. Hele steden werden bedekt onder een bommentapijt. 'Het is bijna onbegrijpelijk', schreef ze, 'dat een mens zoveel beproevingen kan doorstaan. Toekomstige generaties zullen deze tijd nauwelijks kunnen begrijpen. Wat een verschil tussen nu en 1914. ... De mensen zijn veranderd, anders zouden ze dit alles niet kunnen verdragen. ... Het allerergste is dat elke oorlog de kiem legt voor een volgende. Elke oorlog roept een nieuwe oorlog op, totdat alles, alles kapot is.'[69]

In het voorjaar van 1945 wist Käthe Kollwitz dat ze stervende was. In haar laatste brief schreef ze: 'Oorlog vergezelt me tot op het laatst.' Ze stierf op 22 april 1945, twee weken voor het einde van de Tweede Wereldoorlog.

Val in de duisternis

De nazistische terreur

Een van de tragedies van de Eerste Wereldoorlog is dat de mensheid er ondanks alle leed weinig van had geleerd. De aanzet tot een nog bloediger conflict begon kort na de wapenstilstand. In Rusland was de oorlog overgegaan in revolutie; in Duitsland vonden oorlog en contrarevolutie elkaar in een moordzuchtige omhelzing.

In Duitsland verzetten bijna alle partijen zich tegen de harde voorwaarden van Versailles, waarmee de nieuwe Weimar-republiek was opgezadeld. De naoorlogse economische instabiliteit deed velen naar extreme oplossingen zoeken. De communisten bestreden de nationaal-socialisten zowel op straat als in het politiek debat. Toen de economische crisis van 1930 toesloeg, kon het centrum van de Duitse politiek zich niet langer staande houden. Vijf maanden nadat Käthe Kollwitz voor het laatst Roggevelde had bezocht, kwamen de nazi's aan de macht.[70] In november 1932 hadden elf miljoen mensen op hen gestemd. Hoewel het percentage lager was dan in juli 1932 – een daling van 37 naar 33 procent – kregen ze toch meer stemmen dan enige andere partij. Conservatieve politici hielpen Hitler in het zadel. Op geheel legale wijze benoemde de ex-soldaat Paul von Hindenburg, presi-

Deze twee ex-soldaten, generaal Ludendorff (links) en korporaal Hitler (rechts), waren er net als miljoenen andere Duitsers van overtuigd dat hun land de oorlog niet had verloren, maar was verraden door zijn eigen burgerbevolking. In 1933 benoemde de voormalige bevelhebber Paul von Hindenburg, destijds president van de republiek, Hitler tot kanselier van Duitsland – de partij van de wraak had gewonnen.

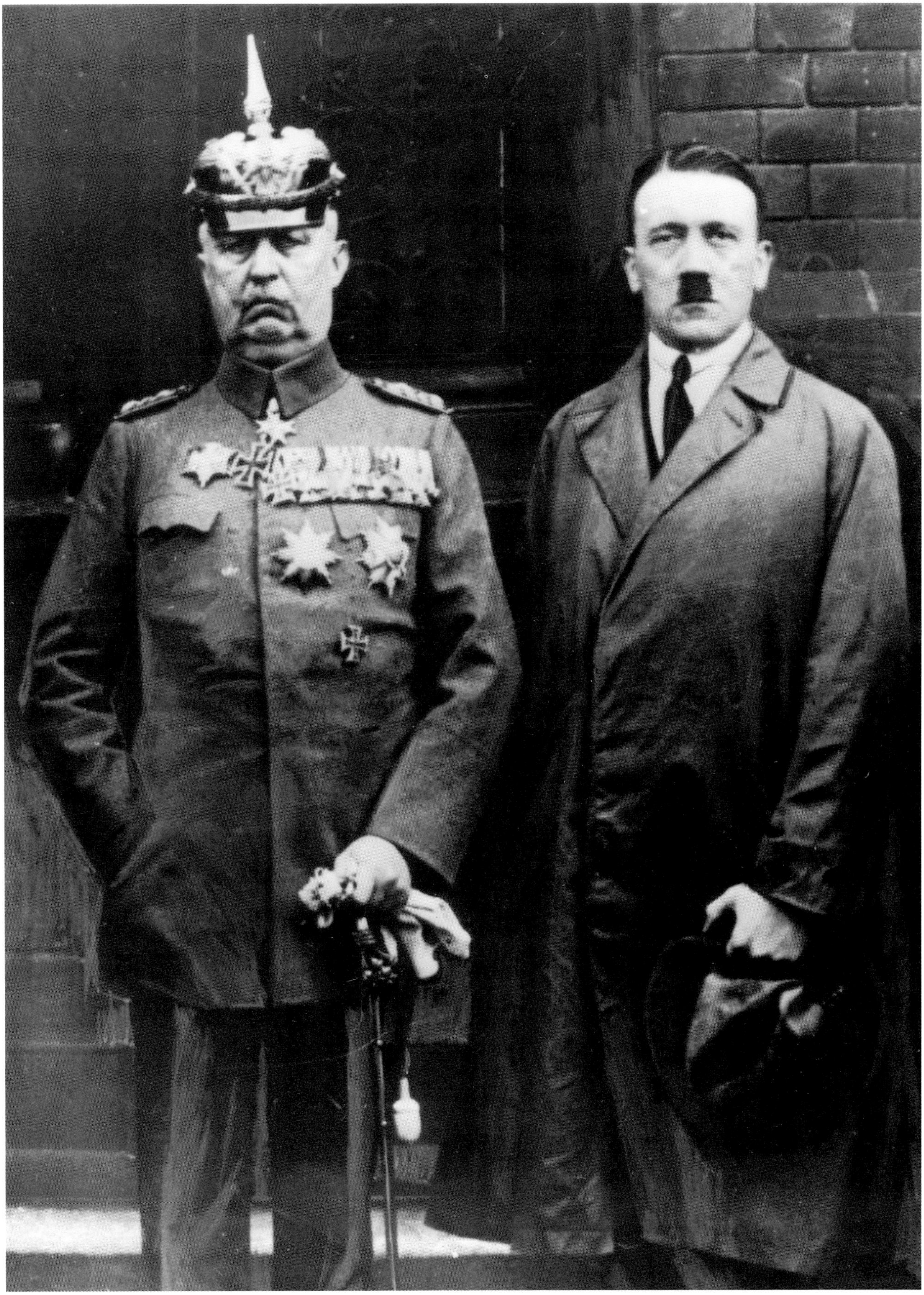

dent van de Weimar-republiek, op 30 januari 1933 de leider van de nationaal-socialisten, Adolf Hitler, tot kanselier.

De machtsovername was democratisch, maar daarna lapte Hitler alle regels aan zijn laars. Een van de vele redenen waarom hij werd gekozen, hangt samen met de Eerste Wereldoorlog: Hitler werd gesteund door mannen die door de oorlog waren getekend – die in zekere zin de belichaming van de oorlog waren.

Een van hen was Rudolf Höss, in 1900 geboren in een vroom katholiek gezin in het westen van Duitsland.[71] Als kind was hij eenzaam geweest en hij bleef zijn leven lang gefascineerd door de natuur en het boerenleven. Nadat zijn ouders in 1906 naar Mannheim waren verhuisd, had hij veel last van heimwee. Zijn ouders gaven hem een pony: 'Toen had ik eindelijk een kameraadje'. Höss herinnert zich: 'Mijn vader had de gelofte gedaan dat ik priester zou worden. Mijn hele opvoeding stond in het teken van dit toekomstbeeld. Mijn vader hanteerde daarbij strenge militaire principes.'[72] Höss' vader kon boeiend vertellen over zijn diensttijd in Duits Oost-Afrika en het vooruitzicht daar als missionaris te werken stond de jonge Höss wel aan. Bovenal werd hem ontzag voor autoriteit bijgebracht. 'Er werd voortdurend op gehamerd dat ik de wensen en bevelen van mijn ouders, leraren en priesters, ja, van alle volwassenen, ook het personeel, stipt moest opvolgen en dat niets me van deze plicht mocht afleiden. Wat zij zeiden was altijd goed. ... Dit principe is diep in mijn persoonlijkheid verankerd.'[73] Plicht leek een substituut voor genegenheid, die zijn ouders nooit voor hem of voor elkaar toonden en die hij niet kon uiten tegenover zijn twee jongere zusjes. Zijn eenzaamheid werd nog groter toen de 'zonden' die hij aan een priester had opgebiecht direct aan zijn vader werden overgebriefd – die hem vervolgens strafte omdat hij ze niet eerst aan hem had verteld.[74] Höss ging niet meer biechten, al was hij bang om zonder te hebben gebiecht ter communie te gaan. Toen bleek dat er niets gebeurde, bleef er van zijn geloof weinig over. In 1914 stierf zijn vader.

In het begin van de oorlog werd de jonge Höss hulpje bij het Rode Kruis. Niet het leed maakte de meeste indruk op hem, maar de kameraadschap onder de lichtgewonden. 'Ik kon niet genoeg krijgen van hun verhalen over het front, ik hoorde hun belevenissen uit de eerste hand. Het soldatenbloed in mijn aderen verloochende zich niet. ... Ik wilde soldaat worden. Ik wilde deze oorlog absoluut niet missen.'[75] Zijn moeder stond erop dat hij zijn school afmaakte, maar tevergeefs. 'Ik verborg me vaak in militaire treinen, maar werd altijd ontdekt. ...' In 1916 ging zijn wens in vervulling en nam hij dienst bij het 21ste (Baden) Regiment Lichte Cavalerie. 'Na een korte opleiding werd ik naar het front gestuurd, zonder dat mijn moeder het wist.' Hij zag haar nooit meer, want ze stierf in 1917.

Nog geen zestien jaar oud werd hij naar Turkije en later naar Mesopotamië gestuurd, waar hij zijn vuurdoop onderging. Bij een Britse aanval raakten de troepen van de Turkse bondgenoten in paniek en sloegen op de vlucht, Höss en enkele anderen achterlatend. Hij voelde afgrijzen bij de aanblik van een dode kameraad, maar werd gesterkt door het voorbeeld van zijn kapitein, die onbevreesd het vijandelijk vuur beantwoordde. 'Toen kwam er een vreemde rust over me.' Hij doodde zijn eerste vijand, een Indiër. Het bloedvergieten deed hem niet veel, wat telde was de band met zijn officier, zijn 'soldaat-vader'.[76] Op zeventienjarige leeftijd werd Höss bevorderd tot onderofficier – de jongste in het Duitse leger.

De krijgsdienst vormde Höss. Hij was naar eigen zeggen 'een harde en geharde

Oorlog zonder einde

soldaat geworden'. Hij had gevaarlijke missies op zich genomen, zoals sabotage achter de vijandelijke linies, en na de wapenstilstand wilde hij terugkeren met 'ongeslagen' mannen. Vanuit Damascus leidde hij een groep oudere mannen door Anatolië, stak op een stoomschip de Zwarte Zee over, trok door Roemenië via Transsylvanië naar Hongarije en Oostenrijk, en keerde ten slotte terug naar het regimentsdepot in Baden-Baden. Hun aankomst wekte grote verbijstering.[77]

Niet alleen bestond het Duitse rijk waarvoor Höss had gevochten niet meer, maar nu zijn moeder dood was en zijn zusjes op een kostschool zaten, was ook zijn ouderlijk huis verdeeld onder familieleden. Kwaad zei hij tegen zijn oom dat hij geen priester meer wilde worden. Hij meldde zich vervolgens aan bij het Freikorps, de hulptroepen die in Centraal- en Oost-Duitsland werden ingezet om te helpen orde op zaken te stellen bij de rellen van 1919. Het leger was immers altijd zijn enige thuis geweest.

Zijn eenheid, het Freikorps Rossbach (genoemd naar zijn leider), kwam in actie in de Baltische staten, delen van Silezië (in het huidige Polen), rond Berlijn en in het dal van de Ruhr. De eenheid bestond uit een bonte verzameling veteranen,

Rudolf Höss (uiterst rechts) leidt zijn baas, Heinrich Himmler (tweede van links), rond op het bouwterrein van het complex Auschwitz-Birkenau. Auschwitz werd deels als munitiefabriek, deels als vernietigingskamp gebouwd. Na de uitroeiing van de joden en de Polen moest Auschwitz het middelpunt gaan vormen van een nieuw Duits industriegebied.

studenten en mannen die eenvoudig van de geur van bloed hielden. Vol nostalgie herinnerde Emile Rossbach zich de dagen van

> de goede oude vrijbuiters van in en vlak na de oorlog ... troepen op de been brengen en ze net zo snel weer verliezen, heen en weer geslingerd worden voor je dagelijks brood, mannen verzamelen en soldaatje spelen, ruziën en drinken, tekeergaan en ruiten ingooien – vernielen wat vernield moet worden. Nietsontziend en meedogenloos. Het abces in het zieke lichaam van de natie moet opengesneden en uitgedrukt worden totdat het helderrode bloed weer vloeit, net zo lang vloeit totdat het lichaam gezuiverd is.[78]

Dit was de man die Höss volgde en die later een belangrijke figuur in de opkomende nazibeweging zou worden. Net als veel anderen had Höss zijn roeping gevonden. Een andere vrijwilliger, onderofficier Heinz Oskar Hauenstein, heeft de stemming goed samengevat: 'Vechten gaf inhoud en betekenis aan hun leven,' schreef hij. 'Verder bestond er niets. ... Ze hielden alleen van het gevecht ... het harde, brute, meedogenloze gevecht.'[79]

Solidariteit stond voorop, verraad werd met de dood bestraft. In mei 1922 werd de voormalige onderwijzer Kadow zonder enig bewijs beschuldigd binnen de Rossbach-groep voor de communisten te hebben gespioneerd. Een paar dagen

Het gezicht van de *Freikorps*, de reservisten uit het begin van de Weimarrepubliek, was het gezicht van radicaal rechts: trots, hooghartig en minachtend ten opzichte van hen die te zwak waren om op te komen voor hun land en hun vijanden te vertrappen.

eerder was een kameraad door het Franse bezettingsleger gearresteerd en ter dood veroordeeld; Höss en zijn vrienden vermoedden verraad. Ze grepen Kadow, knuppelden hem neer, sneden zijn keel door en maakten hem met twee kogels af. Tijdens de rechtszaak bleef Höss zwijgen. Ook al had hij de trekker niet overgehaald, hij keurde hun daad wel goed. Hij hield de moordenaar, die ongestraft bleef, de hand boven het hoofd, maar werd zelf op 15 maart 1924 schuldig bevonden en tot tien jaar cel veroordeeld.[80]

Höss was verbijsterd. Hij had gedacht dat zijn vrienden hem te hulp zouden schieten of dat er in het geheel geen proces zou komen. De zaak diende echter vlak na Hitlers mislukte putsch op 9 november 1923. Höss werd dan ook veroordeeld tot dwangarbeid, die hij aanvankelijk in eenzame opsluiting moest verrichten. Hij was een modelgevangene en werkte later als administratieve kracht in het gevangenismagazijn. Toen politieke gevangenen op 14 juli 1928 amnestie werd verleend, kwam hij vrij. Hij had vier jaar vastgezeten.[81]

Hierna trok Höss naar Berlijn, maar de grote stad verwarde hem. Hoewel hij in november 1922 onder invloed van zijn Freikorps-makkers lid van de nazi's was geworden, ambieerde hij geen partijfunctie. Hij deelde hun ideeën, maar niet de vulgaire 'toon'.[82] Höss wilde boer worden. Hij sloot zich aan bij de Artamanen, een vereniging van nationalistische pioniers, die bralden over de zuiverheid van de Duitse bodem en Poolse landarbeiders het leven onmogelijk maakten.[83]

Toen kwamen de nazi's aan de macht. Een jaar later, in 1934, werd Höss gevraagd voor de Schutzstaffel (ss), de geheime politie. 'De verleiding om weer soldaat te worden was te groot.'[84] De boerderij moest wachten. Het hoofd van de ss, Heinrich Himmler, was ook lid van de Artamanen. Hij koos Höss uit voor een speciale taak: de administratieve leiding over een concentratiekamp.[85] In november 1934 ging Höss als korporaal aan het werk in Dachau bij München. Höss kon er niet tegen gevangenen afgeranseld te zien worden. Ondanks zijn aandeel in de moord op Kadow was hij geen sadist: zijn leven stond in het teken van gehoorzaamheid, niet van bloedvergieten.

Medelijden met de gevangen vijanden van het regime was hem echter vreemd. 'Ieder blijk van medegevoel zou als zwakheid worden opgevat en direct worden uitgebuit.'[86] Anderzijds vond hij het van groot belang dat het saaie gevangenisbestaan werd afgewisseld door lichamelijke arbeid – het soort werk dat volgens Höss het leven zin gaf. Hij had immers zelf gevangen gezeten en wist wat ledigheid voor een mens betekende. Daarom plaatste hij later als commandant van Auschwitz boven de ingang van het kamp de woorden *Arbeit macht frei*.[87] Hiermee bedoelde hij: vrij van leegte, gekte of volledige wanhoop.

Nadat hij in augustus 1938 naar het concentratiekamp Sachsenhausen bij Berlijn was overgeplaatst, zocht hij zijn oude vrienden uit het Freikorps weer op.[88] Zij bekleedden allerlei functies binnen het staatsapparaat: één bij de Hitlerjugend, een ander bij Alfred Rosenberg, de rassentheoreticus van de partij, een derde in de Kamer van Geneeskunde, weer een ander bij de verbindingsstaf van Rudolf Hess, de belangrijkste partijbons na Hitler en Hermann Göring, tijdens de Eerste Wereldoorlog een van de beste vliegers van de Luftwaffe. Bij deze oude soldaten vond Höss de kameraadschap die zijn leven zin gaf.

Toen de oorlog in 1939 uitbrak, was Höss in Sachsenhausen. Als commandant was hij verantwoordelijk voor de executie van een communist, die in een fabriek in

Dessau geweigerd had de voorzorgsmaatregelen voor een luchtaanval uit te voeren. Höss loste zelf het genadeschot.[89] Dit was de eerste van een lange reeks executies die hij zou uitvoeren.

Een van de gevangenen in Sachsenhausen was net als Höss een Freikorps-veteraan, de voormalige duikbootcommandant Martin Niemöller (zie bladzijde 134). Ook hij was godsdienstig opgevoed en lid geweest van de paramilitaire organisatie die in 1919 het communisme bestreed, en ook hij had op het land gewerkt. In tegenstelling tot Höss had Niemöller echter besloten geestelijke te worden. Hij stemde driemaal op de nazi's, maar brak in 1936 met zijn oude kameraden en hun nieuwe leider. Hij had Hitlers toorn gewekt door bezwaar te maken tegen de aanstelling van een nazibisschop in de Duitse Lutherse Kerk en de Führer in zijn gezicht gezegd dat de Kerk God toebehoorde, niet de partij. Na zijn arrestatie kreeg hij een speciale status in Sachsenhausen. Bij het uitbreken van de oorlog werd zijn verzoek om als vrijwilliger bij de marine te dienen afgewezen. Höss 'voerde vele diepgaande gesprekken met Niemöller' voordat de pastor in 1941 naar Dachau werd overgeplaatst.[90] Evenals Höss overleefde hij de oorlog.[91]

Höss' volgende opdracht werd de belangrijkste. Hij kreeg de leiding over het nieuwe kamp Auschwitz. Recent onderzoek heeft aangetoond dat Auschwitz nooit uitsluitend als vernietigingskamp was bedoeld.[92] Het moest het centrum worden van een toekomstig Duits industriegebied, dat de nazi's met Duitsers wilden bevolken nadat alle joden en Polen er waren uitgeroeid. Er verrees een groot aantal fabrieken, die bijna alle slavenarbeid inzetten voor de productie van munitie.[93]

Maar de wegen in het centrum van Auschwitz leidden alle naar de gaskamers. Hier verrees een van de symbolen van de twintigste eeuw, een vernietigingsfabriek van ongekende omvang en wreedheid. En over dit alles heerste Höss, de bureaucraat bij uitstek, de loyale partijbons met een ijzeren plichtsbetrachting. Deze industriële moordmachine vereiste niet alleen groot organisatietalent, maar ook een gemis aan ieder menselijk gevoel voor de miljoenen mannen, vrouwen en kinderen die er werden vergast. De Britse schrijver Martin Amis vatte dit project bondig samen. De nazi's, schreef hij, ontdekten het reptiel in het hart van de mens en legden een Autobahn aan om er te komen.[94] De man die een grote rol speelde bij de aanleg en het onderhoud van deze Autobahn, de man die de 'joodse actie' in Auschwitz leidde, was Rudolf Höss.[95]

Als antisemiet streefde Höss naar eliminatie van de 'joodse suprematie', maar de vulgaire vormen van nazipropaganda vond hij weerzinwekkend.[96] Hij werd niet gedreven door haat – zijn opdracht was het systematisch uitmoorden van joden en het te gelde maken van joodse bezittingen, inclusief hun gouden tanden en haar.[97] Het bevel om de moordmachine voor de bereiden kreeg Höss van Heinrich Himmler, de commandant van de ss. En zoals Höss van zijn vader, van zijn meerderen in de Eerste Wereldoorlog en van zijn Freikorps- en nazikameraden had geleerd, was er in het leven maar één ding belangrijk: gehoorzaamheid aan het gezag. En gehoorzaam was hij.

Vanaf februari 1942, eerst in Auschwitz (tot september 1943) en daarna op het hoofdkwartier van het Inspectoraat van Concentratiekampen, gaf Höss leiding aan de moord op bijna zes miljoen mensen. Na zijn arrestatie in 1945 gaf hij zelf een schatting: twee miljoen alleen al in zijn Auschwitzperiode. De aantallen

'Arbeit macht frei' – dit was de boodschap voor de miljoenen die de poorten van Auschwitz passeerden. Höss wist wat een leven in gevangenschap betekende: verveling, angst en wanhoop. Deze slogan was niet cynisch bedoeld, maar symboliseerde de religie van blinde gehoorzaamheid die hij heel zijn leven heeft aangehangen.

betekenden niets voor hem; hij was volledig immuun geworden voor enig gevoel bij de moorden waarvan hij getuige was.

Tegen het einde van de oorlog trok hij zich op Himmlers bevel terug, nam een valse identiteit aan en werd boer. Maar op 11 maart 1946 werd hij gearresteerd; zijn ondervragers dwongen hem (naar eigen zeggen) zijn identiteit prijs te geven door hem met zijn eigen zweep af te ranselen.[98] Hij werd aan Polen uitgeleverd en in Kraków ter dood veroordeeld.

Miljoenen mannen hadden in de beide wereldoorlogen in het Duitse leger gediend zonder misdaden tegen de menselijkheid te begaan, maar de Eerste Wereldoorlog had die misdaden wel mogelijk gemaakt. Voor mannen als Höss waren deze oorlog en de revolutionaire opstanden die erop volgden een oefening in massaal geweld en kameraderie tussen gelijkgezinde mannen.[99] Höss is de perfecte vertegenwoordiger geweest van de totale oorlog, een man met een ijzeren discipline, voor wie de behoefte aan goedkeuring en gehoorzaamheid belangrijker was dan het leven zelf. Deze zoon van een vrome katholiek, deze soldaat uit de Eerste Wereldoorlog die tijdens zijn diensttijd in het Midden-Oosten samen met pelgrims Jeruzalem had bezocht, was geëindigd als opzichter van de hel. Hij werd op 16 april 1947 in Auschwitz opgehangen.

Vrouwen en kinderen arriveren in Auschwitz, 1944. In de vernietigingskampen van de nazi's zijn meer dan een miljoen joodse kinderen omgekomen. De meesten werden samen met hun moeders en oudere vrouwen bijna onmiddellijk nadat ze de veewagens hadden verlaten naar de gaskamers geleid. Andere kinderen slaagden er op de een of andere wijze in enige tijd in de kampen in leven te blijven. Hun tekeningen en speelgoed zijn het enige wat is overgebleven van het licht dat in deze tijd van duisternis werd gedoofd.

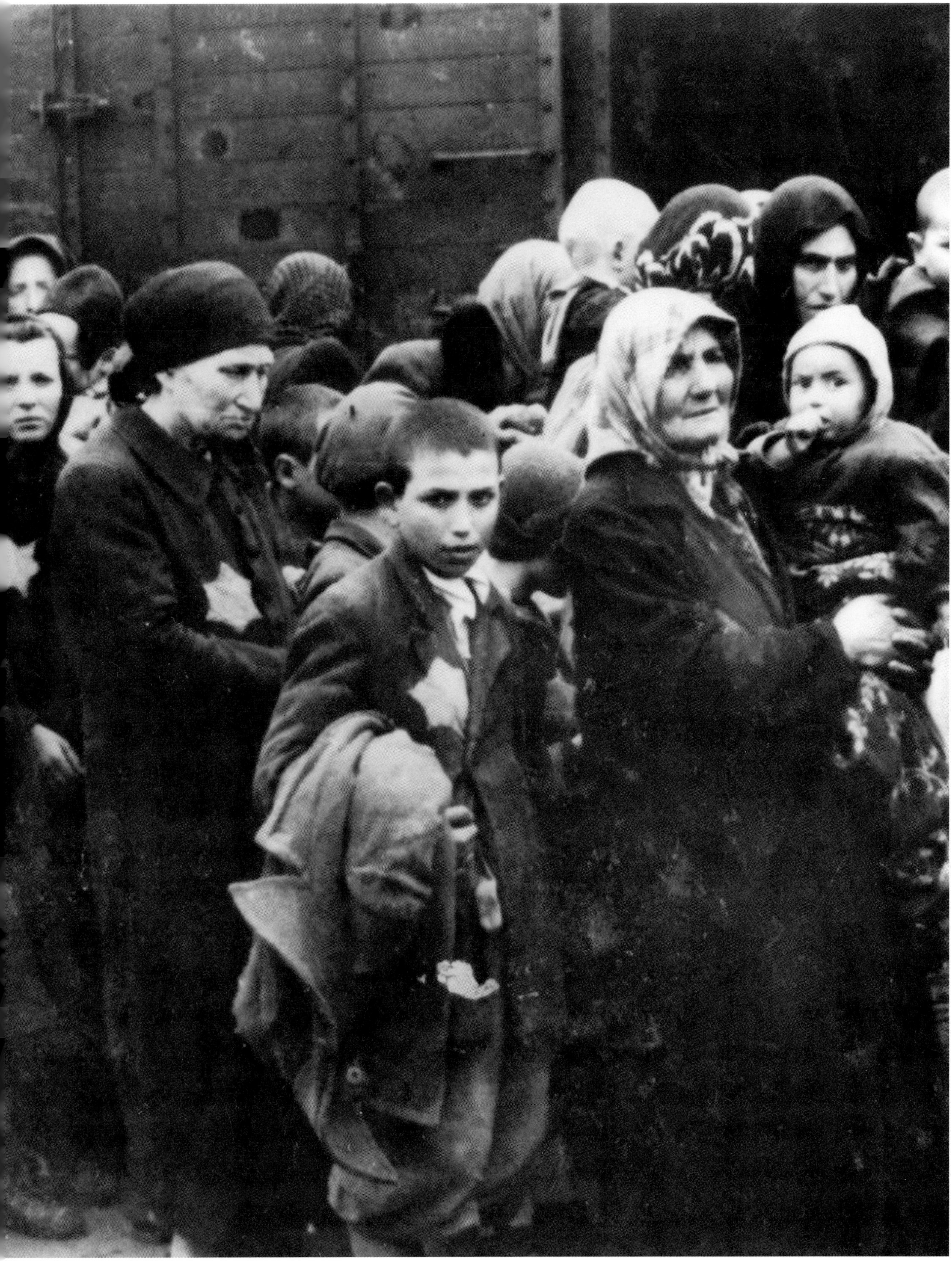

Een van de symbolen van de twintigste eeuw, de gaskamers van Auschwitz, gaat de grenzen van de taal te boven, en wellicht ook de grenzen van het menselijk bevattingsvermogen. In Auschwitz kwam de hel tot leven en die heeft zijn schaduw geworpen op alle volgende generaties.

Terreur in Rusland

OOK IN RUSLAND lieten oorlog en revolutie een blijvende erfenis van wreedheid en geweld na. Niemand heeft de tragedie van de Russische Revolutie en de nasleep ervan beter onder woorden gebracht dan de dichter en schrijver Boris Pasternak. Hij werd in 1890 geboren uit kunstzinnige joodse ouders en stond net als veel andere geassimileerde joden zowel midden in als buiten de maatschappij. In de naam Pasternak, wat 'pastinaak' betekent, weerklinkt de vernedering van generaties joden die hun naam hadden gekregen van hun christelijke landheren. Pas in 1891 kregen de Pasternaks toestemming zich in Moskou te vestigen, wat ze te danken hadden aan hun goede opleiding – ongeschoolde joden werden verjaagd. Zijn kinderjuffrouw had hem bovendien laten dopen. Als reactie op het antisemitisme in het tsaristische Rusland liet Boris zich, in tegenstelling tot sommige andere joden, niet met het zionisme of marxisme in, maar wijdde zich volledig aan muziek, filosofie en vooral poëzie.[100]

Zoals zovele families uit de gegoede burgerij hadden de Pasternaks een datsja ten zuidoosten van Moskou. Daar brak Boris in 1903 bij een val van een paard zijn been; het zou nooit meer goed genezen.[101] Deze handicap is waarschijnlijk zijn redding geweest. Al vóór 1914 werd hij afgekeurd voor militaire dienst en ook in de beide wereldoorlogen stond hij aan de kant.

De Europees georiënteerde Pasternak studeerde filosofie in het Duitse Marburg en was even goed thuis in *Hamlet* als in het werk van de dichter Rainer Maria Rilke, die hij zeer bewonderde.[102] Toen de oorlog in 1914 uitbrak, was het gezin op bezoek in Berlijn, 'in de laatste zomer waarin het leven de mens nog leek te beschermen en liefhebben vanzelfsprekender was dan haten'.[103] Pasternak keerde geschokt terug naar Rusland. Hij legde de schuld bij de Duitsers en hun 'onmenselijke daad van banditisme', uniek in de geschiedenis.[104] Banditisme was besmettelijk, merkte

Pasternak al snel. Tijdens anti-Duitse rellen brak een brand uit waarin bijna al zijn boeken en papieren verloren gingen.[105]

Hoewel hij ongeschikt was voor het leger, vond Pasternak een andere manier om zijn land te dienen. Hij ging in een chemische fabriek bij de Oeral werken, waar hij vrijstellingsformulieren voor arbeiders uit de regio moest behandelen. Hij was zich bewust van de desintegratie van het tsarenrijk, de 'groeiende kloof tussen de goedkope dagelijkse politiek en dat wat net om de hoek ligt'. Er stond een 'nieuw tijdperk' voor de deur, zei hij op 9 december tegen zijn ouders. 'God geve het, de geest ervan is al voelbaar.' De oude orde was een 'absurditeit', waarvan 'een van de absurde schakels zal breken op een moment dat niemand het verwacht'. Het waren duistere tijden, maar de dageraad brak aan: 'Zij zoekt ons en zal ons morgen of overmorgen een zee van licht brengen.'[106]

In deze geest juichte Boris Pasternak de val van de tsaar toe, twee maanden later. 'Stel je voor', zei hij, 'dat een oceaan van bloed en vuil licht begint uit te stralen'.[107] Vlak voor de Franse Revolutie, die Pasternak als achtergrond wilde gebruiken voor een nooit voltooide roman, had een vergelijkbare stemming geheerst. Pas veel later, in zijn in 1957 gepubliceerde meesterwerk *Dokter Zjivago*, gaf hij ten volle uitdrukking aan de euforie in het voorjaar en de zomer van 1917, het hoopvolle moment voorafgaande aan de terreur.

Aanvankelijk zag hij de machtsovername van de bolsjewieken niet als een breuk met de eerste fase van de revolutie, maar als de voortzetting ervan. De Oktoberrevolutie, schreef hij, was een 'geniale daad, een schitterende operatie die oude, stinkende zweren wegsnijdt.' Hier was geen partijbons aan het woord, maar een moralist die de revolutie als een uitdrukking van de Russische volksaard zag. 'Er zit iets nationaal-verwants, iets van oudsher bekends in de wijze waarop men dit zonder enige angst tot het eind toe heeft doorgevoerd,' zegt Zjivago in de roman.[108]

Als de tijd had stilgestaan, zou de gloed van de revolutie veel van Pasternaks wensen in vervulling hebben doen gaan. Maar toen de revolutie ontaardde in burgeroorlog, en wreedheid tot een manier van leven werd, viel zij ten offer aan de 'in de naam van het medelijden opgewekte onbarmhartigheid'.[109] Deze transformatie heeft Pasternak in tijdloze bewoordingen beschreven in *Dokter Zjivago*, dat speelt tijdens het begin van de terreur – eerst onder Lenin, later onder Stalin – en waarvan de gevolgen tot in onze tijd voelbaar zijn.

De gruwelen van het stalinisme wortelden deels in de oorlog en burgeroorlog, deels in de verwording van de staat onder de dictatuur van de Communistische Partij. De eerste oorzaak was echter de oorlog en de voortzetting ervan na de wapenstilstand. Pasternak verwoordt deze kwestie bij monde van de hoofdpersoon Lara, die nadenkt over haar ongelukkige leven:

> Ik ben er nu van overtuigd dat de oorlog de schuld van alles is, ook van alle rampen die onze generatie tot nu toe getroffen hebben. Ik herinner mij mijn jeugd nog heel goed. Ik heb de tijd nog gekend, waarin de vreedzame begrippen van de vorige eeuw nog van kracht waren. Men vond het toen normaal op de stem van het gezonde verstand te vertrouwen. De dingen die het geweten voorschreef, werden als natuurlijk en nodig beschouwd. Het was een zeldzaamheid ... als de ene mens de andere doodde. Men ging ervan uit dat moorden alleen in toneelstukken, detectiveverhalen en kranteberichten voorkwamen. ... En toen plotseling deze sprong vanuit de

kalme en schuldeloze gelijkmatigheid in het bloed, het gejammer, de epidemische waanzin en verwildering van de dagelijkse en normale, gelegitimeerde en verheerlijkte doodslag.[110]

Toen kwamen de ontberingen. 'Maar in die triomfdagen van het materialisme was materie een begrip geworden, en hadden voedsel en brandhout plaats moeten maken voor "het provianderings- en brandstoffenvraagstuk".'[111] Pasternak ondervond de gevolgen aan den lijve: in 1918 leed hij aan Spaanse griep en later aan ondervoeding. In een gedicht zegt hij: 'Tegenwoordig ademt alleen de lucht al de dood:/een raam openen is als het doorsnijden van een slagader.'[112] Overal heerste tyfus; op sleden kwamen de stervenden in Moskou aan. In de roman behandelt Joeri Zjivago de slachtoffers.[113]

De burgeroorlog bracht nog meer schaarste. Eind 1918 was er 'steeds minder revolutionaire vervoering', maar 'was er zoveel tekort dat de mensen met de week leken te verouderen'.[114] Schietpartijen, arrestaties en vorderingen brachten het dagelijks leven terug tot zijn meest rudimentaire vorm. 'Wij waren de muziek in het ijs,' merkte Pasternak verbitterd op over de intellectuelen en kunstenaars, wier hoop door het nieuwe regime met zijn eindeloze, irreële decreten de grond in werd geboord. Op 6 april 1920 schreef hij aan een vriend: 'Hier is de sovjetoverheersing langzaam verworden tot een soort barbaars atheïstisch armenhuis met toelagen, rantsoeneringen en subsidies … een perfect weeshuis. Ze laten de mensen kreperen en aan hun geloof twijfelen wanneer ze bidden om verlossing van de luizen. … Is het dat allemaal waard geweest?'[115] Het was zijn noodlot om in een 'schaduwtijd' te leven, zoals hij in zijn gedicht 'Verheven kwaal' zegt.[116] Het wemelde van de bureaucraten, informanten en politiespionnen, die allen schreeuwden:

Word wakker, dichter, en toon me je vergunning
Dit is niet de juiste plek om te geeuwen.[117]

Trotski zelf vroeg Pasternak waarom zijn poëzie zo'n laag sociaal gehalte had. De waarheid – dat hij een vrij mens was en dat de vrijheid voor hem het kostbaarste sociale goed was – kon niet worden gezegd. Hij leefde immers onder de dictatuur van officieel gesanctioneerde grauwheid, onder de blik van wat zijn collega-dichter Osip Mandelstam 'de zieke oogleden van deze tijd' noemde.[118] In 1925 stortte Pasternak zijn hart uit bij Mandelstam. Ze leefden in een tijd waarin 'alles verteerd, kapot, ontmanteld is; over alles ligt een harde laag van ongevoeligheid, doofheid en vaste routine. Het is walgelijk. …'[119]

Toen kwam Stalin aan de macht, twee jaar na de dood van Lenin in 1924. Lenin had zijn collega's voor hem gewaarschuwd, maar Stalins belangrijkste rivaal, Trotski, stond niet tegen hem op. Dit had tot gevolg dat Trotski, de man die in 1918 het Rode Leger had opgezet en de revolutie geleid, in ongenade viel en werd verbannen. Om zijn dictatuur te bestendigen bedacht Stalin tal van binnenlandse samenzweringen. Daarnaast wees hij op het precedent van de geallieerde interventie en beweerde hij dat iets dergelijks opnieuw kon gebeuren. De ene moord lokte de andere uit en deze orgie van wreedheid bestendigde de leugen dat zuiveringen nodig waren ter stabilisering van het regime. Stalins dictatuur kan worden samengevat in de woorden 'Ik dood, dus ik ben' – een afschuwelijke bevestiging van de normalisering van geweld na de Eerste Wereldoorlog.

De dichter Ossip Mandelstam daagde Stalin uit hem te arresteren vanwege zijn afwijzing van het onmenselijke karakter van diens regime. Dat gebeurde dan ook. Mandelstam stierf in 1938 half waanzinnig in de buurt van Vladivostok.

Ontmoeting tussen Stalin en Lenin, 1920. Lenin is nooit hersteld van de aanslag die Fanja Kaplan in 1918 op hem pleegde. Tijdens zijn laatste jaren begon hij te vrezen voor de weg die zijn regime onder mannen als Stalin in zou slaan. Ook Lenin was niet afkerig van terreur, maar de revolutie kwam voor hem toch op de eerste plaats. Voor Stalin, die twee jaar na Lenins dood in 1924 aan de macht kwam, was terreur alles.

Wat kon een dichter doen? In een poging enkele bankbedienden te redden die valselijk beschuldigd waren van sabotage, stuurde Mandelstam een dichtbundel naar het Kremlin met het briefje: 'Elke regel in dit boek is een argument tegen uw plannen.'[120] Hij had de euvele moed openlijk een standpunt in te nemen.[121] Pasternak was net zo verontrust, maar ventileerde zijn mening binnenskamers. Hij schreef aan zijn nicht Olja: 'Zoals je weet is de terreur weer begonnen.'[122] Wat voorheen onder de dekmantel van de burgeroorlog was gebeurd, werd nu hervat onder het mom van het uitbannen van binnenlandse sabotage – Stalin voerde oorlog tegen zijn eigen volk.

Wie een dergelijke terreur niet aan den lijve heeft ondervonden, kan geen oordeel uitspreken over de compromissen en het zwijgen van de onderdrukten. De charismatische dichter Vladimir Majakovski predikte de deugden van de ideologisch zuivere (stalinistische) poëzie.[123] Pasternak kon dergelijke onzin niet waarderen.[124] Zijn ontmoeting met Stalin had een onuitwisbare indruk op hem gemaakt. Voòr hem was de dictator een soort Georgische versie van Richard III, 'de vreselijkste man die hij ooit gezien had, een kreeftachtige dwerg met een geel, pokdalig gezicht en een borstelige snor'. Toen Majakovski in 1930 zelfmoord pleegde, bevond Pasternak zich in een kwetsbare positie: de beroemdste dichter van Rusland kwam in aanvaring met het regime.

De eerste confrontatie ging over Mandelstam. Deze had het lef gehad aan vrienden een satirisch gedicht over Stalin voor te dragen:

Oorlog zonder einde

Het leven en de kunst van Boris Pasternak overbrugden de jaren tussen de Eerste Wereldoorlog en de terreur van de jaren dertig en later. In zijn proza en poëzie verwoordde hij het verbazingwekkende vermogen van de menselijke geest om te dromen en lief te hebben, zelfs te midden van een politieke nachtmerrie waaraan geen einde leek te komen.

Zijn dikke vingers zijn vet als wormen
en zijn woorden zijn onwrikbaar als loden gewichten.

Zijn kakkerlakkensnor lacht
en zijn beenkappen glanzen.

Hij is omgeven door een bende slankhalzige leiders
en hij maakt gebruik van de slavendiensten van halfmensen.

Zij fluiten, miauwen of janken,
alleen hij oreert en port met zijn vinger.

Hij smeedt series decreten, als hoefijzers
die hij mikt op je voorhoofd, je kruis of je oog.

En iedere terechtstelling is een traktatie
voor de Osseet met de brede borstkas.[125]

Dat de laatste regel verwees naar Stalin, die uit de zuidelijke gebieden Ossetië en Georgië afkomstig was, ontging niemand. Toen Mandelstam dit fatale versje op straat declameerde, zei Pasternak dat hij het niet had gehoord en Mandelstam het niet had gezegd.[126] Via informanten was het Stalin echter ter ore gekomen; hij vroeg Pasternak telefonisch om zijn mening over Mandelstams poëzie. Pasternak wist geen antwoord te geven en stond als aan de grond genageld. Stalin hing op en Pasternak heeft nog jarenlang betreurd dat hij toen niets wist te zeggen.[127] Mandelstam werd veroordeeld tot drie jaar verbanning. Bij zijn terugkeer zocht hij weer contact met Pasternak. Ze ontmoetten elkaar niet bij hem thuis – dat was te gevaarlijk – maar op het station, waar ze spraken over poëzie. In mei 1938 werd Mandelstam opnieuw gearresteerd en tot vijf jaar werkkamp veroordeeld. Zes maanden later stierf hij, uitgemergeld en half gek.[128] Pasternak smeekte Stalin, dit keer met succes, om clementie voor een kunsthistoricus die samenleefde met de dichteres Anna Achmatova.[129] Al die tijd had Pasternak te maken met bedreigingen van conformisten, opportunisten en informanten die hem en andere dichters zwart maakten. In 1936 zei hij eens tegen zijn nicht Olga Freidenberg dat 'deze zielige en geïntimideerde nullen' er niet tegen konden 'iemand te horen beweren dat de grootsheid van de Revolutie schuilt in iemands vermogen om ten tijde van een revolutie – *vooral* ten tijde van een revolutie – vrijuit te spreken en vermetel te denken.'[130] In plaats daarvan schreeuwden ze 'contrarevolutionair' – wat onder Stalins regime meestal een nekschot betekende.

Aan het eind van de jaren dertig bereikte de golf van moorden en verdwijningen een hoogtepunt. De officiële organisatie van sovjetschrijvers, de Schrijversbond, eiste in een brief aan Stalin de doodstraf voor oude bolsjewieken, die in belachelijke showprocessen werden berecht. Ook Pasternaks naam stond onder de brief, vermoedelijk tegen zijn zin.[131] 'In 1936 knapte er iets in me toen die vreselijke processen begonnen; ik had verwacht dat het tijdperk van wreedheid in 1935 ten einde zou zijn.'[132] Het 'tijdperk van wreedheid' zou echter nog twintig jaar duren, ondanks de enorme offers die het land moest brengen om het Duitse leger na de invasie in 1941 te verslaan. De dood van Stalin in 1953 maakte pas een einde aan de heerschappij van de waanzin.

In die vreselijke jaren zag Pasternak het leven van de mens verworden tot een speelbal, overgeleverd aan de willekeur van de dictator. In 1956, drie jaar na Stalins dood, uitte hij zijn smart in een gedicht opgedragen aan de doden:

In een tijd van ijs
staat hij als een geweten,
een muur waar de stoffelijkheid eindigt
en de doden in vrede rusten.

Hij buigt naar de grond
onder het gewicht van hun doodsangst,
ruikt naar stof en ontbinding,
het lijkenhuis en de grafheuvel.

Mijn ziel, vervuld van pijn
heeft alles gehoord en alles gezien
en volledig onthouden
en alles tot korrels vermalen.

Vermorzeld, opgesloten en verpletterd
zag ik alles met betraande ogen aan
bijna veertig jaar lang
tot stof en as restten.[133]

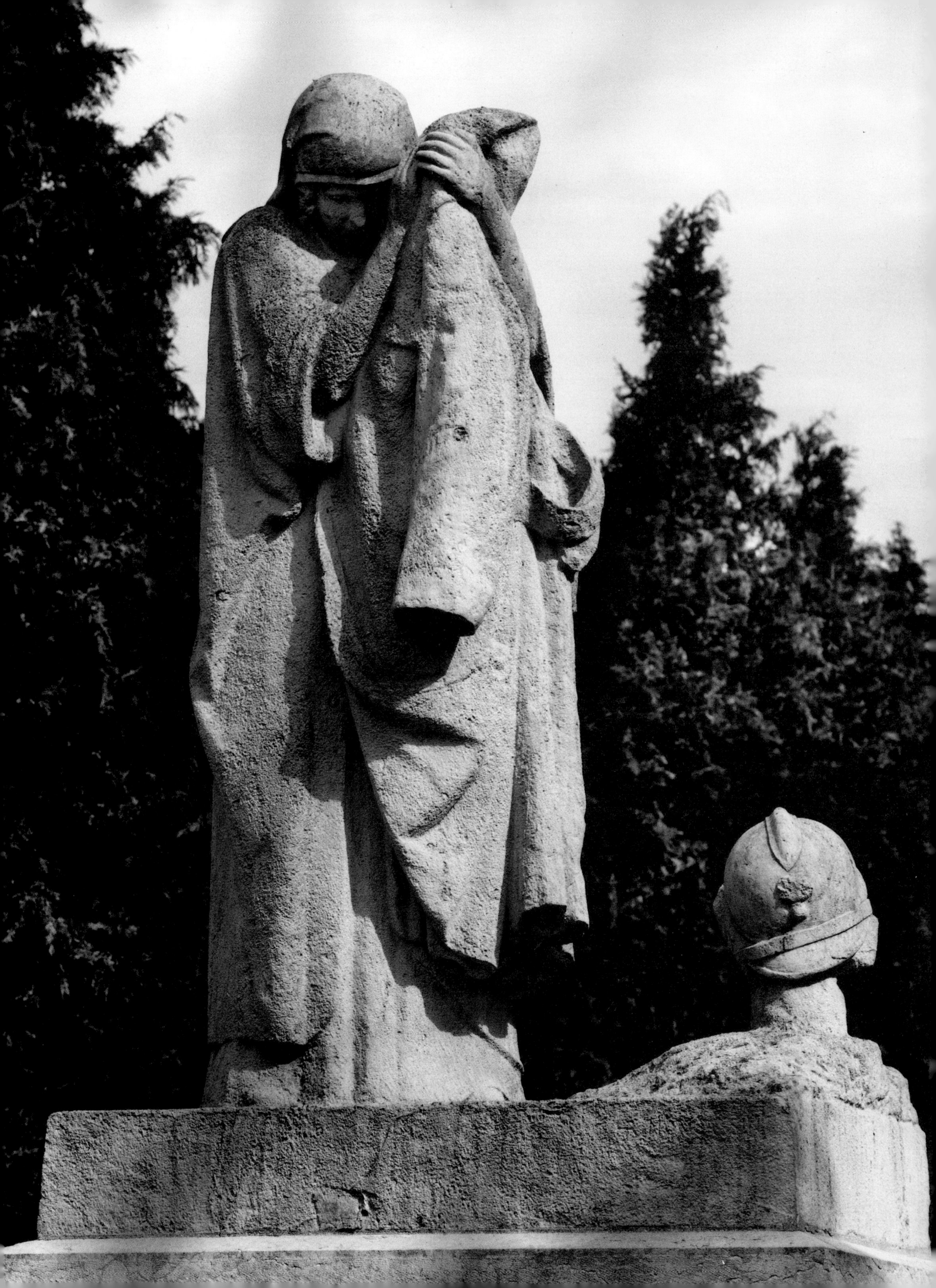

In het dorpje Sailly-Saillisel, bij de frontlinie van het slagveld aan de Somme, staat een herdenkingsteken: het beeld van een vrouw die de overjas van haar man op diens graf omarmt. Dat is het enige wat hij heeft nagelaten. Later zijn de namen van burgers en militairen die in de Tweede Wereldoorlog omkwamen aan het monument toegevoegd. De eenzaamheid, de wreedheid en het verdriet van dertig jaar oorlog zijn hier vormgegeven in steen.

Hij verwoordde deze gedachten ook in *Dokter Zjivago*, een oorlogsverhaal zonder einde. Deze roman, waaraan hij in juli 1946 begon en die pas in november 1957 verscheen, wekte de toorn van het sovjetregime op, maar leverde Pasternak in 1958 – een jaar nadat Camus op soortgelijke wijze was gehuldigd – de Nobelprijs voor Literatuur op. Beide schrijvers waren gevormd door de Eerste Wereldoorlog en de nasleep ervan. De roman bevat honderden verwijzingen naar de afschuwelijke gevolgen van de (burger)oorlog voor het leven in Rusland, maar één metafoor springt eruit. Op de eerste bladzijde, als de tienjarige Joeri Zjivago bij het graf van zijn moeder staat, 'hief hij het hoofd op en wierp vanaf het heuveltje een afwezige blik op de herfstige open vlakte en de koepels van het klooster. Zijn gezicht met het stompe neusje vertrok zich in een grimas. Hij rekte zijn hals. Als een wolvejong met zo'n beweging zijn kop had opgericht, zou men geweten hebben dat hij dadelijk zou beginnen te janken. De jongen sloeg zijn handen voor zijn gezicht en barstte in snikken uit.'[134] De roman gaat over het leven van deze jongen, zijn adolescentie tijdens de revolutie, zijn werk als arts in de burgeroorlog, zijn periode als gevangene van partizanen en zijn bevrijding, waarna hij korte tijd met zijn geliefde in een huis in Siberië woont. Daar schrijft hij enkele prachtige gedichten in het Russisch, de 'Lara-gedichten', genoemd naar zijn geliefde. Zij is gedoemd omdat haar man, Streljnikov, een commandant in het Rode Leger, op de vlucht is en zijn vijanden Lara als lokaas gebruiken. Zij kan dus niet lang bij haar minnaar Zjivago blijven. Voor korte tijd creëren ze een eiland van menselijkheid midden in een bos, omringd door wolven.[135]

Is er een betere metafoor denkbaar voor de beproevingen van deze door oorlogen geteisterde eeuw? Hoe kunnen we overleven en liefhebben in een wereld vol wolven? Zjivago vond zijn antwoord in de kunst, in de gedichten die hij aan Lara schreef. Maar ook miljoenen anderen, minder begaafd en moedig, waren getekend door de beproevingen en opofferingen. Nu oorlog van een beperkt wapentreffen was verworden tot een manier van leven, werden de verworvenheden van de burgermaatschappij en van de kunst met haar helende kracht pas echt kwetsbaar. Pasternak stierf in 1960 – hetzelfde jaar waarin Camus omkwam. Ze hadden veel gemeen: beiden waren het slachtoffer van oorlog en geweld en beiden hadden hun stem verheven. Zij bleven trouw aan de kunst, kwamen op voor de menselijke waarden die teloor dreigden te gaan, en bleven daarmee ons allen trouw.

Noten

Inleiding

1. *The Diary and Letters of Käthe Kollwitz*, red. H. Kollwitz, vert. door R. en C. Winston (Evanston, Ill., Northwestern University Press, 1955), blz. 146 (hierna *Kollwitz Diary* genoemd). [Oorspronkelijke uitgave: *Käthe Kollwitz, Die Tagebücher*, Berlijn, Siedler, 1989.]
2. *Kollwitz Diary*, 11 okt. 1919, blz. 74.
3. *Kollwitz Diary*, 25 juni 1919, blz. 92.
4. *Kollwitz Diary*, 22 april 1931, blz. 119.
5. *Kollwitz Diary*, 1 en 4 juni, 23 juli en 14 aug., blz. 120-122.
6. Eric Hobsbawm, *The Age of Extremes, The Short Twentieth Century 1914-1991* (Londen, Michael Joseph, 1995). [Nederlandse vertaling: *Een eeuw van uitersten: de twintigste eeuw 1914-1991*, Utrecht, Het Spectrum 1995.]
7. In veel landen die tijdens de oorlog de geallieerden vormden wordt de Eerste Wereldoorlog aangeduid als de Grote Oorlog. In Nederland en België werd de oorlog aanvankelijk ook zo genoemd, maar hij kreeg hier na 1939 de benaming Eerste Wereldoorlog (noot van de vertaler).

Explosie

1. J.M. Winter, *The Great War and the British People* (Londen, Macmillan, 1986), hoofdstuk 3.
2. Zie Pierre-Jakez Hélias, *The Horse of Pride. Life in a Breton Village*, vert. en ingekort door June Guicharnaud (New Haven, Yale University Press, 1978), blz. 56, [Oorspronkelijke uitgave: *Le cheval d'Orgeuil, mémoires d'un Breton du pays Bigouden*, Parijs, Plon, 1975.] en Jean Giono, *Le grand troupeau* (Parijs, Gallimard, 1931), blz. 41.
3. Jean Giono, *To the Slaughterhouse*, vert. door N. Glass (Londen, Peter Owen Publishers, 1969), blz. 61-63.
4. Erich Ludendorff, *My War Memories, 1914-1918*, 2 dln. (Londen, Heinemann, 1929), dl. II, blz. 483, 602. [Oorspronkelijke uitgave: *Meine Kriegserinnerungen 1914-1918*, Berlijn, Mittler 1919.]
5. Roy Jenkins, *Asquith* (Oxford, Oxford University Press, 1960), blz. 414, 415.
6. *German Students' War Letters*, red. Philipp Witkop, vert. door A.F. Wedd (Londen, Methuen, 1929), blz. 7-9. [Nederlandse vertaling: *Oorlogsbrieven van Duitsche studenten*, Amsterdam, C.L. van Lagenhuysen, 1917.]
7. Joseph Cohen, *Journey to the Trenches. The Life of Isaac Rosenberg. 1890-1918* (Londen, Allen & Unwin, 1976), blz. 174.
8. Harold Owen, *Journey from Obscurity*, dl. III, *War* (Oxford, Oxford University Press, 1968), blz. 198-201.
9. *Ibid.*
10. J.M. Winter en J.-L. Robert, *Paris, London, Berlin. Capital Cities at War, 1914-1919* (Cambridge, Cambridge University Press, 1996), hoofdstuk 2.
11. Stuart Hughes, *Consciousness and Society* (Cambridge, Mass., Harvard University Press, 1964).
12. Ester Coen, *Umberto Boccioni* (New York, Metropolitan Museum of Art, 1988).
13. J.C. Taylor, *Futurism* (New York, Museum of Modern Art, 1961), blz. 124-125.
14. Modris Eksteins, *Lenteriten. De eerste wereldoorlog en het ontstaan van de nieuwe tijd* (Houten, De Haan 1990), blz. 21.
15. Over Meidner, zie Richard Cork, *A Bitter Truth. Avant-garde Art and the Great War* (New Haven, Yale University Press, 1994), blz. 12-15; Carol S. Eliel, *The Apocalyptic Landscapes of Ludwig Meidner* (München, Prestel, 1991) en 'Les paysages apocalyptiques de Ludwig Meidner', in:

Figures du moderne. L'expressionnisme en Allemagne, 1905-1914 (Parijs, Musée de l'art moderne de la ville de Paris, 1991). Alle citaten van Meidner en zijn kring komen uit Eliel, *The Apocalyptic Landscapes*.
16. De gedichten van Heym en van Hoddis staan in *Modern German Poetry*, red. M. Hamburger en C. Middleton (New York, Grove Press, 1964). [Oorspronkelijke uitgaven: Georg Heym, *Weltende, Gesammelte Dichtungen*, Zürich, Arche 1959.]
17. J.M. Winter, *Sites of Memory, Sites of Mourning. The Great War in European Cultural History* (Cambridge, Cambridge University Press, 1995), hoofdstuk 6.
18. Sixten Ringbom, *The Sounding Cosmos. A Study of the Spiritualism of Kandinsky and the Genesis of Abstract Painting*. Acta academiae Aboensis, Ser. A., Humaniora, dl. 38, nr. 2 (Abo, Abo Akademi, 1970).
19. *The Blaue Reiter Almanac*, red. W. Kandinsky en F. Marc, vert. door H. Falkenstein (New York, The Viking Press, 1974), blz. 252. [Oorspronkelijke uitgave: *Der Blaue Reiter*, München, Piper 1984.)
20. Jeff Verhey, 'The Spirit of 1914: The Myth of Enthousiasm and the Rhetoric of Unity in World War I Germany', proefschrift (Berkeley, University of California, 1992).
21. Francis Haskell, 'Art and the Apocalypse', in: *New York Review of Books* (15 juli 1993), blz. 5-9.
22. Geciteerd in Robert K. Massie, *Dreadnought. Britain, Germany and the Coming of the Great War* (Londen, Jonathan Cape, 1992), blz. 151.
23. Geciteerd in Massie, *Dreadnought*.
24. Citaten in deze paragraaf komen uit Massie, *Dreadnought*, blz. 33 en de hoofdstukken 2 en 3.
25. Voor een briljante weergave van dit politieke systeem, zie Volker Berghahn, *Imperial Germany 1871-1914. Economy, Society, Culture and Politics* (Oxford, Berghahn Books, 1994), hoofdstuk 13.
26. *Kaiser Wilhelm II. New Interpretations*, red. J.C.G. Röhl en N. Sombard (Cambridge, Cambridge University Press, 1954), blz. 123.
27. Citaten in deze paragraaf komen uit *Kaiser Wilhelm II*, red. Röhl en Sombard.
28. J.C.G. Röhl, *The Kaiser and his Court. Wilhelm II and the Government of Germany*, vert. door Terence F. Cole (Cambridge, Cambridge University Press), hoofdstuk 8.
29. *Kaiser Wilhelm II*, red. Röhl en Sombard, blz. 129.
30. *Ibid.*, blz. 121.
31. Röhl, *The Kaiser and his Court*, de hoofdstukken 2 en 3.
32. *Kaiser Wilhelm II*, red. Röhl en Sombard, blz. 30.
33. Geciteerd in Röhl, *The Kaiser and his Court*, blz. 12.
34. *Kaiser Wilhelm II*, red. Röhl en Sombard, blz. 139.
35. Jonathan Steinberg, *Yesterday's Deterrent. Tirpitz and the Birth of the German Battlefleet* (Londen, Macdonald, 1965).
36. *The Intimate Papers of Colonel House*, dl. I, *Behind the Political Curtain* (Londen, Ernest Benn, 1926), blz. 261.
37. Volker Berghahn, *Germany and the Approach of the War in 1914* (Londen, Macmillan, 1984).
38. *Kaiser Wilhelm II*, red. Röhl en Sombard, blz. 53.
39. Röhl, *The Kaiser and his Court*, blz. 25.
40. Elzbieta Ettinger, *Rosa Luxemburg. A Life* (Boston, Beacon Press, 1986), de hoofdstukken 6 en 7.
41. J.P. Nettl, *Rosa Luxemburg*, 2 dln. (Oxford, Oxford University Press, 1966), dl. II, blz. 666.
42. Nettl, *Rosa Luxemburg*, blz. 502.
43. *Ibid.*, dl II, blz. 490-491.
44. J.-J. Becker, 'Jouhaux, le 4 août, devant la tombe de Jaurès', in *14-18. La très grande guerre*, red. J.-J. Becker e.a. (Parijs, Le Monde, 1994), blz. 35-40.
45. Harvey Goldberg, *The Life of Jean Jaurès* (Madison, Wisc., University of Wisconsin Press, 1962), blz. 3.
46. Over de moordaanslag zie J.-J. Becker, 'Le 28 juin de Gavrilo Princip', in: *14-18*, red. J.-J. Becker e.a., blz. 3-5.
47. Massie, *Dreadnought*, blz. 861.
48. Zie de definitieve behandeling hiervan in het laatste hoofdstuk van Berghahn, *Imperial Germany 1871-1914*.
49. Ronald Stromberg, *Redemption by War* (Lawrence, Ks., University of Kansas Press, 1970); zie ook R. Wohl, *The Generation of 1914* (New York, Knopf, 1975).
50. Serge Grafteaux, *Mémé Santerre: a French Woman of the People*, vert. door L.A. en K.L. Tilly (New York, Schocken, 1985), blz. 74. [Oorspronkelijke uitgave: *Mémé Santerre*, Ed. du Jour, Parijs 1975.]
51. Pierre-Jakez Hélias, *The Horse of Pride*, blz. 30-31.

Patstelling

1. Martin van Creveld, *Supplying War* (Cambridge, Cambridge University Press, 1977), blz. 112-124.
2. Alistair Horne, *The Price of Glory: Verdun 1916* (Harmondsworth, Penguin Books, 1962), blz. 19.
3. Het veldreglement van 1918, opgesteld door de commissie onder voorzitterschap van generaal Pau, blz. 445-447.
4. Henri Desagneaux, *A French Soldier's War Diary 1914-1918* (Londen, Elmfield Press, 1975), blz. 3.
5. *Ibid.*, blz. 3.

6. Philip Gibbs, *The War Dispatches* (Londen, Times Press, 1964), blz. 13-15.
7. Maurice Paléologue, *La Russie des Tsars pendant la Grande Guerre* (Parijs, Plon, 1921), blz. 58.
8. Ernst Toller, *I was a German* (Londen, John Lane, 1934), blz. 51. [Oorspronkelijke uitgave: *Eine Jugend in Deutschland*, Querido, Amsterdam 1933; Nederlandse vertaling: *Een jeugd in Duitsland*, Amsterdam, Meulenhoff 1981.]
9. *Times History of the War I*, blz. 336. Geciteerd in Barbara Tuchman, *Guns of August* (Londen, Macmillan, 1962), blz. 200.
10. Gabriel Hanotaux, *Histoire illustrée de la guerre de 1914* (Parijs, Gounouilhou, 1916), dl. III, blz. 254.
11. Franz Conrad von Hotzendorff, *Aus meiner Dienstzeit, 1907-18*, 5 dln. (Wenen, Rikola Verlag, 1923), dl. IV, blz. 193.
12. Alan Kramer, 'Les atrocités allemandes: mythologies populaires, propagande et manipulations dans l'armée allemande', in: *Guerre et cultures 1914-1918*, red. J.-J. Becker e.a. (Parijs, Armand Colin, 1994), blz. 147-164.
13. Martin Gilbert, *The First World War* (New York, Henry Holt & Co, 1994), blz. 43.
14. Rudolf Binding, *A Fatalist at War* (Boston, Houghton Mifflin, 1929), blz. 19.
15. Vincent Monteil, *Les officiers* (Parijs, Editions du Seuil, 1959), blz. 34.
16. J.-J. Becker, 'Lorraine sanglante', in: *14-18. La très grande guerre*, red. J.-J. Becker e.a. (Parijs, Le Monde, 1994), blz. 69-71.
17. Gibbs, *The War Dispatches*, blz. 55.
18. Serge Grafteaux, *Mémé Santerre: A French Woman of the People*, vert. door L.A. en K.L. Tilly (New York, Schocken, 1985), blz. 78.
19. Gibbs, *The War Dispatches*, blz. 32.
20. Gerd Krumeich, 'Tannenberg, la revanche et le mythe', in *14-18. La très grande guerre*, red. J.-J. Becker e.a., blz. 49-56.
21. Erich Ludendorff, *My War Memories, 1914-1918* (Londen, Hutchinson, 1919), blz. 71.
22. C.E. Callwell, *Field Marshal Sir Henry Wilson: His Life and Diaries* (Londen, Cassell, 1927), dl. I, blz. 78.
23. Voor een uitstekende karakterschets van John Lucy: Trevor Wilson, *The Myriad Faces of War* (Cambridge, Polity Press, 1986). De citaten van Lucy komen uit John F. Lucy, *There's a Devil in the Drum* (Londen, Faber & Faber, 1938).
24. Lucy, *There's a Devil in the Drum*, blz. 73-74.
25. Malcolm Brown, *The Imperial War Museum Book of the Western Front* (Londen, Sidgwick & Jackson, 1993), blz. 14.
26. Lucy, *There's a Devil in the Drum*, blz. 142.
27. P.J. Flood, *France 1914-18* (Londen, Macmillan, 1990).
28. Max Hoffmann, *War Diaries and Other Papers*, vert. door Eric Sutton (Londen, Martin Secker, 1929), dl. I, blz. 41.
29. *German Students' War Letters*, red. Philipp Witkop, vert. door A.F. Wedd (Londen, Methuen, 1929).
30. F.H. Keeling, *Keeling Letters and Recollections* (Londen, Allen & Unwin, 1918).
31. Lucy.
32. Geciteerd in Malcolm Brown en Shirley Seaton, *Christmas Truce: The Western Front December 1914* (Londen, Leo Cooper, 1984), blz. 56.
33. Lucy, *There's a Devil in the Drum*, blz. 145 en 147.
34. Gibbs, *The War Dispatches*, blz. 64-65.
35. Wilson, *The Myriad Faces of War*, blz. 55-56.
36. Lucy, *There's a Devil in the Drum*, blz. 166.
37. Ibid., blz. 190 en 283.
38. Jean Lacouture, *De Gaulle. The Rebel 1890-1944*, vert. door P. O'Brian (Londen, Collins, 1990), blz. 18.
39. Gilbert, *The First World War*, blz. 112.
40. Ibid., blz. 89.
41. Martin van Creveld, *Command in War* (Cambridge, Mass., Harvard University Press, 1985), hoofdstuk 5. Over de onmogelijkheid van het Schlieffenplan, zie Van Creveld, *Supplying War*, hoofdstuk 4.
42. Ernst Jünger, *Storm of Steel* (New York, Howard Fertig, 1992), blz. 32.
43. J.-J. Becker, *The Great War and the French People* (Leamington Spa, Berg, 1988), hoofdstuk 1.
44. Geciteerd in Modris Eksteins, *Lenteriten* (Houten, De Haan, 1990), blz. 124.
45. Herbert Sulzbach, *With the German Guns* (Londen, Leo Cooper, 1973), blz. 115.
46. Geciteerd in Malcolm Brown en Shirley Seaton, *Christmas Truce: The Western Front December 1914* (Londen, Macmillan, 1994), blz. 73.
47. Ibid., blz. 64. Oorspronkelijke bron: O.F. Bailey en H.M. Hollier, *The Kensingtons* (Londen, Regimental Old Comrades Association, 1930), blz. 27.
48. Ibid., blz. 58-59. Oorspronkelijke bron: 'Saturday Afternoon Soldiers' (niet-gepubliceerde memoires); interview in *Peace in No Man's Land*, BBC, 1981.
49. Ibid., blz. 73. Oorspronkelijke bron: L. Rimbault, *Journal de campagne d'un officier de la ligne* (Parijs, Librairie Militaire Berger-Lenrolt, 1916).
50. Ibid., blz. 72. Oorspronkelijke bron: Robert de Wilde, *Mon journal de campagne* (Parijs, 1918).
51. Ibid.

52. E. Karcher, *Otto Dix, 1891-1964. Leben und Werke* (Keulen, Benedikt Taschen, 1988), blz. 38.
53. Robert Graves, *Good-bye to all that* (Londen, Penguin, 1968), blz. 98. Nederlandse editie: *Dat hebben we gehad*, vert. door Guido Golüke (Amsterdam, De Arbeiderspers, 1980), blz. 116.
54. Stephen Westman, *Surgeon with the Kaiser's Army* (Londen, William Kimber, 1968), blz. 151, 78 en 106.
55. Harry Lauder, *A Minstrel in France* (New York, Hearst, 1918), blz. 170-171.

TOTALE OORLOG

1. Robert K. Massie, *Dreadnought* (Londen, Jonathan Cape, 1992), blz. 750.
2. Sir Ian Hamilton, *Gallipoli Diary* (Londen, Edward Arnold, 1930), blz. 245.
3. Aubrey Herbert, *Mons, Anzac and KVT* (Londen, Hutchinson, 1919), blz. 189.
4. Ken Inglis, 'Le 25 avril en Australie et en Nouvelle-Zélande', in: *Guerre et cultures*, red. J.-J. Becker e.a. (Parijs, Armand Colin, 1994), blz. 397-410.
5. *Atatürk*, (Ankara, Turkish National Commission for Unesco, 1963), blz. 21.
6. Voor de volledige tekst van Murdochs brief, zie Desmond Zwar, *In Search of Keith Murdoch* (Melbourne, Macmillan, 1980), hoofdstuk 4.
7. S. Audoin-Rouzeau, 'Le gas, nouvelle frontière de l'horreur' in: *14-18. La très grande guerre*, red. J.-J. Becker e.a. (Parijs, Le Monde, 1994), blz. 87-88.
8. Jean Giraudoux, *Adorable Clio* (Parijs, Grasset, 1939), blz. 208.
9. Evelyn, Prinses Blücher, *An English Wife in Berlin* (Londen, Constable, 1920), blz. 51.
10. Konstantin Paustovskij, *Onrustige jeugd*, vert. door Wim Hartog (Amsterdam, De Arbeiderspers, 4de druk 1988), blz. 105.
11. Leslie A. Davis, *The Slaughterhouse Province. An American Diplomat's Report on the Armenian Genocide, 1915-1917* (New Rochelle, N.Y., Aristide D. Caratzas, 1989), blz. 143-147.
12. Chaim Weizmann, *Trial and Error* (Londen, East and West Library, 1950), blz. 189.
13. Ibid., blz. 220.
14. *The Home Letters of T.E. Lawrence and his Brothers*, red. M.R. Lawrence (Oxford, Basil Blackwell, 1954), blz. 327.
15. Richard Aldington, *Lawrence of Arabia* (Londen, Collins, 1959), blz. 159.
16. De citaten van de Goodyear-familie komen uit David Macfarlane, *The Danger Tree: Memory, War and the Search for a Family's Past* (Toronto, Macfarlane, Walter & Ross, 1991).
17. *The Upheaval of War: Family, Work and Welfare in Europe, 1914-1918*, red. J.M. Winter en R. Wall (Cambridge, Cambridge University Press, 1988).
18. Stanley Weintraub, *Journey to Heartbreak* (Londen, Macmillan, 1989), blz. 179.
19. Douglas Robinson, *The Zeppelin in Combat* (Seattle, University of Washington Press, 1988).
20. Alan Kramer, 'Les atrocités allemandes: mythologies populaires, propagande et manipulations dans l'armée allemande', in: *Guerre et cultures*, red. J.-J. Becker e.a., blz. 147-164.
21. De citaten van Niemöller komen uit Martin Niemöller, *From U-Boat to Concentration Camp* (Londen, William Hodge & Co, 1939).
22. Kevin Brownlow, *The War, the West and the Wilderness* (New York, Knopf, 1979), blz. 39.
23. Ibid., blz 39.
24. H.M. Tomlinson, *Waiting for Daylight* (Londen, Cassell & Co, 1922), blz. 16-24.
25. Hugh Gibson, *A Journal from our Legation in Belgium* (Londen, Hodder & Stoughton, 1917), blz. 9.
26. Jean Broussac, *Lettres de guerre inédites* (Parijs, O.E.I.L., 1986).
27. *Story of the Scottish Women's Hospitals* (Londen, Hodder & Stoughton, 1919), blz. 157-158.
28. Ibid., blz. 40-41.
29. *Kinematograph Weekly*, 20 april 1917, blz. 61, geciteerd in Kevin Brownlow, *The War, the West and the Wilderness*, blz. 41.
30. Denis Gifford, *Chaplin* (New York, Doubleday, 1974), blz. 91.
31. Charles T. Maland, *Chaplin and American Culture. The Evolution of an Image*, (Princeton, Princeton University Press, 1989), blz. 38.
32. Charles Chaplin, *My Autobiography* (New York, Simon & Schuster, 1964), blz. 215. [Nederlandse. vertaling: *Chaplin: de autobiografie*, Bzztoh, 's-Gravenhage 1993.]
33. Jerzy Toeplitz, 'The cinema in Eastern and Central Europe before the guns of August', in: *Film and the First World War*, red. Karel Dibbets en Bert Hogenkamp (Amsterdam, Amsterdam University Press, 1994), blz. 21.
34. Nicholas Hiley, 'The British cinema auditorium', in: *Film and the First World War*, red. Karel Dibbets en Bert Hogenkamp, blz. 160.
35. Maurice Bardèche en Robert Brasillach, *The History of Motion Pictures*, vert. door Iris Barry (New York, W.W. Norton, 1938), blz. 134.
36. Ramona Curry, 'How early German film stars helped sell the war(es)', in: *Film and the First*

World War, red. Karel Dibbets en Bert Hogenkamp, blz. 141-142.
37. Moritz Busch, *Bismarck. Some Secret Pages of his History* (New York, Macmillan, 1898), dl. 1, blz. 128.
38. *The Armenian Genocide. History, Politics, Ethics*, red. R.G. Hovannisian (Londen, Macmillan, 1992), en Tribunal permanent des Peuples, *Le crime de silence. Le génocide des Arméniens 1915-1917* (Parijs, Flammarion, 1984).
39. Johannes Lepsius, *Rapport secret sur les massacres d'Arménie (1915-1916)* (Parijs, Payot, 1987).
40. Leslie A. Davis, *The Slaughterhouse Province* (Caratzas, New Rochelle, N.Y. 1989)

Slachting

1. Stéphane Audoin-Rouzeau, 'Driant au bois des Caures', in: *14-18. La très grande guerre*, red. J.-J. Becker e.a. (Parijs, Le Monde, 1994), blz. 122.
2. Alistair Horne, *The Price of Glory: Verdun 1916* (Harmondsworth, Penguin Books, 1962), blz. 42-45.
3. *German Students' War Letters*, red. Philipp Witkop, vert. door A.F. Wedd (Londen, Methuen, 1992), blz. 242-243.
4. Audoin-Rouzeau, 'Driant aux bois des Caures', blz. 121.
5. *Ibid.*, blz. 123.
6. A. Clark, *Echoes of the Great War: The Diary of the Reverend Andrew Clark*, red. J. Munson (Oxford, Oxford University Press, 1985), blz. 105.
7. Jules Romain, *Verdun*, vert. door Gerald Hopkins (Londen, Peter Davies, 1938), blz. 265-266.
8. Max Caulfield, *The Easter Rebellion* (Dublin, Gill & Macmillan, 1995), blz. 80.
9. *God on Our Side*, red. Michael Moynihan (Londen, Secker & Warburg, 1983), blz. 35.
10. Herbert Sulzbach, *With the German Guns*, vert. door R. Thonger (Londen, Leo Cooper, 1917).
11. A.A. Brusilov, *A Soldier's Notebook* (Londen, Macmillan, 1930).
12. Stephen Westman, *Surgeon with the Kaiser's Army* (Londen, William Kimber, 1968), blz. 92-93.
13. Horne, *The Price of Glory*, blz. 135.
14. *Ibid.*, blz. 156.
15. *Ibid.*, blz. 199.
16. S.L.A. Marshall, *World War One* (Boston, Houghton Mifflin Co., 1964), blz. 248-249.
17. Horne, *The Price of Glory*, blz. 189-190.
18. *Ibid.*, blz. 198. Dubrulles wens werd verhoord. Hij overleefde Verdun om te sterven tijdens het Nivelle-offensief in de lente van 1917.
19. *German Students' War Letters*, red. Witkop, blz. 207.
20. Henri Desagneaux, *A French Soldier's War Diary 1914-1918* (Londen, Elmfield Press, 1975), blz. 29-30.
21. Antoine Prost, 'Verdun', in: *Les lieux de mémoire. 2. La nation*, red. P. Nora (Parijs, Gallimard, 1984), blz. 188-233.
22. Wilhelm Hermanns, *The Holocaust: From A Survivor of Verdun* (New York, Harper & Row, 1972), blz. 63.
23. Paul Fussell, *The Great War and Modern Memory* (Oxford, Oxford University Press, 1975), blz. 9.
24. Trevor Wilson, *The Myriad Faces of War* (Cambridge, Polity Press, 1986), blz. 9.
25. Helen Thomas, *World Without End* (Londen, Heinemann, 1931), geciteerd in *The Penguin Book of First World War Prose*, red. John Glover en John Silkin (Londen, Penguin Books, 1984), blz. 84.
26. Douglas Haig, *The Private Papers of Douglas Haig 1914-1918* (Londen, Eyre & Spottiswoode, 1952), blz. 151.
27. Martin Middlebrook, *The First Day on the Somme* (Londen, Penguin Books, 1984), blz. 97.
28. John Keegan, *The Face of Battle* (Londen, Penguin Books, 1976), blz. 241.
29. Middlebrook, *The First Day on the Somme*, blz. 125.
30. Vera Brittain, *Testament of Youth* (Londen, Gollancz, 1933), blz. 284.
31. Wilson, *The Myriad Faces of War*, blz. 323.
32. J.M. Winter, 'L'hécatombe de la Somme', in: *14-18. La très grande guerre*, red. J.-J. Becker e.a., blz. 129-135.
33. *German Students' War Letters*, red. Witkop, blz. 325.
34. Middlebrook, *The First Day on the Somme*, blz. 270.
35. *Ibid.*, blz. 201.
36. Lyn MacDonald, *1914-1918: Voices and Images of the Great War* (Londen, Penguin Books, 1988), blz. 189.
37. Nicholas Hiley, 'La bataille de la Somme et les médias de Londres', in: *Guerre et cultures*, red. J.-J. Becker e.a. (Parijs, Armand Colin, 1994), blz. 203.
38. Haig, *The Private Papers of Douglas Haig 1914-1918*.
39. August Stramm, 'Granaten', vert. door Jeremy Adler, oorspronkelijk gepubliceerd in *August Stramm. Das Werk*, red. R. Radrizzani (Wiesbaden, Limes Verlag, 1963).
40. Robin Prior en Trevor Wilson, *Command on the Western Front* (Oxford, Blackwell, 1992), blz. 168.
41. *German Students' War Letters*, red. Witkop, blz. 372 en 374.

42. *Ibid.*, blz. 229-230.
43. Middlebrook, *The First Day on the Somme*, blz. 315.
44. Ernst Jünger, *Storm of Steel* (New York, Howard Fertig, 1975), blz. 110.
45. Emile-Marie Fayolle, *Cahiers secrets de la grande guerre* (Parijs, Plon, 1964), blz. 91.
46. *Poilus Savoyards (1913-1918)*, red. Jacques Lovie (Chambéry, Jacques Claudes en Jean-François Lovie, 1981), blz. 179.
47. Gerald Feldman, *Army, Industry and Labor in Germany 1914-1918* (Oxford, Berg, 1992), blz. 141-142.
48. Cecil Lewis, *Sagittarius Rising* (Londen, Greenhill Books, 1993), blz. 142-143.
49. Austen Chamberlain Papers 15/3/10 (Birmingham University Library).
50. Prince Max von Baden, geciteerd in Alistair Horne, *The Price of Glory. Verdun 1916* (Londen, Penguin, 1978), blz. 231.
51. Thomas, *World Without End*, blz. 53.
52. Jackson Hughes, 'The Monstrous Anger of the Guns. The Development of British Artillery Tactics 1914-1918', proefschrift (University of Adelaide, 1992), blz. 175.
53. Malcolm Brown, *The Imperial War Museum Book of the Western Front* (Londen, Sidgwick & Jackson, 1993), blz. 175.
54. *German Students' War Letters*, red. Witkop, blz. 362-363.
55. Edward Campion Vaughan, *Some Desperate Glory: The Diary of A Young Officer 1917* (Londen, Frederick Warne, 1982), 27 augustus 1917, blz. 228.
56. *German Students' War Letters*, red. Witkop, blz. 363.
57. Haig, *The Private Papers of Douglas Haig 1914-1918*, 28 september 1917, blz. 216.
58. Philip Gibbs, *The War Dispatches* (Londen, Times Press, 1964), blz. 286.
59. Wilson, *The Myriad Faces of War*, blz. 483.
60. Philip Gibbs, *Realities of War* (Londen, Heinemann, 1920), blz. 396.

MUITERIJ

1. G.S. Hutchinson, *Warrior* (1932), blz. 204-205. Geciteerd in John Fuller, *Troop Morale and Popular Culture in the British and Dominion Armies 1914-18* (Oxford, Oxford University Press, 1991), blz. 68.
2. Martin Stone, 'Shellshock and the psychologist', in: *The Anatomy of Madness*, red. W.F. Bynum e.a., 3 delen (Londen, Macmillan, 1990), deel II, hoofdstuk II; Eric Leed, *No Man's Land: Combat and Identity in World War I* (Cambridge, Cambridge University Press, 1979), hoofdstuk 5.
3. De citaten van anonieme soldaten op deze bladzijden zijn ontleend aan E.E. Southard, *Shellshock and other Neuropsychiatric Problems* (Boston, W.M. Leonard, 1919).
4. Ernst Jünger, *Storm of Steel* (New York, Howard Fertig, 1993), blz. 109.
5. Marc Roudebush, 'A battle of nerves: hysteria and its treatment in France during World War I', proefschrift, University of California, Berkeley, 1995.
6. Paul Lerner, 'Rationalizing the therapeutic arsenal: German neuropsychiatry in the First World War', in: *Medicine in Germany: Politics, Ethics, Law*, red. G. Cocks en M. Berg (Cambridge, Cambridge University Press, 1995).
7. Voor meer biografische informatie, zie de necrologie van F.C. Barlett in *Man*, 61 (juli, 1922), blz. 97-104.
8. Uit 'The Church of St Ouen', in *The War Poems of Siegfried Sassoon* (Londen, Faber & Faber, 1983).
9. *Siegfried Sassoon Diaries 1915-1918*, red. R. Hart-Davis (Londen, Faber & Faber, 1983), blz. 155 (hierna *Diaries* genoemd).
10. *Ibid.*, blz. 156.
11. Uit 'To the Warmongers', in: *The War Poems of Siegfried Sassoon*.
12. *Diaries*, blz. 161.
13. *Ibid.*, blz. 162.
14. Gerd Krumeich, 'L'hiver des navets outre-Rhin', in: *14-18. La très grande guerre*, red. J.-J. Becker e.a. (Parijs, Le Monde, 1994).
15. E.C.C. Genet, *An American for Lafayette*, red. W. Brown (Charlottesville, University Press of Virginia, 1981), blz. 180.
16. J.W. Bishop, *Winged Warfare* (Londen, Bailey Brothers, 1932), blz. 210.
17. André Kahn, *Journal de guerre d'un Juif patriote, 1914-1918* (Parijs, Jean-Claude Simoën, 1978).
18. Generaal sir Charles Harington, *Plumer of Messines* (Londen, John Murray, 1935), blz. 104.
14. *Diaries*, blz. 162.
20. *Ibid.*, blz. 167.
21. *Ibid.*, blz. 170.
22. Siegfried Sassoon, *Memoirs of an Infantry Officer* (Londen, Folio Society, 1974), blz. 184-185.
23. *Diaries*, blz. 173-174.
24. *Ibid.*, blz. 175.
25. *Ibid.*, blz. 177.
26. Siegfried Sassoon, *Sherston's Progress* (Londen, Folio Society, 1974), blz. 13, 18.
27. *Ibid.*, blz. 36.

28. *Diaries*, blz. 184. Sassoon aan lady Ottoline Morrell, 19 augustus 1917.
29. *Ibid.*, blz. 190, Sassoon aan lady Ottoline Morrell, 17 oktober 1917.
30. *Sherston's Progress*, blz. 150.
31. *Diaries*, blz. 192. Sassoon aan Robert Graves, 19 oktober 1917.
32. *Sherston's Progress*, blz. 48.
33. *Ibid.*, blz. 50.
34. *Diaries*, blz. 196. Sassoon aan Robert Graves, 7 december 1917.
35. *Wilfred Owen Collected Letters*, red. H. Owen en J. Bell (Londen, Oxford University Press, 1967), blz. 427.
36. *Ibid.*, blz. 456. Wilfred Owen aan Mary Owen, 8 mei 1917.
37. Geciteerd in J. Johnston, *English Poetry of the First World War; a study in the evolution of lyric and narrative form* (Oxford, Oxford University Press, 1964), blz. 157.
38. Siegfried Sassoon, *Siegfried's Journey* (Londen, Faber & Faber, 1945), blz. 161.
39. Alle citaten uit gedichten van Siegfried Sassoon zijn ontleend aan *The War Poems of Siegfried Sassoon*.
40. Alle citaten uit gedichten van Wilfred Owen zijn ontleend aan *The Collected Poems of Wilfred Owen*, red. C. Day Lewis (Londen, Chatto & Windus, 1963).
41. *Le Tord-boyau*, augustus 1917, geciteerd in Stéphane Audoin-Rouzeau, *Men at War. Trench Journalism and National Sentiment in France 1914-1918* (Oxford, Berg, 1992), blz. 181.
42. Len Smith, *Between Mutiny and Obedience. The Case of the French Fifth Infantry Division during World War I* (Princeton, Princeton University Press, 1994), blz. 192.
43. Paul Fussell, *Wartime* (Oxford, Oxford University Press, 1985).
44. Gegevens over het leven van Louis Barthas en citaten uit zijn geschriften zijn ontleend aan Louis Barthas, *Les carnets de guerre de Louis Barthas, tennelier 1914-1918* (Parijs, Maspéro, 1978).
45. *Le Périscope*, 1916, geciteerd in Audoin-Rouzeau, blz. 156.
46. *Le Crapouillot*, augustus 1917, geciteerd in Audoin-Rouzeau, blz. 39.
47. *Le Périscope*, geciteerd in Audoin-Rouzeau, blz. 156.
48. *Between Mutiny and Obedience*, blz. 192.
49. *Ibid.*, passim.
50. Jean Lacouture, *De Gaulle. The Rebel 1890-1944* (Londen, Collins, 1990), blz. 16.
51. Alle citaten van of over De Gaulle zijn ontleend aan *De Gaulle. The Rebel*.
52. Marcel Diamand-Berger, 'De Gaulle en captivité', in: *Espoir*, 14 (maart 1976), blz. 4-5; en Jean Renoir, *Renoir on Renoir* (Cambridge, Cambridge University Press, 1989), blz. 90-91.
53. A.J. Evans, *The Escaping Club* (Londen, Bodley Head, 1921).
54. 'De Gaulle en captivité', blz. 5.
55. J.P. Nettl, *Rosa Luxemburg*, 2 delen (Oxford, Oxford University Press, 1966), deel II, blz. 651.
56. De citaten van Rosa Luxemburg zijn ontleend aan Rosa Luxemburg, *Brieven* (Amsterdam, G.A. van Oorschot, 1958), vertaald door M. Verdaasdonk; dit citaat blz. 119.
57. J. Stern, *Ernst Jünger* (New Haven, Yale University Press, 1953), blz. 8-9.
58. Florence Farmborough, *Nurse at the Russian Front* (Londen, Constable, 1974), blz. 269-270.
59. Guy Chapman, *A Passionate Prodigality* (New York, Holt, Reinhart & Winston, 1966).
60. Erwin Rommel, *Infantry Attacks* (Londen, Greenhill Books, 1990), blz. 186-187.
61. Morgan Philips Price, *My Reminiscences of the Russian Revolution* (Londen, Allan & Unwin, 1921), blz. 147.
62. George Coppard, *With a Machine Gun to Cambrai* (Londen, Imperial War Museum, 1980), blz. 122-123.
63. De citaten uit de geschriften van Jünger zijn ontleend aan Ernst Jünger, *Storm of Steel: From the Diary of a German Storm-troop Officer on the Western Front* (New York, Howard Fertig, 1933).
64. Timothy T. Lupfer, *The Dynamics of Doctrine: the changes of German tactical doctrine during the First World War*, Leavenworth Papers no. 4 (Fort Leavenworth, Kansas, US Army Command and General Staff College, 1981), blz. 13.
65. E. Karcher, *Otto Dix, 1891-1964. Leben und Werk* (Keulen, Benedikt Taschen, 1988), blz. 38.
66. Marc Ferro, *The Russian Revolution of February 1917* (Englewood Cliffs, New Jersey, Prentice Hall, 1972), blz. 32.
67. *Ibid.*, blz. 43.
68. Maria Botchkareva, *Yashka. My life as peasant, exile and soldier* (Londen, Constable, 1919), blz. 136. Zij vertelde haar memoires aan een Amerikaanse journalist, Isaac Don Levine, en hoewel de ondertoon antibolsjewistisch is hebben ze, indien kritisch gebruikt, onmiskenbaar een documentaire waarde.
69. *Ibid.*, blz. 154.
70. *Ibid.*, blz. 46.
71. Isaac Deutscher, *The Prophet Armed. Trotsky: 1879-1921* (Oxford, Oxford University Press,

1954), blz. 35.
72. Leon Trotski, *Our Revolution. Essays on Working-class and International Revolution, 1904-1917* (New York, Henry Holt, 1918), blz. 181 e.v.
73. Leon Trotski, *My Life. An attempt at an autobiography* (New York, Pathfinder, 1970), blz. 288. [Oorspronkelijke uitgave: *Mein Leben, Versuch einer autobiographie*, Berlijn 1930. Nederlandse vertaling: *Mijn leven*, Amsterdam, Querido, 1930.]
74. Leon Trotski, *The History of the Russian Revolution* (New York, Simon & Schuster, 1932), blz. 389. [Nederlandse vertaling: *Geschiedenis der Russische revolutie*, Amsterdam, Van Gennep, 1978.]
75. Trotski, *My Life*, blz. 317.
76. Trotski, *Revolution*, blz. 427.
77. Trotski, *My Life*, blz. 321.
78. Ibid., blz. 324.
79. Ibid., blz. 325.
80. Ibid., blz. 327.
81. Ibid., blz. 327.

Ineenstorting

1. Erwin Rommel, *Infantry Attacks* (Londen, Greenhill Books, 1990), blz. 202.
2. Ibid., blz. 21.
3. Martin Gilbert, *First World War* (Londen, Weidenfeld & Nicolson, 1994), blz. 369.
4. *War, Mutiny and Revolution in the German Navy. The World War I Diary of Seaman Richard Stumpf*, red. D. Horn (New Brunswick, Rutgers University Press, 1967). Alle citaten uit Stumpfs dagboek zijn ontleend aan deze bron.
5. Jean-Baptiste Duroselle, *Clemenceau* (Parijs, Fayard, 1990), blz. 754.
6. Max Hoffmann, *War Diaries and Other Papers* (Londen, Martin Secker, 1929), deel I, blz. 302.
7. Interview geciteerd in Martin Middlebrook, *The Kaiser's Battle* (Harmondsworth, Penguin, 1983), blz. 146.
8. *War Letters of General Monash*, red. F.M. Cutlack (Sydney, Angus & Robertson, 1935), blz. 236.
9. J.E. Redinell, *One Man's War: the Diary of a Leatherneck*, red. G. Patullo (New York, Sears, 1928), blz. 111-112.
10. Rudolf Binding, *A Fatalist at War* (Londen, Allen & Unwin, 1929), blz. 234-237.
11. Ernst Jünger, *Storm of Steel* (Londen, Chatto & Windus, 1929), blz. 149.
12. Martin Middlebrook, *The Kaiser's Battle*, blz. 306.
13. *The Kaiser and his Court*, red. W. Görlitz (Londen, Macdonald, 1961), blz. 344.
14. Robin Prior en Trevor Wilson, *Command on the Western Front* (Oxford, Blackwell, 1992), hoofdstuk 33; Robin Prior en Trevor Wilson, 'What manner of victory?', in: *Revue internationale d'histoire militaire* (1990).
15. De citaten over dit onderwerp op deze en volgende bladzijden zijn ontleend aan Jackson Hughes, 'The Monstrous Anger of the Guns' (proefschrift, Adelaide, 1992), hoofdstuk 8, een nieuwe discussie over dit onderwerp, gebaseerd op de Fourth Army Papers, Australian War Memorial, Canberra, en met name op het rapport van generaal Budworth, 'Fourth Army artillery in the attack on the Hindenburg Line, Sept. 29 1918'.
16. Ed Cray, *General of the Army* (New York, W.W. Norton, 1990), blz. 53
17. D. Clayton James, *The Years of MacArthur* (Londen, Leo Cooper, 1970), blz. 211.
18. Pierre Teilhard de Chardin, *Genèse d'une pensée* (Parijs, Bernard Grasset, 1961), blz. 284.
19. Gerd Krumeich, 'La journée noire de l'armée allemande', in *14-18. La très grande guerre*, red. J.-J. Becker e.a., blz. 218.
20. Deneys Reitz, *Trekking On* (Londen, Faber & Faber, 1932), blz. 264-265.
21. André Kahn, *Journal de guerre d'un Juif patriote, 1914-1918* (Parijs, Jean-Claude Simoën, 1978), blz. 325.
22. *Rosa Luxemburg Speaks*, red. Mary-Alice Waters (New York, Pathfinder Press, 1970), blz. 412.
23. *The Diary of Virginia Woolf*, red. Anne Oliver Bell, deel I (New York, Harcourt Brace Jovanovich, 1977), blz. 216.
24. Thierry Bonzon en Belinda Davis, 'Feeding the cities', in: J.M. Winter en J.-L. Robert, *Paris, London, Berlin. Capital Cities at War* (Cambridge, Cambridge University Press, 1996).
25. *Vorwärts*, 5 mei 1916, geciteerd in Bonzon en Davis, 'Feeding the cities'.
26. Avner Offer, *The First World War. An Agrarian Interpretation* (Oxford, Oxford University Press, 1989).
27. Volker Berghahn, *Modern Germany* (Cambridge, Cambridge University Press, 1988), blz. 57-59.
28. *The Fall of the German Empire*, red. R.H. Lutz (Oxford, Oxford University Press, 1932), blz. 478.
29. Guillaume Apollinaire, *Oeuvres poétiques* (Parijs, Gallimard, 1965), blz. 702-703.
30. Blaise Cendrars, *Oeuvres complètes*, 8 delen (Parijs, Denoël, 1964), deel VI, blz. 662-663.
31. Ibid., blz. 663-664.
32. Ibid., blz. 664.
33. Ibid., blz. 664-665.
34. Blaise Cendrars, *Collected poems* (Berkeley, University of California Press, 1992), blz. 85-86.

HAAT EN HONGER

1. John Bradley, *Allied Intervention in Russia* (Londen, Weidenfeld & Nicolson, 1968).
2. Met dank aan Orlando Figes voor zijn adviezen over dit en andere punten.
3. Zie W. Bruce Lincoln, *Red Victory. A History of the Russian Civil War* (New York, Simon & Schuster, 1986), blz. 150-154; en Robert K. Massie, *Nicholas and Alexandra* (New York, Athenaeum, 1967), blz. 458.
4. Massie, *Nicholas*, blz. 468.
5. *Ibid.*, blz. 486.
6. Voor meer informatie, zie Marc Ferro, *Nicholas II. Last of the Tsars* (New York, Oxford University Press, 1993); en Robert K. Massie, 'The last Romanov mystery', in: *New Yorker* (21, 8 augustus 1995), blz. 72-95.
7. Leon Trotski, *Diary in Exile* (New York, Columbia University Press, 1963), blz. 81. [Oorspronkelijke uitgave: *Tagebuch im Exil*, Keulen, Kiepenheuer & Witsch, 1958.]
8. George Katkov, 'The assassination of Count Mirbach', in: *St Antony's Papers*, 12 (1962), blz. 53-93.
9. Richard B. Spence, *Boris Savinkov: Renegade on the Left* (New York, Columbia University Press, 1991) blz. 202.
10. *Ibid.*, blz. 208 e.v.
11. Lincoln, *Red Victory*, blz. 146.
12. *Ibid.*, blz. 158.
13. George Legett, *The Cheka: Lenin's Political Police* (Oxford, Oxford University Press, 1981), blz. 108.
14. Leon Trotski, *Lenin. Notes for a Biographer* (New York, Unwin, 1971), blz. 160-161.
15. *A Russian Civil War Diary. Alexis Babine in Saratov, 1917-1922* red. Donald J. Raleigh (Durham, N.C. Duke University Press, 1988), inleiding (hierna 'Babine diary' genoemd). Met toestemming herdrukt.
16. *Ibid.*, 12 augustus 1918.
17. *Ibid.*, 3 september 1918.
18. *Ibid.*, 10 september 1918.
19. *Ibid.*, 23 september 1918.
20. *Ibid.*, 2 oktober 1918.
21. *Ibid.*, 2 oktober 1918.
22. *Ibid.*, 14 oktober 1918.
23. *Ibid.*, 25 oktober 1918.
24. *Ibid.*, 22 oktober 1918.
25. *Ibid.*, 21 oktober 1918.
26. *Ibid.*, 7 november 1918.
27. *Ibid.*, 25, 26 november 1918.
28. *Ibid.*, 12 maart 1919.
29. *Ibid.*, 10 april 1919.
30. *Ibid.*, 29 april 1919.
31. Lincoln, *Red Victory*, blz. 424; zie ook Richard H. Ullman, *Intervention and the War* (Princeton, Princeton University Press, 1961), epiloog; en John Silverlight, *The Victor's Dilemma: Allied Intervention in the Russian Civil War* (Londen, Barrie & Jenkins, 1970), hoofdstuk 7.
32. Orlando Figes, *Peasant Russia, Civil War: The Volga Countryside in Revolution (1917-1921)* (Oxford, Clarendon Press, 1989).
33. *Marc Chagall. Les années russes, 1907-1922* (Parijs, Musée d'art moderne de la ville de Paris, 1995), blz. 246 e.v.
34. Babine diary, 15 oktober 1922.
35. Geciteerd in R.G.L. Waite, *Vanguard of Nazism. The Free Corps Movement in Postwar Germany 1918-1923* (Cambridge, Harvard University Press, 1970), blz. 5.
36. *The Political Institutions of the German Revolution 1918-1919*, red. C.B. Burdick en R.H. Lutz (New York, Frederick A. Praeger, 1966), blz. 70-71.
37. *Die Morde an Rosa Luxemburg und Karl Liebknecht*, red. Elisabeth Hannover-Drück en Heinrich Hannover (Frankfurt, Suhrkamp Verlag, 1967, blz. 72, 29, 39.
38. J.P. Nettl, *Rosa Luxemburg* (Londen, Oxford University Press, 1969), blz. 488-494.
39. *The Political Institutions of the German Revolution*, red. Burdick en Lutz, blz. 248-249, 291.
40. Elzbieta Ettinger, *Rosa Luxemburg. A Life* (Boston, Beacon Press, 1986), blz. 249-250.
41. Egon Larsen, *Weimar Eyewitness* (Londen, Bachman & Turner, 1977), blz. 11-13.
42. Ettinger, *Rosa Luxemburg*, blz. 248.
43. *Ibid.*, blz. 248-249.
44. Peter Paret, Beth Irwin Lewis en Paul Paret, *Persuasive Images: Posters of War and Revolution from the Hoover Institution Archives* (Princeton, Princeton University Press, 1992).
45. Barrington Moore, *Injustice* (Londen, Macmillan, 1980).
46. A.J. Ryder, *The German Revolution of 1918. A Study of German Socialism in War and Revolt* (Cambridge, Cambridge University Press, 1967), blz. 208.
47. David Lloyd George, *Memoirs of the Peace Conference* (New Haven, Yale University Press, 1939), blz. 141.
48. Paul Kennedy, *The Realities behind Diplomacy* (Londen, Fontana, 1981), blz. 212.
49. Met dank aan David Kennedy voor zijn adviezen over deze punten. Zie George Kennan, *American Diplomacy* (Chicago, University of Chicago Press, 1984); en David Kennedy, *Over Here. The First World War and American Society* (Oxford, Oxford

50. *The Papers of Woodrow Wilson*, red. Arthur S. Link (Princeton, Princeton University Press, 1966), deel XIX, blz. 63.
51. George Creel, *The War, the World and Wilson* (New York, Harper & Row, 1920), blz. 122.
52. Ibid., blz. 125.
53. A. Lentin, *Guilt at Versailles. Lloyd George and the Pre-history of Appeasement* (Londen, Methuen, 1985).
54. Zie Charles S. Maier, *Recasting Bourgeois Europe. Stabilization in France, Germany and Italy in the decade after World War I* (Princeton, Princeton University Press, 1975).
55. Adolf Hitler, *Mein Kampf* (Londen, Benn, 1938), blz. 87. [Nederlandse vertaling: *Mijn Kamp*, Ridderkerk, Ridderhof, 1994.]
56. *The Intimate Papers of Colonel House, Volume IV. The ending of the war, June 1918 - November 1919*, red. Charles Seymour (Londen, Benn, 1928), blz. 329 (hierna 'House papers' genoemd).
57. Kennedy, *Over Here*, blz. 358.
58. House papers, blz. 405.
59. Martin Gilbert, *Winston S. Churchill, Volume IV 1916-1922* (Londen, Heinemann, 1975), blz. 224-225.
60. Ibid., blz. 226.
61. Ibid., blz. 227.
62. Ibid., blz. 229.
63. Ibid., blz. 235.
64. Volgens Churchills biograaf vond de vergadering om 19.00 uur plaats in de kamer van Pinchon aan de Quai d'Orsay. Zie Gilbert, *Winston S. Churchill. Volume IV 1916-1922*, blz. 243.
65. John M. Thompson, *Russia, Bolshevism and the Versailles Peace* (Princeton, Princeton University Press, 1966), blz. 135.
66. Ibid., blz. 136-137.
67. Arno J. Mayer, *Politics and Diplomacy of Peacemaking. Containment and Counterrevolution at Versailles 1918-1919* (New York, Vintage, 1967), hoofdstuk 10, 13, 22.
68. Thompson, *Russia*, blz. 138; zie ook B.M. Unterberger, 'Woodrow Wilson and the Russian Revolution', in *Woodrow Wilson and a Revolutionary World*, red. Arthur S. Link (Chapel Hill, University of North Carolina Press, 1982), blz. 82-83.
69. Herbert Hoover, *The Ordeal of Woodrow Wilson* (Baltimore, John Hopkins University Press, 1992), hoofdstuk 19.
70. Gene Smith, *When the Cheering Stopped* (New York, William Morrow, 1964), blz. 49-50.
71. *The Deliberations of the Council of Four (March 24 - June 28 1919). Notes of the official interpreter, Paul Mantoux*, red. Arthur S. Link (Princeton, Princeton University Press, 1992), II, blz. 200-205.
72. Ibid., blz. 483-484.
73. Sir James Headlam-Morley, *Memoir of the Paris Peace Conference, 1919* (Londen, Oxford University Press, 1972), blz. 178-179.
74. R.G. Collingwood, *An Autobiography* (Londen, Oxford University Press, 1939), blz. 89-90.
75. Met dank aan professor Samuel Hynes, die ons op dit punt opmerkzaam maakte.
76. Samuel Hynes, *A War Imagined* (Londen, Bodley Head, 1990).
77. House Papers, blz. 503-504.
78. Gregor Dallas, *At the Heart of a Tiger. Clemenceau and his World 1841-1929* (Londen, Macmillan, 1993), blz. 561.
79. Voor de geschiedenis van het verdrag en de verwerping ervan door de Amerikaanse Senaat, zie Thomas A. Bailey, *Woodrow Wilson and the Great Betrayal* (New York, Knopf, 1963).
80. Eugene F. Trani, 'Herbert Hoover and the Russian Revolution, 1917-1920', in: *Herbert Hoover, the Great War and its Aftermath, 1914-23*, red. L.E. Gelfand (Iowa City, University of Iowa Press, 1979), blz. III-42.
81. Hoover, *The Ordeal*, blz. 118.
82. Hoover Institution, Palo Alto, Californië, ARA Papers, Book of thanks of children of Pinsk to Herbert Hoover, 1921. Met dank aan Gillian Davidson, die het gedicht vertaalde.
83. Book of thanks. Met dank aan Nicole Hochner, die het gedicht vertaalde.
84. Pete Scholliers en Ralph Daelemans, 'Belgium during the First World War', in: *The Upheaval of War: Family, Work and Welfare in Europe, 1914-1918*, red. J.M. Winter en R. Wall (Cambridge, Cambridge University Press, 1988), blz. 102-131.
85. *Public Relations of the Committee for Relief in Belgium: Documents*, red. George I. Gay en Harold H. Fisher (Stanford, Stanford University Press, 1929), deel I, blz. 21-22; en Herbert Hoover, *Years of Adventure: 1874-1920* (New York, Macmillan, 1961), blz. 157-158.
86. Benjamin M. Weissman, *Herbert Hoover and Famine Relief to Soviet Russia 1921-1923* (Stanford, Hoover Institution Press, 1974), blz. 24.
87. Hoover, *Years of Adventure*, blz. 228-229.
88. Veel van deze zakken worden nu bewaard bij de Hoover Institution in Palo Alto, Californië. We danken Elena Danielson, die dit punt onder onze aandacht heeft gebracht.

89. Frank M. Surface en Raymond L. Bland, *American Food in the World War and Reconstruction Period: Operations of the Organizations under the direction of Herbert Hoover 1914-1924* (Stanford, Stanford University Press, 1931), blz. 36.
90. Edward F. Willis, *Herbert Hoover and the Russian Prisoners of World War I* (Stanford, Stanford University Press, 1951), blz. 22-23.
91. Weissman, *Herbert Hoover and Famine Relief*, blz. 4-5.
92. *Ibid.*, blz. 10.
93. *Ibid.*, blz. 47-48.
94. Herbert H. Fisher, *The Famine in Soviet Russia, 1919-1923* (New York, Macmillan, 1927), blz. 528.
95. Hoover Institution Archives, Palo Alto, Hoover ARA Papers, photographs and commentary.

Oorlog zonder einde

1. Dit punt is uitstekend uitgelegd door Samuel Hynes in *A War Imagined* (Londen, Bodley Head, 1990), blz. 1.
2. Een klassieke verhandeling over dit onderwerp is te vinden in Paul Fussell, *The Great War and Modern Memory* (Oxford, Oxford University Press, 1975).
3. Philippe Pétain, *Le Temps*, 19 september 1927, geciteerd in Prost, *Les représentations*, blz. 18.
4. J.M. Winter, 'Morale and Total War', in: *The First World War: 80 Years After*, red. J.M. Winter, M. Haybeck en G. Parker (New Haven, Yale University Press, 1996).
5. Voor een uitgebreider verhandeling over de sociale spreiding van de oorlogsverliezen, zie J.M. Winter, *The Great War and the British People* (Londen, Macmillan, 1986) hoofdstuk 3.
6. Serge Grafteaux, *Mémé Santerre: a French Woman of the People* (New York, Schocken, 1985), blz. 83.
7. Sophie Delaporte, 'Les blessés de la face de la grande guerre', in: *Mémoire de maîtrise*, Université de Picardie Jules Verne, 1991-1992, inleiding (hierna 'Les blessés' genoemd); en Delaporte, 'Les défigurés de la grande guerre', in: *Guerres mondiales et conflits contemporains*, no. 175 (1994), blz. 103-121.
8. Henriette Rémi, *Hommes sans visage* (Lausanne, S.P.E.S., 1942), blz. 21-23. Met dank aan Sophie Delaporte, die me een fotokopie stuurde van dit opmerkelijke geschrift.
9. *Ibid.*, blz. 89-109.
10. Antoine Prost, *Les anciens combattants et la société française 1914-1939* (Parijs, Presses de la Fondation Nationale des Sciences Politiques, 1977), II, 52.
11. J.M. Winter, *Sites of Memory, Sites of Mourning* (Cambridge, Cambridge University Press, 1995), blz. 36 (hierna *Sites* genoemd).
12. Delaporte, 'Les blessés', hoofdstuk 2.
13. *Ibid.*, blz. 200-213.
14. Ernst Friedrich, *War against War!* (Seattle, The Real Comet Press, 1987), blz. 225.
15. *Otto Dix 1891-1969* (Londen, Tate Gallery, 1992), blz. 99-101, 54. Met dank aan Sarah O'Brien-Twohig voor haar adviezen over deze en andere punten.
16. Winter, *The Great War and the British People*, blz. 265.
17. *Ibid.*, hoofdstuk 8.
18. Herbert L. Lottman, *Albert Camus, A Biography* (Londen, Weidenfeld & Nicolson, 1979), hoofdstuk 1-2.
19. Albert Camus, *De eerste man* (Amsterdam, De Bezige Bij, 1995), vertaald door Jan Pieter van der Sterre, blz. 30-32.
20. *Ibid.*, blz. 83.
21. *Ibid.*, blz. 332.
22. *Ibid.*, blz. 213.
23. *Ibid.*, blz. 94.
24. *Ibid.*, blz. 81.
25. *Ibid.*, blz. 353.
26. *Ibid.*, blz. 258.
27. *Ibid.*, blz. 258.
28. *Ibid.*, blz. 163-164.
29. *Ibid.*, blz. 165.
30. J.M. Winter, 'Britain's "lost generation" of the First World War', in: *Population Studies* XXXI (1977), blz. 482-504.
31. Noel Riley Fitch, *Sylvia Beach and the Lost Generation: a History of Literary Paris in the Twenties and Thirties* (Harmondsworth, Penguin, 1985); Martin Green, *Children of the Sun: A Narrative of 'Decadence' in England* (Londen, Pimlico, 1992); Samuel Putnam, *Paris Was Our Mistress: Memoirs of a Lost and Found Generation* (New York, Viking Press, 1947).
32. Jeremy Wilson, *Lawrence of Arabia* (Londen, Heinemann, 1989), blz. 460 (hierna *Lawrence* genoemd).
33. *Lawrence*, blz. 666.
34. *Ibid.*, blz. 668.
35. *Ibid.*, blz. 598.
36. *Ibid.*, blz. 599.
37. *Ibid.*, blz. 696.
38. *Ibid.*, blz. 710.
39. Lawrence aan Lionel Curtis, 19 maart 1923, in: *The Letters of T.E. Lawrence*, red. D. Garnett (Londen, Jonathan Cape, 1938), blz. 412 (hierna *Lawrence Letters* genoemd).

40. Lawrence aan Curtis, 14 mei 1923, *Lawrence Letters*, blz. 416-417.
41. *Lawrence*, blz. 739.
42. *Ibid.*, blz. 789.
43. Lawrence aan Graves, 4 febr. 1935, *Lawrence Letters*, blz. 853.
44. Winter, *Sites*, blz. 97-98.
45. De kunstenaars die sinds 1916 in Zürich samenkwamen en Dada, de 'kunst van de onzin', oprichtten, waren de uitzondering op de regel. Zie Hans Bolliger, Guido Magnaguagno en Raimund Meyer, *Dada in Zürich* (Zürich, Arche/Kunsthaus, 1985); Marc Dachy, *Journal du mouvement Dada* (Genève, Skira, 1990); en Tristan Tzara, *Lampisteries, précédées des Sept manifestes Dada* (Parijs, J.J. Pauvert, 1963).
46. Zie David Lloyd, 'Tourism, pilgrimage and the commemoration of the Great War in Great Britain, Australia and Canada, 1919-1939', proefschrift, Cambridge, 1995.
47. Stephen Graham, *The Challenge of the Dead* (Londen, Cassell, 1921), blz. 28 (hierna *Challenge* genoemd).
48. Graham, *Challenge*, blz. 36.
49. Winter, *Sites*, hoofdstuk 1; Romy Golan, *Modernity and Nostalgia. Art and Politics in France between the Wars* (New Haven, Yale University Press, 1995), hoofdstuk 1.
50. Kevin I. Jones, *Conan Doyle and the Spirits. The Spiritualist Career of Sir Arthur Conan Doyle* (Wellingborough, Aquarian, 1989), blz. 109, 129, 131 (hierna *Conan Doyle* genoemd).
51. Jones, *Conan Doyle*, blz. 111.
52. *Ibid.*, blz. 131.
53. *Ibid.*, blz. 131.
54. Winter, *Sites*, hoofdstuk 3.
55. Zie Nicole Edelman, *L'Histoire du spiritisme en France 1850-1914*, proefschrift, Université de Paris-VII (1992); en Alex Owen, *The Darkened Room, Women, Power and Spiritualism in Late Nineteenth Century England* (Cambridge, Cambridge University Press, 1989).
56. Zie 'The ghost in the machine', in: *Observer*, 6 febr. 1989.
57. British Library, Barlow Collection, Cup.407.a.1, E.J. Dingwall, 'Psychic Photography', inleiding, blz. 6; en E. Stead, 'Faces of the Living Dead'. We danken dr. Joanna Bourke, die onze aandacht op deze waardevolle verzameling vestigde.
58. Winter, *Sites*, hoofdstuk 4.
59. *The Diary and Letters of Käthe Kollwitz*, red. Hans Kollwitz (Evanston, Ill., Northwestern University Press, 1955), dagboekaantekening van 23 juli 1932 (hierna *Kollwitz Diary* genoemd).
60. *Kollwitz Diary*, 13 oktober 1916, blz. 76; brief aan Hans Kollwitz, 16 januari 1916, *ibid.*, blz. 147.
61. *Ibid.*, 22 april 1931, blz. 119.
62. Brief aan Hans Kollwitz, 21 februari 1915, *ibid.*, blz. 146.
63. *Ibid.*, 11 oktober 1916, blz. 74.
64. *Ibid.*, 1 februari 1917, blz. 78.
65. *Ibid.*, 1 augustus 1919, blz. 93.
66. *Ibid.*, 11 oktober 1916, blz. 74.
67. *Ibid.*, 19 maart 1918, blz. 87-88.
68. *Ibid.*, 14 augustus 1932, blz. 122.
69. Brief aan Hans Kollwitz, 16 april 1945, *ibid.*, blz. 196.
70. Voor enkele recente studies, zie Ian Kershaw, *Hitler* (Harlow, Longman, 1991); Karl Dietrich Bacher, *Die deutsche Diktatur: Entstehung, Struktur, Folgen des Nationalsozialismus* (Frankfurt, Ullstein, 1979); Martin Broszat, *Hitler and the Collapse of Weimar Germany* (Leamington Spa, Berg, 1987); William Sheridan Allen, *The Nazi Seizure of Power: The Experience of a Single German Town, 1922-1945* (Harmondsworth, Penguin, 1989).
71. Rudolf Höss, *Commandant of Auschwitz* (Londen, Weidenfeld & Nicolson, 1959), blz. 29 (hierna *Commandant* genoemd).
72. *Ibid.*, blz. 31.
73. *Ibid.*, blz. 32.
74. *Ibid.*, blz. 34-35.
75. *Ibid.*, blz. 35-36.
76. Joachim C. Fest, *The Face of the Third Reich* (Londen, Weidenfeld & Nicolson, 1970), blz. 28.
77. *Commandant*, blz. 41.
78. Geciteerd in R.G.L. Waite, *Vanguard of Nazism. The Free Corps Movement in Postwar Germany 1918-1923* (Cambridge, Harvard University Press, 1952), blz. 51-52.
79. Geciteerd in *ibid.*, blz. 52.
80. *Commandant*, blz. 44-45.
81. *Ibid.*, blz. 61.
82. *Ibid.*, blz. 62.
83. Klaus Theweleit, *Male Fantasies, 1. Women, floods, bodies, history* (Cambridge, Polity Press, 1987), blz. 19.
84. *Commandant*, blz. 64.
85. *Ibid.*, blz. 64n.
86. *Ibid.*, blz. 68.
87. *Ibid.*, blz. 77.
88. *Ibid.*, blz. 82.
89. *Ibid.*, blz. 85.
90. *Ibid.*, blz. 98.
91. Martin Niemöller, *From U-Boat to Concentration Camp* (Londen, William Hodge & Co, 1939).
92. Deborah Dwork en Robert van Pelt, *Auschwitz*

(New Haven, Yale University Press, 1996).
93. Primo Levi, *Survival in Auschwitz* en *The reawakening: two memoirs* (New York, Summit Books, 1986).
94. Martin Amis, *Time's Arrow* (Harmondsworth, Penguin, 1991) blz. 176.
95. *Commandant*, blz. 117.
96. *Ibid.*, blz. 130-131.
97. *Ibid.*, blz. 139.
98. *Ibid.*, blz. 173.
99. Voor de opvattingen die Höss over vrouwen had, zie Theweleit, *Male Fantasies*, blz. 8-9, 18, 101, 134-138, 154, 196.
100. De beste studie over deze periode in het leven van Pasternak is van Christopher Barnes, *Boris Pasternak. A Literary Biography, Volume 1, 1890-1928* (Cambridge, Cambridge University Press, 1989). Zie blz. 13 voor de verdrijving van joden uit Moskou en de doop van Pasternak.
101. *Ibid.*, blz. 48-49.
102. *Ibid.*, blz. 111.
103. *Ibid.*, blz. 175.
104. *Ibid.*, blz. 178.
105. *Ibid.*, blz. 186.
106. *Ibid.*, blz. 214.
107. Geciteerd in Barnes, *Pasternak*, blz. 224.
108. Boris Pasternak, *Dokter Zjivago* (Utrecht, Bruna, 1989), vertaald door Nico Scheepmaker, blz. 207 (hierna *Zjivago* genoemd).
109. *Ibid.*, blz. 499.
110. *Ibid.*, blz. 436.
111. *Ibid.*, blz. 195.
112. Geciteerd in Barnes, *Pasternak*, blz. 249.
113. *Ibid.*, blz. 247.
114. *Ibid.*, blz. 251.
115. Geciteerd in *ibid.*, blz. 253.
116. Geciteerd in *ibid.*, blz. 315.
117. Geciteerd in *ibid.*, blz. 322.
118. Geciteerd in *ibid.*, blz. 326.
119. Geciteerd in *The Correspondence of Boris Pasternak and Olga Freidenberg 1910-1954*, red. Elliott Mossman (New York, Harcourt Brace Jovanovich, 1981), blz. xix (hierna *Freidenberg Correspondence* genoemd).
120. Geciteerd in Barnes, *Pasternak*, blz. 399.
121. Zie over Mandelstam: Nadjezda Mandelstam, *Hope against Hope* (Londen, Collins, 1971) en Nadjezda Mandelstam, *Hope Abandoned* (New York, Athenaeum, 1974).
122. *Freidenberg Correspondence*, Brief aan Olga, 10 mei 1928.
123. Zie over Majakovski: *Mayakovsky and His Poetry*, red. Herbert Marshall (Londen, Pilot Press, 1942); en Barnes, *Pasternak*, blz. 412-413.
124. Peter Levi, *Boris Pasternak* (Londen, Hutchinson, 1990), blz. 165 (hierna Levi, *Pasternak* genoemd).
125. Osip Mandelstam, *Wie een hoefijzer vindt. Gedichten en essays* (Amsterdam, G.A. van Oorschot, 1981), vertaald door Kees Verheul, blz. 62.
126. Levi, *Pasternak*, blz. 183.
127. Mandelstam, *Hope against Hope*, blz. 143-147.
128. Mandelstam, *Hope Abandoned*, blz. 433-437.
129. Levi, *Pasternak*, blz. 187.
130. *Freidenberg Correspondence*, blz. 223.
131. Levi, *Pasternak*, blz. 191.
132. Geciteerd in Levi, *Pasternak*, blz. 191.
133. *Ibid.*, blz. 192-193.
134. *Zjivago*, blz. 5.
135. *Ibid.*, blz. 473.

Literatuuropgave

Op blz. 410-422 zijn verwijzingen naar directe bronnen te vinden, of naar wetenschappelijke ondersteuning van interpretaties die in dit boek worden gegeven. Voor wie zich verder in een bepaald onderwerp wil verdiepen, volgt hieronder een kort overzicht van recent verschenen literatuur op geschiedkundig vlak over de Eerste Wereldoorlog.

EXPLOSIE
Het beste verslag van de crisis die leidde tot het het uitbreken van de oorlog in 1914 is het laatste hoofdstuk van het magistrale boek van Volker Berghahn, *Imperial Germany* (Oxford, Berghahn Books, 1994). Zie voor de explosieve groei van Europa in de jaren vóór 1914 Eric Hobsbawm, *The Age of Empire 1865-1914* (Londen, Weidenfeld & Nicolson, 1987). *Lenteriten* (Houten, De Haan, 1990) van Modris Eksteins geeft een goed inzicht in de turbulente ontwikkelingen op cultureel gebied. De meesterlijke levensbeschrijving door J.P. Nettl van *Rosa Luxemburg* (Oxford, Oxford University Press, 1966) is nog steeds de beste inleiding op de socialistische beweging. Harvey Goldbergs *Life of Jean Jaurès* (Oxford, Oxford University Press, 1966) is onovertroffen.

PATSTELLING
De twee boeken van Martin van Creveld, *Supplying War* (Cambridge, Cambridge University Press, 1977) en *Command in Wartime* (Cambridge, Mass., Harvard University Press, 1985) zijn nog steeds de belangrijkste studies over het Schlieffenplan. Interessant is Eksteins over het Kerstbestand; evenals Malcolm Brown en Shirley Seaton, *Christmas Truce: The Western Front December 1914* (Londen, Macmillan, 1994). *Trench Warfare* van Tony Ashworth (Londen, Macmillan, 1980) gaat verder, tot in 1915. De beste studies over acties van soldaten om de loopgravenoorlog menselijker te maken zijn Stéphane Audoin-Rouzeau, *Men at War. National Sentiment and Trench Journalism in France during the First World War* (Oxford, Berg, 1992) en John Fuller, *Troop Morale and Popular Culture in the British and Dominion Armies 1914-18* (Oxford, Oxford University Press, 1991).

TOTALE OORLOG
Het beste werk over Gallipoli is van Bill Gammage, *The Broken Years* (Cairns, Univerity of Queensland Press, 1975). Zie voor de genocide op de Armeniërs, *The Armenian Genocide in Perspective*, red. Richard G. Hovannisian (Londen, Allen & Unwin, 1985). Zie voor de rol van vrouwen in de oorlogsindustrie de essays in twee recente bundels: *Behind the Lines*, red. M. Higonnet e.a. (New Haven, Yale University Press, 1990) en *The Upheaval of War*, red. J.M. Winter en R. Wall (Cambridge, Cambridge University Press, 1988). Zie *La très grande guerre*, red. J.-J. Becker e.a. (Parijs, Le Monde, 1994) voor propaganda en de algemene cultuurgeschiedenis van de oorlog. Zie voor de oorlogsindustrie Gerald Feldman, *Army, Industry and Labor in Germany* (Oxford, Berg, 1992), *The French Home Front*, red. P. Fridenson (Oxford, Berg, 1992), en Gerd Hardach, *The First World War* (Londen, Penguin, 1980).

SLACHTING
Zie voor moreel en de aard van de gevechten J. Keegan, *The Face of Battle* (Londen, Penguin, 1976); E. Leed, *No Man's Land* (Cambridge, Cambridge University Press, 1979); Len Smith, *Between Mutiny and Obedience* (Princeton, Princeton University Press, 1994); en Denis Winter, *Death's Men* (Londen, Penguin, 1980). De beste inleiding over Verdun, de Somme en Passendale geven Alistair Horne, *Verdun 1916. The Price of Glory* (Londen, Penguin, 1962); Trevor Wilson, *The Myriad Faces of War* (Cambridge, Polity Press, 1986); en de twee boeken van Robin Pryor en Trevor Wilson, *Command on the Western Front* (Oxford, Blackwell, 1992) en *Passchendaele. The Untold Story* (New Haven, Yale University Press, 1996). Over het oostelijk front kan *The Eastern Front* (Londen, Weidenfeld & Nicolson, 1974) van Norman Stone gelezen worden, evenals *Eastern Europe at War* (Londen, Pluto, 1994) van John Reed. Zie voor dagboeken van soldaten S. Audoin-Rouzeau, *Men at War 1914-1918*; en John Fuller, *Troop Morale and Popular Culture*. Het wachten is nog op een wetenschappelijke studie over dagboeken van Duitse soldaten.

Literatuuropgave

Muiterij
Zie voor shellshock Eric Leed, *No Man's Land* (Cambridge, Cambridge University Press, 1979); E. Showalter, *The Female Malady* (Princeton, Princeton University Press, 1990); en de prachtige trilogie (fictie) van Pat Barker, *Regeneration*, *The Eye in the Door* en *The Ghost Road* (Londen, Penguin, 1992, 1994, 1995). Zie over muiterijen Len Smith, *Between Mutiny and Obedience* (Princeton, Princeton University Press, 1994); Daniel Horn, *German Naval Mutinies of the First World War* (New Brunswick, Rutgers Universiy Press, 1970); en A. Wildman, *The End of the Imperial Army* (Princeton, Princeton University Press, 1979). *The Great Schism* (Princeton, Princeton University Press, 1970) van C. Schorske en *Injustice* (Londen, Macmillan, 1980) van Barrington Moore behandelen het Duitse verzet en de onderdrukking ervan. Uiteenlopende interpretaties over de Russische Revolutie zijn van de hand van Richard Pipes, *The Russian Revolution 1899-1919* (Londen, Fontana, 1992) en Rex Wade, *Red Guards and Workers' Militias in the Russian Revolution* (Stanford, Calif., Stanford University Press, 1984).

Ineenstorting
Zie voor het bewind van Von Hindenburg en Ludendorff in 1918 Martin Kitchen, *The Silent Dictatorship* (Londen, Batsford, 1976) en het klassieke werk van Arthur Rosenberg, *Imperial Germany: the Birth of the German Republic 1871-1918* (Boston, Beacon Press, 1964). Het grotere vermogen van de geallieerden om de bevolking van voedsel te voorzien wordt behandeld door L. Borchardt, 'The impact of the war economy on the civilian population', in: *The German Military in the Age of Total War*, red. W. Deist (Leamington Spa, Berg, 1987); A. Offer, *The First World War. An Agrarian Interpretation* (Oxford, Oxford University Press, 1989); en J.M. Winter, *The Great War and the British People* (Londen, Macmillan, 1986). De beste studies over de rol van de Amerikanen in de oorlog zijn David Kennedy, *Over Here* (New York, Random House, 1985) en Ron Schaeffer, *America and the Great War*. Zie ook David McCulloch, *Truman* (New York, Simon & Schuster, 1992) en August Heckscher, *Woodrow Wilson. A Biography* (New York, Scribners, 1991).

Haat en honger
Zie voor de moord op de tsaar en op Rosa Luxemburg Robert Massie, 'The last Romanov mystery', in: *New Yorker* (8 augustus 1995) en Elzbieta Ettinger, *Rosa Luxemburg. A Life* (Boston, Beacon Press, 1986). Zie voor de Duitse revolutie A.J. Ryder, *The German Revolution of 1918* (Cambridge, Cambridge University Press, 1967); en het fictieve verslag van L. Doblin, *Karl and Rosa* (Londen, Allen & Unwin, 1967). Het vredesverdrag wordt behandeld in de twee delen van Arno Mayer, *Wilson versus Lenin* (Princeton, Princeton University Press, 1970) en *The Politics and Diplomacy of Peacemaking* (New York, Random House, 1973). Er is nog steeds geen alomvattende studie verschenen over de missie van Hoover. Zie voor andere visies Harvey Pitcher, *Witnesses of the Russian Revolution* (Londen, John Murray, 1994).

Oorlog zonder einde
Zie voor verliezen aan Engelse zijde J.M. Winter, *The Great War and the British People* (Londen, Macmillan, 1986). Zie voor de culturele geschiedenis van de oorlog en de nasleep ervan Paul Fussell, *The Great War and Modern Memory* (Oxford, Oxford University Press, 1975); Samuel Hynes, *A War Imagined* (Londen, Bodley Head, 1990); George Mosse, *Fallen Soldiers* (New York, Oxford University Press, 1990); J.M. Winter, *Sites of Memory, Sites of Mourning* (Cambridge, Cambridge University Press, 1995); en de twee delen *Guerre et cultures* (Parijs, Armand Colin, 1994) en *14-18. La très grande guerre*, beide red. J.-J. Becker e.a. (Parijs, Le Monde, 1994). De politieke, sociale en economische nasleep wordt behandeld door Adrian Gregory, *The Silence of Memory: Armistice Day, 1919-1946* (Oxford, Berg, 1994); Antoine Prost, *In the Wake of War, 'Les anciens combattants' and French society 1914-1939* (Providence Berg, 1992); en – meer in het algemeen – Eric Hobsbawm, *The Age of Extremes* (Londen, Michael Joseph, 1995).

De auteurs en uitgever van de oorspronkelijke editie zijn dank verschuldigd aan de volgende rechthebbenden voor hun toestemming te citeren uit de hieronder genoemden publicaties. Hoewel alle mogelijke moeite is gedaan om de rechthebbenden hier of in de noten te vermelden, bieden zij hun verontschuldigingen aan voor vergissingen en omissies. In dat geval stellen zij het op prijs indien men contact met hen opneemt, zodat in de herdruk de omissies kunnen worden gecorrigeerd.

Anvil Press Poetry: 'Here is the Coffin' uit *Apollinaire Selected Poems*, Anvil Press Poetry, 1986.
Professor Stephen Bronner: *The Letters of Rosa Luxemburg*, red. Stephen Bronner.
Universiteit van Cambridge: Christopher Barnes, *Boris Pasternak: A Literary Biography* en J.C.G. Rohl en N. Sombard (red.), *Kaiser Wilhelm I*.
Chatto & Windus: Fritz Fisher, *Germany's Aims in the First World*.
Chatto & Windus, Harcourt Brace & Co. en de nalatenschap van Virginia Woolf: *The Diary of Virginia Woolf*, red. Anne Olivier Bell.

Literatuuropgave

Chatto & Windus, New Directions Publishing Corp. en de nalatenschap van Cecil Day-Lewis: *Wilfred Owen: The Collected Poems of Wilfred Owen*. Copyright © 1964 by Chatto & Windus.

Constable & Co Ltd: Evelyn, Prinses Blucher, *An English Wife in Berlin*.

Editions Denoël, Parijs: Henri Desagneux, *Journal de guerre 1914-18*.

Duke University Press: *A Russian Civil War Diary: Alexis Babine in Saratov 1914-18*, red. Donald J. Raleigh. © 1988, Duke University Press, Durham, N.C. Herdrukt met toestemming.

Martin Gibbs en mevr. Frances McElwaine: Philip Gibbs, *War Despatches*.

Gill & Macmillan Publishers: Max Caulfield, *The Easter Rebellion*.

Greenhill Books: Cecil Lewis, *Sagittarius Rising* en Erwin Rommel, *Infantry Attacks*.

George Alexander Eujene Douglas, The Earl Haig: *The Private Papers of Douglas Haig, 1914-1919*.

Harcourt Brace & Company: Elliot Mossman (red.), *The Correspondence of Boris Pasternak and Olga Freidenberg*.

Havard University Press: Robert G.L. Waite, *Vanguard of Nazism: The Free Corps Movement in Postwar Germany 1918-1923*. © 1952 by the President and Fellows of Harvard College. Herdrukt met toestemming van Harvard University Press.

The Harvill Press: Boris Pasternak: *Doctor Zhivago*; © Giangiacomo Feltrinelli Editore 1958.

Henry Holt and Company, Inc.: Martin Gilbert, *The First World War*. Copyright © 1994 by Martin Gilbert. Herdrukt met toestemming.

John Johnson Ltd: Peter Levi, *Boris Pasternak*.

Jonathan Cape: Robert K. Massie, *Dreadnought* en D. Garnett (red.), *The Letters of T.E. Lawrence*.

David Macfarlane, Little Brown en Simon & Schuster: *The Danger Tree: Memory, War & the Search for a Family's Past*.

Macmillan Press Ltd en St Martin's Press Inc: P.J. Flood, *France: 1914-18*.

Methuen & Co: Sir James Healam-Morlay, *Memoir of the Paris Peace Conference*.

Martin Middlebrook and A.P. Watt Ltd.: *The First Day on the Somme and The Kaiser's Battle*.

Christopher Middleton en Grove Press: Het gedicht 'Ultra Vitae' van Georg Heym's uit *Modern German Press*.

Dr Jan Niemöller, *From U-boat to Concentration Camp*.

Pathfinder Press: Leon Trotsky, *My Life: An Attempt at an Autobiography*. Herdrukt met toestemming van Pathfinder Press. © 1970 by Pathfinder Press.

Librairie Plon: Maréchal Fayolle, *Les cahiers secrets de la Grande Guerre*.

Librarie Plon en Yale University Press: Pierre-Jakez Helias, *The Horse of Pride: Life in a Breton Village*.

Peter Owen Publishers: Jean Giono, *To the Slaughterhouse*.

Oxford University Press: Andrew Clark, *Echoes of the Great War: the Diary of the Reverend Andrew Clark*, R. C. Collingwood, *An Autobiography* en J. P. Nettl, *Rosa Luxemburg*.

Oxford University Press en New Directions Publishing Corp.: Harold Owen, *Journey from Obscurity* en *Wilfred Owen: Collected Letters*.

Princeton University Press: Charles Maland, *Chaplin and American Culture*, Len Smith, *Between Mutiny and Obedience*; John M. Thompson, *Russia, Bolshevism and the Versailles Peace*; Arthur S. Link (red.), *The Deliberations of the Council of Four*; J. Johnston, *English Poetry of the First World War: A Study of the Evolution of Lyric and Narrative Form*.

Random House UK Ltd: Samuel Hynes, *A War Imagined* en Ernst Jünger, *Sorm of Steel*.

Reed Books: Micheal Moynihan (red.), *God on Our side* en Jeremy Wilson, *Lawrence of Arabia*.

Rutgers University Press: *War, Mutiny and Revolution in the German Navy: The World War I Diary of Seaman Richard Stumpf*, redactie, vertaling en inleiding van Daniel Horn, © 1967 by Rutgers, The State University. Herdrukt met toestemming van Rutgers University Pres.

George T. Sassoon: *The War Poems of Siegfried Sassoon*.

George T. Sassoon en Faber & Faber: Siegfried Sassoon, *Memoires of an Infantry Officer, Sherston's Progress, Siegfried Sassoon Diaries 1915-18* (red. Rupert Hart-Davis) en *Siegfried's Journey 1916-20*.

Stanford University Press: R.H. Lutz (red.), *The Fall of the German Empire*.

Myfanwy Thomas and Caracanet Press Ltd: Helen Thomas, *World Without End*

Professor L. Tilley en Schocken Books: Serge Grafteaux, *Madame Santerre: A French Woman of the People*.

Transworld Publishers: Modris Eksteins, *Rites of Spring*, © Modris Eksteins 1989.

University of California Press en Editions Denoël: 'The War in Luxembourg Gardens' uit Blaise Cendrars, *Complete Poems*, vert. en red. Ron Padgett. © Ron Padgett, © 1947 Editions Denoël.

University of Washington Press: Douglas Robinson, *The Zeppelin in Combat*.

University of Wisconsin Press, Madison: Harvey Goldberg, *The Life of Jean Jaurès* © 1962. Herdrukt met toestemming van The University of Wisconsin Press.

Frederick Warne & Co: Edmund Campion, *Some Desperate Glory*.

Weidenfeld & Nicolson: Rudolf Hoess, *Commandant of Aushwitz*.

Anne Westman: Stephen Westman, *Surgeon with the Kaiser's Army*.

Fotoverantwoording

De uitgever is dank verschuldigd aan de volgende personen en instellingen voor het beschikbaar stellen van fotografisch materiaal en voor hun toestemming dit af te drukken. Hoewel alle mogelijke moeite is gedaan om de rechthebbenden op te sporen en te vermelden, bieden wij onze verontschuldigingen aan voor mogelijke vergissingen en omissies.

© ADAGP, Parijs en DACS, Londen 1996 25, 57
AKG, Londen 18, 28, 31, 54 - 55, 128, 196 onder, 283, 333, 336, 337, 395, 396, 399, 400 -401, 402
Archiv Gerstenberg, Wietze 284
Australian War Memorial, Canberra 111, 113, 363, 379
Berlinische Galerie, Berlijn, © Jewish Museum, Frankfurt 44
Bibliothek für Zeitgeschichte, Stuttgart 136
British Library, Londen 228
Bundesarchiv, Koblenz 26, 30, 34 - 35, 43, 112 onder
Cambridge University Library 217
Corbis/Range, Londen 280 boven, 298 -289, 300, 352
C.R.D.A. Parijs 146, 149, 152
© DACS 1996 104, 256, 311, 360, 390
E.C.P.A. Parijs 100, 159, 196 boven, 232, 365
The Endeavour Group, Londen 260 - 261
E.T.Archive Londen 158, 162 links, 162 - 163, 172 - 173, 174
Mary Evans Picture Library, Londen 134
FAOL, Carcassonne 230, 235
Fondation Teilhard de Chardin, Parijs 141 boven
Historiale de la grande guerre, Péronne 17
A. Tarsaidge, Hoover Institution Archives 258, 270, Fr. P Moenkemoeller, Hoover Institution Archives 92, Russian Pictorial, Hoover Institution Archives 262 - 263, 264, Hoover Institution Archives, Stanford University, VS 247, 310, 354, 356, 357, 358 - 359
Hulton-Getty, Londen 37, 40-41, 48, 49, 51, 131, 160, 197 midden, 218, 229, 265, 281 boven, 305 boven en onder 306, 312, 334, 346
Robert Hunt Picture Library, Londen 73, 119 links boven, 194, 161 links boven, 164, 220 boven, 250 onder, 251 onder, 290, 296 - 297, 303

Imperial War Museum, Londen 2 - 3, 13, 33, 58, 62 - 63, 64, 65, 66, 67, 68, 71, 76, 79, 81 onder, 82, 85, 89, 94 - 95, 97, 98, 101, L02, 108, 110, 112 boven, 116, 119 onder, 120, 123, 129, 132, 137, 140, 176 - 177, 178, 180 - 181, 182, 184 - 185, 186, 189, 190 - 191, 192, 198, 200, 203, 204 - 205, 206, 208, 210, 213, 214 - 215, 221 boven, 230 - 231, 254 - 255, 272, 274, 280 midden en onder 281 onder 292, 292 - 293, 294, 304 onder, 305 midden, 308, 331, 342, 349, 366, 367, 380
Kunstverein, Recklinghausen, © Jewish Museum, Frankfurt 14
Lenbachhaus, München 25
Liddell Hart Centre for Military Archives, Londen 124, 377
Macfarlane, Walter and Ross, Toronto 125 - 127
Museé de l'armée, Parijs, 72, 83, 86 - 87, 154, 221 onder, 238
National Archives, Washington 240, 313
National Portrait Gallery, Londen 118 onder
Novosti Photo Library, Londen 80 links midden, 161 onder, 250 boven, 251 boven, 324, 328 rechts, 405
Offentliche Kunstsammlung, Bazel 57
Wilfrid Owen Collection, English Faculty Library, Oxford 225, 227
John Parker 8, 408
Popperfoto 80 rechts boven, 142, 341, 406
RAF Museum Hendon 197 boven
Project SAVE, met welwillende toestemming van John Mirak, Watertown 145
Smithsonian Institution, Washington 220 onder
© Nalatenschap Picasso/DACS 1996 315
Mevr. Myfanwy Thomas 175
Harry Truman Library 298 links
Ullstein Bilderdienst, Berlijn 197 onder
Boyer-Viollet, Parijs 118 boven, 318, Branger-Viollet 106, Cap-Viollet 383, Harlingue-Viollet 46, 315, 388, ND-Viollet 21, 68 - 69, 84, Roger-Viollet 44, 53, 61, 103, 150 - 151, 243, 316, 373
Victoria and Albert Museum, Londen 23
The Wellcome Trust 216

Register

Aasquith, H.H. 16, 114, 188, 197
Abdoellah, Koning van Jordanië 123
Accra 314
Accrington Pols *371*
aceton 122
Achmatova, Anna 407
Adler, Victor 45
AEG 128
Afrika 155, 314, 352
Akaba 124
Alain-Fournier 52
Albrecht, Kolonel, citaat 304
Aleppo 150-151
Alexandra, tsarina 37, 257
Alexej, tsarevitsj 322
Algerije, 162, 372, *374*, 375
Allenby, Generaal 124
Alpen 276
Alpenkorps 277
American Relief Administration 357
Amerikaanse Marine Brigade, 281
Amerikaanse Rode Kruis 296
Amerikaanse Burgeroorlog 93, 144, 178, 179
Amiens, 178, 281, 295
Amis, Martin 398
amusement 102-104, *102*
Anafarta heuvels 114
Anatolië 145
antisemitisme 31-32, 248, 282, 337-338
Antwerpen 357
Anzac Cove 113, *115*, 117
Anzacs 112
Apollinaire, Guillaume 312-314, 315 317-319, 325, citaat 314
Apollinaire, Jacqueline, 317
Arab bureau 122
Arabisch nationalisme 117, 120, 122-124
Arabische revolutie (116-118) 124, 376
Arbeiders 130, 364
Arc de Triomphe, Parijs *387*, 387
Archangelsk 325, 343
Arco-Valley, Graaf 337
Ardennen 69
argonne *300-301*
arillerie, wapens en tactiek *199*
Arlington National Cemetery 387
arlon-Vitron 69
Armeniërs 109, 119, *145-153*, 145-147, 149-152
Arras, Veldslag 11(1912) 199, 221
artamanen 397
Artist's Rifles 174

Artois 141
ashmead-Barlett, Ellis 114
Asquith, Raymond 16, 188
Asquith, Margot, citaat 16
Atatürk (Mustafa Kemal) 113
Atisne, Rivier 84, 229
Auer, Erhard 337
Auschwitz 395, 397, 398, 399, 402
Austalië, Griepepedemie, 314-315
Austalische troepen 209, 281
  Gallipoli 108, 109-112, *110-111*, 113-117, 379
  Thuiskomst 363
Avesnes 294
Azincourt, Slag bij 83

Babine, Alexis 328-citaat 329, 331
Balfour, A.J. 122, *120*
Balfour-declaratie (1917) 122,
Balkan 47-50, 353
Bapaume 188
Barbusse, Henri 223-224
  Onder vuur (le feu) 223
Barthas, Louis 233-239, 246, *238*, 234-235
Bayburt 149
Beaumont-Hamel *182-183*
Beckmann, Max *De weg naar huis* 369
Beieren 244.337
België 109
  Duitse invasie en bezetting 50, 64-66, *65-67*, 90, 133-134, 210
  Duits lenteoffensief 295
  Programma voor voedselhulp 356-357
Belgrado 50
Bell, Johannes *349*
Bellenglise, saillant van 295
Benedictus xv, Paus 209
Bergen 78-79, *82*, 79-83
  engel van 79, 83
Berlijn: demonstaties 27
  Feestelijkheden op de verjaardag v/d Duitse keizer 26
  Geruchten over voedseloproeren 282
  Meidner *24*, 24
  Rijksdag 334-335
  Spartacus opstand 335
  Voedselcrises 306, *307*
Bernardt, Sarah 104
Berry-au-Bac 314
Bethmann-Hollweg, Von 50, 209
Billy, André 312, 314
Binding, Rudolf, citaat 66, 281
Bismark, Otto von 29, 30, *31*, 47 *59, 77, 114*

Bloch, Ivan 93, 94
Blücher, prinses Evelyn *118* **citaat 118**
Boccioni, Umberto 22
Boerenoorlog 195
Böhne, Willi, 16-17
Bois des Caures 159, 162
Bois des Buttes 314
Bolsjewieken 257
  Burgeroorlog 321-322, 325, 328-331, *330*, 331
  Churchill's antibolsjewistische kruistocht 343
  Einde van de oorlog 210
  Moord op de tsaar 322-323
  Programmas voor voedselhulp 354-356, 359
  Revolutie 251, 268-273
  Trotski 264
  Verdrag van Brest-Litousk 280
Bolsjewistische militaire organisatie 265
Bond van Verminkten 370
Bordeaux 70
bordelen 103, 104
Borden, Mary 343
Bos van Belleau 281, 303
Botsjkarera, Maria (Jasjka) 258-263, *262*
Brandegee, senator 351
Braque, Georges 312
Braunschweig 282
Brest-Litorsk, verdrag van 272, 273, 280, 325
Bretagne 56, 373
Briggs, Walter korporaal, *371*
Brits ministerie van Buitenlandse Zaken 356
Britse rijk 127, 128
Brittannië: leger 77-78
  Balfour-declaratie 120, 122
  cavalerie 76
  dienstplicht 160
  doden en gewonden 81, 363
  Duits lente-offensief 287, 292-296
  Entente Cordiale 32
  Gallipoli 109-110, *110*, 113-114
  gewonde soldaten 364, 370, 371
  Imperialisme 42
  Kerst 1914 96-99, *97-99*
  Loopgraven 88, 90
  Mobilisatie 362
  Passendale 195-207
  patstelling 94
  Programma's voor voedselhulp 356
  Propaganda *138*

Rekrutering 174-178, *174, 176-177*
Samenwerking tussen de verschillende klassen 129-130
Relaties met Duitsland 31-36
Slag bij Jutland 161
Somme 179-195, *180-181, 186, 190-191*
Stakingen *40-41*, 41
Sykes-Picot overeenkomst 378
Verdrag van Versailles 339, *349*, 352
Wedloop naar zee 89-90
werkeloosheid 372
Zeppelin luchtaanvallen 130-132, 140, *140*
Zionisme 117
Britten, Benjamin, *War requiem* 228
Brittian, Vera 183, 187
Brittish Expeditionary Force (BEF):
  Breekt door Hindenburglinie 304
  Slag aan de Marne 83
  naar Frankrijk 78-79
  Passendale 199
Broesilov, Alekej generaal 77 citaat 161
Broesilovoffensief 161, 250
Broussac, Jean sergeant 141
Brttian, Edward 187 citaat 183
Brugge 305
Budworth, generaal citaat 295
Bulgarije 109, 275, 362
Bülow, genaraal Von 84
Bunsen, R.W.von 32
burgers instemming 107

Cadorna, Luigi 278
Cambra, slag bij (1917) 251
Camus, Albert 372-375, *374*, 409 citaat 273, 375
Camus, Catherine 372, *372*
Camus, Lucien 372-374, *373*
Canada 122, 125
Canadese troepen
  dienstplicht 210
  Passendale 207
  sport 102
Cantigny, 281, 303
Capello, Luigi 278
Caporetto, de slag bij 209, 250 277-278
Castelnau, generaal 16
Gebeurtenissen met doden en gewonden 15-19, 107-108, 362-363
  Brittanië 81, 363
  Duitsland 90, 294-295, 363

427

Register

Frankrijk 15, 90 363
  gewonde soldaten 364-371, *369*, *365-367*
  officieren 363
  oostfront 362
  Rusland *266-267*
  Slag aan de Marne 83
  Slag aan de Somme 187
  Slag bij Verdun 165-166, 197
  Tannenberg 77
  Turkije 362
  Wedloop naar de zee 81
  West front 362-363
Cavalerie 76, 180
Cavell, zuster Edith 134, 140, *140*
Céline 296
Cendrars, Blaise 99, 316, 317-319 citaat 317-319
Cendrars, Raymone 317
Centrale mogendheden 109, 128, 275, 277, 278, 288
Cézanne, Paul 370
Chagall, Mark 332
  Studie voor muziek 322
  Afscheidnemende soldaten 57
Châlons-sur-Marne 80
Chamberlain, Austen citaat 197
Chambrun, graaf De citaat 250
Château-Thierry 303
Chaulnes 127
Chekhor, Anton 322, 328
Chemin des Dames 199, 229
christendom 382
Churchill, Winston 342378
  antibolsjewistich 344
  Chaïm Weizmann 122, 129
  Gallipoli 109, *110*, 117 citaat 92
Clark, Andrew citaat 160
Clemenceau, Georges 209, *347*
  antibolsjewistisch 343
  moordpoging 344-345 citaat 280
  Verdrag van Versailles 338-339, *349*, 350, 377
Cocteau, Jean 23
Collingwood, R.G., citaat 348
Comité van Eenheid en Vooruitgang 149
Comité voor voedselhulp aan België 356-357
Communisme 343, 361
  Duitse communistische Partij 305, 335, 386(zie Bolsjewieken)
Conan Doyle, Sir Arthur 382-384, *384*, 386
Constantinopel 148
Cooke, Alistair 142
Coppard, George citaat 251
Cowper, William 223
Craiglockhart War Hospital Edinburgh 217, 233-234, *225*, 226, 229
cummings, e.e. 296

Dachau 397
Daily Mail, The 125
Damascus 122, 124
Dardanellen 109
Davie, Leslie A., citaat *119*
Dawson, Geoffry 117
Deane, Ada Emma 385-387, *385*
Deboet, sergeant 90
Delphin, Quy, citaat 196

Der Blaue Reiter 27
Deraa 376
Desagneaux, Henri 60, 61, 169-170, *170* citaat 169-170
Deschamps, Baptoste 217
Deutsche Orient-Mission 149
Diaz generaal Armando 278
dienstplicht 160
Dikke Bertha 65, 66, 159
Diksmuide 98
Dinant 66, 90, 242
Diplomatie 94
Dix, Otto 370-371
  Bezoek aan Madame Germain's Méricourt 105
  De Oorlog 256
  De oorlogsinvaliden (met zelfportret) 370
  Luciferverkoper 370
  Op appèl 311
  Pragerstrasse 360, 370 citaat 99-101
  Skaatsspelers 370
Djemal Pasja 148
Domrémy 298
Doodschieten van onbekende soldaten 387, *387*
Dorgelès, Roland, *Les croix des bois*
Douaumont, Fort 162-163, *162-164*, 165, 171, 242, 362, 388-389
Dresden 360
Dressler, Marie 143
Dreyfusaffaire 46
Driant, Luitenant-Kolonel Emile 159-162, *159*
Dublin 160, *160*
Dubrulle, Paul 166 citaat 166-169
Duhamel, Georges 165
Duikboot 135-136, *137*, 209, 275, 288
Duikbootoorlog 135-136, *137*.209, 175, 288
Duitse Communistische partij 305, 335, 392
Duitse socialistische partij 333
Duitsland:
  Relaties met Engeland 31-36
  bezetting van België 30, 64-66, 65-67, 90, 133-134, 210
  bondgenootschappen 361
  Caporetto 209, 250, 277-278
  Demorialisatie 303-307, 309-310
  Duke of York's light Infantry 81
  Duitse Revolutie (1918-1919) 305, *305*, 332-338
  Eerste slag om de Marne 83-85, 86-87
  filmpropaganda 143
  gas 118
  gewonde soldaten 364, 370-371
  herstelbetalingen 340
  imperialisme 42, 128
  invasie van Frankrijk 62-63, 69-70
  kerst 1914 96-99, *97-99*
  klasse samenwerking 129-130
  koloniën 340, 352
  lente offensief 286, 288-296, *290-293*
  loopgraven 88, 90-91
  mobilisatie 61, 362

Nazi's 392-394, 397
nederlaag 274, 275, 287-288, 296, 304, 307-311
onderzeeboten 135-136, 288, *137*, *275*
oorzaken v/d oorlog 27, 29-36
Passendale 199, 202, 206
patstelling (1914) 93-94
propaganda *138*
Schlieffenplan 59, 60, 64, 83-84, 93, 157
slachtoffers 90, *294-295*, 363
Slag bij Jutland 161
Somme 180, 183, 188-189, 192-195, *194*
Spartakusbond 335-338
staakt-het-vuren met Rusland 273
stormtroepers 253, *254-255*, 288, 294-295
Tannenberg 73-77, 80
uitbreken v/d oorlog 5254
Verdrag van Versailles 338-341, 347-351, 352, 392, 349
Verdun 157-171
vernietigingskampen 395, 398-399, 399-402
vloot 31, 32, *32-33*, 279-287, *283*
vluchtelingen 71, *72*
voedselcrises, 303-307, 306, 310
vorderingen in Rusland 269
vredesinitiatieven 209
wedloop naar de zee 89-90
Weimar Republiek
Werkloosheid 372
zeeblokkade 128, 175, 278
Zeppelins 130-132, 14

Ebert, Friedrich 332-335, 233
Economische gevolgen van de oorlog 129
Edison, Thomas Alva 22
Egeïsche zee 109
Egypte 376
Einstein, Albert 22
Eisenhouwer, Dwigt 92
Eisner, Kurt *337*, 338
elektroshocktherapie 217
Elzas 33, 59, 69, 340, 352
Engel van Bergen 79, 83
Engels kanaal 99, 210, 288
Engels, Friedrich 43
England Expects 174
English Zionist Federation 122
Entente Cordiale (1904), 32
Enver Pasha 148
epidemieën, griep 314-317
Erzurum 152
Esher, Reginald, burggraaf 32
Essex Regiment 183
Estonia 252
Eufraat 152
Europese Unie 361
explosieven 122

Fairbanks, Douglas 143
Falkenhayn, generaal Erich von 93, *158*, 180
  Slag bij Verdun 157-159, 165, 171
Famborough, Florence, citaat 196

Feisal, Emir 124, *124*, 377
Felix 325
Film 102, 139-143, 187-188
Films 102, 139-43, 187-188
Fisher, Andrew 114
flank aftroeven 89, 195, 257
Foch, maarschalk
Fort 1x 244
Fotografie, geesten 385-387, *385*, 386
Frankrijk: slachtoffers 15, 90, 363
  arbeidsonrust 40-41
  Duitse invasie 62-63, 68-70
  Duits lente offensief 288, 292, 295
  Eerste slag om de Marne 83-85, 84, 86-87
  Entente Cordiale 32
  Gallipoli 109-110
  gewonde soldaten 364, 170, 365-367, 371
  kerst 1914 96-97
  klasse samenwerking 130
  mobilisatie 60-61, *61*, 362
  muiterijen 221, 229-232, 239-241
  oorzaken v/d oorlog 33
  patstelling
  Plan XVII 59-60, 93
  prostituees 104
  socialisme 45-47
  Sykes-Picot Race 378
  uitbreken v/d oorlog 52-56
  vluchtelingen 70-71, *71*
  Verdrag van Versailles 338-339, 348, *349*, 352
  Verdun 156-171
  voedselhulp 356
  wedloop naar de zee 89
  werkloosheid 372
  Zeppelin raids 130
Franse commisie aangaande de Duitse schendingen v/d mensenrechten 118
Frans-Duitse oorlog 30, 60, 157, 340
Franse revolutie 403
Franse Infanterie regiment, 137ste 171
Frans Ferdinand, aartshertog 47-50, *48*, *51*
Frans Josef, keizer 155 citaat 50
Frans vreemdelingenlegioen 220
Freidenberg, Olga 407
French, generaal John 79 citaat 93
Fresnay, Pierre *245*
Freud, Siegmund 22
Friedrich II, keizer 29
Friedrich, Ernst 370
futuristen 22

Galicië 77, *161*, 250, 264
Galliéni, Jose Simon 83, *83*, 155
Gallipoli *108*, 109-117, *110-113*, *115*, *116*, 118, 148, 155, 379-381
Gance, Abel 317
Garros, Roland 244
gas 118
Gaulle, Charles de 56, 90, 242-246, *243*, citaat 220
Geallieerd beleid 344

Register

Geestenfotografie 385-387, *385, 386*
Genet, Edmond 220 citaat 220
George v Koning van Engeland 30, 31, 36, 143, 202, 340, *341*
George Albert 79
Germain Louis 375
geslachtsziekte 104
gevangenen *236-237*, 242-249, *274, 302, 331, 357*
gewond 364-371, *365, 367, 369*
slachtoffers 362-363
gewonde soldaten 364-371, *365-367, 369*
Giaudoux, Jean citaat 118
Gibbs, Philip 61 citaat 70-71, 85, 187, 207
Gibson, Hugh, citaat 140
gifgas 118
Giono, Jean citaat 15-16
Glasgow Chamber of Commerce Battalion 187
Gleaser, Ernst, citaat 220
Goethe, Johann Wolfgang von 338
Goodyear familie 125-128, *125-127*
Goodyear, Joe 127
Goodyear, Josiah 127
Goodyear, Kate 126, *127* citaat 127
Goodyear, Ken 127
Goodyear, Raymond 127, *127*
Goodyear, Stan 127
Göring, Hermann 397
Gorky, Maxim 358
Gorzel, Karl 193-195 citaat 193
Goudkust 314
Graham, Stephen 382, 387
Grand Falls, New Foundland 125,
Grant, Ulysses S. 179
'Gravers' 113
Graves, Robert 189, 219, 223, 224, 379, citaat 101
Dat hebben we gehad 189, 376
Gravesend 132
Greaves, Luitenant C.C.H., citaat 292
Grey, Sir Edward 32
Griekenland 109
griepepedemie 305, 314-317
Groener generaal Wilhelm 196, 332-334
Grote oceaan, eilanden in 315
gruwelijkheden 94, 108, 134, 152
gueules cassées 366-367, 364-370
Guntzberger, luitenant Jules-Henri citaat 118
Gürtler, Gerhard citaat 202, 206

Haas, Johannes citaat 169
Hadow, luitenant-kolonel 183
Haig, Sir Douglas 179
breekt door de Hindenburglinie 304
Duits lente-offensief 292, 294
Ieper 90
karakter 179
Passendale 199, 202, 206, 207, 222
Slag aan de Somme 179, 180, 188, 189-192
Haldan, lord 37
Halifax, Nova Scotia 264
Hall, dokter Lewis Coleman 142

Hamel 295
Hamilton, generaal Sir Ian 114 citaat 116
Harding, Warren 358
Harington, generaal-majoor Charles, citaat 221
Harput 153
Hauenstein, Heinz Oskar 396
Hawtorn Redoubt 183
Headlam-Morley, Sir James 347 citaat 347-348
Heinebach, Otto citaat 159
Helgoland 279
Hélias, Pierre-Jakez 56
Hemingway, Ernest, *Afscheid van de wapenen* 278
Hentsch, luitenant-kolonel 84-85
Herbert, Aubry 110
Herdenkingen 387, 408
Hermanns, Wilhelm, citaat 171
herstelbetalingen 340
Hess, Rudolf 397
Heym, Georg, citaat 25
Himmler, Heinrich 395, 397, 398, 399
Hindenburg linie 210, 295, 296, 304, 308
Hindenburg, veldmaarschalk Paul von 171, 333, *196*
Duitslands nederlaag 307
Hitler wordt kanselier 392, 393
Keizer treedt af 311
Slag bij Tannenberg 73, 77
voert Duits opperbevel 196, 209, 252
Hintze, admiraal Von 307
Hitler, Adolf 56, *136*, 153, 252, 393-398, citaat 80, 280
als ordonnans 188-189
eerste gevecht 92
Hoddis, Jakob van 25
Hoffmann, luitenant-kolonel Max 73, 77
machtsgroei 392-394, 397
Mein Kampf 341
Hoessein, sjarif van Mekka 123
Holstein, Friedrich August von 29
Hongarije
hongersnood 356, 353, 354-359
Hoover, Herbert 354-359, *354, 357* citaat 354
Hopman, admiraal 36
Höss, Rudolf 394-402, *395*
Hotel Eden, Berlijn 336
House, kolonel Edward 32, 343, 344 citaat 351
houwitsers *191*
Hugenberg, Alfred 143
Hulse, kapitein Edward 99
Hussars 58, *82*
Huwelijk 370-371

Ieper 198, 275, 309
Ieper, Derde slag om (1917) 195-207, *200-201, 203-206*, 222
Ieper, Eerste slag om (1914) 58, 90, 96, 199
Ieper, Tweede slag om (1915) 199
Ierland 117, 160
Ierse zee 135
Imperial War Museum, Londen 348
imperialisme 42, 45, 128

India 314
Indische leger 95
industrie *106*, 107, 128
infanterie 65
inflatie 129
Ingolstadt 244-246
Irak 352
Irish Republican Brotherhood 160
Islam 149, 152
Italië 92
arbeidsonrust 40
bergtroepen *276*
slag bij Caporetto, 250, 277-278
sluit aan bij de oorlog 109

Jäger divisie
Japan 109-113
Jaroslavl 325, *326-327*
Jaure's, Jean 4445-47, *46-47*
Jeanne d'Arc 298
Jekaterinenburg 322
Jeltsin, Boris 324
Joden 331
antisemitisme 31-32, 248, 282, 337-338
concentratiekampen 398, 400-401
Nazi genocide 153
pogroms 332
voedse;hulp 356-357
Zionisme 117-122
Joegoslavië 352, 353
Joffre, Joseph 68, 68229, 280
Duitse invasie 70
eerste slag aan de Marne 83
patstelling 93
slag aan de Somme 179
slag bij Verdun 165
Jögiches, Leo 337
'Jong-Turken' 148
Jordanië 352
Jordanië rivier
Jünger, Ernst 94, 249-257, *252, 253*, citaat 195, 213, 252, 253-257, 289
Stahlgewittern 252, 253-257
Jutland, slag bij (1916) 155, 161, *161*, 282

Kadow 397
Kahn, André, citaat 221, 305
Kamener, Lev Borisovich 272
Kameroen 155, 352
Kandinski, Vassili 25-27, *25*
Kaplan, Fanja 325, *325*
Kardec, Alan 319
Katholieke kerk 89, 351
Kaukasus 148
Keeling, sergeant Frederick *81*, citaat 81
Kemal, Mehmed 153
Kemal, Mustafa zie Atatürk
Kennington, Eric 382
Kerensky, Alexander 262, 263, 264, 268, 269, 272, 323, 325, 332
kerst 81, 96-99, *97-99*
Kessel, generaal Von 31
Keulen 282
Keynes, John Maynard 348
Keystone Company 139
Kielerkanaal 36
Kithener, veldmaarschalk Earl 79

dood 155, 179
recruteringsposters voorspellingen 77-78
Kluck, generaal Alexander Von 83, 84, 85, 93
Knox, kolonel 73
Koet 161
Koeweit 352
Kollwitz, Kärthe 8-9, 56, 391, 392
Kollwitz, Peter (zoon) 9-10, 387, 391-392
Kollwitz, Peter (kleinzoon) 391, 392
Kolovrat bergen 250, 277
Koltjak, admiraal 347
Koreaanse oorlog 195
Kornilov, generaal 263, 269
Kozakken 71, 73, 325
Krasnija Gazeta 328
Krauss, generaal 277
Krim oorlog 195
Kronstadt 328
Krupp, Gustav 65
Krupp, 65, 144
kunst 22-27, 332, 370-371

La Boisselle 184-185
La Fère Marcé 296
La grande Illusion 244-245, *242-244*
Lafayette Escadrille 220
Lagerhuis
Lancer 76
Langemark 127
Lansing 350
Latvia 352
Lauder, Harry 104, 143 citaat 104
Lawrence, T.E.(Lawrence of Arabia) 122-124, *123*, 376-379, 377
Seven Pillars of Wisdom 378
Lazé, *368-369*
Le Tord-boyau 233
Le Périscope 237, *241*
Le Cateau 79
Le Crapouillot 238
Leeds Pals 186
Léger, Fernand 317
Leipzig 282
Lenin 265, *325*, 404, *405*
dood 404
eind van de oorlog 210
executie v/d Tsaar 323, 324
hongersnood 357, 358, 359
moordaanslag 329
revolutie 264, 268, 269, 273
Verdrag van Versailles 338, 339
Lepsius, Johannes 149, 152, 153
Leuven 66, *67*
Lewis, Cecil *197*, citaat 197
Liberty Bonds 143
Lichnowsky, graaf 33
Liebknecht, Karl 246, 248-249, 335-336, *337*, 338
Liebknecht, Sonja 246, 248-249
Lille 305
Limmer, Walter, citaat 80
Lincoln, Abaham 179, 340
Litouwen 244, 352
Lloyd George, David *197*, 209, *347*, 350
Passendale 207
Rusland 334-343, 347

Register

Verdrag van Versailles 338, 339, *350*, 350, 377
   wordt premier
Lodge, Henry Cabot 352, *352*
Londen 195
   oorlogsfilms 187-188
   wapenstilstand 305
   zeppelin aanvallen 132, 140, *140*
London Division 183
London Rifle Brigade 97, *97*
'loopgraaf van de bajonetten' 171
loopgravenoorlog 88, 90, *90-91*, 99-101, 212
Lorenzo Donato 135
Lorette 234
Lotharingen 33, 59, 69, 298, 340, 352
Luchtaanvallen 131-133, *140*
Lucy, Denis
Lucy, John 79-83, 88, 89-90 citaat 81, 89
Ludendorff, Erich 171, *196*, 333, 393
   aanval op Luik 64
   Duitsland verslagen 307-311, 337
   filmindustrie 143
   Lente-offensief (1918) 287, 294, 295
   Slag bij Tannenberg 73
   verliest stiefzonen 16
   voert Duits hoogcommando *196*, 209, 252
Luik 64, 159
Lustania 118, 134, *134*, 279
Lutherse kerk 398
Luxemburg, Rosa *43*, 47, 249, 264
   achtergrond 42
   citaat 42-43, 45, 248-249, 305
   in de gevangenis 42-43, 45, 246-249, 305
   moord 335-336, 337, *337*, 338
   socialisme 42-45
   Spartakusbond 246-248, 335
Luxemburg 84
Lvov, prins 259, 262

Maas -argonne offensief *301*, 303
Mac Arthur, kolonel Douglas 56, 299-302, 303, *303*
Macmillan, G.H. 187-188
Malins, G.H. 187-188
Manchester 195
Manchester Guardian 251
Mandelstam, Osip *404*, 404, 405, 406-407 citaat 406
Mann, Thomas 52
Marc, Franz 27
Marchall, kapitein George C. 57, 298, 303
Marchall, kolonel Von citaat *196*, 303
Marmara, zee van 109
Marne, rivier 275, 281
Marne, Eerste slag aan de (1914) 80, 83-85, *84*, 86-87
Marokko 162
Marseille 114
Martin du Gard, Roger, citaat 46-47
Mashger 145
Matajur, Berg 278

Max, Prins von Baden *197*, 307, citaat 197
Mayakorsky, Vladimir 405-406
Mazoerische Meervlakte 73
Mc Dowell, J.B. 187
Meidner, Ludwig 22, 23-25, *24*, 27, 31 citaat 24-25
De vooravond van de oorlog 14
Mesen 202
Mesen, heuvelrug *221*, 199, 221
Mesopotamië 122, 144, 148, 161
Mexico 155
Midden-Oosten:
   Arabisch nationalisme 117, 120, 122-124
   kaart *121*
   Palestina 117, 122
   Verdrag van Versailles 352-353, 376-377
mijnen *182-183*, 183, 199, 221, *221*
Militair industrieel complex 129
militaire begraafplaatsen 319, 362, 373, 382, *384*, 387, 391
ministerie van Munitie 122
ministerie van Oorlog 224
mobilisatie 60-62, *61*, 80, 362
Modigliani, Amedeo 325
Moermansk 343
Moezel, rivier 69
Moltke, graaf Helmuth von *92*, 148
Monet, Claude 22
Monroe Doctrine 352
Montenegro 109, 155
Montgomery, luitenant Bernard 90
Montigny-weg *230-231*
Morgenthau, Henry 153
Morton, luitenant-kolonel David S, citaat 187
moskou 273, 358, 402
Moussy-le-vieux 370
muiterijen 229-232, 239-241, 284-285, 287
Muller, Herman *349*
Müller, admiraal George von 294
Münster 113, 242
Murdoch, Keith *115*, 117, citaat 114-117
Mussolini, Benito 92
Myers, C.S. 212

Namibië 352
Napoleon III, keizer 59
Napoleon I, keizer 77
Napoleontische oorlogen 144
Nathan, Sir Frederick 122
Nationale Federatie van getrepaneerden en verminkten 370
Nationalisme 42, 43-45
   Arabisch 117, 120, 122-124
   Zionisme 117
Nazi's 246, 337
   concentratiekampen 398-399
   filmpropaganda 143
   opmars naar macht 311, 392-394, 397
   sluiten van anti-oorlogs museum 371
   uitroeien van de Joden 148, 153
Nevinson, Henry 114
New York 264
Newfoundland 125-127, 128

Newfoundland Forestry Corps 127
Newfoundland regiment *182*, 183
Nicholas II, tsaar 36, *37*, 209, 257, 259, 322-324, *325*, 403
Nielsen, Asta 144
niemandsland 98, 99, 99, 101, 180, 188, 193, 253, 259
Niemann, Johannes citaat 81
Niemöller, Martin 135-138, *136*, 398 citaat 135-138
Nietzsche, Friedrich Wilhelm 249
Nieuw-Zeelandse troepen:
   Gallipoli *108*, 109-110, 112, *379*
   Passendale 199-202
Nijinsky 23
Nivelle, generaal Robert 199, 229, *229*, 239, 241
Nobel 122
Noord-Afrika 372
Noordzee 279
Northcliffe, Lord 127
Noske, Gustav 333
Nuremberg rechtzaken 340

Oekraïne 354
Oeritski, Yakov 325
Offenbächer, Edward, citaat *194*
officieren slachtoffers 363
olifanten 94
oorlogsmonumenten 387, 408
Oost-Pruisen 71-77, 90, 352
Oostende 305
Oostenrijk 352
Oostenrijk-Hongaars rijk:
   arbeidsonrust 40
   Balkan 47-50
   Broesilov offensief 161
   eind v/d oorlog 275
   imperialisme 42
   inval van Servië 77
   mobilisatie 61, 362
   oorzaken v/d oorlog 50
   Verdrag van Versailles 352
Oostfront 157, 210, 266-267, 275
   doden en gewonden 362
   kaart 268
   Slag bij Tannenberg 77
Operatie Michael 280
Orlando, Vittorio Emamanuele 347
Orpen, William:
   Aan de onbekende Britse soldaat in Frankrijk *348*, 349, *350*
   citaat 348-350
   Ondertekening van het vredesverdrag in de spiegelzaal van Versailles 348, *349*
Osmaanse rijk 117 (zie Turkije)
Owen, Wilfred 18-19, 56, 224-229, *225*, *227*, *228*246, 314 citaat 225, 229
Owen, Harold, citaat 17-19
O'Hara, Kitty 102
O'Reilly, Richard 160
O'Reilly, John 160

Paasopstand (1916) 160
Paléologue, Maurice 61
Palestina 117, 122, 352, 356, 376
'Pals' Battalion *176-177*, 178
Pan-Russische Unie 257
Panstovsky, Konstatin, citaat 119
Parijs wereldtentoonstelling (1900)

20, *21*, *22*
Parijs, Verdrag van (1919) 351-352
Parijs 275
   Duits leger nadert
   Duits lente offensief (1918) 295
   Eerste slag aan de Marne 83
   lange-afstands geschut 134
   Schlieffenplan 60
   Zeppelin luchtaanvallen 131
Pasternak, Boris 402-409, *406*
   citaat 403-404
   Dokter Zjivago 403-404, 409
Patton, kolonel George C. 57, 299, 303
Patstelling 93-105
Pavlosk 269
Pearson, Private A.V. 186
Pelgrims 380-382, *383*, 387, 392
Péronne 179, 210, *210-211*, 288
Pershing, generaal John J. 155.296, *297*, 298, 299, 302
Pervijse 97-98
Perzië, 352
Perzië, Golf van 352
Pétain, generaal Philippe 56, *165*, 241
   Douaumont ossuarium 362
   Duits lente offensief (1918) 292
   slag bij Verdun 165, 242
Petersburg 132
Petrograd 264, 328
   burgeroorlog 330
   mobilisatie v/d troepen 61
   revolutie 258-259, 265-268, 269-273, *270-271*, 343
   voedseldemonstraties 258, *258*
   voedselhulp 358
Piave 278
Picardië 210, 257, 281, *281*, 288
Picasso, Pablo 312, *315*
Pickford, Mary 143
Picot, kolonel 370
Piltz, Maria 23
Pinsard, generaal 242
Pinsk 355, *356*
Plan XVII 59-60, 93
poëzie 226-229, 404-407
Pogroms 332
Polen 344
   revolutionairen 42-43
   Russische aftocht 119
   uitroeien door Nazi's 398
   voedselhulp 358
   Verdrag van Versailles 352
   zionisme 117
politie eenheden 395-397
politie eenheid Rossbach 395-397
Polygon Wood 206
Porten, Henny 143
Portugal 109
Powell, E van 385
Pravda 328Preston, T.H. 322
Preston, T.H. 322
Price, Morgan Philips, citaat 251
Princip, Gavrilo 49
Prinzregent Luitpold 287
propaganda 66, 94-96, 107, *138*, 139, 142, 143
Prost, Antoine 362
prostituees 104, *105*
Pruisische Garde 90

Register

Raad van arbeiders, boeren en soldaten 337
Raad van tien 342, 344
Raad van vier 347
Radford, E.T. 195
Rainbow Division, 45ste 299-302
Rand, George F. 171
'rapenwinter' 220
Raspoetin 257, 322
Rathenau, Walter 128, *128*
Rawlinson, generaal Henry 192
Redinell, J.C. citaat 281
Reed, James A. 351
Reims 154, 229
Reinhard, Wilhelm, citaat 280
Reitz, Deneys citaat 304
Rekrutering 174-178, *174, 176-177*
Rémi, Henriette, citaat 364, 368-369
Rennenkampf, generaal Pavel 72, 77
Renoir, Jean 242, *244-245*
Revoluties 42-45
    Duitsland 305, *305*, 322-338
    Rusland 36, 43, 209-210, 248, 251, 257-259, 263-273, *270-271*, 321, 403
    Spartakusopstand 335-338
Riga 269
Rijn, rivier 340
Rilke, Rainer Maria 402
Rimbault, kapitein 97
Rintoul, Dr. 122
Rivers, W.H.R. 217, *217*, 219, 223-224, 226, 228
Robert, kolonel 239
Robinson, W. 133
Rode zee 124
Rode gardisten 269-272, 322
Rodzjanko 262
Roemenië 109, 363
Roggevelde, oorlogs begraafplaats 387, 391
Romain, Jules citaat 160
Romanov-dynastie 257, *324*
Rommel, kapitein Erwin 277-278 citaat 250, 277, 278
Roosevelt, Franklin D. 92, 143
Rosenberg, Alfred 397
Rosenberg, Isaac 17, 56
Rosenberg, vesting 244
Rossbach, Emile, citaat 396
Rothschild, Baron Edmond de 122
Rousseau, Jean-Jacques 223
Roven 70
Royal Air Force 378, 379
Royal Flying Corps 202, 221
Royal Fusiliers 78-79
Royal Irish Fusiliers
Royal Scots Fusuliers 95, 304
Royal Welsh Fusuliers 219
Runge 336, 337
Rusland 209
    aftochten v/d Polen 119
    Broeslilov offensief 161, 250
    Burgeroorlog 321-322, 325-332, *329-333*, 403
    Churchill's antibolsjewistische kruistocht 343-347
    hongersnood *320*, 353, 354-356, *356, 358-359*
    imperialisme 42
    legers 71-73, *260-261*
    mobilisatie 60-61, 62, 71, 362
    moord op de Tsaar 322-324
    muiters 241
    oorlogsgevangenen 357
    oorzaken v/d oorlog 33, 36-40
    revoluties 36, 43, 209-210, 248, 251, 257-259, 263-273, *270-271*, 321, 403
    showprocessen 407
    slachtoffers 266-267
    staakt het vuren met Duitsland 273
    Tannenberg 72-77, *74, 75*, 80
    terreur in Rusland 402-409
    uitbreken v/d oorlog 52
    voedslhulp 354-356, *356, 358-359*
    vrouwen 'Bataljon des Doods' 259-263, *262-263*
    Zionisme 117
Russell, Bertrand 52
Russisch Comité ter Bestrijding v/d Hongersnood 358
Russisch-Japanse oorlog 93
Russische Sociaal-Democratische Partij 263
Rybinsk 325

Sabels 89
Sachsenhausen 397, 398
Sailly-Saillisel 408
Saksische infanterie regiment 81
Samsonov, generaal Alexander 73-77
San Marco Venetië *131*
Santerre, Auguste 52
Santerre, Mémé 70 citaat 52-56, 364
Sarajevo 47, *48*, 149
Saratov 328, 331, 332
Sassoon, Siegfried *217*, 218, 228, 246, 314, 376
    citaat 219, 223, 226-228
    gewond 219
    in het Graiglockhart War Hospital 223-224
    shellshock 223
    Sherston's Progress 223
    tegen de oorlog 222-223, 224, 226
    Wilfred Owen 226
Savinkov, Boris 325, *325*
Scheidemann 309
scheiding 372
Scheuch 309
Schlieffen, generaal, Alfred von 59
Schrijversbond (Rusland) 407
Schutte-Lanz S.L. 132
Schutzstaffel (SS) 397
Schwaben-redoute 183
Scots Guards 99
seances 382-385, *385*
Seilles 66
Senegal 95
Sennett, Mack 139
Servië 47, 50, *51*, 77, 109, 141, 162
Shaw, Bernard, citaat *131*
shellshock 212-217, *216*, 226, 229
Sheridan, generaal Philip 144
Sherman, Senator Lawrence Y. 351
Shoreditch 132
Shoulder Arms 139, *142*, 143
shrapnel 180
Siberië 322, 323
Slag bij Passendale (1917) 155-156, 195-207, *200-201*, 222, 250, *203, 206*
Slater, W 183
Slavische Nationalisten 47-50
Smith, missionaris 141
Sociaal Revolutionaire Partij (Rusland) 325
Sociaal-Democratische Partij (Duitsland) 27, 31, 42, 45, 130, 246-248, *334-335*
Socialisme 43, 45-47, 262, 332, 334-335, 338
Socialistische Internationale 43
Soldaten:
    achter de linies 101-104
    mobilisatie 60-62, *61*, 80, 362, 60-62
    motivatie 210-212
    rekrutering 174-178, *179, 176-177*
    shellshock 212-217, *216*, 226, 229
    oorlog in de loopgraven
soldatenkrant 102, *103*
Solojev, Boris 322
Somme slag aan de (1916) 142, 155-156, 178-195, *180-186, 189-192, 195*, 196, 252
Somme 127, 288, 292, 304
Sophie Archduchess 47, *48*, 49-50
Sorley, Charles Hamilton, citaat 96
South African Labour Corps 102
Spa 307, 311
Spaanse griep 314-317
Spartakusbond 246-248, 335-338
Spionnen 133
Spiritisten 385-387
Spooner, dominee Harold, citaat 161
spoorwegen 93
spotevenementen 102
Srumpf, seaman Richard 279-287, *279* citaat 279, 284-287
St, Quentin kanaal 308
    Slag bij (1918) 274
St.Michiel 296-299
St.Quentin *290-291*
St.Petersburg *zie* Petrograd
St. Luke's Hospital Ottawa 127
St.Michel, begraafplaats 373
stakingen 40-41, *40-41*
Stalin, Josef 244, 332, 403, 404-407, *404, 405*
Stead, mevrouw E.W. 385
'Steele's Post', Gallipoli 111
Stein, generaal Von 277
Steinbrecher, Friedrich Georg, citaat 186
stormtroep eenheden 253, *254-255*, 292, 294-295
Stramm, August, citaat *191*
Strasser, Peter 132, *132*, 138
Stravinsky, Igor 22-23, *23*
Stroheim, Erich von 244, *244*
Sulzbach, Herbert 96
Sussex Yeomanry 219
Svla-baai 114, *116*
Sykes-Picol-Overeenkomst 377

Syrië 145, 376
Szogyeny, graaf 50

Tacitus *318*
Tagliamento rivier 278
Tallat Bey 148
Tamines 66
tanks 188, 197, 205, 251, *251*, 299
Tannenberg, slag bij (1914) 73, 77, 80, 279
Tanzania 352
Teilhard de Chardin, pater *141* citaat 141
Teilhard de Chardin, theoloog 303
Tennyson, Alfred 224
Terugtocht uit Bergen 79-83, *82*
Teutoonse Ridders 77, 157
The Times 117, 127, 222, 224
The battle of the somme 142, 187-188, *189*
The enormius room 296
The Hydra 225
Thiaumont 171
Thiepval 183, 193
Thomas, Helen 175 citaat 174-175, 199
Thomas, Edward 174-175, *175*, 199 citaat 174
Thumbs (revue) 103
Thüringen 135
Tirpitz, admiraal 32
Titanic 387
Tjechoslowakije 352
Tobolsk 322
Toekatsjevski, Michail 244
Toller, Ernst, citaat 64
Tomlinson, H.M., citaat 140
torpedo's 137
Townshend, mej. C. 81
Transjordanië 352
Transsiberische spoorlijn 322, 323
Trotski, Leon 56, 272, 280
    achtergrond 263-264
    bougeoisie 332
    citaat 265, 268, 269, 272
    executie van de Tsaar 323, 324
    isolatie 404
    revolutie 264-273, 328
    verdrag van Brest-Litovsk 280
Truman, Harry S. 56, 298, *298*
Tsarskoje Selo 269, *323*, 359
Tsjeka 323, 325
Tukije 108, 109
    Arabische opstand 376
    eind van de oorlog 275
    Gallipoli 109-112, *112*
    mobilisatie 362
    slachting van de Armeniërs 145
    slachtoffers 362
Turner, soldaat 97
Tweede Wereldoorlog 338, 392
Tyneside Irish Brigade *184, 185*
Tyneside Scottish 183

UFA (Universum Film AG) 144
uitputtingsoorlog 94
Unie ter Verdediging van het Moederland en de vrijheid 325

Val-de-Grâce ziekenhuis 370
Van 148
Vatilieu 80

Register

Vauban, Sébastien le Prestre de 157
Vaughan, Edward Campion, citaat 202-206
Vaux, Fort *172-173*
Venetië *131*, 209, 278
Verbroedering 96-99, *97-99*, 235-238
Verdrag van Versailles (1919) 321, 338-343, 347-351, *349*, 352-353, 361, 376-377, 392
Verdun, Slag bij (1916) 155-171, *166-167*, *172-173*, 197, 234, 242
Verenigde Staten 155
   als economische wereldmacht 361
   Amerikaanse Expeditie leger 296-298
   Amerikaanse Senaat 342, 351-352
   bevooradingstroepen 298-299
   Duitsland verslagen 296, *297*
   griep epidemiën 314, 315
   Lusitania zonk 118, 134
   Maas-Argonne-offensief 300-301, 303
   mengt zich in de oorlog 209, 210, 220, 281, 287-228, 296-303
   mobilisatie 362
   voedselhulp 354-359, *356-359*
   Verdrag van Versailles 339-340, 349, 351
   Veertien Punten van Wilson 280, 339
   Volkenbond 342-343, 351-352
'verloren generatie' 376
verminkte gezichten, 364-370, *366-367*, *369*
vernietigingskampen 395, 397, 398-399, 399-402

Victoria, koningin 29, 36, 37
Villa, Pancho 155
Villain, Raoul 46, *46*
Villers-Brettoneux 281
Vimy-heuvels *192*, 199
Vincent, Clovis 217
Vitebsk 332
Vladivostok *345*
Vladslo 287
vluchtelingen:
   Armeense *119*, *146-147*, 149-152
   Duitse 71, *72*
   Franse 70-71, *71*
   Italiaanse 278
   Servische *141*, *141*
voedselhulp 355-359, *356-359*
Vogel, luitenant 336-337
Volkenbond 342-343, 339, 351-352
Volkenmoord 119, 144-153
vrijwilligers 174-178
Vrouwen 103-104
   prostituees 104, *105*
   Russische Vrouwen 'Bataljon des Doods' 259-263, *262-263*
   weduwen 372
   werkloosheid *106*, *129*, 130
vuurpelotons 133

wapenfabrieken *130*
Wapens:
   artellerie 199
   'Dikke Bertha' 65, 66, 159
   houwitsers *190-191*
   mijnen 182-183, *183*, 199, 221, *221*
   militaire patstelling 93
Wapenstilstand 277, 305, 312-313, 387

Washington, George 340
Waterloo, slag bij 195
Webber, Henry 188
Wedloop naar de zee 81, 89-90, 199
weduwe 372
Weerst 66
Weeskinderen *16-17*
Weimar-Republiek 338, 392
Weizmann, Chaim 120-122, *120*, 124, 128
Wells, H.G. *The War in the Air* 133
werkloosheid 372
West-Afrika 314-352
Westelijk Front:
   belang 155
   Duitsland verslagen 296
   kaarten 88, *156*, 289
   loopgraven 60
   slachtoffers 362-363
Westman, Stephen 104, 162 citaat 163
Westminster Abbey, Londen *350*, 387
Wilde, Oscar 338
Wilde, Robert de, citaat 97-98
Wilhelm II, keizer 28, *30*, *34-35*, 37, 157, 280
   antisemitisme 31-32
   Duitsland verslagen 307
   karakter 29, 31-32
   Lente offensief (1918) 292-294
   oorzaken van de oorlog 29-36, 50
   Slag bij Jutland 282
   Slag bij Verdun 165
   troonsafstand 29, *310*, 311, 332
   verjaardagsvieringen *26*, *27*
   Versailles Conferentie 341
Wilhelmshaven 279, *284-285*, 297

Williams, Rifkman Graham, citaat 96
Williamson, Henry 379
Wilson, Woodrow 143, 280, *341*, 347
   gezondheidscrises 345-348, 352
   mengt zich in oorlog 220, 288
   Rusland 321, 343, 344, 347
   veertien punten 280, 339
   voedselhulp 354
   Verdrag van Versailles 338, 339-340, 342-343, *349*, 350, 351
   Volkenbond 342-343, 351, 352
   wapenstilstand 277
Wit-Rusland 332
Wit-Russen 321, 330, 331, 332, 345, 347
Wolgagebied 325, 357, 358
Woolf, Viginia, citaat 305
Woolwich 387
Wright, gebroeders 22
Wronke 246
Württemberger Bataljon 277-278

Yaounde 155
Yashka *zie* Botchkareva, Maria
Yozgat 153

Zeppelin, graaf 130
Zeppelins 131-132, *131*, 140
Zimmerwald 264
Zionisme 117-122, 255, 402
Zoeaven 372
Zoeloes 102
Zola, Emile 46
Zwarte markt 306
Zwarte Hand 47
Zweig, Stefan 52
Zwitserland 99, 210, 244, 264